HISTÓRIA DA VIDA PRIVADA 5

HISTÓRIA DA VIDA PRIVADA
Coleção dirigida por
Philippe Ariès e Georges Duby

1. *Do Império Romano ao ano mil*
organizado por Paul Veyne

2. *Da Europa feudal à Renascença*
organizado por Georges Duby

3. *Da Renascença ao Século das Luzes*
organizado por Philippe Ariès (†) e Roger Chartier

4. *Da Revolução Francesa à Primeira Guerra*
organizado por Michelle Perrot

5. *Da Primeira Guerra a nossos dias*
organizado por Antoine Prost e Gérard Vincent

Este livro foi publicado com o apoio do Ministério Francês da Cultura — Centro Nacional do Livro. No âmbito do programa de auxílio à publicação Carlos Drummond de Andrade, contou com o apoio do Ministério Francês das Relações Exteriores e Europeias.

O Ano da França no Brasil (21 de abril-15 de novembro) é organizado, na França, pelo Comissariado Geral Francês, pelo Ministério das Relações Exteriores e Europeias, pelo Ministério da Cultura e da Comunicação e por Culturesfrance; no Brasil, pelo Comissariado Geral Brasileiro, pelo Ministério da Cultura e pelo Ministério das Relações Exteriores.

Ouvrage publié avec le concours du Ministère Français Chargé de la Culture — Centre National du Livre. Publié dans le cadre de du Programme d'Aide à la Publication Carlos Drummond de Andrade, bénéficie du soutien du Ministère Français des Affaires Etrangères et Européennes.

l'Année de la France au Brésil (21 avril-15 novembre) est organisée, en France, par le Commissariat Général Français, le Ministère des Affaires Etrangères et Européennes, le Ministère de la Culture et de la Communication et Culturesfrance; au Brésil, par le Commissariat Général Brésilien, le Ministère de la Culture et le Ministère des Relations Extérieures.

HISTÓRIA DA VIDA PRIVADA 5

Da Primeira Guerra a nossos dias

Organização
Antoine Prost
Gérard Vincent

Tradução
Denise Bottmann
Dorothée de Bruchard (posfácio)

5ª reimpressão

COMPANHIA DE BOLSO

Grafia atualizada segundo o Acordo Ortográfico da Língua Portuguesa de 1990, que entrou em vigor no Brasil em 2009.

Título original
Histoire de la vie privée — Vol. 5: De la Première Guerre mondiale à nos jours

Na versão de bolso, foram suprimidas imagens que constam na primeira edição da coleção, que vem sendo publicada pela Companhia das Letras desde 1989.

Capa
Jeff Fisher

Preparação
Cláudia Abeling

Revisão
Adriana Moretto
Renato Potenza Rodrigues

Índice remissivo
Juliane Kaori

Dados Internacionais de Catalogação na Publicação (CIP)
(Câmara Brasileira do Livro, SP, Brasil)

História da vida privada, 5: Da Primeira Guerra a nossos dias / organização Antoine Prost, Gérard Vincent; tradução Denise Bottmann; Dorothée de Bruchard, posfácio. — 1ª ed. — São Paulo: Companhia de Bolso, 2009.

Título original: Histoire de la vie privée — Vol. 5: De la Première Guerre mondiale à nos jours.
Vários autores.
Bibliografia.
ISBN 978-85-359-1437-5

1. Europa — Civilização 2. Europa — História 3. Europa — Usos e costumes I. Prost, Antoine. II. Vincent, Gérard. III. Bruchard, Dorothée de.

09-02437 CDD- 940.1

Índice para catálogo sistemático:
1. Europa: Vida privada: Civilização: História 940.1

2022

EDITORA SCHWARCZ S.A.
Rua Bandeira Paulista, 702, cj. 32
04532-002 — São Paulo — SP
Telefone: (11) 3707-3500
www.companhiadasletras.com.br
www.blogdacompanhia.com.br

SUMÁRIO

A DIFICULDADE DE ESCOLHA

Gérard Vincent

Na introdução ao primeiro volume desta coleção, Paul Veyne se pergunta se "a civilização romana seria o fundamento do Ocidente moderno". E responde ignorar totalmente. Na "Advertência" do volume 2, sobre o período entre a Alta Idade Média até o século XIV, Georges Duby escreve: "Tudo o que concerne a ele é problemático e descarnado". Isso significa que as longas séries, possíveis em climatologia e por vezes em demografia, escapam à investigação do historiador da vida privada que, recusando-se a invocar a vida cotidiana — cujos vestígios são relativamente numerosos —, pretende penetrar nos segredos da intimidade.

Abundância de fontes

Raras para os historiadores de períodos remotos, as fontes — quer sejam diretamente utilizáveis ou imponham uma epistemologia por substituição — são abundantes para nosso período. Seu simples arrolamento ocuparia um livro inteiro, e o autor desta introdução (de cabedal cognitivo necessariamente limitado) teve de se contentar com o que sabe, pequena parcela do que "seria preciso" saber. Primeira escolha, mais por imposição do que propriamente "opção", em virtude desse armazenamento de trechos lidos e retidos que constituem o que normalmente se chama de "cultura" pessoal. O historiador nunca está ausente do enunciado que produz, e, sem levar o paradoxo a ponto de supor que todo livro de história é antes uma autobiografia do autor do que um levantamento científico de dados irrefutáveis, admitiremos — como ponto inicial — a abordagem bastante pessoal do que se segue.

Uma escolha hexagonal

Talvez a "sociedade romana" e o "mundo do Ocidente cristão" não sejam simples construções artificiais e designem conjuntos cuja visível diversidade cede lugar a certa unidade. Cabe aos especialistas decidir. Com o surgimento das nações, as diferenças se especificam ou, pelo menos, tornam-se mensuráveis, de modo que é impossível (pouco sério) escrever uma história da vida privada que some a opacidade da vida privada do mafioso à transparência (real ou pretendida) da do cidadão sueco. Por isso, e esta é nossa segunda escolha, decidimos (trata-se de uma renúncia) dedicar o presente volume ao hexágono francês.*

Um quebra-cabeça sem solução

Limitar nosso campo de estudos à França (sem excluir a possível influência de modelos estrangeiros) é ainda pretender um inventário incompatível com as dimensões restritas de um texto que deve apresentar, em suas práticas singulares e em seu imaginário, os 55 milhões de homens, mulheres e crianças, franceses ou imigrantes, que vivem nesse território, e apresentá-los em cerca de seiscentas páginas: um livro volumoso para o leitor, um espaço pequeno para o pesquisador. Como não seria possível estudá-los um a um, fez-se *necessário classificá-los* — e qual seria a taxonomia a ser empregada? O sexo? A idade? As regiões? As classes sociais? As categorias socioprofissionais (as CSP que hoje [1985] se tornaram PCS)? E, se privilegiássemos essa nomenclatura, quantos algarismos deveríamos utilizar?[1] Todos esses critérios são relevantes, e impõem classificações duplas, triplas, quádruplas. Um parágrafo sobre um habitante de Nevers, com trinta anos, casado, pai de dois filhos, em ascensão social, católico esporadicamente praticante, adquirindo sua propriedade, dono de uma biblioteca de trezentos volumes, entre eles os cinco tomos da *História da vida privada*? Por que

* A França metropolitana, excluindo os departamentos ultramarinos. (N. E.)

não? E por que sim? Uma digníssima senhora, viúva de um oficial da Marinha, suas atenções voltadas aos seis filhos e 24 netos, votando na direita, inativa para o INSEE (Institut National de la Statistique et des Études Économiques), mas voluntária ativa nas associações de caridade de sua paróquia? Por que não? E por que sim? Um quebra-cabeça de biografias e histórias de família era bastante tentador para o corresponsável desse volume, tanto mais que ele dispunha do material e julgava que tal apresentação poderia satisfazer ao leitor em potencial, mais sensível às histórias do que à história na medida em que, nelas, encontraria semelhanças consigo mesmo. No entanto, e esta foi nossa terceira escolha, tal ideia foi descartada porque nossa intenção não era elaborar um *Who's Who?* dos homens sem qualidades,* mas tentar uma apreensão dos conjuntos.

Surpreso com a ausência de monografias elaboradas em função da "posição social", o leitor deve moderar sua indignação, já que as desigualdades sociais continuam visíveis em todos os textos desta obra, quer tratem do nível de vida, da morte, da educação dos filhos ou do consumo cultural ("O gosto não é senão a capacidade de decifrar determinado número de referências que lhe permitirão ser visto como um conhecedor de bens de produção culta", escreve Pierre Bourdieu). A incontestável melhoria do nível de vida (principalmente após a Segunda Guerra Mundial) gerou uma homogeneização apenas aparente, pois persistem os fatores de estratificação: manutenção das diferenças de renda;[2] consumo cultural diferenciado; fatos de linguagem ligados ao meio sociocultural; difusão dos "modelos" de cima para baixo na "escala social"; endogamia nas classes e estratos, sendo que a "coabitação juvenil" não alterou nada na escolha do parceiro; mobilidade social, mais inter- do que intrageracional, caracterizada por trajetórias curtas.

* No sentido que o escritor Robert Musil confere a esta expressão, ou seja, sem as qualidades excepcionais que os distinguem do comum. (N. E.)

Qual(is) fronteira(s) para a vida privada

Julgando termos exposto nossas recusas, resta justificar nossas opções. No século XX, sob múltiplas formas, o Estado (ou o poder público) parece proceder a um recuo na fronteira do privado. Cercada pela previdência social, pelos subsídios, pelas facilidades para a aquisição de casa própria, pelo crédito no consumo, pela IVG (interrupção voluntária da gravidez) legalizada e reembolsada etc., a família parece "cair" no domínio público. Mas, ao mesmo tempo, a elevação do nível de vida ofereceu a cada membro dessa família a possibilidade de desenvolver sua vida privada — secreta? — ao abrigo do olhar dos seus próximos: é o fim da cama em comum, e depois do quarto em comum; é a audição individual do rádio de pilha, substituindo a audição coletiva da rádio do entreguerras etc. É a evolução dessa articulação entre vida privada e vida pública que Antoine Prost descreve na primeira parte deste volume.

Uma história do segredo?

Na segunda parte — a mais extensa —, o autor desta introdução, obcecado em evitar uma história da vida cotidiana, já feita e refeita, tentou a história do segredo. Não se trata, naturalmente, desse segredo absoluto que todo homem leva para o túmulo, às vezes até ignorando o fato de deter tal segredo, e sim do deslocamento da fronteira entre o dito e não-dito que envolve vários níveis: o indivíduo, a família, a vila ou o bairro, um grupo primário, uma "turma", uma "sociedade" etc. Talvez se possa falar em uma "história da indiscrição", não no sentido primeiro do termo (incapacidade de discriminar), mas em sua acepção derivada e corrente (comunicar a não-iniciados informações até então ocultas nas esferas dos indivíduos, das relações de amizade ou de família). Tal empreendimento impõe que se façam esclarecimentos epistemológicos, na abertura dessa segunda parte. Segue-se uma reflexão sobre o enigma identitário que conduzirá o leitor num passeio desde a promiscuidade dos campos de batalha à intimidade profunda da sexualidade.

As diversidades culturais

Por ser um pouco abstrata — apesar dos exemplos precisos e do relato de alguns episódios, com o fito de dar apoio ao discurso e distração ao leitor —, a segunda seção atraía essa parte seguinte, dedicada às diversidades culturais. Aqui também foi preciso escolher. Optamos por quatro "conjuntos", de estruturas desiguais. Primeiramente católicos e comunistas, que ficaram a meu encargo, ousando assim dizer — e ouso, pois foi de fato um difícil encargo condensar em algumas dezenas de páginas duas problemáticas de extrema complexidade. O leitor irá avaliar. A seguir, os judeus, cuja diversidade é salientada por Perrine Simon, não apenas ao longo do século XX, mas diversidade também dos sentimentos por eles despertados, tendo o genocídio interrompido (temporariamente) o discurso antissemita, e tendo a fundação do Estado de Israel modificado a formulação do problema. Por fim, os imigrantes, europeus no entreguerras (e Dominique Schnapper relembra as etapas da "assimilação") e sobretudo magrebinos a partir dos anos 1960 (e Rémy Leveau mostra a complexidade da interculturalidade).

Modelos ou mitos? O americano e o sueco

Enclavados na americanosfera, os franceses procuram se identificar com os modelos transmitidos pelo tentacular império dos meios de comunicação dos Estados Unidos ou se aferram à sua identidade cultural? Sophie Body-Gendrot detecta a onipresença do "mito" americano e apresenta-nos as reinterpretações dos modelos por ele criados, calcadas em nossas raízes nacionais e até mesmo nacionalistas. Quanto ao "modelo sueco", que nos anos 1960 fez os franceses sonharem, Kristina Orfali ressalta sua transparência: um exótico mundo nórdico onde o secreto, acuado, tem suas fronteiras distanciadas, mas nem por isso abolidas.

Assim se apresenta este livro, resultante de escolhas questionáveis. Por estarmos expostos a críticas legítimas, preferimos antecipar-nos a elas, pois o mundo universitário, embora herdeiro do universo dos clérigos, não é dominado nem pela caridade nem pela indulgência. Concluímos esta introdução retomando as palavras de Georges Duby na "Advertência" do volume 2 da presente coleção: "Que o leitor não espere encontrar aqui um quadro acabado. O que ele vai ler, incompleto e recheado de pontos de interrogação, não passa de um esboço".

NOTAS

1. As categorias socioprofissionais (CSP) se tornaram "profissões e categorias socioprofissionais" (PCS) na nova nomenclatura do INSEE. Você sabia (para tomar apenas um exemplo) que a PCS nº 250; 34, "Profissões, professores científicos", é subdividida em nove subcategorias, sendo que a primeira delas (nº 3411, denominada "Professores auxiliares e com certificação") é, por sua vez, subdividida em dezessete subcategorias?

2. O relatório Sawyers (OCDE — Organisation de Coopération et de Développement Économiques, 1978) nos informa que a renda líquida dos 10% de franceses mais abastados representa 21,5 vezes a renda dos 10% de franceses mais despossuídos. Segundo um relatório do CORDES, a renda média dos 77 mil lares franceses mais favorecidos em 1965 era 53 vezes superior à dos 2,3 milhões de lares menos favorecidos e, segundo o CREP, a desigualdade patrimonial é ainda maior do que a das rendas.

1
FRONTEIRAS E ESPAÇOS DO PRIVADO

Antoine Prost

A vida privada não é uma realidade natural, dada desde a origem dos tempos: é uma realidade histórica, construída de diversas maneiras por sociedades determinadas. Não existe uma vida privada de limites definidos para sempre, e sim um recorte variável da atividade humana entre a esfera privada e a esfera pública. A vida privada só tem sentido em relação à vida pública, e sua história é, em primeiro lugar, a história de sua definição: como evoluiu a distinção entre vida privada e vida pública na sociedade francesa do século XX? Como o domínio da vida privada variou em seu conteúdo e abrangência? Assim, a história da vida privada começa pela história de suas fronteiras.

A questão é tanto mais importante na medida em que não é certo que a distinção vida privada/vida pública tenha o mesmo sentido em todos os meios sociais. Para a burguesia da Belle Époque, não há nenhuma dúvida: o "muro da vida privada" separa claramente dois domínios. Por trás desse muro protetor, a vida privada e a família coincidem com bastante exatidão. Esse domínio abrange as fortunas, a saúde, os costumes, a religião: se os pais que querem casar os filhos consultam o notário ou o pároco para "tomar informações" sobre a família de um eventual pretendente, é porque a família oculta cuidadosamente ao público o tio fracassado, a irmã tísica, o irmão de costumes dissolutos e o montante das rendas. E Jaurès, respondendo a um deputado socialista que lhe censurava a comunhão solene da filha: "Meu caro colega, você sem dúvida faz o que quer de sua mulher, eu não", marcava com grande precisão a fronteira entre sua existência de homem público e sua vida privada.

Essa separação era organizada por uma densa teia de prescrições. A baronesa Staffe, por exemplo, enumera-as em detalhe: "Quanto menos relações mantemos com a vizinhança, mais merecemos a estima e a consideração dos que nos cercam...", "no trem ou em qualquer outro local público, as pessoas bem-educadas jamais travam conversa com desconhecidos...", "não devemos falar de assuntos íntimos com os parentes ou amigos que viajam conosco na presença de desconhecidos".[1] O apartamento ou a casa burguesa, aliás, se caracterizam por uma nítida diferença entre as salas para as visitas e os demais aposentos. De um lado, o que a família mostra de si, o que pode vir a público, o que ela julga "apresentável"; de outro, o que ela conserva ao abrigo de olhares indiscretos. O lugar da família propriamente dita não é no salão: as crianças não entram no aposento quando há visitas e, como explica a baronesa Staffe, as fotos de família ficariam deslocadas nesse recinto. Ademais, as salas de visitas não são abertas a todos. Se toda dama da boa sociedade tem seu "dia" de receber — em 1907, são 178 em Nevers[2] —, a visita à esposa de um figurão supõe uma apresentação prévia. As salas de recepção estabelecem, portanto, um espaço de transição entre a vida privada propriamente dita e a existência pública.

Se a vida privada constitui, assim, um domínio claramente delimitado para a burguesia da Belle Époque, não ocorre necessariamente o mesmo nos outros meios sociais. As condições de vida dos camponeses, dos operários ou das camadas mais baixas das cidades não lhes permitiam abrigar de olhares estranhos uma parte de sua vida, que é justamente o que faz com que ela se torne "privada". Sigamos, por exemplo, Jean-Paul Sartre num passeio pelas ruas populares de Nápoles:[3]

> O andar térreo de cada casa é dividido numa infinidade de pequenos cômodos que dão diretamente para a rua, e cada um desses pequenos cômodos abriga uma família. [...] Os cômodos servem para tudo, e lá eles dormem, comem e trabalham em seus ofícios. Apenas [...] a rua atrai as pessoas. Elas saem, por economia, para não precisar acender as lâmpadas, para tomar a fresca e também, creio eu, por humanismo, para se sentir participando do bulício com os demais.

> Põem cadeiras e mesas na rua ou encavalitadas na soleira do quarto, meio para dentro, meio para fora, e é nesse mundo intermediário que realizam os principais atos de sua vida. A tal ponto que já não existe mais o interior nem o exterior, e a rua é o prolongamento do quarto; enchem-na com seus odores íntimos e seus móveis. E com sua história também. [...] E o exterior está ligado ao interior de uma maneira orgânica. [...] Ontem, vi um pai e uma mãe que jantavam do lado de fora, mas, dentro, o bebê dormia num berço perto da cama de casal dos pais e, numa outra mesa, a filha mais velha fazia seus deveres, à luz de uma lâmpada a querosene. [...] Quando uma mulher adoece e fica na cama durante o dia, isso é às claras e todos podem olhá-la [...].

É evidente que a vida privada não tem o mesmo sentido nem o mesmo conteúdo para o povo napolitano e para os burgueses franceses da Belle Époque.

Pode-se, certamente, refutar tal comparação. As tradições culturais são diversas, e essa interpenetração do interior e do exterior, ilustrada pelas ruas de Nápoles, pode ser vista como traço de uma cultura mediterrânea que poderia se encontrar nas cidades, pequenas ou grandes, do Sul da França. Nem por isso: as moradias de Roubaix, os bairros da região mineira, os imóveis da Croix-Rousse ou as vilas de Berry ou da Lorena praticamente não permitiam que seus habitantes erguessem uma parede entre sua vida privada e os olhares dos vizinhos; toda a existência deles transcorria de forma mais ou menos aberta para a coletividade. Num certo sentido, ter uma vida privada era um privilégio de classe: o de uma burguesia folgada que, em muitos casos, vivia de rendas. Por força das circunstâncias, as classes trabalhadoras conheciam formas variadas de interpenetração de sua vida privada e de sua vida pública; as duas não se diferenciavam de todo. Nesta perspectiva, o século XX veria se generalizar lentamente em toda a população uma forma de organização da vida com dois domínios opostos e claramente distintos: o público e o privado. A história da vida privada seria, então, a história de sua democratização.

Mas que não se entenda essa democratização de maneira mecânica e simplista. A vida privada a que acedem os operários ou os agricultores do final do século XX não é a mesma dos burgueses do início do século. O que, ao mesmo tempo, se constitui fora dessa vida privada enfim conquistada, e que se pode dizer público, é regido por normas novas. A maior diferenciação entre o privado e o público no conjunto da sociedade modifica tanto a vida pública quanto a vida privada. Ambas já não se desenrolam da mesma maneira, nem segundo as mesmas regras. Enquanto suas fronteiras se deslocam e se definem com maior precisão, simultaneamente sua substância se transforma.

Isso significa uma história complexa que deve captar como a vida privada se constitui e se erige sobre uma existência largamente coletiva e, ao mesmo tempo, como ela se organiza no interior de suas fronteiras. Programa, na verdade, tanto menos factível na medida em que, além disso, deve-se levar em conta as diferenças relativas aos meios sociais e às tradições culturais. Aqui, portanto, não pretendemos realizar essa tarefa impossível. Já nos sentiríamos satisfeitos em destacar os grandes eixos dessa evolução, em colocar os principais problemas, em esboçar os matizes mais importantes, esperando que trabalhos menos ambiciosos, mas mais precisos, venham a verificar ou alterar nossas hipóteses.

NOTAS

1. Baronesa Staffe, *Usages du monde. Règles du savoir-vivre dans la société moderne*, Paris, Victor-Harvard, 1893, pp. 342, 317 e 320.

2. G. Thuillier, *Pour une histoire du quotidien*, Paris, Mouton, 1977, p. 178.

3. J.-P. Sartre, *Lettres au Castor et à quelques autres*, Paris, Gallimard, 1983, vol. I, p. 79.

O TRABALHO

A primeira grande evolução do século XX diz respeito ao trabalho. Ele emigra globalmente da esfera privada e ingressa na esfera pública.

Trata-se de um duplo movimento. Em primeiro lugar, um movimento de separação e especialização dos espaços: os locais de trabalho já não são mais os da vida doméstica. Mas essa diferenciação dos locais vem acompanhada por uma diferenciação das normas: o universo doméstico se liberta de regras anteriormente ligadas ao trabalho que ali se realizava, ao passo que o mundo do trabalho passa a ser regido, não mais por normas de ordem privada, e sim por contratos coletivos.

A ESPECIALIZAÇÃO DOS ESPAÇOS

Não se tem dado atenção suficiente aos locais de trabalho. No começo do século XX, porém, havia uma grande diferença entre trabalhar na própria casa ou na casa dos outros. O ideal, para uma jovem, é ficar na casa dos pais sem trabalhar. Se precisar, o melhor é que trabalhe permanecendo na casa dos pais, por exemplo, costurando por encomenda. É somente nas camadas mais baixas da escala social que uma jovem vai trabalhar fora: na fábrica, na oficina ou na casa de um particular, como doméstica.[1]

Ora, no começo do século, quase dois terços e certamente mais da metade dos franceses trabalhavam em casa. No final do século, pelo contrário, quase todos os franceses trabalham fora. É uma transformação decisiva.

No começo do século XX, trabalhar em casa corresponde a duas situações distintas, ainda que exista uma gama de situações intermediárias e seja fácil a transição entre elas. Pode-se trabalhar em casa, mas para outra pessoa: é a situação dos trabalhadores em domicílio. Mas pode-se também trabalhar por conta própria, no caso dos trabalhadores independentes. Ora, sob essas duas formas, o trabalho em casa sofre uma retração inexorável ao longo do século.

Os operários em domicílio

É muito difícil calcular o número daqueles que trabalham em casa. Mas, no começo do século, totalizam vários milhões. Os recenseamentos da época registram os chamados "isolados": em 1906, somam 1,502 milhão. Entre eles, sem dúvida, incluem-se diaristas ou jornaleiros sem empregador fixo, que deixam o domicílio para ir trabalhar ora na casa de um, ora na casa de outro. A maioria, porém, trabalha em casa. No setor têxtil, de vestuário, calçados e luvas, mas também em outros setores, como fabricação de óculos, joias etc., os comerciantes fornecem o material para numerosos operários — e operárias —, que trabalham em domicílio. Ora são eles que levam a matéria-prima ou o material para acabamento, e vão buscar o serviço pronto; ora é o operário que vai buscar o trabalho na casa do comerciante, e depois entrega o produto acabado. Nos dois casos, o operário recebe por tarefa.

A situação dos operários em domicílio é muito diversificada. De modo geral, são extremamente mal remunerados, e ganham menos do que os operários de fábrica. Precisam trabalhar desde o amanhecer até altas horas da noite, para sobreviver de maneira miserável. A família de Mémé Santerre[2] nos oferece um exemplo extremo. Na verdade, esses tecelões de Santerre constituem resquícios de um modelo econômico anterior, pois às vésperas de 1914 a tecelagem fabril já é um fenômeno generalizado. Aliás, eles só trabalham em seus teares nos seis meses de inverno; na primavera, vão se empregar numa fazenda de Seine-Inférieure, de onde retornam no outono com ganhos que lhes permitem saldar as dívidas contraídas durante o inverno: trabalhar como empregado na casa dos outros dá mais dinheiro do que ser tecelão na própria casa. De nada lhes vale possuir o tear e a habilidade: a tecelagem já não lhes permite viver. No entanto, eles se impõem condições terríveis de vida e de trabalho: levantando às quatro da manhã, o pai e os filhos descem ao porão, para seus teares; a mãe prepara as tramas, e os teares zumbem até as dez da noite — quinze horas de trabalho efetivo, na umidade e amiúde à luz de velas. Fazem um intervalo de manhã para uma xícara de café de chicória com pão, uma sopa ao meio-dia e outra no final da tarde. Aos domingos, como católicos fervorosos, eles vão à missa, mas trabalham durante o resto do dia. Trabalham até no dia do casamento de Catherine Santerre, e podemos ter uma ideia da pobreza deles ao saber que esse dia tão festivo foi comemorado com costeletas de carneiro, à guisa de banquete...

Ao lado desses casos miseráveis, é verdade que se encontram situações bastante favoráveis. Por exemplo, os confeccionadores de luvas que trabalham em domicílio, em Millau, constituem uma aristocracia operária nos anos 1920; mas a luva de Millau, nessa época, é um artigo de luxo, frente à qual a produção industrial de luvas de Grenoble já não constitui concorrência. Na maioria das vezes, porém, os operários que executam seus ofícios em casa vivem muito mal e trabalham duro: esta é uma das razões de seu gradual desaparecimento.

Do ponto de vista que aqui nos interessa, o da vida privada, podemos fazer várias perguntas. Onde situar a vida privada de Catherine Santerre? No barranco da estrada, perto de casa, onde tem alguns encontros rápidos com seu namorado e futuro marido? Na cama onde dorme, esgotada de cansaço? Na frente de seu tear? O trabalho, sem dúvida, está totalmente integrado à esfera privada, mas ele a absorve inteiramente: a vida e o trabalho se confundem. E, no caso dos tecelões, o próprio espaço doméstico se subdivide: o trabalho é realizado num local à parte, o porão, e a vida material num outro local, no térreo. Eles não trabalham no mesmo lugar onde comem e dormem. Na maioria das vezes, a mescla entre o trabalho e a vida doméstica se traduz pela indiferenciação do espaço. Léon Frapié, em *La maternelle* [O jardim-de-infância], ironiza os preceitos da escola maternal: "Um lugar para cada coisa e cada coisa em seu lugar", e ele apresenta uma costureira do XX arrondissement que trabalha em casa e tem de limpar a mesa de refeições para começar a costurar ou para permitir que o garoto faça suas lições de casa.[3] A exiguidade da moradia popular é tal, tanto no século XIX quanto na primeira metade do século XX, que raramente permite reservar uma mesa ou um local específico para o trabalho.

O fato de o trabalho ser feito em casa gera uma relativa abertura do espaço doméstico aos estranhos. A costureira às vezes recebe seus fregueses; o tecelão e o confeccionador de luvas abrem a porta aos comerciantes ou seus empregados. Local de trabalho, a sala onde mora a família até pode se converter em local dos conflitos de trabalho. Assim, Jean Guéhenno guardou uma dramática lembrança de infância. Seus pais moravam em Fougères e faziam sapatos em casa, com formas recortadas que iam buscar às dúzias na casa dos fabricantes. Durante uma greve do setor de calçados, no começo do século, seu pai, já no fim de seus recursos, acabou cedendo e foi buscar formas para coser. Os grevistas ficaram sabendo e irromperam na casa dos Guéhenno, para repreender o fura-greve.[4] Assim, os conflitos mais públicos podem ter como palco um local privado. De certo modo a pessoa, quando trabalha em casa, já não tem sua própria casa.

O trabalho domiciliar se retraiu não apenas por razões econômicas, embora estas tenham sido incontestavelmente determinantes. O desejo de ganhar mais e com maior regularidade é, de fato, acompanhado pelo desejo de reduzir o tempo dedicado ao trabalho: quando a pessoa trabalha numa fábrica, ela sabe o momento em que o trabalho vai parar. O tempo que escapa ao patrão, e cuja importância aumenta ao longo do século, pertence à pessoa, que pode dispor inteiramente dele. Trabalhar fora de casa é também estar plenamente em casa na hora em que se está em casa. Nesse sentido, a retração do trabalho domiciliar responde à reivindicação de uma vida privada.

Isso não significa, porém, que o trabalho em domicílio tenha desaparecido de todo. No recenseamento de 1936, contam-se ainda 351 mil operários que trabalham em casa. Com efeito, há outros fatores que contribuem para renovar esse grupo. Durante a crise dos anos 1930, por exemplo, devido a uma política que tendia a limitar o acesso dos estrangeiros ao mercado de trabalho, um imigrante tinha mais facilidade em encontrar serviço por encomenda do que um emprego assalariado. Como isso também coincidia com o interesse dos fabricantes em reduzir os custos e com as tradições e o modo de vida de inúmeros imigrantes da Polônia ou da Europa Central, ocorreu então um aumento no número de trabalhadores em domicílio na indústria parisiense de couro e peles. O grupo Manouchian iria encontrar bons recrutas entre esses individualistas, amiúde judeus.

O trabalho domiciliar hoje [1985] aparece como um fenômeno marginal e residual. De fato, ele é incompatível com a organização atual da vida privada, que reserva a ela o espaço doméstico e o tempo "livre" conquistado sobre o trabalho. Como alguém, hoje em dia, aceitaria trabalhar em casa para terceiros, quando as pessoas já nem aceitam trabalhar por conta própria?

Os trabalhadores independentes

Sendo, de fato, mais numerosos do que os operários em domicílio, os trabalhadores independentes também sofrem uma retração, porém mais tardia. No começo do século XX, constituíam, sozinhos, mais da metade da população: 58% de agricultores, aos quais se somavam os artesãos e os comerciantes, sem contar os profissionais liberais. Em 1954, o recenseamento já registrava apenas um terço de não-assalariados. Em 1982, eles compõem somente 16,7% dos ativos: o trabalho independente também acabou por sofrer uma retração maciça diante do trabalho assalariado.

Esses números traduzem grosseiramente uma mutação social de primeira importância, que confere à família uma significação radicalmente nova. Entre os camponeses, os comerciantes e os artesãos, a família é uma unidade de produção autônoma, uma célula econômica. A família inteira, portanto, é mobilizada pela lavoura ou pelo comércio. Todos os seus membros, em diversos graus e sob diferentes formas, levando em conta a idade, a força, as capacidades, participam da produção: no campo, os meninos e os velhos levam "as vacas para pastar", o garoto de catorze anos faz os serviços rurais avulsos, a mulher reina no estábulo, na horta e no galinheiro... e nunca sobram braços na hora de guardar o feno ou colher a safra, principalmente quando ameaça uma tempestade. Entre os comerciantes e artesãos, a mulher geralmente cuida da contabilidade, e os filhos, ao voltar da escola, ajudam na loja ou fazem serviços de rua. Toda a família ajuda a tocar o sítio ou a loja.

Essa participação integral da família numa mesma atividade econômica acarreta um relativo emaranhamento entre a vida privada e o trabalho produtivo. Emaranhado evidente no plano financeiro: a caixa é uma só, e o filho do merceeiro pega na gaveta do balcão o dinheiro para passar o domingo. Os dois orçamentos se misturam: o dinheiro que a camponesa gasta para comprar café, chocolate ou um lenço é um dinheiro que pode vir a faltar na hora de pagar o arrendamento ou de comprar gado. A contenção das despesas privadas é, portanto, o principal meio — e muitas vezes o único — de equilibrar as contas do sítio ou de juntar o capital produtivo. O sucesso do empreendimento se constrói sobre o arrocho das despesas domésticas.

É verdade que, em contrapartida, o negócio é privado: o êxito do grupo familiar se inscreve claramente no espaço coletivo, e o lugar da família nas hierarquias locais se expressa pela extensão de suas terras, pelo volume de gado em parceria, pelo número de trabalhadores contratados ou pela fachada recém-pintada da loja. Por ser de ordem econômica, o êxito privado também é público. Mas, por isso mesmo, o capital produtivo (ponto comercial, terras, gado em parceria etc.) constitui um patrimônio transmissível que é partilhado entre os herdeiros, por vezes contrariando qualquer lógica econômica. Quando o empreendimento familiar cresce e passa a empregar assalariados, manifesta-se a contradição entre seu caráter privado e sua função econômica, pública por definição: os assalariados ficam sujeitos a perder o emprego na esteira de acontecimentos puramente privados, como a morte do empresário.

Unido pela necessidade de sua função econômica, esse tipo de família desempenha um papel determinante tanto na educação dos jovens quanto no atendimento dos velhos. Seja na herdade, na oficina ou na loja, o filho aprende o ofício com os pais ou amigos dos pais, e a própria aprendizagem é concebida como uma relação familiar, de ordem privada. No outro extremo da vida, os velhos incapazes de se sustentar encontram abrigo na casa de um dos filhos. Não que a família seja aquela família patriarcal descrita por uma mitologia complacente:[5] na maioria das regiões da França, à exceção do Sudoeste, o lar camponês se reduz ao casal e filhos, àquilo que os sociólogos chamam de família nuclear; o casal de avós fica morando não muito longe, num arrendamento menor, mas mantendo sua própria casa pelo tempo que for possível; quando já não dá mais, principalmente quando a avó morre antes do marido, o velho vai morar com os filhos. Assim, além da função econômica, a família desempenha uma função educativa e uma função assistencial.

A retração das empresas familiares

Podemos ver como o desenvolvimento do trabalho assalariado retira a função econômica da família e como a emigração do trabalho, saindo da esfera doméstica, vem acompanhada por uma socialização crescente da função educativa e da função assistencial. A escolarização dos aprendizados profissionais e a previdência social substituem a família. Mas as causas dessa evolução são menos simples do que suas consequências.

As razões econômicas são, sem dúvida, determinantes tanto para o trabalho independente quanto para o trabalho domiciliar. Os pequenos sítios ou as pequenas lojas de comércio não conseguem garantir a oferta dos produtos agrícolas ou de mercadorias de largo consumo a preços competitivos. O protecionismo e o atraso da economia francesa contiveram por muito tempo a retração dessas empresas familiares. Por outro lado, desde a Segunda Guerra Mundial, ela foi acelerada pelo esforço de modernização e, apesar dos sobressaltos dos camponeses ou lojistas lutando pela sobrevivência e reivindicando a preservação de diversas vantagens (preços mínimos, redução de impostos), com manifestações espetaculares organizadas, por exemplo, pela FNSEA (Fédération Nationale des Syndicats d'Exploitants Agricoles), pelo movimento Poujade (1953-1956) ou pelo CIDUNATI (Confédération Intersyndicale de Défense et d'Union Nationale d'Action des Travailleurs Indépendants), de Gérard Nicoud, o mercado impõe sua lei inexorável, parcamente atenuada em um ou em outro aspecto por medidas sociais ou por leis como a de 1973, que reduzia as implantações de grandes superfícies.

A evolução social também é importante. A retração das empresas familiares está ligada ao desenvolvimento dos benefícios sociais obtidos pelos assalariados. O fato já é visível na agricultura, onde o filho que, hoje, trabalha com seu pai é muitas vezes registrado como trabalhador rural. Esse aspecto é muito importante no comércio e no artesanato. A diminuição do número de patrões na indústria e no comércio, que em 1982 não representam mais do que 7,8% dos ativos contra 12% em 1954, 10,6% em 1962 e 9,6% em 1968, é muito mais acentuada do que a das próprias empresas comerciais ou artesanais. Aqui convergem dois fenômenos: de um lado, uma lenta erosão do pequeno comércio e do artesanato, que faz com que o número de empresas que anualmente fecham suas portas seja maior do que as novas empresas que surgem. De outro lado, uma mudança no estatuto jurídico: o dono de uma pequena empresa a transforma em sociedade limitada, e até em sociedade anônima, tornando-se seu gerente assalariado. Assim, ele consta dos recenseamentos como funcionário, e não mais como proprietário.

Dissociação entre a empresa e a família

Não se trata apenas de uma questão terminológica. A mudança no estatuto jurídico traduz de fato a dissociação entre a empresa e a família. A atividade pública se separa da vida privada; ambas se tornam autônomas. A importância dessa dissociação não se reduz a suas consequências financeiras, e ela não se limita a separar as finanças da empresa das do lar. Geralmente também implica uma diferenciação do tempo e do espaço.

De fato, a antiga empresa ou a exploração agrícola familiar reunia duas séries de atividades diferentes num mesmo local. O comerciante geralmente morava com a mulher e os filhos nos fundos da loja, como ainda hoje ocorre entre os padeiros do interior ou da periferia. Apenas os mais abastados moravam numa residência em cima do estabelecimento comercial. Assim, os fundos da loja serviam ao mesmo tempo de depósito e de habitação. Os estoques da loja, os alimentos de casa e os utensílios domésticos se amontoavam lado a lado nos armários da despensa. Lá comiam, lá faziam as contas e lá os meninos preparavam as lições; às vezes, até dormiam.

A indiferenciação do espaço acarretava a indiferenciação do tempo. Quando encontravam a porta fechada, os clientes não hesitavam em bater à janela da cozinha, onde a família estava comendo, e insistiam para ser atendidos sem demora. As coisas começam a mudar quando a mãe de família, incomodada por um freguês a uma hora adiantada, em vez de achar a coisa natural, exclama: "Realmente nunca vamos ter paz...". A indiferenciação dos locais é, então, vivida como uma escravidão total do tempo. A reivindicação de uma vida privada leva à dissolução do antigo emaranhado: para que o tempo da vida privada fique fora do alcance dos clientes, os espaços precisam ser dissociados e a loja deve se separar do domicílio. E então os fundos das lojas perdem as camas, os armários, os fogões. Os comerciantes alugam um apartamento ou mandam construir uma casa na periferia. Têm dois endereços, e logo duas linhas telefônicas, sendo que apenas uma delas consta da lista telefônica. É o preço a pagar pela defesa da vida privada.

Essa evolução certamente não é geral nem absoluta. Encontra-se mais adiantada entre as lojas do centro do que as de bairro, mais frequente entre os comerciantes de roupas, calçados ou eletrodomésticos do que entre os padeiros ou merceeiros de bairro. Em muitas vilas subsiste a antiga indiferenciação, atenuada por outro comportamento do público, agora consciente de que estaria "incomodando" fora dos horários considerados normais. Os artesãos, mais ligados à sua oficina, onde por vezes trabalham à noite ou aos domingos, hesitam mais do que os comerciantes em morar a certa distância. Se moram numa outra casa, é em um lugar bem próximo. Em todo caso, o sentido da evolução é inequívoco.

O exemplo das profissões liberais o confirma. Mas com os tabeliães, os oficiais de registro, os advogados e principalmente os médicos, estamos num meio que quer preservar ciosamente seu estatuto liberal e sua independência. No entanto, mesmo aqui, ocorrem alterações no estatuto jurídico. Primeiramente, há médicos que começam a registrar as esposas como secretárias contratadas: a senhora continua a atender ao telefone e a abrir a porta, mas supostamente recebe um salário do marido e é registrada na previdência social. De alguns anos para cá, tem-se a formação de sociedades em nome coletivo. Isso não altera necessariamente a imbricação da vida profissional e da vida privada. Mas o mais importante é que os médicos deixam de morar ao lado de seus consultórios, os advogados ao lado de seus escritórios. Já não há como encontrá-los fora do horário de expediente, nem de chamar o médico da família à noite... O telefone tocaria à toa: o doutor não está. Ele colocou sua vida privada ao abrigo de seus pacientes.

Assim vê-se, em nossa sociedade, a afirmação de uma nítida separação entre a vida privada e o trabalho profissional. Essa nova norma é tão marcante que tende a se impor mesmo quando o trabalho profissional não supõe relações com uma clientela capaz de ameaçar a vida privada. Sob esse aspecto, é significativo ver se esboçar entre o campesinato um movimento de separação entre a gleba e o domicílio. Movimento iniciado no século XIX, quando se ergueu um muro entre a sala comum e o estábulo, mas que nunca foi muito longe: no máximo, nas fazendas da Normandia ou de Beauce, a residência ficava de um lado do pátio, e nos outros lados ficavam o estábulo, a granja e as outras construções rurais. O trato diário das aves e do gado exigia a concentração dos sitiantes no mesmo local, junto com os animais e a forragem. Hoje, essas necessidades estão desaparecendo. Em regiões ricas, os agricultores que abandonaram a pecuária e romperam com a servidão do gado mandam construir uma casa moderna a uma boa distância das granjas e barracões onde guardam instrumentos de trabalho e colheitas. Em Beauce, por exemplo, Éphraïm Grenadou, já em 1965, mora na casa que mandou construir, diz ele, para sua aposentadoria.[6]

Aqui não se trata mais de preservar a intimidade familiar: ela não é nem mais nem menos ameaçada no sítio ou na residência. Trata-se de dissociar claramente o trabalho e a vida privada. Agora, uma se estrutura em oposição ao outro. Hoje, uma nítida fronteira separa dois universos que, no início do século XX, se confundiam entre si.

TRABALHO E LOCAIS DE TRABALHO

Uma evolução simétrica reorganiza os locais de trabalho, deles eliminando qualquer outra função.

As antigas fábricas: uma circunscrição parcial

A fábrica no século XIX e ainda no começo do século XX não havia sido objeto de uma organização sistemática. As oficinas tinham se desenvolvido mais em função dos locais disponíveis do que por uma lógica dos circuitos de produção. Os exemplos mais conhecidos, como a Renault,[7] mostram uma sobreposição de locais: as oficinas em Billancourt formam um quebra-cabeça descontínuo e ocupam uns quarenta imóveis diferentes, muitos deles separados entre si; casas residenciais foram transformadas em oficinas, e em alguns casos as peças pesadas e volumosas têm de ser transportadas subindo ou descendo escadas estreitas e tortuosas. Os serviços de manutenção, portanto, exigiam numerosas manobras e permitiam a utilização de mão-de-obra infantil, desde que não demandassem muita força física. Nessas condições, o espaço da produção constituía uma rede inextricável de circulações. Nem sempre era fácil saber exatamente onde começava e onde terminava a fábrica: para ir de uma oficina a outra, era preciso atravessar a rua ou um pátio, para onde davam os alojamentos. Tampouco era muito fácil saber se um operário estava em seu posto, tantas podiam ser as razões de andar de um lado para outro. A pequena organização interna do espaço de trabalho acompanhava, desse modo, a pequena diferenciação dos locais de trabalho e moradia.

Às vezes, o emaranhado era ainda maior. Os registros de cartório que, por volta de 1880, arrolam os bens das Siderúrgicas de Longwy incluem, ao lado dos altos-fornos e das oficinas, uma casa para a direção, um dormitório coletivo para os operários, uma estrebaria, um galpão com palheiro, uma caserna com doze alojamentos, uma padaria, uma cantina etc.[8] As siderúrgicas compraram muitas terras à venda nas redondezas, e suas propriedades fundiárias, de distribuição descontínua, por vezes se estendem a áreas bastante distantes dos altos-fornos. Na rede de circulação, principalmente ferroviária — mas nem todas as vias férreas têm a mesma distância —, pode-se encontrar imóveis ou bens rurais de particulares. A fábrica propriamente dita ainda não é delimitada por nenhuma divisa, e nas noites de inverno os vagabundos vêm dormir no calor das escórias dos altos-fornos: em 1897, a direção de Neuves-Maisons, não conseguindo mandá-los embora, chama a polícia para protegê-la contra a invasão do circuito de circulação da fábrica e da ferrovia das minas. O muro que isola e define claramente a fábrica é uma construção tardia, que muitas vezes surge após grandes greves e delimita um poder que, se não precisava de fronteiras, era porque não se via contestado. Em Creusot, a fábrica constrói ou reconstrói seus muros após as greves de 1899. Na Lorena, depois dos movimentos de 1905, por exemplo em Pont-à-Mousson, "levantam-se muros para cercar melhor a fábrica". Em 1909, todas as grandes empresas dispõem de meios modernos de proteção para casos de greve.[9] Mas os trabalhadores não são os únicos a atravessar esses limites. Nos anos 1920, Georges Lamirand ainda descreve as mulheres que, acompanhadas dos filhos pequenos, vão levar a refeição para os maridos na fábrica.[10]

A polivalência do espaço da empresa, porém, não resulta apenas de sua progressiva constituição ao sabor das circunstâncias. Ela faz parte de uma concepção global que define o homem — ou a mulher — antes de tudo pelo seu trabalho. A noção de que, fora do trabalho, ele possa ter outras atividades não só legítimas, mas valorizadoras e capazes de definir positivamente o indivíduo, é uma ideia moderna. No início do século XX, apenas os burgueses, proprietários ou rentistas ociosos, tinham pleno direito a uma vida privada. As classes populares se definiam, acima de tudo, pelo trabalho, e sua vida privada devia se submeter primeiramente às obrigações profissionais. No limite, somente os burgueses tinham direito a uma residência autônoma: os trabalhadores podiam morar, comer e dormir na empresa. Aliás, é esta a fórmula adotada por certos industriais do setor têxtil na região lionesa: eles hospedam todo seu pessoal, composto de jovens camponesas, em internatos dirigidos por freiras.[11] A exemplo da colônia têxtil catalã, a fábrica-convento organiza a totalidade da existência em função do trabalho.

O caso dos asilos é menos excepcional. A regra oitocentista era o internato. É verdade que as congregações, cujos conventos funcionavam como asilos, foram muitas vezes substituídas por enfermeiros e enfermeiras. Isso não altera muito a questão: o regime imposto pela previdência pública no final do século XIX é rigoroso. Eles vivem praticamente enclausurados: as saídas, sob estrita vigilância, são autorizadas a conta-gotas, como um favor. No entanto, esse grupo conta com muitos casados que gostariam de levar uma vida de família. Essa reclusão parece ainda mais questionável na medida em que o máximo que a administração oferece a seu pessoal, em matéria de alojamento, são dormitórios imundos que abrigam, como denuncia o dr. Bourneville, ninhos de tuberculose.[12] O diretor da previdência pública, G. Mesureur, no começo do século XX, rejeita com idêntica energia o regime externo do pessoal.

O regime externo, que de fato significa o direito à vida privada, será gradualmente conquistado pelos homens em postos mais altos, depois por todo o pessoal masculino, pelas vigilantes casadas e, finalmente, pelas enfermeiras casadas: considerava-se que as solteiras encontravam ali tudo o que lhes era necessário. Para elas, o internato ainda continua a ser a regra nos anos 1930, subsistindo depois da Segunda Guerra Mundial. Aliás, tal como nos internatos escolares, formava-se uma vida coletiva autônoma nos alojamentos do pessoal da empresa. Criavam-se espontaneamente locais de encontro bastante frequentados e animados: uma sala onde podiam lavar e passar a roupa, ou cozinhar ovos numa espiriteira. O espaço da vida privada propriamente dita, porém, se resumia à solidão dos quartos ou ao exterior, por onde as pessoas raramente tinham o tempo e o direito de se aventurar.

A especialização do espaço de trabalho

A reorganização do espaço industrial em projetos racionais se distribui ao longo de todo o século XX, com fases de aceleração durante as reconstruções posteriores às duas guerras mundiais. Mas a difusão do taylorismo e a organização científica do trabalho também contribuem para ela. A cadeia de produção exige continuidade e por vezes obriga à construção de imensos galpões num mesmo nível. Ainda mais do que a fábrica Berliet de Vénissieux em 1917, a fábrica Renault da ilha Seguin em 1930 ou a fábrica inteiramente reconstruída pela Citroën na estação de Javel, em 1933, ilustram essa nova lógica: a produção já não se organiza em função das imposições colocadas pelos imóveis preexistentes; pelo contrário, o prédio é concebido em função das imposições do processo produtivo. Assim, o espaço de trabalho tende a se especializar; a fábrica já não é apenas um edifício onde por acaso se produz, e sim um imóvel construído expressamente para uma produção determinada. A arquitetura industrial se afirma e difunde formas específicas, principalmente as coberturas.

A especialização do espaço industrial dispõe as máquinas numa ordem estrita e designa um lugar para cada operário; os espaços de circulação ou de estocagem dentro da fábrica se diferenciam dos espaços reservados à produção. Reforça-se o controle da fiscalização sobre o tempo e o espaço; os relógios de ponto, a cronometragem e os sistemas de remuneração por produtividade se difundem, e faixas pintadas no chão dos corredores definem os locais por onde o operário não pode se aventurar sem autorização. Ao cabo do processo, por exemplo na fábrica Renault de Flins, essa organização espacial que define o local próprio do trabalho dentro da fábrica assume um valor simbólico muito intenso: fazer greve é "sair no corredor" sob o olhar da fiscalização.[13]

Simultaneamente, o espaço industrial se separa do tecido urbano. A delimitação das fábricas implica o controle das entradas e saídas: as portas se tornam locais estratégicos, onde se postam os guardas ou, eventualmente, piquetes de greve. A racionalização do espaço industrial consiste na redução do número de portas e em sua especialização: a entrada do pessoal, as entregas, as expedições. Antes isso era impossível, devido ao fracionamento das fábricas; agora dá-se preferência a construções contínuas. Ao mosaico de oficinas dispersas, a nova fábrica opõe seus blocos compactos.

A partir de meados do século XX, essa evolução muda de escala. O urbanismo moderno preconiza a especialização dos bairros. A cidade antiga mesclava intimamente os alojamentos e as oficinas; nas mesmas ruas, em volta dos mesmos pátios, conviviam imóveis de aluguel, galpões e oficinas. Nos ruídos da cidade mesclavam-se os gritos das crianças, o ronronar das máquinas, os golpes dos martelos ou os zumbidos das serras. O urbanismo moderno, simbolizado pela Carta de Atenas (1930), rejeita esse emaranhamento. É uma condenação totalmente teórica quando o crescimento urbano se vê sustado pela crise econômica. Mas, por outro lado, é uma doutrina de disposição espacial quando os bombardeios da guerra destroem bairros inteiros e, depois, quando a urbanização retoma e acelera seu ritmo. Então se impõe o "zoneamento", dissociando as zonas industriais das zonas residenciais.

As primeiras zonas industriais não são muito grandes: alguns hectares. Mais tarde, o crescimento econômico estimula a visão grandiosa: reservam-se centenas de hectares, e as zonas "industriais" se convertem em zonas "de atividades". Inversamente, os urbanistas excluem qualquer implantação industrial nas zonas residenciais planejadas, que inicialmente consistem em grandes conjuntos e, depois, em loteamentos: a única atividade admitida e incentivada é o comércio local. O urbanismo moderno, dessa forma, estende a toda a população e erige em princípio a prática burguesa de viver longe do barulho das fábricas e da promiscuidade operária. Ao lado dos bairros residenciais burgueses, mais antigos, surgem bairros residenciais mais populares. Nos bairros antigos, as oficinas, sendo fechadas, são substituídas por imóveis residenciais. O tecido urbano se torna progressivamente homogêneo. É o que se vê em Paris, nos XIV e XV arrondissements, em Lyon, Brotteaux, Croix-Rousse, bem como na maioria das vilas populares.

Assim, a dissociação entre a vida privada e a vida profissional hoje se inscreve na própria configuração das cidades e nas estruturas de utilização do tempo. Já não se trabalha no local de residência; já não se reside no local de trabalho: esse princípio não se aplica apenas ao plano da moradia individual ou da oficina, mas a bairros inteiros. Diariamente, a população se desloca em imensos fluxos migratórios de seus locais de moradia para seus locais de trabalho, e vice-versa. O automóvel e os transportes coletivos asseguram uma ligação alternada entre dois espaços que tendem à mútua exclusão.

A oposição, porém, não pode ser absoluta. Ou, melhor, impondo-se no nível global das aglomerações, ela própria cria a necessidade de algumas retificações. Os equipamentos coletivos, em primeiro lugar, não se inscrevem com precisão na dicotomia do espaço urbano: a agência postal, a escola, as lojas, o hospital não pertencem à vida privada, e, se são os locais de trabalho para seus funcionários, estes não são os únicos ali presentes. A divisão das cidades em espaços especializados — o "zoneamento" — gera migrações cotidianas de tal amplitude que, nos próprios locais de trabalho, vê-se ressurgirem atividades não-profissionais. A jornada contínua se generaliza. É cada vez mais frequente — ao que parece, 20% dos casos em 1983 — que os assalariados almocem no próprio local, numa cantina ou restaurante da empresa. Criam-se cafés dentro da própria firma, proporcionando um local para encontros amigáveis de ordem estritamente privada. O comitê da empresa multiplica as atividades de lazer, de modo que o espaço social do trabalho passa a abrigar elementos da vida privada. Simetricamente, certos trabalhos jamais saem do domicílio privado; outros retornam a ele, com o desenvolvimento, por exemplo, do trabalho informal. A especialização dos espaços, portanto, não é total.

A nova norma e o trabalho das mulheres

E tampouco constitui a norma: é o que mostra o caso do trabalho feminino. Durante gerações, o ideal consistia em que as mulheres ficassem em casa e cuidassem do lar: trabalhar fora era sinal de uma condição especialmente pobre e desprezível. Ora — e essa inversão corresponde a uma das grandes evoluções do século XX —, de repente o trabalho doméstico das mulheres passa a ser denunciado como uma alienação, uma sujeição ao homem, ao passo que trabalhar fora vem a ser para as mulheres o sinal concreto de sua emancipação. Assim, em 1970, a principal justificativa do trabalho feminino, entre os quadros superiores, é a igualdade dos sexos e a independência da mulher, ao passo que entre os operários e os empregados do comércio e dos escritórios ainda predominam as justificativas econômicas.

Essa incontestável evolução coloca diversas questões. O historiador toma em primeiro lugar a questão da data: por que nessa época, e não antes ou depois? Os argumentos que fundam os novos rumos do trabalho feminino teriam sido igualmente válidos, fosse vinte, trinta ou cem anos atrás. Por que foi preciso esperar pelos meados do século XX? Por que essa evolução se deu antes nas camadas urbanas assalariadas, para só depois ganhar progressivamente — e devagar — o conjunto da sociedade?

Tais perguntas encontram resposta na antiga indiferenciação do espaço e das tarefas, e em seu posterior desaparecimento. Enquanto as tarefas caseiras e profissionais eram realizadas em simultâneo, no seio do mesmo universo doméstico, a divisão sexual do trabalho não era vista como uma desigualdade ou uma sujeição. A subordinação da mulher ao homem era marcada pelos costumes, como naqueles lares rurais em que a mulher, permanecendo de pé, servia o homem e esperava que ele acabasse de comer antes de se sentar à mesa. Mas as tarefas domésticas nem por isso eram desvalorizadas. O homem e a mulher trabalhavam às vistas um do outro, e ambos de maneira igualmente exaustiva. Nessa economia da miséria, entre os operários ou os camponeses pobres, as mulheres realizavam uma parte do trabalho produtivo. De qualquer modo, a primeira forma de ganhar era não gastar, e as economias das donas de casa constituíam o primeiro dinheiro recebido, poupado, por vezes investido no negócio. Inversamente, os homens também faziam serviços para a casa, preparando a lenha, fabricando os utensílios e móveis, para não precisar comprá-los.

A especialização dos espaços rompe a igualdade conjugal e institui a mulher como criada. A imagem de Epinal sobre o marido que lê o jornal em sua poltrona enquanto sua mulher se desdobra supõe um marido de "volta do trabalho", isto é, que trabalha fora de casa. Ao mesmo tempo, a economia se torna mais monetarizada: o dinheiro poupado nas despesas conta menos do que o dinheiro ganho. O trabalho assalariado do homem adquire uma nova dignidade, e a mulher que fica em casa se torna a empregada do marido: o que importa não é que ela trabalhe em casa, e sim que o faça para outra pessoa. A separação entre o espaço produtivo e o espaço doméstico transforma o sentido da divisão sexual das tarefas, e introduz no casal a relação entre o patrão e o criado, antes característica da burguesia. É algo tão pouco tolerável que, no conjunto da sociedade, torna-se anormal trabalhar no espaço privado de qualquer outra pessoa. Se o trabalho assalariado das mulheres assume no século XX um valor emancipador, é devido a uma evolução ainda mais global, que modificou as normas do trabalho assalariado.

TRABALHO NA CASA DOS OUTROS

De fato, no começo do século XX, ao trabalho em casa se opunha o trabalho na casa dos outros. Fosse qual fosse sua forma, o trabalho assalariado era, em primeiro lugar, um trabalho na casa de alguma outra pessoa. Ele não se dava num espaço público regido por normas coletivas, e sim no domínio privado de outrem.

Os domésticos

Desse ponto de vista, a forma exemplar do trabalho na casa dos outros é o dos empregados domésticos. Fossem empregados rurais — 1,8 milhão em 1892 — ou criados de casas burguesas — 960 mil no recenseamento de 1906 —, os empregados domésticos perdem toda a privacidade e participam da vida privada de seus senhores. Morando, ao contrário dos jornaleiros ou das diaristas, na casa do patrão, recebendo a alimentação, quer comam na copa ou, como os camaradas rurais, à mesa da família, eles não possuem nada de "privado". Os camaradas em geral dormem no estábulo, e seus objetos pessoais cabem no bolso ou, no máximo, em suas mochilas. Na cidade, muitas domésticas dormem num desvão ao lado da cozinha, e muitas também dispõem de uma mansarda, onde podem ter alguns objetos de toalete e algumas bugigangas. Mas os manuais de boa educação sugerem que as patroas visitem regularmente os quartos das empregadas. Aliás, estas nem têm muito tempo para passar em seu aposento, a não ser para dormir.

O controle dos patrões se estende às relações dos empregados domésticos, cuidadosamente vigiadas. As folgas são breves e raras, e sua correspondência é aberta. É no passeio público, onde vai passear com as crianças, que a empregada às vezes fica conhecendo um soldado raso, num domingo; convidá-lo para subir até a cozinha pela escada de serviço é correr o risco de ser despedida.

O que melhor mostra a dificuldade do empregado doméstico em ter uma vida privada é o pequeno número de criados casados. Nas propriedades rurais, os camaradas quase sempre são solteiros; quando não o são, é como se fossem: o cônjuge não está presente, e nem aparece. Nas mansões da alta burguesia ou da aristocracia, às vezes acontece que um cocheiro se case com uma camareira e ambos continuem no serviço. Mas, nesse caso, mais vale não ter filhos: perderiam o emprego, a menos que o chefe de família pudesse ocupar uma casinha de porteiro ou um pavilhão de guarda na herdade. O povo domesticado precisa deixar de ser prolífico, e a única vida privada é clandestina ou marginal.

Por outro lado, o empregado participa da vida privada dos senhores. Estreitamente ligados aos aspectos mais íntimos de sua vida cotidiana — o acordar, o deitar, a toalete, as refeições —, vendo os patrões fora das convenções impostas pela vida mundana (ou pública), muitas vezes encarregados de cuidar dos filhos, os empregados domésticos conhecem mais do que ninguém os problemas de saúde, os caprichos, os desentendimentos, as intrigas de seus senhores. Às vezes ouvem suas confidências, o que é possível graças à discrição que são obrigados a manter.

Isso também porque a relação entre patrões e criados está mais próxima de uma relação familiar do que de um contrato de trabalho. O empregado doméstico é quase um parente, e o parente pobre — por exemplo, a tia solteirona — é quase um empregado doméstico. Essa relação, evidentemente, é hierarquizada: há um superior e um inferior, mas as relações familiares também são hierarquizadas, e um filho que não considerasse os pais como superiores logo sofreria alguma represália. O apego dos criados aos senhores e seus filhos é tanto maior na medida em que eles não possuem relações afetivas próprias. Em contrapartida, são tratados com uma familiaridade geralmente benévola, são objeto de atenção e recebem cuidados quando adoecem. Tuteados por seus senhores, devido à sua posição de inferioridade (no regimento, os soldados são tuteados pelos oficiais), eles os tratam na terceira pessoa, mas falam dos patrões usando o primeiro nome: monsieur Jacques, madame Louise..., inclusive os filhos. O sobrenome é evidentemente inútil, já que a relação se situa, por definição, dentro do lar, quando não dentro da própria família. Às vezes as coisas vão até mais longe: não há como computar os amores dos serviçais, mas certamente não foram inventados pelos autores de vaudevilles...

A mesma análise vale para os camaradas rurais, com algumas ressalvas. Há a mesma proximidade na vida cotidiana, o mesmo conhecimento da família e de seus segredos, as mesmas eventuais relações íntimas entre o agricultor e o camarada. A diferença entre os camaradas rurais e os criados das casas burguesas reside em outro aspecto: estes últimos, em sua maioria do sexo feminino, auxiliam no trabalho doméstico, enquanto aqueles, principalmente do sexo masculino, auxiliam no trabalho produtivo. Os camaradas não estão tão diretamente ligados à vida privada de seus patrões quanto as camareiras ou as empregadas de todo serviço. Da mesma forma, a ligação dura menos tempo: o camarada é contratado por um ano, e a data do pagamento por vezes vem acompanhada por uma semana de folga, como na Bretanha de Pierre-Jakez Hélias, ainda no começo dos anos 1920.[14] As criadas são contratadas por tempo indeterminado, mesmo que recebam vencimentos anuais. Na maioria das propriedades rurais, exceto nas maiores, contrata-se o camarada numa fase bem determinada do ciclo de vida: aquela em que os meninos ainda são muito pequenos para trabalhar como homens; quando completam dezesseis ou dezessete anos, o camarada, que até então complementava a mão-de-obra familiar insuficiente, é despedido. Um lar burguês, em contraposição, é inconcebível sem o criado, e mesmo que às vezes, numa casa com crianças, a criadagem seja em maior número — pode-se contratar uma ama-de-leite, uma pajem ou um preceptor —, a própria organização da vida cotidiana supõe empregados para a limpeza, a cozinha, as louças etc. Não há como manter o nível social sem ter pelo menos uma empregada para todo o serviço.

Essas diferenças, porém, não afetam a relação de trabalho em si, a qual, nos dois casos, consiste num laço de ordem pessoal. Tanto na herdade quanto na casa burguesa, o empregado doméstico está a serviço pessoal de um patrão. O empregado não está desobrigado ao terminar o serviço, nem o patrão ao lhe pagar seus vencimentos. Além do serviço, que aliás não é definido com precisão, o patrão espera do doméstico uma colaboração múltipla e um comportamento ao mesmo tempo compreensivo, respeitoso e não desagradável: os impertinentes e rabugentos não ficam muito tempo no emprego. Inversamente, os domésticos têm o direito de esperar dos patrões, além do pagamento, certa benevolência: o pároco Payot, em seu manual de moral, recomenda às futuras empregadas de todo serviço que não tolerem a desconsideração e não fiquem numa casa em que não aprendam nada.[15] A patroa deve educar a doméstica e lhe ensinar a "cuidar de uma casa". Aqui não se trata de um contrato de trabalho impessoal: o patrão e o empregado precisam se dar bem. Numa época em que frequentemente os próprios casamentos se fundavam em conveniências sociais, essa relação de trabalho se aproximava de uma relação familiar: era uma relação de ordem privada.

Essa análise não justifica nenhuma nostalgia. As relações entre patrão e empregado doméstico, por terem um caráter pessoal e quase familiar, nem por isso eram idílicas: a família é um lugar não só de afeto, mas também de tensões e conflitos. Por outro lado, é fundamental dar o sentido pleno e integral à definição dos juristas: o contrato de trabalho, na época, é realmente de ordem privada.

Os operários alojados pelo patrão

No começo do século XX, de fato, a situação dos empregados domésticos não é estatutariamente diversa da dos outros trabalhadores. Ainda são muitos os operários que moram no alojamento fornecido pelo patrão. Observemos as casas de uma cidade do interior, seguindo os agentes do censo em 1911. Encontraremos o rapaz do açougue morando sob o teto de seu patrão, e os padeiros na casa ao lado do forno. Eis o caso de um fabricante de chocolates: ele tem em casa uma dúzia de trabalhadores, em sua maioria homens, que certamente trabalham fazendo chocolate, mas entre eles também há um cocheiro. E o caso da modista e sua irmã, que alojam a costureira que trabalha para elas: é de se apostar que a costureira também serve à mesa e cuida da louça.[16] É impossível traçar a fronteira entre o empregado doméstico e o trabalhador alojado na casa do patrão.

É igualmente impossível traçar a linha entre os trabalhadores que recebem e não recebem alojamento. Em primeiro lugar porque, como vimos, mesmo que as fábricas-pensionatos constituam exceção, não é raro que as empresas alojem uma parte do pessoal dentro de seus muros. E, acima de tudo, a relação entre o operário e o patrão é muitas vezes idêntica à relação entre o criado e o senhor. Para os operários, isso depende em grande parte do tamanho da empresa: quando permanece numa escala humana, quando o patrão se mantém pessoalmente acessível, os trabalhadores se referem a ele da mesma forma como o criado se refere a seu senhor ("monsieur François"...), e pensam que podem lhe falar de homem para homem. Nas empresas maiores — mas a França é, acima de tudo, um país de pequenas empresas —, as relações se despersonalizam, e os operários se situam fora de qualquer dependência pessoal. Qualquer que seja o tamanho da empresa, os patrões, dentro da fábrica, se consideram em casa: ela não é um espaço público, e sim seu domínio privado. É por isso que recusam por tanto tempo a inspeção do trabalho, que lhes parece uma violação domiciliar. Aliás, é significativo que falem de sua "casa": o mesmo termo designa o domicílio e a empresa.

O paternalismo

Para eles, portanto, o paternalismo é uma atitude natural. Seria um equívoco ver aí um cálculo maquiavélico. Não há dúvida que o paternalismo atende aos interesses dos patrões, mas eles iriam à falência se não se preocupassem com seus interesses, e é tolice censurá-los por isso. Na verdade, para a mentalidade da época, o patrão ou é paternalista ou é um explorador cínico e feroz. O patrão consciente de seus deveres se vê como um "bom pai de família"; não é assim que são administradas as "casas" prósperas? Na medida em que o contrato de trabalho é de ordem puramente privada, o "bom" patrão só pode ser paternalista.

Da mesma forma, o paternalismo inclui toda a família do patrão. Não só ele o obriga a participar pessoalmente — o patrão, por exemplo, deve percorrer as oficinas com frequência —, como também o impede de manter totalmente sua privacidade. Por um lado, e principalmente na província, ele e sua família vivem sob as vistas de todos; para evitá-lo, ele teria de levar uma vida "dupla", e nesse caso a "outra" é a vida privada. O patrão deve se apresentar com a esposa nas entregas de prêmios nas escolas e de medalhas por serviços etc. Sua mulher deve presidir com energia e dedicação às obras de assistência maternal ou familiar, cuidar das escolas de economia doméstica, de ambulatórios, de oficinas de caridade... Os filhos não escapam aos comentários: veem-nos crescer, comentam suas aventuras e, quando se casam, a festa de casamento deve vir acompanhada de uma certa liberalidade. Assim, a vida familiar do patrão é em parte uma vida de representação. Aliás, sua casa, bem visível, ergue-se no próprio espaço da fábrica, próxima das oficinas, e muitas vezes dentro do mesmo terreno.

Da mesma forma, a família do operário não está excluída do contrato de trabalho. A avaliação sobre o operário leva em conta o que sua mulher e filhos fazem. Quando nasce uma criança, o fato às vezes é assinalado com um presente ou uma gratificação, principalmente quando é um trabalhador estável. Para as contratações, considera-se natural dar prioridade aos filhos de "seus" operários, e basta que o mineiro que quer empregar seu filho na mina venha apresentá-lo ao patrão. Em suma, o contrato de trabalho não deixa de guardar semelhanças com o contrato dos fidalgotes e seus meeiros no Oeste de Angers. Ele engloba a totalidade da existência.

Essa maneira de conceber a relação de trabalho como um laço de dependência pessoal em relação ao patrão hoje nos parece inaceitável, e é para nós difícil acreditar que tenham existido homens capazes de aceitá-la de bom grado, como algo evidente e natural. Muitos, porém, chegavam a sentir gratidão pelo patrão e o tinham na conta de benfeitor. No começo da Terceira República, ainda é frequente que um industrial responsável pela prosperidade de um cantão seja eleito conselheiro geral por seus próprios operários: a coisa é tão espontânea que nem há necessidade de manobras eleitorais. Nas minas de ferro da Lorena, os mineiros se cotizam anualmente, no dia de santa Bárbara, para oferecer um ramalhete de flores ao patrão, que levam em procissão até sua casa, e isso mesmo depois da Primeira Guerra Mundial.[17] Em 1º de janeiro de 1919, os operários de L. Renault lhe oferecem a cruz da Legião de Honra e um livro de ouro assinado por 12 mil deles.[18] Mesmo descontando a influência das tradições folclóricas e do provável papel da autoridade patronal, o fato de que tais manifestações sejam não só concebíveis, mas também efetivas, confirma que muitos trabalhadores da época veem na empresa uma espécie de grande família, cujo pai seria o patrão.

AS ETAPAS DA SOCIALIZAÇÃO DO TRABALHO

Nem todos os operários, porém, aceitavam estabelecer, através do contrato de trabalho, uma relação pessoal tão desigual. Se alguns, educados a respeitar e a sentir gratidão ou resignados com a ordem das coisas, admitiam se converter em uma espécie de "crianças grandes" — a expressão se encontra nos escritos patronais —, outros, em proporções que aumentam no final do século XIX, recusavam tal subordinação. Para os republicanos, os homens são todos iguais; não é o que ensina a escola? A benevolência condescendente do patrão em relação ao operário frequentemente lhe parece tão intolerável quanto a do aristocrata em relação ao burguês de 1789. Esses operários querem ser os assalariados do patrão, e não seus devedores. A fábrica não forma uma grande família: é uma questão de dignidade.

A greve como ruptura de uma relação pessoal

A concepção do contrato de trabalho como ingresso do operário no domínio privado do patrão transformava os inevitáveis conflitos de interesses em confrontos pessoais. A greve atinge pessoalmente o patrão: crianças, empregados domésticos fazem greve? Os operários em greve não se limitam a reivindicar: eles contestam a autoridade do "pai da fábrica", eles rompem um laço, eles se libertam de uma dependência. Aliás, é exatamente por isso que os sindicalistas do começo do século XX atribuem tanta importância à greve: ela educa, encarniça, arrasta, cria.[19] Um aumento salarial arrancado por meio de uma greve tem um valor muito maior do que se tivesse sido espontaneamente concedido pelo patrão, pois ao ganho material a greve acrescenta uma superioridade moral.

É o que os patrões não podem tolerar. Para eles, a greve é um gesto de ingratidão, um sinal de mau caráter, um ato de insubordinação — um "amotinamento", chega a escrever um deles.[20] Após as greves da Frente Popular, um patrão da Côte d'Or chegará a exigir que seus operários lhe escrevam, para ser readmitidos, uma carta nos seguintes termos: "Senhor, lamentando ter nos conduzido mal em relação ao senhor ao entrar em greve, nós lhe pedimos que nos perdoe e, readmitindo-nos, nos permita nos resgatar no futuro com uma conduta exemplar. Agradecendo-lhe antecipadamente, aceite, senhor Marchal, nossas respeitosas saudações".[21]

Assim se entende melhor que, em caso de greve, os patrões se recusem obstinadamente a aceitar a intervenção dos poderes públicos e, inversamente, que os operários solicitem tal interveniência. Não só os patrões se sentem "em casa", como também a arbitragem do juiz de paz, autorizada por uma lei de 1892, iria colocá-los em pé de igualdade com seus operários: para eles, é uma ideia tão insensata quanto a de submeter ao juiz uma divergência entre pai e filho. Com a arbitragem, um contrato que os patrões querem manter estritamente privado se transformaria numa relação de ordem pública. Inversamente, por não considerarem a greve um caso pessoal ou familiar, os operários solicitam a arbitragem. E. Shorter e C. Tilly mostraram que, apesar do discurso sindicalista da época, radicalmente hostil ao Estado, os grevistas não hesitavam em recorrer a ele. Entre 1893 e 1908, 22% das greves são objeto de arbitragem. Em 48,3% dos casos, essa arbitragem intervém a pedido dos operários; em 46,2% dos casos, por iniciativa dos juízes de paz, e quase nunca por iniciativa dos patrões. Quanto aos poderes públicos, eles justificam sua intervenção alegando que se destina a manter a ordem pública. Não raro a greve os obriga a determinar que a polícia proteja o domínio privado do patrão, mas a ordem pública nas ruas corre o risco de se ver comprometida pela intransigência patronal. Essas consequências públicas de um conflito que não negam ser de caráter privado justificam sua intervenção; geralmente ela se dá em favor dos operários, pois impõe um compromisso ao patrão, ameaçando lhe retirar a proteção das forças da ordem.

A guerra de 1914 introduz uma primeira ruptura, mas de curta duração: de fato, durante a guerra, o contrato de trabalho em muitas fábricas deixa de ser exclusivamente privado. A produção bélica interessa essencialmente ao Estado, que decide designar como trabalhadores nas fábricas jovens oriundos das Forças Armadas: os designados especiais são empregados pelo Estado, e não pelo patrão, aliás ficando em certos casos submetidos à autoridade militar. O Estado, por outro lado, não pode admitir que produções importantes para a guerra sejam interrompidas por greves. O ministro do Interior, Malvy, intervém nos conflitos trabalhistas; o ministro dos Armamentos, Albert Thomas, impõe nas fábricas de sua alçada a criação de comissões de arbitragem e a eleição de delegados de seção. Em suma, em certos setores, a guerra transforma o contrato de trabalho em assunto de Estado; nessa questão, até então exclusivamente privada, entra em jogo o interesse nacional.

Aliás, é por isso que a guerra desemboca na ideia da "volta à nação" das riquezas nacionais: o programa da CGT (Confédération Générale du Travail) de 1921, não por acaso, emprega o termo "nacionalização" em vez de coletivização, socialização ou estatização. É que a ideia de abolir a propriedade privada, nesse contexto, resulta não de uma análise econômica do capitalismo, e sim de uma tomada de consciência derivada da guerra: a do caráter público e dos interesses nacionais de certos serviços assalariados. Assim, essa reivindicação é particularmente forte entre os ferroviários, que já a levantavam antes da guerra: as dimensões das companhias ferroviárias despersonalizam a relação com o patrão, e, se há serviços a serem prestados, eles se destinam antes aos passageiros do que aos superiores. Conhecemos as grandes greves de fevereiro e maio de 1920: as companhias, preparadas para a prova de força, saem vitoriosas e demitem mais de 20 mil ferroviários, sem que o Estado intervenha. Eliminados todos os contestadores, a empresa pode prosseguir em suas antigas bases. Na verdade, isso não é mais possível: a nacionalização estrondosamente rejeitada em 1920 se concretizará em 1937 sem encontrar maiores resistências.[22]

As ocupações de fábrica da frente popular

A ruptura decisiva ocorre com a Frente Popular. As ocupações de fábrica em junho de 1936 provocam um verdadeiro escândalo na burguesia: é a negação da propriedade privada. O patronato se sente atingido, ainda mais do que em seus interesses, em sua figura social e em seu poder; obrigado a ceder, sonha com a desforra. Os historiadores, nas pegadas dos contemporâneos, indagam sobre o sentido dessas ocupações: a ausência de qualquer reivindicação de expropriação por parte dos operários, seu desinteresse pela contabilidade das empresas e as raras tentativas de retomar a produção sem os patrões sugerem uma simples medida de garantia durante a negociação. Interpretação pouco satisfatória, pois explicaria um conflito social fundamental de nossa história por uma espécie de mal-entendido, em que os patrões temiam perder uma propriedade que os operários nem pensavam em reivindicar.

Entende-se melhor a amplitude do conflito se o que está em jogo é o contrato de trabalho, a natureza da relação salarial, e não a propriedade da empresa. Para os patrões, o fato de que a empresa é de sua propriedade define o caráter puramente privado do contrato de trabalho. Não é o caso dos operários. Para eles, mesmo sendo propriedade privada, a empresa é de fato um local público onde, de certa forma, eles também estão em casa. Uma oficina não é privada no mesmo sentido de um quarto. O contrato de trabalho, portanto, é de ordem pública, e seu conteúdo deve ser objeto não de uma impossível negociação pessoal entre cada assalariado e seu empregador, e sim de uma negociação entre sindicatos operários e patronais. A grande novidade, nesse sentido, são as convenções *coletivas*, e é significativo que elas só venham a se generalizar a partir da Frente Popular, embora tivessem sido instituídas por uma lei de 1920.

É também por isso que os pequenos patrões se sentem especialmente ameaçados. Eles acusam de traição os signatários patronais dos acordos Matignon, que se referem às grandes organizações do setor mineiro, siderúrgico e mecânico; obrigam a organização patronal a mudar de nome e estatuto, para poderem ter maior peso em seu interior; recusam-se a negociar com a CGT um segundo acordo relativo aos conflitos trabalhistas e sua arbitragem, pois veem aí um atentado à liberdade de contratação e demissão. Onde o grande empresariado se disporia a transigir, o pequeno empresariado se mostra intransigente. Mas é porque a relação de trabalho nas grandes empresas já é, por força das circunstâncias, anônima e impessoal, mesmo que as relações com os contramestres e chefes de equipe sejam altamente personalizadas. Nas pequenas empresas, pelo contrário, a relação trabalhista se mantém bastante pessoal, e o operário ainda não está muito distante do empregado doméstico. Ora, é exatamente isso que ele agora passa a recusar.

Uma anedota ilustra de maneira exemplar o que estava em jogo na Frente Popular. Eu a soube por Bénigno Caceres, que na época era operário numa pequena empresa de construção em Toulouse. Numa manhã de domingo, ele estava tomando a fresca na frente de casa, e seu patrão passou por ali. Os dois se cumprimentaram, e o patrão lhe disse: "A propósito, deixei meu carro ali adiante, e você me faria uma gentileza se fosse lavá-lo essa manhã...". Bénigno Caceres respondeu: "Desculpe-me, senhor, mas isso não está previsto na convenção coletiva...".

Com a Frente Popular, o trabalho assalariado passa da esfera privada para a esfera pública. Às convenções coletivas se acrescentam as medidas obrigatórias de conciliação e arbitragem. Os salários são determinados pelas sentenças dos árbitros. Dentro das próprias empresas, os delegados de seção expressam pública e coletivamente problemas que poderiam se manter a nível pessoal. Ao mesmo tempo, com a semana de quarenta horas e férias remuneradas, os operários conquistam o tempo de sua vida privada. Desse ponto de vista, o estatuto moderno da vida privada remonta à Frente Popular: desde então, torna-se claro não só que existe o espaço pessoal e que é legítimo ter tempo para levar uma vida privada em sua própria casa, mas também que o espaço do trabalho assalariado, a fábrica, a oficina ou o escritório, não é o espaço privado de outrem, e sim um espaço público, regido por normas impessoais.

Vichy não restabelece o domínio patronal em todos os seus privilégios. As circunstâncias lhe impõem uma política dirigista dos salários, bem como uma distribuição dirigista das matérias-primas; as organizações patronais são fortalecidas, como influências coletivas sobre a gestão das empresas. A dissolução das confederações operárias certamente priva os trabalhadores de uma representação coletiva. Mas a legislação trabalhista, para tentar reconstruir as relações sociais sobre os valores privados, recorre paradoxalmente a uma estrutura coletiva, de ordem pública: os comitês sociais de empresa. Seu objetivo é abolir a oposição patrões/operários e promover o bom entendimento na empresa, o qual encontra nas obras sociais seu terreno mais propício, em consonância com o ideal paternalista da grande família. Mas não é mais possível deixar as obras exclusivamente a cargo do patrão, da família ou de seus representantes: a legislação delega a administração dessas obras aos comitês sociais, onde estão representados os operários, os empregados de escritório e os quadros mais qualificados. Assim, comitês de natureza pública ficam encarregados de velar pelo respeito de valores privados, num domínio que, justamente por isso, deixa definitivamente de ser o domínio privado do patrão.[23]

Dessa forma entende-se melhor que os comitês sociais tenham continuado a existir depois da Libertação, agora como comitês de empresa. É fato que estes se diferenciam daqueles por dois aspectos que modificam radicalmente seu sentido: os representantes dos trabalhadores são eleitos por eles, e somente os sindicatos podem apresentar candidatos para essas eleições. Mas as atribuições efetivas dos comitês de empresa não são muito maiores do que as dos comitês sociais, e o papel que poderiam ter assumido na organização da produção — a gestão estava excluída — logo se reduz a zero. Ademais, as empresas com menos de cinquenta assalariados não são obrigadas a ter um comitê de empresa: abaixo desse limite, as relações trabalhistas ainda guardam um caráter pessoal, e não parece muito possível institucionalizar as obras sociais segundo moldes públicos.

A Libertação marca, pois, uma nova etapa na organização das relações de trabalho segundo normas impessoais. As nacionalizações dessa época e, ainda mais, a forma como são aceitas pela opinião geral mostram a importância dessa etapa. Mais tarde, com os acontecimentos de 1968, a reivindicação autogestionária e a lei sobre as seções sindicais de empresa, chega-se a um novo estágio.

1968: a autogestão

A aspiração autogestionária dispensa comentários: é mais do que evidente que ela se funda na afirmação do caráter coletivo da empresa e põe em questão, mais do que a propriedade, o poder que nela se exerce. A autogestão tem como objetivo o fim de todo poder pessoal dentro da empresa e o reino dos contratos de trabalho coletivos. É, portanto, o próprio horizonte da evolução que tentamos descrever.

Por outro lado, para compreender a importância da lei de 1968 sobre as seções sindicais das empresas, temos de remontar à lei sindical de 1884. Na verdade, essa lei tinha se limitado a reconhecer o direito individual do trabalhador de se filiar a associações profissionais, sem dar a elas direitos específicos no âmbito profissional propriamente dito. A lei de 1884, aliás, legitimou os sindicatos tanto patronais quanto rurais ou operários. Os sindicatos, sem dúvida, podiam possuir os bens necessários para suas funções e podiam comparecer em juízo, mas, dentro da empresa, eram nulos: a lei de 1884 não os convertia de forma nenhuma em representantes dos trabalhadores perante os empregadores. A rigor, podia-se aceitar que o sindicato representasse seus membros, que fosse de alguma maneira o mandatário deles, mas, a princípio, não passava disso. Houve mesmo casos em que os patrões que negociaram um aumento salarial com um sindicato reservaram o benefício aos membros sindicalizados, por lhe negarem qualquer qualidade de representante dos não-sindicalizados. Foi a jurisprudência que finalmente impôs o sindicato, mesmo minoritário, como representante de todos os operários. As convenções coletivas vão mais além: com efeito, elas devem ser aplicadas em todas as empresas de um determinado ramo, mesmo onde não existam os sindicatos signatários das convenções.

O reconhecimento dessa função representativa não acarretava o direito de existência do sindicato dentro das empresas. Transposta a soleira da fábrica, o sindicato era ilegal: distribuir suas publicações, receber suas contribuições, convidar para suas reuniões era infringir regulamentos da empresa absolutamente legais. O infrator podia ser pura e simplesmente demitido. Assim, o sindicato tinha o direito de falar em nome dos operários, mas, dentro da fábrica, só podia levar uma existência clandestina. Essa situação impedia principalmente que os sindicatos designassem os membros do comitê de empresa; o decreto de 1945 determinou que fossem eleitos pelos trabalhadores com a apresentação dos sindicatos: eles recebem seu mandato por meio do sufrágio universal, e não de sindicatos de existência precária e representatividade local contestada. Os delegados do comitê de empresa são objeto de proteção legal contra demissões abusivas, o que não ocorre no caso dos responsáveis sindicais. O comitê de empresa, dessa forma, permite legitimar parcial e indiretamente os sindicatos dentro da empresa; ela lhes fornece uma "cobertura" legal, e não um pleno reconhecimento integral.

É preciso esperar pela lei de 1968 para que os sindicatos tenham um estatuto dentro das empresas, pelo menos as que contam com mais de cinquenta assalariados. As seções sindicais têm direito a um local, a um quadro de avisos, e seus responsáveis, protegidos das demissões abusivas, obtêm o direito de consagrar a suas atividades sindicais uma parte de seu tempo de trabalho remunerado, que depende do tamanho da empresa. Antes da lei de 1968, militar dentro da empresa constituía uma infração; a partir de então, torna-se um direito.

A nova norma do trabalho assalariado

Assim, no final dessa dupla evolução, o trabalho saiu do domínio privado; trabalhar em casa, mesmo por conta própria, passou a ser algo excepcional, mas o trabalho assalariado já não é propriamente um trabalho na casa de outrem, para outrem: é um serviço impessoal regido por normas formais, submetido a arbitragens coletivas, que se dá num espaço despersonalizado onde não só o patrão, mas também instâncias representativas possuem direitos próprios.

Essa evolução certamente tem suas contrapartidas. Expulsa do trabalho, a vida privada se reintroduz de múltiplas formas, cujo inventário, mesmo sucinto, apresentaremos mais adiante. A atual concepção do trabalho não satisfaz inteiramente nem aos usuários nem aos trabalhadores. O que era uma proteção contra a anexação ao domínio privado do patrão agora é percebido por alguns como uma sujeição a uma burocracia desumana. Aspira-se a relações de trabalho mais pessoais, o que, a nosso ver, cria uma nova evolução que, sem questionar o caráter público do trabalho, propõe novas normas de comportamento dentro dessa esfera pública a que ele pertence.

Mas não é possível entender esse recrudescimento do privado se não levarmos em conta que a própria vida privada se redefiniu dentro do quadro familiar. A separação que se estabeleceu ou se intensificou entre o trabalho e a família provocou profundas modificações no quadro familiar e transformou a vida privada.

NOTAS

1. Essa hierarquia aparece nitidamente quando se estuda a situação das jovens na hora de se casar, cf. A. Prost, "Mariage, jeunesse et société à Orléans en 1911", *Annales ESC*, jul.-ago. 1981, pp. 672-701.

2. S. Grafteaux, *Mémé Santerre, une vie*, Paris, Éd. du Jour, 1975.

3. L. Frapié, *La maternelle*, Paris, Albin Michel, 1953 (1ª ed., 1905). Léon Frapié, funcionário da prefeitura de Paris, conhecia bem o bairro Belleville, descrito em seu romance.

4. J. Guéhenno, *Journal d'un homme de quarante ans*, Paris, Grasset, 1934, pp. 67-73.

5. Por muito tempo repetiu-se, seguindo Le Play, que a família antiga mantinha sob a autoridade dos pais um ou mais filhos casados, com sua respectiva progênie. Os trabalhos de Peter Laslett sobre a Inglaterra dos séculos XVII e XVIII obrigaram a um reexame da questão. Constatou-se então que, em várias vilas, os lares contavam com apenas três ou quatro pessoas. Em Chardonneret (Oise), por exemplo, apenas 15% dos lares, em 1836, se compõem de famílias "ampliadas" com um casal de parentes ou um parente qualquer (*Ethnologie française*, nº especial 1-2, 1974).

6. É. Grenadou, Alain Prévost, *Grenadou, paysan français*, Paris, Seuil, 1966.

7. P. Fridenson, *Histoire des usines Renault*, Paris, Seuil, 1972, vol. I, apresenta à p. 332 a planta dessas fábricas em 1898, 1914, 1919 e 1926.

8. G. Noiriel, *Longwy, immigrés et prolétaires, 1880-1980*, Paris, PUF, 1984, p. 42. Em Creusot, a especialização do espaço — imenso — da fábrica tinha se iniciado na metade do século XIX. Cf. C. Devillers, B. Huet, *Le Creusot, naissance et développement d'une ville industrielle, 1782-1914*, Seyssel, Éd. du Champ Vallon, 1981.

9. Ibid., p. 91, segundo um relatório do Conselho de Estado após uma pesquisa junto ao comitê das forjas. Observação referente ao Norte.

10. G. Lamirand, *Le rôle social de l'ingénieur. Scènes de la vie d'usine*, Paris, Éd. de la Revue des Jeunes, s.d. (1937, 1ª ed. 1932), pp. 164-6.

11. Y. Lequin, *Les ouvriers de la région lyonnaise*, Lyon, PUL, 1977, vol. II, pp. 115-6, ressalta a importância das "fábricas-internatos" nessa região, na virada do século XIX.

12. Sob a direção de Y. Knibiehler, *Cornettes et blouses blanches, les infirmières dans la société française, 1880-1980*, Paris, Hachette, 1984, p. 50.

13. N. Dubost, *Flins sans fin*, Paris, Maspero, 1979.

14. P.-J. Hélias, *Le cheval d'orgueil. Mémoires d'un breton du pays bigouden*, Paris, Plon, 1975.

15. J. Payot, *La morale à l'école (cours moyen et supérieur)*, Paris, Armand Colin, 1907, p. 193.

16. Esses exemplos foram extraídos do estudo das listas nominativas do recenseamento de 1911 em Orléans.

17. G. Noiriel, op. cit., p. 211.

18. J.-P. Depretto, S. V. Schweitzer, *Le communisme à l'usine*, Roubaix, EDIRES, 1984, p. 61.

19. A expressão é do secretário-geral da CGT na *Action Directe* de 23 de abril de 1908. Cf. J. Julliard, *Clemenceau, briseur de grèves*, Paris, Julliard, 1965, p. 31.

20. A expressão é de M. Jacquet, fundidor em Clermont-Ferrand, cf. Ed. Shorter, C. Tilly, *Strikes in France, 1830-1968*, Londres, Cambridge University Press, 1974, p. 35.

21. Carta publicada por *Le Peuple*, 21 de agosto de 1936. Esse empresário tinha fábricas em Brazey, Genlis e Trouhans.

22. G. Ribeill analisou bem as negociações que resultaram no compromisso de 1937.

23. O. Kourchid, *Production industrielle et travail sous l'Occupation*, Paris, Groupe de Sociologie du Travail, 1985, III-405 pp. multigr., descreve a organização do comitê social das Minas de Lens. A CEGOS aconselhava a eleição dos membros operários dos comitês sociais. Uma circular da UIMM da região parisiense aconselha que não se excluam os candidatos que mostraram atividades políticas ou sindicais, exceção feita aos comunistas.

A FAMÍLIA E O INDIVÍDUO

À primeira vista, a evolução da família é simples: ela perdeu suas funções "públicas" e passou a ter apenas funções "privadas". Uma parte das tarefas antes confiadas a ela foi gradualmente assumida por instâncias coletivas; com essa socialização de certas funções, restou-lhe apenas a realização da vida privada. Nesse sentido, podemos falar de uma "privatização" da família.

Essa análise não está errada, mas é insuficiente. A família que agora se consagra exclusivamente a suas funções privadas já não é, de fato, exatamente a mesma que também possuía funções públicas. A mudança de funções acarreta uma mudança de natureza: na verdade, a família deixa de ser uma instituição forte; sua privatização é uma desinstitucionalização. Nossa sociedade se encaminha para famílias "informais". Mas foi também dentro da família que os indivíduos conquistaram o direito de ter uma vida privada autônoma. De certa forma, a vida privada se desdobra: no interior da vida privada da família surge agora uma vida privada individual. No horizonte dessa evolução, estão os lares compostos por uma única pessoa, onde a vida privada doméstica foi inteiramente absorvida pela vida privada individual.

O ESPAÇO DA VIDA PRIVADA

Os muros da vida privada em princípio cercam o universo doméstico, o universo da família e do lar. Na sociedade francesa, ao que parece, formam uma fronteira mais nítida do que nas sociedades anglo-saxãs. A França, por exemplo, não tem o costume do *bed and breakfast* britânico, que permite a entrada de estranhos no universo doméstico. No século XIX, no caso dos jovens que estudavam longe da casa dos pais, os franceses preferiram a solução dos internatos, em vez da hospedagem na casa de professores ou de famílias da cidade, como na Alemanha. Em suma, o que se passa no universo doméstico pertence estritamente à vida privada.

Assim, uma boa maneira de abordar as transformações que afetaram a vida privada no século XX consiste em indagar sobre a evolução material do quadro doméstico: a história da vida privada é, em primeiro lugar, a história do espaço em que ela se inscreve.

O DESAFOGO DOS LARES

A conquista do espaço

Desse ponto de vista, o século XX é o século da conquista do espaço, mas não no sentido dos astronautas: o conjunto da população francesa conquistou o espaço doméstico necessário para a plena realização da vida privada.

No início do século XX e até o começo dos anos 1950, havia um grande contraste separando os lares burgueses e os populares. Os primeiros eram amplos: salas de visitas, uma cozinha e dependências de empregada(s), um quarto para cada membro da família, e muitas vezes alguns aposentos a mais. O vestíbulo e os corredores garantiam a independência desses diversos espaços. A essas residências amplas, a essas casas "burguesas", opunham-se as moradias populares. Operários e camponeses se aglomeravam em habitações de um ou dois cômodos.

No campo, muitas casas tinham apenas um aposento, onde a família cozinhava e dormia. Os médicos que, por volta de 1900, estudaram as condições de higiene das casas rurais, por exemplo em Morbihan ou Yonne, nos descrevem esses aposentos coletivos, onde às vezes se amontoam quatro camas, cada qual para, no mínimo, duas pessoas.[1]

Somente as herdades mais abastadas dispõem de um outro aposento, e no começo do século XX, principalmente no entreguerras, a prosperidade dos camponeses tem sua tradução no acréscimo de um ou dois quartos a essa sala em comum. Além disso, não só o número, mas também o tamanho dos cômodos traduz a abastança dos moradores: encontram-se casas de diaristas com dois quartinhos, e herdades abastadas com uma sala bem espaçosa; mas, de modo geral, são aposentos pequenos, se pensarmos nas múltiplas atividades que aí se desenrolam: 25 metros quadrados em média, em Yonne, o que é bem pouco.

As moradias urbanas não apresentavam uma distribuição interna tão uniforme. Mas muitas vezes tinham também apenas um cômodo, ou dois ligados entre si, sendo que um deles, naturalmente, era a cozinha. Em 1894, 20% da população de Saint-Etienne, 19% da de Nantes, 16% da de Lille, Lyon, Angers ou Limoges moravam em casas de um único aposento. As memórias de Jean Guéhenno nos oferecem uma imagem concreta dessas moradias:

> Tínhamos apenas um cômodo. Lá trabalhávamos, comíamos, e de vez em quando, à noite, até recebíamos amigos. Dentro dessas paredes, tinham de caber duas camas, uma mesa, dois armários, uma cômoda, um suporte para o fogão a gás, espaço para as panelas, as fotos de família, as do czar e do presidente da República. [...] Havia cordas estendidas de um lado a outro do aposento, onde sempre ficavam secando as roupas da última lavagem. [...] Debaixo dela [uma janela alta], ficava a "oficina", a máquina de costura de minha mãe, o baú de meu pai e um grande balde de água onde sempre havia solas e palmilhas de molho.[2]

Aqui ainda estamos na situação relativamente favorável de uma casa de construção recente, numa pequena vila. As moradias antigas das vilas grandes eram ainda mais exíguas.

A aglomeração, portanto, era a regra; aliás, chegava a tal nível que um homem como Bertillon definiu o limite de duas pessoas por aposento. No recenseamento de 1906, 26% das pessoas que moram em cidades com mais de 5 mil habitantes ocupam um cômodo com, no mínimo, mais duas pessoas, 36% dividem o aposento com outra pessoa, ou pelo menos resulta uma média de mais de uma pessoa por peça, 16,8% ocupam um quarto sozinhas, e em apenas 21,2% dos casos há menos de uma pessoa por peça.[3] As vilas mineiras do final do século XIX oferecem um espaço maior e mais subdividido: uma média de três cômodos, para uma área de setenta metros quadrados na Compagnie d'Anzin, por exemplo.[4] Mas, por rudimentares que sejam, essas moradias operárias foram concebidas por burgueses em função de normas que lhes pareciam evidentes: entende-se que se destaquem entre o conjunto das moradias urbanas populares, marcadas pela promiscuidade e pelo aglomeramento. A separação entre o espaço de trabalho e o espaço doméstico vem acompanhada por um desafogo deste último.

No essencial, essa situação se prolonga por toda a primeira metade do século XX. As descrições de Michel Quoist do bairro Saint-Sauveur em Rouen, em 1949, mostram as mesmas moradias populares apresentadas em *La maternelle* de Léon Frapié, na Belleville de 1900, ou nos levantamentos de Jacques Valdour, logo após a Primeira Guerra Mundial. A razão disso é simples: entre 1919 e 1940, foram construídas apenas 2 milhões de casas. A lei do inquilinato, adotada logo depois da guerra para proteger os inquilinos e conter a alta dos preços, havia resultado em aluguéis tão baixos que os proprietários não tinham mais nenhum interesse em construir imóveis de aluguel, a não ser para uma clientela burguesa. Dessa forma, seria necessária uma intervenção de entidades sociais, sem fins lucrativos, mas os órgãos de habitação popular, previstos por uma lei de 1912, não dispunham dos financiamentos indispensáveis para proceder a operações imobiliárias na medida das necessidades. Mesmo assim, registraram-se algumas realizações: as 200 mil casas populares financiadas pela Lei Loucheur (1928), os prédios de Villeurbanne, os imóveis construídos em Paris nas fortificações; mas, de modo geral, a questão da habitação popular, posta desde o final do século XIX, até o começo da década de 1950 nunca foi totalmente resolvida. Para as cidades e a habitação, o século XX ainda não tinha começado.

Naturalmente, o conforto e os equipamentos das casas não se alteraram em quase nada nesses cinquenta anos. A única evolução importante é o fornecimento de energia elétrica: em 1939, quase todos os povoados e a maioria dos imóveis nas cidades já dispõem de eletricidade. Mas o abastecimento de água está longe de ser abundante. No ano de 1949, em Rouen, no bairro Saint-Sauveur, mais da metade dos imóveis — mais de 1300 sobre 2233 — não têm água encanada.[5] As fontes públicas e os marcos nas ruas ainda são muito frequentados. Metade das ruas não possui esgoto. As instalações sanitárias são mais do que rudimentares. Evidentemente, onde não existe sequer uma torneira de água fria na pia também não existem locais para lavar a roupa. Não há banheiro na casa: mais vale que a latrina fique no pátio ou na escada. Não existe aquecimento central e, às vezes, nenhum tipo de aquecimento.

Depois de 1954, um salto para a modernidade

O recenseamento de 1954 nos oferece uma imagem impressionante do arcaísmo habitacional na França. Em 13,4 milhões de casas, pouco mais da metade (58,4%) dispõe de água encanada; um quarto conta com banheiros próprios (26,6%), um décimo (10,4%) com banheira ou chuveiro, e um décimo com aquecimento central. Mesmo levando em conta o peso das casas rurais, especialmente atrasadas, é difícil imaginar que isso ocorria há trinta anos.

Desde o começo dos anos 1950, de fato, a habitação francesa passou por uma transformação sem precedentes. A construção de imóveis novos ultrapassa 100 mil por ano em 1953, 300 mil em 1959, 400 mil em 1965. De 1972 a 1975, são entregues mais de 500 mil casas por ano: em quatro anos, construiu-se mais do que em todo o período do entreguerras. Esse esforço considerável recebeu um grande incentivo dos poderes públicos, a partir de 1953 até o momento em que, nos meados dos anos 1960, o capital privado voltou a investir em construções, novamente rentáveis devido ao aumento dos aluguéis; ora, os poderes públicos condicionavam seu apoio à obediência de certas normas de tamanho, divisão e equipamento nos imóveis construídos. Embora essas normas tenham sofrido várias modificações, o espírito delas é claro. Uma peça habitável não pode ter menos de nove metros quadrados. Uma casa possui, além da cozinha, uma sala em comum, um quarto para os pais e pelo menos um quarto para dois filhos, banheiros internos, um local para lavagem de roupa e um aquecimento central, individual ou coletivo. Editadas para os conjuntos habitacionais e os imóveis financiados, essas normas constituem exigências mínimas. São aplicadas em grande escala nos imensos conjuntos que surgem na periferia das cidades. Assim, o grande conjunto habitacional vai representar para milhões de franceses um verdadeiro salto para a modernidade. Com as novas moradias, a maioria da população passa a ter acesso, com algumas diferenças de posição, localização e equipamento, às condições habitacionais outrora reservadas à burguesia. É uma gigantesca democratização.

Os resultados são impressionantes. Desde 1973, ou seja, menos de vinte anos após o deplorável balanço do recenseamento de 1954, as casas dos franceses têm uma média de 3,5 cômodos, com área média de 20,1 metros quadrados cada, e cada pessoa da casa dispõe de uma média de 24,6 metros quadrados. Os operários certamente não contam com condições de moradia tão boas quanto a média da população, mas dispõem de 18,6 metros quadrados por pessoa. Ora, em sua grande pesquisa de 1953, P. H. Chombart de Lauwe estimava que o patamar crítico correspondia a catorze metros quadrados por pessoa, e constatava que, em Paris, apenas uma entre dez casas operárias atingia ou ultrapassava esse limite.[6] Vinte anos mais tarde, a moradia dos operários apresenta uma média de quatro metros quadrados acima desse piso.

Ao mesmo tempo, o conforto moderno se generalizou. Mantendo-nos ainda em 1973, 97% das casas têm água encanada, 70% têm banheiros internos (85% em 1982), 65% têm uma banheira ou um chuveiro e 49% contam com aquecimento central (84,7% e 67,5% em 1982). A porcentagem de casas "confortáveis", contando *simultaneamente* com água encanada, banheiros internos e pelo menos um chuveiro, passou de 9% em 1953 para 61% em 1973. E isso porque as pessoas de idade e os agricultores ainda abaixam essa média. Além disso, os avanços têm continuado desde 1973, data que estamos usando por ser um ponto de referência bastante prático.

Ora, essas mudanças quantitativas acarretam mudanças qualitativas. Mais espaço em casa significa outro espaço e outra maneira de viver em casa. O aumento das moradias se deu pelo aumento do número de peças, e isso levou à especialização funcional dos aposentos. Cria-se uma nova configuração do espaço doméstico, onde surge uma grande novidade, pelo menos para o povo: o direito de cada membro da família à sua própria vida privada. Assim, a vida privada se desdobra: dentro da vida privada familiar, aparece a individual.

O ESPAÇO DO INDIVÍDUO

Antes dessa revolução habitacional, de fato, a vida privada individual era inevitavelmente partilhada com os que conviviam no mesmo espaço doméstico. Os muros da vida privada separavam o universo doméstico do espaço público, isto é, dos estranhos ao grupo familiar. Mas, por trás desses muros, exceto entre a burguesia, faltava espaço para a privacidade de cada membro da família: o espaço privado, portanto, era apenas o espaço público do grupo doméstico.

A intimidade impossível

Hoje é difícil imaginar a pressão do grupo familiar sobre seus membros. Não havia como se isolar. Pais e filhos viviam todos os atos da vida cotidiana às claras. A toalete se fazia necessariamente sob as vistas dos próximos, que desviariam o olhar quando a ocasião pudesse chocar o pudor. Entre os mineiros, por exemplo, antes que as empresas instalassem chuveiros, o mineiro, ao voltar para casa, encontrava na sala uma tina de madeira e água no fogão, que a esposa tinha posto para esquentar.

Ele se lavava ali mesmo, com a ajuda de sua mulher. No campo, era a mesma coisa: as pessoas se lavavam na sala, ou fora de casa; aliás, lavavam-se raríssimas vezes, e nunca tomavam um banho completo.

Da mesma forma, nunca se dormia sozinho: sempre várias pessoas dormiam no mesmo aposento, e amiúde na mesma cama. Michel Quoist, logo após a Segunda Guerra Mundial, ainda relata o assombro dos garotos chegando à colônia de férias e vendo as camas: "E mais: era uma para cada!". Esse assombro não o admira: "Não raro, cada casa tem apenas uma cama: dormem em dois, quatro, cinco, e às vezes até mais".[7] Mas a situação não era muito diferente no campo: P. J. Hélias dividia a cama de seu avô na sala comum; em 1947, dois etnólogos, pesquisando numa aldeia da região de Seine-Inférieure, fazem a mesma constatação e, com o ar de censura de homens provenientes de outra cultura, apontam o caso de um menino de quatro anos que dormia na cama dos pais.[8] E poderíamos multiplicar os exemplos.

Nessas condições, era difícil ter objetos pessoais, a não ser no bolso ou na sacola. Difícil ter um cantinho próprio nesse espaço saturado. Impossível esconder algo aos familiares: a menor indisposição é imediatamente identificada, e qualquer tentativa de se isolar chama logo a atenção.

Assim, a noção de intimidade não tem muito sentido. A sexualidade, tabu nas famílias burguesas que dispunham de espaços privativos — o quarto do casal, o toucador ou pelo menos a alcova, parte privada de um aposento em comum —, aqui não podia se manter em segredo. As moças não podiam ficar menstruadas sem que os outros soubessem, e, nas famílias dos mineiros, a data das regras era inclusive marcada no próprio calendário de serviço, pendurado na parede da cozinha. Quanto às relações sexuais, ou se situavam nas margens do espaço privado e do espaço público, por exemplo no escurinho fora dos bailes, atrás da moita etc., ou não tinham como escapar à publicidade entre o grupo familiar. "A moralidade não perde nada pelo fato de todos ou quase todos os moradores dormirem no mesmo aposento", escrevia em 1894 um especialista em lares rurais.

"Pelo contrário, daí resulta uma espécie de vigilância mútua [...]. Apenas a decência sofre com isso, mas esse incômodo é menor do que imaginam as pessoas que sempre tiveram o hábito de ocupar quartos particulares."[9] E Léon Frapié cita um casal que morava com os filhos num único quartinho: antes de darem livre curso a seus arroubos amorosos, os pais mandavam que os filhos saíssem e ficassem na escada; eles ficavam esperando quietinhos, sentados nos degraus, até que os pais lhes dissessem para entrar.[10] Como L. Frapié apresenta esse casal como exemplo de pudor e delicadeza, é de se supor que a maioria dos pais não se isolava dos filhos nesses momentos, e o historiador nota que o problema da educação sexual das crianças e adolescentes só veio a se colocar a partir da década de 1960...

No começo do século XX, portanto, a vida privada da imensa maioria dos franceses se confundia, devido ao espaço, com a de seus familiares. Nos meios populares, o indivíduo dispunha pessoalmente, de maneira privada, apenas de uns poucos objetos, geralmente recebidos de presente: uma faca, um cachimbo, um rosário, um relógio, uma joia, uma bolsinha de toalete ou de costura. Esses objetos, amiúde modestos, assumiam um enorme valor simbólico por serem os únicos que a pessoa podia reivindicar como propriedade sua. O mesmo laço exclusivo com uma pessoa, inclusive dentro da própria família, encontrava-se também na relação dos camponeses com seus animais: as vacas, o cachorro, o cavalo tinham nome e dono. Pobre vida privada, talvez, mas não se vê bem por que a atual afeição por um gato ou um cãozinho haveria de ser mais rica do que a dos camponeses de outrora pelos animais que lhes davam a subsistência.

Os segredos

Assim, a vida privada se refugiava nos segredos. Segredos de família, vale dizer, coisas silenciadas, inclusive aos filhos. Segredos pessoais: sonhos, desejos, temores, saudades, pensamentos efêmeros ou constantes, mas geralmente informulados. Daí a importância de certas figuras, externas à família, capazes de se tornar os confidentes dessas coisas cultas. Não o médico, pois os meios populares raramente recebem a visita de um médico e é ainda mais raro que cheguem a procurá-lo: ele vem apenas em casos graves, e sua visita se inscreve num quadro doméstico pouco propício a confidências. A enfermeira ou a assistente social também recebem confidências, em geral femininas, e os ambulatórios, criados em grande número na primeira metade do século XX, lhes oferecem um local neutro. Mas os grandes confidentes da vida privada são o notário e o padre. Ao notário são confiadas as estratégias familiares de camponeses e burgueses, grandes e pequenos: casamentos, compras, vendas e arrendamentos, partilhas e doações. O padre ouve as confissões — principalmente das mulheres — e não hesita em formular as perguntas mais íntimas. Os mais pobres, sem patrimônio e portanto sem estratégia familiar, os ateus ou os devotos que não querem que o padre interfira em sua vida privada — uma das razões fundamentais do anticlericalismo —, todos eles guardam seus segredos para si e enterram sua vida privada sob a muda monotonia do trabalho cotidiano.

A burguesia tinha uma vida privada muito mais ampla. Mais espaço privado: ela tem sua cama, seu quarto, sua penteadeira, e logo seu vestiário. E também um maior número de possíveis confidentes, além do tabelião e do padre: os criados, o médico de família, que conhece todos os membros desta e que pode ser consultado a sós, além de uma rede mais ampla de relações com parentes e amigos; o tempo livre permite visitar um tio, uma tia, um padrinho, um antigo colega de escola... Os lojistas e artesãos não tinham esse tempo livre nem esse espaço; a vida privada deles certamente era parecida com a dos camponeses, quando não dos operários, embora distantes deles em termos econômicos. Se por um lado a pequena burguesia dos empregados de escritório, representantes, contadores, preceptores e professores, em termos de renda e patrimônio, não se situava muito acima do povo, por outro lado se diferenciava por uma vida privada mais ampla. Ela compõe uma categoria intermediária cujos costumes gostaríamos de conhecer melhor.

Nessas condições, não é excessivo falar de revolução para designar a mudança nas condições de moradia da grande massa dos franceses. Com a habitação moderna, de vários aposentos, geralmente independentes, com o uso moderno da água encanada e do aquecimento, cada membro da família pode se apropriar de um espaço pessoal. A generalização do lazer — depois da etapa fundamental da Frente Popular, a jornada de quarenta horas e as férias remuneradas — proporciona o tempo para viver nesse espaço conquistado. A vida propriamente familiar se concentra em momentos determinados — as refeições, o domingo — e em locais definidos — a cozinha ou aquilo que os arquitetos denominam, no pós-guerra, de *living-room*. A existência se divide em três partes distintas: a vida pública, essencialmente profissional, a vida privada familiar e a vida pessoal, ainda mais privada.

A diversificação e a ampliação da vida privada na segunda metade do século XX não se limitam ao âmbito doméstico. A conquista do espaço da vida privada não é apenas a do espaço familiar: é também a conquista dos meios de sair dele. O automóvel se generaliza: 88% dos lares dispõem de um carro em 1981 (84% dos lares de operários especializados) e 27% de dois carros (17% dos operários especializados); usado entre a casa e o trabalho, primeiro nas categorias superiores, o carro permite que os indivíduos não fiquem prisioneiros em seus locais familiares. Destina-se um investimento pessoal, às vezes enorme, a esse objeto privado, que também constitui um espaço. Graças a ele, mas também ao desenvolvimento de todos os meios de transporte, o tempo livre conquistado sobre o trabalho é utilizado nos mais diversos locais, e com as mais livres relações. Assim se generaliza para o conjunto da população o acesso a locais e momentos de vida privada outrora reservados à burguesia. As amizades travadas durante as férias nas montanhas ou os amores saboreados nas praias constituem uma das grandes novidades do século XX: por um paradoxo que voltaremos a encontrar, a vida privada acaba dessa maneira escapando ao cerco doméstico e invadindo o anonimato de certos locais públicos.

Isso porque o desafogo do espaço doméstico é muito mais

do que uma simples transformação da moradia. Com a configuração desse espaço, muda a figura dos poderes que aí se impõem.

A VIDA PRIVADA CONTRA A INSTITUIÇÃO FAMILIAR

OS ANTIGOS PODERES

Se há uma nova ideia na França, é a de que os indivíduos têm o direito de levar sua vida privada como bem entenderem. Durante toda a primeira metade do século XX, a vida privada se viu praticamente presa ao controle da coletividade: o famoso "muro" constituía um privilégio burguês.

Sob esse aspecto, não existe nada tão impressionante quanto o tratamento social dado à noite de núpcias. Se há um local e um momento privados, são eles a noite, o quarto e a cama, em princípio partilhada pela primeira vez pelos recém-casados. Na burguesia, o local da noite de núpcias constitui um segredo vigiado com o mesmo cuidado consagrado ao local da lua-de-mel. Entre o povo, camponês ou operário, o costume na maioria das regiões francesas prega, pelo contrário, que os convidados levem ao casal na cama, de manhãzinha, a *rôtie:* uma mistura à base de vinho branco, ovos, chocolate, biscoitos, dentro de um jarro. Aí se vê o controle da comunidade exercido sobre o mais privado dentre todos os atos. Mas, nessa sociedade em que os valores domésticos ocupam um lugar central, é essencial que o casamento se consume. Quando a família é a célula básica da sociedade, a união conjugal deve se tornar pública.

A partilha do poder entre o casal

A família exercia um controle bastante rigoroso sobre seus próprios membros. O marido era o chefe da família; a mulher casada precisava ter sua autorização por escrito para abrir uma conta no banco ou para administrar seus próprios bens. Era ele que exercia o pátrio poder. E apenas com as leis de 1965 sobre os regimes matrimoniais e de 1970 sobre o pátrio poder que desaparece a inferioridade jurídica da mulher em relação ao marido. Em certos meios e regiões, a realidade certamente era mais igualitária do que o direito. A etnóloga Susan Rogers constata numa localidade da Lorena, mas não em Aveyron, que o poder efetivo é o das mulheres, cujas decisões prevalecem não somente em relação ao casamento dos filhos, mas em questões tão públicas quanto a candidatura do marido à prefeitura. Esse poder é exercido desde que se mantenha a aparência do contrário, sempre reservando para o marido o papel de "patrão" na frente dos filhos, dos parentes e dos vizinhos.[11] O que não deixa de colocar algumas questões.

De fato, é de se perguntar se a divisão dos papéis masculino e feminino não acabava outorgando o poder na esfera privada às mulheres. Mesmo que convenha fazer algumas ressalvas, como mostrou Martine Segalen em relação à família rural tradicional,[12] a divisão dos papéis situava a mulher preferencialmente dentro da família, reservando ao homem o âmbito externo: as transações importantes, a representação familiar, a política. É possível discutir se essa partilha era apenas ilusória; pode-se concordar com as feministas que, na medida em que o importante era a vida pública, as mulheres ficavam relegadas à vida doméstica; inversamente, pode-se salientar a importância central dos valores domésticos nessa sociedade em que o indivíduo valia pela família e o único êxito era familiar, para sustentar que as mulheres, na medida em que controlavam a esfera doméstica, exerciam na verdade um poder decisivo. Para a história da vida privada, parece mais pertinente ressaltar aqui que o espaço doméstico era incontestavelmente o território da "patroa" ou da "rainha do lar", termos que variavam conforme o meio, mas dotados do mesmo significado.

Em muitos casos, de fato, o marido que voltava para casa estava, na verdade, voltando para a casa de sua mulher: era ela que reinava no lar. O homem não podia tomar iniciativas nesse espaço sem sujar, quebrar ou desarrumar. Disso resultava a existência de uma socialidade propriamente masculina fora da família. Suas razões e modalidades variavam conforme os meios e as regiões.

Entre os operários, era frequente que se sentissem impelidos para o bar pela exiguidade da casa e pela dificuldade em ter uma vida privada nesse espaço. Foi preciso que o espaço doméstico aumentasse para que eles pudessem passar em casa os momentos de lazer cada vez mais prolongados. Uma das divisões mais apreciadas das casas nos grandes conjuntos residenciais é, aliás, a existência de um lugarzinho, uma despensa, um depósito ou uma varanda, onde o homem pode ficar à vontade, arrumar suas ferramentas e fazer seus bicos, e o anexo amplia ainda mais o espaço privado do homem, que muitas vezes transforma a garagem numa verdadeira oficina. A conquista da vida privada, portanto, passa por uma divisão dos poderes e dos territórios domésticos entre o marido e a mulher.

Na burguesia, o homem frequentemente dispunha de um grande tempo livre; ele ia ao clube jogar cartas e ler os jornais. Às vezes, com uma *garçonnière*, ele podia se permitir o luxo de um segundo espaço privado, à margem e às escondidas da família. Aqui, esse desenvolvimento deriva não de uma reorganização do espaço, e sim da evolução dos costumes. Com mulheres do mesmo nível de instrução, exercendo uma profissão ou tendo condições para tanto, reivindicando iguais direitos de intervenção na esfera pública; com casamentos resultantes não tanto de alguma apresentação familiar, e sim de conhecimentos travados em algum acampamento de jovens ou nos bancos da faculdade, surgem casais no sentido moderno do termo e, com o casal, uma nova distribuição dos poderes na vida privada.

O poder dos pais

Aqui se chega a uma transformação fundamental nos dispositivos da vida privada. Se é possível discutir a divisão dos poderes entre o marido e a mulher na sociedade pré-1950, o poder dos pais sobre os filhos é inquestionável: os filhos não tinham qualquer direito a uma vida privada. O tempo livre deles não lhes pertencia: cabia aos pais, que os encarregavam de mil tarefas. Eles vigiavam minuciosamente as relações de seus filhos e mostravam uma grande reticência quanto às amizades extrafamiliares, mesmo quando anódinas. "Toto, deixe o menino em paz", ordenava a senhora cuidando de um garotinho no passeio público, quando este esboçava o gesto mais pacífico do mundo na direção de um menino que se encontrava ali perto.[13] Norma burguesa? Não só: H. Mendras observa a mesma proibição entre os camponeses de Novis, após a Segunda Guerra Mundial — nada de se atrasar na volta da escola.[14] E se os meninos andam em grupo, os garotos de um lado, as garotas de outro, é porque essas relações se inscrevem num quadro folclórico e se desenvolvem sob os olhos da população local, sob o controle da opinião pública.

O controle das relações dos filhos se estendia, naturalmente, à correspondência: ler suas cartas não era apenas um hábito, era uma obrigação, caso se quisesse educá-los bem. Quando os filhos ficavam longe dos pais, nem por isso essa obrigação deixava de existir; passava a ser delegada a outrem: ainda em 1930, as cartas enviadas aos alunos internos dos liceus deviam apresentar do lado de fora a assinatura dos pais, autorizando os filhos a recebê-las, a qual devia ser verificada pelo diretor.

Essas práticas educacionais davam aos pais o poder de decidir sobre o futuro dos filhos. Sobre o futuro, em primeiro lugar, profissional. Na burguesia, são os pais que decidem os estudos que serão feitos pelos filhos. Entre o povo, são eles que escolhem o ofício a ser ensinado e colocam os filhos como aprendizes. Ainda em 1938, 30% dos leitores de uma grande revista popular respondem afirmativamente à pergunta: "Deve-se escolher a carreira dos filhos e orientá-los para ela desde pequenos?".[15]

Mas o poder dos pais ia muito além: abrangia também a vida privada. O casamento era um assunto de família, assim interessando diretamente aos pais. Principalmente quando havia algum patrimônio em jogo. Nas camadas mais baixas da escala social, onde, por falta de patrimônio, não existiam muitas estratégias familiares, os filhos escolhiam o cônjuge com bastante liberdade: os casamentos operários não eram feitos pela família. Mas, entre os camponeses, os empregados de escritório, os comerciantes e artesãos, mesmo que os pais não mais escolhessem o par dos filhos, como ainda se via no começo do século, por outro lado era difícil, antes dos anos 1950, que os filhos escolhessem um cônjuge capaz de não ser aceito pelos pais. Finalmente, entre a burguesia, os casamentos ainda eram frequentemente arranjados pelas famílias, persistindo a prática de organizar "apresentações".

Em todos os meios, em princípio, o casamento marcava a emancipação dos filhos, permitindo-lhes escapar aos pais. "Quem casa quer casa", dizia o provérbio. Em certos casos, porém, a tutela dos pais continuava a se fazer sentir, principalmente se os filhos casados dividiam o mesmo teto. Situação considerada anormal e suportada a duras penas, mas que nem sempre podia ser evitada. O que confirma, se necessário for, que o espaço doméstico da vida privada era realmente o lugar de um poder forte.

Para que esse poder se dissolvesse e a vida privada se organizasse pelos moldes do contato afetivo entre pessoas, para que a vida privada familiar se tornasse o ponto de encontro de vidas privadas pessoais autônomas, não bastou, portanto, que o espaço doméstico se ampliasse e se organizasse de outra maneira. Foi preciso também que a instituição familiar se abrandasse. A transformação do espaço teria sido impotente sem a evolução dos costumes.

A SOCIALIZAÇÃO DA EDUCAÇÃO DOS FILHOS

O desenvolvimento da instituição escolar é uma das principais características da evolução social na segunda metade do século XX. Todos concordam com isso. Mas é preciso avaliar a medida exata do fenômeno.

De um lado, trata-se de um prolongamento da escolaridade.

Obrigatória até os treze anos de idade desde Jules Ferry (1882) ou até os doze anos para os alunos que obtinham diploma, em 1936 a escolaridade se torna obrigatória até os catorze (ou treze) anos, e pelo decreto de 6 de janeiro de 1959 até os dezesseis anos para os nascidos após 1º de janeiro de 1953. De fato, a escolaridade média aumentou em três anos. Em 1950-1951, apenas metade dos jovens de catorze anos, 35,5% dos de quinze anos e 27,2% dos de dezesseis anos eram escolarizados. Em 1982-1983, praticamente 100% dos jovens de ambos os sexos com catorze e quinze anos, 85,7% dos jovens de dezesseis anos e 70,4% dos de dezessete anos são escolarizados: hoje, o número de jovens de dezessete anos que frequentam a escola é proporcionalmente maior do que o de jovens de catorze anos em 1950. E quase metade dos jovens de dezoito anos é escolarizada, ou seja, mais (44,8%) do que os jovens de quinze anos em 1950...

Três anos a mais na escola: afinal, não é uma revolução nas famílias, e pode-se sentir a tentação de passar rapidamente por esse aspecto ou de ver aí simplesmente uma consequência indireta da transferência do trabalho para fora da esfera privada. Como os filhos já não podem aprender o ofício com os pais, porque estes já não trabalham mais em casa, eles têm de aprender uma profissão fora. O aumento do período de escolaridade não se explica apenas por uma política interessada em melhorar o nível de formação da mão-de-obra, nem pelo desejo de promoção inspirado às famílias por um vigoroso crescimento econômico, mas também pela escolarização dos aprendizados profissionais. O desenvolvimento do ensino técnico e profissional é, aliás, uma das características originais do sistema educacional francês. Dois terços dos secundaristas de dezessete e dezoito anos cursam uma escola desse tipo.

De fato, o aumento da escolarização remete a transformações muito mais profundas: mais do que uma socialização dos aprendizados, é um aprendizado da sociedade. Antes, esse aprendizado se dava dentro da família, e esta podia ser definida com justeza como a "célula de base" da sociedade. Sob fortes pressões econômicas, ela era regida por normas que podiam ser aplicadas em meios mais abrangentes, submetidos a pressões semelhantes. Essas pressões quase desapareceram após a transferência do trabalho produtivo para fora da família, mas também após a relativa prosperidade das Trinta Gloriosas e da revolução do trabalho doméstico. Se os pais se tornaram menos autoritários, mais liberais, mais abertos, é sem dúvida porque os costumes evoluíram, mas também, e principalmente, porque as razões de impor esta ou aquela atividade aos filhos deixaram de existir. A autoridade dos pais se tornou arbitrária e, deixando de ser uma orientação dada a tarefas familiares indiscutíveis, ela passa a se exercer no vazio. Os pais de antigamente eram autoritários tanto por costume quanto por necessidade: quando vinha a ameaça de uma tempestade, eles não iam perguntar a opinião dos filhos antes de mandar recolher o feno, e é claro que alguém precisava ir buscar água, lenha etc. A necessidade fazia a lei.

A liberalização da educação familiar faz com que a família transfira para a escola o aprendizado da vida em sociedade. A escola recebe a incumbência de ensinar os filhos a respeitar as obrigações do tempo e do espaço, as regras que permitem viver em comum e encontrar a relação justa e adequada com os demais. E essa socialização não diz respeito apenas aos anos de adolescência: toda a escolarização concorre para ela.

O jardim-de-infância, escola de sociabilidade

Desse ponto de vista, o desenvolvimento da escolarização depois dos catorze anos é muito menos revelador do que a generalização do jardim-de-infância. Há aí um movimento social que apenas a França conheceu em tal escala. A partir de 1959, vem a se impor progressivamente uma nova norma, que nunca chegou a ser objeto de legislação: pôr os filhos no jardim-de-infância. Antes, pelo contrário, a norma era conservá-los o maior tempo possível, e até alfabetizá-los em casa; os jardins ou creches recebiam os filhos dos pobres, cujas mães tinham de trabalhar. O jardim-de-infância era uma saída por falta de outras alternativas, uma creche para as mães pobres, mas de repente torna-se preferível que os meninos frequentem o maternal, em vez de ficarem junto com suas mães. A escolarização no jardim-de-infância se generaliza, e os pais das camadas superiores dão o exemplo, a começar pelos mais qualificados e mais urbanos, mesmo quando a mulher não trabalha; em 1982, 91% das crianças de três anos vão à escola. E tem-se a preocupação de escolarizar ao máximo as crianças de dois anos, sendo que um terço delas já vai à escola. A opção é clara: a escola é melhor que a família, e passa a ocupar seu lugar.

Essa rápida evolução — ela se dá no prazo de uma geração — traduz o fechamento da família sobre a vida privada. Se a família é substituída pela escola, e com seu próprio consentimento, é porque ela tem consciência de uma incapacidade estatutária: como toda educação é educação para a vida pública, a família, ao se tornar puramente privada, deixa de ser plenamente educativa. Os pais constatam o fato à sua maneira, mais concreta, ao dizer que não sabem como entreter os filhos.

O exemplo das colônias de férias confirma isso. Originalmente, as preocupações eram de ordem higiênica: os filantropos queriam que os pequenos e franzinos moradores da cidade aspirassem uma boa golfada de ar puro. Hoje, são os pais que procuram as colônias para que seus filhos passem férias interessantes: a seus olhos, a colônia constitui um meio mais rico e mais educativo do que a família.

É verdade que os adolescentes não gostam de ir para a colônia de férias, e a partir dos anos 1960 os movimentos de jovens começam a entrar em crise. Mas é porque os jovens reivindicam à sua maneira o direito de ter uma vida privada. A transferência da função educativa da família para a escola supunha que a família reconhecesse a legitimidade e o valor das relações extrafamiliares. Considerando-se a única realmente capaz de educar seus filhos, a família antiga mostrava uma grande reticência quanto às amizades extrafamiliares. O movimento que generaliza o recurso ao jardim-de-infância procede de um norma inversa: é bom que os filhos tenham contato com filhos de outras famílias. O aprendizado da vida em sociedade passa por aí.

A partir do momento em que os filhos têm suas próprias

relações, formam-se grupos de amigos ou colegas. Por um paradoxo apenas aparente, a transferência da educação para uma instância pública, a escola, gera outros centros de vida privada, que concorrem com a família. Os adolescentes recusam ter seu lazer organizado por entidades estruturadas, regidas pelas normas da vida pública. Eles aceitam instituições como a escola porque sabem que é uma necessidade social, mas, a seus olhos, ela deriva do universo do trabalho, o mais público dentre todos. O universo do lazer, o da vida privada, não pode se inscrever em instituições que imponham regras de vida coletiva. A partir de uma determinada idade, as colônias de férias e os movimentos de jovens, para sobreviver, deveriam deixar de ser instituições. É nessa contradição que reside sua crise.

O mesmo problema se coloca aos pais: se fazem da família uma instituição coercitiva demais, os filhos se afastam; mas, por outro lado, a família não pode existir no dia-a-dia sem um mínimo de regras: conseguem estabelecê-las graças a acordos provisórios, manobras mais ou menos hábeis, negociações mais ou menos conflituosas.

Esse ajuste é facilitado por outra consequência do aumento do período de escolarização: a intervenção crescente da instituição escolar nas decisões que envolvem o futuro dos filhos. Na medida em que a escolarização dos aprendizados amplia o papel da escolaridade na determinação do futuro social, a escolha dessas escolaridades passa a escapar aos pais. O local de domicílio decide sobre a escola de primeiro grau e, depois, de segundo grau que o filho deve frequentar: é a "setorialização". No segundo grau, a orientação vocacional decide sobre o ingresso do aluno em determinada seção dessa ou daquela escola, onde essa orientação será obedecida. Apenas os bons alunos podem escolher; os outros seguem o que a orientação lhes impõe.

Certamente, essa transferência de encargos outrora atinentes às famílias gera conflitos, pois muitas vezes soa como o dobre de finados de aspirações socialmente prestigiadas. Mas, embora contestada, não deixa de ser cômoda: de fato, ela transfere pressões desagradáveis para uma instância externa. Às vésperas da Segunda Guerra Mundial, era frequente que os pais escolhessem a carreira ou o ofício dos filhos. Eles renunciaram a essa ambição e reconheceram que é aos filhos que cabe escolher seu próprio futuro.[16] Mas a enorme pressão da orientação vocacional sobre os alunos assume o lugar dos pais, dispensando-os de exercer pessoalmente uma pressão análoga, que dificultaria ainda mais as relações familiares.

Além disso, a intervenção pública na educação dos filhos não se limita à escolaridade; ela se fortaleceu em outros domínios. Mal é concebida, a criança já interessa ao Estado, e o serviço de atendimento materno e infantil submete a mãe a três visitas médicas antes do parto, caso ela queira se beneficiar dos subsídios previstos (1946). Tem-se o mesmo acompanhamento médico durante a amamentação e o período de lactação. As vacinas são obrigatórias. Em suma, com a generalização dos abonos-famílias, da lei de 1932 ao Código da Família de 1939 e à lei de 1946, o acompanhamento médico da gravidez e da infância se fortalece.

E mais: toda a educação pode ser controlada por instâncias públicas. No entreguerras, em nome da saúde pública e da luta contra a tuberculose, começam as visitas das enfermeiras às residências familiares. Em alguns casos, como em Suresnes, com o incentivo do prefeito socialista Henri Sellier, a ação delas é sistemática e permite montar um arquivo de todas as casas da localidade. Logo a seguir, as caixas previdenciárias enviam assistentes sociais para verificar se os subsídios fornecidos estão sendo bem empregados. Elas controlam o orçamento das famílias e dão conselhos; nos casos mais críticos, a família fica sob tutela (1942), e a assistente social utiliza os subsídios em lugar dos pais.

À ação das caixas de previdência familiar soma-se a das diretrizes da ação sanitária e social e da justiça. Uma legislação complexa permite que o juiz de menores retire a guarda dos filhos de uma família para entregá-los a uma pessoa autorizada (lei de 1958, decreto de 1959). Com essa colocação automática dos filhos "em risco", não há dúvida que se chega a um caso extremo: mas o fato de que uma autoridade pública possa confiar a educação de filhos a outros que não sejam os pais revela o deslocamento da função educativa para fora da esfera privada. Ainda não nos encontramos no estágio da Suécia, onde os filhos podem apresentar queixa na justiça contra os pais por maus-tratos, mas já se pode dizer que, na França, a educação dos filhos é assegurada apenas em parte pelos pais, e sob o controle do poder público. Os pais descarregaram sobre a escola a tarefa de ensinar aos filhos as regras da vida em sociedade; cabe-lhes ainda alimentá-los, vesti-los e principalmente amá-los, mas sob o controle do poder público que julga em última instância se estão se desincumbindo bem da tarefa.

Assim, a família perde gradualmente as funções que a caracterizavam como uma microssociedade. A socialização dos filhos abandonou em larga medida a esfera doméstica. A família, portanto, deixa de ser uma instituição para se tornar um simples ponto de encontro de vidas privadas.

A FAMÍLIA INFORMAL

Essa profunda transformação da realidade familiar encontra um bom revelador na evolução do casamento.

Do casamento como contrato...

Na primeira metade do século XX, casar era formar um lar, lançar as bases de uma realidade social nitidamente definida e claramente visível dentro da coletividade. Ainda em 1930, a profissão e a fortuna, bem como as qualidades morais, pareciam mais importantes do que as inclinações estéticas ou psicológicas para decidir sobre uma união.[17] As pessoas se casavam para dar sustento e auxílio mútuo ao longo de uma vida que se anunciava penosa, e ainda mais dura para os solitários; casavam-se para ter filhos, aumentar um patrimônio e deixar-lhes de herança, para que os filhos se realizassem e, com isso, os próprios pais também se realizassem. Como os valores familiares eram centrais nessa sociedade, os indivíduos eram, de fato, julgados em função do êxito de sua família e do papel que desempenhavam nesse êxito.

Esse projeto em comum supunha uma estrutura jurídica forte: mesmo que o tabelião não interviesse, o casamento constituía um contrato duradouro, e não podia ser rompido a não ser por sérias razões: a lei de 1884 admitia o rompimento apenas em casos de faltas graves cometidas por um dos cônjuges. Na realidade, eram raros os divórcios: menos de 15 mil por ano no começo do século XX, menos de 30 mil até mesmo no ano de 1940. Em 80% dos casos, eram as mulheres que pediam o divórcio, quando o marido, alcoólatra por exemplo, não se contentava em traí-las e espancá-las, mas, incapaz de atender às necessidades do lar, ainda se tornava um peso.[18] As desilusões sentimentais pesavam menos do que as pressões materiais.

Na verdade, é difícil definir o papel dos sentimentos no casamento daquela época: o máximo que se pode dizer é que a norma social não tomava o amor como condição do casamento nem como critério de seu sucesso. Para se casar, um homem e uma mulher deviam sentir certa atração, ter a sensação de que poderiam se entender, se apreciar, se estimar, em suma, que poderiam combinar. Isso de forma nenhuma excluía que já se amassem, nem garantia que viessem a se amar mais tarde: a valorização dos aspectos institucionais do casamento mascarava as realidades afetivas. Quanto aos aspectos "físicos" (ainda não se dizia "sexuais"), num levantamento de 1938 sobre as condições da felicidade conjugal, mesmo que fossem importantes (67%), eles vinham depois da fidelidade (78%), das qualidades espirituais (78%), da divisão da autoridade (76%) e principalmente da divisão das tarefas e preocupações (92%). Casar era, antes de tudo, formar uma dupla.[19]

... ao casamento por amor

As coisas começam a mudar provavelmente na década de 1930, mas é impossível situar a data dessa mudança com precisão, pois ela vem inicialmente recoberta por um discurso que continua a ser tradicional. Nos meios católicos, um ponto de referência é o surgimento da "espiritualidade conjugal"; no entanto, é durante a Ocupação que se difundem os grupos de "jovens casais". Formam-se movimentos que logo fundam um órgão de imprensa. O primeiro número de *L'Anneau d'Or* aparece em janeiro de 1945, e o segundo publica um verdadeiro hino ao amor (conjugal), assinado por um respeitável sacerdote. Poderíamos pensar em Edith Piaf, se a comparação, cronologicamente possível, não fosse irreverente... Os meios católicos estariam atrasados em relação à evolução geral? Não parece ser o caso, pois aqui se somam outros sinais. Num notável artigo de 1953, Philippe Ariès aponta como fato novo a valorização do amor conjugal sob todos os seus aspectos, principalmente o sexual (e a palavra é utilizada), e ele observa que, em 1948, 12% dos estudantes são casados;[20] Ariès vê aí, e com razão, o sinal de uma mudança importante, pois se casar antes de ter uma situação estabelecida constitui uma grande novidade, e os casamentos de estudantes são casamentos por amor.

A norma social, aliás, muda. As revistas femininas dão a palavra a médicos e psicólogos, que legitimam os sentimentos e vulgarizam os principais conceitos freudianos. Em 1953, por exemplo, apresentam-se palestras de preparação pré-nupcial nas escolas para formação de professores na região parisiense: elas mostram o casamento como uma etapa de um processo de amadurecimento afetivo que se consuma com a realização do desejo de ter filhos.[21] Considera-se que os filhos, para serem bem criados, precisam não só do amor dos pais, mas também do amor entre os pais.[22] O termo "casal" passa a ser utilizado em expressões como "vida de casal", "problemas de casal". Em suma, agora o amor ocupa um lugar central no casamento: é seu próprio fundamento.

Essa nova norma legitima a sexualidade — o termo se vulgariza pelo final dos anos 1950 —, pela sinceridade dos sentimentos por ela expressos; ela se torna a própria linguagem do amor. E a égide de *L'union des époux* [A união dos esposos], para retomar o título de um livro do padre Marc Oraison, médico, que introduz a nova norma nos meios católicos, onde o ascetismo tradicional até então tolerava o ato sexual como uma concessão à fraqueza masculina e com a finalidade de reprodução da espécie. Numa revista de inspiração muito diversa, pode-se ler a história de uma "mulher de mármore" que o marido não transformara numa "verdadeira mulher", e que descobre o prazer nos braços de outro, antes de retomar o "enfadonho dever conjugal".[23] Em outra parte, uma outra mulher escreve: "Era mais imoral viver juntos sem amor do que viver separados".[24] A partir de agora, já não basta a instituição matrimonial para legitimar a sexualidade: é preciso amor.

O amor e o casamento, porém, ainda não se dissociam, pois a sexualidade continua vinculada à procriação. Não que se desconheça a contracepção, mas ela depende principalmente dos homens, ao passo que a gravidez e suas consequências dizem respeito mais diretamente às mulheres. A opinião pública mostrava maior tolerância em relação à sexualidade pré-nupcial, desde que os "noivos" se amassem e quisessem levar uma vida a dois, mas continuava a reprovar energicamente as mães solteiras. Assim, as moças continuavam a recusar seus favores aos rapazes, quando não houvesse o "bom motivo", isto é, a perspectiva do casamento. O número das concepções pré-nupciais aumenta até 1972, ao passo que a proporção de filhos naturais se mantém estável: o calendário das uniões evolui, mas não seu horizonte.

Os costumes, no entanto, se modificam. O feminismo encontra uma nova repercussão, amplificada pelos acontecimentos de 1968. O movimento pela contracepção assume outro sentido: com o "planejamento familiar", ele desenvolve os temas do controle da natalidade e das consequências nefastas da gravidez indesejada: é a exposição de motivos da Lei Neuwirth (1967). Alguns anos depois, para obter a legalização do aborto, formalizada pela Lei Veil (1975), invoca-se o direito das mulheres de dispor de seus corpos: "É meu corpo, e faço com ele o que eu quiser". À maternidade voluntária segue-se a "liberalização" da mulher. A contracepção feminina se generaliza nesse contexto, e a sexualidade se dissocia da procriação.

O casamento então deixa gradativamente de ser uma instituição para se converter numa formalidade. Com a evolução educacional, os jovens conquistaram uma grande independência dentro da família: já não precisam se casar para escapar ao poder dos pais. Mas também não é mais necessário se casar para manter relações regulares com um parceiro do outro sexo, já que essas relações só terão alguma consequência se os parceiros assim quiserem.

A coabitação juvenil

Então se multiplicam os casais de jovens não casados, numa relação de "coabitação juvenil", como dizem pudicamente os sociólogos.[25] Em 1968 e 1969, entre cem casais que contraem matrimônio, dezessete já viviam juntos; em 1977, esse número passa para 44. A coabitação juvenil passa a ser progressivamente aceita pela opinião pública. Não querendo romper com os filhos, caso manifestem abertamente sua posição contrária, os pais dos "coabitantes" aceitam a situação; são informados dela em 75% dos casos, e é frequente (50%) que sustentem financeiramente o casal de coabitantes. Isso porque eles veem aí uma espécie de ensaio matrimonial e esperam, muitas vezes acertadamente, que a coabitação resulte em casamento.

Mas nem por isso ela deixa de traduzir um profundo abalo do casamento como instituição. O casamento, de fato, não altera nada na vida dos parceiros que já moravam juntos. Não lhes traz nenhum reconhecimento social a mais, visto que já existiam enquanto tal para os amigos e os parentes. No plano jurídico, para os abonos familiares e a previdência social, uma coabitação comprovada tem os mesmos efeitos do casamento. Os coabitantes não ganham nada em se casar. Pelo contrário, muitas vezes têm a sensação de perder: casar é se comprometer, é inscrever a vida num projeto; ora, a coabitação se contenta com um presente intenso e desconfia do futuro. A aposta lhes parece temerária. Casar não é também abandonar a liberdade, sacrificar algumas possibilidades, em suma, limitar a própria pessoa?

Em termos mais profundos, os coabitantes temem que o casamento estrague a relação. Receiam que o sentimento se transforme em hábito e rotina: seria envelhecer e se aburguesar. Parece-lhes impossível amar por contrato: prometer afeto não será transformá-lo num dever? Eles querem ser amados pelo que são, e não por obrigação. Insistem em preservar a espontaneidade, o frescor, a intensidade da união, e alguns creem que a falta de compromisso, a precariedade institucional de sua relação é a garantia mesma de sua qualidade.[26]

Assim, a afirmação da vida privada de cada indivíduo corrói internamente a instituição matrimonial. Lugar privilegiado da realização individual, a relação a dois é um assunto puramente privado, que diz respeito apenas aos envolvidos. A sanção jurídica do casamento se torna ao mesmo tempo mais frágil e mais rara. De um lado, a lei de 1975 introduz o divórcio por acordo mútuo. O número de divórcios, aliás, aumenta com vigor e rapidez, antes mesmo dessa lei: em 1960, são concedidos 28 600 divórcios; em 1970, 37 400; em 1975, 54 300; em 1980, 79 700. A frequência do divórcio nos primeiros anos de casamento aumenta visivelmente: não resta dúvida que o casamento se torna cada vez mais frágil.

Torna-se igualmente mais raro. Em 1971, foram celebrados 416 500 casamentos, numa cifra sem precedentes. Dez anos depois, são 100 mil a menos. Aumenta o número de solteiros: em 1981, entre trinta e 34 anos, 16% dos homens e 13% das mulheres vivem oficialmente sós. Ao mesmo tempo, as coabitações perduram sem resultar em casamento. Em 1981, 11% dos casais em que o homem tinha menos de 35 anos eram simples casais de fato, não casados, contra 5% apenas seis anos antes. O celibato e a união livre, simultâneos ou alternados, se difundem sobretudo nas categorias superiores da sociedade: executivos, profissionais liberais, e mesmo empregados de escritório. É um modo de vida urbano, de pessoas cultas e instruídas. Em Paris, segundo o recenseamento de 1982, mais da metade dos lares é de pessoas solitárias.

Além do casamento, a própria família é abalada. O lar formado por um casal e filhos já não é a norma exclusiva: as famílias com apenas um genitor são cada vez mais frequentes. Em 1981, 10% dos filhos são criados por apenas um dos pais, a mãe em 75% dos casos. Às divorciadas com a guarda dos filhos soma-se o número crescente das mães voluntariamente solteiras. A proporção de filhos naturais nos nascimentos duplica desde 1970: em 1981, para oito nascidos, um é filho natural. Porém, mais da metade deles são reconhecidos pelo pai, em vez dos 20% antes de 1970: com a contracepção, as mães solteiras abusadas e abandonadas pelo sedutor são substituídas por solteiras que escolhem ter filhos sem se casar e sem criar conflitos com o companheiro por causa disso. Mas são as únicas a deter autoridade sobre o filho: o laço entre a mãe e o filho tende assim a se tornar a única relação familiar sólida e estável.

O casal não é mais a norma exclusiva

Esses casos extremos são ainda, com certeza, muito minoritários, e a evolução pode se interromper ou mudar de rumo. Resta o fato de que as transformações do espaço doméstico, a socialização do trabalho e de uma grande parte da educação, a redução das obrigações cotidianas e a evolução determinante dos costumes geraram uma autêntica mutação. Há meio século, a família passava na frente do indivíduo; agora, é o indivíduo que passa na frente da família. O indivíduo era incorporado à família; sua vida privada pessoal, quando não se confundia com sua vida familiar, era secundária, subordinada, e não raro clandestina ou marginal. A relação do indivíduo com a família se inverteu. Hoje, exceto na maternidade, a família não é senão a reunião dos indivíduos que a compõem nesse momento; cada indivíduo tem sua própria vida privada e espera que esta seja favorecida por uma família de tipo informal. E se, pelo contrário, ele se sentir asfixiado por ela? Nesse caso, vira-lhe as costas e vai procurar contatos mais "enriquecedores". A vida privada se confundia com a vida familiar; agora é a família que é julgada em função da contribuição que oferece à realização das vidas privadas individuais.

O INDIVÍDUO-REI

O CORPO REABILITADO

Não existe melhor manifestação do primado da vida privada individual do que o moderno culto do corpo.

No começo do século XX, o estatuto do corpo dependia em larga medida do meio social. Os trabalhadores valorizavam em seus corpos o servo robusto e fiel à labuta. Eles respeitavam a força física, o vigor e a resistência. A burguesia mantinha uma atitude mais estética: como a vida de representação era mais desenvolvida, a aparência física contava mais. Porém, não se mostrava o corpo. As pessoas distintas andavam enluvadas e enchapeladas, mostrando apenas o rosto, à exceção das mulheres, cujos trajes de noite apresentavam grandes decotes. Os primeiros escoteiros, com seus calções curtos, provocaram escândalo no começo dos anos 1920: estavam mostrando as pernas.

É que, em todos os meios, uma certa tradição cristã envolvia o corpo em suspeita ou até censura. A antítese evangélica entre a carne e o espírito se traduzia na antítese entre o corpo e a alma, e o corpo era apresentado como a prisão da alma, o liame que a estorvava; no limite, o corpo não passava de um trapo que impedia o homem de atingir a plenitude de seu ser. O corpo merecia respeito; devia receber os cuidados indispensáveis, mas dedicar-lhe excesso de atenção era se expor ao pecado, e em primeiro lugar ao pecado da carne.

A higiene, portanto, era muito restrita. Nos meios populares, camponeses e operários, a água, de qualquer maneira, era coisa rara, e a dificuldade em ir buscá-la restringia seu uso. Por outro lado, havia a ideia generalizada de que a água amolecia o corpo, ao passo que a sujeira era sinal de saúde: é o que mostram Guy Thuillier e Eugen Weber a partir de várias fontes, em relação ao começo do século XX.[27] Assim, fazia-se uma lavagem sumária do rosto e das mãos, ou seja, das partes do corpo que ficavam à mostra, raramente indo além disso. Os historiadores atribuem, e com razão, uma grande importância à escola primária para a difusão da higiene e do asseio; mas as normas por ela difundidas, avançadas em comparação aos usos locais, hoje nos parecem arcaicas. Guy Thuillier observa que, em Nièvre, antes de 1940, muitas vezes era impossível lavar as mãos na escola.

Lavar o corpo todo ainda não fazia parte dos cuidados higiênicos normais. Em Dijon, nas vésperas da guerra de 1914, quatro liceus masculinos dispõem de chuveiros, os quais inexistem num quinto liceu de rapazes, nos dois liceus femininos, em quinze colégios masculinos e mais treze colégios femininos. Os internos faziam lavapés semanais. A instalação de chuveiros constituía na época uma medida administrativa progressista da prefeitura. Mas os tabus não se viam fortemente abalados. Ainda nas vésperas da guerra de 1940, uma mulher do povo respondia indignada: "Tenho cinquenta anos, minha senhora, e nunca me lavei nessa parte!", a uma diretora de escola de Chartres que lhe chamara a atenção para o fato de que sua filha tinha ficado menstruada...[28]

A burguesia e a pequena burguesia se lavavam com mais frequência. Nesses meios, no entreguerras, as residências muitas vezes dispunham de banheiro com banheira; à falta dela, usava-se uma bacia grande. O vestiário prolonga a intimidade do quarto, e diga-se de passagem que a camareira de quem Octave Mirbeau nos apresenta o diário fica irritada que sua patroa não lhe permita entrar;[29] com a pia, o bidê e a água encanada, é possível multiplicar as abluções. Os bebês de peito são lavados diariamente; mais tarde, tomam-se providências para que tenham um dia de "grande limpeza" semanal, geralmente aos domingos. Em suma, os hábitos higiênicos são socialmente muito diferenciados.

Nada marca melhor essa diferença do que as primeiras formas de uso do banheiro entre o povo. O crescimento imobiliário após a Segunda Guerra Mundial permite a transferência de famílias populares para moradias dotadas do "conforto moderno". A burguesia caçoa dos operários dos conjuntos habitacionais que guardam carvão ou criam coelhos na banheira... Os novos moradores precisam de tempo para aprender novos hábitos.

A nova preocupação com a aparência física

Essa defasagem, que aliás não é sistemática — a difusão do esporte popular, os albergues de juventude, as férias remuneradas permitiram que os operários mais jovens desenvolvessem os novos hábitos de asseio corporal —, se explica por atitudes muito diferentes em relação ao corpo. O entreguerras é, para a burguesia, uma época de liberação do corpo e de outra relação entre o físico e as roupas. As roupas antigas escondiam e aprisionavam o corpo. Para os homens, essa evolução, que se inicia antes de 1914, ainda é modesta: ela se dá com o recuo dos colarinhos duros e dos chapéus rígidos e o avanço dos colarinhos flexíveis e os feltros moles. O redingote cede lugar ao jaquetão e se torna traje de cerimônia. Para as mulheres, em contraposição, a evolução é bastante sensível: os corpetes e as cintas recuam, cedendo espaço às calcinhas e sutiãs. As roupas se encurtam e as meias valorizam as pernas. Os tecidos mais macios revelam discretamente as linhas do corpo. A aparência física passa a depender mais do próprio corpo, e portanto é preciso cuidar dele. As revistas femininas alertam suas leitoras sobre esse ponto, ganhando uma nova seção: a ginástica diária. As mulheres são convidadas a cultivar diariamente as flexões abdominais e a desenvolver a flexibilidade. Surgem os cuidados com alimentos mais leves, com o elogio às carnes grelhadas e às verduras; os cardápios diminuem, e não raro, nos próprios jantares oferecidos a visitas, a trinca entradas-carne-ou-peixe-com-molho-rôti é substituída pela sequência peixe-carne. Ter barriga já não é sinal de respeitabilidade para o homem, e sim mostra de desleixo: a gordura inútil cansa, e os tenistas — os "três mosqueteiros" — esbeltos em suas calças de flanela e camisas abertas oferecem um modelo de elegância masculina que sensibiliza os jovens.

Por trás dessas transformações, principalmente entre as mulheres, surge, ou pelo menos se legitima, uma nova preocupação: a de se manter sedutoras. As novas revistas femininas — notadamente *Marie Claire*, lançada em 1937 — insistem que as mulheres, se quiserem conservar os maridos, devem se manter atraentes. Trata-se de uma concepção nova, que aliás confirma a análise acima esboçada da evolução das relações entre o casal, e encontramos uma prova indireta disso na atitude de censura de uma leitora com idade mais avançada frente a *Marie Claire*, criticando esses conselhos que exigiam demais das mulheres: isso não estava no contrato que fundava o casamento da geração anterior.[30] Os cuidados com a beleza, a maquiagem, o batom já não são apanágio das coquetes e das mulheres fáceis: agora são maneiras honestas de valorizar os próprios encantos.

Para expor a difusão dessas novas atitudes entre o conjunto da sociedade, seriam necessárias muitas pesquisas que ainda não foram feitas. Arrisquemos, porém, algumas hipóteses. Esse modelo se difunde de início, no entreguerras, entre uma burguesia preferencialmente mundana e parisiense, que frequenta as praias e as estações de águas. Ciosa de modernidade, ela lança as modas. Os estilos de vida anglo-saxões são, na certa, conhecidos e apreciados. A burguesia do interior, ancorada em suas tradições, se modifica mais tarde, por volta da guerra, e os movimentos de ação católica, os escoteiros, os guias certamente desempenharam um papel importante para a legitimação dos novos hábitos.

Nos outros meios, a difusão foi mais tardia. As empregadas de comércio e escritório se adiantam às operárias e às camponesas, mas todos, homens e mulheres, são arrastados pelo desenvolvimento da sociedade de consumo. Com efeito, a explosão publicitária acelerou bruscamente em todo o conjunto da população a adoção de práticas físicas preconizadas por médicos e moralistas burgueses, em alguns casos desde o começo do século. Para vender xampus ("Dop, dop, dop, todo mundo adota Dop", repetia a rádio dos anos 1950...), para lançar perfumes, desodorantes, cremes, filtros solares, uma firma como a

L'Oréal sustentou um esforço publicitário maciço. Seu primeiro sucesso, aliás, foi o lançamento do bronzeador Ambre em 1937. Os fabricantes de lingerie e roupas íntimas, os comerciantes de artigos de praia e estações de águas não ficaram atrás. Com as fotos sugestivas das revistas que servem de suporte específico a essas propagandas, com o reforço do cinema e principalmente da televisão, os profissionais dos cuidados com o corpo vieram a impor suas imagens. E, com essas imagens, práticas novas: vender um xampu ou uma pasta de dentes é, em primeiro lugar, impor ao público, com a imagem da cabeleira ou do sorriso de uma estrela de cinema, a ideia de que é preciso lavar os cabelos ou os dentes, e não há como ampliar as vendas de bronzeadores enquanto a pele bronzeada na volta das férias não se tornar um imperativo social. Assim, os comerciantes contribuíram mais do que os higienistas para difundir os novos hábitos do corpo.

A generalização deles, desde a metade dos anos 1960, se inscreve claramente nos três campos mencionados: o asseio, a dietética e a cultura física. Em 1951, uma pesquisa da revista *Elle* provocou um pequeno escândalo ao revelar que 25% das mulheres entrevistadas nunca escovavam os dentes. E 39% faziam uma higiene completa mensal. Em 1966 e 1967, pesquisas sobre a distribuição do tempo entre os moradores de sete cidades, entre elas Paris, mostraram que as mulheres consagravam a média de uma hora diária aos cuidados com o corpo, e os homens um pouco menos. Oito anos depois, o tempo dedicado à toalete aumentou de 30% a 40% para as mulheres e de 20% a 30% para os homens. Nossos contemporâneos dedicam de oito a nove horas por semana à sua toalete e, se os executivos do sexo masculino consagram um pouco menos de tempo, as mulheres de escritório ou de escalão médio, por sua vez, dedicam cerca de 9,5 horas. Mais exigentes, mais minuciosos e também mais diversificados, os cuidados com o corpo hoje demandam mais tempo.

No campo da dietética, os alimentos de sustança continuam sendo os preferidos pelos verdadeiros trabalhadores, mas por outro lado as refeições se tornam, de modo geral, mais leves. Uma prova disso é o peso dos franceses: entre 1970 e 1980, as mulheres perderam um quilo em média, e os homens, para o mesmo peso, medem 1,5 centímetro a mais. Num campo em que as transformações levam séculos, essas diferenças em apenas uma década são o sinal eloquente de uma atenção crescente para com o corpo.

Ser esportivo

No terceiro campo, o da cultura física, a evolução é igualmente sensível. Como vimos, antes de 1940 a ginástica já passa a fazer parte dos preceitos das revistas femininas. Mas não das práticas: era difícil seguir individualmente esses conselhos, que aliás nem diziam respeito aos homens. É impossível saber quantas mulheres os seguiram: podemos supor que muitas tenham tentado e depois desistido. Para que homens e mulheres começassem a fazer ginástica, era preciso um estímulo poderoso. Ele surge quando se multiplicam as ocasiões de mostrar o físico. Na metade dos anos 1960, as propagandas das residências de executivos mostram um casal jovem, em traje de banho, ao lado de uma piscina, com uma quadra de tênis ao fundo: é a transposição para o cotidiano de práticas próprias das férias, então generalizadas entre essa categoria e que passam a se difundir para as demais a partir de 1956, com a terceira semana de férias remuneradas. Apenas 40% dos franceses saem de férias na metade dos anos 1960, mas, com a grande explosão do camping, a praia se torna acessível a jovens de todas as camadas: 1 milhão de pessoas acampam em 1956, 3 milhões em 1959, quase 5 milhões em 1962, 7,257 milhões em 1964. Em menos de dez anos, o que ocorre é uma espécie de revolução de veraneio.

Aos cuidados com o corpo para o verão vêm se acrescentar, cerca de dez anos depois, práticas físicas mais regulares. As academias de dança e ginástica passam por um período de prosperidade, ao passo que os clubes para quadros de direção de empresas, com a placa de "Presidente", por exemplo, lembram aos leitores dos jornais sérios que eles devem manter o corpo esbelto e flexível. Os centros sociais e os clubes para a terceira idade reproduzem essa preocupação em meios bastante diversos. Mas os cuidados com o corpo logo vão poder dispensar o apoio de organizações comerciais ou sem fins lucrativos. Com o jogging, no final dos anos 1970, eles passam a depender das horas de folga individuais ou da sociabilidade entre amigos. Os esportes individuais conhecem um êxito crescente. Em 1981, 32% dos franceses declaram praticar algum esporte. O número de praticantes de futebol ou rúgbi (esportes coletivos) permanece estável, ao passo que os praticantes de tênis passam de 50 mil em 1950 para 133 mil em 1968 e 993 mil em 1981; os judocas passam de 200 mil para 600 mil entre 1966 e 1977. E são principalmente os esportes individuais que proporcionam sensações exaltantes de velocidade e domínio sobre os elementos que conhecem um sucesso sem precedentes: o número daqueles que se dedicam ao esqui triplica em vinte anos (1958-1978), e os atuais 686 mil praticantes constituem apenas uma parte dos milhões de esquiadores.[31] Depois do sucesso dos veleiros, inventa-se o windsurf, muito mais barato, e que em poucos anos se impõe como um grande esporte. Nossa época imaginou, desenvolveu e democratizou esportes novos: esforço, jogo e prazer do corpo.

De repente, o cuidado com o corpo muda de estatuto: como prazer se une à higiene, ele não só é legítimo, como também necessário. Ser esportista se converte em dever, para quem quiser ficar em sintonia com seu tempo: já não é uma questão de gosto pessoal. Sinal dos novos tempos, as roupas esportivas, antes reservadas a locais e momentos específicos — as pistas, as férias —, invadem as cidades. O *sportswear* se difunde a partir de 1976, enquanto o anoraque expulsa o impermeável, cujas vendas caem em 25%.[32] O melhor indicador do novo estatuto do esporte: pode-se usar roupa esportiva na rua ou no escritório.

O DESABROCHAR DO CORPO

A reabilitação do corpo certamente constitui um dos aspectos mais importantes da vida privada. Com efeito, ela modifica a relação do indivíduo consigo mesmo e com os outros.

Maquiar-se, fazer ginástica ou praticar jogging, tênis, esqui ou windsurf é tomar o corpo como meio e, ao mesmo tempo, fim de sua atividade. Em certas atividades, por exemplo o trabalho físico, o corpo é um meio e não um fim. Em outras, como a culinária, o corpo é o fim e o meio é um intermediário, neste caso os pratos preparados. A novidade do final do século XX é a generalização de atividades físicas que têm como fim o próprio corpo: sua aparência, seu bem-estar, sua realização. "Sentir-se bem na própria pele" se torna um ideal.

A evolução da dança traduz bem essa novidade. A dança, naturalmente, sempre supõe um par, e a sensualidade sempre se faz presente de maneira mais ou menos discreta. Mas as danças do começo do século XX, a valsa, a quadrilha, constituíam ritos sociais complexos: dançar era mostrar o conhecimento desses códigos. Após a guerra de 1914, a dança une casais, e os moralistas denunciam a lascívia do tango. Após a Segunda Guerra Mundial, o jazz, que até então, juntamente com o charleston, atingia apenas uma minoria, fornece seus ritmos para danças populares como o boogie-boogie, o bebop etc. São sempre casais dançando, mas eles se afastam, se reaproximam, se afastam de novo. O prazer de sentir a própria força, a agilidade nos passos de dança, seguindo o ritmo, acompanha o prazer, mais sensual, do par que, graças aos *slows*, pode ser abraçado sem as regras de figuras e passos do tango. Com o jerk e a música de discoteca, pode-se dançar sozinho, eventualmente sem parceiro. Ao rito social seguiu-se um rito do casal e, depois, um rito do corpo individual. O conhecimento dos costumes, a concordância com o par, a celebração do corpo: a dança conhece três idades sucessivas.

Assim, tratar do corpo assume um lugar importante na vida privada, buscando-se aí múltiplas e complexas gratificações. O prazer do banho, da toalete, do esforço físico é, em parte, uma satisfação narcisista e autocontemplativa. O espelho não é uma invenção novecentista, mas sua banalização e a forma de usá-lo são próprias do século XX: a pessoa não se olha mais no espelho com o olhar de outro, para ver se os códigos da indumentária estão sendo respeitados; ela se olha de uma maneira que, de modo geral, ninguém mais está autorizado a fazer: sem maquiagem, sem roupas, nua.

Mas as satisfações narcisistas do banheiro são percorridas por sonhos e lembranças. Cuidar do corpo é prepará-lo para ser mostrado. Não basta mostrar os enfeites, as joias, os ornatos. A roupa ou se torna funcional, prática, confortável, mesmo contra os costumes, ou valoriza o corpo, deixa adivinhar suas formas, realça-as e por vezes revela-as. Exibe-se o bronzeado, a pele lisa e firme, a flexibilidade; o dinamismo do executivo moderno é atestado pelo que seu estilo tem de esportivo. Aliás, mostra-se cada vez mais o corpo: cada etapa desse desnudamento parcial começa provocando certo escândalo, depois se difunde rapidamente e acaba se impondo, pelo menos entre os jovens, aumentando a distância entre as gerações. É o caso da minissaia nos meados dos anos 1960 ou, dez anos depois, do monoquíni nas praias. Mostrar as coxas e os seios deixa de ser indecente. E nas cidades, durante o verão, veem-se os homens de bermuda, camisa aberta ou tronco nu. O corpo não é apenas assumido e reabilitado: é reivindicado e exposto à visão de todos.

Para as normas do entreguerras, o avanço do nu é o avanço da indecência ou, no mínimo, da provocação. Para a nova norma, é, pelo contrário, uma coisa natural: uma nova maneira de habitar o próprio corpo. Prova disso é o fato de que o nu avança não só nos locais públicos, mas também no universo doméstico. As famílias entram de férias e se sentam à mesa, no verão, em trajes de banho. Os pais vão e voltam nus do banheiro para o quarto, sem se esconder dos filhos. É difícil saber até que ponto essas práticas prevalecem, o que certamente depende dos meios e das gerações. Mas sua mera possibilidade mostra que não se trata de depravação, e sim de uma mudança das normas.

O corpo e a identidade pessoal

De fato, o corpo se tornou o lugar da identidade pessoal. Sentir vergonha do próprio corpo seria sentir vergonha de si mesmo. As responsabilidades se deslocam: nossos contemporâneos se sentem menos responsáveis do que as gerações anteriores por seus pensamentos, sentimentos, sonhos ou nostalgias; eles os aceitam como se lhes fossem impostos de fora. Em contraposição, habitam plenamente seus corpos: o corpo é a própria pessoa. Mais do que as identidades sociais, máscaras ou personagens adotadas, mais até mesmo do que as ideias e convicções, frágeis e manipuladas, o corpo é a própria realidade da pessoa. Portanto, já não existe vida privada que não suponha o corpo. A verdadeira vida não é mais a vida social do trabalho, dos negócios, da política ou da religião: é a das férias, do corpo livre e realizado. É o que queria dizer, à sua maneira, aquele aluno do último ano ao definir o animal como um homem livre, ou aquele grafite de 1968: "Sob as calçadas, a praia".

O CORPO AMEAÇADO

De súbito, tudo o que ameaça o corpo se reveste de uma gravidade inédita.

É o caso da violência. Ao contrário do que se imagina, a violência tem diminuído em nossa sociedade. Ela continua importante em suas margens, nos meios mal integrados. Mas, em termos globais, a redução da violência é incontestável. A da violência política, em primeiro lugar: para se convencer disso, basta comparar a jornada de 6 de fevereiro de 1934, com seus dezesseis mortos, e os acontecimentos de maio-junho de 1968 que, em toda a França, não resultaram em mais do que cinco vítimas.[33] Sem dúvida, a criação de forças policiais especializadas na manutenção da ordem explica em parte que se evite com maior frequência o confronto sangrento, mas a própria ideia de que uma manifestação possa provocar mortes humanas passou a ser inaceitável. O mesmo quanto à violência cotidiana: Gilles Lipovetsky cita números interessantes a esse respeito.[34] Tomando o Sena e o Norte, as condenações por golpes e ferimentos foram, respectivamente, 63 e 110 para 100 mil habitantes em 1875-1885; em 1975, foram 38 e 56 para 100 mil. A mortalidade por homicídio em Paris era de 3,4 para 100 mil em 1900-1910; agora, ela caiu para 1,1.

Diante desses números, é forçoso perguntar: por que nossos contemporâneos estão persuadidos de que a violência não para de aumentar? É problemática essa separação entre a realidade e a opinião. Certamente ela se explica em parte pelo alarido em torno das violências cotidianas; por outro lado, é possível que haja um aumento de violências menos graves. Mas é claro também que a sensibilidade à violência tem aumentado: toda agressão física é sentida com maior agudeza, como a violação de um absoluto. Por extensão, as próprias violências cometidas contra os animais parecem cruéis, não pelo que revelam de seus perpetradores, mas por causarem sofrimento aos animais, como se o organismo deles fosse absolutamente idêntico ao dos homens. Aliás, a lei passou a punir essas violências. Em suma, a nova norma impõe o respeito prioritário e categórico pela integridade física.

A luta contra a velhice

Ameaçado de fora, pela violência, o corpo o é ainda mais de dentro, pela idade e pela doença. Nossos contemporâneos se empenham em retardar o irreparável desgaste dos anos, aliás com um êxito inquestionável: hoje, os homens e as mulheres de quarenta anos não se parecem muito com seus coetâneos de duas gerações atrás. Jane Fonda espera atingir essa idade para só então descobrir suas primeiras rugas, assumir sua maturidade e defini-la como *A bela idade da mulher* [*Le bel âge de la femme*, título em francês de seu livro *Women coming of age*, de 1984]. A higiene, a dietética e a cultura física não são as únicas mobilizadas para esse combate do adiamento; apela-se a todos os recursos cosméticos; os cremes antirrugas, a geleia real, as máscaras de lama criam um comércio próspero, exorcizando o medo de envelhecer com o rigor de especificações aparentemente científicas e o feitiço das propagandas. Tenta-se deter a queda dos cabelos. Clínicas paradisíacas à margem do Leman ou do Mediterrâneo, e até em Vittel, prometem verdadeiros elixires da juventude. Não dão certo? A cirurgia se oferece para acabar com as bolsas sob os olhos ou para remodelar seios caídos.

É certo que os *liftings* ainda se restringem a uma minoria: vedetes da tela ou da política, personagens em constante representação. Para aquém de um certo nível de fortuna e notoriedade mundana, essas soluções extremas ainda não são correntes; todavia, vão se tornando mais frequentes e mostram até que ponto nossos contemporâneos se recusam a envelhecer. A norma social dita a aparência jovem, e a personalidade se confunde a tal ponto com o corpo que "continuar a ser o que é" acaba se confundindo com "continuar a ser jovem".

O medo da doença

Resignar-se a envelhecer não é, portanto, uma virtude própria de nossa época. E menos ainda se resignar a adoecer. No começo do século XX, a doença e a morte eram fatalidades com que as pessoas estavam acostumadas a contar. A mortalidade infantil ainda era considerável: um quinto das crianças morria antes dos cinco anos de idade. A pneumonia, a difteria, as doenças infecciosas eram causas frequentes de morte, e a tuberculose figurava entre os flagelos sociais. Os antibióticos após 1945 — ano em que Fleming ganhou o prêmio Nobel pela descoberta da penicilina —, a conservação do sangue e os avanços da cirurgia modificaram todo esse panorama: a mortalidade infantil diminuiu enormemente, e a expectativa de vida das crianças nascidas em 1985 é vinte anos maior do que a do começo do século.

De uma hora para outra, a morte prematura começou a chocar: a morte já não parece normal se não chega na idade certa. Não resta dúvida que a morte é, muitas vezes, brutal: os acidentes de carro matam pessoas de boa saúde, e o enfarte não costuma avisar. Muitas vezes o câncer, que ataca em igual medida pessoas jovens, na força da idade ou idosas, é descoberto tarde demais; por isso, é temido como uma maldição, e as pessoas hesitam em chamá-lo pelo nome. Em suma, agora que a maioria das doenças foi conjurada, exceto o desgaste da própria idade, viver não é mais uma questão de sorte: é um direito.

Assim, no centro da vida privada atual, cuidar do corpo não é apenas fazer a toalete, tratar dele e defendê-lo contra os assaltos da idade: é também protegê-lo das doenças. O medo da doença impregna nossa sociedade; dá aos médicos um público e um prestígio novos, aumenta as vendas das farmácias e faz a prosperidade dos laboratórios de análises e dos consultórios de radiologia. Ao menor alerta, a pessoa toma remédios, vai ao médico, faz exames. Se os progressos da ciência inspiram uma confiança por vezes excessiva, seus limites, por outro lado, não geram resignação. A vontade de se curar é tão intensa que, quando as terapias oficiais não dão certo — o que, no limite, é inevitável —, chega a hora e a vez das medicinas paralelas. Os curandeiros e algebristas, longe de desaparecer, continuam a existir contra todas as expectativas, enquanto os homeopatas e acupunturistas se multiplicam. A saúde é uma preocupação constante; embora seja certamente menos explícita do que nos Estados Unidos, onde constitui uma das seções diárias dos telejornais, ainda assim ela tem seu espaço nas conversas, nos jornais e nas bancas das estações, ao passo que a biologia, muito diferente das ciências naturais de outrora, vem a substituí-las nos cursos escolares e se eleva ao topo da hierarquia científica, ao lado da física.

No entanto, por uma última viravolta, essa preocupação central da vida privada que é o medo da doença e a vontade de conjurá-la constitui também o lugar privilegiado de múltiplas políticas públicas. Não existe nada tão privado quanto a saúde, e no entanto nada é assumido de tão bom grado pelas instâncias sociais. O domínio da saúde depende simultânea e indissociavelmente da esfera privada e da esfera pública.

As políticas públicas de saúde

Quando um problema assume tanta importância para a população, é de fato inevitável que o Estado intervenha. Em primeiro lugar, por causa da saúde pública: agora que existem terapias eficazes e, principalmente, medidas preventivas, não é mais admissível que um indivíduo ameace comprometer a saúde de seus vizinhos. O Estado então multiplica as prescrições, e em

1930 sente a necessidade de criar um Ministério da Saúde Pública. As vacinas passam a ser obrigatórias, e os alunos ainda não vacinados recebem vacinas à força. Os noivos têm de fazer exames pré-nupciais, para preveni-los das doenças que poderiam transmitir, e depois para prever eventuais incompatibilidades do fator Rh. A Frente Popular cria a proteção à mãe e à criança: sob a condição de fazer três exames durante a gravidez, a futura mãe recebe subsídios pré-natais, e são instituídas as visitas para os recém-nascidos. Os pais são instruídos a manter uma carteira de saúde para cada filho. As colônias e acampamentos de férias são submetidos a inspeções sanitárias. Assim, a política de saúde constrói uma rede complexa de regulamentos públicos.

O Estado, porém, não se contenta em fiscalizar e proibir: ele assume positivamente o papel de tornar a medicina acessível a toda a população. Não basta encorajar, com a criação de ambulatórios, uma medicina gratuita: é preciso que o custo dos tratamentos deixe de desestimular os doentes. Ora, apesar do desenvolvimento das sociedades de assistência mútua, elas estão longe de abarcar o conjunto da população. Daí a inovação decisiva: os seguros sociais, instituídos pelas leis de 1928 e 1930, que entram em vigor no mesmo ano da criação do Ministério da Saúde. A partir de 1945, essa política passa a ser coordenada e desenvolvida pela previdência social (não foi ela que criou essa política).

Assim, a saúde individual se vê na dependência de um vasto organismo público que assegura seu financiamento. A importância prioritária agora concedida pela opinião pública à luta contra a doença, junto com a tecnologia e a complexidade crescente dos tratamentos, faz aumentar as despesas da saúde numa velocidade maior do que a dos rendimentos dos particulares e do orçamento do Estado. Em 1950, o consumo médico direto ou indireto (um terceiro pagante) representava 4,5% do consumo final das famílias. Ele representa 9,4% em 1970, e 12,4% em 1982. Essa evolução não pode prosseguir indefinidamente.

Ao mesmo tempo, o hospital muda de estatuto. Antes do grande salto da medicina e da cirurgia, o hospital atendia aos pobres: era uma obra de assistência pública. Com a crescente sofisticação dos exames e dos tratamentos, o hospital se tornou o templo da medicina, o único lugar em que é realmente possível cuidar dos doentes de maneira científica, pondo a seu serviço todos os recursos terapêuticos modernos. Assim, os doentes emigram de suas casas para o hospital: é para lá que a pessoa precisa ir para ser bem atendida, caso esteja verdadeiramente doente. É para lá também que ela precisa ir quando não quer correr o risco de nenhuma complicação, por exemplo, no parto: antes de 1940, a imensa maioria das mulheres fazia o parto em casa; hoje, quase todos os partos são realizados na maternidade. Dessa forma, o cuidado com o corpo ameaçado escapa à esfera privada: instituições públicas se encarregam literalmente dele, no sentido não só financeiro, mas também material e afetivo.

Então se patenteia a contradição entre o desejo de viver situações intensas como momentos privados e o quadro público em que elas se inscrevem. Os médicos, embora seus rendimentos tenham aumentado com os recursos fornecidos pela previdência social a uma parte de seus clientes,[35] superam essa contradição defendendo encarniçadamente o caráter liberal da profissão. Apesar das convenções, e ainda que seus vencimentos agora sejam mais transparentes, a conversa pessoal com o doente é, para eles, uma realidade e ao mesmo tempo uma ideologia. Desse modo, eles preservam o caráter privado de sua relação com o doente, no próprio interior de um sistema público.

Ainda mais intensa é a contradição no meio hospitalar. Pela primeira vez na história da humanidade, agora as pessoas nascem e morrem num hospital. A preocupação com a eficiência, somada às dificuldades das famílias em se encarregar desses fatos, faz com que os momentos fundamentais da existência, os mais profundamente ligados à vida e à identidade, sejam retirados do âmbito familiar, do quadro doméstico, embora espaçoso, e transferidos para o cenário asséptico e funcional, mas anônimo, do hospital. Subitamente, a enfermaria comum parece cruel e insuportável; boa para indivíduos recolhidos por caridade, que nem sempre tinham um teto, ela constitui para nossos contemporâneos, acostumados a ter seu próprio quarto e que se sentem angustiados com a doença, uma espécie de arcaísmo bárbaro e desumano. De uns vinte anos para cá, vastos canteiros de obras vêm reformando os antigos centros hospitalares, substituindo as enfermarias coletivas por quartos individuais ou, pelo menos, por quartos de poucos leitos.

Assim, a reivindicação do direito individual à própria vida privada, para além da vida familiar, encontra sua derradeira consumação nesses hospitais modernos, compostos de um mosaico de quartos individuais, onde pessoas solitárias deslizam discretamente para a morte, fazendo de conta que ignoram o fato para não perturbar seus parentes...

NOTAS

1. R.-H. Guerrand, *Les origines du logement social en France*, Paris, Éd. Ouvrières, 1966.

2. J. Guéhenno, op. cit., pp. 57-8.

3. R.-H. Guerrand, op. cit., conforme o dr. J. Bertillon, na *Revue d'Hygiène et de Police Sanitaire* de maio de 1908, pp. 377-99.

4. O. Hardy-Hemery, *De la croissance à la désindustrialisation. Un siècle dans le Valenciennois*, Paris, Presses de la FNSP, 1984, p. 39.

5. M. Quoist, *La ville et l'homme*, Paris, Éd. Ouvrières, 1952.

6. P.-H. Chombart de Lauwe, *La vie quotidienne des familles ouvrières*, Paris, Éd. du CNRS, 1956.

7. Loc. cit., pp. 64-5.

8. L. Bernot, R. Blancard, *Neuville, un village français*, Paris, Institut d'Ethnologie, 1953.

9. A. de Foville, *Les maisons types*, 1984, citado por R.-H. Guerrand, op. cit., p. 218.

10. L. Frapié, op. cit.

11. S. C. Rogers, "Female forms of power and the myth of male dominance: a model of female male interaction in peasant society", *American Ethnologist*, vol. II, nº 4, novembro de 1975, pp. 727-56.

12. M. Segalen, *Mari et femme dans la société paysanne*, Paris, Flammarion, 1980.

13. M. Wolfenstein, "French parents take their children to the park", in M. Mead, M. Wolfenstein, *Childhood in contemporary culture*, Chicago, Chicago University Press, 1955, pp. 99-117.

14. H. Mendras, *Études de sociologie rurale, Novis et Virgin*, Paris, Armand Colin, 1953.

15. "Comment élever les enfants", pesquisa de *Confidences*, 29 de julho de 1938 (resultados em 14 de outubro de 1938).

16. A revista aceitou refazer a pesquisa em 1977. A mesma pergunta então recebeu uma grande maioria de negativas, com 89% das respostas, e as afirmativas não ultrapassaram 4,4%.

17. M. Martin, "Images du mari et de la femme au XXe siècle. Les annonces de mariage du *Chasseur Français*", *Revue d'Histoire Moderne et Contemporaine*, 2-1980, pp. 295-311. Para 50% dos homens e 67% das mulheres, os editais de 1930 especificam um dote ou "esperanças" dele; em 90% e 38%, respectivamente, eles indicam a profissão ou situação social dos noivos.

18. A.-M. Sohn, "Les rôles féminins dans la vie privée, approche méthodologique et bilan de recherches", *Revue d'Histoire Moderne et Contemporaine*, 4-1981, pp. 597-623.

19. "Comment concevez-vous le bonheur conjugal?", pesquisa de *Confidences*, 17 de junho de 1938 (resultados em 26 de agosto).

20. P. Ariès, "Familles du demi-siècle", *Renouveau des idées sur la famille*, sob a direção de R. Prigent, Paris, PUF, 1953, pp. 162-70.

21. Ver o texto dessas conferências apresentadas por A. Le Gall, S. Lebovici, M. Cenac, A. Berge, J. Boutonier-Favez, C. Launay em *L'École des Parents*, novembro de 1953.

22. Cito aqui a legenda de uma foto publicada em *La Croix* de 5 de maio de 1954, mostrando um casal jovem, em que o pai carrega o filho.

23. "La femme de marbre", *Confidences*, 17 de março de 1950.

24. *Femmes Françaises*, 12 de agosto de 1950.

25. L. Roussel, "La cohabitation juvénile en France", *Population*, 1-1978, pp. 15-41. As análises precedentes do casamento devem muito aos trabalhos de L. Roussel, notadamente *Le mariage dans la société française. Faits de population, faits d'opinion*, Paris, PUF, 1975, e, em colaboração com O. Bourguignon, *La famille après le mariage des enfants, étude des relations entre générations*, Paris, PUF, 1976, e *Générations nouvelles et mariage traditionnel, enquête auprès des jeunes de dix-huit/trente ans*, Paris, PUF, 1979.

26. F. de Singly, "Le mariage informel. Sur la cohabitation", *Recherches Sociologiques*, 1-1981, pp. 61-90.

27. G. Thuillier, *Pour une histoire du quotidien au XIXe siècle en Nivernais*, Paris, Mouton, 1977; E. Weber, *La fin des terroirs*, Paris, Fayard, 1983 (1ª ed. nos Estados Unidos, 1977).

28. Devo essa anedota a meu colega Michel Vovelle, filho dessa diretora.

29. O. Mirbeau, *Journal d'une femme de chambre*, citado por G. Vigarello, *Le propre et le sale. L'hygiène du corps depuis le Moyen Âge*, Paris, Seuil, 1985, p. 231.

30. Ver a seção de cartas de *Marie Claire*, a cargo de Marcelle Auclair, em 7 de maio de 1937: "Uma avó de Neuilly-sur-Seine me censura por encorajar

o egoísmo masculino, quando aconselho que as mulheres se esforcem em se manter bonitas para agradar aos maridos por bastante tempo [...]".

31. G. Lipovetsky, *L'ère du vide. Essai sur l'individualisme contemporain*, Paris, Gallimard, 1983, p. 191; P. Ory, *L'entre-deux-mai, histoire culturelle de la France, mai 1968-mai 1981*, Paris, Seuil, 1983, p. 129.

32. P. Yonnet, "Des modes et des looks", *Le Débat*, nº 34, março de 1985, pp. 113-29.

33. Um parisiense morto durante uma manifestação, um delegado de polícia em Lyon, pont de la Guillotière, o estudante Gilles Tautin, afogado no Sena perto de Flins, e dois operários em Sochaux. Essas linhas já estavam escritas quando o movimento estudantil de dezembro de 1986 veio confirmá-las de maneira espetacular.

34. Op. cit., p. 223.

35. H. Hatzfeld, *Le grand tournant de la médecine libérale*, Paris, Éd. Ouvrières, 1963, ressalta que a taxa de responsabilidade, prevista pela lei de 1930, não atinge os médicos, ao contrário de sua intenção originária, mas determina apenas o que é reembolsado pelas caixas de previdência social. Agora, cientes de que não causarão problemas a seus clientes mais pobres exigindo-lhes essa taxa, os médicos já não hesitam em cobrá-la.

TRANSIÇÕES E INTERFERÊNCIAS

Dois movimentos simétricos marcam a história da vida privada no século XX. De um lado, o trabalho sai dos domicílios e se estabelece em lugares impessoais, regidos por uma rede formalizada de regras jurídicas e convenções coletivas. De outro lado, o indivíduo conquista, dentro da própria família, o tempo e o espaço de uma vida pessoal. A especialização dos momentos e dos lugares acentua o contraste entre a esfera pública e a esfera privada, e aponta as características específicas de cada uma delas. No entanto, se nos restringíssemos a essas duas tendências principais, correríamos o risco de estabelecer uma oposição demasiado radical entre o público e o privado, deixando de compreender a solidariedade de ambos dentro de uma mesma sociedade. Assim, não basta termos examinado sucessivamente os dois âmbitos: é preciso ainda estudar sua articulação.

A TRANSIÇÃO ENTRE PRIVADO E PÚBLICO

OS ESPAÇOS DE CONVÍVIO

A passagem do privado ao público é frequentemente brutal: muitos o sentem todas as manhãs. Mal a pessoa acaba de sair de casa, vê-se tragada pelo universo do trabalho, por suas obrigações e servidões. Ela cai inteiramente sob o império da exatidão, sob o medo de perder o ônibus, o metrô ou o trem, de ficar presa num congestionamento. Em contraste com a intimidade do lar, cada percurso até o trabalho é um brusco mergulho num espaço público indiferenciado, inamistoso e até hostil: a pessoa se aperta num meio de transporte lotado, já muito contente em conseguir “chegar em cima da hora”. Não é uma transição, e sim um salto.

Essa situação caracteriza as grandes cidades atuais, porém mais da metade dos franceses (50,7% em 1982) mora em aglomerações com população superior a 50 mil habitantes, o que constitui uma das novidades desse final do século XX. A dissociação entre o trabalho e a vida doméstica na cidade torna necessário um deslocamento diário, que é organizado pela coletividade. Nesse sentido, a esfera pública do trabalho se inicia com os transportes coletivos, e o uso do carro individual corresponde a uma tentativa de prolongar a vida privada e compor uma espécie de transição entre ela e a vida pública. Transição pobre, na maioria das vezes, cujos limites são ilustrados pelo engarrafamento do trânsito: as coerções coletivas das ruas que se impõem a esses meios de transporte privados deixam os indivíduos absolutamente anônimos e solitários.

O bairro, espaço de conhecimento mútuo

Em contraposição, o bairro antigo ou a vila se apresentam em si mesmos como espaços de transição. O bairro se define subjetivamente, para seu morador, pelo conjunto dos itinerários percorridos a partir de sua casa. Percorridos a pé, naturalmente, pois a área do bairro é a do pedestre, ao passo que o espaço da aglomeração é o dos “meios de transporte”. O espaço concreto do bairro ou da vila é um espaço aberto a todos, regido por regras coletivas, mas que tem como “foco”, no sentido óptico, um lugar fechado, um lar. É um *exterior* definido a partir de um *interior*; um público cujo centro é um privado.

Esse espaço é o lugar do conhecimento mútuo: cada qual é conhecido num certo número de particularidades de sua vida privada por pessoas que não são parentes nem amigas, e que no entanto não são estranhas — os vizinhos. A proximidade espacial cria um conhecimento mútuo pelo menos aproximativo: quem não é conhecido parece intruso. Aqui ressurgem as páginas inesquecíveis de Marcel Proust em que a tia conversa longamente com Françoise, na casa de Combray, sobre a identidade de um cão "que ela não conhecia" ou sobre a proveniência dos aspargos que uma vizinha traz no cesto...

Na verdade, há aí mais do que um conhecimento mútuo: há um contato social. Cada morador do bairro ou da vila aufere certo proveito dessa vizinhança, desde que pague o devido preço. Ele recebe pequenas gratificações dos outros: sorrisos, saudações, cumprimentos, troca de palavras que dão a sensação de existir, de ser conhecido, reconhecido, apreciado, estimado. Para alguns, a solicitude da vizinhança vai além, e as pessoas ficam preocupadas se a velha senhora não vai buscar o pão na hora de sempre. Mas, para receber esses benefícios, é preciso respeitar as regras do bairro ou da vila, fazer o que se faz e não fazer o que não se faz. Quem não respeita essas regras tácitas se expõe a comentários pouco amenos e, depois, a uma espécie de exclusão: não participar do jogo é sair dele.

Com Pierre Mayol,[1] pode-se chamar o conjunto de regras que regem os contatos de vizinhança como regras de convívio. O convívio define bem um espaço de transição entre o privado e o público. Seu fundamento é o caráter ao mesmo tempo inevitável e imprevisível do encontro com o outro. Sair de casa é se expor a encontros, sem saber exatamente quem vai se encontrar. O encontro não é de ordem privada; não é escolhido, ocorre num local público e geralmente se limita a banalidades e "lugares-comuns". Mas não se pode evitar um envolvimento pessoal nesses encontros: o outro sabe quem é e onde mora a pessoa, conhece o cônjuge, os pais, os filhos. O próprio percurso tem um sentido para o outro: ele sabe se a pessoa está fazendo suas obrigações na rua, se está indo buscar os filhos na escola, se está voltando do trabalho. O outro conhece a voz rumorosa do bairro, que espalha os comentários, principalmente os que dizem respeito à vida privada.

Sair pelo bairro é, pois, se expor. O convívio rege, em primeiro lugar, a apresentação pessoal. Esse espaço de transição é marcado por certa "teatralidade" (Mayol), e a pessoa sempre está encenando em maior ou menor grau. Convém oferecer aos outros uma imagem apresentável. A roupa logo é objeto de interpretação, pois conhecem a roupa habitual: "A senhora está muito bonita hoje...", dirá o comerciante à sua freguesa, para logo depois comentar para o bairro: "Madame X estava toda arrumada...". Precisa existir uma razão aceitável para tal desvio da norma nos trajes, já que todo desvio é notado, comentado, interpretado. O mesmo se passa com as pessoas que frequentam a casa, as visitas feitas e recebidas, e os ecos que escapam da vida familiar; as cenas do lar não passam despercebidas; às vezes não chega a ocorrer que um dos protagonistas queira ter o bairro como testemunha? Outro objeto de comentários são as compras feitas no bairro, quando saem do habitual; comprar uma garrafa de vinho na mercearia num domingo está na ordem do convívio, mas, como assinala P. Mayol com argúcia, as primeiras garrafas de uísque em seu bairro de Croix-Rousse foram compradas no Carrefour: o anonimato do grande espaço permite inaugurar a novidade da compra com discrição. Isso significa que o espaço do bairro é vivido como um lugar onde se desvendam os mil e um detalhes da vida cotidiana: o bairro é esse cenário público onde a pessoa tem de representar sua vida privada.

O convívio não se contenta em organizar essa representação; ou melhor, exatamente por isso, ele até certo ponto protege a vida encenada. Ele proíbe certas práticas e regulamenta outras: o comportamento em relação aos filhos dos vizinhos também é objeto de costumes prudentes que preservam as relações de boa vizinhança dosando, conforme os casos, a intervenção ou a abstenção. O convívio, além disso, preside às trocas de palavras. Com efeito, no espaço do bairro, a vida privada é não só apresentada, mas também dita, embora sem indiscrição.

Locais de conversa femininos...

A análise aqui deve ser subdividida, pois os locais de conversa dos homens não são os mesmos das mulheres. Nos povoados de antigamente, era por exemplo o lavadouro que constituía um lugar eminente de conversas exclusivamente femininas. Mas vamos acompanhar as mulheres da cidade até os comerciantes do bairro: logo fica claro que elas não esperam o comportamento, mesmo "comercial", de uma caixa de supermercado, e sim um serviço de atendimento mais pessoal. O comerciante deve conhecer as freguesas, saber seus gostos e prever suas compras. Não é apenas o contato comercial que está em questão; a qualidade do pão não conseguirá salvar a padaria se a padeira não for sociável: ela precisa que suas práticas sejam reconhecidas e aceitas para garantir sua reputação e a fidelidade da freguesia.[2]

Entre os comerciantes, o merceeiro ocupa um lugar eminente, pois a diversidade dos produros comprados na mercearia constitui, por si só, um discurso complexo sobre a vida privada dos lares: o que as pessoas comem expressa os gostos, as presenças, as ausências, as festas, as doenças, os períodos difíceis. Por mais que o merceeiro — ou a merceeira — esteja com pressa e por menos que se preste ao jogo, a compra vem acompanhada por uma conversa aparentemente anódina, mas na qual eles trocam informações pessoais. Os outros clientes ouvem apenas trivialidades, e essas conversas genéricas são facilmente ironizáveis. P. Mayol, no entanto, tem razão em observar que o conhecimento preciso do contexto permite que os interlocutores dotem esse discurso de significados exatos. Por trás do provérbio: "O que se há de fazer, é preciso ter paciência com a juventude", o merceeiro entende que o neto de madame X continua vivendo com sua amiguinha.[3] Aqui, o convívio permite dizer tudo, desde que seja dito sob a forma impessoal da sabedoria dos povos. Exatamente por não terem qualquer sentido em si mesmas, essas palavras de bom senso aceitam as múltiplas significações que lhes são conferidas pelo contexto. Assim, o convívio oferece seus lugares-comuns a todos.

... e masculinos

A palavra masculina encontra seu principal espaço nos bares. Não os bares de passagem, cuja clientela não pertence ao bairro, mas os bares de fregueses habituais. Aqui, os clientes têm pelo menos um sobrenome, às vezes um primeiro nome, e não raro seus hábitos próprios: um lugar, uma bebida preferida. A frequência obedece ritmos semanais ou diários. Há o bar da volta do trabalho, perto do ponto de ônibus ou da estação de metrô: lá se toma um trago com os colegas que fazem o mesmo trajeto depois do trabalho, antes de cada qual voltar para sua casa. Lugar de transição por excelência, entre o espaço público do trabalho, prolongado pelos transportes em comum, e o espaço privado da vida doméstica. Há também o bar do domingo de manhã, onde se compartilha o vinho branco, joga-se um pouco de terça, lá pelas onze horas, entre amigos que se conhecem de longa data... E essa tipologia certamente poderia ser mais burilada.

As palavras trocadas no bar pertencem a outro registro, diferente das conversas entre fregueses e comerciantes. A vida privada não está tão diretamente envolvida: fala-se do trabalho, dos negócios, da política. Quando se aborda a vida privada, é frequentemente com um discurso galhofeiro convencional, conversa de homens sobre mulheres, e cuja relação com a vida privada de cada um escapa ao observador desatento. No entanto, há aí também uma troca que segue as regras do convívio, onde o gracejo funciona como código. O que se diz não tem muita importância, e se a pessoa não gostasse não estaria dando prova de bom caráter; mesmo assim, nessas conversas de brincadeira, muitas coisas são ditas na primeira pessoa...

Nessas circunstâncias, entende-se melhor a importância dos bares: a França contava com 480 mil tabernas nas vésperas da Primeira Guerra Mundial e 500 mil às vésperas da Segunda. É mais do que um "boteco" por cem habitantes. Um povoado minúsculo tinha diversos bares, os quais proliferavam nas vilas operárias: um para cinquenta habitantes em Roubaix, no final do século XIX! Vimos anteriormente que a exiguidade da habitação popular explicava parcialmente a prosperidade dos bares, e os estudos de sociabilidade popular sempre se detêm nesses grandes locais de cultura popular que são as tabernas ou os botequins.[4] Entre a metade do século XIX e a metade do século XX, em todo caso, a vida privada do povo se prolongava para fora de suas casas, ocupando esses locais públicos, estreitamente vigiados pelos tiras e pelos ratos de porão, que eram os botequins.

Nesse sentido, para os franceses dessa época, o bairro ou a vila eram tão habitados quanto as próprias casas. É o que observa Colette Pétonnet, seguindo uma velha senhora em seu passeio cotidiano, a qual teria de se mudar por decisão da previdência social: não há dúvida de que ela mora num pardieiro miserável, mas também se sente em casa pelas ruas do bairro; o que ela fará com uma moradia moderna, se perder seu bairro?[5] A oposição marcada entre uma casa puramente privada e um exterior inteiramente público é uma maneira de apreender o espaço social própria da burguesia. Para o povo francês, tal como para os napolitanos descritos por Sartre, embora em menores proporções, a oposição não é tão marcada. O espaço do bairro se distingue do espaço privado, mas não é fechado a ele; pelo contrário, forma a seu redor uma espécie de zona protetora. O convívio permite que o bairro permaneça como um espaço aberto, público, e que, mesmo assim, a vida privada de cada um encontre aí um prolongamento, um eco, um apoio, e às vezes também uma crítica. O bairro ou a vila organizavam uma transição complexa entre o público e o privado.

DESTRUIÇÕES E RECONSTRUÇÕES

É essa sábia articulação entre o público e o privado que foi destruída pela urbanização recente.

Para se transmitir, essa "cultura do pobre"[6] supunha uma relativa estabilidade da população, o tempo de assimilar os novos ingressantes. Ora, a França passou por uma urbanização extremamente rápida entre 1954 e 1968, já que durante esses catorze anos a proporção de citadinos (nova definição) passou de 58,6% para 71,3% da população total,[7] sendo que depois avançou apenas alguns pontos (73,4% em 1982).

A brusquidão do crescimento urbano se acentuou ainda mais com a crise habitacional e as soluções encontradas. Construiu-

-se pouquíssimo na primeira metade do século XX, o que, aliás, ajuda a explicar a persistência dos bairros populares e de sua cultura. Mas disso resultava uma tal escassez de moradias que foi preciso construir em grande escala, criando bairros inteiros. Já dissemos que os grandes conjuntos habitacionais representaram um salto para a modernidade. Do ponto de vista que aqui nos interessa, são acima de tudo bairros totalmente novos, cuja população provém integralmente de outros lugares: ela é transplantada e realojada. A história não oferece muitos precedentes desse tipo de povoamento de bairro. Seus moradores não só não possuem nenhuma tradição, como também têm muitas dificuldades em criá-las: é uma população muito homogênea, pela idade e situação familiar. As pessoas de idade fazem uma enorme falta: não as avós, que aliás nem moravam muito com os filhos e netos, mas as senhoras solitárias, que transmitiam a memória do bairro, ditavam o convívio e, com o olhar atento por trás da cortina soerguida, espreitavam as idas e vindas... Como o bairro, por outro lado, pode viver se, em determinadas horas, ele se esvazia de seus estudantes e trabalhadores?

O espaço desestruturado do bairro

As formas arquitetônicas e urbanas da modernidade dificultam ainda mais a articulação entre o privado e o público no espaço do bairro, pois elas desestruturam esse espaço. É o fim das ruas, que canalizavam os itinerários, e o fim das lojinhas: as mercearias são substituídas pelos centros comerciais, aonde frequentemente se chega de carro. "Sair para dar uma volta" já não tem muito sentido nesse espaço funcional. Quanto aos bares, o ponto é caro demais para o "boteco": são bares de passagem, mesmo que a loteria recrie em certas horas uma vida de bairro.

As relações com os vizinhos se modificaram. O elevador não é uma rua na vertical: na rua, a pessoa vê os outros passarem, sabe em que porta vão parar, e a identificação fica mais fácil graças às diferenças entre as casas. O elevador conduz seus passageiros ao abrigo dos olhares e os entrega em andares totalmente idênticos, e é fácil confundir as entradas dos prédios. A semelhança dos lugares gera o anonimato. Nem por isso o vizinho desaparece: os ruídos atravessam as paredes com facilidade, mas as pessoas não prestam muita atenção. Uma pesquisa feita em 1964 mostrou a extrema pobreza das relações sociais nos grandes prédios residenciais: 68% das famílias não mantinham qualquer relação constante com os moradores do mesmo andar, 50% não tinham qualquer relação no conjunto de prédios, e 21% não mantinham relação com ninguém, em nenhum lugar.

Mas evitemos nostalgias fáceis: elas atribuiriam à falta de compreensão dos urbanistas um movimento social que é muito mais amplo e profundo. Certamente os arquitetos dos grandes conjuntos, como os responsáveis pelas restaurações de ilhotas insalubres entre 1950 e 1970, não haviam entendido que a forma urbana desempenha uma função social para além de suas funções utilitárias evidentes (moradia, comércio, trabalho). Assim, suas realizações não facilitam a formação de espaços de transição ao mesmo tempo públicos e privados. Mas os próprios bairros antigos evoluíram. Sem dúvida, no final dos anos 1970, P. Mayol ainda pode analisar as ruas de Croix-Rousse como um espaço de convívio. Mas, mesmo nesses casos excepcionalmente preservados, pode-se apostar que a vida de bairro se empobreceu e o conhecimento mútuo se reduziu. Os modos de vida mudaram. Passa-se menos tempo no bairro, e a pressa é maior. O convívio não tem apenas aspectos positivos: é também vigilância de todos os instantes, censura, maledicência. O individualismo moderno não se dá bem com essas tutelas: como "fazer o que bem se entende" se as comadres não param de espionar? As normas burguesas da vida pessoal (não se dar com os vizinhos etc.) avançam não só porque os responsáveis do planejamento urbano, da higiene ou da ação social, certos da legitimidade de tais normas, passam a impô-las ao povo, que alojam, desalojam e realojam para seu próprio bem e conforto. Elas avançam também de uma maneira mais sutil e difusa, por contágio, entre a nova burguesia dos colarinhos-brancos: para um funcionário de escalão médio, libertar-se das servidões da vizinhança é subir um degrau na escala social.

Além disso, vemos a reconstituição de espaços de convívio, mas sob formas mais limitadas e menos coercitivas. Nos grandes conjuntos, por exemplo, não é raro que os mercados permitam contatos mais pessoais entre os comerciantes e os clientes. Mas são limitados pelo fato de que o comerciante ignora os outros aspectos da vida de seus clientes.

A fronteira dos novos loteamentos

Mais rica e mais interessante é a sociabilidade dos loteamentos. Aqui também seria preciso matizar a questão, para levar em conta as diferenças sociais e regionais. Costuma-se opor os franceses que cercam cuidadosamente seus lotes aos americanos que, pelo contrário, deixam que se estabeleça uma continuidade entre os jardins. É verdade que, depois da retirada da França da OTAN (Organização do Tratado do Atlântico Norte), em 1966, quando os pavilhões abandonados pelo Exército americano foram revendidos a franceses, como em Orléans, o primeiro cuidado dos novos proprietários foi levantar cercas: em poucos meses, uma espécie de arvoredo urbano substituiu o *green* contínuo sobre o qual se erguiam as casas americanas. Mas essa leitura puramente individualista do loteamento é um pouco estreita. Um estudo mais atento mostra uma apropriação espacial mais sutil. O morador dessas novas casas com jardim, distantes do centro da cidade, marca energicamente a fronteira do que lhe pertence: a cerca afirma a propriedade privada. Mas não da mesma maneira em relação à rua e aos outros proprietários privados: a cerca geralmente é mais alta atrás e dos lados do que na frente para a rua. Isso porque os vários espaços da casa têm funções diversas.

Com efeito, o espaço da casa se articula em duas águas, voltadas de certo modo para o sul e para o norte.[8] A parte dos fundos é um espaço puramente privado, quase íntimo: a família pode jantar fora, ao ar livre, nas noites de verão. É onde fica a roupa a secar e onde crescem as cebolas ou as verduras na horta. A parte da frente, pelo contrário, preenche uma função ostentatória: fica à vista, e os moradores cuidam da imagem que apresentam de si mesmos. Gramados caprichosamente aparados, maciços de flores, figuras coloridas ou vasos pretensiosos: toda a gama de gostos se expõe na fachada. A cerca delimita o espaço, proíbe o acesso, mas não a visão, e travam-se diálogos por sobre a sebe ou a cerca: com o carteiro, com os passantes, isto é, com os vizinhos de passagem. A própria rua, visível das janelas, é um espaço domesticado: a circulação não é muito grande, as crianças brincam e andam de bicicleta. Compõe-se uma transição, em que o convívio redescoberto serve como regra de boa vizinhança.

Em torno dos lugares de vida privada, vê-se assim a reconstituição de locais de encontro e contato. De modo mais geral, as novas correntes da arquitetura defendem essa tendência. Com uma perspectiva culturalista bastante diferente das teorias funcionalistas dominantes há vinte anos, o urbanismo contemporâneo se esforça em conceber bairros de convívio, onde os pedestres caminham em ruelas que formam pracinhas: às vezes há uma diferença impressionante entre o que se constrói ou se reforma hoje em dia e os novos bairros que mal chegam a ter dez anos.

Mas os espaços de convívio não se reorganizam apenas em torno do polo doméstico da vida privada; eles ocupam um lugar protegido dentro da própria esfera pública do trabalho. Aqui o universo é completamente outro, mas as analogias são ainda mais interessantes. De fato, nos locais de trabalho eis que surgem ilhas de sociabilidade informal. Às vezes são cantinas dentro da empresa; outras, bares das proximidades que recebem pequenos grupos de colegas de trabalho para uma pausa. Em outros lugares, pode-se encontrar um local no fundo do escritório onde se prepara o chá ou o café e as pessoas vão se servir no meio da manhã e da tarde, conversando longe dos superiores ou, por vezes, dos clientes. A racionalidade da organização do trabalho fica suspensa por alguns momentos, e a vida privada se expressa no próprio seio do tempo e do espaço do trabalho.

Esses encontros propiciam contatos variados. Alguns são puramente femininos; outros, masculinos; outros, mistos, principalmente aqueles, menos íntimos, permitidos pela cantina ou pelo refeitório da empresa. Comentam-se incidentes do trabalho, e os boatos correm soltos. Desenvolve-se uma sociabilidade profissional em torno das atividades do comitê de empresa: organização de viagens, temporadas de esqui, concursos de pesca, sessões de ginástica, noites esportivas, teatrais ou musicais, cursos de inglês, compras em conjunto de vinhos ou brinquedos etc. Há casos em que aparecem vendedores com seus mostruários e oferecem assinaturas de revistas. Mas também são abordados temas mais pessoais: as férias, os filhos, as preocupações da vida doméstica. E aqui o convívio encontra um novo campo: como no bairro de outrora, ele permite que a pessoa fale discretamente de si a interlocutores que não foram escolhidos nem rejeitados. Estatuto incerto e equilíbrio frágil das relações de uma vizinhança que é aceita, e que hoje podem ser mais frequentes entre as amizades de trabalho do que nas lojas do bairro.

É verdade que essa conquista de espaços de convívio dentro da empresa não é senão um episódio de uma evolução mais geral. A vida privada, expulsa do universo coletivo e público do trabalho, torna a ingressar nele de maneira discreta e tortuosa. Se as fronteiras entre o público e o privado se tornaram mais nítidas, nem por isso eliminaram contágios mútuos. A separação espacial e temporal da existência em dois âmbitos claramente distintos não só se atenua em suas margens graças a transições complexas, como é também parcialmente superada por um jogo de influências entrecruzadas, cuja trama agora tentaremos destrinçar.

AS NORMAS PRIVADAS DA VIDA PÚBLICA

AS RELAÇÕES DE TRABALHO EM QUESTÃO

A migração do trabalho para fora da esfera privada acarretou, como vimos, sua organização segundo normas funcionais e impessoais. Um mesmo movimento faz com que operários e empregados de escritório deixem de se sentir a serviço de um homem, o patrão, e que suas tarefas e relações de trabalho sejam definidas de maneira mais formal. O universo do trabalho se *burocratizou*: as relações diretas tendem a ser eliminadas, e o poder do superior se dissimula por trás da aplicação de regras impessoais, circulares e notas de serviço, vindas de uma instância mais alta. Simultaneamente, as relações entre colegas de trabalho se limitam ao próprio trabalho: as funcionárias de um centro de vales postais, estudadas por Michel Crozier por volta de 1980, quase não saíam juntas nas horas livres. Desse modo, o envolvimento pessoal no trabalho é estritamente limitado: a verdadeira vida é a vida privada.

O convívio entre colegas, cujos avanços acabamos de descrever, se inscreve numa reação contra esse universo burocrático. É uma tentativa de restabelecer relações pessoais vivas dentro do quadro frio e impessoal do trabalho. Ora, essa aspiração extravasa necessariamente os locais e os momentos dos intervalos: ela repercute sobre toda a organização do trabalho.

Os jovens e o trabalho

O fenômeno é particularmente claro entre os jovens, mesmo que não se restrinja a eles. Sua "alergia ao trabalho"[9] é não tanto uma recusa do esforço, e sim uma dificuldade em entrar numa rede hierarquizada e puramente funcional de relações. Uma pesquisa da Sofres mostrava em 1975 que, na opinião deles, a primeira qualidade de um trabalho (73% de respostas positivas) era a de estar adaptado a seus gostos pessoais; que esse trabalho fosse bem considerado, que fosse útil à sociedade, que a pessoa fosse independente nele eram aspectos de menor peso. Essa vontade de uma realização pessoal no trabalho está na origem de numerosas decepções, que geram uma enorme instabilidade no começo da vida profissional. Em 1974, quando a crise econômica ainda não tinha abalado o mercado de trabalho, uma pesquisa sobre a inserção profissional dos jovens constatava que 43% dos pesquisados já tinham saído de um primeiro emprego.[10] Certamente deviam ser, em boa parte, empregos temporários ou sazonais, mas é de se perguntar se os jovens tinham aceitado esses empregos por falta de coisa melhor, ou se a própria transitoriedade desses serviços não os teria tornado menos intimidadores.

A mesma ambiguidade cerca o crescimento do trabalho temporário. As primeiras firmas de trabalho temporário datam, na França, dos anos 1950: Bis, de 1954, e Manpower, de 1956. Na época, existiam ao todo sete firmas desse tipo. Em 1972, já eram 170, ocupando 15 mil assalariados. Em 1980, são mais de 3500 e ocupam mais de 200 mil pessoas, em sua maioria jovens. Não há dúvida que frequentemente são jovens pouco qualificados, que abandonaram a escola, oriundos de grandes conjuntos habitacionais de má reputação. Mas esses jovens sem futuro nem por isso deixam de ter aspirações. Um sociólogo, Bernard Galambaud, tentou compreender as atitudes desse grupo em 1975, na região de Paris. Ele constatou a enorme importância que esses trabalhadores temporários conferem à vivência no trabalho. Colocados diante da alternativa entre um trabalho muito interessante num ambiente não muito bom e um trabalho menos interessante num ótimo ambiente, 60% escolheram a segunda situação. A importância atribuída ao ambiente é tanto maior quanto mais jovens são: 70% dos jovens com menos de vinte anos o consideram como critério prioritário, contra 60% dos jovens dentre vinte e 25 anos e 50% dos jovens entre 25 e trinta anos.[11] Em sua continuação, a pesquisa permite caracterizar o bom ambiente por relações pessoais autênticas. No caso de mau ambiente, 61% desses jovens preferem trocar de trabalho em vez de ignorar os outros. Esperam dos colegas, em primeiro lugar, a franqueza (46%); a inteligência (31%) e a competência (16%) parecem menos importantes. Em suma, aqui se esboça o retrato de um trabalhador bem diferente daqueles descritos por Michel Crozier em sua adaptação ao sistema burocrático. Os "jovens trabalhadores atuais", de fato, contestam por meio de seu comportamento o caráter funcional e formal da organização da empresa. Para eles, não existem "relações de trabalho": existem apenas relações, pura e simplesmente.

Essa forma de reivindicar os direitos da vida privada no interior do trabalho certamente não é exclusiva dos jovens. Existem vários sinais disso. Em 1974, por exemplo, uma das razões decisivas para a grande greve dos bancos foi a recusa das condições de trabalho impostas pela introdução da informática: o parcelamento das tarefas lhes retiraria qualquer sentido e romperia as relações dentro do grupo de funcionários. Não há dúvida que o taylorismo ainda tem um belo futuro pela frente, mas vem sendo cada vez mais contestado. Os novos métodos de organização tentam devolver a autonomia a coletivos de trabalho e incentivar a solidariedade de grupo. O círculo de qualidade aparece como uma fórmula capaz de devolver dinamismo a organizações atualmente paralisadas pelo formalismo.

O sinal mais claro de contágio ou influência dos valores e normas da vida privada sobre a esfera pública do trabalho é, de fato, a evolução dos conceitos dominantes em matéria de organização.

A autoridade na empresa

Durante toda a primeira metade do século XX, os teóricos da organização preconizaram sistemas hierárquicos. O taylorismo aqui se encontrava com a tradição francesa do mando. O engenheiro tem a imagem de um "chefe" (o uso do termo cairá em descrédito somente depois da Segunda Guerra Mundial, em razão de suas conotações fascistas), e fala-se de seu "papel social"[12] como Lyautey falava do papel do oficial no começo do século. Aliás, a hierarquia na organização industrial é tão marcada quanto no Exército. Nas minas, os engenheiros têm à sua disposição um banheiro com toalhas e sabonetes; a mina lhes fornece diariamente uma muda de roupa de trabalho e coloca um empregado a seu serviço. Os contramestres-chefes dispõem de um banheiro com ducha e um ajudante para limpar suas botas, e a companhia lhes fornece macacões de trabalho, que aliás são castanhos.[13]* Os contramestres dispõem de chuveiros

* Essa especificação da cor surge no texto como um trocadilho com o termo *bleu* (que significa "azul" e "macacão de trabalho"). (N. T.)

individuais com sabonete, e recebem uma muda de macacão por quinzena. Quanto aos mineiros comuns, são eles próprios que custeiam seus macacões e sabonetes, e dispõem de chuveiros e vestiários coletivos.[14] Em 1970, na Renault de Flins, "o hábito faz o chefe: camisa azul para o chefe de equipe, branca para o chefe de seção ou o contramestre. E há também o terno, a gravata, a cabeça erguida e o ar altivo".[15]

Essa concepção hierárquica foi sendo gradativamente questionada nos anos 1950 e 1960, sob a influência de teorias vindas dos Estados Unidos. Comparado ao *management* americano, o estilo francês de mando e autoridade parece empolado: exercer uma responsabilidade não supõe tanto distanciamento dos subordinados. Um estilo menos rígido, menos formal, deixando maior margem de autonomia aos executantes, teria maior eficácia. As obras dos sociólogos americanos são lidas e traduzidas, Lewin em 1959, Lippit e White em 1965. A "liderança democrática" ingressa no vocabulário da organização. A terminologia não é indiferente: o chefe manda, ao passo que o líder mobiliza colaboradores ativos.

Essas ideias são difundidas por psicólogos e psicossociólogos como R. Mucchielli ou G. Palmade, em estágios de reciclagem permanente mantidos por eles. Levadas por essa corrente e trabalhando para consolidá-la, formam-se novas associações, como a ARIP (Association pour la Recherche et l'Intervention Psychosociologiques [Associação para a Pesquisa e Intervenção Psicossociológica]), em 1959, ao passo que entidades mais antigas, como por exemplo a Cegos, tomam de empréstimo suas ideias e métodos. Logo se descobre o não-dirigismo; em 1966, Rogers organiza um seminário em Dourdan, assistido por um público de duzentas pessoas. Numa alegre mixórdia teórica que alguns universitários tentam pôr em ordem, divulgadores de competência desigual propõem às empresas toda uma gama de formações, que têm na dinâmica de grupo, imitada dos *T-groups* americanos, a forma mais fascinante e temida. Em suma, de mil maneiras diversas, as relações interpessoais na empresa estão na ordem do dia.

É difícil avaliar a influência dessas ideias novas nas relações de trabalho cotidianas. Ao que parece, as grandes empresas foram mais atingidas do que as pequenas, e o setor de serviços, mais do que a indústria. O desenvolvimento da reciclagem permanente fornece pelo menos um indicador nesse campo: mesmo antes que a lei de 1971 obrigasse as empresas a reservar 1% de sua massa salarial à reciclagem permanente de seus funcionários, a EDF (Électricité de France), a Air France, a Saint-Gobain e algumas outras firmas já gastavam mais do que isso. Outras, como a CGE (Compagnie Générale des Eaux), tinham criado sua própria filial de formação de pessoal. A tal ponto que em 1968, ao criar uma efêmera secretaria de formação constante, o Ministério da Educação ofereceu sua coordenação ao diretor da filial de formação da Renault.

Essas técnicas de formação do pessoal, em pleno crescimento, não afetaram apenas o discurso estereotipado sobre o mando: certos testemunhos sugerem uma evolução das práticas e das mentalidades. Na Renault, por exemplo, D. Mothé nota em 1965 uma modificação do estilo de autoridade. Todas as manhãs, os chefes apertam a mão dos operários.

> A primeira das leis essenciais a ser descoberta é que *é preciso ser gentil com o operário*. É uma lei universalmente aceita, tantas provas deu de si. A própria direção insufla essa corrente de gentileza em sua equipe de comando, que tenta empregá-la de uma maneira ou outra e a utiliza com bons resultados em detrimento dos velhos métodos autoritários dos antigos déspotas de seção. [...] A segunda lei é: é *preciso deixar que as pessoas se expressem.*[16]

A discussão com os operários, em vez de um comportamento autoritário, permite que a direção obtenha melhor cumprimento de suas ordens. Em suma, parece que, pelo menos nesse caso, as recomendações dos manuais de administração começam a ser aplicadas.

1968: a contestação das hierarquias

Com os acontecimentos de 1968, esse movimento se fortalece e se radicaliza. É porque a iniciativa muda de lado. Antes, ela cabia às diretorias de empresa, naturalmente prudentes; agora a base se apossa dela, como uma reivindicação. Os estudantes dão o exemplo, contestando a autoridade pedagógica dos professores. O saber que funda essa autoridade não basta para protegê-la: ele próprio é denunciado como uma ordem abstrata, impessoal, sem relação com os interesses individuais e as necessidades coletivas. Cada qual se vê intimado a falar na primeira pessoa, a tomar partido abertamente, a dizer o que pensa, e não só o que sabe. Para reencontrar as pessoas por trás das personagens, rasgam-se alegremente os papéis sociais. Na Sorbonne ocupada, os estudantes dirigem as assembleias gerais e dão a palavra a quem pede; professores ou assistentes, se quiserem se manifestar, terão de levantar a mão e esperar a vez: alguns não toleram essa afronta. Às vezes, o tuteamento agasta o interlocutor, ultrapassando sua função: por exemplo, quando se dirige ao reitor.

A mesma aspiração logo passa a circular pelas fábricas em greve. Enquanto os "esquerdistas" denunciam a esclerose das burocracias sindicais, os comitês de greve consultam incessantemente suas bases — uma diferença notável em relação às ocupações de fábrica de 1936. A greve não tem como único objetivo o aumento salarial, nem mesmo uma mudança do governo. Confusamente, ela pretende dar mais responsabilidade aos trabalhadores, transformar as relações hierárquicas. O fim da propriedade privada dos meios de produção já não basta para definir o socialismo em 1968: a ele deve-se somar a liberdade, no sentido libertário. E, no fervilhar inventivo dessas semanas inauditas, a aspiração libertária chega a se tornar prioritária: quando se quer transformar a vida, quando é proibido proibir, quando todos tomam a palavra e esperam ser ouvidos, com um imenso desejo de felicidade e autenticidade, o socialismo não é mais uma doutrina econômica, nem mesmo política, e sim uma forma secularizada de salvação.

Esse desejo de reconstruir as relações públicas do trabalho segundo as normas privadas de envolvimentos mútuos livremente estabelecidos entre os indivíduos se expressa de maneira exemplar, alguns anos depois, na greve da Lip (1973). No próprio calor da luta, o importante para os grevistas é o contato, a amizade entre eles. "No decorrer da luta, muitos mudaram e agora, francamente, são outros homens, e é bom trabalhar e discutir com eles", declara C. Piaget, o líder da greve. O secretário da CFDT (Confédération Française Démocratique du Travail) do comitê de empresa retoma essa mesma questão: "Nessa luta, 95% das pessoas puderam ver até que ponto o valor humano é importante. Até que ponto existe generosidade e até que ponto se desenvolveu a amizade. Agora não se diz mais 'o senhor', diz-se 'você' [...]. As pessoas se descobriram umas às outras". E simples empregados confirmam esses testemunhos: "Agora, todos se conhecem. [...] Quase todos se tratam por você. [...] A amizade vem por si só. [...] Acho que as pessoas não serão mais 'anônimas' como antes".[17]

A autogestão, uma utopia fora da vida privada

Assim se entende melhor a força e a atração dessa aspiração, mas também os motivos de sua derrota. Os envolvimentos pessoais na luta correm o risco de pesar mais do que os dados objetivos. A vontade de não alienar nada de sua liberdade individual faz com que se negue a delegação do poder, leva à democracia direta, à instabilidade e ao enfraquecimento das organizações. O universo público do trabalho e da política obedece a pressões próprias, e é inútil esperar que ele se converta num ponto de encontro intersubjetivo e de realização individual. Como tentativa de reorganizar a esfera pública segundo normas tomadas à esfera privada, a autogestão é uma utopia.

Não tarda que as pessoas se deem conta disso. A aspiração autogestionária, que surge em 1968 e nos anos seguintes, se manteve minoritária; ela era defendida pela CFDT e pelo PSU (Parti Socialiste Unifié), mas não pela CGT (afora algumas exceções), e, se o novo partido socialista às vezes utilizou o termo de autogestão, foi num sentido mais moderado. Depois de 1973, com a crise econômica e o desemprego, o clima se modifica, e a autogestão sai da ordem do dia dos debates políticos ou sindicais.

Todavia, o mal-estar em relação às instituições não desaparece: expressa-se de outra maneira. Os sindicatos são consolidados pela lei de 1968 e pelas Leis Auroux, mas o número de membros diminui e eles têm maior dificuldade em recrutar militantes. A institucionalização dos sindicatos e a dessindicalização dos trabalhadores caminham juntas. Por outro lado, prossegue o questionamento do formalismo da vida pública, mas passando do plano das organizações para o das práticas. Agora, mais do que uma política da direção das empresas ou de uma reivindicação explícita, trata-se de uma transformação dos costumes.

RUMO A UMA SOCIEDADE DESCONTRAÍDA

Com efeito, o abrandamento moroso e desigual dos formalismos que presidem à vida pública se inscreve num quadro mais geral onde o que está posto em questão é o conjunto dos papéis sociais.

A antiga organização da vida pública atribuía a cada indivíduo uma posição e uma série de funções que, por sua vez, comandavam os papéis a serem desempenhados. Os comportamentos das pessoas se tornavam previsíveis, mas os contatos e as relações se restringiam, e a espontaneidade ficava reprimida. A atual evolução dos costumes tende a apagar as diferenças de posição, mostrando que a vida coletiva põe em contato pessoas iguais em sua singularidade, ou seja, totalmente diferentes umas das outras, que devem ser aceitas em suas particularidades. Essa recusa de ser classificado, definido por sua posição, constitui fundamentalmente uma vontade de ser tratado como pessoa privada dentro da própria vida coletiva. Ela leva à diluição dos papéis sociais.

Essa diluição certamente começou fora do universo sério do trabalho e da política, no espaço privilegiado das férias ou dos jogos coletivos. Não que se tratasse de uma necessidade: os acampamentos de escoteiros, pelo contrário, com suas hierarquias de adolescentes, constituíam uma propedêutica dos papéis sociais. Mas apareceram novas formas de organização, sendo a mais significativa delas o Club Méditerranée.[18] O êxito dessa fórmula reside no contraste apregoado entre o estilo de relações sociais predominante no Club e o estilo da vida normal. O aspecto reservado da vila, realçado por ritos de acolhida, opõe um interior a um exterior. Dentro, insiste a propaganda, a pessoa se sente diferente. Os sinais visíveis das barreiras e posições sociais são abolidos, o que é comprovado pelo tuteamento. As atividades de férias, principalmente os esportes, e também os jogos, instituem outras hierarquias, que não existem no exterior. Em suma, as imposições formais do público são neutralizadas, e pode-se estabelecer relações humanas "verdadeiras": o Club se compõe "de encontros, contatos, ocasiões de formar um grupo segundo suas afinidades" — é o desabrochar do privado entre o coletivo.

As férias, um estado de espírito

Assim concebidas, as férias não consistem num momento ou num lugar, mas num estado de espírito, valorizado como tal. Os G. O. [Gentis Organizadores] têm a função de partilhar esse estado de espírito com os G. M. [Gentis Membros, ou hóspedes], e isso porque eles não se diferenciam totalmente entre si. Não são relações entre os empregados e os clientes de um hotel. Nessa indústria dos encontros, o sorriso e a descontração se convertem em normas. A capacidade de se aceitar em seu ridículo, por exemplo durante os jogos, mostra que a pessoa não é "travada", que é disponível, "simpática", sabe participar. O sério da vida social comum se vê desqualificado: em suma, é "medíocre". Dando um outro sentido à fórmula de Edgar Morin, o valor das férias grandes é que os grandes valores entram em férias.[19]

As férias, porém, são parênteses, e o Club um lugar à parte, mesmo que exemplar. A difusão do estilo descontraído por toda a sociedade deve muito aos meios de comunicação, sobretudo ao rádio e à televisão. A novidade, aqui, não reside nos meios de comunicação em si, mas na maneira de utilizá-los. Foi certamente a rádio Europe 1, lançada em 1955, que inventou a animação radiofônica. Substituindo o locutor por um "animador", a rádio periférica permite a participação dos ouvintes nos programas. Os jogos pelo rádio instituem contatos em que as posições e os papéis se dissolvem: o tuteamento, o uso do primeiro nome, a familiaridade cordial e superficial. Inaugura-se certo tom que, por sua vez, pode ser usado nos contatos da vida cotidiana.

Encontra-se o mesmo tom na publicidade que invade os muros e os aparelhos de televisão. A propaganda não diz nada, ri de si mesma, inconsistente e ligeira. Põe em evidência a realidade do produto sobre um fundo de inverossimilhança ou de grotesco. Joga com as imagens e as palavras, evitando acima de tudo se levar a sério. Gilles Lipovetsky observa a propósito a nova importância do humor em nossa sociedade.[20] Aos antigos comediantes, que eram objeto de riso sem o saber, personagens de Molière a Carlitos, ele opõe o comediante moderno, que zomba de si mesmo, com uma ponta de *nonsense*. É a época da paródia que dessacraliza, do jogo que mistura os registros, das marionetes que fazem soar vazios os tradicionais papéis do repertório político e social. Desmistificação corrosiva, que mina a própria consistência da vida pública.

Nessa evolução, os acontecimentos de 1968 constituem uma etapa fundamental. Os contestadores de maio, de fato, negam que se deva ter um discurso e um gestual condizente com a posição social; eles exigem um comportamento autêntico, independente das funções. De súbito, rompem-se as normas antigas; sua legitimidade já não é evidente. Manter seu papel é ser convencional. E mais, é se identificar com as instituições tão denunciadas, é aceitar uma alienação.

O sucesso do feminismo

Entre todos os papéis sociais, há um que sofre ataques especialmente intensos: o papel tradicionalmente atribuído às mulheres. O feminismo não nasce em 1968, mas os acontecimentos desse ano lhe dão um inegável impulso que se mantém por vários anos. A opinião pública nota principalmente as militantes que se mobilizam para conseguir a legalização do aborto, com o processo de Bobigny em 1972, e depois, aprovada a lei em 1975, para sua entrada em vigor. Num nível mais profundo, o êxito do feminismo está relacionado com a reivindicação de igualdade total entre as mulheres e os homens. Trata-se não tanto de uma guerra entre os sexos, mas de uma luta contra as discriminações sexistas, que encontra grande repercussão, mesmo fora das gerações mais jovens, entre as quais se impõe como uma evidência: não é pelo fato de ser mulher que se deve fazer isso e evitar aquilo; o sexo, por si só, não impõe nenhum comportamento específico. Os papéis sexuais devem deixar de existir: eles impedem que a pessoa se afirme e se expresse.

A evolução das roupas traduz a diluição dos papéis e das posições sociais. O desaparecimento dos papéis sexuais pode ser lido com clareza na diminuição do uso de saias: em 1965, é a primeira vez que a produção de calças de mulher supera a de saias, e em 1971 são fabricados 14 milhões de calças, num total de 15 milhões de roupas. É o triunfo dos jeans, cuja produção quadruplica entre 1970 e 1976. Jeans unissex — desnecessário dizer. Pois já não basta a aparência para distinguir os sexos. Os rapazes deixam crescer o cabelo e usam braceletes ou colares, ao passo que as moças dissimulam suas formas sob blusões soltos.

Ao mesmo tempo, os códigos de indumentária se atenuam. Maio de 1968 provocou uma ruptura nesse campo, acabando com as proibições. Nos liceus femininos, onde de modo geral as alunas não podiam usar maquiagem e as professoras não podiam usar calças, agora são toleradas as mais diversas roupas. Nas universidades, abandonar a gravata simboliza a destruição dos antigos ídolos; o lenço de pescoço ou a gola olímpica mostram a liberalização consumada. As barbas florescem. Os executivos, no verão, ostentam roupas esportivas e blusões. A camisa Lacoste sai das quadras de tênis ou das praias e vai para os escritórios. As próprias autoridades políticas cuidam de mostrar que não são antiquadas nem afetadas: esperando aparecer como jogador de futebol, um ministro em exercício, Valéry Giscard d'Estaing, se mostra na televisão com um pulôver. Pouco depois, como presidente da República, ele inaugura seu mandato subindo os Champs-Élysées a pé, com um jaquetão. Na sociedade descontraída, o chefe de Estado não usa mais o fraque.

Na verdade, é o próprio sistema da moda que se desagrega. Ela teve seu apogeu, sem dúvida, no começo dos anos 1960: alcançava então a grande maioria das mulheres, e não apenas uma minoria privilegiada, como cinquenta anos antes. O próprio da moda é mudar: sua função é tornar certas roupas antiquadas e estimular sua substituição. É um processo de desqualificação constante das roupas. Assim, a moda permite uma primeira qualificação social dos indivíduos, separando claramente os que seguem e os que não seguem seus ditames. Mas há mais. Persiste uma continuidade ao longo das transformações da moda: a indumentária continua a ser um código preciso e, mesmo que se torne mais complexo, permanece visível. A moda faz referência a situações mais ou menos concretas, de sentido social claro: existem os pulôveres para usar em casa, "para ficar junto à lareira"; essa ou aquela roupa serve "para a caça" ou para os passeios de outono; esses outros são tailleurs "para a cidade", vestidos "para a tarde", outros "para coquetéis" ou "para sair de noite", outros ainda "para as ceias".[21] Desse modo, vestir-se bem, seguindo os cânones da moda, é manifestar, mais do que o gosto da pessoa, o seu conhecimento dos códigos sociais que regem as várias circunstâncias da vida pública.

A desagregação da moda resultou de seu próprio sucesso. Ao se estender ao conjunto da população, ela chegou a meios modestos demais para ter uma roupa específica para cada ocasião. Era preciso que a secretária ou a comerciária, com o mesmo vestido ou a mesma saia, pudesse estar bem vestida tanto no serviço quanto à noite, para ir ao cinema. A moda, portanto, começou a jogar com os conjuntos e os acessórios: a mesma saia, combinando com blusas diferentes, serve para várias finalidades;

o cinto, as luvas, os sapatos, os lenços, a bolsa, as joias permitem variações infindáveis, que adaptam uma mesma roupa para uma pluralidade de situações. O código do vestuário se sutiliza.

Um código de vestuário mais sutil

Um passo a mais, e ele se embaralha: entra na moda zombar da moda e usar roupas deslocadas, no sentido próprio do termo: costumes exóticos, hindus ou mexicanos, trajes demasiado formais ou demasiado informais para a ocasião, demasiado juvenis ou demasiado austeros para a pessoa. Os signos do vestuário se desvinculam de seu suporte, de seu uso, de seu significado. Agora é uma questão de brincar com esses códigos, de retirar-lhes o uso convencional para lhes dar um sentido pessoal. Mesmo que persista a norma da mudança, estar na moda não é mais segui-la: é mostrar, pelo uso que se faz dela, que não se é medíocre. A roupa já não mostra a adaptação do indivíduo à vida pública: ela expressa, na própria vida pública, a personalidade reivindicada por cada um.

Disso devemos concluir que a esfera do público foi invadida pelas normas e valores da vida privada? Não creio, por duas razões.

A primeira diz respeito à natureza das novas normas da sociedade descontraída. Quer se trate do tuteamento, do uso do primeiro nome, das novas sociabilidades, da evolução das organizações formais, do atenuamento dos papéis e posições sociais, do humor ou da moda, é incontestável que há um esforço para reintroduzir as particularidades pessoais na vida social. Mas isso não transforma a vida pública em vida privada. À medida que nossa sociedade adotou formas reguladoras mais brandas para garantir sua coesão, os códigos sociais se tornaram mais sutis e discretos, mas sempre persistindo: não se pode dizer qualquer coisa a um superior ou a um colega, nem se vestir de qualquer jeito. Para se expressar na esfera do público, a pessoa deve recorrer a esses códigos mais complexos, porém igualmente efetivos. Pretender exprimir, pretextando autenticidade, uma emoção no local de trabalho como se estivesse em casa seria se expor à incompreensão. Os códigos sociais se deslocaram e se abrandaram: não desapareceram nem deixaram de ser sociais.

A segunda razão está relacionada com a própria evolução da vida privada. O movimento que acabamos de analisar é, de fato, contrabalançado por um movimento simétrico: a vida pública penetra, infiltra e modela o recôndito mais secreto e mais íntimo da vida privada.

INFLUÊNCIAS SOBRE A VIDA PRIVADA

OS MEIOS DE COMUNICAÇÃO

Imprensa, rádio, televisão

Hesitamos em repisar fatos tão conhecidos como o fantástico desenvolvimento dos meios de comunicação de massa em nossa sociedade. No entanto, convém esboçar uma cronologia desse fenômeno e destacar seus efeitos sobre a vida privada.

No começo do século XX, a opinião pública penetrava no âmbito doméstico sob uma única forma: a impressa, principalmente o jornal. Poderíamos ressaltar a distância introduzida pela imprensa entre a informação e o leitor, insistir sobre a mediação necessariamente abstrata da palavra escrita, sobre os tempos próprios da informação. Mas outros traços merecem ser destacados.

Em primeiro lugar, o caráter essencialmente local dessa imprensa. A França de 1912 tem mais de trezentos jornais diários: 62 em Paris, 242 no interior.[22] Noventa e quatro cidades do interior dispõem de um diário. Devem-se acrescentar as folhas semanais ou bissemanais — 1662 títulos na província —, que frequentemente são mais lidas do que os jornais diários. Em termos globais, a imprensa de 1912 é, portanto, local. Ela oferece muitas notícias nacionais ou internacionais, mas se enraiza acima de tudo no ambiente imediato dos leitores. Sendo uma janela aberta para o mundo, ela é ao mesmo tempo a expressão de um espaço de convívio ampliado.

A guerra de 1914 abala essa imprensa mal preparada para transmitir as notícias da frente de combate. Vários jornais deixam de existir nessa época, sem ressurgir no difícil contexto econômico que se segue à guerra. Em 1922, são 982 jornais no interior, e em 1938 são 860.

É verdade que a imprensa se depara então com uma nova concorrência: o rádio. A primeira estação data de 1920, e a da torre Eiffel de 1922, mas a audiência era limitada pelos aparelhos de galena existentes. O desenvolvimento do rádio, de fato, se dá com os aparelhos de válvula, mais fáceis de sintonizar e equipados com alto-falantes. Em 1930, existem cerca de 500 mil. No começo de 1934, os progressos já são sensíveis, mas os franceses ficam a par dos acontecimentos de 6 de fevereiro informando-se mais pela imprensa do que pelos 1,4 milhão de aparelhos de rádio então existentes. No momento de Munique, em contrapartida, ouvem febrilmente 4,7 milhões de aparelhos de rádio; um ano depois, já são 5,2 milhões: em junho de 1940, inúmeros franceses ouvem o marechal Pétain anunciar pela rádio que pediu o armistício, e se o apelo de 18 de junho não teve uma grande audiência, a BBC de Londres ocupou um grande espaço nos serões da Ocupação.

Pesados e volumosos, tributários da eletricidade, precisando de antena, os rádios de válvula se exibiam nas cozinhas ou nas salas de jantar, irremovíveis sobre um guarda-louças ou uma prateleira. Assim, as pessoas ouviam o rádio reunidas, e as *notícias* chegavam às famílias à mesa. A guerra interrompe o fornecimento de novos aparelhos para os lares, o qual é retomado em 1945, mas sem que as condições de escuta se modifiquem. Para isso, será preciso esperar até 1958.

Nessa época, com efeito, contam-se 10 milhões de aparelhos, em mais de 80% das casas. O crescimento do rádio parece atingir seu ápice. Mas isso sem o progresso tecnológico — agora se inicia a revolução do transistor. Com a substituição das frágeis válvulas de antes por transistores que se contentam com um mínimo de eletricidade, tornou-se possível fabricar a custos sensivelmente menores aparelhos robustos, pequenos, alimentados a pilha e, por conseguinte, portáteis. Em 1959, metade dos aparelhos fabricados são transistorizados. Em 1962, praticamente todos. Os soldados da Argélia são dos primeiros a comprar rádios de pilha: os golpistas se darão conta disso em 1961. Barato e transportável, o transistor logo se transforma em rádio individual. O uso social do rádio se transforma: cada qual pode andar com seu aparelho. Para ouvir à vontade uma música que não agrada aos pais, os jovens compram radinhos de pilha: o quarto ou o banheiro logo se enche com o som dos aparelhos. Assim, os locais e os momentos da vida privada se abrem largamente aos sons do mundo; o rumor do planeta se faz ouvir no recôndito da intimidade.

Nessa mesma época, o rádio da família é destronado pela televisão. A transmissão de imagens por ondas era conhecida desde os anos 1930, mas a curta distância e em caráter experimental. O *Journal Télévisé* é lançado em 1949, quando ainda não existem senão trezentos aparelhos. Os progressos são muito lentos: para cobrir todo o território nacional, realmente é necessário construir retransmissores de alto custo; em 1956, apenas metade dos franceses, em um terço do território, consegue receber a "tevê".[23] Apenas em 1959 será juridicamente criada a ORTF (Office de Radiodiffusion-Télévision Française): nesse ano, 1,4 milhão de aparelhos de televisão equipam pouco mais de 10% dos lares.

O transistor na televisão também permite a redução do peso, do volume e do preço. A difusão da tevê se acelera: em 1964, quando é criada a segunda emissora, existem 5,4 milhões de aparelhos instalados em quase 40% dos lares. Essa proporção se eleva para 62% no final de 1968, e a 82% no final de 1974, quando a segunda emissora passa a transmitir em cores. Hoje, conforme o meio social, ela é de 88% a 96%, sendo dois terços em cores.

A irrupção do rádio e da televisão no universo doméstico constitui uma mutação social de primeira importância. Nossos contemporâneos assistem à televisão durante dezesseis horas por semana em média: são 24 minutos de tevê para uma hora de trabalho! É verdade que a televisão não chega a penetrar muito na intimidade dos quartos: ainda é cara demais para que cada membro da família tenha seu próprio aparelho. O espetáculo familiar da tevê é, assim, complementado pela escuta individual do rádio. Juntos, esses dois meios de comunicação são capazes de ocupar todo o tempo da vida privada: nossos contemporâneos frequentemente adormecem e acordam ao som do rádio...

Os outros meios de informação sofrem, evidentemente, com essa concorrência. Os jornais diários diminuem: para 36 títulos parisienses em 1946, há somente dezenove em 1981, e no interior o número de jornais baixa de 184 para 75. A redução da tiragem também é acentuada: 197 exemplares para mil habitantes em 1978, contra 370 em 1946.[24] É verdade que as revistas de informação ou sobre televisão se desenvolvem. Isso não altera o fato: a informação é dominada pelo rádio e pela tevê; a imprensa já não impera, e ocupa as lacunas dos meios audiovisuais, com informações mais aprofundadas, especializadas ou locais. Mais rápidas, podendo chegar a todos os lugares e pessoas, as ondas prevalecem sobre a imprensa.

Não é apenas uma troca de meios de comunicação: o audiovisual não introduz no âmbito da vida privada as mesmas informações fornecidas pelo jornal. Na verdade, a própria função da informação se transforma.

O CONFORMISMO EMANCIPADO

A imprensa do começo do século XX era inteiramente voltada para a vida pública. Podia tratar-se de política ou, mais prosaicamente, de comícios agrícolas, feiras e mercados, mas nunca de questões privadas: ela evitava falar aos leitores sobre eles mesmos. Dava-lhes conselhos agronômicos ou políticos, mas se abstinha de abordar temas pessoais. A publicidade ocupava pouco espaço: quando existia, reduzia-se a textos ou slogans, sem recorrer muito a imagens; dizia mais e sugeria menos. Em suma, o jornal não era um espelho em que a pessoa pudesse se reconhecer.

É verdade que, desde antes da Primeira Guerra Mundial, o cinema oferecia seus romances e melodramas ao público das cidades e da periferia. Durante todo o período do entreguerras, o cinema é a diversão popular por excelência. Alguns deploram que os operários e suas famílias assistam semanalmente a filmes onde a moral não é levada em consideração.[25] Mas o cinema se mantém exterior aos espectadores: se ele desperta sonhos e suscita identificações, as pessoas sabem muito bem que essas imagens provêm de um outro mundo.

A informação escrita sofre o golpe do desenvolvimento do cinema. Este não se limita às ficções; todas as semanas, ele apresenta atualidades filmadas, reportagens com imagens. Conforme as técnicas se aperfeiçoam, com a heliogravura (1912), o belinógrafo (1914) e depois o offset (1932), a ilustração passa a se impor nos jornais. Já não são desenhos feitos à mão, mesmo que coloridos, mas fotografias que, com sua evidência demonstrativa, conferem à informação uma garantia aparente de autenticidade.

O desenvolvimento da imprensa feminina

Legitimadas por seu uso documental, as imagens se prestam a outras finalidades. Principalmente publicitárias. Ora, tem-se então o desenvolvimento de uma nova imprensa: a feminina. Existiam as publicações de moda, sendo a mais célebre *Le Petit Écho de la Mode*. Esses semanários não davam muitos conselhos, a não ser em questões de vestuário. Às vésperas da Segunda Guerra Mundial, com *Marie Claire* (1937) e *Confidences* (1938), que logo ultrapassam 1 milhão de exemplares cada, surge um novo tipo de revista, cujo exemplo mais acabado é *Elle* (1945). Essas revistas femininas não se restringem às receitas culinárias e aos moldes de costura ou tricô. Num tom amigo, mas firme, elas explicam às leitoras como se lavar e se maquiar, como cuidar da casa, seduzir o marido ou educar os filhos.

Para dar um aspecto mais pessoal a essas prescrições, as revistas femininas começam a dialogar com suas leitoras: oferecem-lhes pesquisas e histórias verídicas, pedindo-lhes sua opinião. E, acima de tudo, abrem uma seção de correio sentimental, que conhece um imenso sucesso. Évelyne Sullerot lembra a propósito a revista *Confidences*, onde a correspondência se amontoava, num "terrível jorro de aflições, tormentos, doenças e vícios, e todos os tipos de pedidos de ajuda [...]. Essa torrente demonstrava claramente que a criação desse confessionário anônimo respondia a uma necessidade".[26] Marcelle Auclair, Marcelle Ségal ou Ménie Grégoire, que respondem a algumas dessas cartas nas colunas dessas revistas, assumem gradativamente o papel de diretores de consciência. Como novas autoridades morais, dão conselhos semanais mais ou menos íntimos a milhões de leitoras, que nem precisaram pedi-los. Ao confessionário anônimo responde o conselho em domicílio.

A invasão da publicidade

A publicidade encontra um suporte interessante nas revistas femininas. O caminho fora mostrado em 1932 por *Votre Beauté*, invadida por fabricantes de perfumes e comerciantes de produtos de beleza. Apoiando-se em fotos coloridas que despertam sonhos e identificações, as propagandas das revistas difundem novas formas de consumo e, com elas, novos valores e novas normas. Os anúncios de lingerie, de produtos de beleza e de turismo para o verão desenvolveram o culto ao corpo, descrito no capítulo anterior. Os de sucos de frutas ou de iogurtes modificaram os hábitos alimentares. A imensa revolução do trabalho doméstico e o equipamento das cozinhas com geladeiras, máquinas de lavar, fogões esmaltados etc. se apoiaram nas imagens publicitárias das cozinhas-laboratório, ao passo que os móveis de resina relegaram os antigos bufês para as lojas de móveis usados. A publicidade também deu base para o desenvolvimento do audiovisual, que, em troca, lhe retribuiu prodigamente. Com efeito, a propaganda impressa logo é complementada, e depois precedida, pela propaganda veiculada pelo rádio e pela televisão. O universo da vida privada não está apenas em contato direto com todo o planeta: ele é invadido de todos os lados por uma publicidade que, junto com os objetos de consumo, veicula um novo modo de vida e talvez uma ética.

A publicidade, de fato, contribuiu muito para o esboroamento das antigas regras da vida privada. Sendo destinada por definição a propor novidades, ela precisava eliminar as resistências. Como estas frequentemente se justificavam por referência a costumes estabelecidos ("Isso não se faz"), a publicidade se fez indulgente e cúmplice. Ora jogava com o desejo de modernidade, desacreditando o antigo enquanto tal ("Isso não se faz mais, é coisa velha"), ora legitimava o desejo ("Permita-se esse prazer...") ou valorizava a independência e a recusa das imposições sociais ("Faço o que quero...").

Assim, de maneira branda e discreta, a publicidade modela a vida cotidiana de nossos contemporâneos. Cada qual tem a sensação de estar agindo à sua maneira, com toda a autonomia, e dessas decisões soberanas resulta o surgimento de um mercado cada vez maior para produtos feitos em série. Os gostos e as modas se uniformizam, enquanto cada qual julga que está se personalizando mais. A ilusão de independência alimenta o conformismo.

O paradoxo desse conformismo emancipado não se restringe aos modos de vida e objetos de consumo. Ele diz respeito aos valores e às ideias. Os meios de comunicação sussurram aos ouvidos de cada um os grandes princípios do momento. A pessoa se julga bem informada, e saúda a liberação do Camboja, para descobrir alguns anos depois o horror cruento de Pol Pot. A pessoa julga que está pensando por sua própria cabeça, e repete a opinião do cronista mais recente. A rádio divulga confidências anônimas, em que os segredos do sexo aguardam conselhos de bom senso. O próprio imaginário é rodeado pelas imagens vindas do exterior, e os sonhos individuais tomam de empréstimo uma proporção indefinível dos fantasmas de todos. Haverá historiador que possa dizer o quanto os modos de amar devem ao cinema?

Não se trata, porém, de uma maquinação, e sim do próprio funcionamento de nossa sociedade. Não são decisões de alguns agentes maquiavélicos que teriam decidido impor suas ideologias. Nem as pessoas dos meios de comunicação nem os publicitários alimentam tais intenções. Aliás, eles formam uma nebulosa de contornos fluidos, onde ninguém detém um verdadeiro poder. Dentro desse grupo, cada qual simplesmente executa sua tarefa. Mas a rede das comunicações é tal que, mesmo sem um acordo prévio, todos se interessam pelos mesmos assuntos nos mesmos momentos, para desenvolver as mesmas opiniões. Lidos, ouvidos, assistidos, eles obtêm seu sucesso junto ao público, que lhes dá sua base de sustentação. Os jornalistas acreditam tratar os problemas que interessam à opinião pública, e a opinião pública acredita nos jornalistas enquanto não se tornam maçantes ou cansativos... E, para não cansar, é preciso personalizar. Entre a mídia e o público, a comunicação substitui a informação.

A comunicação substitui a informação

A informação apresentava as questões públicas como tais, em sua generalidade e exterioridade. A comunicação quer que todos as partilhem pessoalmente: ela aborda os problemas gerais através de exemplos particulares que possam despertar uma identificação, dramatizando e apelando aos sentimentos. Ela pretende que o acontecimento seja "diretamente vivido", como se o espectador fosse um ator. Assim, ela dissolve as fronteiras do privado e do público.

OS HOMENS PÚBLICOS-PRIVADOS

Vidas privadas que interessam ao público

É o que se vê claramente com os homens públicos. Com efeito, certas atividades se caracterizam por tornar seus executantes "públicos", porque se dirigem por definição ao "público": as atividades do espetáculo e da política. O sucesso de um ator, de um cantor, de um campeão — na medida em que o esporte é um espetáculo — ou de um político é medido pela sua notoriedade, isto é, pelo número de pessoas que os conhecem. Mas esse conhecimento distante não basta: o público deseja avidamente um conhecimento mais pessoal, e quer entrar na vida privada dos homens públicos.

Esse desejo não é novo. A vida dos grandes homens sempre fascinou o público. Mas existia uma barreira, que os grandes aboliam em algumas circunstâncias, colocando-se numa situação de representação: modelos do bom gosto e das boas maneiras. Às vezes, essa barreira também podia ser arrombada: então eram os escândalos, como no caso Caillaux. Nossa época tende, inversamente, a eliminar essa barreira. Querendo maior popularidade para aumentar seu público, as vedetes introduzem de bom grado o público, e em primeiro lugar os jornalistas, em seu espaço interno, nos detalhes de seus gostos, amores e dores. Os meios de comunicação cultivam esse gênero literário e fotográfico caro ao público. Às confidências voluntárias logo acrescentam suas invenções: o culto dos "olímpicos"[27] vende bem. Um passo a mais, e as vedetes são perseguidas em seus retiros: as teleobjetivas se empenham em flagrá-las por trás das cercas. Foi preciso decretar uma lei, a de 17 de julho de 1970, para estabelecer o princípio do direito ao respeito pela vida privada e reprimir os atentados a esse direito.

Em suas atividades profissionais e no êxito conquistado, os olímpicos pertencem a um mundo inacessível; em sua vida privada, são homens e mulheres como os outros. Essa mescla de proximidade e distância os converte em modelos de cultura, isto é, em modelos de vida.[28] A fronteira entre o público e o privado então se confunde: a apresentação da vida privada dos homens públicos — a verdadeira vida privada deles seria verossímil? — assegura a difusão eficaz de normas que já não se sabe mais se são públicas, devido à sua origem, ou se são privadas, devido à sua destinação.

Esse emaranhado inextricável é particularmente sensível no domínio político, o público por excelência. Com a mídia, a mensagem política muda não só de suporte, mas também de universo. A palavra política se erguia em circunstâncias coletivas e em locais públicos: brindes em banquetes, discursos em monumentos aos mortos, reuniões eleitorais nos pátios das escolas. Com o rádio e a televisão, ela entra no espaço privado do lar. O candidato ou o responsável já não precisa conquistar um público, e sim atingir indivíduos. Antes, ele precisava controlar seus gestos e suas frases; agora, deve olhar a câmera e seduzir na intimidade das noites em família. A própria personagem do homem político se transforma: ontem se esforçando em lhe conferir uma envergadura de estadista, hoje os cartazes o mostram na companhia da mulher ou dos filhos. Com a emissão recente, o círculo se fecha: a televisão nos traz em casa imagens de políticos em suas casas. São as qualidades privadas reveladas por um homem público que fundam sua credibilidade enquanto tal.

É claro que a opinião pública não é inteiramente tola. Ela percebe indistintamente que esse discurso que adota um código privado continua a ser público sob essa capa. A apresentação dos homens públicos em suas vidas privadas não pôs fim à curiosidade do público por essas suas vidas privadas. Atribuem-lhes incessantes aventuras e doenças, de preferência o câncer, e os boatos correm a despeito dos desmentidos. Isso porque subsistem antigos pudores em nossa cultura: à diferença dos políticos americanos, os franceses não dão a conhecer seu estado de saúde ou as condições de suas fortunas. Assim, alimentam uma suspeita avivada pelos escândalos: foi o que se viu em 1979, por exemplo, com o suicídio do ministro Robert Boulin. Mas, paradoxalmente, a parcial sinceridade dos políticos só torna sua aparência de sinceridade ainda mais importante: tal ou qual campanha presidencial, dizem, terá seu destino selado por uma réplica que dê uma impressão de visível autenticidade.

Assim, como conclusão provisória do estudo, a história da vida privada não pode ser resumida numa fórmula simples.

Num primeiro momento, destacamos uma crescente divergência entre o público e o privado. Enquanto o trabalho saía da esfera doméstica para se instaurar em locais públicos segundo normas impessoais, uma vida privada individual se afirmava dentro da vida privada familiar, às vezes levando ao rompimento da própria família e conferindo um novo valor à identidade física. Rompem-se as antigas solidariedades que, fora da burguesia e das classes dominantes, uniam atividades de ordem pública e privada dentro do âmbito familiar: de um lado, a vida privada cada vez mais privada; de outro lado, uma vida pública cada vez mais pública.

Essa divisão é radical demais. E também sumária demais. Com ela, a organização do espaço social se resumiria à oposição entre dois locais: ao polo público da fábrica ou do escritório corresponderia o polo privado do dormitório individual ou do quarto de vestir. Assim se dispensariam os espaços de transição, semiprivados e semipúblicos, destruídos pela urbanização, mas tenazmente reconstituídos em outros locais que já não são os antigos bairros. Assim se eliminariam sobretudo as múltiplas interferências que, entre o privado e o público, tecem laços de outra natureza. A organização formal do espaço público é atenuada pelas normas da sociedade descontraída; simetricamente, a vida privada é submetida, de forma discreta mas eficaz, à influência dos meios de comunicação e da propaganda. Nossos contemporâneos reivindicam sua personalidade enquanto desempenham seus papéis sociais, mas na intimidade desempenham os papéis privados que lhes são sugeridos pela opinião pública. A própria política utiliza códigos privados para abordar os assuntos públicos. Desse modo, a fronteira entre público e privado mais parece se desvanecer.

Na realidade, ela não desaparece: torna-se apenas mais sutil. Ou melhor, tendo se acentuado a especialização pública ou privada dos espaços e situações, as normas e os códigos sociais em uso nos dois universos se reaproximam. Uma mesma prática, um mesmo comportamento assumem significações diferentes conforme os contextos. Já não são os códigos, públicos ou privados, que especificam as situações ou os lugares, e sim o inverso. Dessa forma se estabelece um novo equilíbrio, em que a proximidade das normas compensa a diferenciação entre os universos público e privado.

Resta o fato de que, para além dessa reorganização em que o sistema social mantém seu equilíbrio numa nova articulação entre o público e o privado, o próprio indivíduo nos escapa. A história, necessariamente social, das fronteiras entre a vida privada e a vida pública não se confunde com a história da vida privada, em seus segredos. E é essa história que agora devemos tentar esboçar.

NOTAS

1. L. Giard e P. Mayol, *Habiter, cuisiner*, Paris, Union Générale d'Éditions, 1980. Toda a primeira parte do livro consiste numa monografia da vida de uma família operária de Croix-Rousse. Devemos muito a ela.

2. D. Bertaux e I. Bertaux-Wiame, "Artisanal bakery in France: how it lives and why it survives", in F. Bechofer e B. Elliott, *The petite bourgeoisie. Comparative studies of the uneasy stratum*, Londres, Macmillan, 1981, pp. 155-81.

3. P. Mayol, op. cit., p. 97. Valeria a pena citar esse diálogo na íntegra.

4. L. Marty, *Chanter pour survivre, culture ouvrière, travail et technique dans le textile, Roubaix 1850-1914*, Liévin, Fédération Léo-Lagrange, 1982, pp. 123 e ss.

5. C. Pétonnet, *Espaces habités. Ethnologie des banlieues*, Paris, Éd. Galilée, 1982.

6. R. Hoggart, *La culture du pauvre*, Paris, Éd. de Minuit, 1976. Este livro, lançado em inglês em 1957, sustentava a tese da permanência da cultura dos bairros populares britânicos, apesar dos meios de comunicação, da propaganda e da sociedade de consumo. Para aquela época, merece registro esse testemunho de rara perspicácia.

7. *La population française de A à Z*, Paris, La Documentation Française, *Les Cahiers Français*, nº 219, jan.-fev. 1985, p. 9.

8. Centre d'Étude des Groupes Sociaux. Centre de Sociologie Urbaine, *Logement et vie familiale. Étude sociologique de quartiers nouveaux*, Paris, CSU, 1965.

9. N. Haumont, *Les pavillonnaires*, Paris, Centre de Recherches d'Urbanisme, 2ª ed., 1975.

10. J. Rousselet, *L'allergie au travail*, Paris, Seuil, 1974.

11. F. S. Dossou, "L'insertion des jeunes dans la vie professionnelle, conditions et mécanismes de l'insertion", *L'entrée dans la vie active*, Paris, PUF, 1977, pp. 181-332 (Cahiers du Centre d'Études de l'Emploi, nº 15).

12. B. Galambaud, *Les jeunes travailleurs d'aujourd'hui*, Toulouse, Privat, 1977.

13. G. Lamirand, *Le rôle social de l'ingénieur. Scènes de la vie d'usine*, Paris, Éd. de la Revue des Jeunes, s. d. (1937, 1ª ed. 1932).

14. J.-P. Barou, *Gilda je t'aime, pas le travail*, Paris, Les Presses d'Aujourd'hui, 1975, p. 67.

15. N. Dubost, *Flins sans fin*, Paris, Maspero, 1979, p. 172.

16. D. Mothe, *Militant chez Renault*, Paris, Seuil, 1965, pp. 32, 40.

17. C. Piaget, *Lip*, Paris, Stock, 1973, pp. 43, 54, 95, 97.

18. A. Ehrenberg, "C'est au Club et nulle part ailleurs...", *Le Débat*, nº 34, março de 1985, pp. 130-45. É a este autor que devemos a expressão "sociedade descontraída".

19. E. Morin, *L'esprit du temps*, Paris, Grasset, 1962, p. 97. Esse livro de mais de vinte anos traz um diagnóstico que foi confirmado pela evolução do processo.

20. Todo esse desenvolvimento deve muito a G. Lipovetsky, op. cit.

21. Roland Barthes, *Système de la mode*, Paris, Seuil, 1967. [*Sistema da moda*, São Paulo, Edusp, 1979.]

22. A. J. Tudesq, "L'évolution de la presse quotidienne en France au XXᵉ siècle", *Revue d'Histoire Moderne et Contemporaine*, nº 3, 1982, pp. 500-7.

23. J.-P. Rioux, "Les trente-six chandelles de la télé", *L'Histoire*, nº 86, fevereiro 1986, pp. 38-53, e P. Albert e A. J. Tudesq, *Histoire de la radio-télévision*, Paris, PUF, 1981.

24. P. Ory, op. cit., p. 47.

25. Ver as pesquisas de J. Valdour no começo dos anos 1920, por exemplo *Ateliers et taudis de la banlieue de Paris*, Paris, SPES, 1923.

26. É. Sullerot, *La presse féminine*, Paris, Armand Colin, 1966, p. 58.

27. O termo é de H. Raymond, "Hommes et dieux à Palinero", *Esprit*, nº 6, junho de 1959, pp. 1030-40.

28. Esta análise foi feita há mais de vinte anos — o fato é significativo — por E. Morin, op. cit. Ver em especial p. 142.

2
UMA HISTÓRIA DO SEGREDO?

Gérard Vincent

SEGREDOS DA HISTÓRIA E HISTÓRIA DO SEGREDO

Sonha-se com o que hoje poderia ser uma história do segredo... Diz-me o que ocultas e dir-te-ei quem és. História talvez impossível... Não importa, é preciso tentar. Afinal, o segredo teve sua psicologia e sua ontologia, encontrou seu sociólogo (Simmel) e seu romancista (Balzac). Por que não seu historiador?
Pierre Nora

HISTÓRIA E HISTÓRIAS

História vivida, história-narrativa

Todo livro de história é, em primeiro lugar, a história de um livro, e não é simples a história que, desde a primeira linha, se funda sobre a polissemia de uma palavra que designa indiferenciadamente todo o passado dos homens (a história vivida), o enunciado construído *a posteriori* por aqueles que são legitimados como "historiadores" (a história-narrativa), a concepção do enunciante sobre essa história (tem ela um "sentido", isto é, uma direção e um significado?), e mesmo essas narrativas alimentadas por fontes aproximativas ornadas pela imaginação ("isso é história"). Aqui, pois, trata-se da história-narrativa. Aqui, pois, está o historiador, impotente para percorrer a diversidade fenomênica do campo fatual. Seu itinerário reflete (refrata?) seus fantasmas e pressupostos, em suma, sua época e, mais precisamente, a maneira como ele a percebe, como ele a assume, celebrando-a (é a ideia de progresso) ou rejeitando-a (a idade de ouro já passou). O historiador dos tempos remotos é cercado, portanto, por outro período que não o de seus estudos: sua própria época. Seu texto está imbuído da divisão que ele instaura entre o ser e o nada. Pessimista, ele revelará na história universal essa "realidade concreta do mal que se expõe maciçamente diante dos olhos", segundo a fórmula de Hegel. Otimista, ele distinguirá, como Durkheim, um esboço de sociodiceia. "Pessimista e otimista se opõem sobre o que não existe", escrevia Paul Valéry. Opõem-se também sobre o que existiu.

O autor do texto que se segue enfrenta uma dupla dificuldade: ao narrar uma história que viveu, estará sendo um historiador de seus próprios testemunhos? Enquanto a história-narrativa, "ficção científica" (Michel de Certeau), "romance verídico" (Paul Veyne), "apreensão retrospectiva do devir humano" (Raymond Aron), é sempre plural, a história da vida privada é necessariamente "idiota" (no sentido grego), digamos idiossincrática, singular. De Tucídides à escola dos *Annales*, tem-se escrito a história das exceções e das resultantes. Escrever a história de vidas privadas? É possível. Mas a história da vida privada não se reduzirá a uma contrafação de história, se tomarmos como dado que a "pessoa" (objeto/sujeito de nossos estudos) é o lugar do não-inventariável de onde está banida qualquer intercambialidade? Cada rosto traz um passado (de um homem, de uma família, de uma classe, de uma nação), um presente (a luta contra o tempo), um futuro (medo do amanhã, incerteza quanto à expectativa de vida, já que estamos todos condenados à morte)... o rosto em todos os seus estados. Nietzsche dizia que nenhum pintor é capaz de reproduzir uma árvore na diversidade de todas as suas folhas e movimentos. Não dispomos de nenhuma narrativa biográfica exaustiva de homem algum. Mesmo os que mais se destacaram no exibicionismo literário — Michel Leiris — dão-nos a ler apenas momentos selecionados.

Fazer uma introdução à história da vida privada é acentuar preliminarmente as diferenças de temporalidade nos níveis da existência social. História evidentemente cumulativa, aditiva? A das ciências e técnicas. História lenta feita de repetições, de falsas inovações que não passam de avatares? A da vida privada, onde a existência se desenrola segundo um ritmo a-histórico, acrônico: medo da morte, difíceis relações com o corpo, insatisfação sexual, obsessão pelo dinheiro, imensa zona de estabilidade, campo do trágico onde perdura a dificuldade de ser, interrompida por alguns momentos de felicidade, às vezes eufóricos.

Prevalece o sentimento de que, desde 1914, o campo da vida privada teria se restringido, que teriam se levantado as barreiras do secreto, que teria recuado a fronteira entre o dito e o não dito. Ilusão. Nos anos 1920 ainda existiam os três administradores da vida privada: o diretor de consciência para o espiritual, o notário para o material — e até para o casamento —, o médico para o físico; três homens iniciados nos segredos das pessoas e das famílias. Além disso, a urbanização consolidou o anonimato. Na vila, vivia-se sob o olhar do outro. Nas megalópoles, o inconfessável, oculto, é inconfessado.

A VIDA PRIVADA NA CIDADE

Na cidade totalitária

À falta de uma definição precisa da vida privada, tentemos dizer o que ela é numa sociedade totalitária e em nossa sociedade. Seja qual for a cor desse totalitarismo (nazismo, stalinismo), aparentemente foram abolidas todas as barreiras entre a vida privada e a vida pública: não-sigilo da correspondência, investigações policiais a qualquer hora do dia e da noite, incentivo à delação, mesmo dentro do quadro familiar etc. Nada de novo nessas práticas caras às sociedades do passado que se pretendiam teocráticas, fosse a Espanha da Inquisição ou a Florença de Savonarola. Definir a sociedade totalitária como aquela onde não existe vida privada seria esquecer as artimanhas do homem para preservar até o fim seu "jardim secreto", podendo este se reduzir à escolha da forma de morrer. Em 1984, falou-se muito do romance de George Orwell, escrito em 1949, e que tem justamente esse título. Relendo-o, é possível escapar ao pessimismo absoluto. A imaginação humana é fértil quando se trata de explorar as vias da dissidência. O rigor da norma sempre despertou a heresia. Paradoxalmente, pode-se levantar a hipótese de que é nos países totalitários que a vida privada, entendida na acepção estrita de vida secreta, tem sua área mais ampla. Na sociedade soviética essencialmente esquizofrênica que nos é descrita por Aleksander Zinoviev, todo indivíduo leva uma vida dupla: como cidadão, ele se conforma às normas; como prudente transgressor, ele as contorna para comprar comida, aumentar os ganhos, satisfazer a sexualidade. Mas há um consenso implícito entre a instituição que não é tola e esse transgressor cauteloso que conhece os limites insuperáveis. À margem da lei, ele é um evidente culpado e um potencial inculpado: o sistema ganha com essa forma laicizada do pecado original. O totalitarismo mais gera do que persegue segredos. "Nunca fomos tão livres como na Ocupação alemã" (Sartre).

Nas regiões democráticas, o problema é mais complexo. O aparelho de Estado não se entremeia à vida privada: a existência familiar e as redes de amizades estão ao abrigo de suas investigações. O sistema das comunicações, espontâneo ou organizado, opera com eficácia para a tranquilidade social. A mídia, por uma dosagem sutil de mimetismo e catarse, perpetua o *star system*, principalmente no campo esportivo, e se torna um centro de interesses e investimentos agressivos fora do campo das lutas sociais. Se retomamos as análises de Devereux sobre a "desorientação" dos hilotas, pela qual ele entende que o escravo se remete ao senhor para compreender o que vê e o que escuta, para saber o que pode dizer e pensar, percebemos que as sociedades "liberais" são igualmente portadoras de tal mecanismo. Sem esquecer os núcleos de totalitarismo que elas encobrem: a Máfia, os diversos "meios" onde reina uma conhecida justiça sumária, o que não exclui absolutamente as relações com as instituições legítimas.

Restrita, mas ideologicamente cômoda, é, portanto, a oposição entre um mundo "livre" e um outro mundo que não o seria. Ao primeiro pertence Manila onde, dizem, a miséria obriga que 20 mil crianças se prostituam em troca de alguns dólares aos pedófilos que chegam de *charter*. Ao segundo pertence o Vietnã, de onde saem os *boat people* cujos passageiros têm poucas chances de sobrevivência. Mas o fato de tentarem fugir ao mundo que recusam é prova de que não estão inteiramente alienados e que fracassou essa "desorientação" desejada pelo Big Brother. E quem fala das 35 mil *devadasis*, mocinhas prostituídas aos sacerdotes e figurões, pois "votadas" ao culto da deusa Yelamma (em Karnataka e Maharashtra, dois estados do Sul da Índia), antes de serem vendidas aos bordéis de Bombaim?

A questão fundamental é, portanto, a seguinte: na cidade, independentemente de sua localização, qual é o espaço de liberdade deixado ao agente? Max Weber afirmava que a sociologia "só pode partir das ações de um, alguns ou vários indivíduos separados [...], e deve adotar métodos 'estritamente' individualistas". R. Boudon confirma: "A ação de um indivíduo se desenvolve sempre no interior de um sistema de *imposições* mais ou menos definidas, mais ou menos transparentes, mais ou menos rigorosas". As ações elementares não são frutos de uma liberdade absoluta nem consequências mecânicas da socialização. Que seja. Resultantes de dois sistemas de forças, qual é a parte determinante que se deve atribuir a cada um deles? Sendo o fundamento da vida privada uma certa liberdade de escolha, a partir de quais fontes devemos avaliá-la?

QUAIS FONTES?

Quais lugares da memória?

Onde ficam os "lugares da memória" da vida privada? Diários íntimos, correspondências, autobiografias, memórias? Fontes pletóricas, lacunares, indispensáveis, amiúde duvidosas. Pensemos em alguns textos célebres: *Le mémorial de Sainte-Hélène* (o livro mais lido do século XIX, ao que dizem), onde o conde de Las Cases pretende reproduzir as palavras do imperador deposto, as *Mémoires d'outre-tombe* [Memórias do além-túmulo], as *Mémoires* do general De Gaulle. Tantos textos apaixonantes, cheios de lembranças reconstruídas, todos marcados pelo selo da amnésia voluntária, pelo cuidado em posar para a posteridade, enunciados de ficção que nos informam mais sobre os mecanismos paranoicos do que sobre a história vivida. E as confidências dos literatos, Gide, Genet, Leiris? Alguém já ousou escrever sua vida privada sem nada silenciar, sem exibicionismos? Sem recuar diante das confissões que envolvem terceiros, sob o risco de represálias? Ninguém, cremos nós. Pois o indizível não é apenas o que o código social condena ao silêncio. Ele procede também do ato de escrever, "tradução" aproximativa, empobrecedora da "vida interior".

A lei, guardiã do segredo

O historiador quer vasculhar os arquivos privados para exumar textos não destinados à publicação? Ele se choca contra a lei, guardiã da intimidade. A lei de 3 de janeiro de 1979 e o decreto de 3 de dezembro de 1979 regulamentaram os arquivos: o prazo de trinta anos para a liberação dos arquivos públicos foi ampliado para sessenta, cem, 120 e até 150 anos, dependendo da importância que o direito atribui ao sigilo protegido. A Administração dos Arquivos, para "servir à pesquisa", está habilitada a diminuir esses prazos, mas é inalterável o prazo de um século que protege "as informações individuais relacionadas com a vida pessoal e familiar e com os fatos e comportamentos de ordem privada" (art. 7 da lei de 3 de janeiro de 1979). Prazo elevado a 150 anos, quando as informações são "de caráter médico". A lei de 17 de julho de 1970 determina que "todos têm direito ao respeito de sua vida privada".

> Que o historiador jamais toque na vida privada dos vivos! [...] O direito vela sobre nossos amores, nossas dores, nossos vícios, nossas doenças, nossas manias, nossas casas, nossa imagem, tudo o que ele denomina nossa intimidade [...]. Ele autoriza o juiz a suprimir um texto ou apreender uma obra [...]. O morto não está totalmente morto se possui herdeiros [...]. Nos termos do artigo 34 da lei de 29 de julho de 1881, o ul-

traje à memória de um morto pode constituir um delito penal de difamação ou injúria [...]. Em 14 de outubro de 1970, o Tribunal Superior de Paris lembrava que "os direitos do historiador" não podiam se opor aos herdeiros de um admirador de Sarah Bernhardt, imprudentemente acusado de ter violado a ilustre atriz trágica [...]. Então, como fazer história? É o juiz que arbitra o conflito entre o direito e a história.[1]

O imenso corpo documental do INSEE, do INED (Institut National d'Études Démographiques), os levantamentos dos institutos de pesquisa, do CREP, do CERC (Centre d'Études des Revenus et des Coûts [Centro de Estudos de Rendas e Preços]), do CORDES etc. oferecem-nos inúmeros dados. Nós os utilizamos relativamente pouco, em primeiro lugar porque, sendo publicados, estão à disposição para consultas; depois, porque decidimos resolutamente problematizar, em vez de repetir o que já foi dito; e finalmente por razões epistemológicas: as pesquisas de empregos classificam, como o próprio nome diz, empregos, as estatísticas fiscais arrolam os contribuintes, e o que nos interessa são as pessoas.

O Who's Who? *e as coisas silenciadas*

O *Who's Who?* fornece um bom exemplo de uma fonte muito aproximativa — mas significativa —, onde se apresenta a vida privada no que ela tem de confessável, reconhecido como "moral", e portanto legítimo, mas ocultando o inconfessável, seja o deplorável ou o vergonhoso. Assim são-nos enumeradas as diferentes posições sociais sucessiva ou concomitantemente ocupadas pelos membros dessa "elite" social e ideologicamente pré-construída, mas nada nos é dito sobre as estratégias montadas para conquistá-las, ampliá-las, conservá-las. Ficamos sabendo que fulano foi nomeado conselheiro técnico ou chefe de gabinete de tal ministro, e depois designado para o Conselho de Estado ou para o Tribunal de Contas no exterior, mas nada nos é dito sobre a parcela dessa promoção que pode ser atribuída a um mérito excepcional (grande escola, experiência etc.), a uma vocação altruísta a serviço do Estado, visto como o grande ordenador da solidariedade nacional, ou a uma estratégia de carreira marcada pelo selo do oportunismo. A biografia de tal tecnocrata lida nos anuários ou no *Who's Who?* não nos diz como ou graças a que ele soube gerir seu capital de diplomas para transformar suas vitórias — no sentido esportivo do termo — pós-escolares numa performance social. A barreira do privado se ergue contra nossa investigação. Pode-se encher um computador com dados coletados nesse tipo de documentação, elaborar um programa complexo, multiplicar os cruzamentos de informações, mas a máquina só poderá processar o que recebeu. É evidente que o êxito social resulta tanto de um sistema não controlado quanto de uma vontade conquistadora explícita. Não é vergonha ter pais ocupando múltiplas posições, detentores de um triplo capital — social, econômico e cultural —, ter feito os estudos num "bom liceu", ter sabido ou podido escolher um "bom cursinho"; no entanto, essas coisas não são mencionadas, pelo receio de minimizar o "mérito" da pessoa na consciência do outro. Da mesma forma, o casamento sempre é mencionado como uma escolha sentimental, ao passo que a pré-seleção da futura esposa foi realizada pela própria coerência do sistema.

No palco se exibem os bem-sucedidos. Nos bastidores ficam os segredos dessas ascensões. Na universidade, para "chegar lá", depois de escolhido o "bom orientador" (se for jovem demais, sua rede de relações é insuficiente; se for velho demais, a aposentadoria está próxima), é conveniente ser membro da comissão editorial de uma revista "científica". Falar das obras dos outros é incentivá-los a falar das suas. Depois, dirigir uma coleção. Publicar para ser publicado. E até encorajar os medíocres para que eles não lancem uma sombra e não tentem tomar o lugar. Quem ousaria dizer que um certo tipo de mediocridade pode ser um fator positivo numa estratégia de carreira? Dissemos acima: a história-narrativa é uma história dos resultados, e não dos caminhos. Como conhecê-los? Pelas indiscrições? Mas os indiscretos serão puros? Muitas vezes fracassados, amargurados, eles vasculham, encontram, revelam e se enfeitam de moralidade por não terem conseguido encontrar o caminho de uma, digamos, imoralidade eficaz do realismo.

"Quem te fez duque? Quem te fez rei?" Reis e duques respeitam a lei do silêncio. O historiador não precisa se indignar. Ele constata. Max Weber via na burocracia (palavra que, para ele, não tinha conotação pejorativa) uma feliz racionalização do funcionamento do Estado. O funcionário, recrutado segundo princípios universalistas (concursos, títulos etc.), promovido segundo regras dominantes, independente dos superiores e dos subordinados, parecia-lhe o parteiro de um novo tipo de sociedade, que costumamos chamar de sociedade civil. Na França, a existência dessa burocracia não deve mascarar a persistência dos laços pessoais — de amizade, lealdade, gratidão, linhagem — que existiam antes da instauração do Estado moderno e faziam do clientelismo — na acepção mais ampla do termo — a correia de transmissão do poder e, ao mesmo tempo, o veículo de certa mobilidade social. Em nosso país, onde as estruturas de dominação prevalecem sobre as estruturas meritocráticas com maior peso do que nas outras nações ocidentais, esses laços pessoais que subsistem, persistem, resistem a todos os sistemas de seleção fundados sobre concursos aparentemente democráticos, pertencem ao vasto universo do secreto.

ONDE ESTÁ O DINHEIRO?

A resposta é simples: em todas as partes. Mas, enquanto são inúmeros os textos e discursos sobre a sexualidade (desse ponto de vista, Michel Foucault tem razão, quer se fale do tema, quer se argumente para dizer que não se deve falar dele), os que tratam do dinheiro mais sugerem do que nomeiam a questão. Nesse dinheiro onipresente, onipotente, transcendendo o tempo e o espaço, alguns viram a forma fetichizada de Deus, ao passo que outros viram Deus como o simbólico do dinheiro. Dinheiro ocultado, dinheiro exibido, ele está por toda parte, onde se espera e onde não se espera que esteja. Nós o encontramos em todas as fases da vida. Nascimento do primeiro filho? Aparece o herdeiro do patrimônio. Primeiros amores? Amamos quem encontramos, e encontramos apenas pessoas de nosso meio: o discreto dinheiro se interpõe nos lábios dos jovens amantes. Casamento? O equilíbrio dos patrimônios já não é contabilizado diante do notário (quando muito!), mas operam mecanismos sociais que mantêm a combinação entre o acaso e a necessidade. A morte? Por trás das lágrimas de praxe, os herdeiros estão ali, as mãos segurando as alças do caixão. Espetáculos da mídia? Os ricos são mostrados aos pobres para que tenham paciência, uma paciência que haverá de durar por toda a vida. É a partir do dinheiro que eu construo MINHA identidade: MEU carro, MEU apartamento, MINHA segunda casa, MEU gosto. O enigma do bom gosto, caro a Kant, é também o enigma das contas bancárias. Dinheiro ostensivamente exibido dos "aproveitadores" da Primeira Guerra Mundial; dinheiro mascarado dos beneficiários do mercado negro; dinheiro fundador dessas zonas de totalitarismo — já mencionadas — que são congruentes com os regimes democráticos: a Máfia e outros "meios", lucros tirados da prostituição, das drogas, investidos no tráfico de armas, gerador de outros lucros. O "escândalo" das subsociedades "alternativas" é essa recusa do dinheiro que alimenta rancores e ressentimentos contra os "meia-oito" parados no tempo, que continuam a pensar como são João Crisóstomo: *Pecunia pecuniam non parit.* Ao pretender substituir o dinheiro pela virtude, o socialismo se condenava à morte... ou à ficção.

Para Thiers, Guizot, Tocqueville, a solução do problema social estava no acesso dos pobres à propriedade. Contra Marx, a história deu razão a eles. A metade das famílias francesas — em qualquer categoria socioprofissional — possui casa própria; mais de 80% possuem um carro; todas — ou quase todas — têm um aparelho de televisão. Essa tríade da modernidade — apesar da distância que se mantém entre os mais ricos e os mais pobres — preserva a paz social. Nessa França cuja última revolução estrutural remonta a dois séculos, as pessoas, sempre que surgem algumas "comoções populares" (Libertação, maio de 1958, maio de 1968), gostam de ficar se assustando com a pergunta ritual: "É uma situação revolucionária?". Podem ficar tranquilas. Segundo uma pesquisa de 1947, citada por Zeldin, à pergunta "O que há de mais precioso na vida?", 1% dos homens e 5% das mulheres responderam "O amor", e 47% dos homens e 38% das mulheres responderam "O dinheiro". O que fazer para guardá-lo e fazê-lo "frutificar"? A Primeira Guerra Mundial, iniciando uma inflação ininterrupta, alterou as regras do jogo. Iludindo-se com uma provável volta ao estado *ex ante*, o francês subscreveu os empréstimos não indexados, amealhou. Depois se adaptou, optando por imóveis, ações, ouro, conforme as incertezas do momento. Segundo uma pesquisa de 1953, 72% dos franceses pensam que terrenos, imóveis ou joias e quadros são os investimentos mais seguros, enquanto 16% optam pelos valores móveis.

São os falecimentos que muitas vezes revelam a articulação entre o dinheiro e a família, obrigando-a a recorrer à personagem pública do juiz. Imaginemos o caso de um senhor idoso de grande fortuna, sem herdeiros reservatários, que lega toda a sua fortuna a uma pessoa desconhecida da família, sendo que tem sobrinhos e sobrinhas. A estes não resta nenhum recurso, exceto provar que o testamento foi redigido pelo *de cujus* em condições em que não se encontrava "mentalmente são". Esta expressão figura no Código Civil, mas é vaga. Se o *de cujus* era um "incapaz maior", a decisão cabe ao conselho de curadores. Mas o problema se torna mais complicado devido ao conceito de "momento de lucidez". Em várias doenças mentais (como a psicose maníaco-depressiva), o doente ora está "mentalmente são", ora não. O testamento terá sido redigido e assinado nas formas legais durante um "momento de lucidez"? Sua validade depende da resposta a essa pergunta. É fácil imaginar que a produção da prova não é simples, que nessa ocasião rompem-se laços familiares até então aparentemente sólidos: é o desvendamento do segredo, e passa-se do privado ao público.

A liberade é fruto de uma regulamentação?

Nos textos legislativos, o sintagma "vida privada" é empregado sem definição nem referencial, como se seu sentido fosse evidente. Artigo 9 do Código Civil: "Cada um tem direito ao respeito de sua vida privada". Artigo 8 da Convenção Europeia dos Direitos do Homem: "Toda pessoa tem direito ao respeito de sua vida privada e familiar, de seu domicílio, de sua correspondência". Artigo 12 da Declaração Universal dos Direitos do Homem: "Ninguém será submetido a ingerências arbitrárias em sua vida privada, sua família, seu domicílio ou sua correspondência, nem a atentados à sua honra e à sua reputação". Ambiguidade dessa palavra "privada", ingenuamente definida pelo dicionário *Robert* como lugar "a que o público não tem acesso". Mas um certo público tem um efetivo acesso ao "privado" dos cassinos, às "cabines privadas" das *sex shops*, às toaletes antigamente chamadas de "privadas": "Embaixo das privadas das moças da loja, encontram-se as privadas dos clientes" (loja de departamentos Bon Marché, 1871). E, inversamente, as visitas feitas pelos homens honrados às moças "públicas" não pertencem à vida privada deles? Os pais que levam o filho a uma "escola privada" formada como uma associação sem fins lucrativos sabem muito bem que é o contribuinte (eles mesmos, pela parte que lhes toca) que paga os professores e as despesas de funcionamento. Protesta-se contra a proporção dos descontos obrigatórios, mas não se protesta contra as mensalidades. Esse Estado incessantemente criticado e solicitado teve seus traços, ainda hoje presentes, descritos por Tocqueville.

"Se o Estado é forte, ele nos esmaga; se é fraco, nós perecemos" (P. Valéry). "Numa sociedade cuja complexidade se traduz inevitavelmente em tensões, o Estado aparece como a única força capaz de compor a ordem com o movimento" (G. Burdeau). A intervenção crescente do Estado é a consequência da complexificação da existência social. Sob o reinado de Luís XIV, não havia preocupação pela saúde dos homens. A proteção dos idosos, das mulheres e das crianças não interessava ao aparelho de Estado. Ela ficava a cargo da Igreja, que se preocupava mais com a salvação deles no além do que com seu nível de vida aqui na terra. Através de seus párocos e vigários presentes por todas as partes, ela exercia um controle social sobre todas as vidas privadas. Longe de Versalhes, era pequena a presença do Estado. Por isso, o "liberalismo" não existia. A Igreja exercia sua rigorosa vigilância sobre os atos e as intenções (a confissão). Prova de que um sistema pode ser, se não totalitário, ao menos totalizante, com um Estado fraco. Na França, em que o Estado é ao mesmo tempo acusado de imperialismo e de frouxidão, convém estudar melhor essa contradição.

A lei de 17 de julho de 1970, sobre o direito ao respeito pela vida privada, proíbe as escutas telefônicas e as fotografias sem o conhecimento dos indivíduos. Ao mesmo tempo, uma opinião pública cada vez mais assustada, e portanto repressiva, majoritariamente favorável à pena de morte, exige investigações aprofundadas sobre os criminosos em potencial. Como conduzir essas investigações sem recorrer às escutas e às fotos que deviam ser proibidas? A lei de 7 de junho de 1951, criando um Comitê de Coordenação das Pesquisas Estatísticas dos Serviços Públicos, determina no artigo 7 que as pessoas interrogadas devem responder com exatidão e dentro dos prazos estipulados. Invasão inadmissível da vida privada, exclamam as almas sensíveis, as mesmas que, em nome da democracia, querem que "o Estado da França" seja sempre transparente. Quanto aos menores martirizados, a opinião pública denuncia o silêncio covarde dos vizinhos e a passividade dos poderes públicos. O artigo 8 de lei de 25 de março de 1951 confere ao juiz de menores o direito de investigar. Quem pode abrir tais inquéritos? A denúncia, os boatos públicos, o corpo docente possivelmente atento a ferimentos nos corpos dos alunos. Daí se segue uma investigação no âmbito familiar, tida como um atentado à vida privada, mas que, livrando a criança de seu martírio, permitirá que ela escape ao pai espancador e à megera cúmplice, em conformidade com o artigo 312 do Código Penal, que limita o leque de medidas disciplinares que podem ser usadas pelos pais. "No meu tempo, a infância era só bofetada", dizia Céline. Foi o general De Gaulle que criou um ministério encarregado de Assuntos Culturais. Seguiram-se ministérios (ou secretarias de Estado) do Tempo Livre, dos Lazeres, do Meio Ambiente etc. Restrição do campo da vida privada, ou resposta a uma expectativa? Se o indivíduo quer se destruir com as drogas, com que direito impedi-lo, se não está atentando contra a ordem pública? Os mais alérgicos às intromissões do Estado nem por isso deixam de reclamar uma repressão implacável contra os traficantes. O suicídio, que não é crime nem delito, não é o ponto culminante da vida privada? A proibição de trabalhar antes dos dezesseis anos e depois dos 65 é uma violação da vida privada ou uma proteção das crianças e dos velhos? A legitimação e, depois, o reembolso das despesas do aborto ameaçam ou protegem a vida privada? A hospitalização em domicílio responde à megalomania tentacular do aparelho de Estado, por meio da previdência social, ou a uma solicitação do doente? O cinto de segurança, o uso do capacete pelos motociclistas constituem uma ingerência inaceitável dos poderes públicos? Mas quem paga os acidentados no trânsito? Os repasses sociais, ou seja, todo mundo. Todo candidato a professor auxiliar ou ao CAPES (Certificat d'Aptitude au Professorat de l'Enseignement du 2e degré) precisa fornecer um atestado de boa conduta e se submeter a exames médicos. Atentado à vida privada? Sem dúvida. Mas os pais dos alunos aceitariam um professor que tivesse sido condenado a uma pena aflitiva e infamante, ou que fosse um aidético? Os controles fiscais despertam uma indignação compreensível, levando em conta os direitos de investigação que cabem aos encarregados da coletoria. Mas existe outro meio para desmascarar a fraude fiscal, avaliada em um décimo das receitas do Estado?

Muitas são as decisões e ações que visam a estender o domínio da vida privada e que supõem implicitamente um apelo ao direito. O automóvel continua a ser o símbolo da liberdade individual: ele permite escapar aos horários dos trens e dos aviões, ir aonde se queira, e é juridicamente um local privado. Mas para adquiri-lo é preciso se submeter a várias imposições jurídicas: carta de motorista, seguro, emplacamento, respeito ao código de trânsito etc. O sonho dos franceses é ter sua moradia, de preferência uma casa (antigamente se dizia *pavillon*). O Estado desenvolveu uma política sistemática de acesso à propriedade. Alguém se queixou? O desenvolvimento da proteção social permitiu a passagem da família-tribo para a família nuclear. As pessoas de idade, antes abrigadas pelos filhos, foram entregues à solidão. Emoldurada pela trinca da modernidade — a casa, o carro, a televisão —, a família nuclear pode levar sua existência secreta. São os descontos obrigatórios, objeto de tantos protestos, que garantem a assistência a essas pessoas isoladas. Surge um desentendimento nesse casulo? O casal resolve se divorciar, ou seja, apelar ao juiz para resolver um problema privado. Até a lei de 1975, como o divórcio estava ligado à ideia de crime, o processo envolvia inquéritos, interrogatórios etc. O divórcio consensual limitou o inquérito, sem no entanto eliminar a sentença do julgamento, o que constitui um ato público. Eliminá-lo seria voltar ao repúdio, e quem decidiria sobre a guarda dos filhos, sobre a solução dos problemas monetários ligados à dissolução da comunhão? A vida privada só pode se desenvolver num clima de segurança, e quem pode garanti-la a não ser o aparelho de Estado? Denuncia-se o constante aumento do número de funcionários incompetentes, devoradores do orçamento etc., e reivindica-se um número sempre maior de policiais. Será preciso lembrar que não são os juízes, e sim os representantes eleitos da nação, que fazem as leis? Sempre limitada, a imaginação do legislador não pode prever a diversidade dos litígios. Então, é a jurisprudência que faz a lei. O juiz não se contenta mais em aplicá-la — ele a faz.

A opinião pública teme — sem admiti-lo — o que fica às margens de um quadro jurídico. Isso é visível em relação aos grupos de jovens. Não por acaso foram alvo da lei contra os "quebra-quebras" e, em grande parte, da lei "Segurança e Liberdade". Há muito tempo os jovens são incentivados a formar grupos que tenham uma identidade jurídica, sejam os escoteiros de ontem ou as Casas da Juventude e da Cultura de hoje [1985]. As prefeituras se preocupam em construir estruturas para acolher os jovens, para "atendê-los", com tudo o que essa palavra supõe de vigilância. Os projetos de ocupação dos terrenos são incessantemente criticados. Mas quanta fúria e gritaria se este ou aquele proprietário visse erguer-se um edifício na frente de sua casa, tirando-lhe o sol e a vista! A lei de 22 de julho de 1960 criou parques nacionais. Protestos imediatos. No entanto, são inúmeros os que gostam de passear por essas reservas. E a mais-valia imediata dos terrenos situados na periferia só fez vítimas. Durkheim não estava errado ao afirmar que "a liberdade é o produto de uma regulamentação".

O cão é uma criança ou um bem móvel?

O apelo ao juiz resulta da incapacidade dos indivíduos em resolver os conflitos referentes a suas vidas privadas. Não é o aparelho judiciário que se insere na intimidade, são homens e mulheres que lhe rogam que ingresse em suas casas e até em seus leitos. Para ilustrar essa questão — e distrair o leitor —, daremos alguns exemplos. Em 22 de janeiro de 1982, o juiz de assuntos matrimoniais do Tribunal de Instância Superior de Meaux emite uma sentença de não-conciliação, estabelecendo que cada cônjuge conservará seus bens pessoais e que a esposa ficará com um cão que lhe pertencia. O marido, sr. G., pede para se beneficiar, em relação ao cão, de um "direito de visita e albergue, podendo ser exercido nos primeiro e terceiro fins de semana de cada mês, assim como em diversos períodos das férias escolares". Negado o pedido, o sr. G. apela. Em 11 de janeiro de 1983, o Tribunal de Recursos de Paris nega o pedido pela segunda vez, considerando que o artigo 254 do Código Civil, que trata da legislação sobre a infância, não se aplica a cães. De fato, se, por uma extensão julgada abusiva, um cão fosse civilmente equiparado a um filho, o artigo 357 do Código Penal, reprimindo o delito de não apresentação do menor, passaria a ser aplicável ao cão, e um cônjuge poderia ser criminalmente condenado por não apresentação dele. Resta uma questão sem resposta: juridicamente, o que é um cão? Implicitamente, o Tribunal responde: um "bem móvel", já que a perda de usufruto de um animal de estimação não acarreta nenhuma despesa correspondente ao proprietário indiviso que foi privado dele (*Gazette du Palais*, 26 de janeiro de 1983).

Caras joias

"As ligações começam no champanhe e terminam na camomila", dizia Talleyrand. Terminam também diante dos tribunais, quando há dinheiro envolvido. Na *Antologia do sórdido* que algum dia mereceria ser escrita, as joias de família ocupariam um lugar de destaque. Em 22 de fevereiro de 1983, a primeira câmara civil do Tribunal Superior determina

> que um Tribunal de Apelação não pode ser reprovado por ter condenado uma esposa divorciada a restituir à sua sogra o anel que havia recebido no dia de seu noivado, visto que, baseando-se em cartas, ele [...] soberanamente considerou que a interessada tivera consciência de ter de devolver a joia àquela de quem a recebera ao entrar numa família da qual não ia mais fazer parte.

Com efeito, a futura esposa (então noiva) tinha se comprometido por carta a restituir o anel em caso de divórcio, hipótese que, às vésperas do casamento, ela naturalmente descartava (*Gazette du Palais*, 9 e 10 de dezembro de 1983). Em 23 de março de 1983, a primeira câmara civil do Tribunal Superior justificou a sentença pela qual os juízes de apelação tinham determinado que uma mulher divorciada devolvesse as joias à família de seu marido, por se tratar de "joias de família". O divórcio tinha sido concedido por queixas mútuas depois de trinta anos de casamento. A mulher, portanto, tinha usado essas joias durante três décadas; foi ela que recorreu a um Tribunal de Instância Superior e teve seu recurso negado. Com essa rejeição, o Tribunal consagrou a noção de "joias de família", confirmando a jurisprudência do caso La Rochefoucauld, que, depois de um processo de sete anos (1954-1961), foi encerrado com a sentença obrigando a esposa, depois do divórcio, a restituir as ditas joias que havia recebido "a título de comodato e não de doação". Essas duas decisões de 1961 e de 1983 são, portanto, coerentes entre si. Que a joia de família é um bem móvel — como o cão —, é evidente, mas em que ela difere das outras joias? A joia de família não é um presente no sentido corrente, o qual, segundo o artigo 852 do Código Civil, não fica sujeito a ser incorporado ao montante da herança, nem uma lembrança de família, à qual a jurisprudência atribui um "valor moral considerável", tornando insignificante seu valor pecuniário (que pode ser alto). Para que a joia seja "de família", é preciso que tenha um "valor de solenidade", que envolva um elemento de ostentação, que, portanto, não seja desprovida de valor. "A joia de que se ocupa o direito tem como primeira característica ser um móvel precioso" (decano Carbonnier, *Recueil Dalloz-Sirey*, 1984).

O Tribunal Superior ajeita os óculos

As demissões por razões atinentes à vida privada do assalariado dão lugar a uma jurisprudência rica, cheia de matizes, muitas vezes contraditória. Daremos alguns exemplos. Uma assalariada é psicóloga numa instituição para crianças e adolescentes em dificuldades. Divorciada, ela vive maritalmente com o diretor da instituição, um sacerdote. Dispensado de seus votos, este se casa com a moça e se demite da instituição. O novo diretor, um leigo, despede a moça, considerando que sua conduta está "em oposição com os objetivos da instituição". O Tribunal de Recursos não lhe dá razão, declara a demissão abusiva pelo motivo de que a instituição não é mais uma obra católica e os fatos censurados à assalariada "não tinham trazido perturbação à ordem profissional". A câmara social do Tribunal Superior rejeita o recurso formado contra essa sentença (citado no *Bulletin du Dictionnaire Permanent Social*, 22 de março de 1985). Tendo começado a trabalhar numa sociedade em 1973, uma assalariada é despedida em 1976 devido à sua ligação com um de seus superiores hierárquicos. O empregador diz ter agido "sem esperar que ocorresse um escândalo para pôr fim a uma situação que tinha como resultado criar entre os membros do pessoal um comportamento envolvendo uma negligência facilmente contagiante pelo exemplo". O Tribunal Superior, considerando que não estavam estabelecidos nem o escândalo nem o prejuízo, concluiu pela "demissão sem causa real e séria" (sentença de 30 de março de 1982). A *Encyclopédie Dalloz* oferece inúmeros exemplos de demissões consideradas abusivas pelos tribunais por atentarem à liberdade do trabalhador em sua vida privada. Eis alguns casos: o pai empregador que demite o filho por se recusar a deixar a esposa (sentença de 8 de julho de 1960), demissão de um assalariado depois de ter se divorciado da sobrinha do diretor-presidente (sentença de 5 de abril de 1965), recusa de uma assalariada em mudar o penteado, a maquiagem e os óculos (Poitiers, 14 de novembro de 1973), não declaração de um assalariado, por ocasião de sua contratação, que era um padre-operário (sentença de 17 de outubro de 1973), segundo casamento de uma professora divorciada de uma instituição católica (sentença de 17 de outubro de 1975), gerente assalariada que tentou se suicidar, sem que isso afetasse a reputação ou o bom funcionamento da loja etc.

Inversamente, a jurisprudência costuma considerar "causa real e séria" a demissão de um assalariado por motivos de incompatibilidade de gênio com o diretor da empresa, impossibilitando o trabalho. Então cabe aos juízes do processo formar sua convicção e apresentar os motivos sem que o ônus da prova recaia sobre o empregador (sentença de 26 de maio de 1981). Detenhamo-nos sobre dois casos mais singulares. Uma jovem vive maritalmente com um farmacêutico, de início ajudando-o de cortesia e mais tarde se tornando assalariada, encarregada da caixa e da contabilidade. Rompimento do concubinato, que durou vários anos. O farmacêutico despede a assalariada, que exige indenização por perdas e danos por "demissão sem causa real e séria". O Tribunal de Apelação não aceita, o Tribunal Superior rejeita o recurso, considerando "que a ruptura das relações pessoais entre os interessados tinha consequências sobre as relações de trabalho que, tendo em conta a natureza das funções e da empresa, exigiam uma confiança mútua recíproca que não existia mais" (sentença de 29 de novembro de 1984). Segundo caso: depois de dois anos trabalhando em uma empresa, um motorista de estrada, apesar de repetidas advertências, recusa constantemente usar seus óculos quando está dirigindo os veículos da empresa, embora sua carteira de motorista de carga determine o uso de lentes corretivas. O Tribunal de Recursos julga a demissão justificada, bem como a dispensa de aviso prévio. O Tribunal Superior confirma, já que "a recusa do interessado não permitia mais que o empregador lhe confiasse, mesmo durante o aviso prévio, as funções de motorista de estrada para cujo exercício tinha sido contratado" (sentença de 22 de julho de 1982). A rejeição do recurso abre as portas à imaginação: por que esse motorista se recusava a usar óculos? Se durante dois anos ele tinha dirigido, ao que parece, sem acidentes, os óculos eram indispensáveis? Em caso negativo, por que o corpo médico tinha sido tão categórico? Que forças levaram esse motorista a persistir num processo que o levou, às suas expensas, até a câmara social do Tribunal Superior? Jorge Luis Borges ou Marguerite Duras conseguiriam imaginar o não dito desse roteiro.

Um homossexual é menos identificável do que um padre

As motivações dos queixosos deixam o historiador perplexo, pois os "indícios" de que dispõe são resultantes do julgamento. Um grupo de homossexuais processa o bispo de N. por difamação, por ter dito as seguintes palavras: "Respeito os homossexuais como aos doentes. Mas, se querem transformar sua doença em saúde, devo dizer que não estou de acordo". O Tribunal de Instância Superior de Estrasburgo declara "inaceitáveis" as ações impetradas pelas partes civis. Os solicitantes são rejeitados e condenados a pagar uma indenização de 20 mil francos ao bispo (30 de novembro de 1982). O Tribunal de Apelação de Colmar confirma com os seguintes considerandos (27 de junho de 1983):

> As partes civis [...] não trouxeram a prova de que tinham sido suficientemente designadas para incorrer num dano pessoal; que de fato sua identificação não se tornou possível pelas palavras gerais incriminadas, que um homossexual não é identificável pelo público como o é o padre de uma determinada paróquia [...]; que cabe apenas a ele revelar sua condição, sabendo que esta é considerada anormal por uma parte do público e que então ele deve assumir suas consequências sem poder reprovar ao acusado ser o autor de uma tal identificação.

O Tribunal Superior convocado para julgar os mortos

O juiz é intimado a se imiscuir no suicídio, o lugar mais secreto da vida privada. Em 15 de junho de 1978, um motorista de estrada se enforca em seu caminhão durante o horário de trabalho. Recusando considerar que se trata de um "acidente de trabalho", os juízes de apelação destacam que o interessado não tinha nenhum problema no plano profissional, que parecia gozar de boa saúde, mas aparentava ter problemas sentimentais capazes de explicar seu gesto. Sem desconhecer a "presunção de imputabilidade" que beneficiava a viúva do defunto — o "acidente" havia ocorrido no local e hora de trabalho —, eles concluem pelo ato "refletido e voluntário, totalmente estranho ao trabalho executado naquele dia". O Tribunal Superior confirma sua decisão (*Législation Sociale*, nº 5285, 31 de janeiro de 1983 — D 344). Vítima em 21 de julho de 1977 de um acidente de trabalho que lhe deixa uma incapacidade permanente de 5%, um homem se suicida em 4 de abril de 1978. Os juízes do Tribunal de Instância Superior, depois do Tribunal de Apelação, concedem à viúva uma "renda de cônjuge sobrevivente", considerando que o acidente de trabalho foi a causa do suicídio. Tendo a viúva declarado que a vítima ficara muito afetada pelo falecimento de vários membros de sua família, a previdência social, considerando que não ficara estabelecida a causalidade entre o acidente e o suicídio, entra com recurso, e o Tribunal Superior confirma a decisão dos juízes de apelação (*Législation Sociale*, nº 5285, 31 de janeiro de 1983 — D 344), destacando

> que o interessado tinha sofrido gravemente com seu acidente anterior, que havia provocado uma longa interrupção do trabalho, acarretando uma diminuição de suas capacidades físicas e profissionais; que havia se seguido como reação uma depressão grave progressiva que estava nas origens do suicídio; que o acidente de trabalho anterior tinha sido definitivamente a causa geradora do ato de desespero do assalariado.

Longe de conter a combatividade dos queixosos, o falecimento pode estimulá-la. Um homem está "dividido" entre sua família legítima (a esposa, da qual não se divorciou, os filhos, com os quais mantém relações constantes) e sua amante, com a qual vive há muitos anos. Falecendo, ele é enterrado no jazigo da família. A amante reivindica a exumação e o enterro numa sepultura de sua escolha. O pedido é recusado, tendo os juízes do processo considerado que, na ausência de qualquer expressão das intenções póstumas do defunto, é a eles que cabe avaliar a escolha da sepultura, e que convém dar preferência aos filhos enquanto representantes de interesses legítimos juridicamente protegidos e que, "ademais, o respeito e a paz devidos aos falecidos colocavam obstáculo a qualquer ideia de exumação, estando os restos mortais repousando há mais de três anos no jazigo da família" (Aix-en-Provence, 9 de fevereiro de 1983).

No direito penal, desde a introdução do conceito de "circunstâncias atenuantes", remonta-se do crime ou do delito até suas motivações, e entra-se na esfera da vida privada. Victor Hugo relata o horror que sentiu ao ver o carrasco marcar publicamente, com ferro em brasa, uma jovem empregada que tinha roubado um lenço. Naquela época, não se levava muito em consideração a pessoa da empregada, seu psiquismo, suas relações com a patroa etc. Invasão da vida privada ou humanização da justiça?

A CIL e o Big Brother

A informática provocará uma retração das fronteiras do privado? O cruzamento de vários arquivos já não coloca nenhum problema técnico. O Big Brother agora pode conhecer nossa ficha judiciária, o histórico de nossa saúde, nosso dossiê militar, nossas viagens ao exterior, as revistas que assinamos etc. A lei de 6 de janeiro de 1978, criando a Comissão de Informática e Liberdade (CIL), assegura a proteção da vida privada, com apenas uma exceção, aliás nada desprezível: o registro das conversas telefônicas é autorizado em nome do "interesse público", conceito tão fluido quanto os "momentos de lucidez" mencionados no Código Penal ou a noção de "mentalmente são" do artigo 901 do Código Civil. No começo de 1985, alguns garotos, mexendo em seus aparelhos de Minitel, tiveram acesso a arquivos que, em teoria, eram altamente confidenciais. Quaisquer que sejam as precauções impostas e controladas pela CIL, a programação do sigilo sempre poderá ser contornada por técnicos. Os sistemas de proteção serão aperfeiçoados, e os investigadores refinarão seus métodos de violação do sigilo. O pior é inevitável? Não, e por duas razões. Pense-se no exército de funcionários que teriam de ser recrutados para examinar e sintetizar a massa de dados armazenados. Mesmo uma decodificação eletrônica, baseada em palavras-chave, deixaria escapar algumas informações. Além disso, se todo cidadão tem direito de consultar os dossiês referentes a ele, pode-se prever o dia em que cada um, dispondo de um terminal, irá examinar "seu" arquivo à noite para verificar — e eventualmente contestar — a veracidade dos novos elementos registrados durante o dia.

A vida privada, portanto, não pode ser definida como aquilo que escapa às normas jurídicas, na medida em que o casamento, o divórcio, o suicídio, o enterro, o amor por um cão requerem a intervenção do juiz. E de que vida privada se trata? De um corso? De um alsaciano? De um velho? De um adolescente? De um operário? De um professor no Collège de France? De uma vedete de strip-tease? Como reduzir essa diversidade fenomênica a um enunciado inteligível e sintético? Fazer uma montagem de biografias? Quais escolher? Esse livro nos parece inviável, a menos que houvesse um fio condutor que não nos diria tudo sobre a vida privada de todos, mas permitiria elaborar hipóteses. Esse fio condutor é o segredo. Não o segredo absoluto, que, por essência, não deixa vestígios, mas a fronteira, movediça conforme o momento e o lugar, entre o dito e o não dito. Tradicionalmente, a história da vida privada se limita à história da família. Nossa ambição é atravessar essa fronteira e tentar uma história da pessoa.

A palavra "segredo": etimologia e polissemia

A palavra "segredo" aparece no século XV, oriunda do latim *secretus*, particípio passado do verbo irregular *secerno*, que significa separar, pôr de parte.[2] *Secerno* é composto pelo verbo *cerno*, joeirar, peneirar, e pelo prefixo *se*, indicando a separação. De *cerno* derivam *discerno*, que resultou em *discernir* (tanto o cinza do negro, quanto o verdadeiro do falso ou o bem do mal), *excerno*, de onde provém *excremento*, e *secerno*, que em francês resultou em *secrétion* e *secret*, [e, em português, em *secreção* e *segredo/secreto*]. A. Lévy conclui que, então, "na origem da palavra 'segredo' encontra-se a operação de joeira do cereal, cujo objetivo é separar o comestível do não comestível, o bom do ruim. O elemento separador é um buraco, um orifício cuja função é deixar passar ou reter de acordo com a conformação ou não conformação do objeto ao orifício". O peneiramento constituiria assim "uma representação metafórica da função anal". O segredo, definido como um saber oculto a outrem, envolveria, sempre segundo o mesmo autor, três temas principais: o saber (que pode incluir elementos do psiquismo — pensamentos, desejos, sentimentos —, elementos do comportamento — trama, receita de fabricação —, objetos materiais como gavetas, portas, escadas etc.); a dissimulação desse saber (recusa da comunicação, silêncio, mentira); a relação com o outro que se organiza a partir dessa dissimulação (o que pode gerar uma função de poder sobre o outro: exército secreto, papéis secretos, agente secreto, dossiê secreto etc.).

Não existe palavra para designar o detentor de um segredo. Secretário? Ele é apenas parcialmente iniciado. Secretor? É a evocação de um fenômeno de secreção, portanto, de "traição" do segredo. *Secret*-era? Uma época. *Secret*-área? Um lugar. *Secret*-anda? Uma busca. Segredo/secreto é um significante forte, como mostra uma rápida abordagem associativa. "Violação" do segredo: o violador é quem o entrega ou quem o extorque? "Penetrar" num segredo, outra conotação sexual. Ser "posto no segredo" é ficar preso numa solitária. "A divulgação do segredo/conteúdo está ligada à noção de incontinência, em expressões como 'soltar um segredo', 'o segredo transpirou'" (A. Lévy). O segredo é, portanto, um conteúdo que deve ser guardado: "Como pretendemos que um outro guarde nosso segredo se nós mesmos não conseguimos guardá-lo?" (La Rochefoucauld). O segredo está associado ao olfativo em expressões como "farejar um segredo", "ter um bom faro", "meter o nariz em toda parte", "isso cheira a..." etc. Está também ligado à visão: o segredo que se revela ou se desvenda; e à audição: "Ele é discreto como um tiro de canhão", para designar alguém incapaz de ficar quieto. Um "segredo de polichinelo" já não é mais um segredo, mas "guardar um polichinelo na gaveta" é ocultar uma gravidez socialmente inconfessável. "Conhecer um segredo" é aceitar — ou sofrer — uma rede de cumplicidades. Mas "possuir um segredo" suscita a ameaça e a exigência de uma confissão. É por isso que a história do segredo está ligada à história da tortura. A ideia do segredo é insuportável para quem está excluído dele. O segredo também pode ser insuportável para quem o detém: a pessoa se "alivia" ao contá-lo. No entanto, ele confere poder: um homem que sabe muito pode mexer seus pauzinhos, e a polícia "controla" seus informantes pelo que ela sabe deles.

A "indiscrição"

O segredo absoluto fica na consciência — ou melhor, no inconsciente — do indivíduo. Assim, escapa totalmente à investigação do historiador. Mas existem segredos de família, de grupos primários, de vila, de bairro, segredos profissionais, segredos políticos, em suma, segredos "partilhados". A palavra "segredo" é, portanto, ambígua, já que designa tanto o absoluto não dito quanto certo tipo de comunicação entre iniciados. Quando se trata de um segredo coletivo, o historiador pode esperar conhecê-lo, seja por "indiscrição", seja pela utilização de certas fontes sucedâneas. Por exemplo, do comportamento de tal indivíduo poderá se inferir que ele pertence a determinada seita. "Comunicar" — palavra na moda e sonho da atualidade — não é solicitar a revelação do secreto? O que é uma conversa "íntima", se não uma troca de segredos a que se adicionam algumas indiscrições a respeito de terceiros? "Estou te contando em segredo..." Mas esse segredo, tão logo é dito, já não é mais segredo. Portanto, esse segredo revelado me pesava, me incomodava, a menos que, ao contá-lo, eu possa me impor ou — dando é que se recebe — eu esteja esperando em troca a revelação de outro segredo. "Todo mundo concorda que o segredo deve ser inviolável, mas nem sempre concorda sobre a natureza e a importância do segredo: na maioria das vezes, consultamos apenas a nós mesmos sobre o que devemos dizer e o que devemos calar; existem poucos segredos eternos, e o escrúpulo em revelá-los não dura para sempre" (La Rochefoucauld). É impossível traçar a fronteira entre vida familiar e vida profissional. Se o padeiro faz pão, a mulher cuida do caixa, e os filhos, saindo da escola, entregam os pães, a interpenetração é total. Por outro lado, tal executivo pode dizer à sua família:

"Meus negócios não lhe dizem respeito", e não revelar nada de sua vida familiar em sua vida profissional. E se aninham segredos dentro da própria família nuclear: não apenas o amante ou a amante, mas, de modo mais sutil, a alergia aos gestos do outro ou o vaguear da imaginação — nos momentos últimos e mais íntimos. Nos grandes conjuntos residenciais, construídos sem maiores variações desde a Segunda Guerra Mundial, é difícil guardar os segredos de família: a sonoridade e a promiscuidade alimentam as saudades do mundo das casinhas individuais, ridicularizado por Le Corbusier, mas que renasce com grande força nos anos 1970. Nos grupos de crianças e adolescentes das vilas populares circulam as histórias de família. Segredos da administração: alguns talvez sejam necessários, mas a posse de um segredo — a retenção de uma informação — confere um poder ou uma ilusão de poder, e estrutura essas "zonas de incerteza" (M. Crozier) onde ingenuamente se dilui a vontade de poder de certos burocratas. Segredos da vida privada dos astros e estrelas que excitam a curiosidade dos espectadores/*voyeurs*, a tal ponto que os ídolos tiveram de construir, em consideração pelos jornais especializados, aquilo que Edgar Morin muito bem chama de "vida privada-pública". Segredos da vida privada dos homens políticos, solidamente guardados: o código parlamentar exclui qualquer alusão aos desvios dos adversários e até dos inimigos. Onde iríamos parar se se iniciasse a espiral de represálias? Se a vida privada de X é de repente declarada "escandalosa" (Wilson vendendo condecorações, Félix Faure sucumbindo aos excessos de sua intimidade amorosa com a bela madame Steinheil), porque trazida a público, o segredo se revela: mas o escândalo — quer consista no ato realizado ou na publicidade em torno dele — fortalece a coesão entre os escandalizados. Velho problema já ressaltado por Durkheim, que afirmava que o crime era normal e tinha um efeito estruturador sobre a sociedade.

"Partilhar um segredo", quer sejam respeitáveis membros de clubes vitorianos, maçons, movimentos terroristas, seitas religiosas, bandos de vagabundos ou grupos de homossexuais, é escapar ao inferno da solidão. Pois a posse de um segredo é gratificante: ela funda uma comunidade que vive na expectativa temerosa, mas excitante, do "vazamento" (traição de um dos membros, trabalho de um informante etc.). Há um fascínio no segredo. Agatha Christie, Alfred Hitchcock nos fazem prender a respiração antes de desvendar o segredo da trama. Alguns gostam de ver a "mão" da KGB ou da CIA por todo lado. Sabe-se que existe um segredo numa determinada família: por que nunca se fala de tal tio (terá se arruinado no jogo?), de tal avó (teria sido uma prostituta?). O segredo é portanto um continente, já que o conteúdo é ignorado, mas a incerteza que o cerca basta para criar uma espécie de comunidade fora do círculo dos iniciados.

O detentor de um segredo sente um frequente impulso de comunicação. Os lugares de confidência são inesperados. Nos meios de transporte (aviões, trens, táxis), a pessoa se surpreende contando coisas que ela esconde de seus próprios íntimos. Imaginamos que o acaso jamais nos fará reencontrar o confidente de um momento privilegiado. E pode-se fazer confidências falsas, inventar uma biografia, gozar a sensação orgulhosa de alteridade escapando por um momento à coercitiva unidade identitária. Desde os anos 1970, têm-se multiplicado associações como S.O.S. Amizade, Solidão, Mulheres Espancadas, Religião, Homossexuais etc. Essa necessidade de confidenciar prova que as relações intersubjetivas continuam muito bloqueadas e que a "liberação sexual", para tomar apenas este exemplo (ou esta ilusão?), não gerou uma liberação da palavra. O ouvinte — benevolente — é anônimo, e invisível como o padre no antigo confessionário. O ouvinte da existência substituiu o diretor de consciência.

Segredo e "manutenção da ordem"

Esse impulso confessional leva as empresas a tomar precauções nos pontos de cruzamento entre a vida privada e a vida profissional. Eis um exemplo. Madame C., cujo marido "morreu pela França" durante a Primeira Guerra Mundial, entra na Michelin em 24 de dezembro de 1920. O contrato de emprego que ela assinou está inteiramente fundado sobre o sigilo. Madame C. declara que nunca trabalhou na indústria de borracha. Ela se compromete "a guardar silêncio em relação a tudo o que vir ou souber durante sua permanência na fábrica, a não tomar nem levar nenhuma anotação, documento ou cópia referente às operações industriais ou comerciais da Société Michelin et Cie., e a não fazer comunicados a ninguém, seja durante, seja após sua permanência na fábrica". Ela se compromete, no caso de sair da Michelin,

> seja por sua vontade, seja por ser despedida, a não trabalhar em nenhuma indústria de borracha durante três anos [...]. Dando madame C. todo o seu tempo e trabalho à Société, resulta daí que está formalmente combinado que as invenções ou aperfeiçoamentos relativos à indústria da Société Michelin, que ela puder fazer enquanto estiver ao serviço desta última, pertencerão à Société em nome da qual, se for o caso, serão tiradas as patentes.

Em troca, a Société exerce um vasto paternalismo, concedendo inúmeros benefícios de moradia, assistência social, aposentadoria, promoção social dos descendentes. Mas esses "benefícios" também são proveitosos para a Société, que forma seus quadros em sua escola técnica, chamada La Mission, de onde saem engenheiros e técnicos úteis para o bom funcionamento da empresa, mas sem diploma reconhecido no mercado de trabalho do país. Contam que, depois da Segunda Guerra Mundial, o general De Gaulle, tendo manifestado o desejo de visitar as fábricas, encontrou-se sozinho com um gerente da Société que o conduziu pelas seções onde as máquinas... estavam cobertas por capas.

O segredo é um dos fundamentos da estabilidade social. Se tudo fosse conhecido, essa forma/força discreta de manutenção da ordem que consiste na resignação explodiria em pedaços. O mundo é dominado — não dizemos dirigido — pelos grandes manipuladores do secreto. Dois exemplos, entre tantos outros possíveis: Hua Guofeng dirigiu a polícia política e Andropov a

KGB. E De Gaulle escrevia em *O fio da espada*: "A autoridade não existe sem prestígio, o prestígio não existe sem distanciamento". O segredo é talvez também a condição de existência das relações intersubjetivas. Não é o segredo do outro que nos fascina? Será que queremos mesmo, como dizemos, a transparência do outro? Paul Ricoeur afirma que somente a polissemia e a multivocidade permitem uma "incerta" comunicação, a única possível. A arte de pintar baseia-se em parte no segredo: sorriso enigmático da *Mona Lisa*, ambiguidade das personagens de *Cristo carregando a cruz*. A debilidade da pintura acadêmica não reside na falta de técnica nem na banalidade recorrente do tema, mas no desvendamento do segredo. A excessiva clareza da intenção castra a imaginação. O que nos mostram não são mulheres nuas, são mulheres em pelo. Ao passo que mal conseguimos distinguir os traços da *Vênus ao espelho*, cujas adoráveis nádegas alimentam nossos fantasmas.

O TRABALHO DA MEMÓRIA

"A raiz do passado está no futuro." Essa afirmação de Heidegger vale para a história coletiva: seria impossível compreender o passado ignorando como os homens que o viviam se projetavam no futuro. Ela vale também para a história individual: como perceber quem fomos se não levarmos em conta o futuro que concebíamos? É fluida a fronteira entre a memória privada e a memória social. Orwell mostrou claramente que o totalitarismo passa pela linguagem e pela memória. Na sociedade imaginada por ele, a história-narrativa é incessantemente remanejada em função das exigências do momento. Não é inteiramente certo que os franceses tenham escapado de todo às manipulações do discurso histórico. O estudo dos manuais escolares mostra que as periodizações feitas dependem do estado da historiografia: recorte funerário quando se defendia uma história maleável à vontade dos "grandes homens"; estudos sobre a longa duração das variações demográficas e climáticas, e de todos os seus efeitos; história das mentalidades cuja diversidade não corresponde a nenhuma sincronia etc. Lendo a história da Primeira Guerra Mundial nos manuais franceses e alemães dos anos 1930, a pessoa se pergunta se eles estão tratando do mesmo "fato". Na sociedade feudal, em que apenas os eclesiásticos dominavam a escrita, combatia-se o esquecimento sempre possível garantindo a transmissão da memória coletiva através de cerimônias que se pretendiam "inesquecíveis".

> Todo ato social de alguma importância devia ser público, realizar-se diante de uma assembleia numerosa, cujos membros guardavam sua lembrança, esperando-se que, mais tarde, iriam testemunhar sobre o que tinham visto e ouvido [...]. Tinha-se o cuidado, por exemplo, de incluir entre o público algumas crianças bem novas e, às vezes, de aplicar-lhes violentas bofetadas no ponto alto do cerimonial, esperando que, ligando-se a lembrança do espetáculo à lembrança da dor, levaria mais tempo para que elas esquecessem o que havia se passado à sua frente (G. Duby).

Nos anos 1980, mesmo com uma ampla generalização da escrita, a memória nacional foi revigorada com o lançamento do ano do patrimônio, mais uma vez estimulando os franceses a voltar para o futuro — a modernização — o olhar preso no passado. A etimologia, sempre ela, nos informa: derivada de *pater*, que originou *pátria*, *patrão*, *patriarca* — e, por que não?, também "Trabalho, família e pátria" —, a palavra *patrimônio* nos lembra nossas raízes rurais e nossa grandeza passada. A França é um país de infatigáveis comemorações. Os norte-americanos, de pouca história, nunca deixam de se espantar com esse frêmito pelo passado.

A memória familiar hoje trabalha com documentos desconhecidos — ou pouco usados — nos anos 1920. Além da tradicional biblioteca — nos meios burgueses com tradições culturais —, a fototeca, a diapoteca, a discoteca, a filmoteca, a videoteca etc. congregam um impressionante corpo de preservação dos vestígios mnemônicos. É verdade que um documento essencial, a carta, tende a desaparecer. "Não se tem mais tempo para escrever." Agora que as pessoas vivem cada vez mais, começam a trabalhar cada vez mais tarde e param cada vez mais cedo, as férias são cada vez mais longas e a jornada de trabalho cada vez mais curta, elas decidiram que não têm mais tempo para escrever. Apenas alguns amantes obstinados se arriscam a criar esses traços indeléveis. O telefone está mais adaptado à civilização do efêmero, e os prudentes acham, com razão, que ele dá espaço para desmentidos ("Eu nunca disse isso").

O processo de memorização funciona idiossincraticamente. Duas pessoas que vivem juntas há décadas retêm seletivamente certos episódios, e não os mesmos. Quando um velho casal rememora o passado, as lembranças guardadas não são iguais, e quando são as mesmas recebem pesos diferentes. A fotografia — ou sua versão animada, o filme — traz provas certas do que "aconteceu"? Não necessariamente. A foto não é neutra: as pessoas posavam ("Sorria") ou, no caso dos instantâneos, em que a fotografia é tirada de surpresa, ela mostra mais a subjetividade do fotógrafo do que os interesses do retratado. Alega-se que a Polaroid modificou os dados do problema, permitindo fotos eróticas ou mesmo pornográficas, já que a revelação automática dispensa a vergonha de ir buscar o filme revelado sob os olhares trocistas do especialista. Talvez. Mas as pessoas olham essas fotos arrumadas, classificadas, etiquetadas? Que casal acomodado, já envelhecendo, cujo desejo desapareceu como que por encanto, há de sentir prazer em rever as fantasias de outrora? Na verdade, a foto também é um vestígio mnemônico, isto é, abstrato a despeito de sua materialidade, e portador de um enigma.

> A inscrição mnemônica mantém uma relação muito seletiva com o fato vivido, e os vestígios não passam de reflexos muito fragmentários da experiência. O que é registrado constitui (apesar da ilusão que pode dar o aparelho de "alta fidelidade") uma espécie de abstração em alguns traços escolhidos [...]. A inscrição já é, portanto, uma abstração, ou seja, uma operação que, fixando um traço, o abstrai do acontecimento e deixa a maior parte de lado (S. Leclaire).

Rever na televisão um filme assistido alguns anos antes no cinema permite perceber os três estágios da memória. O que é consciente e repetitivamente memorizado; o que é aparentemente esquecido, mas rapidamente recuperado pela anamnese; o que é "completamente" esquecido (sabe-se que, para Freud, só existe verdadeira memória no sistema inconsciente — veja-se a descoberta da cena primitiva na análise do "homem dos lobos").

> As operações do sistema inconsciente não se deixam traduzir nem transpor na gramática e na lógica de nosso sistema consciente [...]. O inconsciente é *outro sistema*, sem causalidade nem contradição, radicalmente diferente daqueles que elaboramos com nosso pensamento consciente [...], outro lugar, outra cena que não são ordenados nem pelo espaço nem pelo tempo (S. Leclaire).

Fotos, filmes, fitas oferecem inúmeros vestígios ao saudosista: isso basta para reviver "o que foi registrado"? É um meio para me tranquilizar — finalmente! — sobre minha identidade? Quem sou eu? A resposta era relativamente simples quando a história era "imóvel": as estruturas sociais — e as normas que as refletiam enquanto as perpetuavam — eram estáveis, as pessoas morriam (aliás, cedo) no mundo em que tinham nascido. Mas hoje? Tomemos um indivíduo que nasceu com o século XX. Quais são as semelhanças — científicas, técnicas, demográficas, culturais — entre 1900 e 1985? Qualquer que seja o estoque de vestígios mnemônicos materializados, ele não está submetido à invenção autobiográfica?

O FUNCIONAMENTO DO IMAGINÁRIO

Ontem

> Kafka [conta] a história de um homem que pede para ter acesso à Lei. O guardião da primeira porta lhe diz que no interior há várias outras, todas com seus guardiães, cada

um mais forte que o precedente. O homem se senta para esperar. Os dias e os anos se passam, e o homem morre. Em sua agonia, ele pergunta: "É possível que, nos anos que passei esperando, ninguém mais quis entrar?". O guardião lhe responde: "Ninguém quis entrar porque esta porta estava destinada apenas a ti. Agora, vou fechá-la".[3]

Kafka — e Borges, que nos faz esse relato — nos abre as portas da imaginação. Trate-se da memória ou da imaginação, o social está sempre presente, como o guardião da porta. Maquiavel descreveu os ardis dos poderosos, saturando os súditos de ilusões para granjear a obediência deles. Em *O 18 brumário de Luís Bonaparte*, Marx lembra que os líderes revolucionários se apresentam sempre sob outros traços: Lutero como são Paulo, os jacobinos como os fundadores da República romana. Em *A ética protestante e o espírito do capitalismo*, Max Weber se indaga sobre as reinterpretações das Escrituras que permitiram aos reformados tomar na Bíblia os fundamentos do capitalismo moderno, uma finalidade inteiramente estranha a seu conteúdo. Não lhe parecia evidente que a ética cristã e as ilusões ou verdades (dependendo da ideia que se faz a respeito) por ela veiculadas induzissem uma revolução nos comportamentos econômicos. Georges Sorel afirmava que a greve geral (sem dúvida uma utopia) nem por isso deixava de fortalecer a combatividade dos trabalhadores em suas greves efetivas. Desde os anos 1920, o imaginário social criou, entre outros fantasmas, a "última das guerras"; o eldorado comunista; Stálin, "o homem que mais amamos"; o "planejamento indicativo" enfim manifestando o domínio do homem sobre os mecanismos econômicos; a descolonização gerando o florescimento das diversidades culturais dentro de um quadro democrático; o liberalismo integral trazendo o desaparecimento do quarto mundo nos países ricos; os discursos da oposição (qualquer que seja sua cor política) afirmando que, amanhã, tudo será possível etc.

Na época das "três Parcas da sobremortalidade" (a peste, a fome e a guerra), o imaginário funcionava simultaneamente a curtíssimo prazo (sobreviver) e a longuíssimo prazo (ser um dos eleitos e não um condenado). Pode-se pensar que ele transcendia as "ordens": o nobre e o plebeu, o rico e o pobre, o religioso e o laico podiam abrigar a temível *Xenapsylla cheopis*, transmissor da peste que vinha pela rota da seda. Todos acreditavam no céu e no inferno, o que impunha na terra alguns limites aos impulsos sádicos e sexuais. Desde a Renascença, o imaginário se enriquece com o antropomorfismo greco-latino. O monoteísmo judaico-cristão e o politeísmo concordavam entre si quanto à fraqueza do homem submetido à vontade inescrutável de Deus ou ao Destino. Após a Primeira Guerra Mundial, essas tradições permanecem vivas e se enriquecem — se for permitido dizê-lo — com as atrocidades recém-experimentadas. O imaginário funciona essencialmente a partir do texto, seja a Bíblia, *Os miseráveis* ou *Educação sentimental*.

Hoje

A sociedade contemporânea, mais do que todas as anteriores, é icônica. Num único dia, a criança de hoje vê centenas e milhares de imagens: cartazes no metrô ou nas ruas, histórias em quadrinhos, livros escolares profusamente ilustrados, de vez em quando cinema, televisão todas as noites. O imaginário já não funciona a partir de enunciados transmitidos oralmente ou por escrito, mas a partir da torrente — a metáfora não é excessiva — de imagens despejadas pelos meios de comunicação. Isento de qualquer escatologia, ele se dedica — se se importa com o futuro — ao domínio do homem sobre a Natureza, à conquista da Lua (e, quando alguém é distraído, já não se pode dizer que "está no mundo da Lua", pois nós estamos na Lua, não pelo sonho e sim pela ciência), à guerra nas estrelas. Ontem, podia-se sonhar meses a fio com os amores de Julie d'Étanges e de Saint-Preux, e refletir longamente sobre a grandeza de alma — ou maquiavelismo pragmático? — de M. de Wolmar. Hoje, não há tempo para isso. Na tevê, tão logo acaba o quarto capítulo do seriado de *La nouvelle Héloise*, já vem um programa dramatizado sobre a Máfia, e em seguida uma reportagem sobre as últimas façanhas de um goleiro ou de um jogador de futebol. Com essas imagens com que nos empanzinam, corre-se o risco de criar uma ilusão de objetividade. Ora, a imagem não é neutra: todos os artifícios do enquadramento foram elaborados por Degas; os fotógrafos e os cineastas subjetivizaram a apresentação icônica. E a montagem, isto é, a sucessão das imagens numa determinada ordem, dá um sentido a essa cronologia visual.

Isso significa que assistimos a uma revolução copernicana no funcionamento do imaginário? Não creio. Sempre atento a perceber os avatares por trás das inovações, o historiador se sente impressionado com as permanências. A imaginação humana é limitada. Trate-se, no passado, de teratologia ou, no presente, de extraterrestres, o antropomorfismo se mantém soberano. Os condenados de Bosch e as personagens de *Goldorak* ou de *Demônios* nos parecem irmãos. O imaginário é apenas uma manifestação do narcisismo, e somos incapazes de conceber um ser que seja radicalmente "outro". São os cientistas e os técnicos, não os poetas e os romancistas, que inventam formas novas. Os veleiros de casco duplo ou triplo substituem o monocasco que alimentava os devaneios dos leitores de *Moby Dick*. Os satélites geoestacionários não se parecem com os obuses estratosféricos dos filmes de Méliès, pois suas formas derivam das exigências da técnica. Pelo que dizem, as histórias em quadrinhos e os programas infantis da televisão aterrorizam as crianças. Mas certamente menos do que os *Contos da mamãe gansa* de Perrault ou os 164 *Contos* de Andersen. Podia-se interromper a leitura, voltar ao começo, reler dez vezes a página enfeitiçadora, ao passo que a televisão impõe a irreversibilidade de sua verborreia. Sem dúvida. Mas o vídeo permite o congelamento, o retrocesso, a aceleração da imagem. As três Parcas da sobremortalidade impunham à imaginação profana construções a curtíssimo prazo, como dissemos. Mas os jovens dos anos 1980, quer seja em sua vida sentimental (o desejo não é eterno) ou profissional (que emprego daqui a cinco anos?), tampouco encaram a existência futura a um prazo muito mais longo. Desde que o mito do progresso constante se afundou, nossa incapacidade de imaginar o futuro imediato é duas vezes maior do que a de nossos antepassados.

As ciências paranormais

As realizações científicas terão assinado o atestado de óbito das ciências paranormais (transmissão de pensamento, espiritismo, telepatia, astrologia etc.)? Uma pesquisa realizada pela Sofres em maio de 1982, entrevistando 1515 pessoas, permite responder pela negativa, e nos reserva algumas surpresas.[4] Os autores elaboraram duas escalas de atitudes: uma centrada sobre os fenômenos paranormais (crença em fantasmas, em mesas falantes, em feitiços, na telepatia), a outra sobre a astrologia (horóscopo, previsões e mapas astrais). A primeira constatação é que a crença no paranormal é um fenômeno numericamente importante: 42% acreditam em telepatia, 33% em óvnis, 36% em astrologia. A porcentagem dos que acreditam nas ciências paranormais não diminui com o nível de instrução, exceto em casos de formação científica. Fornecendo meios simbólicos de interpretação do mundo, as ciências paranormais encontram seus adeptos entre os grupos que ocupam uma posição de relativa marginalidade social: estudantes (que ainda não se inseriram), desempregados, mulheres inativas, mulheres divorciadas. Esses adeptos nutrem grande simpatia pelos ecologistas, acham que "existem doenças que têm de ser tratadas fora da medicina", são favoráveis à contracepção, indulgentes em relação aos delinquentes, partidários de uma educação livre, leitores de ficção científica. O segundo resultado da pesquisa é que "as crenças no paranormal não são tidas como contraditórias com a valorização do progresso científico e tecnológico". As pessoas acham que a ciência virá a explicar a magia e o mistério da varinha de condão. Terceira conclusão — e a mais surpreendente: não só não existe oposição entre o comportamento religioso e a crença no paranormal, como 48% dos que têm como certa ou provável a existência de Deus acreditam em astrologia, contra apenas 32% que a excluem. São resultados que precisam ser matizados, levando-se em conta a integração dos católicos na Igreja: os praticantes acreditam menos na paranormalidade do que os não praticantes. Conclusão dos autores: "O que Lévi-Strauss chamava de *pensamento selvagem*, opondo-o ao pensamento científico, continua a ser um instrumento essencial de percepção da realidade, inclusive em nossas próprias sociedades ditas industriais e tecnológicas".

OS REFÚGIOS DO SECRETO: HUMILHAÇÃO, VERGONHA E MEDO

O exibicionismo sexual e predador em voga nos anos 1980 não deve mascarar as dimensões do não dito. Encontram-se sempre ouvintes dispostos a escutar o relato de proezas sexuais, de roubos em supermercados, de fraudes nos meios de transporte. Manter o silêncio é confessar a vergonha. Para alguns, é a vergonha pelo amor ao dinheiro, a vergonha por um defeito físico: lendo a biografia escrita por "um outro", a pessoa fica sabendo que X era manco, sifilítico — são raras as provocações *à la* Flaubert — ou impotente. Vergonha pelas humilhações sofridas. Dois mil anos de cristianismo não foram suficientes para "nos fazer perdoar aos nossos ofensores". No ombro musculoso do caminhoneiro, lê-se a famosa tatuagem: "Perdoar talvez, esquecer jamais". A antiquíssima humilhação é sempre suscetível à anamnese; esta redesperta o ódio. Mecanismo que abrange tanto os indivíduos quanto os povos: no verão de 1985, os xiitas, antes humilhados no Sul do Líbano pelos palestinos, podem finalmente dar vazão a seu ódio. Os palestinos tinham armas. Os xiitas, não. Os papéis agora se inverteram.

Entre as permanências — os "resíduos", diria Pareto — consta a incerteza, cuja história ainda está por escrever. Nos anos 1920, ainda existia — um pouco — a incerteza climática, que hoje determina a fome ou a sobrevivência dos povos africanos; havia também a incerteza em relação à saúde, com a sífilis, a tuberculose, a "gripe ruim", a septicemia etc. Hoje, "primaveras chuvosas, verões úmidos" já não provocam fome na França; a tuberculose foi vencida e a sífilis parcialmente controlada. É verdade que as DST (doenças sexualmente transmissíveis) ocuparam o lugar. Mas nasceram novas incertezas: a duração do relacionamento, o emprego. Os agricultores — para tomar apenas este exemplo — sabem que seus filhos não os sucederão, e que eles mesmos, talvez em dez anos, serão operários especializados... isso se a robótica não tiver riscado os operários especializados da lista dos ativos.

A história da vida privada é também a história do medo, dos medos. Medo do apocalipse nuclear? Em 1985, no 40º aniversário da bomba de Hiroshima, a imprensa nos informa que as duas superpotências possuem reservas com um potencial de destruição 500 mil vezes superior à potência da bomba lançada em 6 de agosto de 1945. Paradoxalmente, essa gigantesca revolução tecnológica, que permite destruir várias vezes o planeta — bastaria uma vez só —, não parece ter sido interiorizada. As pessoas continuam a "cozinhar suas comidinhas, em suas panelinhas, em suas casinhas", como se a sobrevivência da espécie estivesse garantida. Quando as epidemias ameaçavam a humanidade com uma progressiva destruição (em 1300, viviam cerca de 18 milhões de pessoas na área correspondente à França, contra menos de 9 milhões em 1400), o grande medo que nutria o imaginário coletivo produziu as "obras de arte" que todos conhecem. A possibilidade de uma destruição imediata e total não é obsessiva: relegada às produções banalizadas, ela alimenta entretenimentos — livros e filmes — pudicamente denominados "ficcionais". O verdadeiro medo dos anos 1980 é a insegurança em relação à própria pessoa e seus bens. Em maio de 1984, sob o patrocínio do Ministério da Indústria e da Pesquisa, foi inaugurado em Paris o primeiro Salão da Segurança, organizado pelo sindicato das indústrias de material audiovisual eletrônico e pelo sindicato nacional dos sistemas de alarme. "Os temores assim ingressaram na era comercial. A necessidade de segurança cria a profissão, e os profissionais, por sua vez, não se fazem de rogados para alimentar nossos temores. Há para todos os gostos, todos os tamanhos, todos os receios. Os negócios vão bem no mercado do medo."[5]

O medo desempenha seu papel na preservação do segredo. "Não quero saber." Por quê? Porque a recusa — tal como a mentira — é uma simplificação. O homem sem deuses precisa de "personagens históricas, carismáticas". Pouco lhe importam suas mesquinharias, fraquezas e rancores. Basta criar líderes sem qualidades. O heroísmo discreto, a generosidade anônima, a produção artística não "exposta", em suma, toda e qualquer recusa de ostentação é vista como um insulto por uma opinião pública que quer se erigir em juiz. O juiz não quer ser julgado.

PRÉ-HISTÓRIA DA HISTÓRIA?

O que presenciou o indivíduo que nasceu no começo do século XX e viveu conscientemente todo o nosso período (ele teria catorze anos no começo da Primeira Guerra Mundial)? Os massacres de 1914-1918, a Revolução Russa, Hitler e Auschwitz, Stálin e o Gulag, Hiroshima, Mao Tse-tung e a Revolução Cultural, Pol Pot e o genocídio cambojano, a deriva da América Latina com seus caudilhos sanguinolentos e seus "desaparecidos", a África faminta, a revolução islâmica e o restabelecimento da *charia.*

Mas Hitler, Stálin, Mao e Pol Pot não teriam feito nada se o mimetismo não tivesse criado inúmeros sósias em miniatura. Por sinceridade, cinismo ou, mais simplesmente, por uma questão de sobrevivência, eles puderam dar, nas proporções que lhes foram permitidas, livre curso a seus impulsos sádicos.

Ainda mais angustiante é esta observação: os torturadores de hoje são muitas vezes as vítimas de ontem. Essa inversão dos papéis — o mártir que vira carrasco — levanta uma interrogação ontológica extremamente banal: o que é o homem? Instados a responder, os jovens candidatos à Escola Normal Superior reviram as bibliotecas. Nosso caminho é outro, indutivo. Foi a observação do trágico — Pol Pot "repetindo" para as elites cambojanas a armadilha de Esparta aos hilotas — que nos levou a colocar a mais antiga questão da história do pensamento. Se se crê — e tal é nossa convicção — que a história vivida não se explica pela vontade da Providência, nem pelo papel determinante de tal ou qual personagem carismática, nem pelas decisões e medidas de uma pequena oligarquia, nem pela ação transformadora das instituições, nem pelo messianismo do proletariado e de todos os oprimidos, e sim pela soma/subtração (o saldo) das volições de uma multidão de indivíduos que interiorizaram uma ética — digamos um acordo entre normas e valores —, é certamente o estudo da vida privada que nos permite esperar um acesso ao conhecimento do sujeito social. É isso que nos estimula a prosseguir em nosso estudo, uma simples reflexão epistemológica, um primeiro passo de uma pré-história da história-narrativa.

NOTAS

1. J.-D. Bredin, "Le droit, le juge et l'historien", *Le Débat*, nº 32, novembro de 1984, pp. 93-111.
2. Para essa observação etimológica, seguimos o artigo de A. Lévy, "Évaluation étymologique et sémantique du mot 'secret'", *Nouvelle Revue de Psychanalyse*, nº 14, 1976, pp. 117-30.
3. J. L. Borges, *Enquêtes*, Paris, Gallimard, 1957, p. 116.
4. G. Michelat e D. Boy, "Les français et les parasciences", *La Recherche*, nº 161, dezembro de 1984, pp. 1560-7.
5. E. Pleynel, *Le Monde*, 5 de maio de 1984.

GUERRAS DITAS, GUERRAS SILENCIADAS E O ENIGMA IDENTITÁRIO

O que lhe ocorreu na primeira vez em que descarregou os cadáveres,
quando abriram-se as portas de seu primeiro caminhão a gás?
O que ele podia fazer? Chorava...
No terceiro dia, viu sua mulher e filhos.
Depôs sua mulher na fossa
e pediu que o matassem.
Os alemães lhe disseram
que ainda tinha forças para trabalhar
e que por ora não o matariam.
Mordechaï Podchlebnik, citado em *Shoah*

A GUERRA PERMANENTE

A revolução permanente é uma utopia; a guerra permanente é uma realidade. Entre 1914 e 1985: Primeira Guerra Mundial, Guerra do Rif, Guerra Civil Espanhola, Segunda Guerra Mundial, guerras da Indochina, da Coreia, do Vietnã, da Argélia, a chamada "Guerra Fria"... citando apenas as principais. A guerra, sempre presente no pensamento humano. Recordações heroicas, vergonhosas, lembranças reconstruídas; momentos abominados ou privilegiados, onde era permitido, ordenado matar. Os livros de história falam dos horrores, dos sofrimentos, das vítimas da guerra. Jamais de seus prazeres, de suas alegrias. Alegria de matar, de saquear, de violar, de humilhar. A guerra pertence à vida privada... esses momentos em que, imprevisivelmente, pode-se dar ou receber a morte. Os mortos que têm seus nomes inscritos nos 38 mil monumentos, aproximadamente, erguidos na França em sua memória: quantos homens terão eles matado — à distância, mas às vezes também no corpo a corpo — antes de sucumbir? Morrer pela pátria, matar pela pátria. Aquele é valorizado, este é silenciado. Se um homem recebe a morte, ele se transforma em um cadáver, se um homem dá a morte, ele se transforma em um outro homem. Esse desejo, essa paixão de destruir o outro são tão fortes que é de se perguntar se a paz não é a continuação da guerra por outros meios. O vocabulário bélico invade a política (batalha eleitoral), o esporte ("X capitulou no terceiro set, renunciando ao combate"), a vida privada ("prova de força entre os divorciados pela guarda dos filhos").

1914-1918: NUNCA MAIS A GUERRA DITA

Testemunhos

Convencidos de que "o moral não resistiria", todos os beligerantes mantiveram em segredo o número de suas baixas, maximizando as do adversário. Foi apenas em 1921 que o relatório redigido pelo deputado de Nancy, Louis Marin, informou aos franceses a dimensão da hecatombe. Cerca de 10 milhões de mortos (Alemanha: 2,040 milhões; Rússia: 1,8 milhão; França: 1,3 milhão; Áustria-Hungria: 1,1 milhão; Reino Unido: 700 mil; Estados Unidos, 114 mil). Segundo os trabalhos de J. J. Becker, se se fizer a proporção entre o número de mortos e o número de mobilizados, a França ocupa o primeiro lugar: 168 por mil, contra 154 por mil na Alemanha. Três milhões e 594 mil franceses foram feridos, 5 milhões caíram doentes, sendo que cada francês podia ser atingido mais de uma vez. Foram mobilizados 7,935 milhões de franceses da metrópole. Nas faixas etárias que participaram efetivamente dos combates, as perdas foram da ordem de um para quatro. Entre os combatentes, 22% dos oficiais foram mortos, para 15,8% dos soldados. Na infantaria, as baixas atingiram quase um terço dos oficiais. Morreram 41% dos alunos da Escola Normal Superior ainda cursando seus estudos. À exceção do Exército austro-húngaro, as deserções foram excepcionais. Em 4 de maio de 1916, a 6ª Companhia do 60º Regimento de Infantaria contra-ataca em Mort-Homme: no final do dia, restaram onze homens de um total de 143. A aceitação da morte continua a ser um enigma. “Fico indignado com a enorme inutilidade de nossas perdas. Por mais que eu esteja disposto a me sacrificar, gostaria que pelo menos o desperdício das vidas e das forças se tornasse um pouco mais conhecido a cada dia, e que fosse visto e conjurado o perigo que nos ameaça, o de *morrer por nossa vitória*” (capitão Jean Vigier, aprovado em primeiro lugar na École Normale Supérieure em 1909, e em primeiro lugar no exame de professor auxiliar de filosofia em 1912, morto em Verdun em 12 de novembro de 1916; texto citado por J. J. Becker). Em 2 de março de 1916, perto de Douaumont, atingido por um golpe de baioneta durante um combate corpo a corpo, o capitão Charles de Gaulle (já ferido duas vezes) perde a consciência. É feito prisioneiro. Em três dias, seu regimento de 3 mil homens perdeu 32 oficiais e 1443 suboficiais e soldados.

Verdun, 21 de fevereiro a 18 de dezembro de 1916, 302 dias de combate, 221 mil franceses mortos, desaparecidos ou prisioneiros, 320 mil feridos; 500 mil alemães mortos, desaparecidos ou feridos. Um milhão de homens mortos ou feridos. Para quê? Para nada: os franceses reconquistaram o terreno ocupado pelos alemães no começo da ofensiva. Esta apanhou o comando francês totalmente de surpresa. Tendo declarado que esse ataque seria “improvável”, Joffre mandou retirar os canhões dos fortes, principalmente do de Douaumont. Castelnau afirma que a primeira linha de proteção é suficiente. Os especialistas concordam em reconhecer a superioridade do comando alemão sobre seu equivalente francês. O comando alemão havia instalado trincheiras cimentadas, que resistiam aos obuses e atenuavam em parte os efeitos catastróficos da lama; o comando francês, insistindo em acreditar que seria possível uma guerra de movimento, tinha feito apenas trincheiras de terra. A ofensiva alemã de 21 de fevereiro pegou o comando francês totalmente desprevenido. Não existia mais uma frente, e sim “um encavalamento, uma pulverização inextricável de posições que inutilmente tentava-se recompor” (M. Ferro). Os combatentes passaram por todos os suplícios: a fome, a sede (chovia muito, mas os cadáveres boiavam nos buracos de obuses cheios de água), o frio, a neve, a chuva, a falta de sono, "o odor pestilento dos excrementos e dos cadáveres em putrefação" (J. J. Becker). A incrível resistência dos franceses em Verdun não se deve a um Estado-Maior medíocre: ela é a honra do combatente, do civil mobilizado. A ética da convicção e a ética da responsabilidade, ao menos uma vez reunidas, convencem cada soldado de que a sorte da guerra depende de sua coragem.

> Isolada, bombardeada muitas vezes por sua própria artilharia, cada unidade estava inteiramente entregue a si mesma. Conhecia apenas um lema: "resistir". Cada unidade tinha a convicção de que o desfecho da batalha podia depender exclusivamente dela. Nunca tantos homens, e todos juntos, se sentiram assim inspirados por tal certeza. Nunca tantos homens assumiram tal responsabilidade, e com tal desprendimento. Tendo suportado o segundo impacto, permitiram que o comando reconstituísse uma ordem de combate, para resistir, vencer (M. Ferro).

Um testemunho alemão:

> De súbito, abrem-se portas e janelas, como que arrancadas de seus gonzos. Soldados, oficiais e até o general se precipitaram para a rua e ficaram petrificados. Como uma visão do inferno, descendo da igreja e atravessando o povoado, um bando de soldados ensandecidos passou perto deles. Alguns seguravam membros dilacerados e balançavam-nos como matracas, de forma que voavam retalhos de carne. O pânico arreganhava suas gengivas. O general lhes gritou alguma coisa; eles riram de maneira selvagem. Ele empurrou homens de sua tropa para enfrentá-los. "Detenham-nos! Atroz! Atroz!" Não conseguiram agarrar nenhum deles; todos já haviam se precipitado ladeira abaixo e desaparecido. Todos ficaram de olhos arregalados com esse espetáculo como se a terra tivesse se aberto de repente [...]. "De onde vem essa gente?" "Da batalha, vossa excelência." (F. von Unruh, *Verdun*).

Um testemunho francês:

> A alguns passos de nós, no fundo da trincheira, jaz um corpo. É de um suboficial: está enterrado pela metade; vê-se apenas a cabeça, um ombro e um braço, com a mão contraída qual gancho. Ele está ali desde o dia anterior, o braço se enrijeceu e ficou especado, e todos que andam pela vala se engatam e tropeçam na mão e no braço. Seria preciso cortar o braço ou retirar o corpo. Ninguém tem coragem (R. Cazals, C. Marquié, R. Piniès, *Années cruelles 1914-1918* [Anos cruéis, 1914-1918]).

Longe de Verdun, as coisas não eram muito diferentes. Dois últimos testemunhos.

> Numa noite, Jacques, enquanto patrulhava, viu ratos correndo por sob os capotes desbotados [dos cadáveres], ratos enormes, gordos de carne humana. Com o coração aos saltos, ele se arrastou até um morto. O capacete tinha rolado. O homem mostrava o rosto em esgares, sem carne, o crânio nu, os olhos comidos. Uma dentadura tinha escorregado para a camisa apodrecida e da boca escancarada saltou um animal imundo (R. Naegelen).

> Às quatro horas da tarde, os tiros alemães cessam. É o ataque. A duzentos metros de distância, vemos um oficial alemão sair da terra, com o sabre desembainhado. Segue-o uma tropa em colunas de quatro, com a arma ao ombro. Parecia um desfile de Catorze de Julho. Ficamos estupefatos, e certamente era com esse efeito de surpresa que contava o inimigo. Mas, depois de alguns segundos para recobrar o espírito, começamos a atirar como endemoniados. Nossas metralhadoras, sempre de alerta, nos acodem. O oficial alemão vem morrer a cerca de cinquenta metros de nossas linhas, com o braço direito estendido em nossa direção, e seus homens caem e se amontoam atrás dele. É inimaginável (capitão Delvert, 101º Regimento de Infantaria).

O "poilu" *pronto a morrer pela República*

Relendo esses textos — alguns dentre tantos —, o historiador se coloca a pergunta: como esses homens conseguiram "resistir" mais de quatro anos — tendo sido os amotinamentos de 1917, de ambas as partes, facilmente sufocados? Pode-se avançar três hipóteses, todas concernentes à vida privada. Em primeiro lugar, uma relação com a morte ainda vinculada à Idade Moderna, e não à época contemporânea. A morte tem um caráter normal, que se atenuará no entreguerras e se tornará um "escândalo" após a Segunda Guerra Mundial (antibióticos, cirurgias cardíacas etc.). Em segundo lugar, a guerra cria uma nova hierarquia, fundada na coragem física e na integridade. A iminência da morte anula a onipotência do dinheiro. Surgem elites imprevistas, cujas virtualidades eram mascaradas pelo cotidiano da paz. "Inimitáveis somente a coragem e o espírito", dizia Stendhal. No instante do ataque, os ornamentos da posição social não passam de ouropéis: todos os homens estão nus. O sentimento de solidariedade transcende os recortes sociais. O alemão é o "boche", o assassino de "meu" irmão, e o espírito de vingança prevalece sobre o cansaço e o medo. Por último, todos os combatentes são movidos por uma ética do nacionalismo exacerbada pela perda da Alsácia e da Lorena. O "boche" é o inimigo atávico, o predador de nossas duas províncias, o invasor. A justiça e o direito estão com os franceses. Pode-se falar de uma verdadeira religião da pátria, inculcada pela escola laica (por volta de 1880, as crianças aprendiam a manejar armas, usando espingardas de madeira, desde a escola primária), e ensinada também nas instituições religiosas. O nacionalismo é um "valor" partilhado tanto pela direita quanto pela esquerda (contestado apenas por uma pequena minoria desta última), o que explica o malogro total do internacionalismo em 1914. Desse ponto de vista, a bandeira tricolor, ou seja, o repúdio da bandeira branca (a monarquia) e da bandeira vermelha (o socialismo), e a soma das duas cores ao azul simbolizam emblematicamente um consenso que reunia laicos e cristãos. Os padres se revelaram oficiais tão bons quanto os professores. Trocando o aspersório pelo sabre, abandonando todo ecumenismo, o padre francês arremeteu contra o alemão, o "boche", o inimigo. A França e a Alemanha, duas nações cristãs, se massacraram durante mais de quatro anos. Hoje é possível apontar certa ingenuidade nesse ardor patriótico: no entanto, foi ele que permitiu a vitória à França e, para os alemães, evitou que suas forças armadas se desintegrassem em 1918. A vitória francesa foi conquistada por esse civil vestido de militar, apelidado de *poilu*:* esta é uma convicção compartilhada por todos os antigos combatentes. Estudando minuciosamente os monumentos aos mortos, Antoine Prost observa que as cerimônias de inauguração ou de comemoração rejeitam o culto à personalidade.[1] Esse autor insiste na desconfiança e até hostilidade do *poilu* em relação ao oficial de carreira: é com o civil mobilizado como oficial que ele trava melhores relações, pois é "um chefe próximo e humano, fundamentalmente igual aos homens que comanda, cidadão mobilizado como eles, que exerce a autoridade apenas por algum tempo e com eles enfrenta os sofrimentos e a morte". Não existe obrigação legal de construir um monumento aos mortos, a ajuda do Estado é modesta (lei de 25 de outubro de 1919), e mesmo assim a maior parte das 38 mil comunas constrói e inaugura tais monumentos antes de 1922. Antoine Prost distingue quatro tipos de monumentos: o monumento cívico, bastante despojado (lista dos mortos, ocasionalmente uma cruz de guerra); o monumento patriótico com o *poilu* triunfante (uma estátua de Eugène Benet sobre esse tema foi reproduzida em novecentos exemplares); o monumento funerário patriótico: o *poilu* moribundo cercado de duas figuras, sugerindo a mãe e a esposa; o monumento pacifista, antimilitarista (o de Château-Arnoux representa um homem quebrando uma espada, com a inscrição: "Maldita seja a guer-

* Termo que designa o soldado combatente francês da Primeira Guerra Mundial, e que literalmente significa "peludo", com a conotação de "bravo", "corajoso". (N. T.)

ra"; no de Saint-Martin-d'Estreéux, em Loire, lê-se: "Saldo da guerra: mais de 12 milhões de mortos... Fortunas escandalosas construídas sobre as misérias humanas. Aos inocentes o poste de execução. Aos culpados as honras... Maldita seja a guerra e seus autores"). As comemorações anuais são organizadas não pelos poderes públicos, mas pelas associações de antigos combatentes. "O que importa é que a festa de 11 de novembro seja desprovida de qualquer aparato militar. Sem tomada de armas, sem revista, sem desfile de tropas. Celebramos é a festa da paz. Não a festa da guerra" (*Journal des Mutilés*, 14 de outubro de 1922).

> O Onze de Novembro é uma manifestação funerária. Um minuto de silêncio, forma laica da oração. Antes ou depois, leitura de todos os mortos da comuna e, depois de cada nome, um menino em idade escolar ou um antigo combatente responde: "Morro pela França" ou "Morto no campo de honra". [...] Não se celebra o Exército e nem mesmo a pátria. Pelo contrário, é a pátria que homenageia os cidadãos [...]. Quem fala? Os escolhidos que encarnam a coletividade, os antigos combatentes. Nada de estrelismo. A república é um regime em que os cidadãos devem aprender a servir de maneira desinteressada e pessoal. Não se cita Foch, nem Joffre, nem Pétain [...]. Os vivos são convidados a se mostrar dignos dos mortos [...]. As cerimônias do Onze de Novembro aparecem como o único culto republicano que vingou na França e despertou uma unanimidade popular (A. Prost).

Conclusão do mesmo autor: "Uma República que não se ensina nem se celebra é uma República morta, isto é, uma República pela qual não se morre mais: viu-se isso claramente em maio de 1958, e já em 1940". E muitos desses meninos de escola que salmodiavam "Morto pela França" eram órfãos: entre 1914 e 1918, tinham certo dia comparecido à escola com um guarda-pó negro novo em folha, bem passado a ferro. Exemplo expressivo da conjunção entre vida privada e vida pública.

A "Grande Guerra", contemporânea da Revolução Russa, inaugura uma nova era na história da humanidade. A insegurança do futuro e do emprego, a que estavam sujeitas as classes populares, se apodera da burguesia. Depois de anos "batendo na mesma tecla", a incredulidade se generalizou. E uma guerra recontada, repisada, ensinada às crianças dentro de casa. Não existem famílias sem viúvas, órfãos, grandes mutilados, entre os quais os mais impressionantes são os "queixos quebrados". À mesa, rememoram-se os Dardanelos, Verdun, as "atrocidades dos boches", celebram-se os heróis, execram-se os que não foram mobilizados, os aproveitadores da guerra, os "novos-ricos". Nega-se acolhida aos que ficaram "escondidos" nas horas de sofrimento. Os antigos combatentes do mesmo regimento se reúnem periodicamente em jantares onde evocam as lembranças de guerra, essas histórias de homens. Muitos são os que ficaram definitivamente alquebrados por esses anos de horror, incapazes de se readaptar a uma vida civil que, alguns anos depois, sofrerá o abalo da Grande Depressão. Para uma unidade que "descia" de Verdun, bastava a metade dos caminhões que tinham sido necessários para a ida. É a lembrança indelével que entretém as insônias e alimenta os pesadelos. E logo fica claro que esta não foi a última guerra. Em 1923, há o golpe de Munique; a partir do final de 1929, há a "resistível ascensão" de Hitler. Ela é irresistível. As famílias francesas se sentem presas como por tenazes: a lembrança das atrocidades da guerra, o medo de sua provável retomada. Daí resulta uma espécie de apatia. O nazismo prospera: restabelecimento do serviço militar, remilitarização da área renana, o Anschluss, Munique... e não se faz nada. Os antigos combatentes são, em sua maioria, pacifistas: "Nunca mais". Os mortos da Grande Guerra, se for permitido dizê-lo, constituíam a nata. Eram, em sua maioria, homens entre dezoito e 32 anos, os mesmos que, se tivessem sobrevivido, iriam ocupar no entreguerras os cargos de responsabilidade de onde poderiam organizar a resposta aos desafios econômicos lançados pela "crise" a uma economia que, se antes de 1914 estava cambaleante, foi arruinada pela guerra. Nunca se insistirá demais na tristeza dos anos 1930, quando um povo inteiro, obcecado pela lembrança dos massacres recém-vividos, se retraiu numa espera que iria desembocar no Holocausto.

1939-1945: A GUERRA SILENCIADA E A TENTAÇÃO DA NEGAÇÃO

> *Essa nova face da morte organizada, racionalizada, descoberta na Alemanha, antes da indignação desperta a perplexidade. Fica-se assombrado. Como continuar a ser alemão? Buscam-se equivalências em outras partes, em outros tempos. Não existe nada... Uma das maiores nações civilizadas do mundo, a capital da música de todos os tempos, acaba de assassinar 11 milhões de seres humanos de maneira metódica, perfeita, de uma indústria de Estado... Se se fizer do horror nazista um destino alemão, e não um destino coletivo, o homem de Belsen ficará reduzido às dimensões do nível regional. A única resposta a este crime é torná-lo um crime de todos. Partilhá-lo.*
>
> Marguerite Duras, *A dor*

Cantando na derrota?

A guerra de 1914-1918 teve seu lado bom: prestou-se a um discurso maniqueísta. Quantos franceses recusaram, desde 1940, ouvir a pregação masoquista de um marechal octogenário, rancoroso e antissemita? Poucos. Quarenta milhões de petainistas? Talvez. Não sendo advogado nem promotor, o historiador tenta compreender as escolhas pessoais de milhões de homens e mulheres recém-saídos do pânico da debandada para se depararem com uma total estupefação. Dois milhões de prisioneiros aturdidos, convictos de sua inocência, acreditando ingenuamente numa libertação imediata. "Ser prisioneiro é sempre uma desgraça, nunca uma honra" (H. Frenay). Em 28 de junho de 1940, *La Croix* publica uma homília do monsenhor Saliège, arcebispo de Toulouse, onde se lê: "Por ter expulsado Deus da escola, dos tribunais, da nação, Senhor, nós vos pedimos perdão [...]. O que teríamos feito com uma vitória fácil em 1940?".[2] E monsenhor Baudrillart celebra o ataque nazista à União Soviética: "São os tempos de uma nova cruzada. Afirmo que o Santo Sepulcro será libertado". Paul Claudel escreve em 6 de julho de 1940: "A França foi libertada depois de sessenta anos de jugo do partido radical e anticatólico (professores, advogados, judeus e maçons). O governo invoca Deus e entrega a Grande Cartuxa aos religiosos. Esperança de sermos libertados do sufrágio universal e do parlamentarismo". A intelectualidade mantém prudência (André Gide se recusa a assinar a petição contra a execução dos reféns de Châteaubriant, André Malraux espera 1943 para entrar em contato com a Resistência) ou se engaja com decisão: Colette, Paul Morand, Jacques de Lacretelle, Mac Orlan escrevem em *Combats*, o jornal da milícia; Alfred Fabre-Luce publica em 1942 uma *Anthologie de l'Europe nouvelle* [Antologia da nova Europa], onde celebra autores franceses pioneiros do nacional-socialismo; Derain, Vlaminck e Maillol fazem exposições na Alemanha; Drieu La Rochelle, Brasillach, Thérive e Chardonne vão se encontrar com Goebbels em Nuremberg. Os astros e estrelas não ficam atrás: Albert Préjean, Robert Le Vigan, Danièle Darrieux, Viviane Romance são festejados do outro lado do Reno. Em *La fille du puisatier*, filme de Marcel Pagnol, a heroína é engravidada por um aviador tido como desaparecido, mas que volta para reparar seu erro ao ouvir uma "mensagem" de Pétain (na reprise do filme em 1945, essa "mensagem" é substituída por um "apelo" de Charles de Gaulle). Calcula-se em 3,6 milhões o número de franceses que, a diversos títulos — prisioneiros, voluntários, requisitados pelo STO (Service du Travail Obligatoire), empregados das fábricas francesas totalmente controladas pelo ocupante —, trabalhavam para os nazistas. Os próprios membros da Resistência (talvez 250 mil) se viram diante de escolhas difíceis: luta entre maquis, "excessos" na eliminação de supostos delatores (segundo o Comitê de História da Segunda Guerra Mundial, o expurgo fez 12 mil vítimas, nem todas inocentes). Quanto aos que escaparam dos campos de concentração, muitos devendo sua sobrevivência à morte do companheiro, foram irremediavelmente acometidos pela "síndrome do sobrevivente", da qual falaremos mais adiante. Em Verdun, havia os bons (nós) e os maus (os que estavam em nossa frente). Entre o resistente que "falou" por ter sido torturado (ou porque lhe torturaram o filho diante de seus olhos) e o que nunca se engajou na Resistência (pronto para reconstruir *a posteriori* uma biografia imaginária), quem é o bom? Quem é o mau? Quem tem o direito de julgar? E quem pode saber o que se passou? Muitas vezes as vítimas optam pelo silêncio. As crianças espancadas nunca falam.

E esse período, do qual a França emergiu do lado dos vencedores por ter delegado a uma pequena minoria a missão de simbolizar o heroísmo, cujos riscos foram poupados à imensa maioria, forneceu a matéria com que a memória e o esquecimento geraram o futuro. A memória? Todo político que fosse adulto nos anos 1940 ouve a pergunta: "O que você estava fazendo naqueles anos de vergonha?". George Marchais é censurado por ter partido para o STO, François Mitterrand por ter recebido o emblema de Vichy (com o qual ele foi "homenageado", pois já havia escolhido a clandestinidade). O esquecimento? Desde os anos 1950, a classe política

> suspende os ostracismos dos participantes de Vichy. Em 1947, Robert Schuman e René Coty, que tinham votado a favor da concessão de plenos poderes a Pétain em 10 de julho de 1940, eram respectivamente presidente do Conselho e ministro, e este, sete anos mais tarde, presidente da República. Antoine Pinay, também petainista em 1940, tornou-se ministro em 1948 (J. P. Azéma).

Shoah

A tentação de negar é constante. Não quero saber que minha mulher (ou meu marido) me trai, que meu filho se droga, que estou com câncer, que a tortura é cotidiana. Quanto ao Holocausto, os franceses sabiam? "Toda a maquinaria de morte se fundava sobre este único princípio: que as pessoas não sabem para onde vão nem o que as espera" (Richard Glazar, citado em *Shoah*). Quando a França foi derrotada, moravam no país 300 mil judeus, metade deles estrangeiros. Em 3 de outubro de 1940, é publicado o "Estatuto dos Judeus de Nacionalidade Francesa", agravado em 2 de junho de 1941. Os judeus são excluídos de todas as funções eletivas ou públicas, da magistratura e das Forças Armadas. *Numerus clausus* de 3% para a universidade e de 2% para as profissões liberais. "Arianização" de todas as empresas judias pela liquidação forçada e nomeação de curadores. Quanto aos judeus estrangeiros, o decreto de 4 de outubro de 1940 concede poderes aos governadores de interná-los em campos especiais (na primavera de 1941, 40 mil se amontoam nesses campos, de onde serão enviados para os campos de extermínio). Esses textos oficiais, publicados, eram ou podiam ser conhecidos. Maio de 1942: todos os judeus com mais de seis anos devem usar uma estrela amarela. Ela era vista. Todos os locais públicos lhes são proibidos. Eles não são mais vistos. Nos dias 16 e 17 de julho de 1942, 12 884 judeus são presos numa batida em massa na região parisiense e encerrados em Drancy e Vel d'Hiv. De 26 a 28 de agosto de 1942: prisões em massa na zona sul. O fato era sabido, já que monsenhor Saliège, o mesmo que celebrava o bem redentor da derrota de 1940, denuncia-as corajosamente, o que lhe vale essa réplica de Brasillach: "É preciso afastar os judeus em bloco e não conservar os pequenos; aqui, a humanidade está de acordo com a sabedoria" (*Je Suis Partout*, 25 de setembro de 1942, citado por J. P. Azéma).

No *Mémorial de la déportation en France*, Serge Klarsfeld, baseando-se nos arquivos alemães, dá o número de 75 721 judeus deportados para a "solução final" e de 2500 — ou seja, 3% — sobreviventes. Tendo em conta a provável existência de 300 mil judeus na França em 1940, o que aconteceu com os demais? Alguns conseguiram fugir, outros se esconderam. Os franceses, de modo geral, não foram delatores nem heróis, mas entre eles havia uns e outros, como mostram estes dois casos.

> O Estado francês jogou com o antissemitismo circundante. Um médico francês, H. J., se opôs aos planos de casamento de seu filho Jean com uma israelita, Annette Zelman, a ponto de alertar o Comissariado das Questões Judaicas, que transmitiu o caso aos responsáveis nazistas. Os dois jovens desistiram da ideia, Annette Zelman foi presa em maio de 1942, deportada no comboio nº 3 de 22 de junho de 1942 e não retornou de Auschwitz (citado por J. P. Azéma).

Uma família judia alsaciana (pai, mãe, dois filhos) se refugiou no Maciço Central. No começo de 1943, o camponês que lhes dava abrigo ficou com medo, intimou-os a partir imediatamente e lhes forneceu o nome de um agricultor de uma aldeia vizinha, "talvez capaz de recolhê-los". Eles vão até lá em plena noite, com suas valises. Batem à porta. Esta se abre. O homem que os recebe — um camponês — lhes conta que, quando estava prestando o serviço militar na época da reabilitação de Dreyfus, seu capitão reuniu a companhia, leu a circular ministerial referente ao processo de reabilitação, tornou a guardar o papel no bolso e acrescentou: "Para mim, Dreyfus é um traidor". Trinta e sete anos depois, o desprezo desse oficial pela justiça de seu país ainda mantinha acesa a indignação do lavrador que, até a Libertação, abrigou e salvou essa família judia (testemunho recolhido pelo autor). Houve aquele publicitário que fez um anúncio para um oculista e espalhou por toda a cidade de Paris o cartaz com essa frase ignóbil: "Lissac não é Isaac". Em Jerusalém, para chegar ao Memorial da Deportação, toma-se a "alameda dos Justos". A alameda é ladeada por arbustos plantados em honra a todos — indivíduos ou coletividades — os que ajudaram os judeus a escapar ao genocídio. Constam nomes de padres, pastores, desconhecidos. Estes e muitos outros não foram legitimados pela história-narrativa. À questão colocada acima — "os franceses sabiam?" —, cremos que é possível responder da seguinte maneira: vendo os judeus desaparecerem, eles sabiam da deportação; mas, da mesma maneira que os próprios judeus, eles não podiam imaginar o que era a solução final. "As novas câmaras de gás? Vejamos... Podia-

-se acabar com 3 mil pessoas em duas horas" (Franz Suchomel, SS Unterscharführer, citado em *Shoah*). Inimaginável.

GUERRAS OCULTADAS

A Argélia

O discurso oficial não gosta de dar nome às coisas. Entre 1º de novembro de 1954 e 19 de março de 1962, 2,7 milhões de soldados partiram para a Argélia. Morreram 25 mil, em combate ou por acidente (principalmente manejando armas). Um milhão de homens foi hospitalizado, 250 mil ficaram feridos ou gravemente doentes, 80 mil receberam pensão de invalidez (é um número baixo, pois diversos problemas psiquiátricos se revelaram vários meses depois do retorno à vida civil). Juridicamente, essa guerra não existe. São operações para "manter a ordem". Passarão vinte anos até que as pensões deixem de ser consideradas "não por guerra". Não é exagero falar em silêncio de uma geração. Os veteranos voltaram em meio à indiferença. Alguns testemunhos. "Nossos próximos achavam que a guerra, em qualquer estágio que fosse, terminava no mesmo dia em que voltávamos para casa. Ainda era frequente dizer que tínhamos *prestado nosso serviço* na Argélia. Um serviço um pouco prolongado, e só." "Era tácito que éramos vítimas da 'guerra suja'. Era um papel que não tinha nada de enaltecedor. De qualquer maneira, para que contar o que tínhamos vivido, já que ninguém nos escutava? Da mesma forma que nós, que tínhamos vontade de falar de outra coisa." "Nós, os feridos, nunca tivemos direito a atenções. A única visita que recebi no hospital foi a de um suboficial, para o relatório. Ele me perguntou se eu tinha feito de propósito... Os únicos que teriam alguma coisa a dizer não podem fazê-lo: são os mortos" (um sargento da engenharia que perdeu uma perna na explosão de uma mina francesa esquecida). Quem se lembra do dia 16 de outubro de 1977, quando o soldado desconhecido da África do Norte foi transferido para o cemitério de Notre-Dame-de-Lorette (Pas-de-Calais)? Quem, aliás, sabe da existência desse cemitério? Ora, essa guerra foi ambígua. Não foram apenas as repressões, os massacres, as torturas (quantas vítimas argelinas? As estimativas variam em 100%, de 500 mil a 1 milhão). Existiam também as SAS (Seções Administrativas Especializadas), que lutavam contra as deficiências do ensino, pretendendo, sem dúvida ingenuamente, mas muitas vezes com sinceridade, dar prosseguimento à obra "beneficente" da colonização. Um testemunho: "Ser professor e soldado, em certos casos, era uma situação impossível. Às vezes me acontecia, depois da aula, ser enviado à noite para uma operação. E por trás das portas forçadas das *mechtas*, eu encontrava entre eles os olhos de meus alunos". Para muitos, foi a descoberta do Terceiro Mundo. "Era um choque dar-se conta de que um país aonde havíamos chegado em 1830 se encontrava em tal estado de subdesenvolvimento." Ao contrário da guerra da Indochina, que foi conduzida por "profissionais" (muitas vezes do Magreb), a Guerra da Argélia foi travada pelos homens do contingente, não raro vítimas, por vezes carrascos, lançados a um combate que era objeto de censura tanto dos Estados Unidos quanto da União Soviética. "Uma experiência pessoal muito positiva. Uma guerra sem saída" (J. Chirac). Uma "experiência" cujas lembranças são guardadas em segredo.

O Vietnã

A Guerra do Vietnã, conduzida pelos Estados Unidos, também se inclui entre as guerras silenciadas. Depois de afirmar que a sorte do "mundo livre" estava sendo jogada no Sudeste Asiático segundo a "teoria do dominó", os Estados Unidos se "desengajaram" nas condições que sabemos. A sombra do Vietnã pesou sobre toda a política americana ao longo da década que se seguiu à sua retirada inglória. É ela que explica a intervenção na ilha de Granada em outubro de 1983 (alvo bem escolhido) e as reticências do Senado em relação a uma eventual intervenção na Nicarágua. Em novembro de 1982, sete anos depois de terminada a guerra, 15 mil ex-combatentes desfilam em Washington para inaugurar o monumento erguido em homenagem aos veteranos. Num extenso paredão de mármore negro, semienterrado, estão inscritos os nomes dos 57939 americanos mortos ou desaparecidos no Vietnã entre 1959 e 1975. A miséria dos veteranos é um fenômeno de massa. Não recebem nenhuma bolsa universitária, como foi o caso dos soldados americanos em 1945 ou após a Guerra da Coreia. Dificuldades de reinserção muitas vezes insuperadas: em 1983, 630 mil estão desempregados, 600 mil precisam de assistência psicológica ou psiquiátrica. Entre eles, os índices de divórcio, alcoolismo, toxicomania e delinquência são muito superiores à média. "Foi preciso ocorrer a recepção triunfal dos 55 reféns de Teerã, de volta em janeiro de 1981, para que os Estados Unidos compreendessem que, antes, haviam reservado uma acolhida furtiva e glacial aos 3,78 milhões de soldados que viram o fogo no Sudeste Asiático" (D. Gramont). "A esquerda nos odiava por matarmos e a direita por não matarmos o suficiente." O silêncio das autoridades, que cometeram muitos erros (o total desconhecimento do mundo sul-asiático, o fulminante desmentido da "teoria do dominó" ministrado pela história, visto que, após a retirada das tropas, eclode a terceira guerra da Indochina etc.), contrasta com o espalhafato dos meios de comunicação. A Guerra do Vietnã alimenta o imaginário americano: em dez anos, foram-lhe dedicados duzentos romances, dezenas de documentários pela televisão, numerosos filmes, entre eles *Apocalypse now* e *O franco-atirador*. De volta da guerra, o herói dessas obras de ficção é, no máximo, um sobrevivente, quando não um louco. Mas o sistema americano recupera tudo, até os remorsos e a vergonha. Em maio de 1985, *Rambo — Programado para matar* chega às telas e arrecada 85 milhões de dólares em um mês, tendo custado 27 milhões. Justiceiro, vingador, reparador dos erros cometidos em relação aos ex-combatentes do Vietnã, o herói do filme *Rambo* extermina hordas de comunistas, vietnamitas e soviéticos, afirma que a derrota na guerra se deveu à "punhalada pelas costas" dos políticos, e desperta o entusiasmo do presidente Reagan.

O ânus do mundo

Pinçaremos apenas duas indicações de *Na colônia penal*, de Kafka, publicado em 1919. O condenado que deve inaugurar o funcionamento da complexa máquina inventada pelo antigo comandante da ilha não foi ouvido, nem julgado, nem informado da sentença irrecorrível pronunciada pelo oficial. Se a máquina estivesse funcionando bem, as pontas de vidro de sua grade deveriam gravar no peito do supliciado as palavras "Honra teu superior". No diário do SS dr. Johann Paul Kremer, médico de Auschwitz, lê-se no dia 5 de setembro de 1942: "Esta tarde, assisti a uma ação especial aplicada a detidas dos campos femininos. Dr. Thilo tinha razão, hoje de manhã, ao me dizer que estávamos no *anus mundi*". Ao mencionar os campos de concentração, o que ocorre à mente é a palavra "desumano". No entanto, eles foram concebidos e realizados por homens. Outros homens — uma pequena minoria dos presos — conseguiram sobreviver e dar seu testemunho. Os nazistas tinham evitado qualquer denominação precisa, contentando-se com o termo vago de "solução final", fundando o sistema concentracionário sobre o segredo e fazendo de tudo para eliminar quaisquer traços e vestígios, mas, por outro lado, impossibilitando a conspiração do esquecimento. Desde há muito sabia-se que o inferno estava na terra. Substituindo-se a Deus, o Grande Inquisidor, antecipando o Juízo Final, condenava o herege e o enviava ao carniceiro. Auschwitz, o Gulag, os "desaparecidos" da América Latina são os últimos avatares de uma história da atrocidade que prossegue em seu caminho trágico. Mas a ideocracia totalitária — para falar como Martin Malia — parece-nos trazer algo de novo para a história da desumanização que visa a despojar o homem daquilo que o constitui: sua identidade.

Discípula de Heidegger e de Jaspers, autora de uma tese sobre *Der Liebesbegriff bei Augustin* [O conceito de amor em santo Agostinho], Hannah Arendt, afastando-se da norma heideggeriana ("o pensador deve viver seus dias fora da ordem habitual do cotidiano"), colocou-se como tarefa "elucidar o fardo que os fatos nos impuseram [... sua] convicção é que o próprio pensamento nasce de fatos da experiência vivida e deve permanecer ligado a eles como os únicos guias apropriados para orientá-lo". Convencida de que a realidade totalitária é mais informativa do que a ideologia que parece ditá-la, Hannah Arendt, tentando decifrar essa experiência concentracionária ao mesmo tempo incomunicável e marcada de irrealidade, escreve em *Origens do totalitarismo*: "Nada pode se comparar à vida nos campos de concentração [...] nenhum relato consegue expô-la plenamente, pela simples razão de que o sobrevivente volta ao mundo dos vivos, o que o impede de acreditar inteiramente em suas experiências passadas". O problema, então, é saber se, nesse empreendimento de total dominação e absoluta degradação do homem, "tudo é possível" ou se, como sugeria Hegel, sua alienação é a própria condição de sua superação. A finalidade dos campos é dupla: destruir a identidade dos que estão dentro, e dissuadir os que estão fora de qualquer tentativa de desvio em relação às normas. Pois, se se faz de tudo para que as pessoas não saibam *exatamente* o que ocorre dentro dos campos, lança-se mão de tudo para que esse conteúdo, vago mas aterrorizador, ocupe a imaginação o suficiente para contribuir para a manutenção da ordem.

A palavra "gulag" nasce em 1934. É a sigla da expressão russa que designa a direção dos Reformatórios de Trabalho. Alexander Soljenitsin lhe conferiu uma acepção universal.

> Mas o título russo *Arquipélago Gulag* contém uma rima que se perde na tradução. Além disso, no plano do sentido, o título sugere duas coisas: o nascimento de uma nova civilização, totalitária ou concentracionária, lembrando que a civilização europeia nasceu no arquipélago grego; a disseminação geral do novo sistema escravista: navegamos entre as ilhas do Gulag (G. Nivat).

Quanto ao extermínio dos judeus pelos nazistas, ele foi em grande parte fruto do improviso e da força das circunstâncias. Convém se livrar dos judeus para proteger a pretensa pureza da "raça ariana". O melhor meio é obrigá-los a emigrar. Dachau abre em março de 1933, mas não tem como alvo específico os judeus. Os *pogroms* são organizados pelas SA [Sturmabteilung, ou tropas de assalto], que são dissolvidas em 1934. O aparato policial passa a ser controlado pela SS [Schutzstaffel, ou guarda de elite], criada em 1925, cujos membros reclamam dos campos superlotados. O número dos internos diminui: 27 mil em junho de 1933, 7500 em 1937.[3] Mas os nazistas encontram inúmeros aliados: pequenos e médios funcionários que querem ocupar na hierarquia burocrática os altos cargos detidos pelos judeus (os professores — e Himmler era professor — aderem em massa ao partido); a pequena burguesia arqueocapitalista (artesãos, comerciantes), feliz em se ver livre dos concorrentes judeus; membros eminentes das profissões liberais, com as mesmas motivações; responsáveis pelo grande capitalismo, que arrematam a preços baixíssimos as empresas judaicas postas à venda pelos proprietários que emigram. Para "que nenhum judeu, inserindo-se na cadeia reprodutiva, possa estar na origem de danos irreparáveis para o sangue alemão", Eichmann cria uma eficaz política de emigração: do total aproximado de 500 mil judeus alemães em 1933, 270 mil deixam o país. Em 1938, ele procede a prisões de judeus em massa, mas estes, depois do confisco de seus bens, frequentemente recebem um visto de emigração. Por outro lado, os judeus pobres não são liberados. É a guerra que, provocando a "superlotação", gera a "solução final" sob a forma de genocídio: na Polônia, existem milhões de judeus, e as hostilidades impossibilitam a emigração. Serão, portanto, exterminados, já que para Hitler, como ele dirá em seu testamento a Martin Bormann (considerado autêntico), salvaguardar a pureza da raça alemã é mais importante do que ganhar a guerra.

Como sobreviver?

Como sobreviver no campo de concentração? A negação da identidade é imediata: a tosquia, as roupas do deportado, a retirada de qualquer objeto pessoal — principalmente a aliança. Não resta um traço daquilo que indicava a situação social do indivíduo. Nova relação com o tempo: o futuro já não é pensado em termos de meses ou semanas, mas de dias, às vezes de horas. Cada dia pode ser o da morte. A adaptação deve ser imediata.

> Quando a sociedade muda rapidamente, o indivíduo não dispõe de tempo suficiente para adquirir as novas atitudes que lhe permitiriam se adaptar às mudanças de seu meio, em função de sua personalidade. Isso o desorienta e o torna inseguro. Quanto mais aumenta sua confusão, mais ele é levado a observar as reações dos outros e a tentar imitar seus comportamentos. Mas, como esse comportamento imitado não está de acordo com sua própria personalidade, segue-se um enfraquecimento de sua integração, e ele se torna cada vez menos capaz de reagir de maneira autônoma a novas mudanças (B. Bettelheim).

Chegando ao campo, o criminoso de direito comum resiste bem, sustentado pela satisfação de ser posto em pé de igualdade com membros da elite política. Estes suportam o choque que confirma suas análises. São os não-políticos que vacilam: não conseguem acreditar no que está lhes acontecendo, tentam convencer os guardas de sua "inocência". A tênue possibilidade de sobrevivência depende de sua capacidade de compreender o funcionamento de uma sociedade certamente "inimaginada", mas nem por isso (o que é o mais atroz) estruturalmente diversa da chamada sociedade civil.

Quanto à sobrevivência de deportados não-políticos, daremos o exemplo de Margareta Glas-Larsson.[4] Casada com um judeu dos Sudetos, assimilado a ponto de ser antissemita (ele a obrigou a tingir o cabelo de louro para ficar com o "tipo ariano"), ela é detida com o marido em 18 de outubro de 1941. Completamente apolítica, ela decifra rapidamente a verdadeira natureza da colônia penal. É uma sociedade *hierarquizada*. Em Auschwitz, o número tatuado permite identificar a data de entrada. Os presos com um número baixo gozam de grande autoridade; os "milionários" (com mais de seis algarismos) são desprezados. A estratificação social do campo lembra uma outra: uma camada superior (de 1% a 2% dos detentos), composta pelos mais antigos no campo e mais antigos no bloco, e por detentos médicos; uma camada média (10%), assumindo funções administrativas; os restantes, chamados de "muçulmanos", sem dúvida por serem resignados e fatalistas. Para sobreviver (para "chegar lá", como diriam na sociedade civil), é imperioso travar relações com o estrato superior da camada dominante. Isso é possibilitado pela "organização", como dizem os deportados: é necessário elaborar uma estratégia de mobilidade social ascendente. A estratégia de Margareta se funda em três espécies de conhecimento: conhecendo a manipulação de "cosméticos", ela se torna a esteticista dos hierarcas, inclusive da SS; dominando o alemão, ela entende o que não lhe é destinado; praticando a cartomancia, ela tranquiliza os SS preocupados com o futuro. A *corrupção* reina nos campos. Margareta pode ter acesso ao "Canadá" (depósito onde se amontoam as bagagens e joias dos deportados, e onde ela encontra material para fabricar seus "cosméticos"). Nesse mundo de figuras esqueléticas aparentemente iguais, é preciso conservar uma aparência de identidade: *não se deixar abater*. "Eu sempre notei que as prisioneiras que se deixavam abater se tornavam repulsivas, e era terrível." Por fim, chegar a uma *insensibilidade* à miséria, contra a qual não se pode fazer nada. Sem essa decodificação e a prática por ela ditada, é a morte. Tal foi o destino de Alma Rosé, sobrinha de Gustav Mahler, evocada por Margareta nos seguintes termos: "Eu sempre lhe dizia, Alma, você precisa se adaptar, senão você vai se afundar... Alma Rosé não sabia lutar, talvez não quisesse lutar. Para ela, era simplesmente o inferno. No fundo, era de fato o inferno, e acredito que ela não queria mais viver". Com efeito, ela morreu. Recusar a competição era escolher a morte. Mas escolher a vida era eliminar os menos aptos. Daí o sentimento de culpa, típico da "síndrome do sobrevivente". Renunciar a lutar, entregar-se à pulsão de morte, era fazer o que os SS queriam.

> De um ponto de vista psicanalítico, a maioria dos prisioneiros dos campos de extermínio se suicidava ao aceitar a morte sem resistir... Utilizando o terror, os SS conseguiam que seus adversários fizessem o que eles queriam. Milhões de indivíduos se submeteram ao extermínio porque os métodos dos SS nos tinham obrigado a ver a morte não como uma saída, mas como a única maneira de pôr fim a condições de vida inumanas (B. Bettelheim).

Em *E o vento volta a soprar*, Vladimir Bukovsky explica como sobreviver no Gulag: "É preciso aprender a não ver nada em volta, a não pensar em casa, a não esperar a liberdade. É preciso fazer de tal forma que essa vida passe ao lado, paralelamente, como se não lhe dissesse respeito". Euguenia Ginzburg reagiu e se salvou pelo misticismo. Nessa penitenciária de mulheres, com mortes e estupros, descrita em seu livro *Um itinerário abrupto*, ela relata a seguinte visão: "Acima de mim estendia-se um imenso céu negro cravejado de grandes estrelas cintilantes. Eu não chorava. Eu rezava. Apaixonadamente, desesperadamente. Senhor, que eu tenha febre e perca a consciência, que venha o esquecimento, que venha a morte!". Soljenitsin considera que o campo de concentração, "refúgio socrático", pode finalmente revelar ao indivíduo sua verdadeira identidade, enquanto Variam Chalamov afirma que o campo é inelutavelmente o aprendizado da depravação. Lê-se nos *Relatos da Kolyma*: "De que sarna não se recobre a alma dos detentos quando são sistematicamente açulados uns contra os outros?". Bruno Bettelheim, que também escapou aos campos, afirma que não é possível sobreviver inocentemente. "Quando um prisioneiro chegava a uma posição que lhe conferia certo poder", escreve ele em *O coração informado*, "ele tinha de proteger e matar, raramente fazendo um *ou* outro, pois, se não matasse seus inimigos, não conservaria seu poder. Isso tornava a posição e a política dos prisioneiros do grupo dirigente extremamente ambíguas." O pior inimigo do deportado era, portanto, seu colega de cativeiro. O membro do grupo dirigente se mantém enquanto tal através da morte do outro, daí decorrendo — exceto, talvez, para alguns criminosos de direito ordinário — um sentimento de culpa que, jamais abandonando o sobrevivente, irá levá-lo ao silêncio. Nesses campos em grande parte autogeridos, os prisioneiros membros da hierarquia não podiam suportar sua nova identidade de executores de altas obras — ou seja, das ordens dos SS —, a não ser justificando-se pelo "argumento que sempre foi o da classe dirigente no decorrer dos séculos, fazendo notar que eles eram mais úteis à sociedade devido a seu poder, sua educação e sua cultura refinada" (B. Bettelheim). Mas, por uma espécie de contágio ou de mimetismo — a não ser que se trate de um componente essencial da natureza humana —, o próprio "muçulmano" era tomado por um sentimento de culpa. Em *Vida e destino*, Vassili Grossmann atribui estas palavras a um antigo membro tchekista preso em Lubyanka: "Nós, tchekistas, elaboramos uma tese superior: não existem pessoas inocentes na terra. Cada indivíduo merece o tribunal. É culpado todo aquele que é objeto de uma ordem de prisão. E pode-se assinar uma ordem para qualquer um. Todos os homens têm direito a uma ordem de prisão. Inclusive os que passaram a vida a assinar para os outros".

Os funcionários do extermínio

Os mais altos responsáveis pelo extermínio seriam "monstros" como mostram os filmes de horror? A resposta — por ser negativa — é pavorosa: eles eram funcionários disciplinados, empenhados antes de mais nada na ordem e na produtividade. Mas tratava-se de uma produtividade especial: aniquilar o máximo de pessoas num mínimo de tempo, da maneira mais discreta possível, o que supunha uma organização meticulosa. Sobre esse aspecto, mencionaremos apenas dois documentos. Nas semanas anteriores à sua execução, Rudolf Hoess, comandante do campo de Auschwitz, escreveu suas memórias.[5] Vamos lhe dar a palavra.

> Minha vocação parecia traçada de antemão, pois meu pai tinha feito a promessa de que eu ingressaria na religião [...]. Lembro-me de como meu pai pregava diante de seus amigos a total submissão à autoridade [...]. Com as naturezas sensíveis, às vezes se obtêm milagres com um sorriso, um aceno da cabeça, uma palavra amável [...]. Em meu foro íntimo, eu me sentia extremamente solidário com os internos, tendo eu mesmo vivido por muito tempo a penosa existência de um prisioneiro [...]. Eicke dizia: "Um SS tem de ser capaz de matar os próprios pais, se eles se rebelarem contra o Estado ou contra as concepções de Adolf Hitler". [...] Minha mulher muitas vezes me achava insuportável. Eu só pensava em meu trabalho [...]. Depois de minha prisão, fizeram-me notar que eu podia ter me recusado a executar as ordens, ou mesmo, se necessário fosse, liquidado Himmler. Não creio que uma tal ideia pudesse aflorar no espírito de um único oficial dentre os milhares de SS [...]. Em sua qualidade de Reichsführer, Himmler era intocável [...]. Nesse ambiente incomum, as crianças menores geralmente começavam a choramingar. Mas, depois de serem consoladas pela mãe ou pelos homens do comando, elas iam para as câmaras de gás brincando ou uma implicando com a outra, com um brinquedo nos braços [...]. A partir do momento em que se procedeu ao extermínio em massa, não me senti feliz em Auschwitz. Eu estava descontente comigo mesmo. Estafado de trabalho, não podia confiar em meus subordinados, e não era compreendido e sequer ouvido por meus superiores hierárquicos. Eu me encontrava realmente numa situação pouco invejável, ao passo que todo mundo dizia que "o comandante tinha uma vida das mais agradáveis" [...]. Nunca fui cruel e nunca me deixei arrastar a sevícias [...]. Eu era uma engrenagem inconsciente da imensa máquina de extermínio do III Reich. A máquina

se quebrou, o motor desapareceu, e devo fazer o mesmo. O mundo assim o exige.

Em *Eichmann em Jerusalém*, Hannah Arendt afirma que é a "normalidade de Eichmann" que lhe parece constituir um fato absolutamente novo. Nem perverso nem sádico, ele se julga fiel aos princípios morais de Kant. Carreirista, sem dúvida, mas "certamente não assassinaria seu superior para tomar seu lugar [...]. Ele jamais se deu conta do que fazia [...]. Nisso consiste a banalidade do mal", mais medonha do que o sadismo. A inconsciência pode fazer mais mal do que todos os instintos destrutivos juntos, e pode-se manifestar em qualquer pessoa, "o que não absolve o criminoso, mas não justifica tampouco a tese da culpa coletiva".

Margareta lembra que, quando os SS exigiam determinada quantidade de deportados para exterminá-los, os números tinham de ser exatos. Para escaparem ao sinistro contingente, os que dispunham de um pouco de poder colocavam outra pessoa em seu lugar. Daí essa obsessiva indagação, típica da síndrome do sobrevivente: "Por que ele, e não eu?". "O universo concentracionário apanha inclusive as vítimas que conseguiram escapar a ele." Margareta recorda certo dia, quando esteve na presença do médico SS Mengele, que havia colocado seu revólver em cima da mesa. Ela pensou em matá-lo, mas se absteve, sabendo que toda revolta era impossível, e que todo médico criminoso podia ser substituído por outro. "A humilhação permanente, o sentimento de total impotência, de covardia, numa situação onde apenas a sobrevivência importa, corroem para sempre todo orgulho e todo amor-próprio" (G. Botz e M. Pollak). O sobrevivente se interroga sobre seu grau de desumanização que lhe permite estar ali. Em seus *Relatos de Kolyma*, Chalamov se pergunta até onde vai a desumanização do humanoide, e onde começa o *humano morto*. "O mais horrível é quando o homem começa a sentir que esses submundos estão instalados em sua própria vida, e para sempre, quando ele toma suas referências morais de empréstimo à sua experiência no campo, quando a moral dos vagabundos se aplica à sua vida [...]. Ele se mantém homem ou não?" Escapando aos campos alemães, autor de uma narrativa intitulada *Senhoras e senhores, ao gás, por favor!*, o escritor polonês Tadeusz Borowski, não conseguindo suportar sua sobrevivência nem sua adesão ao novo regime popular, se suicida em 1º de julho de 1951... abrindo o registro do gás. O universo concentracionário — ontem, hoje — não se resume à institucionalização da morte "antecipada": é também a organização do esquecimento. "O mundo ocidental", escreve Hannah Arendt,

> mesmo nos tempos mais sombrios, até agora concedeu ao inimigo morto o direito à lembrança [...]. Foi apenas porque Aquiles compareceu aos funerais de Heitor, porque a Igreja guardou seus hereges vivos na memória dos homens que nem tudo se perdeu e jamais poderia se perder. Os campos de concentração, tornando a própria morte anônima [...], despojavam a morte de seu significado: o termo de uma vida consumada.

Uma tal morte, que apenas "ratifica o fato de que o indivíduo jamais existiu", é a morte da morte: organização do esquecimento, instituição da amnésia. O regime totalitário tende a criar uma sociedade sem memória. E encontra uma inesperada aliada na negação do horror, que os contemporâneos e os pósteros escolhem como alternativa à recordação. "Anne Frank morreu porque seus pais não quiseram acreditar em Auschwitz. E, se sua história alcançou tal sucesso, é porque, a nossos olhos, ela nega implicitamente qualquer realidade a Auschwitz" (B. Bettelheim). Essa conspiração do silêncio, porém, fracassou. É certo que, depois de Auschwitz, esse "eclipse de Deus" (M. Buber), foi preciso repensar as teologias. Depois de Kolyma, foi preciso repensar o socialismo, a ideia de progresso, a teleologia. Não faltaram os negadores da monstruosidade. Há não muito tempo, em 26 de janeiro de 1949, Etienne Fajon escrevia em *Las Lettres Françaises* sobre o processo Kravchenko: "A grande burguesia francesa decadente [...] recepciona o repugnante fantoche fabricado em Washington com a mesma docilidade que um carregamento de chicletes ou de carne enlatada". Hoje, o padre Faurisson denuncia "os mitólogos do extermínio". Mas os sobreviventes fazem seus relatos e, à medida que a morte "natural" se aproxima, contam e publicam cada vez mais suas recordações, não só para deixar traços, mas também para prevenir o possível retorno desse inferno e denunciar sua perpetuação, pois está sempre presente na terra.

> Depois que se afastaram de Dachau, Robert L. falou [...], começou a contar para que as coisas fossem ditas antes de morrer. Robert L. não acusou ninguém, nenhuma raça, nenhum povo, acusou o homem. Ao sair do horror, agonizando, delirando, Robert L. ainda possuía essa faculdade de não acusar ninguém, exceto os governos que são passageiros na história dos povos (M. Duras, *A dor*).

A GANGRENA UNIVERSAL

> *O que, a bem dizer, há de revoltante na dor não é a dor em si, mas a falta de sentido da dor* [...]. *Para poder expulsar do mundo a dor ocultada, irrevelada e sem testemunhas, para poder negá-la de boa-fé, foi então quase forçoso inventar deuses.*
> Nietzsche, *Genealogia da moral*

No século XVI, o teólogo espanhol Francisco Pena, ao comentar as instruções sobre a tortura do *Manual dos inquisidores*, de Nicolas Eymerich, escreveu:

> O direito não especifica o tipo de suplício que deve ser infligido: a escolha, portanto, fica ao arbítrio do juiz [...]. Não têm faltado os juízes que imaginam inúmeros tipos de torturas [...]. Quanto a mim, se quiserdes minha opinião, dir-

-vos-ei que esse tipo de erudição me parece derivar mais do trabalho dos carrascos do que do trabalho dos juristas e teólogos, que somos nós.

Hobbes, depois Montesquieu e Voltaire questionam o método da tortura, que na época era um procedimento legal da justiça. Hoje, nenhuma Constituição de país algum legaliza a tortura, e pode-se contar nos dedos os países que a utilizam. Os textos são disfarces que mascaram a atividade cotidiana dos obreiros da tortura. O termo "gangrena" nasceu durante as operações de "manutenção da ordem" na Argélia, operações diligenciadas no quadro de um Estado democrático. Para tratar da tortura, o historiador deve recolher os testemunhos dos que ainda podem falar, por terem sobrevivido relativamente ilesos e possuírem a força das lembranças — testemunhos também dos carrascos, sempre reticentes. É o que Claude Lanzmann conseguiu fazer em *Shoah*. Resta enfrentar a leitura e escrever sem se fazer de inquisidor dos inquisidores. A história da tortura pertence à história do segredo, de um duplo segredo: tortura-se para extorquir o segredo, mas o fato de torturar, por sua vez, converte-se em segredo.

A tortura é um meio de governo: mais que a confissão, ela busca informações que permitam a perpetuação do poder, o qual confia a tarefa a quem faça os serviços sujos, pensando salvaguardar dessa maneira sua respeitabilidade; pelos rumores que se espalham, a tortura dissuade os potenciais contestadores da Ordem de ousarem qualquer desvio. O grau de confidencialidade desses rumores conta com a cumplicidade da imprensa, que tem o mais alto apreço pela sensibilidade de seus leitores. Os diretores de jornais têm os olhos postos na curva das tiragens, e as matérias são produtos destinados ao consumo, como os queijos e os rádios de pilha. Por poderoso que seja, um magnata da imprensa precisa satisfazer a expectativa dos leitores: se esses dois lados têm fantasmas parecidos, tanto melhor para o magnata, tanto pior para os que fazem outra ideia do que deveria ser a informação. Na época das guerras coloniais (conquistas ou descolonização), os jornais falaram pouco da tortura por duas razões principais: a conivência entre o aparelho de Estado e os *lobbies* da imprensa, a interação entre a produção e o consumo dos artigos. Estudando a sobrevivência da tortura desde a Revolução Francesa, Pierre Vidal-Naquet lembra que sempre existiu na população uma massa marginal, numericamente expressiva, contra a qual todos os excessos eram permitidos e praticados diariamente em meio à indiferença geral: trabalhadores sazonais, vagabundos, imigrantes, colonizados e até operários de nacionalidade francesa. Os direitos do homem, largamente invocados nos discursos políticos, nunca foram direitos de todos os homens.

Isolamento e tortura

A tortura coloca a todos duas questões, uma evidente, outra nem tanto. A evidente: vou conseguir manter o segredo sob tortura? A menos evidente: vou me tornar um carrasco se me sinto assolado pela pulsão de saber, de *sa-voir*, de ver o *ça*, o id? Esse terrorista que detém o segredo de um atentado iminente que fará centenas de vítimas, não devo "fazê-lo falar" por todos os meios? Se meus adversários são os torturadores de meus companheiros de luta, escaparei ao desejo de vingança? O pai ou a mãe de uma criança torturada até a morte resistirão ao desejo de torturar o torturador? E se, por esses diversos caminhos, torno-me por minha vez um carrasco, sentirei prazer nisso? Ou — o que pode ser pior — esse prazer se tornará um hábito? Quanto ao torturado sobrevivente, como ele passa a ver o outro? Mesmo o ser mais próximo, o mais amado, o mais amante? Será que iria falar, se fosse torturado para que dissesse onde fica meu esconderijo? A tortura nos deixa sem resposta e sem voz diante do enigma identitário: quem sou eu? quem é o outro? quem somos nós? A exemplo da pena de morte, aceita-se ou recusa-se a tortura em bloco. Hoess e Eichmann teriam de ser perdoados?

Essa vontade de saber que motiva o torturador aproxima-o

do cientista que faz "experiências" (de vivissecção, por exemplo, em animais), sendo-lhe necessária a mesma competência científica para manter a vítima um pouco aquém do limite: "aquém da morte, aquém da perda da sensibilidade, aquém do desfalecimento, aquém da loucura" (P. Pachet). Em janeiro de 1985, a seção francesa da Anistia Internacional organizou em Paris um colóquio sobre "Isolamento e Tortura". A dra. Nicole Lévy, médica-legista, afirma que a finalidade da tortura não é apenas fazer com que os supliciados falem, mas também — e principalmente — que calem, que percam a identidade e, por decorrência, a palavra. São inúmeros os torturados que, tendo recuperado a liberdade, ficaram incapazes de falar e, não suportando o próprio silêncio, se suicidaram. Há outras sequelas bem conhecidas pelos médicos: angústia fóbica, depressão crônica, perda da memória, insônia, pesadelos, impotência, dificuldades de reinserção. Algumas vítimas não aguentam os gritos dos filhos nem as carícias do(a) amante. E, acima de tudo, o medo de enlouquecer. "Essas pessoas sempre nos dizem: 'Meu cérebro se estragou, não me reconheço'" (dra. Inge Kemp-Genefka, diretora do Centro Internacional de Reabilitação e Pesquisas para as Vítimas da Tortura, em Copenhague). "Todas as manhãs, a pessoa começa se observando, procurando em si os sinais da loucura. Estou na França há nove anos. Repetir meu depoimento se tornou uma tortura [...]. Meu depoimento está ligado a esse medo da loucura que começa a reaparecer" (N. Gorbanevskaya, internada durante um ano na União Soviética). Como sobreviver na e à tortura? Talvez evitando o presente. "Ele devia lembrar que tinha existido um antes povoado de amor e de valores. Que era apenas conservando esse antes que poderia viver um depois... se houvesse um depois. Não se deixar engolir pelo presente, vazio de amor, povoado de ódio, como se fosse a única vida possível" (testemunho anônimo).

O pior será inevitável e Orwell seria um novo Moisés? Os anos 1970 viram o terror se instalar na América Latina, mas os anos 1980 foram marcados pela restauração do Estado de direito na Argentina, Uruguai e Brasil. O empreendimento colonial, que não se limitava à benéfica construção de hospitais e estradas celebrada nos manuais escolares, nunca comoveu muito as almas escrupulosas. A Segunda Guerra Mundial, os campos nazistas, o Gulag, os desaparecidos, as guerras da Argélia e do Vietnã despertaram um sentimento de culpa coletivo que foi interiorizado por milhões de indivíduos. "Não fazemos o que queremos, mas somos responsáveis pelo que é feito", escreveu Sartre. Os militantes da Anistia Internacional, para citar apenas eles, se sentem responsáveis por aquilo que é feito. Passa-se da comunhão dos santos para a comunidade dos homens. Ambivalência do homem que desembarca na Lua, cria o coração artificial, aumenta em várias décadas a expectativa de vida, mas inventa modos de torturar, de destruir a psique, de "desorientar" seu próximo, cada vez mais sofisticados e eficientes, que muitas vezes nem deixam vestígios.

O ENIGMA IDENTITÁRIO

A pessoa "desorientada"

Nas três décadas que se seguiram à Segunda Guerra Mundial, o nível de vida das famílias francesas quadruplicou (as desigualdades sociais permanecendo as mesmas). Foi a primeira vez na história que ocorreu um tal fenômeno. Foi tão surpreendente que se falava em "milagre", termo que também designa os desempenhos semelhantes das outras economias do mundo ocidental. O velho mito prometeico foi ressuscitado, despertando a arrogância. Arrogância dos economistas e tecnocratas, que se afirmaram capazes de dirigir o governo das coisas e dos homens rumo a um crescente e constante bem-estar; arrogância urbanista simbolizada por Le Corbusier, que se proclamou o supremo harmonizador da Cidade Futurista; arrogância dos médicos cujo desempenho permitiu um aumento da expectativa de vida tido como ilimitado. Não só os grandes cataclismos naturais (epidemias, acidentes climáticos etc.) estavam sob controle, como também o saber dos responsáveis políticos parecia dominar a crescente complexificação dos mecanismos sociais. A partir dos anos 1980, foi preciso admitir o desencanto. O crescimento do desemprego contrapôs uma produção em aumento exponencial a uma demanda sem poder aquisitivo; as radiosas vilas habitacionais se degradaram em grandes conjuntos cheios de sons e fúrias previdenciárias; as doenças mentais persistiam, com neuromedicamentos que não curavam a loucura. Então veio a dúvida se as sociedades industriais não tinham ingressado numa fase entrópica, colocando a ricos e pobres o enigma identitário.

Antigamente, a pessoa exercia a mesma profissão durante toda a sua vida, e às vezes a profissão passava de pai para filho. A "revolução permanente" dos processos de produção (robótica, informática, ensino com o auxílio de computadores etc.) obriga o trabalhador a passar por incessantes reciclagens. O desemprego ameaça e atinge todas as categorias socioprofissionais: o operário especializado é expulso pelo robô, o agricultor é obrigado a vender a área de seu patrimônio, pequena demais para ser rentável, o pequeno ou médio empresário é arruinado pela concorrência do Sudeste Asiático etc. A interrupção das atividades de uma hora para outra, sem esperanças de encontrar um emprego em curto prazo, significa uma dramática transformação da identidade. Tal "crise", para empregar esse termo impróprio para qualificá-la, acarreta a pulverização da solidariedade. Entre os jovens, cada vez mais prevalece o "cada um por si". Mais do que a amizade, são redes de cumplicidade que orientam a busca da sobrevivência, a abstenção da balbúrdia política. A sociedade pretensamente sem classes resulta num egoísmo cheio de cautela. Tal como o capitalismo. Isso significa que as "derivações", para falar como Pareto, têm pouca influência e o homem continua a ser o que é (mais hobbesiano do que rousseauísta), sejam quais forem o sistema político e a ideologia que o legitimam. É tanto mais difícil superar o traumatismo do desemprego quando se trata de indivíduos, senão em ascensão social, ao menos em vias de melhorar seu padrão de vida, os quais, tendo corrido riscos — empréstimos para adquirir a tríade casa-carro-televisão —, podem se ver despojados desses ambicionados bens, de efêmera posse. A generalização do assalariamento — menos dramático do que o desemprego — também coloca um problema de identidade. Nos setores arqueocapitalistas da produção (o artesanato) e da distribuição (o pequeno comércio), existia uma fusão entre a unidade familiar e a unidade produtiva. O assalariamento destrói essa fusão, modifica os papéis tradicionais, introduz a dicotomia interior-exterior. O poujadismo* e seus derivados podem ser interpretados como uma insurreição contra essa revolução cultural.

O inominável

No começo do século XX, Pareto (católico), Durkheim (judeu) e Weber (protestante) colocaram o problema identitário num mundo ameaçado de entropia pelo debilitamento dos valores religiosos. Desde a Primeira Guerra Mundial, a humanidade se deparou com o inimaginável: Verdun, as colônias penais, a gangrena universal. É apenas a partir da Segunda Guerra Mundial que o homem passa a ter razões "objetivas" para se desesperar. Até então, "o som e a fúria" podiam ser imputados à escassez de bens. O progresso técnico a derrotou. Todos poderiam ter alimento, roupas, abrigo. Mas essa vitória sobre a escassez não se universalizou: o Terceiro e o Quarto mundos morrem de fome. Os excedentes são atirados ao mar. Mas haverá quem diga que existe uma razão para nutrir esperanças: desde os anos 1950, o homem tem o poder de destruir o mundo e não o destrói. Exato. O medo tem salvado a humanidade do apocalipse. O temor das represálias limita a agressividade, verdade que vale para os homens e para as nações. Assim, a terra é dominada pelo egoísmo e pelo medo. Nesse "inominável", vivemos agora sem teleologia nem escatologia, dia após dia, e à pergunta um tanto ingênua colocada por Gauguin — *De onde viemos? O que somos? Para*

* Movimento e partido populista francês, de perfil conservador, apoiado principalmente pelos artesãos e pequenos comerciantes. (N. T.)

onde vamos? — a ciência responde: "Vocês descendem do macaco, são perversos polimorfos e rumam para a morte". Mas ela não confere sentido a esse itinerário. Sociedade bloqueada? Ela nunca se transformou com tanta rapidez. Talvez possa se falar em filosofia bloqueada, ou melhor, ausente. Ao que parece, nem a bomba atômica nem o Holocausto estimularam o homem a pensar no mundo e a se pensar no mundo de maneira nova (ou nunca dita antes). Muito pelo contrário, a filosofia, eliminada dos currículos escolares, marginalizada no ensino superior, já não interessa a ninguém, ou quase ninguém. Talvez porque a ontologia seja abordada a partir da metafísica, recusando se enraizar naquilo que se passa diante de nossos olhos: os *boat people* à deriva, os negros da África do Sul postos em guetos e até massacrados, os libaneses se exterminando, os latino-americanos "desaparecendo", os sahelianos esfomeados, o Gulag, interminável avatar da "Casa dos mortos". Em 1985, "a Europa celebra o quadragésimo aniversário da vitória sobre uma das formas de barbárie. Restam outras" (B. Frappat). E nesse mundo desorientado (no sentido etimológico, isto é, já não se sabendo mais de que lado nasce o Sol), o homem, qualquer que seja sua posição, seu papel, sua função, está mais solitário do que nunca perante a dificuldade de escolha. Com efeito, a Segunda Guerra Mundial pôs em causa a organização. Já não basta alegar o dever de obediência para se manter "inocente". Em 1940, cabia obedecer ao "homem do Dezoito de Junho" ou ao "vencedor de Verdun"? Na França católica, monarquista e jacobina, sempre existiu um mediador para dizer o que devia ser feito. Existia uma lei não escrita, ao mesmo tempo constatativa e injuntiva, que pode ser expressa da seguinte maneira: "Cada um *tem* seu lugar; cada um *fique* em seu lugar". A complexidade do momento suprimiu o mediador ou o converteu num traidor. Mas um traidor desde quando?

Um mundo do "pseudo"?

Num registro menos dramático, o problema da identidade é colocado pela nova distribuição populacional do campo e da cidade, provocada pelo alinhamento da França naquilo que chamaremos (para simplificar) de modelo da modernidade. Os franceses do começo do século XX passaram por experiências comparáveis às dos imigrantes. Tendo chegado às trincheiras em 1914, os soldados voltaram (numa hipótese otimista) com um *habitus* — linguístico, alimentar, indumentário etc. — alterado. O êxodo para as cidades e a invasão dos sistemas de comunicação nacionais nos lares rurais conjugaram seus efeitos: progressivo abandono dos dialetos, perda da identidade regional, "assimilação" de códigos e modos oriundos sobretudo dos meios burgueses e urbanos (principalmente de Paris). Contra essa uniformização, nos anos 1970 desenvolve-se um regionalismo cultural reativo. Nos anos 1920 — e ainda mais nos anos 1930, com a Grande Depressão —, as pessoas se preocupavam acima de tudo com a sobrevivência: manter o emprego, conservar o nível de vida. E com a elevação do nível de vida que se explicitam as sensibilidades culturais, a memória coletiva se põe à mostra e se manifesta a nostalgia de uma língua em muitos casos falada apenas pelas pessoas mais idosas. A volta às origens se transforma numa necessidade e, ao mesmo tempo, numa moda. O turismo contribui, não sem ambiguidade. Em suas casas de férias, os citadinos creem encontrar as comodidades de hoje e os costumes de ontem. Os moradores locais (não ousamos empregar o termo "indígenas") correspondem a essa expectativa. Nasce o mundo do "pseudo" que teve em Gilbert Trigano seu genial promotor. Nos chalés alpinos, monitores de esqui abrem barzinhos ou restaurantes onde se pode consumir a *fondue* saboiana. As ripas de madeira usadas nos telhados, hoje cortadas a máquina, já não possuem a encantadora irregularidade das de outrora, feitas à mão — mas o que importa?

Análise da personalidade

Mesmo que esteja em busca de sua identidade, o indivíduo deve proteger da curiosidade dos outros o que sabe sobre ela. O serviço público ficou estacionado no sistema de concursos, vivamente criticados por uma parte da sociologia contemporânea por participarem do sistema reprodutor das desigualdades sociais. A prova oral, segundo esses críticos, seria mais uma questão de desenvoltura, de saber falar do que propriamente saber. Que seja. Mas, no setor privado, na hora da contratação, sempre houve a preocupação com a "boa moral" do candidato. Todos os que pedem emprego são submetidos a uma bateria de testes no quadro de uma "análise da personalidade". Por ser considerada "confiável", a análise grafológica tem uso corrente. A jurisprudência condena as fotos tiradas sem o conhecimento dos interessados. A utilização dos indícios fornecidos pela escrita não equivale a esse mesmo tipo de invasão da vida privada? Nos Estados Unidos, pátria do liberalismo exemplar, as análises de personalidade, que vão bastante longe, violam as fronteiras da intimidade.

Genealogia e biografias

A angústia identitária provoca diversas reações. Tentemos indicar algumas no plano cultural. Em primeiro lugar, há a paixão genealógica que se apodera da França a partir dos anos 1960. As sociedades de genealogia mobilizam grupos cada vez maiores. Desenraizado pela urbanização e por uma mobilidade geográfica mesmo que limitada, o francês sai em busca de seus antepassados. "A evolução das ciências e dos costumes gera inquietude: não podendo prever para onde vamos, já é tranquilizador saber de onde viemos. Em sua necessidade de estar ligado a alguma coisa, o homem busca suas raízes. Não podendo 'viver no torrão natal', ele precisa de uma terra de origem e de uma história, quando menos para alimentar sua nostalgia" (A. de Penanster). O ancestral seria servo da gleba? Nesse caso, a posteridade se alegra com a ascensão da linhagem. Teria sido "nobre", mesmo que da mais duvidosa nobreza? Aí, ela se encanta em possuir algumas gotas de "sangue azul". A família vive há gerações dentro do hexágono francês? Então ela se "distingue" pela Antiguidade da estirpe. Entre os antepassados descobre-se algum polonês ou romeno? Provavelmente pertencia a alguma família antiga, perseguida pelo poder.

Os editores perceberam que os leitores andavam se cansando das abordagens mais ou menos estruturalistas da história social, e calcula-se em 2% a porcentagem de biografias entre os livros publicados. Não é algo novo: no entreguerras, André Maurois tinha se sobressaído nesse gênero. O vigoroso retorno da biografia começa nos anos 1970, exprimindo, contra "as filosofias da morte do sujeito ou do desaparecimento do homem, a permanência de uma fé na inteligibilidade das paixões e das intenções [...]. Volta ao calor do concreto, à familiar e tranquilizadora obscuridade do imediato vivido. Reação quase instintiva contra os perigos de massificação e anonimização contidos nas organizações sociais" (D. Madelenat). Norman Mailer, autor de *A canção do carrasco*, romance-documento sobre o criminoso Gary Gilmore, iniciador do "romance não-ficcional", afirma "que uma falsa verdade pode oferecer mais realidade do que uma realidade truncada". Membros eminentes da escola dos *Annales*, paladina de uma história fundada na longa duração econômica, nos ciclos climáticos, no estudo das lentas mutações das mentalidades coletivas, em suma, na análise de tendências multisseculares, bandeiam-se para a biografia. O canto de despedida foi entoado por um obscuro professor de uma universidade do Kansas, Paul Murray Kendall, que publicou em 1974, pela Fayard, a biografia de Luís XI, que vendeu 150 mil exemplares e virou livro de cabeceira de Giscard d'Estaing, Mitterrand e Chirac, segundo o que eles mesmos dizem. Kendall repete essa velha ideia forte e falaz de que são os "grandes homens" que fazem a história: "Hoje", escreve ele, "queremos crer que nossa história é essencialmente determinada pelos movimentos de massa e de pensamento, por imperativos sociais ou econômicos [...]. Mas, no século XV, um rei louco, brutal ou fraco podia ser a causa de uma catástrofe internacional." Então começa-se a falar de um *São Luís* de Jacques Le Goff, de um *Saint François d'Assise* de Georges Duby, de um *Pétain* de Marc Ferro.

Nos anos 1960, o estrato superior da intelectualidade dominante (Lacan, Foucault, Derrida, Sollers e o grupo de *Tel Quel*) manifesta seu enorme desprezo pela autobiografia, o próprio exemplo de um enunciado ingênuo, arcaico e até desonesto, reservado à velha guarda da produção de textos que se recusa a se aposentar, em vez de aceitar a retirada imposta por sua esterilidade intelectual. No entanto, em 1975, Barthes publica *Roland Barthes por Roland Barthes*, de onde constam essas enigmáticas frases: "Este livro é feito do que não conheço: o inconsciente e a ideologia, coisas que só falam pela voz dos outros. Não posso pôr em cena (em texto), *como tais*, o simbólico e o ideológico que me atravessam, visto que sou a mancha cega deles (o que me pertence propriamente é *meu* imaginário, é *meu* fantasmático: daí este livro)". Nesse mesmo ano, Philippe Lejeune lança *O pacto autobiográfico*. Estudando Rousseau, Gide, Sartre (em relação a *As palavras*) e Leiris, ele reabilita a autobiografia definida da seguinte maneira: "Relato em prosa que uma pessoa real faz de sua própria existência enfatizando sua vida individual, particularmente a história de sua personalidade". Para que o "pacto" seja respeitado, deve-se enfatizar a identidade nominal do autor, do narrador e da personagem principal. Já não se hesita mais em escrever a autobiografia de um outro: em 1982, Dominique Fernandez ganha o prêmio Goncourt por *Pela mão do anjo* — uma altero-ficção, se couber o termo, visto que seu objetivo é sugerir a imagem e as lembranças "de um Pasolini mais verdadeiro do que fariam todos os biógrafos". Em *A era do vazio* (1983), Gilles Lipovetsky expressa a autoidolatria do homem alucinado por sua própria imagem. Quanto aos que sonham com sua autobiografia, mas não sabem escrever, podem recorrer a um escritório especializado que se oferece para redigi-la, "graças aos serviços de um sociólogo que faz as perguntas e um *rewriter*, que trabalharão sobre o material de quatro horas de gravação". Preço: 15 mil francos para trinta exemplares, com a finalidade de conservar e promover "a herança cultural para uso familiar".

As atribulações do "herói romanesco"

A França dos anos 1920 não se sente obcecada pelo enigma identitário. Vitoriosa, maior potência militar do mundo, senhora de um império colonial imenso, com "100 milhões de habitantes", a França exemplar ocupa o "justo meio" entre o gigantismo americano, cuja bárbara modernidade é ridicularizada por Georges Duhamel, e os países atrasados que ela domina com benevolência civilizadora. Os romancistas de grande venda (G. Duhamel, J. Romains, H. Bordeaux etc.) não se debatem entre os terrores ontológicos. Não se perguntam se o romance deve ser a narrativa de uma história ou a história de uma narrativa. Não hesitam em escrever que "a condessa saiu às cinco horas" e descrever o íntimo de seus pensamentos no momento da saída. Para eles, assim como para o dicionário *Robert*, "o romance é uma obra de imaginação em prosa, bastante longa, que apresenta e dá vida a personagens apresentadas como reais num determinado meio, e mostra-nos sua psicologia, seu destino e suas aventuras". Para François Mauriac, "o romance é a primeira das artes. E isso porque seu objeto é o homem". Como Balzac, continua-se a "concorrer com o estado civil"; como Zola, continua-se a dar voz às classes sociais. Em 1933, o jovem escritor André Malraux ganha o prêmio Goncourt por um romance que, de retumbante, tem apenas o título, *A condição humana*. *Ulisses*, publicado em 1922 e traduzido para o francês em 1929, é declarado ilegível porque o leitor não encontra a "personagem" psicologicamente caracterizada. Nesse volumoso livro, agitam-se consciências acometidas de introversão, agitação aliás sem finalidade, como mostra claramente o monólogo de Molly, que encerra a obra. O herói de *O processo* não tem nome: designa-o a letra K, e ele é despsicologizado. Depois da guerra, Samuel Beckett, Nathalie Sarraute e Alain Robbe-Grillet contestam ao escritor o direito de atribuir uma "psicologia" à personagem e de lhe confiar uma "mensagem". O "herói de romance" se define antes de mais nada por sua função dentro do texto. André Gide já havia mostrado o caminho em *Paludes*, uma espécie de antirromance, história de uma ideia, de um projeto de livro, sugerindo que "a história da obra e de sua gestação seria mais interessante do que a própria obra".

Passa-se o tempo... Angustiado por sua incerteza identitária, o homem dos anos 1980 exige a antropometria das personagens de ficção. Em 1984, Marguerite Duras ganha o prêmio Goncourt com *O amante*, relato parcialmente autobiográfico que nos diz ou, ao menos, evoca tudo o que se relaciona com as neuroses da narradora e de sua mãe.

O segredo do analisando

Freud escreve em *O mal-estar na civilização* (1929):

> O edifício da civilização se funda em larga medida sobre o princípio da renúncia às pulsões instintivas [...], o que postula a não-satisfação (repressão, recalcamento ou qualquer outro mecanismo) de instintos poderosos. Essa "renúncia cultural" rege o vasto domínio das relações sociais entre os seres humanos [...]. Não é fácil conceber a maneira de negar satisfação a um instinto [...]. A civilização só pode chegar a isso por um meio: reforçando sempre mais o sentimento de culpa [...]. É lícito sustentar que a comunidade também cria um superego cuja influência preside à evolução cultural.

A psicanálise tem como objetivo não tanto a cura, mas a captura do mais recôndito segredo: aquele que o indivíduo porta na ignorância dessa carga. Já não se trata de descobrir o segredo que o outro detém conscientemente, e sim de revelar a esse outro aquilo que ele oculta a si próprio. É preciso muita audácia ou inconsciência (no sentido trivial da palavra) para ousar falar da psicanálise em poucas linhas. Ela despertou indignação, entusiasmo, estendeu seu imperialismo em todos os fatos de linguagem (o que é natural, pois ela se funda sobre o dito e o escutado), antes de provocar uma espécie de contra-ataque dos sexólogos, de que falaremos mais adiante. Arriscamo-nos a confessar que vemos na psicanálise uma medicina branda, incapaz de tratar das psicoses, mas podendo ajudar os neuróticos cujos sofrimentos não encontram alívio na quimioterapia.

Deixemos de lado nossa impressão, que não tem importância. O que aqui nos importa, nessa problemática do segredo que estamos esboçando, é perceber o efeito do surgimento de uma lembrança presente, mas velada. Tomaremos apenas um exemplo, o do "homem dos lobos" apresentado por Freud em *História de uma neurose infantil.* Serguei Petrov Tankieff viveu 92 anos, de 1887 a 1979. Ele iniciou seu tratamento com Freud aos 26 anos de idade. Todos conhecem o sonho recorrente de seus quatro anos: seis ou sete lobos brancos com caudas espessas, sentados nos galhos de uma nogueira, encaram-no fixamente. O menino acorda, apavorado. Veredicto de Freud: trata-se da versão reconstruída de outra lembrança "apavorante", enterrada no inconsciente: aos dezoito meses de idade, dormindo no quarto dos pais, o bebê Serguei viu a cena primitiva: o pai de pé penetrando na mãe curvada. O desvendamento do segredo não curou o rapaz. Tankieff, aristocrata russo arruinado pela Revolução, torna-se o protegido da jovem comunidade psicanalítica. "Sem a psicanálise", escreve ele, "eu jamais conseguiria suportar o que a vida me reservou." É verdade, em todos os sentidos do termo, inclusive financeiro. Assim vive ele, preocupado consigo mesmo, indiferente aos outros, principalmente à sua mulher, que, judia, se suicida em 1938, assustada com a ascensão do nazismo. Ele sofre várias recaídas, que o levam a outros psicanalistas, mas sempre mantendo contato com Anna Freud, que reconhece que "esse antigo paciente de Viena faz parte de [sua] herança". A história do "homem dos lobos" deu origem a inúmeras glosas (e inclusive uma ópera): para Tankieff, o segredo, antes oculto e agora revelado, nem por isso se torna mais suportável. A divulgação de seu segredo deu ensejo a livros e espetáculos de terceiros. E os sexólogos poderiam objetar: supondo que a "cena primitiva" tenha sido vista e entendida, seria tão traumatizante para uma criança "normalmente" masturbadora?

Acontece que o segredo do paciente escapa ao analista. É o

que nos diz C. David.[6] Um homem de 45 anos, elegante, refinado, reservado, "dominando perfeitamente a língua", vai visitá-lo depois de alguns sinais de insuficiência sexual com uma amiga especialmente estimada. Ele o visita treze vezes, e conta sua vida: "Ele desenrolava diante de mim um novelo de palavras que formava entre nós uma espécie de tela onde ele me projetava um filme, tendo eu a única função de ser espectador [...]. Ele nunca deixou espaço para uma eventual intervenção de minha parte". Na 13ª sessão, o paciente chega como de costume, deita-se e prossegue no relato. Aos quarenta minutos,

> ele se levantou do divã por iniciativa própria e me pagou imediatamente os honorários, enquanto me manifestava, com a desenvoltura que em nenhum momento o vi abandonar, sua firme decisão de parar por ali. Dizia ter se interessado muito por essa experiência, e até considerava que havia extraído um certo proveito dela, pois suas dificuldades tinham diminuído e o futuro se tornava mais claro. Ele nunca havia me mencionado durante as sessões nem uma palavra de leve sobre essa melhora [...]. Essa fuga diante da análise me deixou pensativo.

Nos comentários que se seguem, C. David mostra que o paciente possuía um segredo que guardou até o fim. A menos que ele, o analista, não tenha reparado na menção ao segredo.

> Assim como um analisando pode se abster num segredo, da mesma forma um analista pode se abster no próprio momento da confissão [...]. Às vezes, partilhar o segredo de um paciente equivale inconscientemente a estabelecer um laço incestuoso com ele. Oculto ou revelado, portanto, o segredo pode cegar nossos olhos. Se Édipo não tivesse solucionado o enigma da Esfinge, ele teria morrido; tendo-o solucionado, um extraordinário encadeamento de circunstâncias, como diria Henry James, levou-o a se cegar. Esse momentâneo clarividente cairá mais tarde na armadilha do destino, o que não lhe será perdoado.

São talvez as mulheres — até recentemente obrigadas a mudar de nome com o casamento — as que mais se preocupam com o enigma identitário, e, portanto, as mais capazes de resolvê-lo. Desde que nascem, muitas vezes decepcionando os pais que "esperavam um menino", a sociedade judaico-cristã lhes lança uma carga de culpa, visto que foi Eva que nos mergulhou na tragédia, na impotência e na ilusão. Por serem menos imbuídas de (falsas) certezas do que os homens, as mulheres são predispostas a denunciar o "social" mascarado pela pretensa natureza. Isso explica o processo que abrem contra a psicanálise. Deixemos a palavra a uma representante delas: "As mulheres invejam não o pênis, mas as pretensões sociais autorizadas pelo pênis [...]. Entre mãos venais, a psicanálise conseguiu não só desacreditar a revolução (feminista) e obrigá-la a recuar, mas também dar empregos, enriquecer certas pessoas, vender-se a si mesma e promover a sociedade de consumo" (Kate Millett).

NOTAS

1. A. Prost, "Les monuments aux morts", *Les lieux de mémoire*, dir. de P. Nora, Paris, Gallimard, 1984, pp. 195-228.

2. J. P. Azéma, *De Munich à la Libération, 1938-1944*, Paris, Seuil, 1979. Os dados que se seguem foram extraídos desse mesmo autor.

3. Esses dados foram extraídos de M. Pollak, "Des mots qui tuent", *Actes de la Recherche en Sciences Sociales*, nº 41, fevereiro de 1982, pp. 28-45.

4. G. Botz e M. Pollak, "Entretien avec Margareta Glas-Larsson. Survivre dans un camp de concentration", ibid., pp. 3-28.

5. R. Hoess, *Le commandant d'Auschwitz parle*, Paris, Julliard, 1959.

6. C. David, "Le cauchemar d'un curieux", *Nouvelle Revue de Psychanalyse*, nº 14, outono de 1976, pp. 261-74.

SEGREDOS DE FAMÍLIA

NASCER OU NÃO NASCER
A LEGALIZAÇÃO DA CONTRACEPÇÃO

> *O filho concebido no casamento tem como pai o marido. Não obstante, este poderá não reconhecer o filho em juízo, se justificar fatos aptos a demonstrar que não pode ser o pai.*
> Art. 312 do Código Civil

> *A maneira como as sucessivas sociedades, na evolução histórica, abordam assuntos tão graves como o aborto basta para indicar a prioridade da sociedade sobre o indivíduo. Não é apenas a mãe, mas a coletividade inteira que traz o filho em seu seio. É ela que decide se ele deve ser gerado, se deve viver ou morrer, qual é seu papel e seu futuro. Ela dita às mulheres a arte e a maneira de dar à luz, a parte de sofrimento que lhes cabe.*
> Dr. Pierre Simon, *De la vie avant toute chose* [A vida antes de tudo], p. 15

Contracepção "artesanal" e técnicas modernas

A contracepção sempre foi praticada, como prova sua reiterada condenação pelos rituais de penitência. Na sociedade ocidental que, para o papado, devia ser teocrática, qualquer medida anticoncepcional — mesmo entre esposos — era tida como pecado mortal, sendo punida com maior rigor do que a sedução de uma virgem, o estupro, o incesto ou mesmo o sacrilégio. A finalidade do ato sexual era a reprodução e não o prazer, sendo condenadas todas as posições que, supostamente, não permitissem que o "vaso feminino" recolhesse o sêmen fecundador. Mesmo sem o recurso às técnicas elementares da contracepção — *coitus interruptus*, sodomia —, o regime de fecundidade "natural" se mantinha muito abaixo do máximo biológico. Os casais da França antiga não tinham mais do que cinco ou seis filhos vivos, devido à idade tardia com que se casavam, à alta taxa de mortalidade (principalmente das mulheres em trabalho de parto) e à amamentação. Dessa meia dúzia de crianças, apenas duas atingiam a idade adulta, o que se aproxima da taxa de fecundidade atual (1,7%). No final do século XVIII, o aumento da produtividade agrícola e o maior intervalo entre as epidemias permitem esperar que, de três nascimentos, dois cheguem à idade adulta. A partir daí, a regulação da fecundidade deixa de ser coletiva e passa a ser individual: cada casal decide sobre o número de filhos. Sem pílula, sem DIU e apesar do rigor da lei de 1920, reprimindo não só o aborto, mas também a propaganda anticoncepcional, a taxa de reposição das gerações no entreguerras é inferior a dois, o que prova que a contracepção "artesanal" antecipou as técnicas "modernas". Na década de 1880, o malthusianismo tem uma finalidade explicitamente política: a "greve dos ventres" se destina a privar o empresariado de uma mão--de-obra abundante, e portanto barata, e a não fornecer "carne de canhão" ao Estado burguês. Em 1896, Paul Robin funda a primeira Associação Neomalthusiana, mas a "reação" das mulheres é fraca: poucas se filiam. O coito interrompido e, caso este falhe, o aborto continuam a ser os meios usuais. A guerra de 1914-1918 e suas catastróficas consequências demográficas acabam com esse ímpeto anarco-malthusiano.

Em 1978, o INED e o INSEE organizam um questionário para 3 mil mulheres na faixa etária de vinte a 44 anos no dia 1º de janeiro de 1978. Das entrevistadas, 28% usam pílula e 68% recorrem a algum método anticoncepcional, "arcaico" ou moderno. Entre os 32% das mulheres que não usam nenhum método, algumas se submeteram a uma esterilização voluntária, e muitas declaram querer um filho. A proteção anticoncepcional atinge 97,8% entre os vinte e 24 anos. O uso da pílula atinge seu máximo entre os 25 e 29 anos. A partir dos 35 anos, ela é suplantada pela retirada do pênis antes da ejaculação, método que, para todos os subgrupos etários, ocupa o segundo lugar depois da pílula. Uma pesquisa complementar de 1982 informa que a pílula e o DIU são usados por 38% das mulheres entre quinze e 49 anos, índice que sobe para 46% entre os 25 e 29 anos. De 1978 a 1982, o recurso à pílula estaciona, ao passo que o emprego do DIU duplica, fenômeno já observado nos Estados Unidos, onde o uso da pílula tem diminuído desde 1974. O uso dos métodos tradicionais (retirada do pênis, preservativos masculinos, continência periódica) aumenta de acordo com a idade. O cruzamento com certas variáveis socioeconômicas traz as seguintes informações: em 1982, para mulheres de vinte a 44 anos, 44% usam pílula ou DIU, porcentagem que chega a 56% quando têm o segundo grau completo ou mais, a 48% quando são quadros superiores ou profissionais liberais, a 55% quando moram na região de Paris, a 52% quando não atribuem nenhuma importância à religião, a 64% quando não são casadas. O recurso a esses métodos não significa que não queiram filhos, e sim que pretendem planejar a época do nascimento. É cada vez menor o número de casais sem filhos.

Contracepção e demografia

A curto prazo, as consequências da baixa da fecundidade são benéficas: menor número de licenças-maternidade e menos despesas de saúde com os lactantes; menos crianças do nível 3, as mais caras nos subsídios familiares. A mais longo prazo, duas consequências são certas: a diminuição do número de habitantes, o que não será necessariamente uma catástrofe (uma França de 45 milhões não seria pior do que uma França de 55 milhões); a diminuição da população jovem e o concomitante aumento da proporção de idosos, o que implicaria que "os jovens ativos amanhã estariam dispostos a se privar dos frutos obtidos com os ganhos de produtividade para atender às necessidades dos velhos, que se tornaram proporcionalmente mais numerosos".[1] Enquanto ontem decidia-se, com medidas "adequadas", não ter filhos, hoje, por uma decisão "positiva", a opção é tê-los. A baixa da fecundidade na França (menor do que nos outros países da Europa ocidental e oriental) deriva de duas causas: a eficácia da contracepção, que diminui o número de filhos de nível 3, definidos por Alfred Sauvy como "os filhos não desejados e não recusados"; menores alterações nas escolhas familiares, que se limitam a dois filhos reproduzindo o casal: um filho primogênito e uma filha caçula (a determinação do sexo desejado, coisa que virá em breve, limitará ainda mais o número de filhos de nível 3). Dito isso, a demografia continua a ser o campo do imprevisível, como mostra a explosão de natalidade iniciada em 1943, ou a baixa da taxa de fecundidade a partir de 1965. As francesas demoraram até chegar à contracepção, mas depois o processo foi rápido, alinhando-se pelo "modelo sueco". Com efeito, segundo um levantamento feito na Suécia nos anos 1960, com uma amostragem representativa dos dois sexos entre dezoito e sessenta anos, 77% dos entrevistados com menos de trinta anos utilizam um anticoncepcional "moderno"; 57% dos homens e 44% das mulheres tiveram sua primeira experiência sexual antes dos dezoito anos; 98% dos casais tiveram relações sexuais antes do casamento; 33% das mulheres estavam grávidas na hora do casamento; apenas 1% dos suecos acha que um filho fora do casamento não deve ter os mesmos direitos de um filho legítimo.

Rumo a um "erotismo" judaico-cristão?

O recurso maciço aos anticoncepcionais "modernos" — e sua legitimação —, historicamente recente, introduz na vida privada uma transformação cuja amplitude ainda não foi plenamente avaliada, tanto mais que a tradição judaico-cristã (ao contrário de outras civilizações) "nada tem de erótico" (dr. P. Simon). Agora, não só é possível recusar ou decidir — ou seja, planejar — os nascimentos, como também, liberada da angústia de uma gravidez indesejada, a mulher, separando sua atividade erótica de sua função reprodutora, pode buscar — e até exigir — uma atividade sexual plenamente gratificante, sem que com isso esteja faltando às regras da decência. Que o homem (no sentido de *vir*) é "naturalmente" polígamo, sabia-se de longa data, e a sociedade tolerava o fato. A poliandria, recentemente revelada e até aqui refreada pelos valores e normas elaborados pelos homens, coloca em questão — e em todos os planos — a pretensa superioridade masculina. Compreende-se por que a legitimação da contracepção, isto é, o controle da medicina sobre um mecanismo "natural", só veio a ser conquistada contra tabus e preconceitos depois de uma longa luta, cujo desfecho foi por muito tempo duvidoso. Gostaríamos de evocar rapidamente os principais episódios desse combate.[2]

A ideia inicial de Gregory Pincus é reproduzir endocrinologicamente os fenômenos da gravidez "inundando" o organismo com dois hormônios (a progesterona e o estrógeno), que inibem a função dos ovários (cerca de 1958). Em 1953, surge em Genebra o Grupo Littré, reunindo médicos de língua francesa, em sua maioria obstetras, estarrecidos com o espetáculo diário descrito pelo dr. Pierre Simon nos seguintes termos: "Nos hospitais? É o massacre [...]. No hospital da Pitié, que sob este aspecto nunca mereceu seu nome, eu me lembro do horrível espetáculo que às vezes me ofereciam as salas sépticas. Frequentemente realizavam-se curetagens sem anestesia. As mulheres tinham de ser punidas por onde tinham pecado". O objetivo final do Grupo Littré era a pura e simples legalização do aborto, mas, ciente do peso dos preconceitos, ele tomou a legalização da contracepção como uma primeira etapa, único atentado contra a lei de 1920 que a opinião pública da época, através de seus representantes eleitos, podia admitir. Em 1954, o grupo radical-socialista — então em plena renovação — apresenta na Assembleia Nacional uma proposta de revogação da lei de 1920. Em 1956, por instigação do dr. Lagroua Weill-Hallé, nasce o movimento "Maternidade Feliz". Finalmente, em 1959, é criado o MFPF, Movimento Francês para o Planejamento Familiar, que encontra apoio entre professores, jornalistas (dr. Escoffier-Lambiotte em *Le Monde*), protestantes (o pastor André Dumas, professor de moral na Faculdade de Teologia Protestante de Paris) e mesmo entre certos católicos (o sacerdote Marc Oraison). Em 1961, o primeiro centro regional de planejamento familiar é inaugurado em Grenoble pelo dr. H. Fabre, convocado perante o Conselho de Medicina da cidade... por ter ligado as trompas de uma alienada mental. Em 1963, dr. Pierre Simon apresenta em Paris o DIU, elaborado por um ginecologista de Nova York. Em sua campanha presidencial de 1965, o candidato François Mitterrand se pronuncia a favor da contracepção. O projeto é retomado pelos gaullistas e, em dezembro de 1967, é votada a lei Neuwirth... que levará cinco anos para ser regulamentada.

NASCER OU NÃO NASCER
A LEGALIZAÇÃO DO ABORTO

Compreendeu-se que a legalização da contracepção foi uma etapa para a legalização do aborto quando *Le Nouvel Observateur*, em 5 de abril de 1971, publicou o "Manifesto das 343", assinado por mulheres famosas que declaravam — para não dizer que proclamavam — ter feito aborto. Emergindo do campo do secreto, o aborto se tornava dizível. O Manifesto e os textos subsequentes colocavam o problema do aborto em termos absolutamente novos. Numa verdadeira inversão ética, é o fato de carregar um filho indesejado que passa a ser considerado "absolutamente imoral". O corpo não é uma máquina, e a maternidade forçada desrespeita a especificidade do ato de dar a vida. Impõe-se um duplo respeito: pelo corpo da mulher e pelo corpo do filho a nascer. O amor materno não pode florescer plenamente na relação mãe-filho a não ser que esse filho tenha sido desejado. Além disso, não se trata de uma escolha entre o aborto e o não-aborto, mas entre o aborto clandestino e o aborto assumido pela medicina. Ainda que faltem estatísticas confiáveis, calcula-se que nos anos 1970 foram realizados anualmente cerca de 600 mil abortos clandestinos: quinhentas mulheres morreram com a operação e cerca de 20 mil ficaram estéreis para sempre. Os ginecologistas sabem muito bem disso, pois 20% das consultas por esterilidade são casos decorrentes de abortos malfeitos. A hipocrisia é total: a polícia evita perseguir quem aborta, e a justiça evita condená-las, como determina a lei de 1920. Segundo Théodore Zeldin, entre 1920 e 1939, apenas 350 casos anuais chegavam a uma decisão judicial, sendo que, muitas vezes, os jurados decidiam pela absolvição. Desde 1945 começaram a funcionar "maternidades clandestinas" em Paris, praticando IVG (interrupção voluntária da gravidez). Um estudo de 1947 mostra que 73% das mulheres que abortam são casadas e agem com o consentimento do marido. O Manifesto das 343, apesar de seu ar de provocação, guarda proximidade com as preocupações governamentais. O primeiro-ministro Jacques Chaban-Delmas pensa em promover a "nova sociedade", e seu ministro da Saúde e da Previdência Social, Robert Boulin, cria uma comissão encarregada de estudar o problema do aborto que, sob a coordenação do dr. Pierre Simon, reúne médicos de diferentes sensibilidades políticas, os padres Milliez, Mathé e Minkovski, e faz consultas junto a teólogos católicos e protestantes. Quando parecia iminente a apresentação de um projeto de lei, Jacques Chaban-Delmas se demite — ou melhor, é demitido — em 5 de julho de 1972. O projeto é retomado pelo governo Chirac, e Simone Veil, ministra da Saúde, consegue que seja aprovado. Finalmente surgem os últimos decretos de aplicação da lei Neuwirth, e a "lei Veil" ganha o consenso da opinião pública, que se patenteia numa sondagem do IFOP (Institut Français d'Opinion Publique) de maio de 1975: 93% das mulheres entre quinze e cinquenta anos desejam o planejamento dos nascimentos, 82% são favoráveis aos métodos anticoncepcionais, 74% querem que seus filhos tenham informações sobre a contracepção.

A despeito dos anátemas do padre Lejeune, animador do grupo Deixar Viver, que acusa o dr. Simon de ter "as mãos manchadas de sangue dos pequenos franceses", a "lei Veil" sem dúvida medicaliza o aborto, mas encerra dispositivos de dissuasão. A candidata a uma interrupção voluntária da gravidez é atendida por um médico que verifica seu estado, informa-se dos motivos para o aborto e entrega à consulente um *Guide* IVG [Guia de interrupção voluntária da gravidez], que insiste sobre as possibilidades oferecidas à mulher que aceitar sua gravidez (as primeiras versões desse guia não traziam sequer a lista dos estabelecimentos autorizados a praticar a IVG). Tem-se o número exato de IVGs, visto que todos os médicos que fazem abortos devem preencher um certificado. Os números são os seguintes:

— 1976: 134 173, ou seja, 18,7% dos nascimentos vivos
— 1980: 171 218, ou seja, 21,4% dos nascimentos vivos
— 1983: 181 735, ou seja, 21,4% dos nascimentos vivos

Relativamente baixos em comparação às estimativas anteriores à lei de 1975, esses números levam a pensar que os abortos clandestinos continuam existindo. Quanto ao eventual sofrimento causado por uma IVG, mesmo bem-feita, continuamos a ignorá-lo, mas é plausível pensar que a decisão de abortar, quaisquer que sejam os motivos, frequentemente provoca um sentimento de culpa.

PARTO SEM DOR

A humanidade está maculada pelo pecado original: nas dores do parto, a mulher expia o pecado de Eva; nas dores do nascimento, a criança paga o trágico servilismo de Adão. Foi apenas nos anos 1950 que a medicina descobriu que as contrações uterinas se deviam mais a coerções sociais do que a exigências da Natureza, e eram produtos da linguagem e não da fisiologia. É com os estudos de Pavlov, um dos pioneiros da etologia (lembremos que ele ganhou o Prêmio Nobel em 1904), que se descobre, ao lado dos reflexos inatos, o vasto campo dos reflexos condicionados e adquiridos. No Instituto Pavlov de Leningrado, dr. Nicolai, chefe do setor de obstetrícia, desenvolve o parto sem dor, levado à França pelo dr. Lamaze, justamente para a clínica dos Bluets, dos metalúrgicos da CGT. É uma revolução que vem do frio. Consiste em tornar a mulher a autora do parto, com a presença do pai que deve ajudar no nascimento do filho que ele gerou. Como isso é possível? Por falta de competência, deixemos a palavra a um especialista.

> Se a atividade cortical pertence à matéria, então é possível modificá-la, alterar e transformar o comportamento dos homens [...]. A percepção da contração uterina desencadeia um reflexo apropriado ao bom parto, por exemplo respiratório. A intensidade voluntária do ritmo respiratório desenvolve, no nível do córtex cerebral, uma zona de inibição contra a qual vêm se abater os influxos da dor. Assim rompeu-se, em suma, um círculo sociofisiológico milenar que queria que a mulher, passiva e em conformidade com as Escrituras, parisse numa ruidosa morbidez (dr. P. Simon).

Se agora — estamos em 1953 — o parto se faz entre sorrisos e alegria, como reagirá a Igreja? O veredicto de Pio XII se dá em 8 de janeiro de 1956. É uma absolvição:

> O auxílio concedido para que a parturiente colabore oportunamente com a Natureza, mantenha a calma e o controle, com uma maior consciência da grandeza da maternidade em geral e, em particular, da hora em que a mãe põe o filho no mundo, tudo isso são valores positivos nos quais não há nada a reprovar. Esses benefícios para a parturiente [...] são plenamente conformes com a vontade do Criador [...]. Assim visto e compreendido, o método é uma ascese natural que guarda a mãe contra a superficialidade e a leviandade; ele influencia positivamente sua personalidade, para que na hora tão importante do parto ela manifeste a firmeza e a solidez de seu caráter.

Posteriormente, o método foi aperfeiçoado com a anestesia da bacia, pela aplicação de uma peridural (na região lombar). Esse refinamento químico, que dispensa a mulher grávida dos exercícios que teria de fazer durante a gravidez, retira ao parto uma parte de sua "naturalidade". Mas a presença do pai durante o parto se manteve e, inclusive, talvez tenha até aumentado.

DESEJO DE TER FILHOS E A LUTA CONTRA A ESTERILIDADE O DOMÍNIO DA BIOLOGIA

Medicalização da reprodução

A coisa está clara. Apesar do Holocausto, do Gulag, da fome africana, da bomba atômica, a humanidade quer se perpetuar. Ainda não perdeu o medo de desaparecer. O indivíduo continua empenhado em não romper a cadeia das gerações. Apesar do pecado original e do "horror de ter nascido", o fiel deve gerar adoradores do Criador. "O contraceptor instruído saberá tratar as esterilidades: é uma mesma e única disciplina, é o outro lado da moeda anticoncepcional" (dr. P. Simon). De fato, a contracepção não deve nos fazer esquecer o pavor da esterilidade. Segundo a pesquisa INED-INSEE, anteriormente citada, em 1978 5% dos casais não podem ter filhos; 18,4% em algum momento tiveram dificuldades para conceber; para 10,8% dos casais, as dificuldades surgiram desde a primeira concepção, mas em três quartos dos casos elas foram superadas, e houve um nascimento. Os casais estéreis — ou que se consideram como tais — recorrem cada vez mais aos médicos. O processo reprodutor está, portanto, intensamente medicalizado: testes de gravidez à venda nas farmácias, técnicas de diagnóstico pré-natal (amniocentese, ecografia), inseminação artificial por doador (IAD), escolha do sexo da criança etc. A esterilidade é vivida com uma tal intensidade dramática que os casais se dispõem a tentar tudo para superá-la, até mesmo a cruzar as fronteiras do secreto estabelecidas pela tradição. Não é um problema novo: a Antiguidade conhecia a esterilidade masculina; o senhor não hesitava em recorrer a um escravo, fato pouco conhecido nas relações entre o senhor e o escravo. Mesmo recurso no caso de esterilidade feminina: Abraão, não podendo ter um filho com sua esposa Sara, procurou uma escrava. Apenas recentemente a origem da esterilidade veio a ser conhecida. Os tabus sociais a atribuíam à mulher. O homem, confundindo virilidade e fecundidade, julgaria desonroso submeter seu esperma ao exame do microscópio. Hoje sabemos que a esterilidade se deve à mulher em um terço dos casos, ao homem em outro um terço, e os demais casos a uma "combinatória" defeituosa, como prova a célebre história de Eleanor de Aquitânia, esposa "estéril" de Luís VII que — depois do repúdio — teve dois filhos com Henrique Plantageneta, e o próprio Luís VII teve filhos com a segunda mulher. Essa "combinatória" falha pode ser decorrente de uma obsessão de conceber um filho: os médicos ficam espantados com os vários casais estéreis que têm filhos depois de adotar uma criança. Nos anos 1980, a publicidade dos meios de comunicação sobre as "mães portadoras" acabou gerando uma grande confusão; por isso é bom examinar os diversos casos.

IAD, FIVETE e "mães portadoras"

Primeiro caso: o homem é estéril, e a mulher é fértil. Recorre-se à IAD praticada desde 1975 e que resulta em mais de mil crianças por ano (mais exatamente, 1400 para 749 mil nascimentos em 1983). Técnica muito simples: coleta do esperma, conservação por congelamento, introdução no colo uterino da mulher receptora. A inseminação é praticada por médicos numa instituição que reúne os CECOS (Centros de Estudo e Conservação do Esperma). Os doadores são anônimos e não recebem remuneração. A mãe é genética e legal, o pai é não-genético e legal.

Segundo caso: o homem é fértil, a mulher é estéril por uma anomalia das trompas uterinas, mas seus ovários funcionam normalmente, o corpo do útero é normal, permitindo, pois, o desenvolvimento de uma gravidez. Esse tipo de esterilidade atingiria 3% das mulheres. É possível operar as trompas, mas é uma cirurgia delicada. Dá certo apenas em cerca de um quarto dos casos. Então usa-se a FIVETE (Fecundação *In Vitro* e Transferência do Embrião). Retira-se o óvulo da mulher com problemas nas trompas por intervenção cirúrgica com anestesia geral, por celioscopia ou por punção transvaginal sob controle ecográfico. Esse óvulo retirado é fecundado *in vitro* pelo esperma previamente coletado do companheiro. O embrião obtido é implantado no útero da mulher que teve seu óvulo retirado. É o "bebê de proveta" que fascina os meios de comunicação. Nesse caso, o pai e a mãe são igualmente genéticos e legais. O hospital Antoine-Béclère de Clamart, especializado nesse tipo de intervenção, efetuou oitenta operações mensais em 1985. A lista de espera é de dois anos. Em cem tentativas, resultam apenas vinte engravidamentos, dos quais um quarto fracassa por aborto espontâneo. É um método caro e difícil, comportando riscos de gravidez extrauterina. Entre fevereiro de 1982 e maio de 1985, nasceram cem crianças na França segundo essa técnica, e cerca de 1,5 mil no mundo.[3]

Terceiro caso: uma mulher não pode ovular, mas pode ter uma gravidez normal. Implantam-lhe um óvulo fecundado *in vitro*, proveniente de outro casal, por exemplo um óvulo extra guardado por congelamento. Nessa hipótese, que — ao que sabemos — nunca se realizou, o pai e a mãe seriam legais, mas não genéticos.

Quarto caso: uma mulher "normal" recebe um óvulo fecundado *in vitro*, proveniente de um casal solicitante (em que a mulher não pode engravidar), dá a criança à luz e a entrega a esse casal. É apenas nesse caso — realizado entre animais, principalmente em camundongos, mas nunca na espécie humana — que se justificaria o termo "mãe portadora". Infelizmente, por uma confusão semântica, o que se denomina "mãe portadora", "mãe substituta", "empréstimo de útero" ou "barriga de aluguel" designa um fenômeno totalmente diverso daquele que acabamos de mencionar, e não tem nada a ver com os avanços tecnológicos da FIVETE ou da crioconservação.

No *quinto* caso, a "mãe portadora" é uma mulher que aceita ser fecundada pelo esperma do homem de um casal solicitante, em que a mulher é estéril, e essa fecundação é feita por simples inseminação artificial. Ela deveria se chamar "mãe doadora", pois fornece seu patrimônio genético. Nesse último caso, o pai é genético e a mãe solicitante não. A legalidade da paternidade e da maternidade do casal solicitante coloca problemas jurídicos ainda não resolvidos.

DESEJO DE TER FILHOS E A LUTA CONTRA A ESTERILIDADE UM CAMPO DO NÃO-DIREITO

Em caso de esterilidade, o processo reprodutor, como dissemos, encontra-se cada vez mais nas mãos da medicina. E igualmente nas mãos do direito. O médico (e não é mais o "médico da família" de antigamente) e o juiz se tornam atores da vida privada. Sempre tinham sido, mas em menor grau. Pensava-se que o direito de família tinha suas "raízes" na Natureza, que abrangia um conjunto de costumes humanos irresistíveis, em suma, que transcendia a diversidade dos direitos positivos. Os avanços da genética e da biologia na atualidade são tais que, dominando a Natureza, eles pretendem criar um novo direito, positivo e contingente. Sob uma forma inesperada, ressurgem as exigências do direito natural, com as quais a legislação positiva terá de se compor. Os dados biológicos são novos e não há leis, o que significa que se desemboca na zona flutuante do não-direito. Quando a lei existe e contraria a evolução das mentalidades e dos costumes, o que pode fazer o juiz senão aplicá-la ou contorná-la com os artifícios que lhe são sugeridos por seu conhecimento jurídico e por sua imaginação? Vamos dar apenas um exemplo: desde 1975, a inseminação artificial é não só legal, como também praticada gratuitamente nos hospitais. O marido concorda com o que sua mulher vai fazer. Pouco depois, por razões que ignoramos, pois são mantidas em segredo, ele dá entrada a um processo negando a paternidade. O julgamento do Tribunal Superior de Nice, na data de 30 de junho de 1976, dá razão a ele, apoiando-se no artigo 311-9 do Código Civil, que estabelece que "as ações relativas à filiação não podem ser objeto de renúncia". No caso da IAD, é evidente e comprovado que o pai genético não é o marido da mãe. O filho nascido nessas condições deve ser considerado legítimo, natural ou adulterino? Desde a lei de 1972, a condição jurídica de um filho natural é igual à de um filho legítimo, mas o direito de sucessão continua desigual, em favor do filho legítimo. Na hipótese de se recorrer a uma "mãe substituta", é possível considerar que ela e o casal solicitante estão ligados por um contrato na acepção dada ao termo pelo artigo 1134 do Código Civil ("As convenções legalmente formadas valem como lei para os que as firmaram. Não podem ser revogadas senão por consentimento mútuo das partes, ou pelas causas autorizadas por lei. Elas devem ser executadas de boa-fé")? No atual estado do direito, a resposta é negativa. Essa convenção não foi "legalmente" formada (tudo reside no advérbio), e não é um contrato. E tampouco uma doação, pois nesse caso o doador tem a obrigação de cumprir o acordo. Ora, a "mãe substituta" sempre pode voltar atrás em sua decisão, fazer um aborto ou não entregar a criança. Os solicitantes, por seu lado, não são obrigados a aceitar a criança, se por infelicidade for anormal. A "mãe substituta" pode ser remunerada? O contato com o casal solicitante passa necessariamente por um intermediário, mesmo que seja um anúncio na imprensa. Ora, sobre este ponto a lei é explícita. Segundo um parecer do Comitê Consultivo Nacional de Ética para as Ciências da Vida e da Saúde (23 de outubro de 1984), o intermediário entra na alçada do artigo 353-1 do Código Penal, que pune "todo aquele que, com espírito de lucro, tiver levado ou tentado se valer de sua iniciativa para a recolha ou adoção de uma criança". Segundo o artigo 345 do mesmo Código, "os culpados de rapto, receptação ou eliminação de uma criança, de substituição de uma criança por outra ou de falsa atribuição de maternidade a uma mulher que não tiver dado à luz, serão punidos com a reclusão criminal de cinco a dez anos". Mas, afora certos casos excepcionais (ocorridos) de solidariedade familiar, é possível encontrar uma "mãe substituta" que faça de graça? Claro que não, levando em conta a onipresença do dinheiro. No colóquio "Genética, Procriação e Direito", realizado em 18-9 de janeiro de 1985 e organizado por Robert Badinter, ministro da Justiça, Henri Curien, ministro da Pesquisa, e Edmond Hervé, secretário de Estado encarregado da Saúde, e que reuniu médicos (padres Jean Bernard e Jean Dausset), juristas, sociólogos, psicanalistas (Françoise Dolto), filósofos (Michel Serres) e jornalistas, o padre Émile Papiernik-Berlhaouer propôs considerar a gravidez como um "trabalho". O Estado destina subsídios para todas as grávidas. O serviço prestado pela "mãe substituta" dura nove meses, durante os quais sua vida se altera; ela sofre restrições e corre riscos (a morte no parto, embora excepcional, ainda existe). Ora, o Comitê Nacional de Ética admitiu (parecer de 11 de novembro de 1984) que o voluntário saudável que se submete a experiências terapêuticas tem direito a *indenização* pelas restrições sofridas, excluindo qualquer *remuneração*. Distinção sutil que permite pagar a "mãe portadora" sem infringir a lei.

As poucas perguntas acima citadas estão longe de esgotar o assunto. Desde 1979, o dr. Pierre Simon coloca uma questão fundamental: "Como ficam as viúvas que são inseminadas com o esperma conservado de um defunto? Quantos processos por desvio de herança surgirão se a legislação não atentar para isso!". Em 1984, Corinne Parpaleix pede ao Tribunal Superior de Créteil a autorização de ser inseminada com o esperma de seu marido, falecido três anos antes devido a um câncer nos testículos (esperma conservado por congelamento aos cuidados de um CECOS). O artigo 315 do Código Civil é claro, determinando que "a presunção de paternidade não é aplicável à criança nascida mais de trezentos dias após a dissolução do casamento, nem, em caso de ausência declarada do marido, à criança nascida mais de trezentos dias após seu desaparecimento". Ao contrário do Tribunal Superior de Nice, que havia decidido pela aplicação estrita do artigo 311, o Tribunal de Créteil decide ignorar o artigo 315, já que, por julgamento de 1º de agosto de 1984, ele autoriza essa inseminação pelo motivo de que "nem as condições de conservação ou recuperação do esperma de um marido falecido, nem a inseminação de sua viúva ferem o direito natural, sendo um dos fins do casamento a procriação". Assim, reconhece-se implicitamente a filiação paterna. Isso mostra até que ponto o juiz se permite substituir o legislador e "ditar o direito", visto que, na aparência, sua decisão é juridicamente contestável: o filho não pode ser legítimo, pois não há casamento (automaticamente dissolvido pela morte de um dos cônjuges). Erguendo-se acima dos textos, os juízes de Créteil determinaram, portanto, que um morto podia dar a vida e gerar um órfão. Na Austrália, estão congelados os embriões de "pais" — ao que parece, possuidores de uma imensa fortuna — mortos num acidente aéreo. Transplantados para o útero de mulheres férteis, "reativados", esses embriões poderão se tornar filhos, criados por pais sociais, mas serão herdeiros legais de seus pais genéticos?

Em janeiro de 1985, na abertura do colóquio "Genética, Procriação e Direito", anteriormente mencionado, é lida uma mensagem do presidente da República, que coloca claramente o problema da ausência de legislação e do domínio do não-direito: "Hoje, em que princípios devemos nos apoiar, no momento em que os limites da vida se alteraram e está posta a questão dos direitos do homem por nascer [...]. A partir do momento que se domina a reprodução e se controla a hereditariedade [...], a humanidade se encontra numa dessas épocas em que ela própria deve escolher suas regras". É preciso legislar? Ou, de acordo com a opinião do decano Carbonnier, "entre duas soluções preferir sempre a que exige menos direito e deixa mais espaço aos costumes e à moral"? Jurista eminente, Robert Badinter minimiza a complexidade jurídica do problema das "mães portadoras": para ele, o empréstimo do útero não passa de uma adoção por antecipação, e o interesse da criança não fica nem mais nem menos afetado do que nos casos de adoção. Mais reticente, Georgina Dufois, ministra dos Assuntos Sociais e da Solidariedade Nacional, intervém no canal Europe 1 em 24 de abril de 1985 e faz a seguinte declaração: "Não posso permitir que se organize um mercado de aluguel de úteros [...]. Os pontos de vista são muitas vezes diversos, e encontram-se diferenças dentro do próprio governo [...]. Hoje, ninguém pode dizer que detém a solução correta, pois o problema é demasiado recente". "O paradoxo é que, num irresistível impulso de conformismo (o de ter um filho), esses casais estéreis colocaram em causa o fundamento das estruturas sociais às quais tentavam aderir" (dr. Coutant). Corinne Parpaleix deu muito o que falar (aliás, o filho autorizado nem veio a nascer). As mães portadoras, principalmente as americanas, deram entrevistas. As mães solicitantes se calaram: sem dúvida, preferiram manter sua esterilidade em sigilo.

No momento da redação deste texto (setembro de 1985), o direito tem mais perguntas do que respostas. "O direito de toda pessoa à vida é protegido por lei" (art. 2 da Convenção Europeia dos Direitos do Homem). "Todos têm direito à vida" (art. 252 da lei fundamental da República Federal da Alemanha). Mas quando começa a pessoa humana? O embrião é uma pessoa humana e, portanto, sujeito de direito? Se a resposta fosse positiva, não se poderia praticar a IVG. Por ora, o óvulo, fecundado ou não, tal como o esperma ou o sangue, escapa à apropriação. Para alguns, a pessoa humana existe desde a concepção; para outros, é preciso esperar o momento da implantação do óvulo fecundado, ou seja, de cinco a sete dias após a concepção; uns reconhecem a pessoa quando o feto começa a assemelhar um ser humano, ou seja, na sexta semana de gravidez; outros só a reconhecem quando o feto começa a se mexer; para outros ainda, é preciso que o feto se torne viável (vigésima semana); para outros, enfim, o ser humano existe apenas a partir do momento em que vem ao mundo. Como agora a mulher goza da possibilidade exclusiva do aborto, por que lhe negar a liberdade de escolher o modo de procriação que lhe convier? Se se admite que as mulheres solteiras adotem filhos, por que lhes negar a liberdade de procriar de acordo com sua opção? Depois que a definição de morte se viu questionada pelas novas técnicas de reanimação, a medicina e a biologia pedem uma nova definição da vida: quem a dá? quem a concebe? quem a decide? E quem pode ter autoridade para responder a essas perguntas?

DESEJO DE TER FILHOS E
LUTA CONTRA A ESTERILIDADE
INTERROGAÇÕES ESTÉTICAS E PSICOLÓGICAS

Essas interrogações são tão novas e numerosas que um arrolamento delas há necessariamente de apresentar lacunas. A IAD não exige técnicas sofisticadas, mas coloca problemas complexos. Por exemplo, no que concerne à interdição do incesto, visto que não se pode afastar a hipótese — a bem dizer, quase fantástica em termos de probabilidade — de que uma mulher com um marido estéril se faça inseminar com o esperma de seu pai, de seu avô ou de seu irmão. Deve-se preservar o anonimato dos doadores? Até onde levar a investigação sobre eles, sobretudo no plano hereditário? Pode-se pretender um esperma gratuito e, ao mesmo tempo, praticar um sério atentado à vida privada do doador e de sua família? Os doadores devem ser remunerados? Os bancos de esperma sofrem, de fato, uma ameaça de interrupção em seus estoques, e, levando em conta a demanda, corre-se o risco de se ter o desenvolvimento de um mercado clandestino, o que infringiria o artigo 345 do Código Penal e acabaria com qualquer controle de ordem genética. Devem-se aceitar todos os pedidos femininos, inclusive de mulheres solitárias e de casais homossexuais? Como o pai legal já não é o doador de esperma, como a sexualidade está dissociada da procriação e a procriação da paternidade, não é todo o conceito de família que está em questão? No caso da FIVETE, quais são os critérios para elaborar a lista de espera? Qual é o limite de idade a ser fixado? Obtidos vários óvulos fecundados, eles ficam estocados por crioconservação. Se a implantação dá certo, o que fazer com os óvulos adicionais? O que fazer se o óvulo fecundado apresentar anomalias cromossômicas? O que fazer se os pais desaparecerem antes da reimplantação (como no caso australiano já citado)? E o que fazer com esses embriões se o casal mudar de ideia ou, por exemplo, se separar? O recurso a uma "mãe portadora" (que, repetimos, não apresenta nenhuma dificuldade técnica) deve ser incentivado, por se tratar de favorecer um nascimento? Em suma, essas novas técnicas devem ficar reservadas exclusivamente aos casais estéreis, com uma finalidade terapêutica, ou podem ser aplicadas por simples conveniência? O Comitê Nacional de Ética parece se pronunciar pela opção terapêutica; Robert Badinter e o Tribunal Superior de Créteil, pela conveniência (Corinne Parpaleix não era estéril). Élisabeth Badinter, esposa do ministro da Justiça, autora de *Um amor conquistado*, uma história do amor materno do século XVII até a atualidade, pronuncia-se a favor da "maternidade rompida". Ela salienta que puericultoras, pajens, babás, donas de jardins-de-infância etc. muitas vezes são substitutas da mãe. Já que a ciência permite que as mulheres evitem filhos ou tenham apenas o filho que querem, "por que se indignar com o fato de essa mesma ciência lhes permitir ter um filho, caso queiram?". Quanto às autoridades religiosas, continuam a manter uma grande reserva, negando ao Estado o direito de legislar sobre o assunto. Sem dizê-lo explicitamente, elas se mostram reticentes, pois toda inseminação artificial inclui, ainda por cima, a prática da masturbação.

As interrogações psicológicas são igualmente numerosas. O "serviço" prestado pela "mãe portadora" não estará em contradição com a evolução cultural das mulheres que hoje (1985) estão na faixa dos trinta anos? A análise do discurso feminista — ou, mais simplesmente, feminino — desde os anos 1960 mostra que a luta pela contracepção, pelo aborto etc. tem como meta que as mulheres sejam donas de um "corpo" que já não deve se fragmentar em diversas funções: "objeto" sexual, instrumento de reprodução, ser social. Considerar o útero como uma fração do ser passível de empréstimo e remuneração equivale a negar a unidade da pessoa e voltar, em uma forma mais grave, ao assalariamento da "ama-de-leite". Como explicar o silêncio dos solicitantes? Vergonha por serem estéreis? O casal solicitante vive em uma total dependência, no terror de ver a "mãe portadora" voltar atrás em sua decisão. Será que desprezam essa mulher que abandona *seu* bebê (pois, repetimos, ela lhe dá seu código genético) por dinheiro? E, supondo que o "contrato" seja respeitado, a mãe adotiva legalizada não viverá obcecada pela existência dessa mãe onipotente — a mãe natural? A gravidez da "mãe portadora" reitera a prova de esterilidade da solicitante e confirma a fertilidade de seu marido. A solidariedade do casal se romperá ou se fortalecerá com o filho? Nos casos de adoção, os dois pais estão "em igualdade" em relação ao filho, ao passo que, no caso da "mãe substituta", o pai, a um só tempo genético e legal, não se sentirá "superior" à esposa? Esse risco não é imaginário: conhecem-se vários casos em que a esterilidade do homem ou da mulher levou o casal a recusar tanto a IAD quanto o recurso à "mãe portadora", preferindo a adoção, que preserva a "igualdade" diante do filho. Segundo as informações que obtivemos, as associações, sejam americanas, inglesas ou francesas (a Associação Nacional de Inseminação Artificial por Substituição, a ANIAS, foi fundada na França em 1983), exercem uma estrita vigilância sobre a "mãe portadora" (exames psicológicos e médicos), ao passo que se contentam com apenas uma entrevista com a solicitante. Como até 1985 ainda não havia surgido nenhuma legislação a respeito nesses países, tais associações mantêm uma extrema discrição sobre os interesses comerciais que as motivam (sabe-se, porém, que uma associação americana cobra 30 mil dólares, entregando apenas metade à "mãe portadora").

O reconhecimento do "direito *ao* filho" não deve fazer com que se esqueçam os "direitos *do* filho". Os tribunais e juristas não hesitam em tomar sob sua alçada o interesse da criança que está por nascer, mas tropeçam no momento de defini-lo com clareza. Se fosse para considerá-lo de maneira rigorosa, não seria o caso de proibir a procriação dos casais alcoólatras, sifilíticos, esquizofrênicos etc.? Nenhuma lei autoriza uma tal invasão na vida privada. No estado atual de nossos conhecimentos, é tão grande a ignorância do que ocorre entre o embrião e a mãe durante a gravidez, das consequências físicas e psicológicas para o desenvolvimento posterior da criança que podem ser provocadas por um rompimento com sua mãe natural, que a comunidade científica prudentemente evita os problemas — reais ou imaginários — ligados à gestação. No entanto, é justificável uma preocupação com as consequências decorrentes de uma separação brusca entre a criança e a mãe que a carregou dentro de si. Mais tarde essa criança, como qualquer filho adotivo, provavelmente terá de saber, como pregam as ideias atuais, a verdade sobre seu nascimento, e terá de se acostumar à ideia de que sua mãe natural só a carregou dentro de si para vendê-la. Algumas crianças terão dois pais (caso da IAD), e outras terão duas mães (a "mãe portadora" e a mãe legal). "O desejo de ter filhos", escreve o dr. Coutant, "e a luta contra a esterilidade não podem justificar a aplicação de todas as técnicas de fecundação. Por conseguinte, o direito à procriação não é ilimitado. A criança deve nascer nas melhores condições para se inserir na sociedade." Palavras de moralista, ao qual se pode replicar que são inúmeros os filhos de pais legais e genéticos que nascem em condições que permitem entrever uma difícil socialização.

CRESCER
AS RELAÇÕES ENTRE PAIS E FILHOS

Famílias e lares

Aqui não voltaremos à tese exposta por Antoine Prost no quarto volume da *Histoire générale de l'enseignement et de l'éducation en France* [História geral do ensino e da educação na França], e retomada no presente livro — a saber, que os pais, ao longo das transformações sociais e mentais dessas últimas décadas, conseguiram manter o contato com seus filhos ao preço de "concessões" muitas vezes dolorosas. Para evitar confusões, cabe lembrar a distinção entre um "domicílio" ("conjunto de pessoas que partilham uma mesma casa. Pode ser constituído por uma única pessoa") e o "lar", formado no mínimo por duas pessoas: um casal com ou sem filhos, apenas o pai ou, geralmente, a mãe com pelo menos um filho. Em 1982, a França conta com 19,59 milhões de domicílios e 14,12 milhões de lares, tendo aumentado respectivamente 34% e 25% em relação a 1962, enquanto a população total, no mesmo período, aumentou apenas em 17%. Todos os lares são domicílios, mas nem todos os domicílios são lares.

Foi apenas no século XIX que a criança passou a ser vista como uma pessoa especificamente diferente de um futuro adulto. O monsenhor Dupanloup (que era filho natural), de personalidade complexa, dedicou seis volumes a um tratado sobre *L'éducation*, e seu livro *L'enfant* [A criança], de 1869, é considerado por alguns como uma verdadeira carta magna da infância. Suas conclusões foram contestadas por G. Compayré, que, em *Évolution intellectuelle et morale de l'enfant* [Evolução intelectual e moral da criança], de 1893, aferrou-se à ideia de pecado original, apresentando uma criança mais inocente do que a do prelado. No entreguerras, são inúmeras as obras que tratam da infância: o dr. Robin, em doze volumes (na época, as pessoas dedicavam tempo à leitura!), manifestava-se a favor de uma maior liberdade para a criança. Em 1926, Montherlant vê no "adolescentismo" um rival do feminismo. Numa sondagem dos anos 1950, privilegia-se o quinto mandamento ("Honrarás pai e mãe"); 70% dos entrevistados consideram a disciplina como fator decisivo na educação e 52% não querem que a escola ensine educação sexual. Segundo uma pesquisa organizada em 1983 por A. Girard e J. Stoetzel, a imagem da família continua em larga medida positiva: 72% dos entrevistados se dizem muito próximos do pai e 80% da mãe; 75% afirmam que os pais sempre devem ser respeitados e amados, sejam quais forem seus defeitos; 50% justificam o divórcio e o aborto, mas 85% declaram que, "para que uma criança cresça numa atmosfera feliz, ela precisa ao mesmo tempo do pai e da mãe", o que não impede que 61% deles aprovem a conduta de uma mulher que quer ter um filho e continuar solteira. A crise econômica perpetua a dependência dos filhos: em 1978 (pesquisa do INED), moram com os pais 85% dos jovens de dezoito e dezenove anos, 72% dos de vinte e 21 anos, 63% dos de 22-3 anos, e ainda 53% dos de 24 anos. Dos quadros superiores, 75% ajudam financeiramente os filhos de dezoito e 24 anos.

Crescimento econômico e baixa da taxa de fecundidade

Nas sondagens dos anos 1980, os casais franceses declaram que o número ideal de filhos é de 2,7, mas geram apenas 1,81. Os operários são um pouco mais prolíficos do que os quadros superiores e os profissionais liberais, e nitidamente mais do que os quadros médios, os artesãos e os pequenos comerciantes. A determinação do sexo está às portas, e desde 1979 "temos condições, se nossas pacientes respeitarem nossas instruções, de orientar a escolha do sexo com 75% de probabilidades", afirma o dr. Pierre Simon. Ao contrário do que se costuma pensar, as famílias numerosas sempre constituíram exceção. No século XVIII, os nascimentos eram numerosos, mas a mortalidade era tão grande que, para uma fecundidade de cinco filhos por mulher, depois de cinco anos restavam 2,5 sobreviventes. A família numerosa foi um modelo efêmero na história demográfica: ela corresponde a um curto período em que uma grande fecundidade e uma fiel observância religiosa coincidiram com uma rápida diminuição da taxa de mortalidade. Mais do que a contracepção (o *coitus interruptus* sempre foi praticado), a IVG (o aborto clandestino sempre existiu), a falta de espaço em casa (nunca os franceses dispuseram de tantos metros quadrados por pessoa), o trabalho feminino (os Países Baixos têm o mais baixo índice de atividade profissional da Comunidade Econômica Europeia e, ao mesmo tempo, uma das taxas mais baixas de fecundidade), a falta de creches (a República Federal da Alemanha tem milhares, com uma taxa de fecundidade de 1,40) — mais do que tudo isso, foi uma revolução nas mentalidades, certamente relacionada com a descristianização, que levou os casais a dar aos filhos, se não um paraíso terrestre, ao menos uma vida confortável e, sobretudo, protegida. E essa proteção só podem garanti-la para um número restrito de filhos. Cercada de todos os tipos de promessas e expectativas, a criança precisa ser sustentada e tem de estudar por muitos anos. Antigamente, ela já começava a render desde muito cedo. Hoje, ela custa caro, pelo menos até os vinte anos de idade. Depositam-se nela as esperanças de uma ascensão social da família. Tem-se a prova *ao contrário* dessa aposta no futuro no alto índice de fecundidade das populações do Quarto Mundo, principalmente das que moram em regiões de trânsito. Aqui, como ocorria antigamente entre as classes laboriosas que a miséria tornava perigosas, é o domínio do "nada a perder". Não há nenhuma expectativa de promoção social. Fazem filhos, e eles sobrevivem graças aos avanços médicos, aos subsídios familiares e ao mínimo garantido às mulheres sozinhas. Aqui, segundo R. Erhel e C. Legay, encontram-se "essas famílias incestuosas fechadas em si mesmas, numa concepção da família como refúgio, bastião que opõe sua não-comunicação à sociedade circundante". É o que atesta essa declaração extraída do dossiê judicial de um pai acusado de incesto com sua filha menor: "Eu temia que minha filha fosse vítima de um marroquino ou de rapazes e eu queria que ela estivesse previamente informada. Minha mulher lhe explicou na minha frente quais eram as relações entre um homem e uma mulher, mas eu vi que ela não estava entendendo...".

Os filhos espancados não falam

A tenacidade com a qual é conduzida a luta contra a esterilidade não nos deve fazer esquecer um drama cotidiano abafado pelo segredo: o das crianças mártires. Em 26 de junho de 1985, P. Girod, em nome da Comissão das Leis, dá entrada no Senado a um relatório sobre o projeto de lei de Edouard Bonnefous, referente à proteção das crianças martirizadas. Segundo esse relatório, 50 mil crianças por ano são vítimas de sevícias psicológicas, físicas ou sexuais. Quatrocentas morrem. É pequeno o número de queixas: 1611 em 1982, ano em que os tribunais pronunciaram quinze penas de reclusão criminal, oito penas de prisão, e os tribunais correcionais pronunciaram 572 penas de prisão e correção. Apesar do rigor do Código Penal, a repressão é pequena devido a uma "verdadeira conspiração do silêncio", nos termos do autor do relatório. Estamos em pleno campo do segredo. Aqui entra a solidariedade familiar, alimentada pelo medo, pela vergonha, talvez por remorsos. Os médicos e assistentes sociais, pela lei de 15 de junho de 1971, ficam liberados do sigilo profissional no caso de terem conhecimento de sevícias ou privações sofridas por menores de quinze anos (art. 378 do Código Penal). Eles não falam — ou falam pouco —, certamente convencidos de que a solução menos pior é que a criança continue no meio familiar, seja ele qual for. O martírio infantil é uma questão de classe, consequência do alcoolismo, do pardieiro, em suma, do "subdesenvolvimento social e afetivo dos acusados". Os pais carrascos quase sempre tiveram uma infância de maus-tratos, e os filhos vítimas geralmente não eram desejados ou nasceram de uma união anterior. A lei pune não só o torturador, mas também o não-delator, visto que a alínea 2 do artigo 62 do Código Penal (resultante da lei de 15 de junho de 1971) o torna passível de uma pena de prisão de dois meses a quatro anos. O projeto Bonnefous propõe o agravamento das penas em que incorrem os autores das sevícias e os detentores do segredo. Uma maior repressão não trará muitos resultados. Um grupo de trabalho formado na Fundação Anne-Aymone Giscard d'Estaing para a Infância concluiu que não se deve "considerar sistematicamente os pais que usam maus-tratos como culpados a serem punidos com castigos exemplares, e sim, de preferência, como personalidades a serem ajudadas, tratadas e reabilitadas sem, naturalmente, perder de vista o interesse prioritário da criança". Vasto programa.

"As crianças são feitas para obedecer"

As relações entre pais e filhos mudaram muito desde os anos 1920. Mesmo nas famílias ricas — digamos abastadas —, evitava-se "estragar" (note-se a polissemia do termo) as crianças. Os brinquedos eram raros, e oferecidos em datas fixas. A disciplina era rigorosa. Devia-se "endireitar", "formar o caráter". As queixas eram proibidas. Os gemidos eram proscritos. "Ninguém está na Terra para se divertir; existe gente mais infeliz do que você; seu pai viu outros na guerra" etc. O sentimento de culpa era inculcado desde cedo. Fazer xixi na cama era pecado. Cocô, era o inferno. O valor do trabalho nem se discutia, fosse para os meninos ou para as meninas. Fiquemos apenas com o exemplo da camponesinha que nos é contado por Y. Verdier.[4] As meninas devem estar sempre com as mãos ocupadas: "Quando minha avó nos via sem fazer nada, logo dizia: 'Olha aqui, menina, um pano de prato para fazer a bainha'". Quando levam as vacas para o pasto, as meninas vão tricotando enquanto andam e vigiam os animais. A partir dos doze anos, elas "marcam", isto é, bordam o nome com fio vermelho e ponto de cruz em pequenos pedacinhos de tela, destinados ao enxoval. *Marquer*, no francês antigo, também designa a primeira menstruação, idade de passagem que, portanto, não pertence ao domínio do secreto. A partir daí, a mocinha se dedica a outras atividades:

> Eu ordenhava as vacas, dava de comer para as galinhas, os coelhos e, de manhã, tinha de arrumar um pouco a casa. Havia uma dúzia de vacas, tínhamos de atendê-las, mamãe e eu. Eu ordenhava quatro por hora, e mamãe talvez cinco. No verão, nunca me levantei depois de nascer o sol; entre o meio-dia e as duas, íamos para o campo cuidar das cenouras e das beterrabas. Eu fazia todo esse trabalho com doze anos.

Tal era a distribuição do tempo de uma garota nos anos 1920. Quanto à virgindade das mocinhas, ficava sob intensa vigilância. "Eu lhes garanto que os meninos não podiam chegar perto de mim. Em primeiro lugar, meu pai não deixava que eles se aproximassem. Quando íamos ao baile, por volta de 1925, ele ficava o tempo todo lá; e depois, quando ele me chamava, eu não podia vacilar: se estava dançando, largava o rapaz, e depois saía correndo porque ele já tinha ido embora."

Os filhos existem para "dar certo na vida"

O estudo da mobilidade social interessa à nossa pesquisa apenas na medida em que concerne à vida secreta. Lembremos que a maioria dos especialistas concorda nos seguintes pontos: forte viscosidade no alto e na base da pirâmide social, maior fluidez nas classes médias, trajetórias sociais curtas no caso de mobilidade intrageracional ou biográfica, trajetórias mais longas comparando-se a posição dos filhos à dos pais, e às vezes espetaculares quando se analisam três gerações. O tema da "reprodução", retomado pela escola de Bourdieu, requer três observações. A reprodução, estatisticamente incontestável, demanda *também* uma abordagem qualitativa. Queremos dizer que o "caso Pompidou" (avô agricultor, pais professores, filho sucessivamente professor universitário, conselheiro de Estado, banqueiro, primeiro-ministro, presidente da República), pelo caráter exemplar divulgado pelos meios de comunicação, tem um "efeito de convicção" sobre toda a sociedade. Em outros termos, embora seja excepcional, ele tende a convencer os mais desfavorecidos de que "o jogo ainda não está fechado", que o futuro da linhagem não está determinado pelo destino, que a vontade de subir pode forçar a rigidez das estruturas, em suma, que o homem conserva uma margem de liberdade. Nossas pesquisas sobre a ascensão social, estudada a partir das árvores genealógicas, nos autorizam a fazer uma segunda observação: o projeto de mobilidade dos filhos está relacionado com o número deles — quanto menos são, maiores suas possibilidades de ascensão. O filho único (desde que seja do sexo masculino) é, para essa finalidade, a solução mais eficaz. Assim (trata-se de um caso verídico, e não de uma construção imaginária), o diretor-presidente de um grande banco francês, único varão nascido numa família em que o pai era operário qualificado e depois virou artesão, e a mãe era do lar, a duodécima entre catorze filhos. Outro caso: um "grande médico", também filho único de um pai portuário e uma mãe dos correios. É no leito conjugal dos pais que se elabora a estratégia de ascensão do filho; portanto, trata-se realmente da vida privada. Finalmente — é nossa terceira observação —, os quadros de mobilidade devem ser lidos nos dois sentidos. Segundo a pesquisa FQP (Formação de Qualificação Profissional) de 1970, para cem pais executivos e profissionais liberais, 52 filhos seguem essas carreiras (resultados confirmados pelas pesquisas posteriores, notadamente a de 1977). O que significa que 48 não seguem, tendo, portanto, regredido (salvo alguns que se tornaram empresários da indústria ou do comércio). Ora, a regressão social se mantém tão secreta que amiúde escapa à atenção do pesquisador. Por seu capital financeiro, sua rede de relações, seu domínio da linguagem que lhe permite revestir uma função modesta com um título altissonante, pela estratégia matrimonial que sugere ao filho, o pai do regressivo muitas vezes consegue manter a ilusão de uma reprodução. É verdade que os filhos de operários representam não mais do que 1%, aproximadamente, dos alunos das grandes escolas. Mas o que A. Pitrou chama de "efeito-trava" (vale dizer, a resistência à regressão social) se exerce graças aos componentes não escolares da posição social. O apoio familiar ao filho é tanto mais utilizado — e, portanto, eficaz, mas de maneira discreta — na medida em que, com seu fraco desempenho escolar e universitário, ele coloca em risco as tradições culturais de uma "velha família".

DESVIOS

Reflexão semântica

A palavra "desvio" (do latim *de via*) designa o que está fora do caminho. Mas qual é o caminho? Toda sociedade é estruturada por normas, e a identidade de um indivíduo é avaliada em função das liberdades que ele toma em relação a elas. Todos se afastam tanto das normas e das regras por elas geradas que a greve do zelo* consiste exatamente na aplicação *stricto sensu* dessas regras. Em outros termos, se ninguém se desviasse, se todo mundo observasse as regras, expressões ativas das normas, a vida

* Modalidade de greve industrial que consiste na obediência estrita de todas as normas de produção, que acaba resultando num morosíssimo ritmo de trabalho e na quebra da produtividade. No Brasil, é conhecida como "operação-padrão". (N. T.)

social seria impossível. O desviante perturba por ser desafiador, desprezando os "valores" legitimados: saúde, trabalho, carreira, propriedade etc. O grande drogado, "o homem da seringa nos dentes", desafia a legião dos pais ao situar sua transgressão no acesso a um prazer que afirma ser absoluto, desconhecido ao pai. A morte por overdose será encoberta à família e aos amigos. Morrer na estrada correndo a duzentos quilômetros por hora para visitar um monumento milenar é uma morte integrada, e portanto confessável. As sociedades industriais, dinâmicas, de solidariedade "orgânica", possivelmente anômicas, compõem o terreno de incessantes desafios lançados por certos grupos (intelectuais ou grupos sociais desfavorecidos), desafios inicialmente tidos como descabidos, contraventores ou criminosos, dependendo de sua intensidade, sendo depois integrados ao conjunto societário. O próprio da sociedade liberal, da qual R. Merton se fez o apologeta, é perdurar graças à sua abertura a tudo o que acontece e se processa em suas fronteiras, em suas margens. Ou os desviados acabam adquirindo uma identidade social, política ou religiosa — como Francisco de Assis, do qual a Igreja "conseguiu afinal, e não sem dificuldades, remodelar e domesticar a figura e a mensagem" (G. Duby) —, ou, recusando qualquer concessão aos códigos dominantes, são radicalmente excluídos. Um sistema que produz sua própria transformação integrando os ruídos contestadores é, ao cabo, estável. Durkheim tinha percebido claramente o fato: "É preciso que a originalidade surja; ora, para que a originalidade do idealista que sonha superar seu século possa se manifestar, é preciso que seja possível a do criminoso, que está abaixo de seu tempo. Uma depende da outra".

Abordando o problema da toxicomania em suas duas formas mais socializadas — o tabagismo e o alcoolismo —, encontram-se de pronto os três elementos que (sem explicá-lo) o constituem: a dificuldade de ser, a dependência e, no pano de fundo, consideráveis interesses financeiros, quer se trate do fisco através de sua arrecadadora, a Seita (Société Nationale d'Exploitation Industrielle des Tabacs et Allumettes), das destilarias locais ou dos "reis da droga", que reinam sobre o grande banditismo do qual, por vezes, são vítimas.

O alcoolismo

O alcoolismo — pelo qual deve-se entender o consumo regular de álcool, e não o consumo social e festivo, que sempre existiu — é recente: 51 litros anuais por pessoa em 1848, 77 litros em 1872, 103 em 1904, 136 em 1926. A partir dos anos 1960, o consumo de vinho tem decrescido com regularidade (nas lanchonetes, toma-se água, refrigerantes ou sucos de fruta, e 60% de seus clientes têm entre dezesseis e vinte anos), mas o de bebidas fortes, principalmente o uísque, visto como produto "distinto", tem aumentado. No entanto, as estimativas para 1985 são de sete copos de bebida alcoólica por dia (cerca de setenta gramas de álcool puro) para 1,74 milhão de indivíduos, entre eles 1,69 milhão de homens. O alcoolismo da miséria e o alcoolismo mundano não devem fazer esquecer essa outra forma secreta, solitária, voraz, insaciável (vinho, licores, álcool a 90 graus, água-de-colônia etc.) que obriga os mais próximos a "guardar tudo a sete chaves" e condena o doente a incessantes tratamentos de desintoxicação. Em nossa sociedade, em que todos os indivíduos estão em contato com o álcool, por que alguns o adoram desbragadamente, enquanto outros se conservam sóbrios? É a questão — hoje sem resposta precisa — da etiologia da toxicomania.

Etiologia da toxicomania:
a convergência do meio com o terreno propício

À exceção do tabaco e do álcool (desde que este não provoque *delirium tremens*, cirrose ou manifestações ostensivas de embriaguez), a droga, pavor dos pais, pertence ao universo do secreto. O "garoto que se droga" age às escondidas, e os pais que o flagram não comentam o assunto.

Tomando a palavra em dezembro de 1972, numa conferência da UNESCO (Organização das Nações Unidas para a Educação, a Ciência e a Cultura) dedicada à droga, o dr. Olievenstein formulou a pergunta fundamental:

> É evidente que a motivação dos índios e dos hindus não é igual à do jovem ocidental que vai usar produtos ditos tóxicos [...]. Nos países subdesenvolvidos, os jovens usam produtos para acalmar a fome, e pode-se perguntar que fome é esta nos países desenvolvidos para as pessoas que usam drogas [...]. É possível que em algum lugar dessas experiências novas esteja uma tentativa de mensagem.

Isso sugere que os toxicômanos são geralmente pessoas com problemas de comunicação. O fato novo e devastador desde os anos 1970 é o consumo maciço de drogas entre os jovens. À parte os psicóticos e parapsicóticos, para os quais a toxicomania provavelmente funciona para impedir o afloramento da psicose, os especialistas concordam que não existe o toxicômano congênito, tratando-se, portanto, de uma convergência entre um terreno propício e um determinado meio sociocultural. Segundo dr. Olievenstein, esse "terreno" apresentaria duas características. Em primeiro lugar, a recusa do pai, detentor do poder e do dinheiro: o filho quer ter um prazer ignorado pelo pai, assim "superando-o". A seguir, o toxicômano mantém uma relação específica com seu corpo: ele não o põe em contato com outro, como na heterossexualidade ou na homossexualidade; é com seu corpo — que se torna totalmente erógeno, e não só na zona genital — que ele conhecerá o prazer. De acordo com o mesmo autor, o grande toxicômano passa por duas fases. A primeira é uma "lua-de-mel com a droga", numa alternância entre a falta e o prazer. Ele é deus quando se droga e se autopune com a falta, mas suporta a abstenção porque sabe que pode recomeçar. Esta é a grande diferença entre o toxicômano e o suicida, sendo este último irremediável. Mas a toxicomania é sempre um fracasso, porque a "lua-de-mel" não dura. O *flash* desaparece, e o viciado então recorre à droga não para ter prazer, e sim para acalmar os sofrimentos infernais provocados pela falta. A questão fundamental é, pois, a seguinte: por que há jovens que aceitam o sofrimento da falta, e muitas vezes a obrigação de se prostituir para conseguir dinheiro, renunciando a qualquer carreira e se expondo à rejeição da sociedade? A resposta do dr. Olievenstein é a seguinte: "O *flash* é uma bomba atômica. Em seguida, passa-se a vida toda procurando de novo esse prazer ou lamentando sua perda. Um toxicômano curado jamais rejeita a droga. Sempre terá saudades dela, ao contrário do alcoólatra". O pico intravenoso, que gera o *flash*, introduz o "corte libidinal fundamental" que remodela a personalidade. Se alguém que conheceu uma tal intensidade não sente mais desejo de fazer amor, não se trata de impotência, e sim de indiferença por um prazer considerado menor. O drogado nunca pede auxílio durante a "lua-de-mel". Se é levado ao hospital Marmottan pelos pais ou pela polícia, ele recusa todo e qualquer tratamento de desintoxicação e foge. Ele só vem a pedir ajuda depois que o prazer do *flash* desapareceu, restando apenas o sofrimento e a dependência.

Quais são os remédios?

Os problemas de pós-tratamento e reinserção são ainda mais complexos do que os da desintoxicação. Segundo o dr. Orcel, na personalidade do toxicômano coexistem um excesso e uma falta de maturidade. O primeiro se expressa pela astúcia com que os viciados utilizam as instituições existentes. Na fase posterior ao tratamento, eles têm um espírito de "antigos combatentes", e quase todos são proselitistas. Mas, ao mesmo tempo, estão sujeitos a fenômenos de regressão, como a enuresia, frequente nos drogados com mais de trinta anos. Muitos são os ex-heroinômanos que passam para um alcoolismo maciço. Se se toma a dificuldade ou impossibilidade de comunicação como fator fundamental da toxicomania, há grandes probabilidades de recaída se o desintoxicado volta a integrar o mesmo meio sociocultural que o levou à droga. Dois exemplos esclarecerão esse aspecto. Os cocainômanos da guerra de 1914-1918 e os anfetaminômanos da Segunda Guerra Mundial eram adultos que tinham laços sociais, retomaram-nos depois da desmobilização e, em sua maioria, se "reinseriram". Nos anos 1970, sabe-se que os traficantes praticaram uma política de *dumping*, oferecendo heroína a preços baixíssimos aos alunos dos liceus e colégios da região de Marselha, para criar o hábito. Quando a polícia acabou com esse tráfico, os jovens heroinômanos de famílias estáveis e meios sociais estruturados voltaram a se "reinserir" depois do tratamento de desintoxicação. O dr. Orcel julga que, em todos os jovens marginais recolhidos ao Centre de l'Abbaye, por ele dirigido há muitos anos, pode-se perceber por trás de sua linguagem agressiva contra a sociedade e, mais precisamente, contra os pais um agudo sentimento de culpa e uma vontade de "voltar à ordem". É o que explica o fascínio que os jovens toxicômanos sentem pelo "tira", o adversário que se pretende odiar, mas que é igualmente a imago paternal tranquilizadora. Se o fator individual da toxicomania é uma enfermidade comunicacional, convém lembrar que sua raiz social é o lucro. Desde o camponês miserável que cultiva a papoula para sobreviver até o "magnata" que evita recorrer aos produtos que o enriquecem, inúmeras fieiras tecem pelo mundo inteiro as redes da tentação fatal. A mobilização policial resulta em prisões de *dealers*, pequenos traficantes que são, eles próprios, consumidores de drogas, em "capturas" por vezes espetaculares exibidas pelos meios de comunicação, mas sem conseguir atingir o poder das "pessoas muito respeitáveis" empoleiradas no topo dessa pirâmide da desgraça, frequentemente envolvidas nos aparelhos de Estado, dispondo dos meios financeiros necessários para obter o silêncio, assim tornando-se inacessíveis.

APRENDER
A COABITAÇÃO JUVENIL

O casal em questão?

A palavra "concubina" vem do latim *concubina*, "que deita com". Na linguagem corrente, tendo o concubinato uma conotação pejorativa, os pesquisadores do INED, querendo evitar ferir quaisquer suscetibilidades, elaboraram o conceito de "coabitação juvenil" para designar os jovens concubinos, mas sem especificar o limite de idade. Os casais ilegítimos não constituem novidade, como tampouco os filhos resultantes dessas uniões. Na metade do século XIX, os filhos ilegítimos representavam 30% dos nascimentos em Lyon, 32% em Paris e 35% em Bordeaux, porcentagens que, na Belle Époque, baixaram respectivamente para 21%, 24% e 26%. A partir de 1975, há um rápido crescimento da coabitação fora do casamento: 445 680 casais (3,6% do total) em 1975 para 809 080 em 1982 (6,1%). Os nascimentos "ilegítimos" aumentaram de 7% no total dos nascimentos em 1970 para 14% em 1982. Neste mesmo ano, 50% desses filhos naturais foram reconhecidos pelo pai, contra 20% em 1970. Essa coabitação é majoritariamente urbana: em 1982, 22,7% dos casais da aglomeração parisiense são formados por dois solteiros, contra 4,8% nas comunas rurais. Constatação menos conhecida: o crescimento da coabitação sem matrimônio não compensou a queda da nupcialidade e o aumento do divórcio, visto que a proporção de pessoas que vivem em casal diminuiu entre 1975 e 1982 para a faixa etária abaixo dos trinta anos. Isso significa que a queda da nupcialidade não pode ser exclusivamente atribuída à concorrência da coabitação juvenil. Se ingressamos na era, se não da solidão, ao menos da família de um só genitor, é preciso invocar outras causas, sendo a principal a tomada de consciência da dificuldade em manter a coerência do "casal" a longo prazo, desde que a civilização ocidental misturou dois parâmetros dificilmente compatíveis entre si: o amor-paixão, que é efêmero, e as preocupações patrimoniais, que não devem sê-lo. De qualquer maneira, a convicção de que a coabitação juvenil é uma boa propedêutica à temível prova do casamento se impôs em dez anos: em 1968, 17% dos jovens casados já viviam juntos, porcentagem que subiu para 44% em 1977.

Uma oportunidade propedêutica ao casamento?

“As coisas andam tão depressa”, como diz a linguagem popular, que uma rápida análise de três pesquisas nos permitirá expor a história recente da coabitação juvenil e sua nova significação. Entre outubro de 1975 e junho de 1976, por iniciativa de L. Roussel, aplica-se um questionário a uma amostragem de 2765 pessoas entre dezoito e 29 anos. A coabitação juvenil tem a aprovação de 38% dos entrevistados, porcentagem que atinge 86% dos coabitantes efetivos. Para 70% dos entrevistados, o casamento resulta de uma “pressão social direta”. Para eles, o casal é um assunto privado, e não um fato social. Entre os pais, 15% ignoram essa coabitação, mas 70% recebem regularmente o jovem casal. E 25% dos coabitantes recebem ajuda financeira dos pais, enquanto 80% dos homens e 60% das mulheres têm uma atividade profissional. Destes, 50% partilham seus rendimentos. Já 60% dizem ter uma concepção da vida “bastante” ou “muito diferente” da de seus pais, mas 22% negam qualquer tipo de hostilidade em relação a eles; 40% julgam que essas divergências são “reais, mas pequenas”, e apenas 25% manifestam uma “forte hostilidade”. Metade dos entrevistados solteiros que moram com os pais mantém com eles conversas “frequentes ou muito frequentes” sobre os “grandes problemas”, possuindo ideias “geralmente próximas”, sendo o controle dos pais “pequeno ou nulo” em 75% dos casos. Dos entrevistados, 30% não aprovam a “vida em comunidade” e 45% dizem que “isso não os interessa”, o que permite a L. Roussel afirmar que o casal continua a ser um valor fundamental, pois exorciza o medo da solidão. A coabitação juvenil, portanto, é apenas uma aparente transgressão dos tabus sociais, visto salvaguardar os valores fundamentais do casal: respeito, confiança e afeição, enquanto a sexualidade não passa de uma preocupação subsidiária (apenas um quinto das pessoas considera a harmonia sexual um elemento determinante do amor). Para L. Roussel, como o jovem se fixa rapidamente em um parceiro único, a suposta liberdade sexual resulta paradoxalmente na redução do período de “sexualidade sem compromisso estável", como diz ele pudicamente. "Uma vez atravessado esse período um pouco agitado da juventude", escreve Roussel, "tudo retorna à ordem tradicional. Vá lá que as pessoas sejam mais livres antes do casamento do que anteriormente, mas nem por isso deixam de se casar [...]. O casamento não caiu em desuso." Evitando se envolver impetuosamente na relação amorosa, os jovens querem viver um período experimental, essa "experiência de casamento" preconizada por Léon Blum no começo do século XX, e que finalmente se transforma sob as flores de laranjeira.

Uma pesquisa de C. Gokalp, realizada em maio-junho de 1978 entre 2730 pessoas de dezoito a 24 anos inclusive, confirma as conclusões de L. Roussel. Dos entrevistados, 28% coabitam ou já coabitaram, porcentagem que é mais elevada entre os filhos de quadros superiores e profissionais liberais (36%) e mais baixa entre os filhos de agricultores (15%). Paris está sempre "na frente": 50% dos jovens coabitam ou coabitaram, contra 14% no meio rural. "Portanto, não se trata mais de um fenômeno marginal, mas de um comportamento que atinge todas as camadas da população." Os que pensam "que é preciso mudar a sociedade" coabitam duas vezes mais do que os conformistas (apenas 10% dos católicos praticantes coabitam). No entanto, menos do que uma expressão de contestação social, a coabitação manifesta a vontade dos jovens de dar certo no casamento, permitindo-se antes um período de reflexão: assim, na maioria das vezes, ela é uma antecipação do casamento, e não sua negação. Em 80% dos casos, a coabitação com o futuro cônjuge foi a única experiência de vida em casal fora do casamento. O índice de coabitação deve ser correlacionado com o modelo familiar dos pais: desconfiados com o mau exemplo, os filhos de pais desunidos coabitam com mais frequência do que os de pais unidos (44% contra 26%).

"Ganhar em todas as frentes..."

Nesse período relativamente próximo (1980) em que a coabitação juvenil era entendida como uma preparação para a conjugalidade, sem, portanto, colocar em questão a ordem da coisa amorosa, alguns pesquisadores refletiram sobre o sucesso desse novo rito de iniciação. Para A. Béjin,[5] a coabitação juvenil é uma tentativa de síntese entre o laço conjugal tradicional, com a tripla finalidade da duração, da fecundidade e da transmissão do patrimônio, e os amores extraconjugais onde se expressa a paixão ambígua da intensidade e da diversidade, com precauções para evitar a gravidez. Assim, seria uma questão de satisfazer a "essa obsessão moderna de ganhar em todas as frentes ao mesmo tempo, de não sacrificar nenhuma de suas possibilidades". Comparando a coabitação juvenil ao rito legitimado do casamento e às aventuras permitidas dos maridos — mas não das mulheres —, o mesmo autor crê discernir sua especificidade nos seguintes elementos: 1º) ela é mais duradoura do que as "ligações" de outrora, sem, por isso, ser considerada definitiva; 2º) ela goza de uma "semiconsagração social"; 3º) tal como o casamento antigo, ela protege os cônjuges provisórios contra a solidão e o tédio, mas o entendimento sexual, facultativo no casamento, torna-se obrigatório, sob pena, como diz a linguagem popular, de "ir procurar em outra parte"; 4º) os antigos "papéis" do marido e da mulher são rejeitados em nome do princípio de igualdade: a exigência de simetria impõe ou a fidelidade recíproca ou "escapadas carnais" livremente consentidas, desde que não invadam o campo amoroso e sejam contadas com franqueza — de fato, isso significa um recuo das fronteiras do secreto. Tudo deve ser verbalizado: não só essas "escapadas", mas também os fantasmas, inclusive masturbatórios. "Pesada responsabilidade", observa A. Béjin, "ser, para a pessoa com que se partilha a vida, ao mesmo tempo cônjuge, amante, amigo, pai ou mãe, irmão ou irmã, confidente, confessor." O recuo — e até a anulação — da fronteira do secreto será suportável? No casamento tradicional, admite-se implicitamente um espaço de não-dito. Antigamente, fulano de tal ia ao círculo ou ao clube, e sua senhora não fazia perguntas, talvez nem a si própria. Será que a transparência na relação intersubjetiva não pertence ao utópico? O segredo, afinal, não será indispensável para poupar aos coabitantes a banal descoberta, prevista mas trágica — qual seja, a diferença do outro? Em suma, por trás de todas essas tentativas e tentações, não estaria aquele avatar da nostalgia monista que é o hermafroditismo? Escreve A. Béjin:

> É como se esses adolescentes retardatários que aspiram a uma relação "igualitária" com seus parceiros do sexo oposto quisessem a um só tempo encontrar o outro e se reencontrar no outro. Iguais, refletindo-se cada qual em seu *alter ego* e se descobrindo magicamente munidos dessa pequena diferença que lhes falta para constituir a figura perfeita, autárquica, estável, liberada da necessidade de perpetuação, do andrógino.

... ou recusa do casamento?

O estudo minucioso dos resultados do recenseamento de 1982 e de pesquisas contemporâneas ou posteriores coloca em questão a tese segundo a qual a coabitação juvenil não passaria de um casamento adiado. Em 1982, existem 800 mil casais não casados, em percentuais praticamente iguais em todas as categorias socioprofissionais (à exceção dos agricultores). Para os casais em que o homem tem menos de 35 anos, 456 mil vivem em união livre em 1982, contra 165 mil em 1975. Entre os dois recenseamentos, o número de casais formados por dois solteiros e em que o homem tem menos de 35 anos quadruplicou. Esses jovens concubinos são principalmente urbanos: na aglomeração parisiense, um quinto dos casais não é casado. Em Paris propriamente dita, mais da metade dos casais jovens sem filhos vivem maritalmente. Em muitos casos, a coabitação se segue a um casamento rompido: depois de uma experiência matrimonial fracassada, as pessoas hesitam em assumir novos laços legais. Em 1982, em 280 mil casais não casados, pelo menos um dos parceiros é divorciado. O número anual de casamentos sofre uma diminuição constante: 346 308 em 1965, 416 521 em 1972 (ano recordista em nupcialidade), 387 379 em 1975, 334 377 em 1980, 285 mil em 1984. Fato novo: agora são muitos os casais não casados com filhos. Em 1982, 113 400 filhos nascem de mãe não casada. Mais da metade deles, reconhecidos pelo pai, são fruto da vontade do casal e não de alguma inconsequência. O filho já não leva ao casamento. A coabitação deixa de ser "juvenil" para se tornar união livre. Em 1982, 56% dos franceses consideram a coabitação "normal", para 37% em 1976, e 70% dos coabitantes dizem que nunca encontraram dificuldades em seu meio nem sofreram problemas devido a seu estado civil.

Será o caso de pensar que esse declínio do casamento é um fenômeno de moda num país como o nosso, que mascara seu conservadorismo sob manias efêmeras? Não cremos nisso, pois ele resulta de uma transformação nas estruturas de produção. Na antiga sociedade — e a observação vale tanto para o príncipe quanto para o camponês, o artesão ou o pequeno comerciante —, o casamento se fundava sobre a exploração do patrimônio, grande ou pequeno, pois era ele que criava o emprego. Tudo muda com o crescente assalariamento dos homens, e sobretudo das mulheres, com o desenvolvimento de uma proteção social que assume os principais riscos, antes mais ou menos amparados pela família, com "a difusão dos métodos anticoncepcionais modernos que proporcionam às mulheres o controle da fecundidade, ao passo que a grande revolução malthusiana que se produzira na França oitocentista se baseava na iniciativa masculina".[6] Mas, mesmo que a união livre entre num processo de crescimento a nosso ver irreversível, ela se aproxima cada vez mais do casamento. Motivada por um impulso privatista — que o Estado e a Igreja deixem de se imiscuir em nossos assuntos sentimentais —, ela acaba recorrendo ao Estado, visto que os concubinos não pretendem dispensar a proteção social. Essa dinâmica da privatização, portanto, não resulta numa revolução dos costumes, mas numa reformulação da legislação que — uma vez mais — apenas ratifica mudanças das mentalidades. De direito, concubinos e casados, filhos naturais e legítimos estão cada vez mais próximos. Apontemos as semelhanças e as diferenças. Os concubinos têm direito à previdência social; seus filhos têm direitos iguais aos dos legítimos (lei de 2 janeiro de 1972); não são responsáveis pelas dívidas do parceiro; apenas a mãe detém o pátrio poder, mesmo que o pai tenha reconhecido o filho; o filho natural tem prioridade em determinadas creches. Mas, ao término da união (por morte ou separação), não há indenização de ruptura nem de compensação; não existe nenhuma solução jurídica prevendo a partilha dos bens adquiridos durante a vida em comum; em caso de falecimento, o concubino sobrevivente não tem direito à transferência de pensão concedida ao cônjuge na mesma situação, nem à herança do falecido. Excessivos para uns, insuficientes para outros, esses direitos concedidos aos concubinos põem o casamento em questão?

O CASAMENTO EM QUESTÃO E A CELEBRAÇÃO DO CASAL

Em um relatório que se pretende retumbante, o Conselho Econômico e Social denuncia a incoerência de uma legislação que quer proteger os esposos e incentiva o concubinato.[7] Constatando a queda do número de casamentos, a elevação dos divórcios, a baixa do número de segundas núpcias de divorciados, o aumento da proporção de filhos nascidos fora do casamento, o relatório afirma que "o conjunto dos textos e das medidas tomadas ao longo dos anos mostra que o casamento se encontra mais desprivilegiado do que favorecido. E isso porque certas pessoas podem gozar simultaneamente das vantagens fiscais dos celibatários e dos divorciados, e das vantagens sociais dos casados reconhecidas aos concubinos". Aos olhos da relatora, Évelyne Sullerot, é paradoxal que o legislador intervenha para estabelecer regras referentes a pessoas que, ao rejeitar o casamento, pretendem justamente escapar a essas regras. Segundo ela, Bonaparte tinha razão em proclamar que, "na medida em que os concubinos dispensam a lei, a lei se desinteressa deles". Enquanto nos anos 1950 as "mães solteiras" eram, em sua maioria, empregadas domésticas, serventes não qualificadas e assalariadas agrícolas, as "mães solteiras" de hoje pertencem às categorias socioprofissionais com um nível de instrução médio ou elevado, morando em cidades grandes, em suma, fazendo parte da "vanguarda" que difunde "modelos" de cima para baixo. A relatora fica indignada que as novas leis, entre 1965 e 1982, "abandonam ou enfraquecem os princípios do sagrado, do respeito pela hierarquia patriarcal, do respeito pela instituição, da força da legitimidade em matéria de filiação e de sucessão, bem como o princípio do compromisso pessoal solene". Com efeito, o concubino sobrevivente agora pode permanecer na residência alugada em comum, desde que esteja morando lá pelo menos seis meses antes da data do falecimento; as vendas entre concubinos são válidas, ao passo que entre esposos são nulas; o concubino pode receber o seguro por doença, o salário-família e o salário-maternidade, uma dotação por falecimento da previdência social, bastando apresentar um atestado de concubinato. Em 1978, o Tribunal de Recursos de Rion chegou a dividir uma indenização, depois da morte por acidente de um homem, entre sua mulher legítima e sua concubina. O relatório considera paradoxal o fato de admitir o divórcio por acordo mútuo (lei de 1975) e a atribuição da guarda e do pátrio poder a apenas um dos cônjuges — em 90% dos casos, à mulher. Enquanto o pátrio poder sobre um filho nascido fora do casamento pertencia, antes da lei de 1970, ao genitor que o tivesse reconhecido ou, em caso de duplo reconhecimento, àquele que o tivesse perfilhado antes, agora, depois dessa lei, qualquer que seja a ordem das perfilhas, a mãe é a única a deter o pátrio poder, de modo que se passou do "filho, objeto de propriedade do pai" para "o filho, objeto de propriedade da mãe", e isso no exato momento em que se pretende fundar a igualdade dos sexos incentivando-se o pai — que pode ter licença-paternidade — a se dedicar às alegrias das tarefas educativas e domésticas. Considerando escandaloso que dois cônjuges recebendo o salário mínimo paguem imposto de renda, ao passo que dois concubinos recebendo o salário mínimo estão isentos, a relatora se pergunta se ainda é possível falar em família ante essa fantástica diversidade:

casais de solteiros, concubinos com registro em cartório, divorciados com ou sem filhos, divorciados concubinos, variantes da coabitação juvenil, jovens dividindo a casa ou vivendo juntos apenas alguns dias por semana, ou ainda acampando tranquilamente na casa de uma das famílias. Além disso, é ilusório pensar que a separação é mais fácil entre os concubinos do que entre os esposos, sendo sempre onipresente o sórdido predador. Os tabeliães conhecem muito bem o fenômeno, sendo assediados por homens e mulheres que reclamam sua parte da casa, da mobília, do carro, e se limitando a fazer contratos em que os concubinos arrolam seus bens pessoais e os bens adquiridos com sua contribuição. Em nome da justiça e da virtude, a relatora se pergunta angustiada se a França não estará adotando o "modelo sueco", em que 40% dos casamentos terminam em divórcio e 40% dos filhos nascem fora do casamento. Há, porém, dois pequenos consolos. Segundo L. Roussel, um divórcio pode acarretar um aumento de filhos: depois de ter gerado dois filhos com o cônjuge legítimo, a pessoa pode querer um terceiro filho com seu novo companheiro. Os casais casados, mesmo precários, andam mais comunitários do que nunca: 70% deles têm uma conta bancária conjunta, e 80% dos franceses casados querem legar seus bens ao cônjuge.

A ESCOLHA DO CÔNJUGE

Não retomaremos aqui as teses de A. Girard e L. Roussel, que com grande justeza mostraram que essa escolha é endogâmica: as pessoas se casam dentro de seu meio social, e essa constatação vale também para os coabitantes, juvenis ou não. Nosso interesse se voltará para as características sociais, morais e físicas, que tentaremos captar nos retratos esboçados em *Le Chasseur Français*, retratos dos anunciantes e do cônjuge desejado.[8] Criado em 1885, *Le Chasseur Français* é uma publicação mensal que tinha uma tiragem de 400 mil exemplares em 1939 e de 850 mil em 1970, posteriormente vindo a declinar. Seu público, composto inicialmente por camponeses e pequenos burgueses do interior, a partir dos anos 1950 se amplia para as camadas médias das cidades grandes. Nessa revista familiar, em 1903 aparece a seção "Casamentos", separada dos outros pequenos anúncios. A média mensal dos anúncios matrimoniais é de dez em 1903, de 67 em 1922, de 444 em 1930 e de mil em 1977. Os casamentos então ocupam, e com larga vantagem, o primeiro lugar entre os classificados. M. Martin estudou os anúncios de 1930 e 1977, tratando apenas da "parte da mensagem em que a pessoa anunciante se apresenta e se descreve". Em 1930, os homens são principalmente funcionários coloniais e militares; as mulheres, funcionárias dos correios e professoras. O que então se procura é uma aliança de fundo econômico, visto que praticamente todos os anunciantes — homens ou mulheres — especificam os meios financeiros de que dispõem ou esperam dispor para o futuro parceiro. Falam de seus "haveres" e de suas "esperanças". "Quinze anos de inflação e de crise do franco", escreve M. Martin, "não abafaram muito esse gosto do pequeno ou médio burguês pelos bens modestos e pelas pequenas economias. A desvalorização ainda não tinha entrado em sua cabeça." Em 1977, não se fala mais — ou se fala pouquíssimo — sobre os "bens"; é a profissão que se torna a referência econômica, e ela é mais diversificada: as mulheres muitas vezes são profissionais liberais, quadros superiores, secretárias, enfermeiras; os homens, quadros superiores, engenheiros e técnicos. Em 1930, o descrédito em relação ao divórcio é tal que as mulheres mencionam "divorciada, favor" (o que indica que o divórcio foi pronunciado "em favor delas" e contra o ex-marido, ou seja, elas são "inocentes"), ao passo que as anunciantes de 1977 se contentam em assinalar a condição de divorciadas "sem especificações nem constrangimentos". Somem as referências à "tradição", à "respeitabilidade" e ao catolicismo. Surgem os elementos de valorização do corpo: agora, os homens são tão assíduos quanto as mulheres em descrever a cor dos olhos, o peso, o talhe e em proclamar o *gosto* pelos esportes. A anunciante de 1930 é "mulher caseira, afetuosa, sentimental, séria". Em 1977, ela é "doce, gentil, sabe receber", já não canta, mas se diz "musicista", manifesta seu gosto pela cultura desinteressada (as artes e a leitura). "Em cinquenta anos, a feminilidade deixou de se encarnar na Gata Borralheira, certamente graças à difusão dos aparelhos domésticos, para assumir os traços de uma musa e um manequim da casa" (M. Martin). Algo perdura: ser de outra nacionalidade e, ainda mais, de outra "raça" é sempre considerado como uma informação desfavorável, a ponto de se destacarem anúncios que terminam assim: "estrangeiro(a), em último caso".

O recurso aos pequenos anúncios deriva de uma mobilidade geográfica — no entanto, pequena na França — que, dispersando os parentes, afasta o indivíduo desse "espaço de convívio" onde poderia encontrar um cônjuge. Nos anos 1980, o casamento entre primos ressurge graças à circulação permitida pelo automóvel. Em busca de suas raízes, o homem reata seus contatos com os ramos colaterais que a geração anterior havia perdido de vista. "Os casamentos retomam a continuidade", dizia-se antigamente. Isso pode voltar a ser uma realidade de nossa época. Da mesma forma, o morador da cidade que reencontra sua família camponesa durante um casamento pode ficar surpreso com a permanência do charivari em certas regiões rurais: depois da festa, os convidados perseguem os recém-casados até descobri-los de manhã cedo, assim violando o segredo da primeira (?) noite.

O AMOR NO CASAMENTO

O amor no casamento é uma ideia nova

Em maio de 1985, no Rajastão, um dos estados da Índia, foram celebrados 40 mil casamentos infantis em 24 horas. Lá, eles acham que o amor é um sentimento aleatório demais para ser o fundamento do matrimônio. Sendo o divórcio (que existe) objeto de desaprovação nas zonas rurais, pode-se pensar que esses casamentos serão consumados e durarão a vida toda. Hoje, na

França, ninguém mais imagina a família a não ser estabelecida sobre o amor de um casal. A sociedade ocidental é, sem dúvida, a única a assumir tal risco. A fusão entre o amor e o casamento é, portanto, geograficamente circunscrita. Historicamente, é uma ideia nova. Philippe Ariès mostrou que o casamento em que o homem pode repudiar sua mulher e se casar novamente é o modelo mais presente no tempo e no espaço. O casamento monogâmico indissolúvel é, a seu ver, "o grande fato da história da sexualidade ocidental". Até o século X, o casamento entre os nobres, um contrato entre duas famílias, constitui um ato privado e laico em que a Igreja não intervém. Se a mulher não procria, é considerada estéril, devolvida à família ou encaminhada para um mosteiro, "espécie de anexo dos castelos onde os chefes de família guardavam as filhas e as viúvas". A Igreja é dividida entre um modelo ascético que invoca a égide de são Jerônimo e considera o casamento como um estado vulgar, quase animal, do qual ela não precisa se ocupar, e um modelo paulino que se resigna a pensar que "mais vale se casar do que se consumir em brasa".[9] Foi apenas no século XIII, através da proibição do incesto, que a Igreja conseguiu se introduzir no controle do casamento e impor a *stabilitas* (nós diríamos indissolubilidade) desaprovada pela nobreza, mas espontaneamente adotada pelas coletividades rurais, segundo Paul Veyne, desde o final da época galo-romana. Depois do Concílio de Trento, o casamento, transformado em sacramento, será celebrado nas portas da igreja, e mais tarde, no século XVII, ao pé do altar. A substituição da Igreja pelo Estado laico conserva o princípio da indissolubilidade, apesar de uma primeira — e breve — aparição do divórcio. Evidentemente, nem se pensa em amor no contrato que une dois patrimônios nobiliárquicos ou duas misérias populares. Se o amor vem de acréscimo, é uma feliz coincidência, desde que não estimule arrebatamentos eróticos implacavelmente condenados por uma ética religiosa que identifica o *coitus interruptus* com o infanticídio. Isso significa que é surpreendente o exemplo do duque de Saint-Simon, que, tendo escolhido sua mulher por razões de conveniência, não "hesita em dizer e descrever o amor que ele lhe dedicava a ponto de pedir em seu testamento que seus dois ataúdes fossem ligados com uma corrente de ferro para se manterem unidos na morte" (P. Ariès). Nessa época, portanto, era o amor entre os esposos que devia ser conservado em segredo, de tal forma contrariava o código de civilidade. O amor conjugal era um dos lugares secretos da antiga sociedade. E isso perdura até o começo do século XX. Depois de um contrato assinado diante de um tabelião — muitas vezes o instigador do casamento —, ficaria indecente, e até ridículo, manifestar excessivo entusiasmo pelo outro. Em *Du mariage* [Do casamento] (1907), Léon Blum provoca escândalo ao aconselhar que os futuros esposos multipliquem suas experiências com pessoas do mesmo meio e posição. Lírico, o autor escreve "que não se frui nem se tira som do violino sem ter aprendido [...]. Que tampouco se pretenda fruir uma mulher nova sem ter aprendido a tirar prazer dela!". E acrescenta: "Quando uma experiência igual permitir, de um lado e de outro, em si mesmo e no outro, reconhecer os motivos da escolha, então se sentirá plenamente que é agradável viver junto com alguém". Isso equivale a preconizar, com quase 75 anos de antecedência, a coabitação juvenil. O padre Grimaud, em seu livro *Futurs époux* [Futuros esposos] (1920), premiado pela Academia Francesa, está mais afinado com o espírito de seu tempo, ao aconselhar aos homens que evitem as intelectuais e as mulheres que trabalham fora, tanto quanto as prostitutas.

Segredos entre os esposos

Se antes o que se mantinha em segredo era o possível ardor entre os esposos, será que hoje não se oculta a diminuição ou até o fim dele nessas vidas conjugais de longo prazo, impostas pelo aumento da expectativa de vida? Se existem segredos que os esposos cúmplices guardam cuidadosamente, o que se sabe daquilo que um oculta ao outro? Nada, é claro, o que é contraditório com a atual aspiração de transparência total nas relações intersubjetivas. Antes a pessoa se adaptava ao enigma identitário do outro, desde que ele assumisse sua função sociofamiliar. Como é o caso real daquele velho senhor que, um pouco antes de comemorar suas bodas de ouro, perguntou à nora (uma "história verídica"): "Que presente posso dar à sua sogra? Não conheço os gostos dela". O que une — ou simplesmente reúne — esse casal em que um dos parceiros vive por projeto e o outro por retrospecto? O que se passa nesse leito conjugal que já não gera filhos, que já não transmite heranças? Qual é a sequência na cama? Paixão, fantasias, continência imposta pelo hábito, contato amistoso e silêncio? Em que momento o leito conjugal é trocado pelas camas separadas, pelos quartos individuais? Como funciona, à medida que avança a idade, o mecanismo da memória da vida em comum? O que um lembra como uma "época intensa", o outro já esqueceu. Mesmo esses vestígios já mencionados — cartas, fotos, filmes —, supostamente "objetivos", têm leituras diferentes. Casais vivem décadas juntos, prudentemente adiando certos comentários ou perguntas. Não nos referimos apenas a segredos "utilitários", como o adultério ou fantasias criadas, mas também a questões tão prosaicas como a irritação provocada por roncos, gestos ou repetição de uma "história" contada — e portanto ouvida — mais de cem vezes, e a cada vez mais enfeitada. O passado — mas um passado erradicado pelo esquecimento — está presente em cada instante da vida, e no entanto os velhos esposos que "partilharam" a mesma existência possuem, cada qual, uma autobiografia em potencial (eles não a escrevem) que não é "partilhada" pelo outro. E o segredo da mecânica do desejo, e de suas avarias, permanece intato.

Primado do eu sobre o nós?

Os casais se acostumam com essa "transparência" aproximativa? As sondagens nos dão algumas informações que devem ser recebidas com cautela, pois a verdade das respostas é sempre hipotética quando se pretende revistar o território do secreto. Uma pesquisa de 1969 (portanto, posterior aos "acontecimentos de maio") nos mostra que 41% das mulheres querem um "bom marido", 20% esperam um "bom lar" com "harmonia", e apenas 22% dizem esperar o amor conjugal, embora 44% acreditem no "grande amor". Onde o encontrarão? As conclusões de A. Girard e J. Stoetzel[10] são mais reconfortantes. Sempre aprovando a contracepção, os franceses acham que uma mulher precisa de filhos para se realizar. O que garante o sucesso do casamento é "um bom entendimento sexual" (70%), "a fidelidade recíproca" (73%) e principalmente "o respeito pelo outro" (86%) e "a compreensão mútua" (73%). "Em resumo", concluem esses autores, "a família é o lugar privilegiado do descanso e do lazer. É o lugar da felicidade. Nela têm-se sentimentos de segurança (66%), de descanso (61%) e de felicidade (57%). O grau de satisfação da vida em casa é de 7,66 numa escala de um a dez. A família aparece como o refúgio contra as agressões da existência atual."

Em relação a esse otimismo, nos permitiremos tomar certa distância. A "máquina desejante" não responde aos entrevistadores. No casamento de outrora, o homem satisfazia seu desejo de mudar de parceira recorrendo à prostituição. Hoje, mesmo que a prostituição vá bem — e até muito bem —, as "aventuras" no meio em que vive a pessoa podem se transformar em "ligações", tanto da mulher quanto do homem. Na medida em que o casamento não se baseia mais na exploração de dois patrimônios reunidos, nem numa atividade profissional em comum (o padeiro no forno, a padeira na caixa), seu fundamento passa a ser o sentimento. O indivíduo pode se comprometer a administrar um comércio durante toda a sua vida, mas não pode garantir um desejo eterno. O medo da solidão, a certeza de que a vida com a outra pessoa, depois do período de encantamento, será a mesma monotonia cotidiana constituem elementos de coesão conjugal negativos que não parecem espicaçar muito a curiosidade dos pesquisadores. De fato, as modalidades pelas quais os agentes sociais organizam sua vida conjugal são extremamente variadas. F. de Singly propõe oportunamente que se aplique à família a seguinte definição de socialização: "Uma forma que se realiza de maneiras extremamente diversas, na qual os indivíduos constituem uma unidade com base em interesses ou ideais, passageiros ou duradouros, conscientes ou inconscientes, dentro da qual se realizam esses interesses" (G. Simmel). As pesquisas atuais (1985) — é verdade que referentes a meios socialmente favorecidos — mostram que o indivíduo privilegia cada vez mais sua própria realização e seu livre-arbítrio, em detrimento das "imposições, limites, constrangimentos e sacrifícios pressupostos por uma relação multifuncional de longo prazo" (F. de Singly). Esse primado do eu sobre o nós conjugal, desvalorizando a fidelidade e a constância em favor da autorrealização das potencialidades pessoais, coloca a existência conjugal em novos termos. Agora já não se trata de se "instalar" nela, mas de vivê-la sabendo que o outro é uma liberdade capaz de reivindicar a qualquer momento sua alteridade radical. A conjugalidade então se torna — tal como a guerra segundo Clausewitz — o domínio da incerteza. Será que se abre a via para um casamento de diferentes velocidades? Uma primeira fase de amor físico, de fidelidade e procriação, à qual se segue um período de liberdade recíproca com relações sexuais muito intermitentes, desembocando num período de amizade e cumplicidade, em que os cônjuges envelhecerão juntos partilhando suas lembranças. A menos que o inconsciente coletivo judaico-cristão, sempre presente, contribua para a manutenção da ordem.

DIVORCIAR-SE ALEGREMENTE?

No Antigo Regime, as pessoas não se divorciavam, e o direito canônico tolerava apenas a anulação do casamento, recurso aliás frequente. A lei de 20 de setembro de 1792 introduz liberalmente o divórcio, legalizando não só o divórcio por acordo mútuo, mas também por simples incompatibilidade de gênio alegada por um dos cônjuges. O Código Civil revoga esses dois motivos, e a lei de 8 de maio de 1816 proíbe o divórcio. Assim, a palavra "revolução" deve ser entendida em sua acepção astronômica... A lei de 27 de julho de 1884 (dita "lei Naquet") restabelece o divórcio sob forma restritiva, baseando-se no princípio do "divórcio-punição", que só pode ser concedido desde que se comprove a falta de um dos cônjuges. As faltas especificadas (adultério, condenação de um dos cônjuges a uma pena aflitiva e infamante) são peremptórias; as faltas venais (excessos, sevícias e injúrias graves) constituem causas facultativas, que ficam à apreciação do juiz. A lei de 11 de julho de 1975 mantém o divórcio litigioso e introduz o divórcio por acordo mútuo (seja por solicitação conjunta dos esposos ou por pedido de um deles, aceito pelo outro) e o divórcio por rompimento da vida comum (separação de fato no mínimo por seis anos, alteração grave das faculdades mentais de um dos cônjuges pelo mesmo prazo). Foi instituída uma vara de assuntos matrimoniais, com a competência exclusiva "de pronunciar o divórcio quando solicitado por acordo mútuo" (art. 247 do Código Civil) e para estabelecer o montante da indenização (substituindo a pensão alimentar), a qual tem como finalidade restabelecer o equilíbrio financeiro do patrimônio em função da evolução previsível dos recursos de cada cônjuge. Pesado encargo para o juiz!

Divórcio banalizado...

Trinta mil divórcios em 1960, mais de 100 mil em 1984. Mais do que triplicaram em menos de 25 anos, passando a ocorrer cada vez mais cedo. Banalizado, o divórcio agora faz parte da normalidade da vida conjugal. Calcula-se em 21% o número de divórcios prováveis para os nascidos em 1975. Na Suécia atual, 40% dos casamentos terminam em divórcio, e não é raro ouvir uma frase dessas: "Meu último casamento foi um sucesso, durou sete anos". Isso significa que não foi a lei de 1975 que provocou o aumento no índice de divórcios. Mais uma vez, o legislador apenas registrou o que existe, e a lei ratificou, e não precedeu, a evolução dos fatos. Quando o desejo some e o amor se estiola, o divórcio revela o segredo dessa dupla desilusão. Antes, as pessoas ficavam juntas "para manter a fachada" ou "pelos filhos". Hoje, quando o leito conjugal é o palco onde se desenrola o terceiro ato, o combate após os tempos felizes do embate e do debate amoroso, a opção é pelo divórcio. Dois terços dos processos são encaminhados pelas mulheres, em geral com menos de trinta anos, distribuídas com a mesma proporção entre domésticas, empregadas de escritório e comércio e mulheres ativas das categorias sociais favorecidas.

... mas não sob controle

Assim, estará o divórcio sob controle e a dissolução pode se dar sem estourar uma guerra civil? De forma alguma. É no caso de cônjuges casados há dois ou três anos, sem filhos, sem grandes aquisições de bens comuns, que o divórcio "por acordo mútuo" funciona melhor. Quando há filhos e bens acumulados, as duas partes, para que o processo seja rápido e barato, precisam estar de acordo sobre a guarda dos filhos e a partilha dos bens. Elas chegam ao advogado decididas — resignadas? — a uma separação amigável, e aí estouram os conflitos sobre os filhos (o amor) e a divisão dos bens (o dinheiro). As mulheres reclamam direitos iguais aos homens? Que seja, respondem eles, desde que os deveres sejam os mesmos e os privilégios — principalmente a guarda dos filhos — sejam equivalentes. Muitas são as mulheres que, em vez da indenização, preferem a pensão alimentar. Mas será paga? Segundo o Ministério dos Direitos da Mulher, em 40% dos casos o pagamento é irregular ou simplesmente nem é feito. Daí decorrem providências complexas (retenção no salário, arrecadação pública como os impostos) que, segundo o Relatório Sullerot, não surtem grande efeito devido à "insolvência organizada". Embora a imagem do divorciado já não tenha a nódoa da vergonha, o divórcio sempre é visto como a confirmação de um fracasso. Velha herança judaico-cristã da qual os escandinavos se libertaram.

Se o divórcio continua a ser uma "provação", provação será também o casamento, e ainda mais prolongada? Alguns indícios levam a crer que sim, visto que — fato novo — vem diminuindo o número dos divorciados que se casam outra vez. O Relatório Sullerot constata compungido "um desgosto duradouro pelo casamento". Segundo ele, entre as mulheres de todas as faixas etárias, a proporção de divorciadas novamente casadas passa de 57,1% em 1970 para 49,7% em 1978, e "baixou muito nos últimos quatro anos, para os quais não temos estatísticas precisas". Nos anos 1960 e 1970, mais de 80% das divorciadas com menos de trinta anos se casavam outra vez, na maioria dos casos em menos de 2,5 anos depois do divórcio. O estado de divorciado entre os jovens "não era, portanto, senão um estado transitório entre dois casamentos, e o estatuto de divorciado era raro e logo caducava" (ibid.). Nesse caso, pode-se pensar que, então, já havia uma terceira pessoa, mantida em segredo, na vida de um dos cônjuges, levando — impondo? — à decisão do divórcio. A literatura maliciosa — em que Feydeau se destacou — viveu muito tempo desse tema. Hoje, divorcia-se mais e casa-se menos. Entre as 847 mil famílias monoparentais recenseadas em 1982, 123 mil eram de pais sozinhos e 724 mil de mães sozinhas. Entre estas, o número de divorciadas aumenta rapidamente, ao passo que diminui o número de viúvas. Talvez fossem raras as viúvas alegres, mas não se pode excluir a hipótese de uma alta proporção de divorciadas felizes.

A MULHER NO CASAL: O CREPÚSCULO DOS MACHOS?

Tomamos essa interrogação do dr. Pierre Simon. O acesso crescente das mulheres a "posições" consideradas masculinas (engenheiras, por exemplo, embora sejam em maior número nas salas de estudos do que nos canteiros de obras ou na chefia de uma unidade de produção), sua admissão nas "grandes" escolas científicas, a amarga constatação dos homens quanto à duvidosa apetência sexual de suas parceiras, e outros tantos fatos verificáveis sugerem uma resposta afirmativa. E ainda mais, as moças — ou melhor, mulheres jovens que não são casadas (aquelas que, por serem muito novas, não se casaram com o primeiro "grande amor") — recusam ou adiam o casamento, conscientes do desgaste do amor com o tempo (algumas amigas suas, que se casaram novas, já estão divorciadas), conscientes também dos riscos que a maternidade pode trazer para uma estratégia de ascensão profissional.

O marido vai continuar a se apropriar da força de trabalho de sua mulher?

As tentativas de quantificação do trabalho doméstico na França levam à seguinte estimativa (em 1981): 53 bilhões de horas consagradas ao trabalho doméstico *gratuito*, para 39,5 consagradas ao trabalho dito "produtivo", isto é, remunerado. Ora, todos sabem que esse trabalho doméstico gratuito é basicamente feminino: os operários ativos respondiam por 96 minutos diários de trabalho doméstico, contra 483 de suas esposas, quando inativas. Esse trabalho doméstico não parece muito entusiasmante, visto que, pela primeira vez no censo de 1982, o número de casais com duas atividades profissionais ultrapassou o de casais em que apenas o homem é ativo. Acrescentemos que o envelhecimento da população e a diminuição da idade de aposentadoria multiplicam o número de casais de dois inativos e que, por serem as mulheres sempre — estatisticamente — mais jovens do que o marido, surgem muitos casais em que o homem é inativo por ser aposentado, enquanto a mulher ainda continua ativa.

Essa vontade das mulheres de serem "ativas", enquanto o emprego esperado nem sempre é gratificante, encontra-se em todas as categorias socioprofissionais. Trata-se, portanto, do lugar da mulher nas estruturas sociais — principalmente de produção —, o que poderia ser denominado, com uma expressão um pouco fora de moda, de revolução cultural. Uma rápida vista de olhos pelo tempo e pelo espaço dará as dimensões da questão. Segundo a Anistia Internacional, em algumas sociedades mediterrâneas — e isso nos anos 1980 —, moças solteiras grávidas são assassinadas pelo irmão, para "salvar a honra da família". Esse código de honra não depende da filiação religiosa: ele se encontra entre muçulmanos, judeus e cristãos, o que leva a pensar que é anterior ao surgimento do monoteísmo e se perpetuou principalmente através das mulheres, habituais depositárias das tradições, mesmo quando são suas vítimas.

"O casamento é um modo de produção doméstico que se caracteriza pela extorsão de um trabalho gratuito de uma categoria da população, as esposas. O contrato de casamento constitui uma forma particular de contrato de trabalho, não explicitado como tal, pelo qual o marido se apropria da força de trabalho de sua esposa."[11]

A socialização das meninas

Essas afirmações categóricas ainda valerão para a sociedade francesa dos anos 1980? Aqui não voltaremos ao fato de que, em suas primeiras semanas, todos os embriões são fêmeas. Abordaremos o problema a jusante, quando intervém o "cultural", ou seja, desde muito cedo. Algumas pesquisas americanas e francesas, com conclusões semelhantes, foram resumidas por Elena Gianini Belotti, num livro-denúncia cujos principais argumentos exporemos a seguir.[12] As mães, unânimes em dar o seio aos filhos do sexo masculino, guardam mais ressalvas quando se trata de uma menina, a qual é desmamada aos três meses, contra os cinco meses de lactação reservados aos meninos. O tempo de cada mamada para os meninos é maior do que para as meninas, ao passo que estas têm de aprender primeiro a não fazer suas necessidades nas fraldas. A mãe exibe a nudez do filho e instiga o pudor da filha. O que é "birra" nas meninas é sinal de virilidade nos meninos, cuja agressividade é tida como indício estimulante: mais tarde, eles saberão não só se defender, mas também atacar. A menina tem de "se comportar bem", não gritar, usar um vocabulário correto, ser ordeira, interromper o que está fazendo para ir buscar os objetos que lhe pedem, ser "maternal" em relação aos menores, sob pena de ser qualificada de "maldosa". Mesmo nas sociedades industriais ditas "avançadas", o desejo de ter um filho para garantir a linhagem, "transmitir o nome", continua a prevalecer: se o primogênito é menina, o segundo tem de ser um menino. Elena G. Belotti conclui sua acusação num estilo militar: "A comparação incessante com os meninos que gozam de privilégios negados às meninas diminui nelas o amor-próprio, no entanto necessário para a realização de seus objetivos para conduzir sua própria luta". Permitimo-nos lembrar que, muito antes de Elena G. Belotti, Jung tinha salientado, nesse aspecto afastando-se de Freud, que a repressão atuava de modo antitético no homem e na mulher. Constatando que o ideal do homem é a virilidade (coragem física, energia, autodomínio etc.) e que a sociedade lhe recalca os sentimentos demasiado "femininos", Jung concluía que todo homem tem, em contrapartida, uma alma feminina oculta. Inversamente, tendo as mulheres de recalcar a parte viril de seu ser, elas possuem um inconsciente masculino. Se este — um *animus* e não uma *anima* — consegue transgredir a censura social, haverá de se manifestar por traços tidos como característicos da psicologia masculina: gosto pela argumentação lógica, desejo de ter sempre a última palavra etc. Uma mulher dessas será muitas vezes chamada de "machona" ou de "megera", termo que não tem nada de masculino.

Os brinquedos — no que tange a eles — contribuem para a diferenciação dos sexos. Uma pesquisadora foi enviada a várias lojas, com a tarefa de pedir: "Quero um brinquedo para uma criança de três anos". Em toda parte, a reação foi: "Menino ou menina?". Os pais, temendo que o filho dê atenção demais às bonecas da irmã, tentam orientá-lo para brincadeiras agressivas e competitivas. Uma pesquisa americana sobre 144 livros de leitura adotados nas escolas primárias mostra que, em todos os textos em que comparecem, as mães (quando trabalham fora) são datilógrafas, enfermeiras, professoras, ou seja, exercem profissões tradicionalmente femininas. Uma pesquisa francesa sobre livros infantis salienta que, nos grupos de crianças, o "chefe" é sempre um menino. No ensino pré-escolar, as escolas são "maternais" e não "paternais". Os professores do pré-primário são quase sempre mulheres que dizem ter escolhido a profissão "por vocação" ou mesmo por "espírito de sacrifício". Como observa E. G. Belotti na obra anteriormente citada: "O espírito de sacrifício é sempre suspeito. Não se entende por que alguém saudável de espírito haveria de escolher espontaneamente se sacrificar, em vez de gozar o máximo possível da vida". As professoras do maternal têm tendência a acentuar a segregação sexual, valorizando as meninas "boazinhas", destinando-lhes atividades de arrumação e limpeza, das quais os meninos são dispensados. As meninas que se tornam mulheres certamente não alimentam rancor contra tal segregação, visto que pesquisas recentes nos mostram que as mulheres casadas mantêm um alto grau de confidencialidade com a mãe (mas infelizmente não nos revelam os segredos trocados), e que o casal visita mais os pais da mulher do que os do homem.

A lenta ascensão social das mulheres...

O fim da desigualdade das oportunidades sociais entre homens e mulheres é um desejo bastante antigo, mas a sinceridade dos que — homens e às vezes mulheres — expressam tais votos continua incerta. Fourier, ao que parece, foi o inventor da palavra "feminismo", e os saint-simonianos criaram em 1832 a primeira revista feminista, *La Femme Libre.* Mas, enquanto nos Estados Unidos a emancipação das mulheres foi comparada à libertação dos escravos, na França, nas classes populares, homens e mulheres, todos membros do exército de reserva do capital, disputavam empregos cuja oferta foi, durante décadas, inferior à demanda.

Isso explica o acesso muito gradual das mulheres a posições marcadas pelo selo da respeitabilidade social (poder de decisão e capital cultural). Alguns números e datas mostram a morosidade do processo: em 1920, as mulheres são autorizadas a se sindicalizar sem o consentimento do marido, e seus salários na época são 31% menores do que os dos homens; em 1921 existem trezentas médicas e em 1929 são 519; em 1914 há doze advogadas, e em 1928 há 96; em 1930, as faculdades contam apenas com sete docentes mulheres; em 1936, os salários femininos são tabelados em 85% dos salários masculinos, mas no ensino primário e secundário, desde 1927, para a mesma titulação e igual tempo de serviço, os salários são os mesmos. Foi apenas depois da Segunda Guerra Mundial que as mulheres ativas passaram finalmente a ocupar posições sociais até então monopolizadas pelos homens. E elas ainda são encaradas de um ponto de vista sexista, como mostra a satisfação com que os jornalistas se detêm sobre o físico das "personalidades" femininas. Em três publicações de orientações políticas diversas, as matérias sobre três mulheres políticas começam descrevendo seus corpos e suas vidas familiares. Florence d'Harcourt é "alta, magra, loira e antes de tudo mãe de família" (*Jours de France*, dezembro de 1973). Anne-Marie Dupuy, diretor (e não diretora) do gabinete do secretariado-geral da presidência da República e que acaba de integrar o Conselho de Estado no exterior, "gosta de barcos e de esqui. Sorridente, com os olhos cor de avelã, pele clara, cabelos castanhos sobriamente enrolados, sempre vestida com tailleurs clássicos ou vestidos lisos de cores discretas" (*France-Soir*, 11 de janeiro de 1974). Marie-France Garraud

> emana uma amizade calorosa [...]. Mas seu pescoço merece atenção. E nele, ágil e forte, que se trai a valquíria guerreira, dura no combate. Quem é esta figura elegante? Uma mulher do interior ambiciosa, inteligente e hábil, muito simplesmente. Ela tem dois filhos, um marido advogado no Tribunal de Recursos e, como a maioria dos adeptos de Pompidou, uma profunda vontade de poder (*Le Nouvel Observateur*, 24 de dezembro de 1973).

... coloca em questão as relações conjugais?

A ascensão da mulher até o topo social só pode colocar em questão as relações conjugais. À incontestável inferioridade do marido em termos de longevidade e a suas plausíveis fraquezas no campo sexual vêm possivelmente se somar desempenhos contrários em sua estratégia de carreira. Os estudos de Andrée Michel mostram que as mulheres ativas com nível de instrução mais elevado são as que se declaram as menos satisfeitas com seus casamentos e que sua autonomia — muito maior em relação ao marido — requer uma nova definição da vida conjugal, uma nova divisão das funções e dos papéis, não só dentro, como também fora da família. E em todos os grupos sociais o desemprego obriga o casal a elaborar estratégias de reconversão. O desemprego do marido, nos casos em que a mulher se mantém empregada, inverte os termos da "aliança econômica". Há algumas décadas, quando uma mulher tinha cursado a universidade, não raro ela renunciava a qualquer atividade profissional na hora de se casar. Ela utilizava seu capital cultural para ajudar o marido em sua carreira e para educar os filhos. Uma pesquisa sobre os estudantes de medicina na região de Marselha (que remonta aos anos 1970) mostra que frequentemente a estudante abandonava seus estudos ao se casar com um estudante da mesma especialidade. Ou se limitava a terminar o curso sem prestar concurso, sem fazer especialização, eventualmente se contentando com um posto de médico assalariado, na época pouco prestigiado. Hoje as coisas mudaram: podem surgir tensões, quando não uma ruptura, quando a mulher tem um desempenho universitário superior ao do marido — por exemplo, ela entra na ENA (École Nationale d'Administration) e ele não. Assim nasce no casal uma nova forma de ciúme, pois a permanência das ideias convencionais ameaça tornar insuportável para o marido um êxito profissional da mulher superior ao seu. Essa rivalidade na carreira, ainda não estudada — é recente demais —, coloca as relações com os filhos em novos termos: como eles perceberão os "papéis" da mãe inspetora das Finanças e do pai administrador civil na Secretaria de Estado do Tempo Livre? Quanto à inveja entre mulheres, tradicionalmente fundada em rivalidades físicas ou de "prendas domésticas", não irá se basear também em novas comparações, como os itinerários profissionais? Já é assim.

NOTAS

1. G. Calot, “Forces et faiblesses de la population française. La population française de A à Z”, *Les Cahiers Français*, nº 219, jan.-fev. 1985, pp. 69-72.

2. Aqui seguimos o relato apresentado por dr. P. Simon em *De la vie avant toute chose*, Paris, Mazarine, 1979.

3. Esses dados foram extraídos de um trabalho coletivo: dr. P. Coutant et al., *Les mères de substitution*, dissertação IEP, cópia mimeografada, 1985.

4. Y. Verdier, *Façons de dire, façons de faire*, Paris, Gallimard, 1980.

5. A. Béjin, “Le mariage extraconjugal aujourd'hui”, *Communications*, nº 35, 1982, pp. 138-46.

6. S. Chalvon-Demersay, “L'union libre”, *Encyclopaedia Universalis*, 1985, pp. 408-11.

7. *Le statut matrimonial et ses conséquences juridiques, fiscales et sociales*, relatório apresentado ao Conselho Econômico e Social em 24 e 25 de janeiro de 1984 por E. Sullerot.

8. Utilizamos duas fontes: M. Martin, “Images du mari et de la femme au XXe siècle: les annonces de mariage du *Chasseur Français*”, *Revue d'Histoire Moderne et Contemporaine*, abr.-jun. 1980, pp. 295-311; S. Roberts e O. Robin-Mariéton, *Les petits annonces de mariage du Chasseur Français*, dissertação, cópia mimeografada, 1972.

9. P. Ariès, “Le mariage indissoluble” e “L'amour dans le mariage”, *Communications*, nº 35, 1982, pp. 123-37 e 116-22.

10. A. Girard e J. Stoetzel, *Les valeurs du temps, une enquête européenne*, Paris, PUF, 1983.

11. C. Delphy, “Mariage et divorce: une impasse à double face”. *Les Temps Modernes*, 1974, nº 333/334, p. 1815.

12. E. G. Belotti, *Du côté des petites filles*, Paris, Éd. des Femmes, 1974.

O CORPO E O ENIGMA SEXUAL

O CORPO DE NARCISO

Tirésias havia dito: "O menino viveria melhor se não se enxergasse". Inconsciente de sua beleza, Narciso ignorava as mulheres e as ninfas, seduzidas por seus encantos. Uma delas, Eco, ficou anoréxica: seu corpo minguou até desaparecer, restando-lhe apenas a voz. Irritadas, as jovens repelidas recorreram a Nêmesis, encarregada pelos deuses de perseguir e castigar a desmesura que ameaça a ordem das coisas e a hierarquia necessária. Narciso se mirou num lago, apaixonou-se por si mesmo a ponto de morrer de tanto se contemplar. Obstinado, ele aproveitou a travessia do Estige para se admirar pela última vez. Na versão beócia, Narciso, importunado pelos avanços do belo Ameinias, oferece-lhe uma espada com a qual o jovem apaixonado se mata, tendo antes invocado Nêmesis que, convencendo o indiferente que o amor por si mesmo não passa de vaidade, leva-o ao suicídio. Para Pausânias, Narciso era apaixonado pela irmã, extremamente parecida com ele: quando a jovem morre, Narciso procura o rosto da desaparecida na superfície da água parada e cai na armadilha. Narcisismo, homossexualidade, incesto: pelo menos três temas num mesmo mito. Tal riqueza de significados só podia seduzir Freud, que em 1910 escreve: "Os homossexuais se tomam a si mesmos como objeto sexual; eles partem do narcisismo e procuram jovens parecidos com eles que podem amar como foram amados por suas mães".

O estágio histórico do espelho

Uma observação que pode escapar ao passante desatento: os franceses estão cada vez mais bonitos. Eis os números, que não nos deixam mentir. Em 1980, os homens de 25 anos medem em média 1,74 metro, contra 1,72 metro em 1970 e cerca de 1,60 metro em 1914. Nenhum adulto "médio" de hoje caberia na armadura de Du Guesclin ou nas roupas de Napoleão. Nos anos 1930, circulavam gente com papeira, com aleijão no pé, anões e desdentados. A melhoria estética da população é incontestável, embora perpetue as desigualdades sociais: em 1980, o médico ou o advogado mede 1,75 metro e o assalariado rural, 1,68 metro.

Esse corpo aprimorado se reflete no espelho. O espelho aparece apenas no século XVI, como preciosidade importada de Veneza. É caro e raro; no entreguerras, as casas operárias ou rurais possuem apenas um, pequeno, pendurado em cima da bacia de fazer a barba. O grande espelho de corpo inteiro se encontra apenas entre as classes abastadas. Parafraseando Freud, pode-se, então, falar de um estágio "histórico" do espelho, recente para o conjunto da população. Assim, a pessoa deixa de perceber sua identidade física no olhar do outro e passa a contemplá-la no espelho grande do banheiro.

O banheiro aparece entre a burguesia por volta de 1880: é o local mais secreto da casa, onde a pessoa, liberta de seus corretivos (cinta, espartilho, peruca, dentadura etc.), finalmente pode se ver, não em sua aparência social, mas totalmente despida. Momento às vezes penoso, hoje imposto a todas as classes sociais: o INSEE nos informa que, em 1980, 80% das casas possuem uma sala de banho ou um banheiro com ducha. Talvez as pessoas usem o banheiro mais para se olhar do que para se lavar, pois o francês utiliza apenas 2,25 sabonetes por ano e há apenas uma escova de dentes para três habitantes.

A banalização do espelho não informa sobre o interior do corpo. Ontem a radiografia, hoje a ecografia, o scanner e a tomografia nos contam o que se passa nesse interior. É um meio preventivo eficiente, mas também fonte de novas preocupações. As pessoas não se contentam mais com a sintomatologia: querem desvendar a causa primeira de qualquer mínima disfunção. A exploração por dentro do corpo não elimina, apenas desloca a angústia. Em que lugar, em que recanto desse corpo, cuja aparência satisfatória posso fitar no espelho, se esconde o micróbio, o vírus obstinado em destruí-lo? Onde? Até que ponto pode ir a fúria etiológica? Grandes problemas, deontológicos para o médico, financeiros para a previdência social.

Corpo de mulher

A Igreja desconfia da obsessão pela limpeza. A descoberta do próprio corpo pode estimular toques suspeitos ou despertar o desejo de conhecer o corpo do outro. Nos anos 1930, mesmo nas famílias abastadas, a regra era o banho semanal, e as crianças mudavam as roupas de baixo apenas uma vez por semana. Era um mundo cheio de odores. Reconhecia-se o ente querido pelo cheiro dos pés. Hoje, a referência é o desodorante. Nos meios rurais, sabia-se da menstruação sem precisar dizer. "Minha mãe nunca me falou nada sobre as regras, mas eu percebi que era papai que ia à tina da salga. Quando vêm as regras, não se pode ir à salga, estraga o toucinho, estraga a salga, e está tudo, tudo perdido."[1] Mulher menstruada estraga a maionese, exceto quando já está perto da menopausa. Consta que a menstruação desperta um ardor lúbrico, e Georg Groddeck afirma que a mulher no período menstrual atrai o homem, já que "mais de três quartos das violações se situam naqueles dias".[2] Hoje, ao que parece, a menstruação fica na fronteira entre o dito e o não-dito. As mulheres comentam o fato entre elas, mas geralmente em voz baixa. Como a pílula permite alterar o ciclo menstrual, elas podem estar disponíveis sem informar o parceiro sobre a estratégia adotada.

A história do corpo da "bela mulher" não se reduz a uma trajetória que partiria do gordo para chegar ao magro.[3] É verdade que todas as sociedades subnutridas admiram a obesidade, e André Burguière observa que, nas cidades italianas da Idade Média, *popolo grasso* designava a aristocracia dirigente e *popolo magro* designava a plebe. Hélène Fourment mostra curvas que nos deixam divididos: as nádegas têm celulite, mas os seios são firmes. Às mulheres gordas de Rubens e Jordaens, podem-se opor as silhuetas esguias e tentadoras de Cranach. Os súcubos muitas vezes são filiformes. Gabrielle d'Estrées e a marechala de Villars têm o rosto fino, seios altos e redondos, sem barriga. V. Nahoum mostrou que o modelo da mulher magra e lisa "foi inicialmente uma criação das elites sociais [...]. A verticalidade fazia parte da vontade de aparecer. Portanto, havia um trabalho do corpo para os filhos da elite".[4]

No mundo popular, que até o século XIX era rural, não existia a questão estética da postura reta. "O trabalho do campo, devido à falta de máquinas, acarretava o encurvamento do corpo", escreve o mesmo autor. O "modelo de magreza", portanto, impõe-se de cima para baixo. Pierre Bourdieu vê aí uma forma sutil de luta de classes.

> O corpo se torna objeto de uma luta que tem como finalidade a aceitação da condição de dominado (aquele que submete seu corpo ao olhar de outrem) e a integração na sociedade. Essa luta, visando a impor normas de percepção do grupo dominante, identifica-se com a luta de classes na medida em que trata de impor as características de um grupo, depois de legitimadas e reconhecidas como exemplares.[5]

Característica de uma sociedade de abundância que considera a gordura "ruim" e a obesidade "vulgar", a estética da magreza é imposta pelo sistema da mídia, que intima as mulheres a seguir dieta e fazer ginásticas sempre novas: aeróbica, aeroginástica, antiginástica, *energic dance*, *gym tonic*, musculação, alongamento, aeróbica turbo etc. Alguns nomes indicam a origem: americana, mais precisamente da Califórnia. Esse culto do próprio corpo exige sacrifícios: em primeiro lugar financeiros (proporcionalmente, gasta-se menos em roupas e mais para "manter" a aparência); a seguir éticos, visto que os meios de comunicação nos repetem que "a pessoa tem o corpo que merece", o que leva a um novo sentido de responsabilidade. Esse corpo a ser produzido, desnudado, na praia, deve estar de acordo com os cânones do momento.

Corpo do esportista

É o esporte que deve nos aproximar desses cânones. As Olimpíadas, que surgiram por volta de 800 a. C. e foram suspensas por Teodósio em 394, mostravam práticas esportivas marcadas pela violência. O esporte atual — bem como a própria palavra — nos vem da Inglaterra. Thomas Arnold o introduziu nas escolas públicas por volta de 1830, sendo que um de seus objetivos era canalizar — socializar — a violência. Para Pierre de Coubertin, que em 1896 organizou as primeiras Olimpíadas modernas, o esporte deve contribuir para a formação e o autodominio do indivíduo. Nos anos 1920, a "nobreza" do esporte se liga a seu caráter "desinteressado"; o dinheiro macularia sua pureza: é a época do amadorismo. Os "mosqueteiros" exerciam atividades profissionais. A partir dos anos 1920, o ardor competitivo e a invasão de interesses financeiros levaram a um movimento de irresistível profissionalização. A partir daí, o esporte é dominado por um triplo poder: o financeiro, o médico e o midiático. O profissional deixa de ter praticamente qualquer vida privada: o nutricionista, o fisioterapeuta, o cardiologista etc. se encarregam de seu corpo para mantê-lo em forma, sob a coordenação do treinador, que se empenha em modelar uma personalidade que "passe" bem pelos meios de comunicação. Na Flórida, a Colony Beach and Tennis Resort recebe crianças de dez anos e lhes impõe uma disciplina de *marines*. Aliás, seu fundador, Nick Bolletieri, é um ex-*marine*. Apenas uma infância e uma adolescência ascéticas permitem que se atinja esse nível internacional em que o campeão medicalizado e patrocinado não fuma, não bebe, não "cai na farra", para conseguir o máximo de dinheiro no mínimo de tempo. O nível dos desempenhos é tal que a carreira do campeão é bem curta. Rende-se homenagem ao tenista Björn Borg por ter tido a sabedoria de se retirar das competições aos 26 anos de idade. O esporte desempenha um papel não desprezível na manutenção da ordem social. Tal ou qual partida de futebol entre times da segunda divisão, transmitida pela televisão, obtém um índice de audiência superior ao das personalidades políticas em maior evidência. Seja tênis, boxe ou futebol, os meios de comunicação se apoderam deles e sugerem que é possível uma ascensão social por meio dos esportes. Essa tarefa de persuasão não transmite uma ilusão (pois isso pode acontecer), mas mostra uma exceção. O estádio continua a ser o lugar onde o nacionalismo mais exacerbado pode se expressar sem pudor nem constrangimento. Em Roland-Garros, aplaude-se tanto a dupla falta do estrangeiro quanto o *ace* do francês. A extrema direita gostaria de expulsar todos os imigrantes, "exceto Platini", ironiza o jornal *Le Canard Enchâiné*. Como reação contra essa gigantesca iniciativa de entretenimento, desenvolve-se uma concepção mais hedonista do esporte. Afastados de qualquer espírito de competição devido à idade, à vida profissional ou à mentalidade, muitos franceses pacificamente praticam *jogging*, retomam ou compram uma bicicleta, e em vez das pistas preferem o esqui de fundo. O que não exclui que vibrem diante da televisão.

OS FRUTOS DA TERRA

Os frutos da terra são culturais

Em certas tribos africanas, as mulheres são proibidas de comer aves, pois "comer ave deixa volúvel". "Cozinhado" por um policial hábil, o acusado "se põe à mesa" e entrega o segredo. Depois de "comer na festa", o cara "come uma garota". Ou seja, o que se refere ao alimento ultrapassa o nutricional e atinge outros códigos sociais. Numa abordagem estruturalista da culinária, inspirada na obra de Claude Lévi-Strauss, Mary Douglas observa que

> as antigas regras mosaicas da mesa se inscrevem num conjunto de regras que regem o culto e o asseio ritual, bem como o comportamento em matéria de relações sexuais e conjugais. As regras alimentares só adquirem sentido como

> elementos de uma concepção geral do universo, segundo a qual o povo de Deus se distinguiria dos demais para assumir um destino particular.[6]

Para os hebreus, o mundo material se compunha de três elementos: a terra, a água e o ar, e todo ser vivo que não se encaixasse exatamente nessa taxonomia era excluído da mesa. Homoteticamente, um hebreu não podia desposar alguém estrangeiro que adorasse outros deuses. Ser "eleito" significava — e continua a significar — ser à parte. As maneiras à mesa se integram, portanto, nesse conjunto constituído pela lei mosaica: "Elas adquirem sentido", escreve Mary Douglas, "para quem compreende que esse sentido coloca em jogo a totalidade do vivido; consideradas isoladamente, o que se pode encontrar é principalmente a falta de sentido". O mesmo vale para todos os povos. A mesma autora nos informa que a tribo dos lelês (Zaire), à semelhança dos judeus, proíbe todos os animais anfíbios e, de modo mais geral, todos os que se sobrepõem nas classificações. Os franceses, mesmo sem saber, observam códigos nutricionais muito rigorosos: não comemos carne de carnívoros. Os caçadores comem javalis e cabritos monteses, mas não raposas, que são uma iguaria apreciada em certas regiões da União Soviética, como o cachorro na China. Daí a conclusão de Mary Douglas: "Os princípios de seleção que orientam o ser humano na escolha de seus recursos alimentares não são de ordem fisiológica, e sim cultural [...]. É a cultura que cria entre os homens o sistema de comunicação referente ao comestível, ao tóxico e à saciedade". São igualmente os códigos sociais que designam quem há de repartir a comida. Entrevistada por Y. Verdier, uma mulher de Millot lembra quando os recém-casados, no começo do século XX, tinham de morar na casa dos pais do rapaz:

> Quando moravam todos juntos, a nora não ousava cortar o pão. Era a sogra que cozinhava e servia à mesa; as pessoas não se serviam sozinhas como fazem hoje [...]. Quando se serve um pedacinho muito pequeno de pão, costuma-se

> dizer: "Ah, isso aqui é um pedaço de sogra", querendo dizer que a sogra poupa, é mão-fechada no momento de servir a nora [...]. A fatia de sogra é uma fatia de nada... O fogo de sogra é um fogo que não esquenta, é um fogo de nada. Uma sogra é mão-fechada.[7]

É na hora do desmame que se percebe essa passagem da Natureza para a cultura, não raro fatal para os bebês das sociedades tradicionais: tenta-se encontrar um alimento branco, duplicação simbólica do leite materno — "leite de calabaça", mistura esbranquiçada obtida da polpa do fruto do embondeiro em certas tribos da África equatorial, ou o leite de coco nas Antilhas. Além do desmame, ainda são as mulheres que, na França de hoje, alimentam os homens, os quais se reservam o estatuto de "chefe" nos restaurantes de prestígio e o monopólio das críticas gastronômicas. Existem as "bem-sucedidas na cozinha", dizem os homens. Se procurarmos bem, vamos encontrá-las entre as inativas, as mais dependentes do marido, encantadas com a carga afetiva presente no ato de oferecer uma refeição ou um prato resultante de sua imaginação e habilidade. Também acontece que a esposa peça receitas à sogra para satisfazer às papilas maritais com pratos de sua infância, assim despertando nele uma retrospecção quase amniótica. Seja como for, se o "cozinhar" cabe às mulheres, o consumir tende ao unissex. Antigamente, o mel e os doces ficavam para a mulher, essa "eterna criança", enquanto a virilidade do homem supunha o consumo de carne vermelha e bebidas de alto teor alcoólico. Hoje, as imagens tradicionais da virilidade e da feminilidade estão bastante apagadas. O sexo forte talvez não seja o anunciado pela cultura: as mulheres fumam, bebem e rejeitam os doces, que engordam.

Um juiz diário: a balança

O açúcar virou o grande inimigo público. Atribuem-lhe a obesidade, o diabetes, a hipertensão, doenças cardiovasculares, cáries etc. Já desprezamos o pão, alimento do pobre (150 gramas diários por pessoa, contra seiscentos gramas no século XIX), os legumes secos, as batatas. Agora convém parar de consumir 36 quilos anuais de açúcar por pessoa. Questão de sobrevivência. Em contrapartida, recomendam-se carnes grelhadas, laticínios, legumes e frutas frescas. Como nossa alimentação já não é regulada pelo ciclo da Natureza, "o que fazemos todos os dias sem nem perceber é um verdadeiro sonho alimentar de caçadores-coletores: carne em todas as refeições, frutas e legumes à vontade, e durante o ano inteiro; gorduras e doces variados etc. Abolimos a alternância gordo/magro: a gordura se tornou nosso pão de cada dia".[8] As frutas e legumes frescos chegam a nós vindos do mundo todo, como antigamente as especiarias. É verdade que a rentabilidade gera a monotonia; a variedade "intraespécie" dos vegetais se reduz: apenas na França, existiam no século XIX 88 variedades de melões contra cinco de hoje, e os 28 tipos de figo se reduziram a três. Consolemo-nos com a preocupação: os meios de comunicação nos estimulam a comer e nos intimam à magreza, empurram-nos para os fogões com receitas para emagrecer. Celebram a boa mesa e o regime, a arte culinária e a dietética. Como ser gastrônomo e manter a linha? Depois que a França se livrou dos horrores da subnutrição ligados à Ocupação, a barriguinha lisa entrou na moda. Ter barriga é uma ameaça, e ser obeso é um pavor. O ogro engordava com a carne das criancinhas, e o capitalista pançudo, de cartola e charuto, engorda com o suor dos operários. Resta algo dessa mitologia. Homenageado na burguesia da Belle Époque por simbolizar um status elevado, o roliço, tolerado pela plebe, é quase obsceno na *jet society*. Desde maio de 1955, *Marie Claire* avisa: "O inimigo nº 1 é a gordura e a celulite". Os produtos dietéticos fazem o maior sucesso. Consomem-se queijos e iogurtes com "0% de gordura", aqueles mesmos que, durante a guerra, eram os únicos a não ser racionados. A cada manhã, a pessoa vive alguns instantes de angústia em seu *pèse-personne* [pesa-pessoa], sintagma que veio a substituir a palavra "balança", ambígua demais.* Ao medo da falta segue-se

* *Balance*, ambígua por significar também "equilíbrio". (N. T.)

o terror do excesso. Será que as desigualdades sociais em relação à alimentação foram abolidas?

Alimentação e classes sociais

A parte dos rendimentos reservada para as despesas alimentares é proporcionalmente mais alta para o operário do que para o advogado. Os tipos de cozinha variam conforme os meios sociais. A "nouvelle cuisine francesa", lançada pela e para a burguesia tradicional, tenta ser leve, procura utilizar o vapor e restringir o uso de creme de leite para preservar o "sabor natural". As classes populares se mantêm mais ligadas à velha cozinha e aos molhos. O "vapor" das classes superiores se opõe ao "peso" (no sentido digestivo) das classes inferiores: a metáfora espacial (o vapor em cima, o peso em baixo) vale igualmente para o gastronômico e o sociológico. O uísque é burguês, o *pastis* é popular; o champanhe transcende as classes, mas só é tomado como aperitivo entre a burguesia. As maneiras à mesa variam: o banquete de casamento dura horas (às vezes sem interrupção entre o almoço e o jantar) na base da pirâmide social, enquanto no topo serve-se uma refeição ligeira para a família e alguns íntimos, antes do bufê para os "conhecidos". Seria melhor refinar essas observações levando em conta os fatores regionais, sendo que a burguesia do interior se mantém mais próxima dos costumes populares. Uma cuidadosa análise secundária de dados (a partir de uma pesquisa com entrevistas e questionários, feita em 1975 pela revista *Cinquante Millions de Consommateurs*, que reuniu respostas de 12 300 domicílios, representando mais de 43 mil pessoas) permite esboçar uma "hierarquia social dos alimentos".[9] Os autores calcularam um índice 100 que corresponde, para um determinado produto, à média durante oito anos (1965-1972) do consumo geral dos franceses avaliados. Por exemplo, para a carne de carneiro e cordeiro, o índice da categoria socioprofissional "operários" é 72, contra 228 para os "industriais, grandes comerciantes, quadros superiores, profissionais liberais", o que significa que um operário consome 3,15 vezes menos do que um advogado ou um tecnocrata. Pode-se estabelecer uma oposição entre a comida "burguesa" (certas carnes, peixe, queijo, legumes e frutas frescas) e a comida "popular" (porco, batata, massas, pão, margarina), "o que faz justiça aos lugares-comuns sobre o nivelamento dos consumos alimentares". A análise fatorial mostra que os consumidores de perna de carneiro, escarola e pera são os mesmos que vão a teatros e concertos, visitam museus, leem *Le Monde*, jogam tênis, frequentam leilões, possuem uma casa de férias e até um barco, andam de Mercedes, BMW ou Alfa Romeo. Quanto aos consumidores de batata e margarina, nunca andaram de avião, têm um 2-CV ou um 4-L, pagam prestação de eletrodomésticos, não possuem aparelhos de som e preferem astrologia às ciências "sérias". Conclusões um pouco brutais que são atenuadas, mas não infirmadas, pela intervenção de outras variáveis: idade, sexo, número de filhos, atividade ou inatividade da esposa, tradições familiares e regionais... Nem por isso a coerência do status se vê afetada. A sociedade francesa se mantém rigorosamente hierarquizada, e, se *Os comedores de batatas* já não são aqueles pintados por Van Gogh, mesmo assim continuam a ocupar a base da pirâmide, tendo pequena probabilidade, sejam eles ou seus filhos, de escalar seus vários degraus.

Em pó e congelados

Antigamente, os rituais alimentares (café da manhã, almoço, jantar) imprimiam o ritmo à vida familiar. Hoje, a alimentação está cada vez mais submetida às imposições do trabalho. A jornada contínua introduziu o "taylorismo alimentar", como diz C. Fischer. Cerca de mil fast-foods servem uma quantidade incalculável de refeições diárias. A refeição coletiva, moderna, industrial, dietética, barata, compromete a comensalidade: na hora do intervalo, no restaurante da empresa ou em outro lugar com os "vales-refeição", a pessoa almoça depressa, cercada pelos colegas, mas não *com* eles. Não se tem tempo, visto que uma parte desse "intervalo" será utilizada nas caminhadas. Tempo curto de consumo, tempo curto de preparação. A conservação, o congelamento, a pasteurização, a liofilização transferiram para a fábrica as tarefas que antes eram realizadas na cozinha. "Falta" tempo, já que é melhor se mostrar "apressado, sobrecarregado" para pretender a consideração dos outros. Como conciliar essa precipitação (mesma etimologia de "precipício") com a preparação longa e minuciosa exigida pela cozinha tradicional? A solução foi encontrada: o alimento em pó, que nutre e impede que a pessoa "passe fome". Em pó: o café, o leite, a sopa, o molho. Solução complementada e superada pelos congelados. *Elle* anuncia essa revolução desde 1961: "Os especialistas franceses preveem uma grande onda de frio para este ano [...]. Depois das alegrias da refrigeração, que nos alegra em casa, eis a vitória do congelamento". A França de Vatel entrou na era insípida dos congelados. Não sem uma certa relutância. "Há muitos preconceitos a serem vencidos", lê-se no mesmo artigo de *Elle*. Foram vencidos.

As aberrações nutricionais

Por que se come? O interesse nutricional é apenas um dos aspectos — o mais evidente — da alimentação. Todas as sociedades consomem estimulantes e estupefacientes (plantas de mastigação, álcool etc.). Na França, não se recebem visitas sem um aperitivo, abertura da sinfonia gastronômica. A palavra vem do latim médico *aperitivus*, derivado de *aperire*, abrir. Na linguagem médica, aperitivo é o que abre as vias para os líquidos no aparelho digestivo, urinário etc. No século XIX, surge o novo sentido de estimulação do apetite. O adjetivo então se transforma em substantivo, designando as bebidas que são tomadas antes da refeição. Quase sempre alcoólico, o aperitivo cria uma leve euforia que libera o tímido de suas inibições: assim, o aperitivo, além de abrir a refeição, também enceta a conversação. O termo "digestivo" (do baixo latim *digestus*, de *digerere*, digerir) também deriva do vocabulário médico. Na França, portanto, o álcool acompanha o discurso gastronômico desde o exórdio até a peroração: ele não alimenta, mas dá euforia. Essa euforia é uma das portas pelas quais se engolfam nossas aberrações nutricionais. Pois comemos demais, muito mais do que aconselharia a sabedoria do corpo. Percebemos quando estamos com fome, mas somos incapazes de discernir os sinais de nossa saciedade. "A proliferação dos sinais externos que estimulam incessantemente nosso apetite tornou-se tal que os sinais internos de saciedade já não conseguem se fazer ouvir [...]. A cultura desregula ou perverte a Natureza; a sabedoria do corpo é enganada pela loucura da cultura" (C. Fischler). Trinta por cento dos franceses sofreriam de excesso de peso. Somos alertados pela fome, mas não pelo excedente de nosso equilíbrio energético. Consolemo-nos com o fato de saber que o homem não detém exclusividade nas aberrações alimentares: os especialistas nos ensinam que há carneiros que morrem de uma indigestão de trevo, e que os tordos entram em coma alcoólico quando comem framboesas selvagens e uvas maduras em excesso. Os meios de comunicação nos previnem contra o consumo excessivo. Será o fim do "grande empanzinamento"? Imitaremos o modelo americano, isto é, nos aliaremos ao *vagabond feeling*? As famílias urbanas de classe média fazem vinte *food-contacts* (comem alguma coisa) por dia (beliscar e petiscar se tornaram os dois seios da nutrição), contra três refeições comensais por semana.

O alimento, esse desconhecido

O que comemos? Coisas atraentes, sem dúvida, e aqui estamos de novo diante do segredo. Esses frutos apetitosos? Estão cheios de pesticidas, camadas de silicone, insípidos. Esses vinhos? São misturados, adoçados, enxofrados. Esse frango? Para pegar sua carne flácida, só mesmo com uma colher. E se experimentamos ler na embalagem de "acondicionamento" (termo que diz muito) o que vamos comer? Aí é o reino do burlesco: "conservante", "colorante", "excipiente", "agente de sapidez"... Os produtos já não são embalados, são "calibrados" para atender às exigências da embalagem. Os segredos da fabricação escapam ao consumidor. Experiências mostraram que a criança pequena escolhia sempre o alimento mais açucarado, mesmo que se acrescentasse um produto amargo para encobrir o sabor doce. Como a indústria alimentícia se deu conta dessa apetência inconsciente pelo açucarado, ela nos oferece produtos amargos, salgados, apimentados... todos contendo açúcar: o molho *béarnais*, a maionese e até o salsichão! "O consumidor moderno não sabe mais o que come [...]. O alimento se tornou um objeto sem história conhecida" (C. Fischler). Dessa ignorância nasce o medo. As autoridades médicas despertam preocupações revelando as novas formas de alimentação das aves ou do gado. Os jornalistas fazem matérias que provocam pânico e fazem abaixar determinadas vendas. O vitelo — e principalmente seu fígado — sofreu esse problema nos anos 1970. "Ainda se pode comer carne. Mas com seus riscos e perigos. Sobretudo se a pessoa não tolera bem os antibióticos, as enzimas, os tranquilizantes, os estrógenos etc.", escreve um jornalista sob a manchete "Coquetéis perigosos".[10] Ainda se come, mas com medo. A pessoa fica sabendo que o fumo é cancerígeno? Ela pode parar de fumar. Mas se o frango, a galinha-d'angola, o vitelo, o boi, as frutas e as verduras também são, o que resta? Já não se fala muito na "boa comilança". Seus efeitos preocupam. Comparam-se as taxas de colesterol. Mal sai da mesa, a pessoa vai correndo até o laboratório para verificar se seu metabolismo está normal. O médico, quando magro, é implacável: "Você come demais". Se folhearmos sistematicamente a revista *Elle*, veremos — nas propagandas e nas matérias — a redundância do tema da magreza: "Você tem de ser magra", "para emagrecer", "para continuar magra"... E a mesma revista oferece com sucesso suas "fichas culinárias", bem-feitas e destacáveis. Assim, continua-se a comer na França, mas com pavor e vergonha.

O CORPO AMEAÇADO
DO PACIENTE AO CLIENTE

As doenças de ontem

Os franceses não só estão mais bonitos, como também são mais saudáveis. Segundo Zeldin, é possível afirmar que, no entreguerras, um décimo da população — ou seja, cerca de 4 milhões de pessoas — sofria de sífilis e 140 mil pessoas morriam anualmente dessa enfermidade. A ela se deveriam 40 mil natimortos. A blenorragia fazia suas devastações, e a fundação de uma Liga Nacional Contra o Perigo Venéreo, em 1924, não conseguiu deter o flagelo devido à falta de remédios eficazes. A tuberculose alcançava tais proporções que o Estado, intervindo na vida privada, decretou em 1918 que os casos detectados dessa doença fossem declarados, multiplicou o número de ambulatórios, formou "monitoras de higiene" e criou escolas de enfermeiras visitantes. Esse controle social sobre o corpo enfermo foi facilitado pela urbanização. Dezenas de milhares de pessoas morriam anualmente de males genericamente denominados de "doenças infecciosas" ou "gripes fortes". A atuação dos poderes públicos não foi infrutífera: a partir de 1929, já não se tem registro de surtos de tifo, a epidemia de sarampo de 1930-1931 foi controlada, a multiplicação dos ambulatórios diminuiu largamente a turberculose, mesmo sem erradicá-la. As doenças mais difundidas eram as mais dissimuladas: a sífilis e a gonorreia pertenciam ao mundo do segredo, e apenas quando a pessoa ia para o "sanatório" é que se ficava sabendo que ela tinha tuberculose. A dor física pertencia à vida cotidiana, e não era vista como uma falha da medicina. Consumia-se uma quantidade muito menor de analgésicos do que hoje em dia, e as pessoas, bem ou mal, se acostumavam a suas insônias sem recorrer a soníferos. A guerra de 1914-1918 talvez tivesse sido diferente se os combatentes não estivessem habituados à dor.

Do médico da família ao clínico geral

O número de médicos duplicou entre o começo do século XX e a véspera da Segunda Guerra Mundial (de 18 mil para aproximadamente 35 mil). Ao lado do confessor, da camareira e do tabelião — e por vezes em invejosa concorrência com eles —, o médico de família entrava no âmbito do "secreto". As recordações e memórias de médicos, os romances naturalistas que se pretendem inspirados no "real" mostram-nos claramente que, no começo do século, "o médico dos corpos é também o médico das almas, é quem, para além do sintoma, reúne os fios da história familiar em sua dimensão indissoluvelmente afetiva e social".[11] Ao longo do século XIX, os médicos são mais da família do que do doente. Atendendo pouco no consultório (exceto nos bairros bem populares, onde as pessoas vão "à consulta"), os doutores vão até a casa do paciente, tal como o cabeleireiro, a pedicure e a costureira da "boa sociedade". "Conhecimento por dentro, conhecimento de dentro do universo físico da vida doméstica, de seus segredos, suas dificuldades, seus sentimentos", escreve F. Muel-Dreyfus, que prossegue:

> Tudo é apresentado em bloco ao olhar do médico, que é perspicaz porque já sabe tudo: a posição social da família, seus reveses ou suas ambições, sua "situação", como dizem, mas também seus problemas íntimos, as decepções, as preocupações, os amores, os gostos artísticos e os desgostos de viver. Gritos e sussurros... Essa participação, por dentro, da intimidade familiar, esse conhecimento dos corpos (partos, pequenas cirurgias, tratamento domiciliar das doenças graves e assistência aos agonizantes), essa continuidade de geração em geração formam o núcleo essencial das considerações sobre as relações com a clientela nos depoimentos médicos do século XIX.

O doente, então, é o paciente, aquele que sofre (de *patior*, sofrer), e não o cliente que paga. Uma vez por ano, o médico apresenta seus "honorários", termo significativo que "nega o aspecto financeiro e comercial do tratamento". Em certas regiões, ao que parece, o costume rezava que o médico só recebesse o que lhe era devido após a morte do paciente, como uma parte da herança. Quando surge o especialista, ele é considerado um comerciante, pois exige pagamento imediato. Em suas recordações, o dr. C. F. Perron manifesta seu desprezo por essa prática mercenária. "O médico", escreve ele, "pertence a uma espécie de familiaridade geral [...]. O especialista não tem nada a ver, nem ao lado, nem mais além. É como um antiquário emérito encarregado de avaliar um relicário de família em ouro e prata e que não atribui nenhum valor às cinzas e aos restos piedosos nele contidos, nem às lembranças relacionadas com ele" (*De l'honnêteté professionnelle* [Da honestidade profissional]). O médico da família desapareceu, substituído pelo clínico geral, que hoje reconhece que muitas vezes está diante de problemas funcionais, psicossomáticos, cujo tratamento exigiria um conhecimento do meio em que vive o doente. Quando este, na angústia da noite, chama o S.O.S. Médecins, tem-se o rápido cruzamento entre uma exceção e um hábito: uma pessoa que se sente ameaçada diante do clínico que atende rapidamente a várias chamadas noturnas, dá uma receita se o caso lhe parece benigno ou corre para o telefone para chamar o colega especialista ou a ambulância do hospital. "Essa consulta é pontuada pelo pagamento no ato. O médico tem à frente um indivíduo e não uma família [...]. É um contato a partir de nada, a não ser as palavras do doente sobre seus sintomas" (F. Muel-Dreyfus).

O especialista

Nos anos 1920, inicia-se a era dos especialistas, que até então "não passavam de matizes numa mesma paleta: a da medicina geral".[12] Aparecem progressivamente as novas modalidades do exercício médico: aumento maciço do número de especialistas, tecnicização dos métodos de rastreamento e de controle, a qual impõe o recurso ao laboratório ou à hospitalização, desenvolvimento da pesquisa e da indústria farmacêutica, reformas hospitalares, instituição de todas as formas de proteção à saúde etc. Para tomar apenas as estatísticas mais recentes, constata-se que, em 1980, há 201 médicos para 100 mil habitantes, contra 128 em 1970; que a taxa de crescimento anual dos especialistas é de 5,7% durante essa década; que, entre eles, a taxa média de crescimento anual é de 20,8% para os psiquiatras, 11,1% para os anestesistas-reanimadores, 9,1% para os gineco-obstetras,

9,1% para os dermato-venerologistas, 8,2% para os cardiologistas. Nas décadas de 1970 e 1980, nos hospitais gerais públicos, o tempo de permanência "média e longa" aumentou em 12,3% ao ano. O especialista não correrá o risco de diagnosticar apenas a partir da sintomatologia, sem levar em conta, no discurso do doente, o que está relacionado com as condições de vida que podem ser informativas? O dr. Norbert Bensaïd afirma que certos especialistas se negam a ouvir, "porque um doente não *sabe* e, portanto, o que ele diz não interessa". E o que se passa na cabeça do médico — clínico geral ou especialista — que, todo final de tarde, soma o número de consultas dadas e os pagamentos recebidos? O paciente se transformou em cliente. O médico não correrá o risco de se tornar um comerciante, mais sensível ao aumento do número de seus negócios (é a lógica mercantil) do que ao não-dito oculto no recatado discurso do doente?

O ESPÍRITO AMEAÇA AS DOENÇAS MENTAIS

Etiologia ontológica ou sociogenética

Não retomaremos aqui a história da nosografia psiquiátrica. Contentar-nos-emos em lembrar que ela mostra não só um fragmento da história da ciência, mas também uma parte importante da história das mentalidades, e portanto dos pensamentos dissimulados.[13] Na etiologia das doenças mentais, a sociogênese — desde o começo do século XIX — assume uma parte crescente (em detrimento da ontogênese) até levar à antipsiquiatria que, nos anos 1960, se torna uma "ideologia dominante", hoje contestada. As doenças começam a ser reconhecidas a partir do momento em que têm cura: a tuberculose nos anos 1940, com o surgimento da aureomicina, o câncer na atualidade. Decerto as doenças mentais se situam sempre no campo do secreto porque o tratamento psiquiátrico pertence a uma história quase imóvel. Desde que o cristianismo conferiu "um sentido à história" — direção e significado (santo Agostinho) —, o anúncio da parúsia supõe que a vida — individual ou coletiva — não é vivida em vão. Essa concepção dramática da história (acontece alguma coisa, ao passo que, para Tucídides, a Guerra do Peloponeso existirá, sob vários avatares, enquanto durar a humanidade) é muito bem aceita pelo homem da modernidade. A supremacia de um destino cíclico (seja qual for o sistema de pensamento, antropomórfico ou não, que o designa) é insuportável para os contemporâneos do progresso técnico, os quais interiorizaram uma visão cumulativa da história. As doenças mentais, no estado atual da impotência terapêutica, lembram ao homem sua impotência para controlar o fabricante de sua cosmogonia: seu espírito. Além disso, a clínica somática se funda sobre a prova: radiografia, ecografia, scanner, ressonância magnética permitem descobrir o tumor maligno, *vê*-lo, avaliar seu possível desenvolvimento. A clínica psiquiátrica se funda no depoimento duvidoso fornecido pelo discurso do doente. Antoine Bayle, como se sabe, encontrou "sua" prova estabelecendo em 1822 que a paralisia geral se deve a uma lesão da substância cerebral cortical e subcortical, provocada pelo treponema da sífilis. Mas e daí?... Emil Kraepelin dedicou sua vida a pesquisar as lesões específicas da demência precoce, psicose que ele sempre declarou endógena. Não encontrou nada... e continuou a declarar a mesma coisa.

As hesitações do psiquiatra

Na ausência de provas clínicas, o psiquiatra oscila entre o terreno e o meio. Eterna disputa. Numa determinada família de risco, os suicídios que se repetem de geração em geração terão uma etiologia genética ou mimética? A consideração de todas as causas possíveis de uma neurose exigiria que o cabedal cognitivo do psiquiatra fosse bem além do campo específico de sua "especialidade". Quem pode se gabar disso? Deve-se informar o doente da verdadeira enfermidade que o acomete e, ao lhe revelar sua esquizofrenia, permitir-lhe entrever um futuro entremeado de internamentos? Ou lhe falar apenas em "depressão", termo que, não tendo um sentido clínico exato, é socialmente admissível? Frente a escolhas que colocam em questão não só a pessoa, mas a família, o médico se sentirá tentado a escolher a via curta da quimioterapia, que permitirá a permanência do doente em casa. Mas isso coloca problemas éticos quase comparáveis aos levantados pela eutanásia. Quais são os riscos de contágio, por menos que exista um outro ser "frágil" na família? Cabe ao psiquiatra avaliar. Mas cabe à família assumir, e será que ela consegue suportar, sem se dissolver, a presença de um grande depressivo ou maníaco? E se optar pela hospitalização, a família não terá um sentimento de culpa de que a vontade manifesta de cuidar do enfermo esteja apenas mascarando sua preferência latente pela tranquilidade? Internado ou não, o louco continua a ser aquele que viola as regras para se encontrar — *in fine* — num universo carcerário hiper-regulamentado. É aquele que nos perturba quanto à nossa identidade: o louco "às vezes" não tem razão? E a partir de que limite ela se desvia? Com problemas de comunicação, ele nos revela nossos próprios problemas comunicativos, visto que não conseguimos entendê-lo nem lhe responder. Com a perpetuação de seus delírios, ele demonstra as falhas da pesquisa científica, a menos que esta tenha preferido investir em campos mais celebrados pela mídia — a aids, por exemplo. Finalmente, última insolência, o louco não morre (de modo geral) de sua loucura. Suas relações com a norma se inscrevem nessa metáfora de Supervielle: "Um homem no mar ergue o braço e grita: 'Socorro!'. E o eco lhe responde: 'O que você entende por isso?'". Mas o louco não é água corrente, e a ninfa Eco, como vimos, só podia repetir (do latim *repetere*, pedir outra vez).

ENVELHECER

A partir de que idade a pessoa fica velha? Ao mencionar o segundo casamento de Luís XIV ("madame de Maintenon virou madame de Maintenant"), madame de Sévigné qualifica o rei de "velho". Ele estava com 47 anos. A velhice, portanto, é socialmente construída. A sociedade contemporânea viu o surgimento de dois fenômenos radicalmente novos: a adolescência, que se intercala entre a infância e a idade adulta; as duas ou três décadas que separam o fim da atividade profissional e o momento em que as deficiências físicas e mentais eliminam a autonomia do indivíduo, tornando-o "velho". Antigamente, devido à baixa expectativa de vida, o período final entre a cessação da atividade e a morte era muito curto. E muitas vezes a morte vinha antes. Hoje, milhões de inativos estão "maduros" sem serem senis. O que fazer? E o que fazê-los fazer?

Os dados biológicos estão aí. Envelhece-se muito cedo, e nosso organismo logo atinge sua fase de rendimento máximo. A rapidez do processo de cicatrização diminui desde os quinze anos e, a partir dos 25, perdemos 300 mil neurônios por dia (é verdade que possuímos bilhões). Tomada de consciência do declínio físico: uso de óculos, ligeira surdez, fôlego curto, problemas de tensão etc. Degenerescência intelectual: "lapsos de memória", primeiramente de nomes próprios, depois do passado próximo, o qual se apaga enquanto as lembranças antigas continuam vivas: ao reavaliar um tempo cada vez mais distante, o velho deixa de ser contemporâneo de sua própria história, e esse *laudator temporis acti* irrita seus próximos, já agastados com suas manias (ligadas à perda da memória). Com a idade vêm — ou se intensificam — o gosto pelo conforto, a busca da notoriedade, o desejo de honras. Proselitista de sua maneira de viver, a pessoa de idade exaspera os outros pelo que parece ser uma autossatisfação imerecida. A expressão popular "voltar à infância" é plenamente adequada: aos poucos, os alimentos sólidos são substituídos por sopas, o interesse passa a se concentrar nos alimentos e nas funções excrementais, a vergonha desaparece, o médico se torna um pai, a enfermeira uma mãe. Enquanto a dependência da criança diminui progressivamente para chegar à vida, a dependência do velho o conduz à morte. Daí essa definição de um gerontologista: "O velho é uma caricatura da criança, uma criança que não ruma para nenhum futuro; a velhice é uma infância vazia, uma infância absurda. Ela é esse vazio em si e diante de si". Preocupado com a sobrevivência, o velho perde parte de sua sensibilidade: a morte dos outros o afeta pouco, a morre das pessoas de seu grupo lhe traz uma satisfação inconfessada.

A proliferação dos velhos

São necessários alguns números para mostrar que a proporção dos velhos na pirâmide etária coloca nossa civilização diante de um desafio totalmente novo: "Nenhum sistema de valores que insiste no respeito devido aos idosos teve de se preocupar com sua quase proliferação".[14] De 10 mil nativivos, hoje 3194 homens e 5797 mulheres chegam aos oitenta anos (contra 1333 e 2399 em 1936). Esses atuais octogenários, no caso dos homens, ainda têm seis anos pela frente, e se forem mulheres, 7,5 anos. Calcula-se que os efetivos dos octogenários vão sextuplicar entre 1950 e 2025. Segundo o censo de 1982, 7,5 milhões de franceses têm mais de 65 anos, ou seja, 13,8% do total. Entre eles, 2,9 milhões são homens e 4,6 milhões são mulheres. Entre cem homens com mais de 65 anos, 74 são casados; entre cem mulheres da mesma idade, 52 são viúvas. "A principal clivagem na população idosa é, portanto, o sexo" (P. Paillat). São 1,058 milhão de homens com mais de 75 anos, contra 2,106 milhões de mulheres. Embora o termo seja desagradável, os velhos são majoritariamente "velhas". Os solteiros ou viúvos e divorciados têm um índice de mortalidade nitidamente superior ao dos casados. Pode-se inclusive determinar que, entre os 65 e os 79 anos, os solteiros masculinos são mais "frágeis" do que os viúvos, fato que não se observa entre as mulheres. Enfim, se o suicídio dos velhos representa três quartos das mortes voluntárias, ele é mais frequente entre os homens do que entre as mulheres. Entre os sessenta e os 69 anos, o número de suicídios de viúvos é três vezes superior ao de homens casados com esposas ainda vivas. A frequência dos suicídios reproduz a hierarquia social: os assalariados rurais e não qualificados são os que mais se suicidam, ao passo que os quadros superiores se suicidam menos, numa razão inversamente proporcional ao fato de terem trabalhado no serviço público.

Vive-se cada vez mais e a aposentadoria é cada vez mais precoce. Em 1906, 66,2% dos homens com mais de 65 anos ainda trabalhavam, contra 36,2% em 1954 e 10,6% em 1975. Para os quadros superiores, a idade da aposentadoria passa de 68 anos e cinco meses em 1950 para 65 anos e onze meses em 1972; ela deve se reduzir gradualmente para os sessenta anos. Segundo uma pesquisa do INSERM (Institut National de la Santé et de la Recherche Médicale [Instituto Nacional de Saúde e Pesquisas Médicas]), entre os 65 e os 69 anos, 83% dos homens e 50% das mulheres não apresentam nenhuma incapacidade, e as proporções correspondentes para a faixa de setenta a 74 anos são de 65% e 39%. "Homens e mulheres gozam em nossos dias de um suplemento de vida disponível de vinte anos (dos sessenta aos oitenta anos), ou seja, tão longo quanto a infância e a adolescência" (P. Paillat). Entende-se que os sexagenários não se resignem a desfrutar das "utilidades" numa sociedade em que ainda vão viver por vinte anos.

A aposentadoria

A distância entre a idade da aposentadoria e a idade em que a velhice se faz biologicamente perceptível é, portanto, um fato social. Lembremos que o termo *retraite* [aposentadoria] pertence ao vocabulário militar [retirada das tropas]. Por metonímia, a retirada da vida ativa seria uma derrota? Para Alfred Sauvy, "expulsar um homem da vida social aos sessenta anos, quando ele ainda está em condições de trabalhar e deseja fazê-lo, é um gesto que deve vir cercado de múltiplas precauções oratórias para ocultar sua ignomínia". Passagem de um tempo social determinado pelo trabalho para um ritmo totalmente diverso, a aposentadoria é um problema para todos e um traumatismo para os que não a querem. As mulheres a assimilam melhor que os homens, pois a distribuição de seu tempo sempre inclui as várias horas dedicadas aos serviços domésticos. Pesquisas sobre o "índice de saída" em função das categorias socioprofissionais (CSP) autorizam algumas conclusões. Os trabalhadores qualificados e não qualificados (cuja expectativa de vida é a menor entre todas as CSP) ficam, em sua maioria, satisfeitos com a aposentadoria aos sessenta anos, apesar de seus recursos modestos. O módico valor de suas aposentadorias e a possibilidade de diminuir gradualmente o tempo consagrado a suas atividades profissionais estimulam os trabalhadores independentes a "se aposentar" o mais tarde possível. Desde a instauração das IVS (indenizações vitalícias de saída), os trabalhadores rurais se aposentam mais cedo. As duas CSP cujos membros assalariados continuam por mais tempo em suas atividades se situam nos dois extremos da hierarquia dos vencimentos.

> A categoria do pessoal de serviço, num extremo, se caracteriza por baixos vencimentos, uma grande flexibilidade da organização do trabalho, uma mão-de-obra pouco qualificada, uma demanda superior à oferta. Esta categoria compreende as profissões que são refúgios para as pessoas idosas sem recursos (domésticas diaristas, por exemplo). No outro extremo se encontram os quadros superiores. O interesse da profissão e a alta remuneração explicam o prolongamento da atividade.[15]

A revolta dos "jovens" aposentados encontra apoio na sociedade mercantil pela clara razão apresentada em *Notre Temps* (revista criada em 1968, com tiragem de mais de 1 milhão de exemplares): "Eles se orientam livremente para um existencial qualitativo para o qual agora dispõem dos meios financeiros". Aos sessenta anos, a pessoa geralmente herdou os bens dos pais, os filhos estão "criados" e, mesmo que ela os "ajude", toma cuidado para não se sacrificar demais. Pode praticar esportes, viajar, dirigir carros velozes. Impõe-se uma nova vulgata gerontológica: saber envelhecer. *Notre Temps, le Magazine de la Retraite* [a revista dos aposentados] (960 mil exemplares) baniu de seu vocabulário expressões humilhantes como "terceira idade", "pessoas idosas". O sintagma euforizante foi encontrado: as "pessoas do tempo livre", que constituem esse "terceiro alvo" visado pelos anunciantes. Essas publicações lhes descrevem pormenorizadamente os mistérios da grande estratégia antivelhice: tinturas para os cabelos ou loções especiais para cabelos brancos, *liftings*, cirurgia estética, cremes antirrugas ou para os seios, tratamentos revitalizantes. Especialistas em dietética e nutricionistas especificam o conteúdo do regime indispensável; os sexólogos lembram que o prazer não conhece limites de idade. Os clubes da terceira idade se dirigem preferencialmente aos membros das classes médias: criados por volta de 1970, chegam aos milhares nos anos 1980, reunindo talvez 1 milhão de pessoas. Cerca de trinta "universidades da terceira idade" (a primeira é de 1973) atraem aqueles que persistem na vontade de conhecer (10 mil participantes aproximadamente em 1980). As pesquisas da Fundação Nacional de Gerontologia ressaltam a importância da vida familiar para os aposentados. Deles, 65% veem um de seus filhos pelo menos uma vez por semana. Quando atingem a "verdadeira velhice", a família muitas vezes já chegou à quarta geração, e eles podem conhecer seus bisnetos. Isso significa que a aposentadoria oferece a todos o acesso a essa qualidade de vida descrita pelas publicações especializadas?

A passagem para a aposentadoria aumenta as desigualdades sociais. O estado físico e mental em que a pessoa chega à aposentadoria depende da atividade anterior, e depois desse "rito de passagem" as desvantagens se acumulam.

> Os menos instruídos são sempre mais numerosos entre os que têm uma saúde medíocre, levaram uma vida profissional longa e mal remunerada, com tarefas duras e pouco gratificantes, que exercem pouca ou nenhuma atividade de lazer a não ser física e manual, que têm nesse campo um comportamento mais passivo do que ativo, que dispõem de menos vida associativa etc.[16]

São eles que se encontram em grande número relegados a asilos e casas de aposentados, depois de perderem sua autonomia física ou mental. Somam 400 mil a 500 mil. Os pobres que sempre foram pobres se amontoam nos asilos públicos, onde vivem "uma morte antecipada" (B. Ennuyer). Na cidade, é mais fácil mantê-los em casa do que no campo, graças à abrangência das pensões (os velhos votam) e ao desenvolvimento dos serviços especializados. Mas quem cuidará dos velhos no campo, que vem se despovoando? A coabitação tradicional na vida agrícola desaparece com os imperativos de competitividade que obrigam ao aumento das empresas.

Antigamente, os velhos possuíam a sabedoria e o conhecimento. Nas sociedades ditas "primitivas", a velhice é tida mais como uma promoção do que como um limite de prazo. Nas civilizações orais, os velhos são os portadores da memória coletiva. Quando a expectativa de vida é baixa, o simples fato de sobreviver suscita admiração e respeito. Nas sociedades dinâmicas e industriais, as mudanças são tão rápidas que a "reciclagem" prevalece sobre a experiência. É tão grande o número de velhos, que não interessam a mais ninguém: como se sabe, é a escassez que cria o valor. No entanto, existe um âmbito em que a experiência vale e os velhos reservam surpresas: a política. Os políticos têm um cuidado extremo em evitar qualquer aposentadoria prematura. As alegrias do poder compensam os sofrimentos da velhice. O marechal Pétain se tornou chefe de Estado aos 84 anos; o general De Gaulle retoma o poder aos 67 anos; o aiatolá Khomeini expulsa o xá aos 78 anos; François Mitterrand, defensor da aposentadoria aos sessenta anos, foi eleito presidente da República no ano em que completou 65 anos. Simone de Beauvoir escreve: "Todos os remédios propostos para mitigar a miséria dos velhos são irrisórios: nenhum deles poderia reparar a destruição sistemática de que os homens foram vítimas durante toda a sua existência". Certo, mas às vezes é preciso desconfiar das vítimas.

QUEM MORRE? DE QUÊ? E QUANDO?

> *Oh, meu Deus! Dai a cada um sua própria morte,*
> *dai a cada um a morte nascida de sua própria vida.*
> Rainer Maria Rilke

Este é um campo em que os dados estatísticos são abundantes. Evitaremos soterrar o leitor sob uma avalanche de números. No entanto, alguns dados quantitativos são necessários para legitimar nossa reflexão. Para os homens de 55 a 64 anos, e para o período de 1975-1980, as causas de óbito são, por ordem de importância decrescente: câncer, doenças circulatórias, cirrose, acidentes, suicídio, alcoolismo, doenças infecciosas, e as restantes foram reunidas pelo INSEE sob a vaga rubrica de "causas não determinadas e outras causas". A classificação por idade mostraria grandes diferenças. Assim, para a faixa de 35 a 45 anos, as mortes por acidente igualam as mortes por câncer. Note-se que, graças aos antibióticos, as doenças infecciosas praticamente não matam mais. Como os tumores malignos constituem a principal causa de morte, essa reflexão de Philippe Ariès continua válida: "Mais que o esqueleto ou a múmia dos macabros dos séculos XIV e XV, mais que o leproso com suas matracas, hoje a morte é o câncer". A expectativa de vida no nascimento é de 48 anos em 1900, de 61 anos em 1935, de setenta anos e cinco meses para os homens e de 78,5 anos para as mulheres em 1981.[17] A mortalidade infantil, que em 1940 ainda é de 91 por mil, não passa de doze por mil em 1978. Os jovens de hoje têm uma baixíssima probabilidade de morrer neste ano (0,3 por mil dentro de dez anos), exceto entre os dezoito e os 22 anos, quando a moto representa um risco "anormal". No século XVIII, em cem recém-nascidos, cinco têm avós vivos (contra 41 em 1973) e 91% das pessoas de trinta anos perderam os quatro avós e 28% os dois pais (contra apenas 53% e 4% em 1973). Constatação do demógrafo: "No século XVIII, uma geração se sucedia à outra sem as sobreposições observadas na França atual". A desigualdade diante da morte é estatisticamente verificável. Os mais favorecidos — isto é, os que morrem mais tarde — são os professores universitários, os engenheiros, os professores primários, os quadros administrativos e os profissionais liberais. Os mais "expostos" são os trabalhadores não qualificados (25 em mil morrem entre 35 e sessenta anos, ou seja, o triplo dos professores universitários e engenheiros), o pessoal de serviço e os operários. Aos 35 anos, a probabilidade de óbito dos homens é de 2,3 para mil, mas de um para mil para os quadros superiores, os profissionais liberais, os professores primários, de seis por mil para os trabalhadores não qualificados e de quatro por mil para os trabalhadores rurais. No mesmo nível de emprego, os mais diplomados morrem mais tarde do que os não diplomados, constatação que vale tanto para os operários quanto para os quadros superiores. A atividade é uma proteção contra a morte: os desempregados morrem mais cedo do que os ativos da mesma categoria socioprofissional. Os aposentados normais e os aposentados precoces têm uma mortalidade mais alta do que os ativos da mesma idade, e os menos expostos são os que pertenceram ao funcionalismo público. A outra proteção contra a morte é o casamento ou uma certa vida familiar: a mortalidade dos solteiros, viúvos e divorciados do sexo masculino, entre 35 e sessenta anos, é o dobro da dos casados. As diferenças não são tão sensíveis entre as mulheres: as solteiras, viúvas e divorciadas não morrem muito mais do que as casadas, o que permite duas interpretações — ou a afetividade das mulheres não é o que elas mostram, ou a vida conjugal lhes impõe deveres materiais e desgastes sentimentais insuportáveis. Seja como for, as mulheres suportam melhor do que os homens o falecimento do cônjuge, o que desmente o ditado popular: "Existem viúvas inconsoláveis, mas não viúvos inconsoláveis". A urbanização aumenta a desigualdade diante da morte: no meio rural, a mortalidade dos assalariados agrícolas é 2,5 vezes superior à dos professores primários; nas grandes aglomerações, a dos trabalhadores não qualificados é quatro vezes superior à dos professores primários (cinco vezes na região parisiense).

A morte, que em 80% dos casos agora ocorre no hospital ou na clínica, é totalmente medicalizada. O óbito precisa ser constatado por um médico legista antes de ser registrado em cartório. O momento da morte coloca um problema: antes, era quando a respiração cessava, o que era verificado com o espelhinho diante da boca do moribundo, que então deixava de embaciar; depois, era quando o coração deixava de bater; hoje, é o eletrocardiograma absolutamente reto que fornece a prova da morte. Ela já não é um passamento instantâneo: é uma série de etapas que podem se escalonar ao longo de várias horas, ou até dias. "A morte se tornou um fenômeno técnico obtido pela cessação do atendimento, ou seja, de maneira mais ou menos explícita, por uma decisão do médico e da equipe hospitalar" (P. Ariès).

COMO MORRER?

A morte e o morrer

O tema da morte está na moda. Philippe Ariès chama essa "cerimônia pública e organizada pelo próprio moribundo, que a preside e conhece seu protocolo", de "morte domesticada".[18] O célebre quadro de Greuze, *A maldição paterna* (*c.* 1765, Louvre), mostra essa encenação. As *artes moriendi* do século XV encarregam um amigo espiritual do moribundo do papel de *nuncius mortis*, caso o doente alimente alguma ilusão sobre a possibilidade de sobreviver. A descrição da morte de Luís XIV por Saint-Simon vale também para os plebeus. Morre-se como se nasce: num quarto cheio de gente, que os médicos da época, que acreditavam nas "virtudes do ar", mandavam sair, ordenando que se abrissem as janelas e se apagassem os círios. É a partir dos anos 1930, nos Estados Unidos, que as pessoas começam a morrer no hospital ou na clínica, e não mais em casa. Então surge a sociologia da morte, que será teorizada no artigo de Jeoffrey Gorer, "The pornography of death" [A pornografia da morte], publicado em 1955, cujos temas são retomados pelo mesmo autor em seu livro *Death, grief and mourning* [Morte, dor e luto]. Agora, sempre segundo Philippe Ariès,

> o decoro proíbe qualquer referência à morte. É mórbido, e fala-se como se ela não existisse. O que há são pessoas que somem e das quais não se fala mais — e das quais talvez venha a se falar mais tarde, quando se tiver esquecido que elas morreram [...]. Não são mais as crianças que nascem num repolho, mas os mortos que desaparecem entre as flores,

e é de se perguntar "se uma grande parte da patologia social atual não tem suas origens na expulsão da morte para fora da vida cotidiana, na interdição do luto e do direito de chorar seus mortos". Oculta-se ao doente condenado a gravidade de seu estado e considera-se bom "que ele não tenha visto sua própria morte". À dramaturgia da morte de outrora sucede-se a comédia lúgubre da morte contemporânea: o moribundo deve fingir que não vai morrer, e os que o cercam participam da farsa. O moribundo é privado de sua morre, e a sociedade de seu luto. Só se chora no âmbito privado, diz Gorer, "como se fosse um equivalente da masturbação".

Tomaremos uma certa distância dessas afirmações categóricas. Para que a morte fosse essa "cerimônia pública e organizada pelo próprio moribundo, que a preside e conhece seu protocolo", seria necessário que a pessoa ainda estivesse lúcida e a dor não fosse intensa a ponto de impedi-la de assumir o papel. "Numa época em que as doenças de alguma gravidade eram quase sempre mortais, a morte era quase sempre anunciada", escreve Philippe Ariès. Pode-se duvidar disso. Sem falar da peste, as crises cardíacas já existiam e, na falta de tratamento, as doenças infecciosas tinham um efeito fulminante. Sem dúvida, "Rolando sente que a morte o toma por inteiro" e Tristão "sentiu que sua vida se escoava e compreendeu que ia morrer". Mas são textos, "efeitos de realidade", e não depoimentos. "Os camponeses de Tolstói morrem como Tristão ou como o lavrador de La Fontaine, e assumem a mesma atitude familiar e resignada", afirma Philippe Ariès. Poderíamos contrapor essas palavras de um cancerologista especializado na "fase terminal" dos leucêmicos: "Nunca ouvi um moribundo pronunciar uma frase histórica; em 1500 leucêmicos mortalmente atingidos, entre eles vários médicos, encontrei apenas um que ousou enfrentar a morte". A "bela morte" que encanta Philippe Ariès, caracterizada pela lucidez do agonizante, por sua consciência de que o fim estava próximo e por seu domínio do que estava por vir, certamente existiu — como existe ainda hoje —, mas considerá-la como um fato universal decorre menos do rigor epistemológico do que de uma nostalgia pelo passado.

"A morte domesticada [...] não é um modelo situado num campo histórico, é um ideal situado na temporalidade do mito [...]. O discurso sobre a morte se converteu no terreno de manifestação de nostalgias e utopias sociais."[19] Por outro lado, é pertinente que Philippe Ariès tome do inglês a palavra *dying* (diferente de *death*), propondo traduzi-la por "o morrer". Existem muitos estudos americanos sobre "o morrer". Apesar da variedade das abordagens e dos autores, destaca-se uma espécie de concordância quanto à progressiva adaptação do moribundo — depois das crises de revolta e ansiedade aguda — ao caráter inelutável de seu passamento. Lendo esses estudos sobre o "trabalho do passamento", sentimo-nos impressionados com a semelhança com o "trabalho da vida". Este não é também marcado por alternâncias de revolta, ansiedade, períodos de tranquilidade, pelas convicções contraditórias que as experiências levam a acumular, todas inúteis, já que a morre impedirá o cômputo final? Sartre, talvez, marcou bem essa etapa decisiva da vida privada, ao escrever que, a "partir do momento em que o homem perdeu o sentimento de ser imortal, a morte não passa de uma questão de prazo". Nessa ótica, o trabalho da vida seria uma repetição antecipada do trabalho do *dying*, digamos do passamento.

Onde se morre?

Portanto, hoje é no ambiente hospitalar que se desenrola o *dying* que vai criar uma complexa cumplicidade entre o moribundo e o pessoal do atendimento. As raras pesquisas francesas sobre o "exame de passagem", como diz P. Soudet, confirmam as conclusões americanas. A equipe do hospital se comporta como se o doente fosse viver, e o prolongamento dos cuidados médicos tem como função básica mascarar a iminência da morte. Todos os médicos franceses entrevistados numa pesquisa em 1968, ao contrário de seus colegas americanos, recusam categoricamente anunciar uma morte próxima num meio hospitalar. Isso para proteger o pessoal e a instituição hospitalar, bem como para garantir a tranquilidade do doente. Um médico e um sociólogo americanos, R. S. Duff e A. B. Hollingshead, depois de estudar quarenta óbitos num hospital, salientam o entendimento tácito entre os pacientes e os atendentes. "Uma pessoa bem-educada", disse-lhes um médico, "pode entender sem que seja preciso lhe dizer a verdade." É a "simulação conjunta".[20] D. Crane afirma que as enfermeiras, de maneira totalmente inconsciente, respondem aos chamados dos moribundos com menos presteza do que aos dos outros doentes (*The dying patient* [O paciente à morte], Nova York, 1970). Os atendentes não suportam o doente que se mantém calado, e revidam com seu próprio mutismo. Um estudo americano mostrou que duas pessoas nas mesmas condições físicas podem, desde o momento do internamento, ser dadas como curáveis ou incuráveis em função de suas respectivas idades (um velho pode ter um prognóstico de morte certa antes mesmo da chegada do médico) e de suas posições sociais. O alcoólatra, o drogado, a prostituta, o vagabundo recebem o diagnóstico de "morte à entrada" do hospital, "sendo que a probabilidade de ser considerado morto ou moribundo depende em parte de seu lugar na estrutura social", afirma C. Herzlich. Se um indivíduo pobre, idoso, sem família etc., em suma, reunindo as deficiências, não tem chance de ser um "caso médico", capaz de se converter numa dessas vedetes a que os médicos gostam de dedicar artigos científicos, se ele é social e medicamente banal, sua morte se inscreverá numa espécie de produção em série que requer racionalização. A máquina sutil e implacável das desigualdades sociais cerca o homem até seu último instante. A morte do "homem sem qualidades", "integrada nas cadeias organizacionais, recusada em sua vivência individual, mas também em seu tempo próprio, seguindo o ritmo da atividade que a encerra, tem seu espaço apenas quando modelada pela racionalidade de uma organização burocrática. Nesse caso, não é senão o suporte do trabalho que se realiza sobre ela" (C. Herzlich). Parece bastante claro que essa diluição da morte no organizacional funciona como uma garantia do recalcamento. Mas não é possível acusar o corpo médico desse fato. "Não são os médicos que são indiferentes, é a sociedade em geral que não gosta da morte; mas, nessa câmara mortuária, o médico é o representante particularmente adequado da sociedade e as queixas se dirigem a ele."[21]

A eutanásia

O universo do moribundo é cercado por três mundos: o médico, tido como competente, o familiar e amistoso, e por fim o social, com seus tabus e imperativos. E aqui que se coloca o problema da eutanásia, com seus segredos. Ironia etimológica: a palavra vem do grego *thanatos*, morte, com o prefixo *eu*, bem. A eutanásia, portanto, é a "boa morte". É possível? E quem tem o direito de organizá-la? Em 1968, o padre Jean Hamburger declara: "A tarefa do médico não é manter a vida a qualquer preço, não é impedir a morte natural, é apenas prevenir e evitar a morte patológica que vem antes da hora". Mas quem detém o segredo dessa "hora"? Em novembro de 1976, nos Encontros de Estrasburgo sobre o tema "O doente, o médico, a morte", R. P. Riquet constata que "falta organizar nossa sociedade de forma a afastar a tentação do suicídio do moribundo cercando-o, atendendo-o com carinho, dando-lhe compreensão, aliviando seu sofrimento e, de outro lado, não se entregando a acrobacias terapêuticas em relação a esse moribundo, prolongando inutilmente uma agonia sem esperanças". Mas onde começam essas "acrobacias"?[22] Em 1967, L. Kurtner, advogado em Chicago, propôs o "testamento vivo", pelo qual todo doente em potencial solicitaria a eutanásia "ativa" caso se encontrasse num estado que não mais lhe permitisse tomar tal decisão. C. Hollister, deputado de Michigan, apresenta um projeto de lei propondo conceder ao doente o direito de controlar os cuidados médicos recebidos, através de um "agente legalmente designado, com todo o poder para tomar a decisão de um tratamento quando a pessoa for incapaz disso, por doença ou acidente". Sempre nos Estados Unidos, o Instituto Louis-Harris coloca a seguinte pergunta a uma amostragem representativa de protestantes, católicos e judeus: "Você acha que um doente acometido de um mal incurável deve poder dizer a seu médico que o deixe morrer, em vez de prolongar sua vida, desde que não haja nenhuma perspectiva de cura?". A resposta foi favorável em 76% dos protestantes, 70% dos católicos e 75% dos judeus. Na França, em 6 de abril de 1978, o senador H. Caillavet apresenta a proposta de uma lei relativa ao "direito de viver a própria morte". Em 13 de outubro do mesmo ano, em conjunto com o senador J. Mézard, doutor em medicina, ele apresenta uma nova proposta complementando a alínea 2 do artigo 63 do Código Penal. A não assistência a uma pessoa em perigo já não constituiria crime no caso do médico "que, a pedido do doente consciente ou, caso contrário, por sua própria iniciativa, se abstém de empreender ou prosseguir um tratamento ou uma reanimação capazes apenas de prolongar artificialmente a vida do doente, quando este possui uma afecção acidental ou patológica incurável". Essas duas propostas geram imediatamente discussões candentes. *Le Panorama des Médecins* consulta 701 médicos, sendo que 666 deles se pronunciam contra as propostas de Caillavet, mas uma outra sondagem aplicada a trezentos clínicos informa que 65% dos que têm menos de 35 anos são favoráveis à "eutanásia passiva num coma irreversível em que o doente ou o ferido é *indiscutivelmente* incurável". Mais uma vez, tudo se concentra no advérbio.

Posto no cerne desse problema, o que diz o juiz? A lei lhe dita a resposta: a eutanásia ativa é um assassinato da alçada do Tribunal Criminal, ao passo que a eutanásia passiva é um delito de não-assistência a uma pessoa em perigo. Mas, como já observamos em relação à luta contra a esterilidade, o juiz (ou o corpo de jurados) vai tomar uma certa distância do Código. Alguns exemplos. Mireille Gouraud, que matou seu filho afetado por uma doença incurável, foi absolvida pelo Tribunal de Chambéry em novembro de 1966. Em março de 1972, absolvição em Metz de um marido que matou a mulher para abreviar seus sofrimentos. Fernando Carrillo, sete meses depois da morte de seu pai, mata sua mãe portadora de um câncer incurável; ele é absolvido em outubro de 1977 em Aix-en-Provence. Em maio de 1978, o Tribunal Criminal de Versalhes condena Gilles Millote a três anos de prisão com direito a *sursis*, pelo assassinato de sua filha anormal. Luigi Faita, que tinha matado seu irmão incurável, é absolvido em janeiro de 1982 pelo Tribunal de Colmar. Na Inglaterra, Derek Humphrey, jornalista do *Sunday Times*, revela ao vivo na televisão, em março de 1978, que ele matou sua mulher, portadora de um câncer incurável, com o consentimento dela. Foi absolvido. Nenhuma pena de prisão fechada foi pronunciada na Grã-Bretanha nos últimos 25 casos de eutanásia. Em Estocolmo (é uma surpresa, considerando-se os clichês sobre a Suécia), em 15 de setembro de 1978, o dr. Toss é condenado a oito meses de prisão por homicídio voluntário de um paciente que, em 1974, diante de uma testemunha, havia assinado um testamento solicitando que se evitasse qualquer "esforço terapêutico" em relação a ele.

E o médico, o que deve fazer? "Tratando-se de um recém-nascido", escreve o dr. Pierre Simon, "o dilema é mais grave. A regra não escrita é renunciar a uma reanimação por mais de cinco minutos, se o recém-nascido não respira. Com efeito, depois desse tempo, produzem-se lesões irreversíveis no sistema nervoso." Mas o mesmo médico aponta exceções: certos recém-nascidos, reanimados depois do prazo fatal de cinco minutos, se tornaram adultos normais. E o que responder a uma mãe que pede que não se deixe viver um filho anormal? É provável que a eutanásia passiva e ativa seja muito mais praticada do que se diz e se crê. Ela pertence ao mundo do segredo, tanto mais que é impossível apresentar uma resposta clara à interrogação que ela coloca. Dois casos verídicos darão o que pensar aos pontificadores. Um profissional superior, dinâmico, com ótimo desempenho, praticante de esportes, sofre de um câncer incurável. Sob o efeito maciço dos corticoides, ele perde os cabelos, e o rosto incha. Ele perde sua identidade física. Até o último dia, sua mulher, jovem, bonita, intacta, vai visitá-lo diariamente. Então o rosto do condenado se ilumina de alegria. Seu médico afirma que ele quis prolongar o máximo possível uma vida que lhe reservava uma intensidade diária de felicidade que ninguém é capaz de avaliar. Uma esquizofrênica com um câncer de evolução lenta quebra o colo do fêmur. Tem sessenta anos. Operada, depois de vários dias de coma, ela se "salva" e fica entrevada na cama. Todos os dias, sua filha mais nova vai visitá-la. O olhar da doente mostra que ela reconhece a filha, mesmo que suas palavras sejam incoerentes. Quem pode dizer que, nesse resto de lucidez dessa moribunda, não subsiste um desejo de viver, quando menos para rever "amanhã" o rosto de sua filha amada? Que a eutanásia permaneça no campo do não-direito. A decisão cabe à consciência das personagens dessa ciranda macabra: o doente, o médico, o parente, o amigo.

O suicida

O suicida é o desafiante absoluto. Desafio aos vivos por recusar uma existência que ele julga insatisfatória ou intolerável. Desafio aos mortos, aos quais vai se reunir com uma pressa incompreensível. Desafio a Deus, já que nega sua própria Criação, e é por isso que o catolicismo considera o enforcamento de Judas Iscariotes um pecado sem remissão. O suicida desperta desprezo ("Que covardia fugir à luta da vida!") e igual admiração ("Que coragem passar à ação!"). Apesar da provocação — e até da ostentação — do gesto, ele permanece cercado de segredo. De onde tal ou qual maníaco-depressivo, que há anos "se largou", desistindo de qualquer cuidado consigo mesmo, deixando de se lavar e de prestar a mínima atenção às roupas, retirou forças para ir se enforcar no parque do hospital psiquiátrico ou de pular da sacada? Como tal ou qual esquizofrênico, aparentemente "desligado da realidade", conseguiu estocar um número suficiente de pílulas para chegar ao que se chama de "suicídio consumado"? O que se passava na cabeça daquele executivo — estaria se preparando? — que, num belo dia, lançou o carro contra uma árvore? O segredo do suicídio é tal que ignoramos o número anual de suicidas. É certo que dispomos de estatísticas, mas, registrando apenas os suicídios "consumados" e constatados, elas dão um número inferior ao real. Doze mil em 1983, cerca de 150 mil "tentativas", 10% das mortes de pessoas entre quinze e 24 anos podem ser atribuídos a gestos de autodestruição. Um número especial da revista *Laennec* (abril de 1985) informa que as pessoas se matam principalmente nas segundas-feiras, quase nunca em fins de semana, de preferência em maio e junho, raramente no inverno, e sobretudo em agosto para os moradores das cidades, sendo que o campo apresenta o dobro de ocorrências em comparação a Paris. Um estudo publicado pela Associação Phénix ressalta a influência do isolamento (celibato, divórcio, viuvez). O livro de Claude Guillon e Yves Le Bonniec, *Suicídio, modo de usar*, publicado por Alain Moreau em 1983, provoca escândalo: um de seus autores é acusado de não-assistência a uma pessoa em perigo, por queixa da família de um suicida que já tinha feito várias tentativas. O responsável sempre é o outro. O suicida é um morto que condena seus próximos ao eterno sentimento de culpa.

SIGNIFICADO DA MORTE
O QUE FAZER COM O MORTO?

Da "modificação" à verdadeira morte

Na Antiguidade, rendia-se culto aos antepassados e celebravam-se os imortais. Para os homens da Alta Idade Média, a morte não passa de uma "modificação", à espera da ressurreição coletiva. A morte se individualiza a partir do século XIII, e o moribundo calcula em sua agonia qual será a sentença do Juízo Final. É o mesmo ponto de vista do islamismo: "Cada alma provará a morte, mas recebereis vossa retribuição exata apenas no dia da Ressurreição [...]. A vida terrena não passa de um gozo ilusório" (Corão, III, 185). A pregação da graça na Reforma e as orações piedosas pelos mortos na Contrarreforma expressam essa individualização. Na escatologia cristã, tudo o que acontece na terra é ao mesmo tempo subsidiário (a vida é uma transição) e decisivo (o pecado mortal acarreta a condenação eterna ao Inferno). Assim se entende que os homens tomem suas precauções no final da vida. La Fontaine, que foi um grande libertino depois de ter passado pelo seminário aos vinte anos, dedicou os dois últimos anos de sua vida orando para obter o perdão de suas frivolidades. Naquela época, o que obcecava os moribundos era mais o medo do Inferno do que o da morte. No século XIX, o "exame de passagem" se seculariza: uma teleologia substitui uma escatologia. Segundo a pertinente observação do pastor André Dumas:

> Hegel pelo conhecimento e Marx pela transformação social se situam ambos nessa celebração da morte individual em vista do surgimento de uma humanidade genérica. Há de se notar que aqui tudo se inverteu. Já não se trata, num plano religioso ou mítico, de conciliar os antepassados, mas, num plano profano e histórico, de constituir os parteiros de uma humanidade vindoura.

Mas, seja a Cidade de Deus ou o eldorado comunista, nos dois casos trata-se (segundo a formulação do mesmo autor) de "superar o inabordável valorizando seu destino de transição rumo a um estado melhor, que será outro". Freud se pergunta se Eros não seria apenas um desvio no caminho de Tânatos. "As duas pulsões", escreve ele em *O ego e o id*, "tanto a pulsão sexual quanto a pulsão de morte, se comportam como pulsões de conservação no sentido mais estrito do termo, visto que ambas tendem a restabelecer um estado que foi perturbado pelo aparecimento da vida."

Para o agnóstico — ou para o cético —, que não acredita na Cidade dos Justos nem no advento da sociedade sem classes, a morte se tornou a *verdadeira* morte, a morte total, o desaparecimento num dos quatro elementos do cosmo: a terra (sepultamento), o fogo (incineração), a água (imersão), o ar (exposição). A partir do momento em que a história vivida se tornou cumulativa, em que a evolução das ciências e técnicas expressa o domínio crescente do homem sobre a Natureza, em que ele pode duplicar a acumulação dos bens que possui e o tempo de seu usufruto graças ao prolongamento de sua vida, a incapacidade de eliminar a morte é vista como um fracasso de seu conhecimento e de seu poder: a morte é a grande obscenidade. "A morte que é morte do sujeito se torna duplamente dramática: desemboca no nada, na ausência de sentido, mas, acima de tudo, abole o ego. Essa angústia parece específica do mundo ocidental" (L. V. Thomas).

Como matar nossos mortos? Cremação? Enterro?

Philippe Ariès denuncia a hipersocialização da morte (as pessoas morrem no hospital, cercadas não por seus próximos, mas por uma equipe de especialistas do "morrer") e a dessocialização do luto (a pessoa é enterrada "na mais estrita intimidade", e o cortejo já não se veste de negro). Os jovens, que são proibidos de ter acesso ao moribundo e são dispensados dos funerais, já não têm familiaridade com a morte. Sem dúvida. Mas a pompa fúnebre de ontem não dizia nada da intensidade — autenticidade? — da dor dos sobreviventes. Os espessos véus negros da viúva e dos parentes dissimulariam lágrimas ou rostos indiferentes? L. V. Thomas afirma que funerais rápidos e lutos escamoteados acarretam problemas psíquicos. Os psicanalistas nos dizem que não sabemos mais "matar nossos mortos" e que, à falta de um cerimonial desculpabilizante, os sobreviventes continuam perseguidos pelo falecido em seus fantasmas. Tudo isso ainda precisa ser comprovado.

Ariès nos lembra que a intelectualidade britânica, situada "à frente da revolução da morre", escolheu a cremação, "o meio mais radical de se livrar dos mortos". Na França, nos anos 1980, fez-se uma espécie de "campanha promocional" em favor da cremação, que resolveria o difícil problema dos cemitérios lotados. No número de fevereiro de 1977 do *Bulletin Municipal Officiel* da cidade de Talence (Gironda), F. Candelou, conselheiro municipal encarregado dos cemitérios, elogia as vantagens da cremação: barata, respeitadora das crenças do defunto ("música cristã se o defunto era cristão, música clássica em caso contrário"), "asseada, o que não é o caso do enterro, com seus jazigos insalubres, suas exumações, suas penosas reduções do cadáver; a ecologia ganharia com isso". F. Candelou propõe para os columbários o título de "jardins da lembrança". Resta o fato de que o enterro continua a ser a prática mais corrente na França. Talvez porque — segundo L. V. Thomas — "os despojos são fundamentais. Nada pior do que um cadáver ausente [...]. O que é um cadáver? Uma presença que manifesta uma ausência". Os torturadores argentinos sabiam bem disso, recusando-se a devolver os corpos dos "desaparecidos" a suas famílias. O mesmo autor lembra que "o tempo de luto é o da cadaverização". (Ao que parece, é necessário um ano para que o corpo enterrado se mineralize, e um ano é também o prazo necessário para a diminuição da suposta dor do enlutado.) Em nossa sociedade marcada pelo cristianismo, "o túmulo se tornou a verdadeira casa da família" (P. Ariès), a cruz que o encima é o símbolo da ressurreição, a pedra tumular é o sucedâneo do morto. O que há sob esse mármore imperecível, sempre polido e florido? Resposta de L. V. Thomas: "Um cadáver que é sede de metamorfoses não especialmente atraentes e no qual, sobretudo, não se deve pensar. Assim, ocorreu um deslocamento do conteúdo para o continente, uma metonímia". O que fazer para conservar a memória do falecido, esquecendo que ele não passa de um esqueleto em vias de mineralização? Propõe L. V. Thomas:

> Recorrer à fotografia, ao filme, à fita gravada, aos processos modernos de armazenagem da informação. Imaginar uma espécie de mnemoteca dos tempos futuros, como existem bibliotecas, em que as pessoas poderiam consultar à vontade os traços dos desaparecidos, como fazem, por exemplo, os mórmons. Assim, guardaríamos aquilo sem o que ninguém e nenhum grupo pode viver: uma memória e um passado.

O DINHEIRO DO MORTO

A nostalgia da "socialização do luto" não deve nos fazer esquecer que a morte é *também* a transmissão de um patrimônio.

É fato assente que é cada vez mais frequente que os filhos entrem em posse de uma parte do patrimônio dos pais bem antes de seu falecimento. Hoje, a norma é a coexistência de três e, como vimos, não raro de quatro gerações. Assim, herda-se cada vez mais tarde, e aumenta o número de pessoas que têm a seu cargo pais e avós, entre os quais os aposentados são em número crescente, dado o adiantamento da idade de aposentadoria — sem falar das aposentadorias antecipadas. Entre os inúmeros casos representativos, podemos tomar dois: o herdeiro de um imenso patrimônio, com sessenta anos de idade, que ainda não herdou nada, pois o pai, ou os pais (em caso de doação ao último sobrevivente), ainda está vivo, sem ter autorizado nenhuma doação; uma pessoa pobre com sessenta anos, aposentada, tendo a seu cargo um ascendente e um ou vários filhos (ainda ou já) sem emprego. Concordamos com Jean-Claude Chamboredon que "uma sociologia da morte que não se funde numa sociologia das formas de transmissão corre o risco de ser idealista e abstrata". Cientes de que os filhos herdarão na época de sua aposentadoria, são cada vez mais numerosos os pais que lhes fazem doações: 100 mil em 1970, 185 mil em 1983, o donatário tendo em média dez anos menos do que o herdeiro. Quanto à doação-partilha, ela passou de 28 mil casos em 1964 para 54 mil em 1977, e continua a aumentar, devido ao imposto sobre as grandes fortunas, na medida em que ele prevê que o usufruidor seja tributado na totalidade. Antigamente, a herança vinha quando se entrava na vida ativa; hoje, ela chega na idade da aposentadoria. As doações entre vivos (principalmente aos filhos) atenuam essas novidades demográficas.

Parece-nos incontestável que as lágrimas e lamentos que, ontem, acompanhavam o defunto até sua última morada, muitas vezes mascaravam a expectativa gananciosa da herança, e que o desaparecimento desse ritual não altera o sentido da morte — e o pavor que ela suscita. Mas a morte não é apenas "obscena" ou "escandalosa", e não se reduz à partilha da herança; ela expressa também a perpetuação da família e, por conseguinte, de sua posição social. Considerar o patrimônio uma mera acumulação de coisas seria reduzir seu significado. Pode-se definir o patrimônio como um conjunto de bens carregado de afetividade e do peso da história de uma família. O pai que economiza, monta seu negócio e acumula para legar aos filhos mais do que recebeu de seus pais não obedece apenas à sede de lucro. Para assegurar a continuidade de sua linhagem, o dinheiro assume uma dimensão instrumental. O patrimônio, como indica seu nome, se refere à imagem paterna. É por isso que o legislador — mesmo socialista — sempre limitou a progressividade do imposto sobre as heranças.

A CAÇADA AO ORGASMO

A busca do entendimento sexual

Segundo P. Guiraud,[23] existem 1300 palavras ou sintagmas para designar o coito, 550 para o pênis e outros tantos para o sexo feminino. O orgasmo (do grego *orgasma*, derivado do verbo *orgân*, ferver de ardor) é definido pelo dicionário *Grand Robert* como "o grau mais alto da excitação sexual". O termo se aplica igualmente ao prazer masculino e feminino, mas considera-se que é mais difícil atingir o orgasmo feminino. Certamente é por isso que o homem procura ler no olhar de sua parceira a feliz consumação do ato, expressa em locuções coloquiais ou de gíria como "virar os olhos", "a pupila", "mostrar o branco dos olhos", "ficar com olhos de carpa" ou "de pescada frita" etc. Essa proliferação lexical, muitas vezes metafórica e sempre proscrita do vocabulário sóbrio, contrasta com a reserva dos dicionários correntes. No dicionário *Petit Larousse* (edição de 1978), a sexualidade é definida como "o conjunto das características especiais internas ou externas apresentadas pelos indivíduos, e que são determinadas por seu sexo". Discurso abstrato que não estimula muito os sonhos dos colegiais. Mas Michel Foucault nos convida a refletir sobre a eloquência dos silêncios. Inútil para a reprodução, o prazer feminino, ignorado ou condenado pela

Igreja, mesmo assim absorve a atenção de todos, além dos que ousaram falar dele. Já no século XVII, o dr. Nicolas Verrette descrevia as mulheres como naturalmente "mais lascivas" do que os homens, e *La petite Bible des jeunes époux* [A pequena Bíblia dos recém-casados], publicada em 1885, recomenda que se busque o orgasmo simultâneo. Antigamente, a mulher que gozava sem amor era tida como ninfomaníaca, ao passo que o homem casado que frequentava bordéis era considerado "normal". O homem — no sentido de *vir* — é um ser bastante simples que tende a confundir ejaculação com *akmè*. O que é historicamente novo é o discurso feminino que expressa sua sexualidade e manifesta suas reclamações. Masters e Johnson nos relatam que, nos anos 1950, seus pacientes eram homens preocupados com seus fracassos: impotência, ejaculação precoce etc. A partir dos anos 1960, um número crescente de mulheres passou a consultá-los pela dificuldade ou incapacidade de atingir o orgasmo. A partir dos anos 1970, ainda segundo os mesmos autores, surge uma nova ansiedade que eles definem como "a de não ter a possibilidade fisiológica da eficácia", o que significa que, resolvidos os problemas psíquicos, resta o das capacidades sexuais muito desiguais entre os indivíduos. O casal, agora, deve se estruturar em torno da harmonia sexual.

> Ele não é animado apenas por imperativos do dever e da dedicação recíproca, nem centrado sobre os filhos como referência essencial da estrutura. É um deslocamento de valores que se dá em favor do narcisismo individual e/ou conjugal. A busca do entendimento sexual é enaltecida pelo sistema de comunicações, retransmitida pelas múltiplas instituições de conselhos, de escuta e de informações.[24]

O peso do passado

O grande acontecimento na vida privada dos ocidentais, nestas últimas décadas, foi talvez o surgimento de um erotismo totalmente estranho ao sistema cultural judaico-cristão. Esse surgimento se dá com o indecente e licencioso, cujo símbolo talvez possa se encarnar no *Autorretrato se masturbando* de Egon Schiele (Graphische Sammlung Albertina, Viena). Para compreender o alcance do fenômeno, faz-se necessária uma breve recapitulação histórica, sendo que os tabus sexuais do cristianismo foram extensamente tratados nos volumes precedentes.[25] Come-se para viver, e não vive-se para comer. Copula-se para procriar, e não vive-se para fornicar. Na primeira epístola aos coríntios, são Paulo defende a tese do dever conjugal. "A mulher não tem poder sobre seu corpo, mas sim o marido. E da mesma sorte o marido não tem poder sobre seu corpo, mas sim a mulher" (1 Cor., 7, 2-4). A castidade é preferível ao estado conjugal, mas, como nem todos são capazes disso, "para evitar a impudicícia, que cada um tenha sua mulher e cada mulher tenha seu marido". E as relações com a esposa devem ser moderadas. "Adúltero é o amoroso demasiado ardente com sua mulher [...]. Que o homem domine o arrebatamento da volúpia e não se deixe levar com precipitação à cópula. Não há nada mais infame do que amar uma esposa como uma amante", escreve são Jerônimo. O prazer da mulher jamais é invocado pelos teólogos, que o consideram inútil para a produção de um "sêmen feminino", que, junto com o sêmen masculino, leva à reprodução. Todos os anticoncepcionais são proibidos. O coito é proibido nos dias de jejum e festa, durante as regras, na quarentena após o parto, durante a gravidez e a amamentação. Montaigne aconselha que se tire da esposa apenas "um prazer contido, sério e mesclado a uma certa severidade, pois nossas mulheres estão sempre bastante despertas para nossa necessidade". Brantôme aconselha ao marido que não dê à mulher o gosto dos jogos amorosos, pois, "para cada tição em brasa que elas têm no corpo, elas geram outros cem". Mas Montaigne e Brantôme consideram normal que um homem tenha amores fora do casamento e pratique "essas enormes figuras de Aretino". A partir do século XIV, certos teólogos passam a se preocupar com as dificuldades dos casais cheios de filhos. Pierre de La Palu propõe o "amplexo contido" (penetração sem ejaculação). No final do século XVI,

Thomas Sanchez afirma que não é pecado "se unir entre esposos" sem intenção de procriar (mas, naturalmente, sem fazer nada contra). Os historiadores, em sua maioria, julgam que esses preceitos eram estritamente observados. Não é o que pensa Jean-Louis Flandrin. Segundo ele, os penitenciais nos ensinam muito sobre a masturbação e as práticas contraceptivas fora do casamento. Ele observa que "o vazio da Quaresma" não se inscreve nas curvas de concepção. Flandrin chega a duvidar da intensidade da cristianização, principalmente no campo. "Cada um era cristão à sua maneira", escreve ele, "que nunca era a maneira dos teólogos, nem a nossa."

Orgasmologia e orgasmoterapia

A sexologia aparece na segunda metade do século XIX. Em seu *Traité de l'impuissance et de la stérilité chez l'homme et chez la femme* [Tratado sobre a impotência e a esterilidade no homem e na mulher] (Baillière, 1855), o dr. F. Roubaud descreve o orgasmo nos seguintes termos:

> No orgasmo, a circulação se acelera [...]. Os olhos, violentamente injetados, se tornam esgazeados [...]. A respiração, ofegante e entrecortada em alguns, se suspende em outros [...]. Os centros nervosos congestionados transmitem apenas sensações e volições confusas [...]. Os membros, tomados por convulsões e às vezes por câimbras, agitam-se em todos os sentidos ou se estendem e se enrijecem como barras de ferro; os maxilares cerrados fazem ranger os dentes, e algumas pessoas levam tão longe o delírio erótico que, esquecendo o companheiro de sua volúpia, mordem até sangrar um ombro que ali ficou incautamente abandonado. Esse estado frenético, essa epilepsia e esse delírio geralmente duram pouco. No entanto, bastam para esgotar as forças do organismo.

Foi depois da Primeira Guerra Mundial (W. Reich, *A função do orgasmo*, 1927) e principalmente depois da Segunda (A. Kinsey,

Sexual behavior in the human male [O comportamento sexual do homem], 1948) que a sexologia se tornou um ramo legítimo das ciências humanas. Em 1950, William H. Masters e Virginia E. Johnson, por "uma extraordinária ousadia de laboratório", observam pela primeira vez os aparelhos genitais masculinos e femininos durante o ato sexual. Depois de anos de observação, em 1966 eles publicam *A conduta sexual humana*, onde descrevem a experiência do orgasmo masculino. O orgasmo feminino é apresentado como resultante de três séries de fatores: fisiológicos, psicológicos e sociológicos. O mito do clitóris, homólogo do pênis masculino, é destruído. A distinção entre orgasmos do clitóris e da vagina é uma ilusão, visto que "a reação própria do canal vaginal durante o desenrolar explosivo do orgasmo se limita à 'plataforma orgásmica'" (entidade fisiológica correspondente ao terço externo da vagina). A qualidade do prazer sexual da mulher, portanto, não é determinada pelo tamanho do pênis, ao contrário das concepções correntes (o tamanho médio do pênis em ereção é de 155 milímetros, segundo o dr. Simon, enquanto os homens o avaliam em 172 milímetros e as mulheres em 162). *A inadequação sexual humana* (1971) propõe uma nosografia das disfunções sexuais, que funda a orgasmologia e a orgasmoterapia. Ao contrário do psicanalista, o sexólogo se diz capaz de curar e de se basear num conjunto de enunciados científicos experimentais. Enquanto Freud, dois anos antes de morrer, escreve um artigo cujo título pode ser interpretado como uma constatação do fracasso, "Análise terminada e análise interminável" (*Revue Française de Psychanalyse*, nº 1, 1939, pp. 3-38), o orgasmoterapeuta restringe o prazo de tratamento. Estaremos vivendo "o crepúsculo dos psicanalistas e o alvorecer dos sexólogos", segundo a expressão de A. Béjin?[26] A sexologia se inspira na teoria behaviorista, segundo a qual o comportamento neurótico é "aprendido". Ao sexólogo cabe a responsabilidade de fazer o paciente desaprender esse comportamento. "Trata-se, pois, de liquidar os sintomas *atuais* (e não os recalcamentos *passados*) descondicionando e recondicionando o organismo do paciente. Então, duas abordagens são possíveis: eliminar a angústia associada ao comportamento a ser aprendido, ou tornar angustiante o comportamento a desaprender" (A. Béjin). Sem entrar em detalhes, lembremos que o tratamento dura quinze dias, conduzido por dois terapeutas — um homem e uma mulher, médico(a) e psicólogo(a) —, que, em caso de êxito, a "vigilância pós-cura" dura cinco anos (geralmente por telefone), e que as estatísticas dos êxitos e dos fracassos são sempre atualizadas e publicadas. Como a masturbação desempenha um grande papel na cura, assiste-se a uma despatologização do onanismo que constitui uma verdadeira ruptura em nosso sistema cultural. Conhece-se a origem da proibição do prazer solitário.

> Judá tomou para seu primogênito Er uma mulher, a qual se chamava Tamar. Ora, Er, o primogênito de Judá, era um homem mau aos olhos do Senhor; assim o Senhor o matou. Disse Judá a Onan: "Vai até a mulher de teu irmão, toma-a e dá sucessão a teu irmão". Onan, sabendo que essa posteridade não seria sua, sempre que se unia à mulher de seu irmão, deixava cair o sêmen no chão, para que não desse sucessão a seu irmão. O que ele fazia era mau aos olhos do Senhor, que o matou também a ele (Gen., 38, 6-10).

Condenado à morte por masturbação: tal é a sentença que nos vem das profundezas do tempo. Depois de milênios de condenação, a masturbação sai do campo do secreto para se tornar — dizem-nos os sexólogos — a melhor preparação para a união satisfatória com o outro. "Só poderemos amar um outro ser sob a condição de nos amar totalmente a nós mesmos, a ponto de nos masturbarmos verdadeiramente, isto é, até o orgasmo [...]. Iremos aos outros quando estivermos prontos", escreve D. Cooper em *A morte da família*. Para Gilbert Tordjman (*Le dialogue sexuel*, 1976), "todas as crianças de ambos os sexos se masturbam desde a mais tenra idade". É imperioso que, ao final do período latente, os púberes retomem esses "maus hábitos" que agora se tornaram bons hábitos, pois "os adolescentes que não conheceram essa etapa para o amadurecimento, que é a masturbação, quando chegam à idade adulta passam por muito mais dificuldades do que os outros". O termo — atual — dessa evolução nos é indicado pela revista *Vital*, que afirma: "Os biólogos se esforçam em descobrir as leis do prazer sexual [...]. Seja pelos corpúsculos da voluptuosidade das zonas erógenas primárias ou pelas morfinas fabricadas pelo cérebro, está provado que o prazer não é um pecado da civilização, mas uma realidade biológica inscrita no corpo".

Do confessor ao sexólogo

Na antiga sociedade, em que o casamento não consagrava uma relação amorosa, sendo apenas — repetimos — um contrato entre dois patrimônios ou duas misérias, era necessário que existisse uma regra para a vida do casal. Era o "dever conjugal", a ser cumprido "até na cama, e talvez principalmente na cama" (J. L. Flandrin). Se um dos cônjuges recusava o ato sexual, recorria-se ao confessor, que admoestava e podia negar a absolvição e a comunhão. Assim, o segredo do casal era "partilhado". Hoje, a mulher tomada, "honrada", mas insatisfeita, e portanto frígida, também abre seu segredo e vai consultar o sexólogo. O mesmo faz o homem, se a ereção é fraca e a ejaculação precoce ou impossível. O orgasmologista está ali, como outrora o confessor, um terceiro a ser introduzido no segredo. "No plano ético, ele coloca e define uma norma simples: o imperativo orgásmico, isto é, um contrato sexual recíproco do gozo que inaugura uma democracia sexual. No plano técnico, ele ensina ao paciente a autodisciplina orgásmica" (A. Béjin). E, ao contrário do psicanalista que usa de rodeios para receber o dinheiro — e muito ("um tratamento gratuito provoca um enorme aumento das resistências", escrevia Freud em *A técnica psicanalítica*) —, ele apresenta sua conta, legítima retribuição pelo serviço prestado.

A sociedade midiática pode suportar que a partida seja jogada a três: a mulher, o homem e *the third person* (a terceira pessoa, confessor, psicanalista, sexólogo)? A coisa seria subsidiária a tal ponto que o Estado nem se preocupasse em intervir? Claro que não. Em 1976, o Ministério da Saúde cria o CIRM

(Centro de Informação sobre a Regulação dos Nascimentos, da Maternidade e da Vida Sexual). As pessoas o consultam por "telefone, que permite estabelecer com os correspondentes uma relação ao mesmo tempo personalizada e anônima" (*Brochure de Représentation du* CIRM). Isso equivale a reencontrar o sigilo do confessionário, quando a pessoa se dirigia a um confessor desconhecido. Mas as consultas ultrapassam, se não as esperanças, pelo menos as expectativas. "Doutor, gostaria de alguns conselhos de carícias bucogenitais ou de estimulações eróticas."[27] Em 1980, o CIRM interrompe esse tipo de atividade. Em 1983, a televisão cria um programa chamado *Psyshow*, em que um casal é convidado a apresentar suas dificuldades sexuais e afetivas a dois jornalistas e um psicanalista. Indignação da revista *Elle*, que fala em "*strip-tease* na tevê", de *Confidences*, que denuncia esse programa "vulgar, escandaloso, vergonhoso". Resposta de Pascale Breugnot, a produtora: "A coisa funciona porque estamos num palco da tevê. O casal utiliza nossa presença para ser livre, um em relação ao outro. Eles se sentem em segurança". Conclusão de K. Dekhli: "O sofrimento ao vivo, a histeria dessa representação pública, o *forcing* da transparência a qualquer preço lembram muito vivamente os mecanismos da confissão pública".

A excitação sexual e seus segredos

Por que ficamos sexualmente excitados? Um espírito singelo daria respostas simples: falta de relações sexuais durante um certo tempo, contemplação de um ser desejável, estimulação direta das partes erógenas, brusco aumento das substâncias andrógenas etc. O mecanismo é mais complexo, diz-nos o psicanalista. R. Stoller nos afirma que a excitação sexual é basicamente provocada pelo desejo de incomodar o parceiro, e é elevada ao paroxismo pelo segredo. "Os fantasmas funcionam — sejam conscientes ou inconscientes — tanto melhor se estiverem protegidos pelo segredo, a dissimulação, o recalcamento, já que são movidos mais pela culpa, a vergonha e o ódio do que por uma alegre lascívia."[28] R. Stoller enumera os fatores psíquicos que contribuem para a excitação sexual: "A hostilidade, o mistério, o risco, a ilusão, a vingança, o desejo de apagar os traumas e as frustrações da infância, a fetichização, sendo que todos esses fatores se encontram ligados por segredos". Em outros termos, graças ao fantasma, o adulto, ex-criança vitimada, encontra sua vingança na vitória erótica. O mesmo autor apresenta um exemplo preciso: "Uma paciente, para quem, desde a infância, o medo da humilhação manchava tudo o que fazia, dizia que para ela, no ato sexual, o melhor momento não era o orgasmo, mas ocorria mais cedo, logo antes que seu parceiro gozasse, quando ela sabia que ele não podia mais se segurar". Entre os fantasmas excitantes, o da violação ocupa o primeiro lugar. Que ele pertence ao imaginário masculino, sabemos há muito tempo: prova disso são inúmeras pinturas "acadêmicas". Citemos, entre outros, dois quadros do respeitável J. L. Gérome (o mesmo que determinou que se recusasse uma parte da Coleção Caillebotte): *O mercado de escravas* e *O encantador de serpentes* (Clark Art Institute, Williamstown), mais capaz de agradar aos pederastas. Em sua arrogância, o discurso masculino que evoca a violação costuma garantir que "as mulheres adoram isso". "É verdade", confirma R. Stoller, desde que fique no plano fantasmagórico. A violação "imaginada" assegura à mulher que ela desperta atração, dá-lhe um sentimento de superioridade sobre o violador e lhe permite, com a ajuda da masturbação, atingir o orgasmo sem ter sentimento de culpa (ela não está sendo "realmente" infiel). N. Friday fornece vários exemplos que concordam com as teses de R. Stoller.[29] Citemos dois.

> Tive meu primeiro fantasma sexual pouco depois da puberdade. À noite, deitada na cama, eu imaginava que estava caminhando por um bosque. Um desconhecido me seguia [...]. Ele me dominava, me arrastava e me obrigava a fazer coisas contra a minha vontade [...]. Mais tarde, o fantasma se modificou: raptavam-me e eu era vendida como escrava. A história oferecia infinitas possibilidades, já que, a cada vez, eu era comprada e vendida por vários homens.

Outro caso, que não trata de violação, mas de uma desumanização do parceiro, o qual é reduzido pela mulher ao papel de fetiche:

> Eu imagino um monte de coisas quando me masturbo. Às vezes, é a ideia de que um homem bate à porta para vender uma mercadoria qualquer, e eu o convido a entrar. Enquanto ele fica ali e mostra seus artigos, eu começo a me acariciar. Ele me observa. Evidentemente, isso o excita. Ele acha cada vez mais difícil continuar sua arenga. Então eu tiro a roupa e começo a me masturbar sem parar de observar todos os esforços que ele faz para se controlar. Ele está no auge e, claro, eu aparento estar muito *cool*, mas também começo a me sentir estranhamente excitada [...]. Incapaz de resistir a meu tremendo encanto, o homem me viola em pleno living.

Esses jogos da imaginação serão excepcionais, perversos? Não, diz R. Stoller, que nos entrega o "segredo da sociedade". Eis:

> Tentamos fazer de todas as pessoas estranhas nossos bodes expiatórios, mas todos os que — analistas ou outros — são depositários de pensamentos eróticos sabem que muitos cidadãos abertamente heterossexuais, manifestamente normais — e não só os que gostam de bater e vomitar eroticamente, os fornicadores de cabras, os coprófilos ou os que telefonam para dizer insanidades — são igualmente cheios de ódio e de desejos — se não de projetos — de causar dano ao outro: *todos têm seu mau gosto.*

Conclusão definitiva desse autor: "Minha teoria faz da excitação sexual mais um exemplo destinado a ilustrar o que outros sustentam há milênios, a saber, que os seres humanos não constituem uma espécie muito amável, e que isso se manifesta principalmente quando fazem amor. Que pena!". A revelação do segredo, a diminuição do "mistério", o desaparecimento do ritual de se despir eliminarão a imaginação erótica? J. Baudrillard pensa que sim, e conta essa anedota: "No auge da orgia, um homem murmura ao ouvido de uma mulher: '*What are you doing after the orgy?*' [O que você vai fazer depois da orgia?]".[30] Curiosa inversão dos códigos de boa conduta. Antigamente, um senhor em visita a uma exposição perguntava à senhora que o acompanhava: "O que fará depois?". Convidando-a para jantar, ele indagava: "Onde irá à noite?" etc. No esquema antigo, ia-se do Grand Palais para a cama. Hoje vai-se da cama para o Beaubourg?

O incesto

Por pertencer ao mundo do segredo, o incesto é pouco conhecido e o INED e o INSEE não têm estatísticas a esse respeito. Sem dúvida está ligado às condições "objetivas" de vida, e, no Quarto Mundo, o incesto entre pai e filha — certamente mais frequente do que se imagina — não provoca necessariamente um sentimento de culpa. É o caso verídico do homem de quarenta anos que vivia "maritalmente" com sua filha de catorze. Denunciado, o pai foi preso, a filha foi "encaminhada", os dois totalmente desamparados. Libertado pela anistia de 14 de julho, um pai incestuoso volta para casa, encontra a filha menor de idade, tem relações com ela, e vai preso no dia 17 do mesmo mês. Nos meios sociais mais favorecidos, o incesto continua presente, mas é menos notado. Talvez exista em sucedâneo: a moça solteira, amante de um homem da geração do pai, a mãe que "inicia" o filho com uma de suas amigas, mas "que não quer saber". O Antigo Testamento não proíbe o incesto. É uma questão de oportunidade. Sobrevivendo à destruição de Sodoma e Gomorra, privado de sua mulher, que se transformou numa estátua de sal, o velho Lot se vê sem descendentes masculinos. Conscientes de suas responsabilidades, suas duas filhas se revezam em seus braços e geram respectivamente Moab, pai dos moabitas, e Ben-Ami, pai dos amonitas. Nos dois casos, o pai "não percebeu nem quando elas se deitaram, nem quando se levantaram", prova de que o velho ainda era vigoroso e um pouco distraído (Gen., 19, 30-38).

O sadomasoquismo

"O desejo de fazer sofrer o objeto sexual — ou o sentimento oposto, de sofrer pessoalmente — é a forma de perversão mais importante e mais frequente de todas", escreve Freud. Quem pode afirmar que é totalmente alheio a elas? Os adultos, tal como as crianças, não são perversos polimorfos? Os grandes sádicos (Gilles de Rais, no entanto companheiro de Joana d'Arc) acabam geralmente se fazendo apanhar. Pequenos e médios sádicos perversos (o divino marquês era um deles) conciliam, bem ou mal, o controle e a desinibição. São os sádicos do terceiro tipo, inúmeros e anônimos, socializados, que são os mais difundidos: chefetes que impõem o terror na oficina ou no escritório, certos professores, pais de família que justificam uma extrema severidade pela moral, motoristas que levam o desejo de represálias até a volúpia do acidente provocado etc. O calor do momento (a guerra, a revolução) e o rigor implacável das estruturas (todas as formas de totalitarismo) despertam — redespertam? — nas pessoas "comuns" as pulsões sádicas latentes a ponto de se poder falar legitimamente num contágio do sadismo. Quanto ao masoquismo — que fascinou a literatura sexológica do século XIX —, continua um enigma: qual é a culpa que leva o masoquista a exigir punição? Por que a aplicação do castigo é condição para atingir o orgasmo? Deve-se pensar com Freud que o sádico e o masoquista formam um "par" (ativo-passivo) que remete a uma hipotética bissexualidade primordial? Ou, com Gilles Deleuze, que os dois papéis não são intercambiáveis? Seja como for, a menor cena doméstica faz com que se apresentem as virtualidades sadomasoquistas dos protagonistas. Depois da crise vem a explicação: "Nunca te vi desse jeito. — Falei coisas que não são o que eu penso". Será suficiente? A briga revelou o segredo.

DESENVOLVER A PROPENSÃO AO CONSUMO?

Cabe aos meios de comunicação estimular essa caçada ao orgasmo, tendo este se convertido na "prova" de uma sexualidade realizada. Vamos nos limitar a uma vista de olhos em algumas revistas de grande circulação. Até os anos 1960, o silêncio praticamente imperava sobre a questão sexual. Marcelle Auclair, conselheira sentimental de *Marie Claire*, é admirada — ou criticada — por ter escrito um artigo intitulado: "O amor que se deve ter a coragem de chamar de físico". Na imprensa dos anos 1980, dois temas se cruzam constantemente: receitas — quase técnicas — para chegar à *akmè*, e a celebração da ternura e do "amor que dura para sempre". Nesse segundo tema, a "verdadeira" finalidade do êxito sexual é o enriquecimento da dimensão sentimental. Um bom exemplo dessa combinação temática que pretende satisfazer as exigências do sexo e as expectativas do coração é fornecido pela revista *Cosmopolitan* (nº 118, setembro de 1983). Um artigo com título aliciante: "Um amante no presente". Com uma aparente ousadia, oferecem-se conselhos às mulheres para "conservar o amante de uma noite", aventura apresentada como coisa normal, sem qualquer conotação moralizante. Um estilo que se quer "liberado". Como essa recomendação: "Evite beijos grudentos e palavras melosas". Mas surge o tema tradicional (o amor eterno), explicitado na conclusão: "Uma espécie de jogo que permite romper os papéis. Ser o que se quer. Se superar. Brincar de amante mesmo quando se possui biologicamente a fidelidade de um são-bernardo. Sonhar. E finalmente construir uma verdadeira paixão. Pois o outro não poderá mais passar sem tais momentos. E, portanto, sem você [...]. Um investimento a longo prazo". No mesmo número, há um artigo destinado aos homens. Já não se trata de conservar, mas de "conquistar" (sempre o vocabulário militar). Título: "A corte entre os humanos". Primeira frase: "Não é por nada. Afinal, não é culpa nossa se nosso cérebro reptiliano nos leva a retesar os ombros, encher o peito e fazer um olhar doce quando um humano agrada a nosso subconsciente". O conselho: não se precipite; não dá resultado dizer a uma mulher *ex abrupto:* "Venha fazer amor", pois "o encadeamento não vai obrigatoriamente até o fim, e existem pessoas que saem do jogo antes mesmo de chegar à casa 'tocar'". A estratégia? Tem cinco fases: 1º) atenção; 2º) reconhecimento; 3º) falar; 4º) tocar; 5º) ter relações. Última frase: "Essa comunicação tão especial da sedução, a intimidade, a doçura das carícias, o contato dos rostos e dos corpos, por vezes surte efeitos imprevistos. E os sinais de sedução que se trocam podem tecer um laço amoroso não tão fácil de ser rompido". O autor desse acúmulo de truísmos? Dr. (?) David Givens. Terceiro artigo (sempre no mesmo número), intitulado: "Quando se pode, se quer", imperativo que nos diz ter sido extraído do *Journal* [Diário] de Jules Renard. Apologia da vontade, o artigo incentiva a leitora a escolher seu "alvo" em função do que ele é física, intelectual e socialmente. Nem toda mulher pode "ter" um Prêmio Goncourt, um Prêmio Nobel, um astro do cinema. A oferta precisa ser ajustada à demanda — digamos, à expectativa. É a lei do mercado. Certamente é difícil alimentar fantasias com "um homenzinho redondo e careca". Mas é arriscado, temerário sonhar apenas com "o homem jovem, bonito e rico". Raciocinando por analogia, o autor do artigo "compreende" que quem sabe desenhar "sonha virar um Picasso", mas lembra que "o desenho pode ser um cartaz, um figurino de teatro, a maquete de jornal, o estilismo de costura ou de decoração". A última parte do artigo traz um subtítulo prosaico: "Os meios justificam o fim". A advertência é clara: cada qual deve ficar em seu lugar, em sua casta, em sua classe.

Union, uma das revistas mais "permissivas", recebe, ao que parece, mais de oitocentas cartas por mês. As questões se referem às fantasias, à masturbação, à inconstância, à família, à homossexualidade, ao incesto, ao adultério etc. As respostas publicadas no "Correio dos Leitores" são extremamente prudentes, muito dissuasivas, principalmente no que se refere ao incesto e à pedofilia. "Aconselho-o a não ter a menor relação sexual com sua irmã, porque é muito traumatizante no plano psíquico [...]. O incesto é um tabu muito forte de nossa civilização, que não deve ser transgredido." "É preciso repetir 'não', 'não' e 'não' à sua filha, se ela continuar a provocá-lo constantemente." "Eu o desaconselho vivamente a masturbar uma menina de doze anos ou de praticar nela carícias orais ou qualquer outra forma de aproximação sexual. É absolutamente proibido por lei, e portanto extremamente perigoso (você corre simplesmente o risco de ser preso, com interrogatório policial e tudo o mais)."[31] A troca de parceiros é recomendada: constitui uma prática "enriquecedora", diz-nos *Union*, mas o adultério, sem ser condenado, é apresentado como "uma situação difícil de ser vivida e assumida pelo casal". Segue-se esse conselho de avó: "Torne a fazer de sua mulher uma amante, reencontre a mulher de sua juventude". Mais fácil falar do que fazer. "É em *Union*", escreve K. Dekhli, "que os interditos sexuais fundamentais da sociedade são enunciados com clareza e vigor. A permissividade do humanismo sexual de *Union* tem de ser paga com um apelo à ordem". Segundo o mesmo autor, está em curso uma revolução sociossexual na sociedade dos anos 1980. Sua tese pode ser resumida da seguinte maneira: as mulheres ocupam posições cada vez mais altas, o que altera suas relações com os homens. Antes, a mulher esperava atenção e delicadeza de seu parceiro, e que ele se adequasse ao ritmo da sexualidade feminina. A mulher dinâmica de hoje considera humilhante ser tratada com "atenções" que a inferiorizam. Ela prefere o "macho", que logo atinge o prazer. Uma penetração sem preliminares é prova de virilidade. À mulher cabe usar a sexualidade do homem à sua própria maneira, para dela extrair o máximo de prazer, sem lhe pedir que se alinhe por seu próprio tempo. O homem que mais levaria em conta a complexa problemática da mulher para atingir o orgasmo já não corresponderia mais, segundo nosso autor, à expectativa da mulher de ação. Esta quer o homem em sua brutalidade, em sua diferença e falta de respeito; ela despreza o homem lésbico. Dominar uma besta sexual proporcionaria um gozo muito mais intenso do que a trepada de um homem atencioso. K. Dekhli fundamenta sua demonstração em alguns textos extraídos de revistas femininas. *F. Magazine* elogia abertamente a "volta do macho". "Os homens de hoje", diz o artigo, "são incapazes de enfrentar uma relação de força. São homens indecisos, diminuídos em sua sexualidade, no limite do estatuto andrógino. Efeminados ou misóginos. É por isso que é hora de voltar aos bons e velhos tempos dos homens viris." O homem ideal? Aqui está ele: "Um homem que *garante*; o que nós queremos são profissionais, não amadores. Já não temos tempo para perder na cama com homens que não sabem fazer amor". (No vocabulário dos filmes pornográficos, um homem que "garante" é um ator capaz de ter uma ereção ininterrupta durante a filmagem.) "Atentos demais à nossa sexualidade, alguns homens se comportam como verdadeiras lésbicas. Denomino-os de 'papagaios sexuais'" (*F. Magazine*). *A* revista *L'Amour* celebra "a amante exigente magnificamente capaz de orgasmos em rajadas sucessivas". Nesses embates, nada de pudores desnecessários. Conformar-se aos fantasmas masculinos já não é um gesto de submissão, e sim um contrato de cumplicidade. O que importa o "papel", desde que se chegue ao orgasmo? Por que recusar meias negras, rendas etc., se essa encenação aumenta o desejo? "O orgasmo também acontece na cabeça, mesmo que nem sempre seja fácil aceitar ser amada um pouco paralelamente" (*Marie Claire*). Nos novos termos das trocas do comércio sexual, a mulher deve satisfazer as "loucuras" do parceiro, e vice-versa. Uma leitora de *Marie Claire*, prostituta profissional, aconselha que as mulheres casadas satisfaçam as fantasias do marido, sob pena "de lhes favorecer a busca do prazer em outro lugar".

As defensoras dessa revolução sociossexual continuam muito minoritárias (mas as revoluções sempre são feitas por minorias, replicariam elas). A "volta ao sentimento" (ou sua perenidade) aparece na imprensa e nas pesquisas em que a "comunicação" do casal sempre é privilegiada em relação ao entendimento sexual. A vida sentimental, com seus mistérios e segredos, é considerada mais rica do que um desnudamento quase totalitário que castra a imaginação. As comunhões sexuais são condenadas à morte pelo desnudamento. A gerontofilia continua a ser apreciada como tema nos meios de comunicação. Em *Luzes da ribalta*, quem a dançarina prefere: o jovem ou o velho saudoso de sua remota fama? Por que certas moças e mulheres se obstinam em preferir os rostos gastos, portadores de uma autobiografia? O interesse financeiro ou carreirista? Às vezes. Um substituto do pai, uma imagem paterna autorizando o incesto sem culpa? Sem dúvida. Mas também a convergência entre um saldo e um projeto, um cruzamento entre Tânatos e Eros. Talvez, enfim, uma tentativa de descobrir certos segredos da feminilidade? O homem lésbico tem cabelos brancos.

DA PERVERSIDADE À EXEMPLARIDADE: O HOMOSSEXUAL ENTRE NÓS

Vem, inicia
Tua carícia
Com um roxo cetim quente
Para em minha mão se adornar
Do cintilar
De opala e leite, de repente.

Verlaine

Histórico

Considerada pela Igreja como uma perversão, depois tida como uma doença, a homossexualidade hoje aparece como uma maneira legítima de assumir a própria sexualidade, sendo que alguns observadores chegam a ver no casal homossexual a antecipação do casal heterossexual de amanhã. Passou o tempo em que o dr. Tardieu podia escrever: "Se eu pudesse evitar conspurcar minha pluma com a infame torpeza dos pederastas!". Paul Veyne nos informa que os romanos eram bissexuais, e Philippe Ariès nos mostra que a posição dos padres em relação à sodomia era, ao mesmo tempo, implacável e ambígua. De fato, na classificação de Dante, os sodomitas se encontram no nono círculo, o mais baixo, com Caim, Judas, os traidores, os assassinos etc., bem próximos de Satanás. Mas, nesse mesmo nono círculo, Dante encontra seu velho e amado mestre Brunetto Latini que, mencionando os sodomitas, lhe declara: "Todos foram clérigos e grandes letrados e de grande reputação, e no entanto maculados na terra pelo mesmo pecado", o que faz pensar que a homossexualidade era difundida entre o que hoje chamaríamos de intelectualidade. Não sem perfídia, Brunetto Latini acrescenta que as esposas têm uma grande parte de responsabilidade nesse abominável pecado: "Minha mulher rabugenta certamente me prejudicou mais do que todo o resto". Philippe Ariès comenta: "O teólogo condena, o homem confessa sua indulgência. Pecado de clérigos, pecado de educadores, pecado talvez de jovens". Entre os séculos XV e XVII, os banquetes de colegiais são vigiados — e amiúde condenados — pelas autoridades eclesiásticas: verdadeiras cerimônias de iniciação, para as quais se convidavam prostitutas (Montaigne nos conta que ter sífilis aos catorze anos não era nada excepcional), mas tudo leva a crer que a orgia não excluía a sodomização. A bissexualidade — pelo menos entre os adolescentes — teria persistido por séculos após o fim do Império Romano. No *Journal* [Diário] de Barbier, na data de 6 de julho de 1750, P. Ariès destaca esse registro:

> Hoje, foram publicamente queimados na place de Grève, às cinco horas da tarde, dois operários, a saber: um rapaz marceneiro e um salsicheiro, com dezoito e 25 anos, que a patrulha encontrou em flagrante delito de sodomia. A opinião é que os juízes tiveram a mão um pouco pesada. Pelo visto, correu um pouco de vinho em excesso que levou a afronta a esse ponto.

Ariès pensa que quiseram dar um exemplo, e que a homossexualidade devia ser muito difundida. No começo do século XIX, o discurso sobre a homossexualidade oscila entre duas hipóteses: para os tradicionalistas, é uma perversidade; para os modernos, é uma doença. Aqueles invocam a ética, estes, uma etiologia endógena. No primeiro caso, é preciso condenar; no segundo, compreender e tratar. O tabu sobre a homossexualidade perdura até a metade do século XX. Segundo Dominique Fernandez, os textos homossexuais devem ser "artifícios" em que se destacam escritores como Proust e Gide. Assim nasce uma certa forma de expressão literária que permite adivinhar a existência de um segredo, sem revelá-lo. O *Relatório Kinsey* afirma tranquilamente que, "segundo as leis em vigência, 95% dos americanos deveriam estar na prisão por crimes sexuais". Entre outras revelações, ele nos diz que 25% dos homens tiveram alguma experiência homófila "contínua" e que dois terços das mulheres casadas conheceram o orgasmo antes das núpcias. Escândalo! Mas um escândalo tranquilizador: sabendo-se tão numerosos, os culpados se sentem inocentes.

Os homossexuais agora podem sair da clandestinidade e afirmar sua normalidade específica. Visto que os valores e as normas dissociam o ato sexual da reprodução, visto que a busca do orgasmo autoriza a contabilização dos êxitos alcançados, a prática homossexual se aproxima da heterossexual. O sexólogo está aí para desculpabilizar. Em *Homossexualidade em perspectiva* (1980), Masters e Johnson propõem dois tipos de "serviço" aos homossexuais: "restabelecer o funcionamento sexual normal no campo da homossexualidade para os que não pretendem mudar de orientação; tentar uma conversão para a heterossexualidade para os que se sentem insatisfeitos ou culpabilizados por sua homossexualidade". Agora reconhecido em sua diferença reivindicada e assumida, o homossexual pode parar de se autocaricaturar falando alto e adotando o "estilo bicha louca" exigido pelo heterossexual, que assim imaginava estar estabelecendo garantias para si mesmo, ao definir as fronteiras. Viril, com uma postura esportiva, vestido de couro como o motoqueiro em sua grande máquina, ele parece um irmão do "macho" ansiado pelas damas apreciadoras dos amores brutais. "Cabelos curtos, bigode ou barba, físico musculoso... As imagens míticas mais frequentes na imprensa homossexual e nas revistas pornográficas especializadas são o caubói, o caminhoneiro e o esportista."[32] Nos Estados Unidos, em seus guetos de West Village em Manhattan, de Castro District em San Francisco, de South End em Boston etc., os homossexuais controlam os bares, o mercado imobiliário e o mercado de trabalho. Constituem uma força eleitoral não desprezível.

Graças a duas grandes pesquisas sobre a homossexualidade, uma alemã (M. Dannecker e R. Reiche, *Der gewöhnliche Homosexuelle* [O homossexual comum], Frankfurt, Fischer, 1974), a outra americana (A. P. Bell e M. S. Weinberg, *Homosexualities, a study of diversity among men and women* [Homossexualidades, um estudo da diversidade entre homens e mulheres], Simon and Schuster, 1978), podemos tentar compreender como vivem os homossexuais. O momento decisivo — decisório? — de suas vidas parece ser o *coming out*, ou seja, o primeiro ato homossexual. A pesquisa americana nos revela que 36% dos homossexuais brancos passaram por ele aos 24 anos ou mais. Isso significa que o *coming out* é o desembocar de um processo que pode levar anos. Chega o momento de conciliar a socialização anterior (sobretudo pelo casamento) e o *habitus* homossexual. Difícil conciliação que requer "uma gestão esquizofrênica da própria vida", como diz M. Pollak. O choque é tanto maior quanto mais tardio o *coming out:* as tentativas de suicídio são, nesses casos, duas vezes mais frequentes do que na população da mesma faixa etária; 35% dos pesquisados alemães declaram que, naquele momento crucial, tiveram vontade de se "tratar". Por outro lado, uma vez dobrado o cabo do *coming out*, o índice de suicídios entre a população homossexual seria extremamente baixo.

A vida sexual do "homossexual médio" é de uma intensidade que deixa perplexo o heterossexual acima da "média". A pergunta: "Quantos parceiros sexuais você teve nos últimos doze meses?", 28% dos brancos e 32% dos negros respondem: "Cinquenta e um ou mais". Segundo a pesquisa alemã, apenas 17% atingiram essa marca. Os locais de caça são bem determinados: bares, saunas, cinemas e restaurantes especializados, parques etc. "Alta promiscuidade, relações frequentes, especialização das práticas", resume M. Pollak. Segundo este autor, há sinais exteriores indicando as preferências sexuais do momento. "Usar as chaves em cima do bolso esquerdo de trás indica preferência por um papel ativo; à direita, por um papel passivo [...]. A cor do lenço que sai do bolso de trás simboliza a atividade procurada: azul claro (práticas orais), azul escuro (sodomização), vermelho vivo (penetração com o punho)." Uma vez consumado o *coming out*, a homossexualidade será assumida sem angústia nem sentimento de culpa?[33] O interdito multissecular obrigou os homossexuais a dissociar a sexualidade da afetividade, por terem de obedecer "a uma organização que minimizasse os riscos ao mesmo tempo que otimizava a eficácia, isto é, o rendimento orgásmico". Daí a nostalgia deles pelo casal: os sexólogos nos dizem que os homossexuais que vão consultá-los pedem-lhes a solução desse problema, ou seja, a conciliação entre a duração do casal e a liberdade sexual. Segundo a pesquisa americana, 31% dos brancos e 8% dos negros mantinham, no momento da entrevista, uma relação estável de cinco anos. Na República Federal da Alemanha, 23% dos entrevistados mantinham uma ligação de cinco anos ou mais. Os laços de amizade que se estabelecem entre ex-amantes, que perduram excluindo qualquer retomada das relações sexuais, constituem uma espécie de "família homossexual ampliada", que preenche a função — aproximativa — do casal inatingível.

Será possível esboçar uma correlação entre homossexualidade e posição social? O INSEE e o INED silenciam sobre essa impossível investigação. Se é verdade que o homossexual é condenado a "uma gestão esquizofrênica de sua vida", que tem de mudar de "papel" conforme o interlocutor, é no domínio das relações públicas que ele melhor pode utilizar esses "dons adquiridos" pela obrigação de se adaptar à discriminação implícita de que é objeto. É por isso — é apenas uma hipótese — que os homossexuais apresentam uma maior proporção nas profissões de serviços (cabeleireiro, gastrônomo) e nas que exigem deslocamentos frequentes. Comprometedora no estrato superior da classe dominante, a homossexualidade estimula seus membros a escolher preferencialmente carreiras intelectuais ou artísticas, onde ela é tolerada, e até rentável para uma estratégia de carreira que visa à exploração do capital social constituído por essa subsociedade. Inversamente, o operário e o camponês homossexuais correm o risco de ser alvos de piadinhas questionando sua identidade e condenando-os a uma verdadeira exclusão.

Exemplaridade homossexual?

Para alguns sexólogos americanos (Masters e Johnson, entre outros, no livro já citado, *Homossexualidade em perspectiva*), os homossexuais nos apresentariam o "modelo" que permite "superar" a contradição — até agora insuperável — entre sexualidade instintiva (a diversidade) e a sexualidade socializada (a fidelidade). Os casais homossexuais mostrariam o caminho ao "novo" casal heterossexual (uma vida em comum que garante a segurança, aventuras passageiras que evitam o adultério em pensamento, igualado pelos teólogos ao adultério *in vivo*)? É duvidoso. É verdade que, em 26 de junho de 1983 (mas era em Nova York, que não é os Estados Unidos), houve o desfile de policiais entre uma orquestra gay e uma fileira de escrivães acenando retratos de Roland Barthes, Jean Cocteau e André Gide. Era uma manifestação que pretendia mobilizar a opinião pública contra a aids. Mas o outro lado não se fez esperar: a nova peste não se devia a esses pecadores sem remissão que são as "bichas"? Patrick J. Buchanan, ex-redator dos discursos do presidente Nixon, pronunciou a acusação esperada: "Os homossexuais declararam guerra à Natureza. A Natureza se vinga [...]. A revolução sexual começa a devorar seus filhos". Os homossexuais têm adeptos em altas posições sociais. E são frágeis.

DO SEXO CROMOSSÔMICO AO SEXO PSICOLÓGICO: TRANSEXUALIDADE E IDENTIDADE SOCIAL

A "suma divisio"

"É o dedo de Deus que, a cada momento, faz essa separação, cria essa *summa divisio* e a impõe aos homens." Assim se expressa o Ministério Público em 1965, durante um processo a que voltaremos. Essa *summa divisio* deixou de constituir essa prova capaz de se impor aos redatores do Código Civil, a ponto de desistirem de definir o sexo. Em 14 de maio de 1901, o Tribunal de Recursos de Douai pronunciou a anulação de um casamento pelo motivo de "que madame G. não tendo, no parecer dos médicos, nem vagina, nem ovários, nem útero, é privada dos órgãos que constituem o sexo feminino, embora possua seios, a conformação da bacia e o clitóris que são o apanágio exterior desse sexo; que na realidade ela não é uma mulher, mas uma personalidade incompleta". Por recurso do Ministério Público, a câmara civil do Supremo Tribunal anula a sentença em 6 de abril de 1903: "Visto que, longe de estabelecer que o sexo de madame G. seja desfigurado ou que seja idêntico ao de seu marido, a sentença contestada, enquanto declara que ela é privada de órgãos genitais internos, constata expressamente que ela apresenta todas as aparências exteriores do sexo feminino". Sessenta anos mais tarde — precisamente em 1965 —, o Tribunal de Instância Superior do Sena recebe um pedido de retificação do estado civil, formulado por uma pessoa que afirma ter mudado de sexo, passando de homem para mulher. Emissão de um atestado médico "constatando a presença em sua pessoa de todas as características secundárias do sexo feminino, bem como do aparelho genital externo cujo estado morfológico lhe permitia manter relações sexuais normais enquanto mulher". Recusa dessa alteração do estado civil. Três hipóteses — segundo o Tribunal do Sena — permitiram justificar o erro em relação ao sexo: um erro grosseiro e evidente do declarante ou do funcionário do cartório, a hipótese de um sexo indeciso, a hipótese do transexualismo. Nos dois primeiros casos, a "retificação" não apresentaria nenhum problema, mas a aceitação do terceiro caso atingiria "o princípio da indisponibilidade do estado das pessoas", pois, declara o Ministério Público (já citado), "a diferenciação dos sexos, base fundamental de toda a vida e por conseguinte também de toda organização dos grupos humanos, foi feita pela Natureza". Jurisprudência confirmada em 16 de dezembro de 1975 pela primeira câmara civil do Tribunal de Recursos que aprova a decisão de um Tribunal de Apelação que recusou a um transexual a modificação de seu estado civil, sempre em nome da indisponibilidade do estado das pessoas, embora o solicitante tivesse se submetido a um tratamento médico e sofrido uma intervenção cirúrgica.

O princípio da indisponibilidade do estado das pessoas em questão

O direito poderia recusar constantemente as investigações cada vez mais precisas da ciência quanto à percepção das diferenças? Poderia, levando em conta a evolução das mentalidades, continuar a ignorar que a transexualidade expressa, sob uma forma excepcional, a tragédia existencial? Que uma pessoa (do sexo masculino ou feminino) não só aceite, mas exija intervenções cirúrgicas que transformam e mutilam, não é prova de que suas motivações são irresistíveis? Que o fundamento da identidade é basicamente a convicção de pertencer a um sexo? A evolução da jurisprudência se mostra no caso Nadine S.[34] Esta apresenta uma solicitação ao Tribunal de Instância Superior de Nancy para ser julgada do sexo masculino, e pede para mudar o nome de Nadine para Michel. Rejeitado o pedido, ela recorre. A sentença do Tribunal de Recursos confirma a anterior, reconhecendo que Nadine S. "é uma ilustração quase perfeita do sujeito transexual na medida em que ela tem essa convicção de forma absoluta, apesar da evidência de sua morfologia e de sua anatomia", mas "coloca em princípio que um estado de angústia psicológica não constitui um interesse legítimo autorizando uma mudança de estado". Nadine S. apela. Em 30 de novembro de 1983, a primeira câmara civil do Tribunal de Apelação rejeita seu agravo pelo motivo de que, apesar das operações a que ela se submeteu, "a solicitante não é do sexo masculino". Todavia, a sentença de recusa, por categórica que seja, está redigida em termos quase burlescos, a ponto de B. Edelman qualificá-la, em seu comentário, de "interpretação expectativa", concluindo que, vendo-se o Tribunal de Recursos "apanhado entre o fato e o direito, não lhe é fácil esperar que o fato seja suficientemente elaborado para ser qualificado de direito".

Enquanto o Supremo Tribunal se aferrava a posições tradicionalistas, as coisas seguiam seu curso em outros campos da existência social: o científico, o reflexivo. As ciências humanas e o freudismo colocavam em novos termos o problema da identidade sexual, apresentando-a como resultante de fatores cromossômicos, anatômicos, morfológicos e psicológicos. Este último parâmetro, compreendido como o sentido de pertença a um ou outro sexo, altera, quando não inverte, o princípio de indisponibilidade do estado das pessoas: "sentido-se" pertencer ao outro sexo, o transexual não pede uma mudança, e sim uma retificação, não uma transformação, e sim uma constatação. A aceitação do conceito de identidade sexual (o sexo é um equilíbrio, uma harmonia, na melhor das hipóteses, entre os diferentes elementos que o compõem, entre eles o psicológico e o sociológico) explica a acronia das decisões judiciais. Mais de quatro anos antes da recusa, acima mencionada, do Tribunal de Recursos, o Tribunal de Instância Superior de Saint-Etienne, exatamente no dia 11 de julho de 1979, julgava que "o transexualismo não é absolutamente efeito de um capricho, como têm demonstrado os estudos científicos mais sérios". Ainda mais explicitamente, em 24 de novembro de 1981 (dois anos antes do "ulemá" da câmara civil do Tribunal de Recursos), o procurador da República se expressou nos seguintes termos: "A lei não define o sexo; há um acordo em reconhecer que é uma noção complexa de diversos componentes — genético, anatômico, hormonal, psicológico —, componentes que, na imensa maioria dos casos, concordam entre si". Mas existe a minoria dos casos, e esta levou o Tribunal de Instância Superior de Paris a adotar o ponto de vista do Ministério Público e a julgar que

> a requisição do transexual não pode ser considerada como uma vontade de mudar de sexo, mas como uma solicitação que tende a mostrar que a qualificação dada originalmente a ele não corresponde mais à realidade presente, a ponto de que, socialmente, ele é incapaz de assumi-la; que na presença da discordância assinalada no transexual, e que é irreversível, entre os elementos específicos do sexo, o princípio da indisponibilidade do estado não pode impedir que se leve juridicamente em

conta a mudança ocorrida, para que aos componentes físicos se substitua esse outro elemento do sexo, não menos real e que se tornou preponderante, que é seu componente psicológico.

O reconhecimento da síndrome da transexualidade

Em 2 de fevereiro de 1983 (dez meses antes do "ulemá"), o Tribunal de Apelação de Agen dá razão a Annie S., que apelou regularmente de uma sentença dada em 27 de agosto de 1980 pelo Tribunal de Instância Superior de Agen, o qual havia recusado seu pedido para a declaração de estado do sexo feminino, retificando seu registro de nascimento e mudando seu nome para Alain. Uma rápida vista de olhos no dossiê de Annie S. dá a medida do drama vivido pela pessoa transexual. Em 19 de fevereiro de 1965, o dr. Bonhomme elabora um tratamento hormonal para "equilibrar a criança", cuja voz grossa e aspecto masculino tinham-no impressionado. Em 1971, o padre Gorceix, psiquiatra, constata uma "estrutura viril", declara "alarmante" o estado do cliente e propõe "proceder à dupla correção, cirúrgica e social". Annie S. sofre sucessivamente a extração dos dois seios e uma correção anatômica dos órgãos genitais, tendo o cirurgião afirmado que havia o "risco de autodestruição". Do inquérito social ordenado pelo Tribunal de Instância Superior havia resultado: o verdadeiro sexo de Annie S. é ignorado por seu meio; ela está matriculada na previdência social como pessoa do sexo masculino; ela vive maritalmente há vários anos com uma mulher mãe de dois filhos. Novos especialistas médicos constatam: um *habitus* masculino (uso de barba, voz grossa), implantação pubiana de um pênis artificial, um clitóris hipertrofiado, uma vagina minúscula. Esses especialistas concluem que se trata de um tipo de transexualidade que surgiu desde a mais tenra idade, e que nenhuma intervenção terapêutica poderia modificar a convicção do indivíduo de que era um homem. Resumo de todo o caso pelo padre Klotz: "Annie S. é um indivíduo de sexo cerebral masculino desde seu nascimento, apesar de sua morfologia exterior (fenótipo feminino) e de seu cariótipo XX". O especialista rememora a história de Annie S.: perseverança em seu ponto de vista, ausência de fenômenos delirantes, estabilidade no papel social masculino há dez anos, reconhecimento de sua masculinidade por uma mulher heterossexual, consenso social.

Em 21 de abril de 1983, é o Tribunal de Instância Superior de Nanterre que autoriza a mudança de sexo a Thérèse A., "visto que a jurisprudência mais recente admite que o princípio da indisponibilidade do estado que rege o estado das pessoas não pode apresentar obstáculo a uma solicitação de mudança de sexo". Segundo M. Sutton, vice-presidente do Tribunal de Instância Superior de Paris, de 1º de janeiro de 1980 a novembro de 1983, em catorze decisões de fundo pronunciadas em matéria de transexualismo, onze concederam a mudança jurídica de sexo, três a recusaram, sendo apenas uma em nome da indisponibilidade do estado. Segundo esse magistrado, a evolução da jurisprudência resulta da afirmação de altas autoridades médicas quanto à existência de uma síndrome de transexualidade e da referência às ciências humanas, que introduzem componentes psicológicos no conceito do sexo.[35] Assim, o ano de 1983 viu a câmara civil do Tribunal de Recursos recusar uma mudança de sexo no mesmo momento em que ela era ratificada pelos Tribunais de Instância Superior. A máquina judiciária na França é lenta, e de diferentes marchas.

A PORNOGRAFIA, OU O CREPÚSCULO DO GOZO TRANSGRESSOR

Em 1769, Restif de La Bretonne cria a palavra "pornografia", designando menos a sexualidade e mais os discursos por ela gerados, como indica sua etimologia (*pornê*, prostituída; *graphe*, escrita). Evidentemente, esse tipo de discurso existia antes de receber um nome, visto que aparece nas grutas de Lascaux. A sexualidade humana é vivida na prática e nas inúmeras "representações" que faz de si, o que distingue a humanidade da animalidade. É fluida a fronteira entre o erotismo (aceito) e a pornografia (condenada): "A pornografia é o erotismo dos outros", escreve Alain Robbe-Grillet. Muitas vezes também, o erotismo é a pornografia de ontem. Os convencionalistas ficam indignados e denunciam uma "explosão" pornográfica que estaria vindo do Norte, principalmente da Suécia, tão pouco conhecida pelos franceses e, por isso, campo de um universo de fantasias. O historiador continua cético. Nas puritanas Províncias Unidas do século XVII, Vermeer e Pieter de Hooch, para citar apenas dois pintores, gostam de abordar o tema do bordel e da alcoviteira. É verdade que eles mostram apenas o prelúdio (as bebidas), mas, no plano de fundo, a velha proxeneta aparece arrumando a cama. No século XVIII, em Paris, são encenadas as peças *Foutre, ou Paris foutant*, de Baculard d'Arnaud, e *Sirop au cul** de Charles Solé, títulos que, por si sós, já são programáticos. No começo do século XIX, em Londres, Holiwell Street abriga um tal número de lojas especializadas na venda de livros obscenos que uma Associação para a Eliminação do Vício parte em cruzada contra esse bairro mal-afamado. As autoridades públicas reagem de maneira intermitente. Nos anos 1960, o editor Jean-Jacques Pauvert é processado por ter publicado livros pornográficos, entre outros os do divino marquês. Em 1975, uma categoria especial passa a abranger filmes pornográficos e filmes que incitam à violência. Podem ser apresentados apenas em salas especiais, com uma tributação excepcional. Prudentes — ou com falhas semânticas —, os textos institucionais não oferecem nenhuma definição do filme pornográfico. Frente a essa carência taxonômica, é — uma vez mais — a jurisprudência que deve decidir a questão. Erigida em tribunal da ordem moral, a Comissão de Controle (que os espíritos subversivos se obstinam em chamar de Comissão de Censura) é encarregada de classificar o dizível e o indizível, o visível e o invisível. Serão classificados como "fil-

* Os nomes das duas peças jogam com sentidos obscenos: *Trepar, ou Paris trepando* e *Xarope no cu*, por exemplo, mas não são tão chulos, pois poderiam ser entendidos como *Zombar, ou Paris zombando* e *Licor no fundo da garrafa*. (N. T.)

mes X" os que "apresentam o ato sexual sem outra finalidade a não ser ele em si e sua constante retomada". Que seja. A Comissão de Controle pode inclusive proibir totalmente certos filmes, "pornôs" ou violentos demais, mas não tem nada a dizer nem a fiscalizar nas *sex shops* em que tudo — ou quase tudo — é visível e vendável, por serem proibidas aos menores de idade. No campo editorial, contorna-se a proibição alegando uma "qualidade" que nunca é definida. Assim, editores como Jean-Jacques Pauvert, Éric Losfeld, Régine Deforges, apesar de alguns empecilhos, publicaram livros largamente difundidos, porque julgados (mas quem é o juiz?) eróticos e não pornográficos.

A pretensa "onda pornô" levanta duas observações. Se as *sex-shops* e as salas especializadas na projeção de "filmes X" mantêm seus negócios — como de fato mantêm —, não vemos filas nem aglomerações em suas portas. Os clientes entram e saem depressa, furtivamente. Raros são os que se gabam de frequentá-las. Ninguém se vangloria nos jantares da cidade de ter "assistido" a filmes *hard* em "cabines particulares", provavelmente os locais preferidos para a masturbação. O INSEE e o INED não nos dizem nada sobre seus clientes que se empenham em guardar segredo. Segunda observação, que é uma dupla pergunta: desde que a pornografia funciona no âmbito da lei, passando e repassando incansavelmente, em inúmeras películas e páginas, os mais exatos instantâneos da "cena primitiva", recusando qualquer elipse ou alusão, o que resta do espaço que a arte, tradicionalmente, abre à imaginação? E a legalização e a banalização do voyeurismo não eliminam o gozo da transgressão? "A eficácia das obras eróticas, seus méritos e profundidade, o prazer de seus leitores nascem desse incessante desafio aos diversos tabus erguidos em torno da sexualidade e de seu livre exercício [...]. A quase totalidade das obras eróticas funciona à luz do pecado, do proibido. Nesse sentido, a literatura erótica das idades clássica e moderna se mantém religiosa, moral, metafísica" (G. Lapouge).

A PROSTITUIÇÃO

"Mais vale deflorar uma rapariga do que ter os restos de um rei", escrevia Brantôme, que, indiferente às contradições, também dizia que, "quanto mais cara a mercadoria de Vênus, mais ela agrada". Do latim *prostituere*, expor em público, a palavra "prostituta" designa, portanto, a mulher que, deixando de ser um "bem privado", é oferecida a quem paga. Ela abrange um vasto campo lexical, visto que existem mais de seiscentas palavras ou expressões referentes a ela, algumas brutalmente metafóricas: "lavadeira de tubos de cachimbo", "espingarda de três tiros" etc. A "profissão mais antiga do mundo" conserva seu segredo: se sabemos muito da prostituta, sabemos bem menos do rufião e (quase) nada do cliente, o pivô da instituição prostitucional. Com a boneca inflável de vagina, chega-se à reificação total da mulher pública. Se a prostituição não é crime, a caça aos clientes é, e, em sua acepção primeira, *racoler* (convidar e aliciar o freguês) é "abraçar de novo", o que não constitui uma atividade condenada pela moral. A atividade do meretrício requer, se não o sigilo, pelo menos a discrição: é à noite que o *bois* de Boulogne se transforma no local de atividades inconfessadas.

Segundo um recenseamento de 1565, entre os 165 mil habitantes de Veneza existiriam 10 mil meretrizes, arroladas em catálogos anuais com seus respectivos preços e especialidades. Aretino coloca essas palavras na boca de uma delas:

> Tentei mais ervas do que as que existem em duas campinas, mais palavras do que as que se trocam em dois mercados, e não conseguia comover o coração da espessura de um dedo de certo alguém cujo nome não posso dizer. Ora, bastou uma delicada torção da nádega, e eu o deixei tão louco por mim que ficaram estupefatos em todos os bordéis: e nesses lugares as pessoas estão habituadas a ver novidades todos os dias, e não se admiram de muita coisa.

Uma outra reflexão da mesma Nanna nos mostra que se a "posição do missionário", a mais propícia a "fecundar o vaso feminino", era imposta pela Igreja para as relações conjugais, com as especialistas praticavam-se — toleravam-se? — todas as excentricidades. "Um prefere assim, outro assado; inventaram o beijo por trás, as pernas em volta do pescoço, a posição de Jeanette, do grou, da tartaruga, da igreja no campanário, da rédea solta, da ovelha pastando e outras posições mais esquisitas do que os gestos de um jogador trapaceiro. Tenho vergonha de falar mais." Trate-se da Veneza de Ticiano ou da França de 1985, há uma coexistência da vida familiar tradicional e de uma *civilità putanesca*, subsociedade que possui seus códigos específicos, com a finalidade exclusiva de fazer dinheiro a partir da tecnologia do sexo.

No século XIX, a função social da prostituição se transforma profundamente, segundo as teses de Alain Corbin, que podem ser resumidas da seguinte maneira.[36] Na primeira metade do século XIX, a população de Paris — e das grandes cidades — se caracteriza por uma desproporção entre o número de homens e de mulheres. Os "imigrantes" da época (os camponeses que vão para a cidade trabalhar, seja em caráter temporário ou permanente, como os pedreiros do Creusot) só conseguem trazer a família mais tarde. O bordel, sob grande vigilância da polícia, é uma instituição indispensável para evitar estupros e outros problemas da área dos costumes. Desde o final do Segundo Império, a melhoria do nível de vida das "classes laboriosas" tira-lhes a periculosidade: a família vem se reunir ao homem, e surge o lar operário, como bem mostrou M. Perrot. A moralização operária — estimulada pelo patronato, mas que contribui para fortalecer a coesão operária — se torna tão rigorosa que agora é o "burguês" que encarna o vício (ele bebe, se empanzina, exige de suas operárias ou empregadas o direito de ir para a cama com elas etc.). Então nasce uma nova clientela para a prostituição: filhos da burguesia que têm de se casar tarde e respeitar a virgindade das moças de sua classe, empregados de comércio ou de escritório com salários baixos demais para formar um lar "burguês" e que se recusam a casar com operárias, estudantes das faculdades ou das grandes escolas, soldados ou "reservistas" cumprindo seu "tempo de serviço" etc. Essa clientela expressa uma nova demanda: é o fim da relação rápida, barata e ocasional, preferindo "ligações" mais ou menos duráveis, e muitas vezes, aparentemente, vários amantes repartem o sustento dessa "mulher de farra", que deixou de ser uma mulher de rua. A essa demanda corresponde uma oferta. É a época das "costureirinhas", oriundas do meio operário, trabalhando nas diversas atividades de modista, por meio das quais elas entram em relação com as "burguesas", que as exploram e lhes provocam irritação e fascínio. G. de Tarde escreve *Les lois de l'imitation* [As leis da imitação] em 1890, e Jean Genet fará a parte prática em *As criadas*. Essas moças, sem se preocupar com os dias da velhice, preferem as aventuras sucessivas ou simultâneas, em vez da "familiarização" que agora prevalece na classe operária, da qual não querem fazer parte.

Sifilifobia e angústia da "degenerescência"

Essa "revolução prostitucional" tem seu preço: a sífilis e a sifilifobia. O burguês casado, que extrai um prazer limitado das relações conjugais, frequenta essas moças da vida que muitas vezes o contaminam. Por sua vez, ele transmite os treponemas à sua mulher. A polícia pode fiscalizar os bordéis, mas não essa nova prática. O dr. A. Fournier escreve sobre a "sífilis dos inocentes":

> Recém-nascido sifilítico, a parturiente que o pariu, a ama-de-leite contaminada pelo bebê que amamenta, paciente infectado por instrumentos médicos mal higienizados ou por uma tatuagem, sífilis das mulheres honestas contaminadas pelos maridos. Baseando-se em 842 observações realizadas em sua clientela particular, Fournier conclui que as esposas honestas constituem pelo menos 20% das mulheres sifilíticas (A. Corbin).

O mesmo autor calcula 125 mil sifilíticos apenas na cidade de Paris. E. Duclaux, diretor do Instituto Pasteur, afirma em 1902 que os sifilíticos contagiosos somam 1 milhão e os blenorrágicos chegam a 2 milhões na sociedade francesa. Um discurso apocalíptico anuncia a sifilização de toda a espécie humana, caso a moral não prevaleça sobre os impulsos. Em 1899, realiza-se em Bruxelas uma conferência, que funda uma Sociedade Internacional de Profilaxia Sanitária e Moral. A sífilis se difunde nas colônias francesas, e *Le père Peinard* (citado por A. Corbin) faz um jogo com as palavras "sifilização" e "civilização". Nos Estados Unidos, Flexner escreve em 1913 que "a nação que for a primeira a conseguir diminuir a doença venérea terá adquirido uma superioridade considerável sobre seus adversários". Hitler (talvez sifilítico) impõe em 18 de outubro de 1935 a lei que torna obrigatório o exame pré-nupcial, proíbe o casamento de homens com doenças venéreas e lhes impõe a esterilização pela castração. Se acrescentarmos que a mulher da vida às vezes também era alcoólatra, e amiúde tuberculosa, entende-se que a "angústia da degenerescência" tenha apavorado as populações e que o apelo à ordem moral tenha prevalecido como forma de proteger "a raça". A sifilifobia só terminará após a Segunda Guerra Mundial, com o surgimento dos antibióticos. Treponemas e gonococos se adaptam a seus novos adversários, mas seu contra-ataque não reativou o grande medo da sífilis. Restam duas perguntas: quem se prostitui? quem é o cliente?

Quem se prostitui?

Era reconfortante atribuir uma etiologia ontogenética à prostituição. No final do século XIX, os "especialistas" ainda sustentavam a tese da prostituta de nascença. Descartava-se a hipótese de uma sociogênese, pois, se existem mulheres reduzidas à miséria, nem todas as miseráveis se prostituem. Em 1911, o dr. O. Simonot, médico da delegacia de costumes, procede ao exame de 2 mil "mulheres venais" e conclui que "a prostituição é uma afecção orgânica patológica", dando-lhe o nome de "loucura da geração", por ser — segundo ele — de origem hereditária, resultante de "uma modificação química, biológica, do plasma herdado".

Isso significava refutar as afirmações escandalosas — na época — de G. de Tarde, o qual, se era professor do Collège de France, antes tinha sido diretor do Departamento de Estatística do Ministério da Justiça, tendo ousado colocar o problema de demanda, resumindo-a nessa simples pergunta: "Quem é o cliente?". E, com uma extrema audácia para a época (ele morreu em 1904), De Tarde sugere que, numa sociedade cristã que não tem erotismo e que baniu o prazer da sexualidade conjugal, é normal que o marido frustrado (em muitos casos, jamais viu a esposa nua) recorra a peripatéticas. E mais, ele anuncia que a sociedade se encaminha para uma nova ética, a qual reconhecerá "o valor utilitário ou estético do prazer voluptuoso e seu papel individual e social. Daí resultará uma nova concepção do casamento e da família".[37] Empregadas domésticas, balconistas, atendentes de bares, costureiras que trabalham em casa, governantas, professoras de piano, preceptoras particulares etc., mesmo não sendo verdadeiras profissionais, levam ao "burguês" — e muitas vezes sob seu próprio teto — jogos eróticos ignorados pela esposa virtuosa. Acrescentemos a prostituição esporádica de mulheres da pequena e média burguesia, fascinadas pelas mercadorias oferecidas nas grandes lojas, que marcam o nascimento da chamada sociedade de consumo. A miséria, um desfloramento precoce ou a simples falta de poder aquisitivo bastam para explicar essa prostituição "de meio período", sem que seja necessário invocar uma "anomalia genética" ou uma "natureza histérica".

Quem é o cliente?

Mas quem é o cliente? Para o imigrante solteiro que vai procurar no bordel um alívio necessário e imperfeito, a motivação é evidente. Mas, e o executivo quarentão que, ao volante de sua BMW, pega uma prostituta na hora do almoço na avenue Foch? O *Relatório Simon* nos informa que são os clientes "ocasionais" que sustentam as prostitutas — e seus caftens. Mas quem são eles? Não sabemos. Homens ávidos por certos refinamentos que sua esposa (ou amante) recusaria? Pequenos perversos envergonhados que assim realizariam seus desejos voyeuristas, fetichistas ou sadomasoquistas? Tímidos que só se atrevem a abordar prostitutas, pois o dinheiro garante o consentimento? Psicopatas do secreto que encontram no anonimato da relação a certeza da dissimulação? Homossexuais oficiosos que fantasiam sobre o sexo dos outros clientes? Dissociadores do sexo e do sentimento que, católicos convictos, porém pecadores, querem poupar às esposas uma fatal adoção do hábito de atingirem o orgasmo? O complexado que quer evitar qualquer comparação que talvez pudesse ser expressa por uma parceira não remunerada? O rico que quer mais uma vez provar para si mesmo que pode conseguir tudo com o dinheiro? Se não "tudo", pelo menos simulacros quase perfeitos? Indivíduos ultrassocializados que querem, de vez em quando, gozar a transgressão? São apenas hipóteses. Restam uma certeza e um motivo de tranquilidade. A certeza? A pretensa "liberação sexual" apenas multiplicou o número de revistas e filmes pornográficos, e não se tem notícia de que a prostituição tenha perdido seus clientes. Nesse sentido, a sexualidade — ao contrário da fome — continua a ser o campo da insatisfação. O motivo de tranquilidade? É-nos dado pelos sexólogos: Masters e Johnson nos falam "das virtudes terapêuticas das mulheres de substituição" e defendem uma "reabilitação científica" da prostituição que, sob controle médico, poderia ajudar a prevenir ou a tratar os problemas sexuais de certos indivíduos.

SEXUALIDADE E CONTROLE SEXUAL

A sexualidade socializada na família nuclear, em que o amor une indissoluvelmente os cônjuges entre si e seus filhos, é uma "prática", no sentido que Michel Foucault atribui a esse termo. Significa que ela é o produto de um estado da sociedade e que, com sua mudança, esse estado também muda. Prática ideal, naturalmente, visto que os amores e as amizades morrem (ou podem morrer). Essa percepção do efêmero — ou seu reconhecimento — é uma das grandes novidades da vida privada a partir dos anos 1920. Antes, o rigor dos códigos sociais e dos tabus por eles gerados proibia pensar ou verbalizar esse questionamento, à exceção de alguns "excêntricos", como Fourier. Os desvios, evidentemente, eram tolerados, no caso do marido que podia encontrar prazer com sua amante (uma ligação duradoura ou uma meretriz) desde que cumprisse seu dever conjugal. O aumento da expectativa de vida — e, portanto, da vida em comum — e a "liberdade sexual" mostraram que a *akmè* não se repetia indefinidamente, que a troca de parceiros expressava uma sexualidade instintiva e que a monogamia era um sistema de relações que não existia desde sempre, que não se impunha em toda a humanidade, em suma, que era historicamente determinado.

Mulher fiel/marido volúvel, esposa irrepreensível/marido adúltero: esse tipo de casal pertence ao passado. A sociedade ocidental redescobre — e Ovídio já tinha dito, e a mitologia greco-latina havia fornecido inúmeros exemplos — as potencialidades sexuais das mulheres. Vários sistemas culturais tinham imposto a moderação por diversos meios: o casamento forçado, o isolamento das mulheres em guetos, a excisão, a infibulação etc. Na burguesia francesa, a exigência de virgindade tinha como principal objetivo evitar termos de comparação. A noite de núpcias era amiúde vivida pela mulher como uma violação, e as relações ulteriores como um "dever", quando não como uma "corveia". Sexualmente emancipada, a mulher poderá se contentar com o mesmo homem durante cinquenta anos? Insatisfeita, cansada ou desgostosa, não se sentirá tentada a "ir procurar em outra parte"? Os sexólogos se encarregam de tranquilizar os homens e desculpabilizar as mulheres: eles acham que o comportamento mais capaz de conciliar as exigências da ordem social e os imperativos do sexo seria uma "monogamia flexível" (uma ou várias ligações estáveis durante a vida, além de relações passageiras e "aventuras"). Pois o controle sexual se reintroduz, substituindo o "dever conjugal" pelo "direito ao orgasmo", que por sua vez se converte em "dever do orgasmo".

RUMO À UNISSEXUALIDADE?

Philippe Ariès considera que a grande originalidade atual consiste no surgimento de uma sociedade unissex. "Os papéis são intercambiáveis", escreve ele, "os do pai e da mãe, e também os dos parceiros sexuais. Coisa curiosa, o modelo exclusivo é o *viril*. A silhueta da moça se aproxima da do rapaz. Ela perdeu as formas envolventes que eram apreciadas pelos artistas do século XVI ao século XIX." Afirmação categórica. Será verdade? Ou a verdade da aparência? É inegável que, antigamente, os espaços externos eram monossexuais: bares e clubes vitorianos vedados às mulheres; bistrôs franceses para a reunião dos homens, onde as raras mulheres presentes eram "de vida fácil"; lavadouros das aldeias proibidos aos homens, aliás preocupados com as confidências que lá se trocavam. Hoje, essa segregação não existe mais. Progressivamente, as profissões consideradas masculinas e as grandes escolas estão abertas às mulheres. Inversamente, o homem se introduziu no universo tradicionalmente feminino: o ginecologista substitui a parteira, o marido assiste ao parto, troca as fraldas, cozinha, lava a louça etc. A roupa muitas vezes é igual (jeans), e o corpo indefinido (nova manifestação do eterno "domínio" do macho?) expressa a adaptação das formas femininas aos moldes masculinos. A sexualidade precoce tende a apagar as fronteiras: quando as moças deviam se manter virgens até o casamento, elas trocavam confidências sobre seus fantasmas discretamente sexuais. Os rapazes, de seu lado, assumiam sua sexualidade na prostituição, iam "em grupo" ao bordel, trocavam conselhos sobre a maneira de tratar suas doenças venéreas. Hoje, os casais jovens vão ao hospital de mãos dadas, para tratar de sua blenorragia. A pesquisa Girard-Stoetzel sobre "Os franceses e os valores da atualidade" (já citada) mostra "um altíssimo nível de concordância entre os dois sexos". Se as mulheres são mais religiosas, praticantes e conservadoras do que os homens, essa diferença, segundo os autores, deve ser atribuída à estrutura etária da feminilidade: os octogenários masculinos (mas são em pequeno número) são tão direitistas quanto as mulheres da mesma faixa. Pode-se igualmente constatar que moças e mulheres jovens usam frequentemente o mesmo vocabulário — com gírias, "vulgar" e até obsceno — empregado por seus amigos, amantes ou maridos; que, nas estratégias de sedução — de cantadas, como se diz hoje em dia —, elas tomam iniciativas explícitas; que a publicidade agora reifica tanto o homem quanto a mulher, e assim por diante. O movimento em direção à unissexualidade será, por isso, irreversível?

Em alguma passagem de *Sodoma e Gomorra*, Proust diz que o futuro da humanidade reside na separação absoluta entre os dois sexos, que homens e mulheres não podem deixar de seguir caminhos radicalmente divergentes. Observando-se mais de perto, os papéis masculinos e femininos parecem ainda distribuídos segundo as normas ditadas pela tradição. Quantas mulheres existem em postos de (suposta) decisão na política ou na economia? Vê-se na França alguma mulher como chefe de Estado, primeiro-ministro, ministro da Defesa, do Interior, das Relações Exteriores? E, nos grupos de adolescentes, os "líderes" não são sempre — ou quase sempre — rapazes? Folheando *Lui*, *Penthouse* e outras revistas eróticas ou pornográficas destinadas aos homens, vemos que o modelo andrógino não corresponde propriamente aos fantasmas masculinos, visto que os modelos exibem prazerosamente bustos mais semelhantes aos de Rubens do que os de Cranach ou da publicidade Dim. A astúcia — não de todo invisível — dos homens sempre consistiu em atribuir à "Natureza" aquilo que pertencia à "cultura". Invertendo a causalidade, o contra-ataque feminino e feminista não alcançou — por ora? — uma vitória decisiva. É verdade que a aparência (as roupas) e mesmo as estatísticas (veja-se o acesso das mulheres a categorias socioprofissionais tradicionalmente masculinas) parecem depor a favor da irresistível ascensão das mulheres e de sua participação crescente na distribuição dos benefícios (financeiros, sociais, culturais etc.), mas que não se confundam rostos e máscaras, realidade e simulacro.

Pode-se perguntar se as últimas décadas não têm presenciado o desaparecimento — ou, pelos menos, a transformação — da amizade, sentimento pouco conhecido, difícil de ser vivido e mantido, morto talvez por esse culto ao "casal", que tende a excluir o "outro" por várias razões, das quais a não menos importante é que ele foi testemunha do passado. "Hoje", escreve Philippe Ariès,

> o sentimento é captado pela família. Esta, antigamente, não tinha o monopólio sobre ele. Era por isso que a amizade desempenhava um papel importante. O sentimento que ligava os homens ultrapassava a amizade, mesmo em sua acepção ampla. Ele irrigava numerosas relações de serviço que hoje foram substituídas pelo contrato. A vida social se organizava a partir de laços pessoais, de dependência, de patronato e também de auxílio mútuo. As relações de serviço, de trabalho, eram relações de homem para homem, que iam desde a amizade ou a confiança até a exploração e o ódio.

O amor, como vimos, tornou-se a condição do êxito do casamento. Os cônjuges apaixonados devem se "comunicar" entre si. Aplacados os ímpetos do desejo, estabelece-se uma espécie de amizade. É o casamento em dois tempos... ou o divórcio. As relações familiares são cada vez mais íntimas, mesmo entre as gerações. Todas as pesquisas mostram que os pais e os filhos nunca foram tão próximos, e que principalmente a mãe é a confidente preferida. Na sociedade de outrora, havia uma forte diferenciação das posições sociais, das funções e dos papéis, não só entre os sexos, mas também entre os pais e os filhos. A relativa homogeneização atual torna as fronteiras mais permeáveis. Quem está na casa dos quarenta é intimado a "continuar jovem", ou seja, poder praticar os mesmos esportes dos filhos, ser o melhor "companheiro" deles. O "companheiro" [*copain*] é, etimologicamente, aquele com quem se divide o pão. Assim o entendia a *nouvelle vague* dos anos 1960. O companheiro do jovem, hoje, pode ser a mesma pessoa que o amamentou. A amizade com a mãe ou com o pai se soma à amizade que une o par. Entre as mulheres, será que as rivalidades profissionais se somam às decorrentes das estratégias de sedução? Os homens dizem que sim, decerto para se tranquilizar e se aproveitar dessas cizânias. Mas não se exclui que se estabeleça um pacto decisivo entre as mulheres que, superando as mesquinharias a que são confinadas pelas astúcias grosseiras do macho, lhes permitirá que amanhã deixem de ser o repouso do guerreiro para se tornarem amantes e senhoras de si (no sentido feminino da palavra "senhor" [*maître*]).

NOTAS

1. Y. Verdier, op. cit., p. 19.
2. G. Groddeck, *Le livre du ça*, Paris, Gallimard, 1973, p. 120.
3. P. Perrot, *Le travail des apparences*, Paris, Seuil, 1984.
4. V. Nahoum, "La belle femme ou le stade du miroir en histoire", *Communications*, nº 31, 1979, pp. 22-32.
5. P. Bourdieu, "Remarques provisoires sur la perception sociale du corps", *Actes de la Recherche en Sciences Sociales*, nº 14, abril de 1977.
6. M. Douglas, "Les structures du culinaire", *Communications*, nº 31, 1979, pp. 145-70.
7. Y. Verdier, op. cit., p. 322.
8. C. Fischler, "Gastronomie et gastro-anomie. Sagesse du corps et crise bioculturelle de l'alimentation moderne", *Communications*, nº 31, 1979, pp. 189-210.
9. C. e C. Grignon, "Styles d'alimentation et goûts populaires", nº especial da *Revue Française de Sociologie*, out.-dez. 1980, pp. 531-69.
10. C. Petitjean, "Des cocktails dangereux", *Le Nouvel Observateur*, 13 de agosto de 1973.
11. F. Muel-Dreyfus, "Le fantôme du médecin de famille", *Actes de la recherche en sciences sociale*, nº 54, setembro de 1984, pp. 70-1.
12. M. Bariety e C. Coury, *Histoire de la médecine*, Paris, Fayard, 1963.
13. G. Vincent, *Les jeux français. Essai sur la société moderne*, Paris, Fayard, 1978, pp. 82-100.
14. P. Paillat, "La vieillesse", *Encyclopaedia Universalis: Les Enjeux*, 1985, pp. 32-6.
15. E. Andréani, *Indicaterus sociaux pour la population âgée. Documents d'information et de gestion. Gérontologie*, set.-nov. 1974.

16. P. Paillat, op. cit., p. 33.

17. Os dados estatísticos mais recentes estão reunidos em *Données Sociales*, ed. 1984, INSEE, 1985, pp. 348-83. Ver também G. Desplanques, "L'inégalité sociale devant la mort", *Économie et Statistique*, nº 162, janeiro de 1984, pp. 29-50.

18. P. Ariès, *Essais sur l'histoire de la mort en Occident du Moyen Âge à nos jours*, Paris, Seuil, 1975. E, do mesmo autor, "La mort inversée, le changement des attitudes devant la mort dans les sociétés occidentales", *Archives Européennes de Sociologie*, 1967, vol. VIII, pp. 169-95.

19. J.-C. Chamboredon, "La restauration de la mort, objets scientifiques et fantasmes sociaux", *Actes de la Recherche en Sciences Sociales*, nº 2/3, junho de 1976.

20. C. Herzlich, "Le travail de la mort", *Annales ESC*, jan.-fev. 1976, pp. 197-217. Devemos a esse artigo parte de nossas informações.

21. J. C. Sournia, *Mythologies de la médecine moderne*, Paris, PUF, 1969, p. 106.

22. D. Pouillard, "Le droit de vivre sa mort", *Encyclopaedia Universalis*, 1979, pp. 162-4. Uma parte das informações que se seguem foi extraída desse artigo.

23. P. Guiraud, *Dictionnaire historique, stylistique, rhétorique, étymologique de la littérature érotique*, Paris, Payot, 1978.

24. K. Dekhli, "Civilité du sexe moderne", *La chose sexuelle, Nouvelle Revue de Psychanalyse*, nº 29, 1983. Acrescentemos que, mesmo que se fale muito da sexualidade, raramente é a sério: inúmeros questionários, mas quase todos aplicados com leviandade. Uma exceção — infelizmente já antiga: *Rapport sur le comportement sexuel des Français, dit Rapport P. Simon*, R. Julliard-P. Charron, 1972. Foram 2625 pessoas entrevistadas de 20 de junho a 25 de setembro de 1970, com dois questionários (um oral, outro por escrito) aplicados por 173 pesquisadores do IFOP, especialmente treinados, cada pesquisador redigindo uma "folha de observações", anexada a cada questionário, e um "relatório de pesquisa" ao final das entrevistas.

25. Retiramos o essencial de nossas informações dos trabalhos de J. L. Flandrin, que apresenta um excelente resumo em "La vie sexuelle des gens mariés dans l'ancienne société; de la doctrine de l'Église à la réalité des comportements", *Communications*, nº 35, 1982, pp. 102-13.

26. A. Béjin, "Crépuscule des psychanalystes et matin des sexologues" e, do mesmo autor, "Le pouvoir des sexologues er la démocratie sexuelle", *Communications*, nº 35, 1982, pp. 159-71, 178-91.

27. Citado por K. Dekhli, "Civilité du sexe moderne", op. cit., p. 112, que coloca a seguinte pergunta: "O que responder a um homem que diz estar se masturbando ao telefone?".

28. R. Stoller, "L'excitation sexuelle et ses secrets", *Nouvelle Revue de Psychanalyse*, nº 14, 1976, pp. 159-82.

29. N. Friday, *My secret garden*, Nova York, 1973.

30. J. Baudrillard, *Traverses*, nº 29, 1983, pp. 2-15

31. Citado por K. Dekhli, op. cit., p. 120.

32. M. Pollak, "L'homosexualité masculine ou le bonheur dans le ghetto?", *Communications*, nº 35, 1982, pp. 37-53.

33. A expressão *coming out* é ambígua. M. Pollak a traduz por "passagem ao ato". Para nós, ela significaria antes a confissão, o reconhecimento de uma homossexualidade agora patente: em suma, a revelação do segredo. A simultaneidade entre o primeiro ato homossexual e o reconhecimento dessa prática não nos parece evidente.

34. *Recueil Dalloz-Sirey*, 1984, pp. 165-8.

35. *Gazette du Palais*, 6-8 de novembro de 1983, pp. 5-12.

36. A. Corbin, *Les filles de noce. Misère sexuelle et prostitution aux XIXe et XXe siècles*, Paris, Aubier-Montaigne, 1978.

37. Ibid., p. 450.

3

AS DIVERSIDADES CULTURAIS

Gérard Vincent
Perrine Simon-Nahum
Rémi Leveau
Dominique Schnapper

OS CATÓLICOS: O IMAGINÁRIO E O PECADO

> *Quando dás uma esmola, não soes a trombeta diante de ti, como fazem os hipócritas nas sinagogas e nas ruas para serem glorificados pelos homens. Em verdade eu vos digo que eles recebem sua recompensa. Mas quando dás uma esmola, que tua mão esquerda não saiba o que faz a direita, para que tua esmola seja dada em* segredo*; e teu Pai que vê o* segredo *ta devolverá* [...]. *Quando oras, entra em teu quarto, fecha a porta e ora a teu Pai que está lá no local* secreto*; e teu Pai que vê o* segredo *te atenderá* [...]. *Quando jejuas, perfuma tua cabeça e lava teu rosto, para não mostrar aos homens que estás jejuando, mas a teu Pai que está no local* secreto [...].
> "Sermão da montanha"

ALGUNS NÚMEROS QUE NÃO REVELAM NENHUM SEGREDO

A sociologia religiosa é uma disciplina respeitável que nos oferece um grande volume de informações. Estas não entram — propriamente — na problemática do segredo que aqui nos interessa. Todavia, para situar as rápidas observações que pretendemos fazer sobre a vida privada dos católicos (limitando-nos a seu imaginário e a seu sentimento de culpa), alguns números permitirão ao leitor apreender, se não a história da fé, ao menos a história de algumas práticas. Os sacerdotes franceses somam 59 mil em 1913, 41 mil em 1965, 28 mil em 1985 (entre os quais mais da metade passou dos quarenta anos de idade). Preveem-se 16 mil para o ano 2000. Uma pesquisa realizada pelo Instituto Louis-Harris em 1985 permite situar o clero católico na sociedade francesa.[1] Foram enviados 19 mil questionários, obtendo-se 1700 respostas e entrevistas com 609 padres. Embora pobres (3600 francos de renda mensal média), 82% dos padres dizem possuir recursos financeiros suficientes ("Isso nos dá o direito de falar da pobreza"), e 63% consideram "normal" que um padre exerça uma atividade profissional. A metade deles vive sozinha ("A lata de sardinhas comida a sós num meio-dia de Natal tem um gosto horrível de solidão"). Seu pluralismo político é evidente (intenção de voto para 1986: UDF, 36%; ES, 18%; RPR, 10%; PC, 2%; Frente Nacional, 1%). Um padre de esquerda: "Passei do respeito *a priori* à desconfiança pela ordem estabelecida". Os conservadores denunciam "a deriva, a decadência, a podridão da sociedade atual". Eles celebraram 215700 casamentos em 1980 contra 334300 casamentos civis (ou seja, 64,5% contra 79% em 1954). Entre os sete sacramentos, é a confissão que tem sofrido o declínio mais flagrante: em 1952, 37% dos franceses que se dizem católicos nunca se confessavam; em 1974, eles somam 54%.

Isolando dentro da ampla pesquisa *Les valeurs du temps* [Os valores de hoje] a amostra de 1199 franceses entrevistados entre 16 de março e 30 de abril de 1981, pode-se levantar as seguintes constatações.[2] Aqueles que dizem não pertencer a nenhuma religião somam 26%. Dos católicos, 10% vão semanalmente à missa. Entre os franceses, 62% acreditam em Deus, 46% na existência da alma, 42% duvidam da realidade do pecado, 35% (contra 50% dos que se dizem católicos) acreditam numa vida após a morte, 22% em reencarnação, 27% no Paraíso, 15% no Inferno (contra 77%), 17% no diabo. O lugar da religião no futuro diminuirá para 40% e continuará no nível atual para 35% dos entrevistados. Para 37%, a religião lhes traz "força e consolo", e apenas 10% se dizem "ateus convictos". Os autores da pesquisa insistem na laicização da ética religiosa: se 11% dos franceses julgam que a fé religiosa deve ser ensinada às crianças, 76% consideram que devem lhes ensinar a honestidade. Para 21%, a distinção entre o bem e o mal "nem sempre é clara", e 43% "sentem remorsos ocasional ou frequentemente". Quanto à transgressão das regras, 28% querem que "o culpado pague", mas 39% privilegiam a prevenção e a educação. Para 27%, "toda pessoa deve ter a possibilidade de uma vida sexual total, sem restrições"; para 29%, "o casamento é uma instituição ultrapassada", mas 42% dos franceses consideram que três filhos por família são o número "ideal". As famílias católicas praticantes são as únicas a traduzir esse projeto em fato; os divórcios entre elas são excepcionais e o número de mulheres economicamente ativas é menor do que na média das famílias. As conclusões de A. Girard e J. Stoetzel podem ser resumidas da seguinte maneira: o materialismo não é dominante na consciência francesa; todas as grandes religiões são tidas como capazes de conter "verdades e significados fundamentais"; os franceses não consideram sua civilização como "portadora de uma mensagem universal e superior", e são tolerantes e compreensivos.

Uma rápida abordagem sociológica do protestantismo destaca suas semelhanças com o catolicismo.[3] Dos franceses, 4,2% se dizem "próximos do protestantismo", o que corresponde a 1,8 milhão de indivíduos: 800 mil "fiéis", com 400 mil para a Igreja Reformada da França, de tradição calvinista, 280 mil para a Igreja da Confissão de Augsburg, de tradição luterana (Alsácia e região de Montbéliard), e o restante para as diversas Igrejas evangélicas (batistas, pentecostais etc.). O número de "fiéis" teria estagnado há um século, o que leva o pastor André Dumas a escrever que

> a manutenção desse efetivo representa sociologicamente uma perda, pelo fato de que as reservas camponesas do protestantismo se despovoaram, os diversos movimentos de jovens e adultos, tão vivos após o final da Segunda Guerra, se pulverizaram e a fé já não se transmite com tanta regularidade como na época em que as famílias eram prolíficas em filhos, tradições e vocações.

Esses "fiéis" são, em sua maioria, mulheres (57% contra 43% de homens), com o predomínio dos idosos sobre os jovens (39% têm acima de cinquenta anos, e apenas 13% têm entre treze e 24 anos). R. Mehl, na conclusão de seu *Rapport* [Relatório], escreve que “a média total da prática de culto regular aparece como relativamente baixa (15%), ligeiramente mais elevada no protestantismo do que o último índice conhecido de frequência à missa semanal dos católicos”. Pequeno consolo, ao qual pode-se acrescentar essa observação ambígua do pastor André Dumas: “O protestantismo histórico na França certamente continua capaz de gerar personalidades marcantes, mas estas parecem menos aptas a constituir um povo diferenciado e unido”. Para concluir os números, lembremos que essa descristianização (ou pelo menos uma aparência sua, medida pela importância numérica do clero) não constitui um fenômeno exclusivamente francês. Nos Estados Unidos, de 1965 a 1975, o número de seminaristas passou de 49 mil para 17 mil, o de religiosas diminuiu em 25% e o dos padres regulares em 30%, ao mesmo tempo que 5 mil freiras e 10 mil padres abandonavam o sacerdócio, e muitas vezes a própria Igreja.

Essas estatísticas registram a forte redução da prática religiosa. Elas não nos dizem nada sobre a maneira “privada” de o cristão viver sua fé. O praticante de hoje não é igual ao de ontem. A ida semanal à missa, que ontem era um gesto social, hoje constitui um ato de fé. O clero, numericamente restrito, se transformou profundamente. No Antigo Regime, ser padre ou freira correspondia a um destino socialmente estabelecido para os filhos menores de determinadas famílias. Agora é uma escolha, e uma escolha de perseverança... e de modo de vida. O público da Igreja e, em termos mais amplos, do discurso religioso não pode ser medido pelo número de praticantes. Diante dessas estatísticas, cheias de números e vazias de sentido, todas as hipóteses são possíveis, inclusive esta: uma recuperação da religiosidade pode vir acompanhada por um abandono da prática.

O IMAGINÁRIO CRISTÃO

Tudo o que fazemos na terra é secundário (o que representa nosso estágio terreno de alguns anos, em comparação à eternidade que nos espera?) e determinante (do uso que faremos de nossa liberdade depende nossa salvação ou nossa condenação). Hoje, qual é o católico que é perseguido por essa obsessão aterrorizadora? Quem ainda acredita que cada instante de sua vida — um minuto, um segundo — pode acarretar um castigo ou uma recompensa no além, e por toda a eternidade? Foi nas últimas décadas, a nosso ver, que o imaginário cristão se despojou gradualmente das concepções (bastante antropomórficas) do Inferno, do Purgatório e do Paraíso, cuja representação fornece o tema para inúmeros quadros e cuja minuciosa descrição é o argumento favorito dos pregadores.

A eternidade inimaginável

A eternidade? Quem hoje subtrai uma parte de seu tempo de trabalho, de férias ou de televisão para tentar imaginá-la? No entanto, não está longe a época (a "Belle Époque") em que, do alto do púlpito, os oradores se empenhavam em arrancar os jovens espíritos à tentação dos prazeres imediatos — efêmeros — para lhes sugerir o que significa a eternidade. Assim fala o padre jesuíta ouvido pelo jovem e apavorado Stephen, *aliás* James Joyce:

> Eternidade! terrível e medonha palavra. [...] Tentem imaginar o colossal sentido disso. Vocês viram muitas vezes a areia à beira-mar. Como são finos seus minúsculos grãos! E quantos desses minúsculos grãozinhos são necessários para formar o pequeno punhado que uma criança pega para brincar. Agora *imaginem* uma montanha dessa areia, com um milhão de quilômetros de altura, erguendo-se da terra aos mais distantes céus, e com um milhão de quilômetros de largura, estendendo-se ao espaço mais remoto, e com um milhão de quilômetros de espessura: e *imaginem* uma massa tão enorme de incontáveis partículas de areia multiplicada pelo número de folhas que existem na floresta, gotas de água no vasto oceano, penas nos pássaros, escamas nos peixes, pelos nos

animais, átomos na imensa extensão do ar: e *imaginem* que ao final de cada milhão de anos um passarinho venha a essa montanha e carregue em seu bico um minúsculo grão dessa areia. Quantos milhões e milhões de séculos decorreriam até que esse passarinho tivesse retirado nem que fosse um metro quadrado dessa montanha, quantas eras e eras até carregá-la toda? Mas ao cabo desse imenso intervalo de tempo, nem se poderia dizer que tivesse transcorrido um único instante da eternidade. Ao final de todos esses bilhões e trilhões de anos, a eternidade mal teria se iniciado.[4]

E o Inferno? As representações de J. Bosch e L. Signorelli parecem cartões-postais ao lado da sádica descrição do jesuíta irlandês. Cúmulo dos sofrimentos físicos: "No Inferno, [...], cada tormento, em vez de anular o outro, empresta-lhe uma força ainda maior: e, além disso, assim como as faculdades interiores são mais perfeitas do que os sentidos exteriores, da mesma forma são mais suscetíveis ao sofrimento".[5] Ausência total do costume, visto que, "no Inferno, os tormentos não podem ser superados pelo hábito, pois, sendo de terrível intensidade, são ao mesmo tempo de constante diversidade, cada dor, por assim dizer, incendiando-se junto à outra e retransmitindo à que a inflamou uma chama ainda mais ardente".[6] E esses sofrimentos físicos são de pequena intensidade em comparação às dores e remorsos que geram o horror da pessoa por si mesma.

No lago do fogo onidevorador, o rei orgulhoso lembrará as pompas de sua corte; o homem sábio, mas perverso, seus livros e instrumentos de pesquisa; o amante dos prazeres artísticos, seus mármores, quadros e outros tesouros da arte; aquele que se deleitava nos prazeres da mesa, seus suntuosos banquetes [...]; o avarento lembrará suas pilhas de ouro; o ladrão, suas riquezas mal adquiridas; [...] os impuros e adúlteros, os inconfessáveis e sórdidos prazeres em que se deliciavam. Eles lembrarão tudo isso e sentirão horror por si mesmos e seus pecados [...]. Como se enraivecerão e se enfurecerão ao pensar que perderam a bem-aventurança do Céu em troca da escória terrena, de algumas peças de metal, de honras vazias, de conforto físico, de uma excitação dos nervos.[7]

No entanto, desde o início do século XIX, Roma tinha insistido com os confessores para que deixassem de incutir o medo e a obsessão da danação. Em 1828, prescreve-se aos confessores que evitem "uma dureza de linguagem capaz de fechar o coração dos penitentes" e evitar o "rigorismo, fruto comum da juventude, da inexperiência e, talvez, de nossa orientação tradicional". Todo "exagero na representação das verdades terríveis" é perigoso, ao passo que "uma boa acolhida talvez lance nos corações o germe de um feliz retorno". A partir dos meados do século XIX, o confessor passa a ter uma crescente liberdade de escolha, atenuando-se o medo de um Inferno cujos suplícios atrozes dificilmente pareceriam condizer com a bondade e misericórdia divinas, ditas "infinitas" pelos padres. Aos fiéis agora alfabetizados surgem contradições estatísticas.

> Quando eu ouvia o pároco, eu me dizia que não podia estar entre os eleitos e isso me afligia. Por mais que fizesse, nunca chegaria lá. Ao ver, nas revistas, as estatísticas sobre o número de católicos no mundo, eu me dizia: "Mas então, se é praticamente certo que os não-católicos estão condenados, e se são poucos os eleitos entre os próprios católicos, isso resulta em muitos pecadores condenados ao Inferno". Eu sentia vontade de lhes colocar essa questão, mas não me atrevi.

E, visto que Deus nos criou à Sua imagem, Ele não é em parte responsável por nossos pecados? Eis como raciocinam alguns camponeses: "Somos como Ele nos fez", "Afinal, é Ele o Criador", "Se eu for para o Inferno, outros também irão", "O Bom Deus não é tão ruim assim", "Não somos comunistas".[8]

Mas, se o Inferno não existe (ou se é destinado apenas a alguns criminosos excepcionais), por que se impor tarefas desagradáveis e se privar de práticas agradáveis? Se a cínica afirmação de Napoleão — "uma sociedade não pode existir sem a desigualdade das fortunas, e a desigualdade das fortunas não pode ser suportada a não ser que a religião afirme que, mais tarde, e por toda a eternidade, a partilha será feita de outra maneira" — é contrária à "verdadeira" religião, por que não adquirir, *hic et nunc*, as honras e os bens? Os velhos protestam, pois tiveram muito trabalho acumulando aqui na terra méritos dos quais esperavam extrair juros e recompensas no além. "Seguia-se muito a religião, era para não ir para o Inferno", admite uma agricultora. E uma outra: "Ou não existe nada disso, ou é concedido a qualquer um; então, não deve valer grande coisa, pois não se conquista nada sem esforço".[9] Mas, se já não existe a queda original, nem o pecado mortal, nem Inferno e Purgatório, tentação e castigo divino, "são os próprios fundamentos tradicionais do cristianismo que estão em questão, em particular a teodiceia do sofrimento e a soteriologia da redenção".[10]

O Paraíso na terra?

O desaparecimento do imaginário infernal guarda uma inegável relação com o fato de que o Inferno, até uma época relativamente recente (digamos, o Segundo Império), estava na terra. O volume 4 da presente coleção apresenta o que era a vida privada (ou a inexistência dela) das classes laboriosas e perigosas: miséria, subnutrição, promiscuidade, incesto, prostituição das esposas e filhas, trabalho infantil, alcoolismo etc. A pauperização absoluta, profetizada por Marx, foi desmentida pela história: o "sistema" capitalista, por razões que não cabe desenvolver aqui, teve necessidade de que "seus" proletários também fossem compradores com poder aquisitivo. O crescimento econômico, que foi contínuo durante os trinta anos do pós-guerra, mesmo mantendo as distâncias, enriqueceu todas as categorias sociais. A nova tríade "casa 'decente', carro (mesmo 'modesto') e televisão", acompanhada pela previdência social e por analgésicos eficientes, tornou a vida terrena, se não "paradisíaca", ao menos suportável. Na França de outrora, entre a vida cotidiana imposta às classes populares e o Inferno que podiam conceber, havia uma diferença de grau, não de natureza. Quando as pessoas morriam num mundo semelhante àquele em que haviam nascido, quando era impensável, e até impensada, qualquer ascensão social para si ou para os filhos, o imaginário se desdobrava no além. Obcecados pelo projeto de alcançar a "nova tríade" (e os desfavorecidos podem chegar a isso, desde que se contentem com os níveis mais simples), os homens de hoje sonham a curto prazo. A sociedade de consumo erradicou a escatologia, sem por isso conferir um "sentido" à vida.

O que pregar?

Então, o que pregar? "Ninguém é absolutamente obrigado a socorrer o próximo tirando o que é necessário a si ou à sua família, nem reduzindo nada do que a conveniência ou o bem-estar impõe à sua pessoa" (Leão XIII, *Rerum novarum*). "A religião esparge seus mais doces consolos aos infelizes inspirando-lhes a esperança de bens infinitos e imortais que são tanto maiores quanto mais longo e mais doce tiver sido o sofrimento" (Leão XIII, *Auspicato concessum*). "A democracia cristã, pelo simples fato de se dizer cristã, deve se apoiar nos princípios da fé divina como sua base própria. Ela deve atender aos interesses dos pequenos [...]. Para ela, não deve existir nada mais sagrado do que a justiça; ela deve preservar de qualquer atentado o direito de posse e de propriedade, manter a distinção entre as classes, o que é próprio de um Estado bem constituído" (Leão XIII, *Graves de communi*). "Conceder de bom grado aos senhores o respeito que merecem e fornecer o trabalho que lhes é devido; não ter desagrado pela vida doméstica, tão rica em todas as espécies de bens; acima de tudo, praticar a religião e lhe pedir um consolo certo nas dificuldades da vida" (ibid.). Qual é o padre que, hoje, poderia repetir no púlpito essas palavras papais, promulgadas há menos de um século? Comentando os sermões dominicais, um lavrador disse a Y. Lambert: "Eles foram obrigados a pôr água no vinho, senão não teriam mais ninguém". Entre os protestantes, mais da metade dos praticantes consideram o pastor como um conselheiro espiritual e menos de 40% consideram a pregação como a marca dominante do sacerdócio. A pregação, de fato, também deve se dobrar à lei brônzea do sistema midiático: responder a uma expectativa. E se o Inferno, o Purgatório e o Paraíso "não passam mais", é porque já não alimentam um imaginário que se desprende do antropomorfismo. Os recônditos secretos da fé estão em outro lugar.

CONFISSÃO, CONTRIÇÃO, CONVERSÃO

Um sacramento em desuso?

A confissão era, e ainda é, a ocasião de comunicar um segredo que não será divulgado. É honra do clero tê-la preservado, no respeito às consciências e na fidelidade às prescrições sacramentais. Mesmo a literatura anticlerical dos anos 1900 se absteve de acusar os confessores de indiscrição. Alguns padres, no passado, foram martirizados por terem se negado a falar. Desde os prelados mundanos até os mais humildes vigários, a confissão se manteve secreta. "A confissão auricular se inscreve no seio de uma cultura oral que privilegia um contato humano, uma palavra proferida apenas sob os olhos de Deus, num momento e num lugar determinados: a entrevista penitencial é, para a pesquisa histórica, o lugar por excelência dos mistérios da religião".[11] Não há, portanto, como escrever a história da confissão, visto não existirem arquivos. O confessor mais ilustre do século XIX, o cura de Ars, Jean-Marie Vianney, canonizado em 1925, levou para o túmulo os segredos de milhares de vidas privadas. Das duzentas cartas, aproximadamente, que ele escreveu ao monsenhor Devie submetendo-lhe os casos embaraçosos, não resta praticamente nada. No começo do século XX, o clero aconselha ou impõe que as confissões sejam frequentes: "Um remédio também não é agradável, e mesmo assim vocês tomam para preservar a saúde do corpo. Teriam menos coragem tratando-se de sua salvação eterna?" (um *Bulletin Paroissial*, 1913). É do interesse dos fiéis estar prontos no caso de serem surpreendidos pela morte: "Deus levará a sério aqueles que se preparam apenas no último momento?". Estar pronto para comparecer diante do Senhor é um tema recorrente de inúmeros sermões:

> No dia de Finados em 1922, várias crianças, em número equivalente ao de mortos durante o ano, eram vestidas, algumas de branco, outras de negro, outras ainda metade de branco e metade de negro, para ilustrar o discurso do pregador: as primeiras iam para o Céu, as segundas para o Inferno, as demais para o Purgatório. O pecado, então, não era uma noção abstrata, era objeto de representações reificantes e afetivas.[12]

Em Lierzel (pequena paróquia da Bretanha), a confissão pascal, nos anos 1920, era observada por todos; metade dos habitantes (com predomínio das mulheres) se confessava na primeira sexta-feira do mês, e os alunos "iam confessar" por turmas. Será que todos acreditavam no Inferno? Talvez, mas principalmente para os outros. A confissão está ali para atenuar os excessos da pedagogia da culpa. "Vou tomar um copinho de vinho tinto", diz um penitente ao taberneiro, "porque depois limpo isso, não vai fazer mal." Aos poucos, a regulamentação da confissão se abranda: os horários são menos rígidos (em Quimper, de 1710 a 1851, não se podia confessar "nem antes de clarear, nem depois de se pôr o sol, exceto na noite de Natal") e o direito de confissão se amplia (em 1830, só os curas de cantão podem receber confissão; em 1895, o direito é estendido aos docentes e, na década de 1940, aos esmoleres das obras). A quase certeza do perdão divino, obtido com a absolvição (quando não na primeira, pelo menos na segunda confissão), atenua a angústia da condenação e cria "histórias" que se divulgarão. Um ladrão de lenha, quando o cura lhe perguntou quantos feixes tinha roubado, teria respondido: "Dez, mas pode contar o dobro, pois vou pegar os outros na volta". E o cura que perguntou a um ladrão de corda: "Uma corda grande?", teria recebido a resposta: "Ah, não! Não era muito comprida... mas tinha uma vaca na ponta". Os fiéis não aceitavam bem o rigor seletivo: na Bretanha, as danças e os bailes podiam não ser absolvidos, ao passo que o alcoolismo era aceito com indulgência. O penitente ficava indignado com essa diferença, chegando à chantagem: "Se o senhor não me der a absolvição, eu não volto mais", teria ameaçado um comerciante culpado de ter dançado uma música de jazz durante um casamento em 1933. Conciliador, o cura teria respondido: "Está bem, vá, reflita e volte daqui a uns minutos".[13] Ora, esse cura era a autoridade mais temida da comuna.

Depois da Segunda Guerra Mundial, a prática da confissão se desmorona. Em 1952, 15% dos católicos dizem se confessar uma vez por mês, e 3% nunca (pesquisa IFOP). Em 1974, as porcentagens respectivas são de 1% e 54% (pesquisa Sofres). O tempo dedicado pelos padres à confissão sofre uma redução constante. Na diocese de Quimper, calculam-se 34 "jornadas de confissão" em 1934, 24 em 1954, treze em 1960 e sete em 1974. Os jovens sacerdotes, sempre em menor número e assoberbados de várias tarefas, não sentem uma grande disposição em cumprir um serviço que muitos consideram penoso e "constrangedor". Ora, a confissão auricular, "instrumento individualizado do exame das consciências", segundo a formulação de. M. Mauss, era um dos fundamentos — talvez o principal — do poder clerical. Poder certamente simbólico, visto que pressupunha o segredo e não acarretava penas físicas, mas era temido e temível, pois conferia a seu detentor o poder de julgar e absolver, sem recurso nem apelação... exceto no além. Restringir o poder clerical significava acionar um processo de autonomização aética frente à religião, bem como um movimento de afirmação dos laicos dentro das próprias estruturas eclesiásticas. E também, como afirmam os integristas, minar os fundamentos tradicionais da economia da salvação.

A teologia leva em conta a noção de estado

Se a penitência é o sacramento que passou pelo maior desgaste, a história desse processo ainda está por ser escrita, vinculada, a nosso ver, ao progressivo abrandamento da percepção pecaminosa da natureza humana. Dispomos de cerca de quinhentas cartas ou bilhetes dirigidos ao cura de Ars (são mais consultas do que propriamente confissões), que atendia dezessete horas por dia no verão e treze horas no inverno, junto ao confessionário. Ora, desde essa época (Jean-Marie Vianney viveu entre 1786 e 1859), a teologia leva em conta a noção de *estado*. Na *Théologie morale* de Thomas Gousset, publicada em 1845, lê-se: "O confessor é obrigado a impor ao confessante uma penitência proporcional ao número e à gravidade de suas faltas, considerando seu *estado* e suas disposições" (vol. II, p. 296). Um capítulo do volume II se chama "Dos deveres do confessor em relação aos que não estão suficientemente instruídos sobre as verdades da religião, ou que estão na ignorância do que concerne a seu estado".[14] Trata-se de levar em conta aquilo que hoje chamaríamos de posição social do pecado, de discernir a parte que cabe à sociogênese no comportamento pecaminoso. Aqui surge necessariamente uma comparação com a história da nosografia psiquiátrica. Mostramos em outra parte que a etiologia das doenças mentais, inicialmente fundada sobre a ontogenêse, evoluiu para uma abordagem sociogenética (pela qual Freud foi um dos principais responsáveis) e nos anos 1960 iria desembocar nos paradoxos e excessos da antipsiquiatria.[15] Quer o objeto de estudo seja o pecado, a neurose, o delito ou o crime, o rumo discursivo desde a segunda metade do século XIX é o mesmo: a "responsabilidade" do pecador, do louco e do criminoso deve ser avaliada levando em consideração sua condição social. Isso mostra a fecundidade do conceito de interdiscursividade elaborado por Michel Foucault.

A história da irmã Marie-Zoé, tal como ela a relata em uma carta dirigida em 1858 ao cura de Ars (e que ficou sem resposta), elucida-nos sobre a noção de *estado*. Seus pais, pobres demais para criá-la, deixam-na na casa de um tio abusivo que leva-a a perder a "inocência" aos catorze anos de idade. Depois de ficar dois anos num colégio interno, ela volta à casa do tio, onde retomam as relações sexuais. Ingressando no noviciado sem vocação, ela é seduzida por um padre. "Nossos corações se uniram por uma amizade perigosa", escreve ela, "e quando nós nos encontrávamos, trocávamos abraços e outras coisas semelhantes, e esse estado durou três anos." Quando essa relação terminou, Marie-Zoé manteve seus "infelizes hábitos" e, aos 29 anos, escreveu ao ilustre confessor para lhe expor seu medo de estar condenada. A incapacidade de suportar as regras a levou para a culpa, não para a contestação. "Ela julga a si mesma", escreve P. Boutry, "usando um modelo de interpretação dos fatos da vida, procedimentos de exposição e um vocabulário que são os mesmos dos manuais de teologia moral." Segundo esta, existem três categorias de pecadores: os ocasionais, os reincidentes e os habituais. Marie-Zoé, de início, era uma pecadora *de ocasião*. Essa palavra surge duas vezes em seu discurso. Após a permanência na casa do tio: "Meus pais me levaram de volta com eles, e lá pelo menos eu não tinha mais a *ocasião*". E mais adiante: "Ao chegar ao noviciado, esperava-me uma outra *ocasião*, um padre tomou afeição por mim, e eu, de paixões ainda tão vivas, cedi uma vez mais". A segunda permanência na casa do tio e o noviciado fazem de Marie-Zoé uma reincidente, e a masturbação, uma habitual. "Creio que me condeno por não estar em minha vocação." O que ela pede é uma alteração de *estado*. Apenas a vida conjugal (esse *estado* menos perfeito) poderia aplacar "o fogo da volúpia". A confissão não o aplaca, pois, afora "duas confissões extraordinárias", ela nunca confessa seus maus hábitos. A volta ao estado laico, e por tais razões, era inconcebível na época. O destino da irmã Marie-Zoé foi, pelo visto, viver a angústia de irremediável danação.

O sexo, hoje, poderia despertar um tal terror? O sentimento de culpa se deslocou e a hierarquia dos pecados mudou. Segundo uma pesquisa Sofres de dezembro de 1983, para a revista *Clair Foyer*, 12% dos franceses dos dois sexos com mais de dezoito anos pensam que "o papel da Igreja é lembrar as exigências morais relativas à sexualidade e à vida do casal"; 33%, que "a Igreja não deve ir além dos conselhos"; 51%, que "não é papel da Igreja tratar da sexualidade e da vida do casal". A pergunta: "Você pessoalmente leva em conta as recomendações da Igreja sobre a sexualidade e a vida do casal?", 19% respondem: "Sim, na medida do possível"; 69% dizem "Não" e 12% são "sem opinião". Uma outra pesquisa nos informa que apenas 25% das próprias praticantes regulares condenam a contracepção para as mulheres casadas. Quanto à posição do clero, ela nos é indicada pela pesquisa (já mencionada) do outono de 1985, publicada em *La Vie*: se 98% dos padres aprovam a maneira como João Paulo II defende os direitos do homem, apenas 56% concordam com as declarações papais sobre a moral sexual e familiar.

Assim, é grande o número de padres e laicos a relativizar as prescrições romanas em matéria de moral sexual. No recôndito secreto de suas consciências, eles ouvem as recomendações da Igreja e não se submetem a elas. Essa desobediência, que indica uma autonomia moral, já não vem acompanhada por um sentimento de culpa, mesmo que provoque um certo mal-estar em alguns.

Quanto aos protestantes, 63% são a favor da liberdade na contracepção. No exterior, a sexualidade também é progressivamente inocentada. Nos Estados Unidos, segundo as pesquisas de Andrew Greeley, 50% dos católicos rejeitam a doutrina papal sobre divórcio (15% a aprovam), mas 68% das mulheres católicas praticam formas "ilícitas" de controle natal. Segundo Michel de Certeau, a encíclica *Humanae vitae* teria acarretado uma queda vertiginosa na prática católica nos Estados Unidos. Na Polônia, apesar do culto prestado a João Paulo II, o índice de natalidade é um dos mais baixos da Europa. Um padre francês, ao manifestar sua surpresa, ouviu a resposta de vários casais: "Não tem problema, depois a gente confessa". Ao denunciar a "permissividade", o papa recebe a ovação de 100 mil jovens reunidos no Parque dos Príncipes. Não se pode excluir a hipótese (a probabilidade?) de que entre eles estivessem muitos coabitantes juvenis sem filhos.

Uma outra concepção do sacerdócio?

Esse novo olhar sobre a sexualidade coloca o problema do celibato dos padres. A Igreja fez da castidade um valor e insiste sobre sua fecundidade espiritual e a disponibilidade por ela gerada. Ora, a pesquisa de *La Vie* nos informa que 29% dos entrevistados (todos sacerdotes) são favoráveis ao casamento dos padres; 86% desejam a ordenação de homens casados, 36% gostariam que as mulheres pudessem aceder ao sacerdócio e 92% concordam "que os cristãos que não são padres possam celebrar os enterros". São muitos os que dizem ter "escolhido" o sacerdócio, ao passo que o celibato lhes foi "imposto". A crise das vocações, o exemplo dos pastores e dos rabinos, e sobretudo o abandono da batina levaram a novas indagações, não só no clero, mas também entre os fiéis. É o que mostram essas declarações recolhidas por Y. Lambert: "E dizer que eles ouviam confissões até o último momento!", "O padre X foi embora com uma freira! Então por que confessar nossas besteiras a pessoas que fazem coisas piores!", "Eles nos proíbem o divórcio e eles próprios saem sem perguntar nada a ninguém".

Já que as mulheres vêm tendo um acesso crescente a posições tradicionalmente masculinas, proibir-lhe o sacerdócio não é se aferrar à tradicional inferiorização da mulher por parte da Igreja? "A mulher se reapropria de seu corpo, que já não pode ser administrado nem definido pelo saber ou pelo querer de uma teologia masculina", escreve M. de Certeau. A irmã Marie-Zoé pode alegar uma relativa irresponsabilidade, visto que a *ocasião* esteve duas vezes ligada ao funesto poder masculino (o tio abusivo, o padre sedutor). De que direito o homem se arroga o monopólio jurídico? Enquanto a sociedade civil se adapta a mulheres nos ministérios e nas magistraturas, e amanhã talvez com uma mulher na Presidência da República, a Igreja não estará travando um combate retrógrado, ao reservar exclusivamente aos homens o direito de receber os segredos das pecadoras? Socialização do bimorfismo sexual que parece ser tanto mais difícil de se perpetuar na medida em que, com a ajuda da crise das vocações, os laicos se veem investidos de funções antigamente reservadas aos clérigos. E mais: muitos são os padres que dizem encontrar, em momentos de dúvida, consolo e apoio nos lares cristãos , assim reconhecendo ter "evoluído" graças às mesmas pessoas que supostamente deveriam orientar. "Éramos padres para os cristãos", diz um cura, "mas hoje somos muito mais padres com eles." Na pesquisa de *La Vie*, um sexagenário resume dezenas de outras declarações:

> Minha ordenação em 1948 havia me situado "acima", tinha me dado "poderes", havia me conferido um certo "saber" [...]. Depois, eu me vi "dentro". Menos segurança e autoritarismo. Pessoas que sabem mais do que eu. Tive de rever todos os meus conhecimentos [...]. Compreendi que a fé, além de fidelidade a Cristo, é igualmente fidelidade a nosso mundo e ao homem de hoje.

E um outro padre: "Estamos nos tornando cristãos".

Um outro ritual da confissão

O Vaticano II reformou o ritual penitencial. É o padre que deve falar em primeiro lugar, acolher calorosamente o penitente, falar-lhe do amor e da misericórdia de Deus. Pode ler uma passagem do Evangelho antes de pronunciar a absolvição e concluir o encontro com uma ação de graças. Em certas paróquias, os confessionários foram substituídos por "salas de reconciliação", onde o padre e o penitente podem manter uma conversa discreta. As cerimônias de penitência coletiva se multiplicam, permitindo que os cristãos se reconciliem com Deus e o próximo na própria comunidade litúrgica. E, no entanto, o sacramento da confissão (instaurado no século XI) é cada vez menos procurado: em 1952, 23% dos católicos franceses se confessavam uma vez por mês; em 1983, não ultrapassam 1%, e 69% declaram nunca se confessar. Sobre esse ponto — como em muitos outros —, João Paulo II quer voltar às práticas tradicionais e "persuadir os fiéis da necessidade de receber o perdão de maneira pessoal, ardorosa e frequente" (discurso de Lourdes, 15 de agosto de 1983). Tendo se rarefeito, a confissão, ao que nos parece, reencontra sua essência: ela é — deve ser — contrição e conversão. Certos paroquianos recusam confissões frequentes em nome da ética. "É muito fácil, você se confessa e pronto! Zera as contas." Confessar-se é introduzir Deus num segredo que ele já conhece. O confessor, como encarnação da Igreja no momento da confissão, é apenas um mediador sem poderes judiciários ou punitivos. Sua tarefa é transmitir, e Deus julgará. Tendo se tornado o sacramento da reconciliação, a confissão participa dessa leitura "positiva" do Evangelho recomendada pelo clero atual, ao passo que a Igreja institucionalizada impôs por muitos séculos uma leitura negativa e proibitiva. Retomando os textos, descobre-se que Jesus proíbe pouco: ele acolhe, perdoa, abre um futuro em meio ao respeito pelas pessoas.

NOVO SENTIMENTO DE CULPA
AMPLIAÇÃO DO CAMPO DA CONSCIÊNCIA[16]

Algumas encíclicas

"O cristianismo está na história, mas a história está no cristianismo", dizia o padre Daniélou. E o cardeal Suhard: "A cada instante, a Igreja deve ao mesmo tempo *ser* e *vir a ser*. *Ser* sem alterações em sua realidade invisível e *vir a ser* século após século em sua realidade visível". No começo do século XX, a vida privada do católico, tal como deve ser, é minuciosamente prescrita pelo papado, que desconfia daquilo que hoje chamaríamos de "a base". Assim, em 8 de setembro de 1908, a encíclica *Pascendi* condena o modernismo doutrinário e impõe o juramento antimodernista aos teólogos. Em carta de 25 de agosto de 1910, Pio X (que será canonizado por Pio XII em 1954) condena Sillon, e Marc Sangnier se submete. O mesmo

Pio X incentiva a comunhão frequente, a devoção ao Sagrado Coração, o culto dos santos e o culto mariano. Mas as mudanças — científicas, técnicas, políticas, sociais, culturais — do século XX vão acarretar uma modificação nas relações entre o topo da hierarquia e a massa dos católicos obrigada a improvisar respostas a desafios constantes e imprevistos. Isso não é novidade na história da Igreja: a revolta de são Francisco de Assis contra seu pai e o meio mercantil de Assis foi, como se sabe, reconduzida por Inocêncio III a uma via suficientemente tranquilizadora para que Honório III, em 1223, pudesse legitimar a Ordem dos Irmãos Menores. O que é novo é a rapidez das transformações (para tomar apenas o exemplo da demografia: em 1900, havia 1,7 bilhão de pessoas; em 1970, 3,6 bilhões; e são previstos 6,2 bilhões para o ano 2000, sendo que a população dos países em vias de desenvolvimento dobra a cada 25 anos), às quais a mais antiga burocracia do mundo tem de se adaptar para *vir a ser* sem deixar de *ser*. Conhecendo-a bem por ter pertencido a ela, João XXIII compreendeu que, para abalá-la, seria preciso buscar apoio em todas as potencialidades contidas na periferia. Antes mesmo de reunir a primeira sessão do Vaticano II, ele promulgou a encíclica *Mater et magistra*, em 15 de julho de 1961 (mas com a data de 15 de maio, dia do septuagésimo aniversário da *Rerum novarum* e do trigésimo aniversário da *Quadragesimo anno*), cujo título exato é: *Encíclica* [...] *sobre a evolução contemporânea da vida social à luz dos princípios cristãos*. Tomaremos apenas dois temas desse texto. Para garantir o *vir a ser* (a presença da Igreja no mundo), ele inova, visto que a encíclica declara que "o problema mais importante de nossa época continua a ser o das relações entre países economicamente desenvolvidos e países em via de desenvolvimento; somos todos solidariamente responsáveis pelas populações subnutridas, de modo que é necessário formar as consciências no sentido da responsabilidade que cabe a todos e especialmente aos mais favorecidos". Para preservar o *ser* (a transcendência da Igreja), ele reitera a condenação de toda atividade sexual que não tenha como finalidade a reprodução: "Realizando-se por um ato deliberado e consciente, a transmissão da vida está submetida, enquanto tal, às leis sagradas, imutáveis, invioláveis de Deus". Quanto à *Pacem in terris*, encíclica excepcionalmente dirigida a "todos os homens", e não apenas aos cristãos, promulgada em 11 de abril de 1963, rompendo com a misoginia tradicional, ela se pronuncia energicamente a favor do ingresso da mulher na vida pública: "Cada vez mais consciente de sua dignidade humana, a mulher não mais admite ser considerada como um instrumento; ela exige ser tratada como uma pessoa, tanto no lar quanto na vida pública".

Do Vaticano II ao sínodo de dezembro de 1985

Eleito papa em 28 de outubro de 1958, João XXIII, a partir de 18 de junho de 1959, envia a todos os bispos, núncios e superiores religiosos um longo questionário, e recebe mais de 2 mil respostas. Em 2 de fevereiro de 1962, ele anuncia a abertura do concílio para o dia 11 de outubro do mesmo ano. Não cabe relembrar aqui a história complexa, cheia de tensões, conflitos e compromissos das quatro sessões desse concílio (11 de outubro a 8 de dezembro de 1962, 21 de setembro a 4 de dezembro de 1963, 14 de setembro a 21 de novembro de 1964 e 14 de novembro a 8 de dezembro de 1965). As decisões tomadas modificam profundamente certas práticas católicas: a obrigação da missa dominical é ampliada para o fim de semana; o vernáculo substitui o latim; um novo rito substitui a missa do santo Pio V; a comunhão — que pode ser ministrada por laicos — é feita em determinadas circunstâncias sob as duas formas; e acima tudo, o papa se compromete a reunir periodicamente um sínodo episcopal para melhor conciliar a diversidade das Igrejas locais e a unidade da Igreja universal. Agora são os bispados nacionais que operarão em duas vias: "A mobilização dos clérigos com vistas a produzir a linguagem religiosa em cada língua; a conscientização das comunidades cristãs em matéria de justiça social" (M. de Certeau). Duas personalidades desempenharam um papel determinante na sensibilização dos bispos à miséria crescente do Terceiro Mundo: o monsenhor Hélder Câmara, então bispo auxiliar do Rio de Janeiro e secretário-geral do episcopado brasileiro, e monsenhor Larrain, bispo de Talca (Chile). A preocupação desses dois prelados era acabar com a aliança entre a Igreja e as forças conservadoras. Como um padre das favelas ou das *poblaciones* pregaria de novo o "Sermão da montanha"? "Amai vossos inimigos, abençoai os que vos amaldiçoam, fazei o bem aos que vos odeiam, e orai por aqueles que vos maltratam e vos perseguem [...]. Se amardes os que vos amam, que recompensa havereis de merecer?"[17] Como evitar um "engajamento" na vida terrena? Como esquecer que "a riqueza bestializa e a miséria imbeciliza", segundo a frase do padre Pierre formulada em 1954, no exato momento em que o papado condenava os padres operários? Em suma, menos de vinte anos após o Holocausto, que nem despertara muitas reações em Roma, num mundo em que a abundância despreza a carência, em que milhões de crianças passam fome enquanto outras se fartam nas ceias de Natal, como ensinar a infinita bondade de Deus? A teodiceia e as exigências de solidariedade perseguem a consciência dos padres e dos fiéis, tanto mais que a televisão mostra em simultâneo a arrogância dos fariseus e a miséria de multidões. E como responder ao "marxismo ateu", caso se recuse tomar o presente como o tempo da salvação? O Vaticano II quis lembrar que a Igreja é o povo de Deus, e não mais uma sociedade hierárquica encimada pelo trono em que se senta o papa, ao passo que Jesus nasceu num estábulo. No concílio, a Igreja suspendeu o enorme interesse que tem por si mesma, por seus problemas internos, por seus estados de espírito, se for permitido dizê-lo. A ideia era que Roma já não ficava em Roma, e sim "na rua, sem domicílio fixo. Nos bancos, pelas calçadas, fora da lei. Na prisão. No paredão. Fora dos muros" (J. Cardonnel). Foi para esse "mergulho no nível mais baixo, mais comum da situação histórica da humanidade" (ibid.) que se orientou o CELAM (Conselho Episcopal Latino-Americano), que em 1968 organizou a Conferência de Medellín, que contou com a presença de Paulo VI e antecedeu as conferências de Kampala para a África e de Manila para a Ásia. Como reconhecia *Gaudium et spes*, a Igreja tem muito a aprender com "o outro", esse "outro" que professa uma outra fé ou nem tem religião. Essa busca do "outro", a descoberta da miséria material e moral do Terceiro e Quarto Mundos vieram a substituir gradualmente o sentimento de culpa individual (o pecado, o medo do Inferno) por um sentimento de culpa social, desembocando necessariamente sobre a questão da responsabilidade e da solidariedade. Os atentados contra os direitos humanos, quer sejam cometidos no Oeste (Chile), no Leste (União Soviética, Polônia), no Sul (África do Sul), demandam a intervenção dos católicos nos grandes debates políticos de seu tempo, a exemplo dos reformadores que sempre agiram dessa maneira, fosse Lutero, Calvino, Zwingli ou Bucer. Desse ponto de vista, o sínodo reunido por João Paulo II em Roma, em novembro e dezembro de 1985, marca a volta a preocupações mais especificamente eclesiais. Essa volta não responde à pergunta que obceca as consciências cristãs, formulada por Michel de Certeau nos seguintes termos: "Não estamos assistindo ao deslocamento da sacramentalidade?". E ele diz: "É o engajamento social e político que assume um valor sacramental [...]. Essas experiências de solidariedade e comunicação formam, de um ponto de vista eclesiástico, um imenso laboratório de sacramentalidade católica [...] em que se reconhecem também as sete variantes sacramentais de outrora". Em outros termos, o papado se obstina em manter *princípios*, quaisquer que sejam as *práticas*, em impor a ética elaborada em Roma, ao passo que os milhões de cristãos da América Latina e de outros lugares têm expectativas diferentes nascidas de pressões implacáveis, em recusar-se a enxergar "o caráter decisivo das práticas na elaboração da 'teoria' que as articula e é por elas confirmada ou refutada" (M. de Certeau). Como "a Igreja está na história", a verdadeira questão é: "Com quem devemos nos solidarizar numa sociedade nesse momento de seu devir?". Para muitos católicos que recusam aos clérigos — e a seus superiores — o monopólio da linguagem cristã, a resposta é clara: "Com os pobres". Tal foi a opção pastoral latino-americana. A mensagem cristã, lida para os camponeses famintos do Nordeste brasileiro ou para os miseráveis das megalópoles, não precisa de nenhum intermediário para ser "colocada ao alcance deles". Assim nasceram as Comunidades Eclesiais de Base nos anos 1970. Ora, a conferência de Medellín, aberta por Paulo VI, publicou, ao fim de seus trabalhos, um documento intitulado *A Igreja na transformação atual da América Latina à luz do concílio*, um programa de renovação pastoral para o continente, e naquela data — 1968 — ainda não havia comunidade de base nem leitura da Bíblia nos meios populares. Ocorreu, portanto, uma convergência entre o impulso vindo da hierarquia eclesiástica e a expectativa do povo católico. Assim, podia-se pensar que a "opção pelos pobres" seria ratificada pelo CELAM e pelo papado.

A reação

Certamente foi ratificada, mas com tantas precauções discursivas que perdeu sua eficácia. A partir de 1972, a hierarquia conservadora da Igreja latino-americana assume o controle do CELAM. O monsenhor Lopez Trujillo, presidente do conselho, lhe dá uma orientação neoconservadora com leves tintas progressistas, e lança os primeiros ataques contra a teologia da libertação. João Paulo II comparece à conferência de Puebla, em 1979, onde a resistência dos padres permite que se mantenham as conquistas de Medellín. Em 1985, ele volta à América Latina. Todos os 45 discursos pronunciados por João Paulo II são sabiamente balanceados, e todos entendem que o destinatário é a totalidade dos fiéis. O papa denuncia as injustiças sociais "insuportáveis", declara-se favorável a uma "Igreja dos direitos humanos fiel à sua opção preferencial pelos pobres", preconiza "uma nova evangelização", mas não deixa de alertar contra as "contaminações marxistas", afirma que é à hierarquia que cabe "dar uma orientação a essa energia, essa força, essa ausência de passividade" que impele a população pobre, em suma, tenta traçar uma linha intermediária ligando a mensagem evangélica, a ação social e o predomínio de Roma.

Pelo sistema da mídia, não apenas pelo rádio e a televisão, mas também pelos sermões e pela imprensa católica, a consciência cristã se vê novamente perante as duas faces da Igreja: a Inquisição e a libertação. O assassinato de monsenhor Romero durante a missa é uma questão que não se limita aos salvadorenhos. O católico francês também deve escolher, na intimidade de sua fé, entre a hierarquia (seja laica ou eclesial) e os excluídos: pobres ("novos" ou não), imigrantes, desempregados etc. Ou, mais precisamente, ele percebe a oposição entre uma tendência conservadora (que une membros da hierarquia e certos laicos) e uma outra tendência (animada por laicos e uma outra parte da hierarquia) aberta ao mundo e à busca de mais justiça. O sínodo de 1971, embora constituído apenas por bispos, reconheceu que a "luta pela justiça" fazia parte integrante da mensagem do Evangelho. O católico francês então lê — ou relê — as terríveis palavras da epístola de são Tiago, certamente preocupado com sua salvação, mas dando-lhe sobretudo um significado mais amplo:

> Eia, pois, ó ricos, chorai, soltai gritos por causa das misérias que virão sobre vós. Vossas riquezas apodreceram, e vossas vestimentas foram roídas pela traça. Vosso ouro e vossa prata enferrujaram, a sua ferrugem se erguerá em testemunho contra vós, e devorará vossas carnes como um fogo. Amealhastes para vós um tesouro de ira para os últimos dias. Eis que o salário dos trabalhadores que ceifaram vossos campos, por vós defraudado, clama, e os clamores dos ceifeiros chegaram aos ouvidos do Senhor dos exércitos. Vivestes em delícias sobre a terra e em luxúrias cevastes vossos corações para o dia da imolação. Condenastes e matastes o justo, e ele não vos resistiu (5, 1-6).

Os ricos de hoje enriqueceram talvez por culpa individual, mas também e principalmente porque fazem parte integrante de um sistema que se beneficia e que deve ser questionado. Quando os teólogos da libertação afirmam que, "sem compromisso com os pobres, não existe vida cristã", estão apenas retomando a mensagem de são Tiago. Já em 1542, na *Brevíssima relação da destruição dos índios*, o dominicano Bartolomé de las Casas escreveu essa frase simples e angustiante: "Os índios morrem antes da hora". Sua denúncia das atrocidades cometidas pelos espanhóis, como se sabe, lhe valeu o retorno para a Espanha. Assim, existem constantes na história da Igreja.

A teologia da libertação

A teologia da libertação transcende o "caso" latino-americano, mesmo que seja aí que ela tenha — ou redescubra — suas origens. Ela é

> reflexão sobre Deus, esforço na busca de uma linguagem para falar do Deus de amor para os cristãos deserdados desse continente. A libertação é um termo complexo que abrange a ordem social, política e humana, libertação total da pessoa e não simplesmente uma mudança das estruturas. Libertação do pecado, se quisermos falar em termos bíblicos, porque o pecado não é senão a ruptura do amor pelo próximo, por Deus,

declara o padre peruano Gustavo Gutteriez.[18] E retomando as questões que as "não-pessoas", os "menos que nada" submetem à teodiceia, ele acrescenta: "Somos obrigados a nos interrogar: como fazer com que aquele que se sente menos que nada, com que o sofredor entenda que Deus é amor? Como louvar o Messias quando a dor de um povo lhe sufoca a voz no peito?".

Em 7 de setembro de 1984, a Congregação para a Doutrina da Fé (o antigo Santo Ofício) convoca em Roma o franciscano Leonardo Boff, professor de teologia na faculdade de Petrópolis (RJ), por causa de seu livro *Igreja — carisma e poder*, onde ele escrevia premonitoriamente: "O teólogo católico vai a Roma como os tchecoslovacos vão a Moscou para um colóquio com o Politburo soviético". Na obra acusada, ele afirmava que "o poder sagrado foi objeto de um processo de expropriação dos meios de produção religiosos por parte do clero em detrimento do povo cristão", e que o dogma vale apenas "por um determinado tempo e em determinadas circunstâncias". Com uma grande ambiguidade, a Congregação proclama a possibilidade de uma "autêntica teologia da libertação, em se tratando da libertação do pecado, que convém não reduzir às liberações sociopolíticas". Ela enfatiza "os graves desvios, riscos de deturpação e negação prática da fé", contidos nas obras do frei Leonardo Boff, o qual constata: "A Igreja diz que é preciso lutar pelos pobres, ela não diz que está do lado dos pobres. É uma posição de assistência, não de libertação".[19] O que a Igreja defende, segundo ele, é não tanto a autoridade divina e sim a forma histórica em que ela se materializou. Em junho de 1985, a Congregação proíbe as pregações do frei Boff, o que provoca uma moção imediata assinada por dez bispos brasileiros, declarando:

> Temos o dever de anunciar publicamente nosso desacordo com a punição infligida ao teólogo Leonardo Boff. Tanto a medida em si quanto o procedimento utilizado para aplicá-la nos parecem pouco evangélicos, atentatórios contra os direitos do homem e a liberdade de investigação dos teólogos, contrários ao testemunho de liberdade e de caridade cristãs, perturbadores da marca de nossas igrejas e prejudiciais à corresponsabilidade de nossa conferência episcopal.

No dia em que essas linhas foram escritas (dezembro de 1985), a palavra "oficial" cabia ao cardeal Ratzinger,* que, quatro dias antes do comparecimento de Leonardo Boff, publicou a *Instrução sobre alguns aspectos da teologia da libertação*, onde consta:

* Futuro papa Bento XVI, eleito em 2005. (N. E.)

> Alguns, diante da premência da partilha do pão, se sentem tentados a pôr entre parênteses e adiar a evangelização: primeiro o pão, depois a Palavra. É um erro fatal separar e mesmo opor os dois [...]. Empréstimos acríticos da ideologia marxista e o recurso às teses de uma hermenêutica bíblica marcada pelo racionalismo estão na base da nova interpretação, que vem corromper o que havia de autêntico no generoso compromisso inicial em favor dos pobres [...]. O Evangelho não deve ser reduzido a um Evangelho puramente terreno.

O mesmo autor admite que "todo o povo de Deus deve participar da ação profética de Cristo, mas no respeito à hierarquia da Igreja", que julgará, em última análise, sua autenticidade. Daí a questão do dominicano Jean Cardonnel:

> Quando as crianças morriam de esgotamento nas manufaturas, Roma não viu nada, não ouviu nada. Em contrapartida, ela condenou o Avenir, o Sillon e depois os padres operários. Quando os judeus desapareciam na fumaça, Roma pouco viu, pouco ouviu. Pio XI declarava que o maior problema era o fato de a Igreja ter perdido a classe operária. A seguir, ela perde as mulheres em vias de emancipação. Irá perder também o Terceiro Mundo?

O integrismo

Walter Bagehot afirmava no século XI "que nenhuma dor pode se comparar à provocada por uma ideia nova". Entende-se que as decisões do Vaticano II (se não romper com os ricos, ao menos optar preferencialmente pelos pobres), prolongadas pela teologia — ou melhor, pelos teólogos — da libertação, tenham provocado a reação dos tradicionalistas, apoiando-se em grande parte nos católicos franceses, acostumados a reconhecer suas lembranças infantis numa liturgia relativamente esotérica, fundada numa língua, o latim, que eles já não entendiam mais. As manifestações integristas — pelo menos de início — não desagradavam a uma parte da hierarquia eclesiástica, a qual tinha se resignado (sem se converter) às inovações finalmente impostas por uma minoria de sacerdotes, com o apoio simultâneo dos fiéis e das expectativas dos cristãos não-católicos, a uma maioria pouco disposta a mudar seus hábitos. Monsenhor Lefebvre foi, nos anos 1975-1980, o símbolo dessa resistência à mudança. Os meios de comunicação, sempre intrometidos — tal é a função deles —, converteram-no numa vedete. Mas ele logo se viu numa situação paradoxal, resumida por Michel de Certeau nos seguintes termos: "Ordenando irregularmente os padres, para defender a tradição, ele se rebelava contra o papa; para manter uma pastoral pluralista, o papa usava um procedimento autoritário praticamente arcaico". Paulo VI, personalidade complexa, premido entre o legado de João XXIII e as injunções da Congregação para Doutrina da Fé, condenou brandamente os nostálgicos. Com João Paulo II, favorito do *star-system*, cujo carrinho com vidros blindados pode ser tomado como símbolo de uma hierarquia que se mostra e se protege, uma parte da indignação conservadora perdeu sua razão de ser.

Rumo ao ecumenismo?

A diminuição do número de padres, o papel crescente dos laicos na prática cultural, as liberdades tomadas, mesmo pelos praticantes, em relação ao código sexual defendido pelo papado, o casamento dos sacerdotes, que é proibido mas constitui tema de reflexão, tal como a ordenação de mulheres, a convicção de ter uma parcela de responsabilidade na manutenção de todas as injustiças, quer se situem no Terceiro Mundo ou na periferia das cidades francesas, enfim, a reaproximação com a Bíblia pregada e comentada em língua "vulgar", tais são as tendências, aparentemente irreversíveis, observáveis no mundo católico atual. Estarão se abrindo na direção do ecumenismo, e mais precisamente de uma aproximação com o protestantismo?

A pesquisa comentada no *Rapport* (já citado) de R. Mehl

revela uma forte propensão ecumênica no interior do protestantismo. A pergunta: "Você deseja a unidade entre as diversas Igrejas protestantes?" recebeu 74% de respostas afirmativas. E mais, a mesma pesquisa revela um abrandamento do anticatolicismo, sendo que 69% dos entrevistados desejariam "relações mais estreitas" com o catolicismo; 23% consideram que houve uma reaproximação com João Paulo II, contra 12% de distanciamento, e 44% pela "ausência de mudanças". Os casamentos mistos constituem um fenômeno de dimensões surpreendentes: apenas 20% dos entrevistados têm um cônjuge protestante, e 50% um cônjuge católico. No que se refere ao casamento dos filhos, 23% são favoráveis a um casamento misto (entre os quais, 35% de praticantes), 45% não são "nem a favor nem contra", e somente 2% são "contrários". R. Mehl, aliás, se mostra preocupado com essa indiferença, afirmando que, "para uma pequena comunidade como a protestante, o crescimento do número de casamentos mistos constitui um perigo inquestionável". Será que isso significa que estamos a ponto de reencontrar a "túnica inconsútil" da Igreja? Não creio. Nos meios protestantes, corre esse adágio: "Para os católicos, a Igreja é uma mãe; para os ortodoxos, é uma esposa; para os protestantes, um velho menino que diz não". Todo o problema reside nisso. Os reformados certamente apreciam que João Paulo II anuncie o Evangelho para toda a humanidade, mas lembram que "é o Evangelho que confere força à palavra do papa, e não o inverso", segundo os termos do pastor André Dumas, para o qual a Igreja não deve ser jamais "posse ou quadro, e sim anúncio e serviço". O movimento ecumênico não deve mascarar o obstáculo doutrinário, que permanece o mesmo: para os protestantes, é o Evangelho que faz a Igreja (os ministérios que dependem dela, os sacramentos por ela ministrados etc.), e não o contrário. "A Reforma considera a Igreja como a anunciadora da graça", escreve o pastor Dumas, "e por essa razão nega-lhe toda infalibilidade, salientando que ela própria é pecadora, penitente e perdoada: *Ecclesia semper reformata e reformanda.*" A prática protestante poderia ser definida como uma aliança entre a seriedade e a liberdade. O que explica que 18% dos que se dizem protestantes se recusem a dar ensino religioso aos filhos. "O que é mais apreciado no protestantismo", comenta R. Mehl, "é a liberdade de espírito que ele oferece." Mas, acrescenta o autor, talvez exista "uma categoria de fiéis com uma preocupação excessiva pelo não-dirigismo, um respeito pela liberdade da criança gerado pelo temor de 'manipulá-la' antes que ela possa fazer sua escolha adulta". Escrúpulo bastante estranho à hierarquia católica, mas que, secretamente, atormenta a consciência de muitos pais católicos. Visto que "é o Evangelho que faz a Igreja", a relação com o texto se mantém como o fundamento da prática protestante. Sempre de acordo com a mesma pesquisa, a leitura regular da Bíblia apresenta em todas as categorias entrevistadas uma porcentagem nitidamente superior à da prática regular do culto. Para tomar apenas o exemplo dos operários, eles contam apenas com 8,7% de praticantes regulares, mas 28% deles leem regularmente a Bíblia. Entre os que *nunca* vão ao templo, 41% são leitores regulares da Bíblia. O que sugere à sociologia religiosa uma troca do conceito de "descristianização" pelo conceito de "excristianização", significando que alguns se afastariam das práticas cristãs (católicas ou protestantes) devido a certos comportamentos do clero ou dos movimentos cristãos, ao mesmo tempo conservando a fé.

Ser cristão hoje

A Igreja da França terá se esvaziado? Não há dúvida que é numericamente menor do que no passado, mas os "filhos" que lhe restam não são movidos pelo acaso nem pelo interesse. O amor de Cristo passa pelo amor do outro — do próximo —, e a sociedade de consumo nos estimula ao autoconsumo hedonista. A ordem é sermos mais belos, continuarmos jovens, investirmos nosso dinheiro na manutenção (pelo máximo de tempo possível) de uma aparência própria de Narciso. A acumulação de coisas e a "liberação sexual" conferem sentido à vida? Não, responde o cristão, a descristianização não é uma libertação. Esta está vinculada à justiça e à fraternidade entre os homens. Desde a ressurreição de Cristo, a morte não é um fato consumado que desemboca no nada; ela é, misteriosamente, o ingresso na vida. Assim pode falar aquele que acredita em Deus. Quanto àquele que não acredita... acontece-lhe trabalhar pela libertação do homem com o mesmo fervor e eficácia do crente.

G. V.

NOTAS

1. Resultados detalhados dessa pesquisa em G. Bessière, J. Piquet, J. Potel, H. Vulliez, *Les volets du presbytère sont ouverts* [...], resumo da obra em J.-C. Petit, *La Vie*, nº 2091, 26 de setembro-2 de outubro de 1985.

2. A. Girard e J. Stoetzel, *Les valeurs du temps: une enquête européenne*, Paris, PUF, 1983. Pesquisa feita em nove países. Resumo dos dados sobre a França, pelos mesmos autores em "Les français et les valeurs du temps présent", *Revue Française de Sociologie*, jan.-mar. 1985, pp. 3-31. Note-se que qualquer estudo sobre os "valores" coloca problemas complexos quanto à formulação das questões.

3. R. Mehl, *Rapport présenté au Conseil de la Fédération Protestante de France le 30 mai 1981*. O autor se baseia numa pesquisa IFOP de março de 1980, realizada junto a 9871 pessoas representativas da população com mais de quinze anos, entre as quais 41 se dizem "próximas do protestantismo"; pesquisa encomendada por *La Vie*, *Les Dernières Nouvelles d'Alsace*, *Midi Libre*, *Réforme* e *Le Christianisme au XXᵉ siècle*.

4. J. Joyce, *Dedalus*, col. Folio, Paris, Gallimard, p. 196. [*Retrato do artista quando jovem*, Rio de Janeiro, Civilização Brasileira, 1998.]

5. Ibid., p. 193.

6. Ibid., p. 194.

7. Ibid., pp. 191.

8. Y. Lambert "Crise de la confession, crise de l'économie du salut: le cas d'une paroisse de 1900 à 1902", *Pratiques de la confession. Les pères du désert de Vatican II*, quinze estudos de história, Colóquio de Bussière, Cerf, 1983.

9. Ibid.

10. Ibid.

11. P. Boutry, "Réflexions sur la confession au XIXᵉ siècle: autour d'une lettre de soeur Marie-Zoé au curé d'Ars (1858)", *Pratiques de la confession* [...], op. cit.

12. Y. Lambert, op. cit., p. 257.

13. Ibid., p. 259.

14. Parte dos dados a seguir foi extraída de P. Boutry, op. cit.

15. G. Vincent, *Les jeux français*, Paris, Fayard, 1978, pp. 83-100.

16. A consciência sendo aqui considerada como o local secreto em que se elaboram nossas escolhas.

17. "Sermão da montanha", 5, 44-46.

18. Entrevista, *Le Monde*, 5 de fevereiro de 1985.

19. Entrevista, ibid., 13 de setembro de 1984.

SER COMUNISTA? UMA MANEIRA DE SER

Somos os funcionários da humanidade.
Husserl

O que, a bem dizer, é o socialismo senão a administração divinizada, investida de uma ciência suprema e de um poder sem limites, instada a estender aos atos mais íntimos da vida privada *a direção benevolente do Estado, e encarregada de tornar, de bom ou mau grado, seja igualando as fortunas, regulamentando as vocações ou depurando as consciências, todos os homens sábios e felizes?*
A. Prévost-Paradol, *Journal des Débats*, 21 de dezembro de 1860

ADERIR

A herança judaico-cristã

Amiúde denunciados como "fanáticos", os comunistas replicam que o anticomunismo também é uma paixão. Quanto a estas páginas dedicadas à vida privada dos comunistas, adotaremos a precaução de Tocqueville: "Escrevo sobre a história, não a relato". A adesão ao Partido (com maiúscula, visto que, aos olhos do neófito, é o único partido que conta) é incompreensível sem referência à herança judaico-cristã. A passagem da escatologia à teleologia se explica pela nostalgia monista: reduzir a diversidade fenomênica a um princípio unitário de explicação. Que a humanidade seja maleável à vontade de alguns agentes de decisão que atuam com conhecimento das causas e dos efeitos, tal é, há séculos, o desejo do pensamento. Prometeu tentou, e foi castigado por sua temeridade. A Igreja pretendeu moralizar as necessidades; construiu uma hierarquia meticulosa que atravessou os séculos, hierarquia de funções simbolizada pelas cores (negro para o baixo clero, roxo para o bispo, vermelho para o cardeal, branco para o papa) que, mais do que comandar, seguiu a força das circunstâncias. É de se lembrar que, durante anos, ficou afixada nos escritórios do jornal *L'Humanité* a seguinte frase de Gabriel Péri: "Mantive minha profissão como uma espécie de religião que tinha seu sacerdócio, todas as noites, na redação de minha matéria diária". O comunista indo-chinês Nguyen Tat Thanh adota o pseudônimo de Ho Chi Minh ("Aquele que esclarece"), exorta seus camaradas a "abandonar o velho homem", prega a ascese e diz que sua admiração por Lênin não procede "apenas de seu gênio, mas também de seu desprezo pelo luxo, de seu amor pelo trabalho, da pureza de sua *vida privada*". Na *Contribuição à crítica da filosofia do direito de Hegel*, Marx escreve: "A religião é a realização fantasmagórica da essência humana, porque a essência humana não tem realidade verdadeira. A religião é a alma de um mundo sem coração, da mesma forma como é o espírito de um mundo sem espírito". Expressão simbólica do drama social e humano, a religião, segundo Marx, é um esforço fantasmático para se reunir ao outro em um "outro mundo". Sua finalidade é substituir essa comunicação tida como ilusória por uma efetiva relação intersubjetiva no mundo. Trate-se do "judeu errante" tal como Goethe pretendia escrever, do Grande Inquisidor de Dostoiévski, do Samuel de Eugène Sue, do *Ahasvérus* de Edgar Quinet, o tema é o mesmo: a Igreja é pecadora, ela traiu os ensinamentos de Cristo, e o povo cristão está sempre pronto a crucificá-lo de novo, como mostra Bruegel, o Velho, em *A cruz.* Existe, se podemos nos exprimir dessa maneira, uma sucessão a ser preenchida, o que explica que tantos comunistas sejam provenientes do cristianismo, e que certos adeptos vejam no proletariado o vetor da redenção. "O verdadeiro pensamento engajado é, em primeiro lugar, o marxista. O comunista é a consciência do proletariado [...]. É nele, inquestionavelmente, que se tem a mais íntima união entre o pensamento e a ação", escreve J. Lacroix em *Esprit* (dezembro de 1944). O mitchurinismo* era considerado cientificamente verdadeiro, pois, afirmando a hereditariedade dos caracteres adquiridos pela hibridação, ele "provava" que o homem podia transformar a Natureza da mesma exata maneira como o plano Davydov, que, invertendo o curso dos rios siberianos, pretendia transformar imensos territórios da Sibéria numa fértil Andaluzia.

A tradição judaico-cristã predispunha o materialismo ateu ao culto da personalidade. A Igreja, sem deixar de ser o que sua etimologia indica (do grego *ekklesia*, assembleia), incensou, literal e figurativamente, o sucessor de são Pedro elevado ao trono. A história-narrativa, que não registra leis, mas assinala os entrecruzamentos, constata que toda revolução desemboca no bonapartismo, quer o Bonaparte se chame César, Cromwell, Napoleão, Stálin, Mao Tse-tung ou Fidel Castro, como se o abalo das estruturas levasse os homens, por mimetismo, a reencontrar sua identidade em Stálin, "o homem que mais amamos", ou em Mao Tse-tung, que devia criar o "homem novo" a partir das comunas populares, assim como Deus criou a mulher da costela de Adão. O PCF [Partido Comunista Francês] teve seu ídolo, Maurice Thorez, apresentado em sua biografia um pouco "maquiada" como um autêntico operário das minas. O homem não tinha essa experiência mundial do comunismo que fez de Palmiro Togliatti (um intelectual saído das universidades) um stalinista intratável durante a Guerra Civil Espanhola, depois o paladino do policentrismo, e por fim o contestador da explicação simplista dos "excessos" do stalinismo pelo psicologismo aplicado ao organizador de seu próprio culto. A Maurice Thorez faltava "uma vivência pessimista", na bela expressão de Dominique Desanti, assumida por Togliatti nas altas esferas do Komintern.

* Mitchurin (Ivan Vladimirovitch) foi um agrônomo russo (1855-1935) que desenvolveu pesquisas sobre a hibridação, a seleção artificial e a criação de novas espécies para a agricultura, combatendo as teorias clássicas da hereditariedade. (N. T.)

O prestígio da União Soviética em 1944

O grande número de adesões no momento da Libertação se explica pelo enorme prestígio que então cercava o Exército Vermelho. Todos os franceses entendem que, se o desembarque pôde ocorrer 31 meses após a entrada dos Estados Unidos na guerra, foi porque os exércitos nazistas tinham sido parcialmente aniquilados nas planícies russas. Reconhece-se a eficácia dos três primeiros planos quinquenais: eles dotaram a União Soviética de um Exército que, contra todas as expectativas, depois dos desastres do verão e do outono de 1941, foi capaz, com as grandes contraofensivas de novembro sobre Rostov e de 7 de dezembro em volta de Moscou, de inverter a situação militar e proceder à reconquista. Chega-se a duvidar da veracidade dos grandes expurgos de 1937-1938, que teriam liquidado metade dos oficiais superiores. Se for verdade, pensavam as pessoas, como se explica essa recuperação que tomou de surpresa, em primeiro lugar, ao próprio Hitler, que acabava de transferir 400 mil homens da frente Leste para o Oeste, a fim de liquidar a resistência inglesa? Será que não nos deixamos enganar pela propaganda "burguesa"? Ao mesmo tempo, Stálin faz com que a história que pretende estar modelando venha acompanhada de uma vulgata acessível a todos. Relendo hoje seus textos (e supondo que tenha sido ele o autor), quer abordem as questões das nacionalidades, do marxismo-leninismo, de linguística, problemas de economia ou do "*Homem, o mais precioso capital*", é impressionante seu talento de vulgarizador. Da complexidade dos textos fundadores ele extraiu enunciados límpidos, correspondendo tanto às expectativas das massas pouco instruídas quanto às dos intelectuais dispostos a se libertar das glosas impenetráveis para se lançar a uma ação transformadora do mundo.

O PCF na Resistência

O PCF, além disso, se beneficia de sua atuação durante a Resistência. Certamente ele mostrou uma excessiva tendência de vanglória como o "partido dos fuzilados", exagerando o número de participantes, e passou em silêncio pelo período de incerteza que se estende entre o pacto germano-soviético e o ataque alemão à União Soviética. Mas seu papel foi muito importante: habituado à clandestinidade, o Partido se revelou eficaz a partir do momento em que deixou de analisar a guerra como uma luta "entre imperialistas rapaces", passando a vê-la como uma cruzada antifascista. De outro lado, evitando se enredar nas inúmeras intrigas que opunham giraudistas e gaullistas, os comunistas fizeram o jogo gaullista, e F. Grenier foi o primeiro a apresentar a adesão de um partido ao general De Gaulle.

A palha e a pólvora

Enfim, o bloco comunista não detinha o monopólio da iniquidade e do horror. Em 1947, ocorrem os massacres de Madagascar, enquanto prossegue a interminável guerra na Indochina, que nos anos 1950 converte Henri Martin no mártir da descolonização. Esse marinheiro de 24 anos foi condenado a cinco anos de reclusão por ter divulgado um texto que dizia: "Nosso sangue não está à venda, e por seus milhões vocês sacrificam nossos vinte anos [...]. Nem mais um centavo, nem mais um homem para a guerra suja [...]. Marinheiros de Toulon, não nos alistemos para ir morrer na Indochina para maior lucro dos banqueiros franceses". Nos Estados Unidos, a Lei Taft-Hartley, aprovada em junho de 1947, obriga todos os dirigentes sindicais a prestar um juramento de "não-comunismo", e o CIO (Congress of Industrial Organizations), primeiro reticente e depois resignado, expulsa em 1949-1950 doze sindicatos de direção supostamente comunista e perde 1 milhão de membros. O Comitê de Atividades Antiamericanas, coordenado pelo senador McCarthy, interroga, acusa, prende "comunistas, ex-comunistas ou supostos comunistas, que se veem privados de qualquer possibilidade de trabalho e do direito de deixar o país, tendo seus passaportes recolhidos".[1]

As razões de aderir

O proletário adere ao Partido por razões ligadas à sua exploração. Lembremos que Bismarck ousara conduzir uma política frontal de fortalecimento do aparelho de Estado, fundado nas estruturas tradicionais (a administração, o Exército, a justiça, as empresas capitalistas dinâmicas), e de reformas sociais, arrojadas para a época. Nos anos 1920, a legislação social francesa está bastante atrasada em comparação à alemã. E Hitler não teria congregado uma parcela bastante importante do operariado se também não tivesse desenvolvido, apoiando-se na grande indústria, um sistema de "proteção social" muito mais avançado do que os acordos Matignon. Acrescentemos que a viscosidade social na sociedade francesa é extrema tanto nos anos 1920 quanto nos anos 1950, e que o Partido, pela subversão que pretende promover, permite esperar "trajetórias sociais" de longo fôlego, ao passo que a sociedade estabelecida (com raras exceções) autoriza apenas a "reprodução". "Não é por ser comunista que o sujeito é necessariamente fabuloso. Conheço comunistas idiotas. Claro... Tem que ter. Mas, diferente dos outros idiotas, são idiotas que são comunistas... Mesmo com a idiotice deles, eles participam na transformação da sociedade."[2] São as palavras de um operário frisador.

Depois da cisão de Tours, o PCF se empenhou em atrair intelectuais cuja pertença à "intelectualidade burguesa" (em outros termos, suas condições "objetivas" de existência) não predispunha à adesão. Data dos anos 1920 a veneração por Jean Jaurès, Romain Rolland e Anatole France. Henri Barbusse adere em 1923. Conhece mal o marxismo, e funda o movimento Clarté de onde sai a revista de mesmo nome. Georges Duhamel e Jules Romain se unem ao movimento. Em 1928, Barbusse funda a revista *Monde*, da qual Jean Guéhenno será redator-chefe. Em 1927, cinco surrealistas, entre eles Breton, Aragon e Éluard, se filiam ao Partido, que os recebe, ao que parece, com uma certa reticência. Depois, é a vez de Politzer, Lefebvre, Nizan, Léger, Picasso, Joliot-Curie etc. A adesão maciça de jovens intelectuais burgueses, logo após a Segunda Guerra Mundial, não raro acarreta o rompimento com a família. Eles se sentem fascinados pelo caráter exemplar do operário (ao qual não pretendem substituir) em explorar, descobrir e assumir a via revolucionária. Um texto de Sartre, escrito em 1948, evoca o entusiasmo do momento:

> Totalmente condicionado por sua classe, seu salário, a natureza de seu trabalho, condicionado até em seus sentimentos, até em seus pensamentos, é ele que decide sobre o sentido de sua condição e da de seus camaradas, é ele que, livremente, oferece ao proletariado um futuro de humilhação desenfreada ou de conquista e vitória, conforme opte por ser resignado ou revolucionário.

Salvo Aragon, esses intelectuais desempenharam um papel mais ornamental do que decisório. O artista não queria que lhe ditassem a maneira de escrever ou de pintar. Foi o que se viu em março de 1953, quando *Les Lettres Françaises* publicou na primeira página o *Retrato de Stálin* (morto em 5 de março), desenhado por Picasso. A obra irritou as instâncias superiores, que julgaram o autor "vaidoso e pequeno-burguês" e lhe contrapuseram o *Retrato de M. Cachin*, de Fougeron, preferido por ser fiel, parecido, autenticamente "revolucionário", não se prendendo a questões "formais".

MILITÂNCIA

A subsociedade comunista e suas possibilidades de carreira

"O homem não é totalmente bom nem totalmente mau", escrevia Maquiavel, e G. Lefebvre dizia que é a convicção de servir simultaneamente aos próprios interesses e aos interesses da coletividade que torna uma classe revolucionária. Para compreender a filiação em massa de intelectuais "burgueses" ao PCF do pós-guerra, cabe lembrar que ele constituía uma subsociedade oferecendo a pessoas bastante jovens cargos que, na sociedade francesa em geral, fortemente gerontocrática, seriam acessíveis apenas a pessoas de mais idade. Para um homem de 25 anos, era gratificante comandar os batalhões da UEC (União dos Estudantes Comunistas) na grande manifestação de 28 de maio de 1952 contra "Ridgway, a peste", sucessor de Eisenhower no comando do SHAPE — Supreme Headquarters Allied Powers Europe. Igualmente gratificante para um jovem estudante era trabalhar como grande repórter em *Ce Soir* (jornal vespertino com tiragem de 600 mil exemplares) e percorrer os países do Leste. "Encontra-se uma repercussão imediata que, aliás, lhe devolve o que você tinha dito com enormes amplificações. O que é lisonjeiro [...]. A pessoa vira intérprete de um grupo e não é mais um intelectual solitário", diz Jean-Toussaint Desanti, lembrando o pós-guerra. Quanto a saber se o Partido delegava poderes efetivos a esses trânsfugas, o mesmo autor responde "sem hesitar: o simulacro do poder".[3]

O militante tem seus mitos e suas pressões. Nos anos 1950, os menos ingênuos ou os mais bem informados (os que leram Victor Serge e Boris Suvárin) reconhecem o caráter implacável da repressão stalinista. Mas a "família comunista" não se abala minimamente, recorrendo ao tema da "superação", o qual, por sua vez, se funda em três argumentos: o mundo capitalista não tem autoridade para dar lições de humanismo, visto que, com os métodos sabidos, se aferra aos farrapos de seus impérios coloniais; a manutenção de um sistema coercitivo na União Soviética se explica (é o segundo argumento) pelas condições históricas, particulares e "objetivas", desse imenso conjunto: em 1914, a Rússia é um país subdesenvolvido; em 1918, ela é devastada pela guerra; em 1918-1921, a União Soviética é assolada pela guerra civil, e é arrasada novamente em 1941-1945 pela Segunda Guerra Mundial, ao passo que os Estados Unidos, desde a Guerra de Secessão, só tiveram em seu território a guerra... da proibição; finalmente, como se trata de criar um "homem novo", o cristianismo, cultivado por 2 mil anos para desembocar em Auschwitz, devia guardar seus anátemas para uso interno (o papa excomungou os comunistas), e não se pode esquecer que os alemães, protestantes ou católicos, pertencem à cristandade. Mitchurin e Lyssenko são mesmo charlatães, como afirma a imprensa "burguesa"? Mas o heliocentrismo foi condenado pelo papa Paulo V 73 anos depois da morte de Copérnico, e Galileu, intimado a abjurar pelo Santo Ofício em 22 de junho de 1633, viveu em prisão domiciliar até a morte, por ter mantido a afirmação de que "ela se move".

O mineiro, "o homem que mais admiramos"

Se Stálin — como lembramos — é "o homem que mais amamos", o mineiro é "o homem que mais admiramos". Nos anos 1950, a profissão de mineiro ainda passa de pai para filho, e aos catorze anos "desce-se para as galerias" por direito — e orgulho — de herança, se é que assim se pode dizer. Exemplar e mítico, o mineiro dá origem a três obras "artísticas": *Le mot mineur, camarade* [A palavra mineira, camarada], coletânea de contos publicada por André Stil em 1949, o filme de Louis Daquin, *Le point du jour* (1949), e a exposição de André Fougeron, *Le pays des mines* [A região mineira], em 1951. Nesses anos, 80% da energia nacional é produzida pela hulha, mais de 300 mil pessoas trabalham nas hulheiras, e os mineiros que ousaram fazer greve entre 27 de maio e 9 de junho de 1941 simbolizam a resistência operária ao nazismo. Maurice Thorez participa desse mito, apresentando-se como mineiro e filho de mineiro (o que não é verdade), e proclama: "Que grandeza nessa luta ferrenha contra a matéria, nesse perpétuo corpo a corpo em que o homem agachado, amiúde deitado, em todas as posições de luta, arranca o carvão ao amplexo da rocha que o encerra" (*Action*, 22 de março de 1946). Corajoso, heroico, solidário, disciplinado, responsável, viril e indômito, o mineiro, longe de ser esmagado pelo destino, transforma-o em futuro radiante. É ele o homem novo, o homem comunista que Aragon definia nestes termos: "Aquele que coloca o homem acima de si mesmo

[...], que não pede nada e quer tudo para o homem".[4] E, mais ainda, ele encarna "um tipo novo de intelectual" que tem sua estátua erguida por Laurent Casanova: "Cada ato dos mineiros implica um esforço de pensamento contínuo e desenvolvido, um método inovador de raciocínio que milhões de proletários acumularam [...]. O operário já se move num nível de pensamento bem superior ao nível atingido por qualquer ideólogo formado segundo as disciplinas burguesas e que se mantenha ligado a elas".[5] Todo mineiro, mesmo que não saiba, é ontologicamente comunista. É o tipo ideal do proletário, e seu caráter exemplar apenas culpabiliza o intelectual pequeno-burguês. O mineiro estará no centro da nova iconografia que o Partido pretende estimular. No XI Congresso (1947), Laurente Casanova define a política cultural. No campo pictórico, a alegoria e o símbolo são condenados como ranço de uma ideologia decadente. Celebrados são a retratística, a paisagem industrial, o afresco histórico exaltando a luta de classes. Diz-se com todas as letras que o pintor deve se alinhar "pelas posições políticas e ideológicas da classe operária". Denuncia-se o "formalismo", definido como o primado da forma sobre o conteúdo. O argumento é que o importante é a perfeita adequação entre o significante e o significado. Utiliza-se a afirmação taxativa de Zdanov: "Tudo o que é realmente genial é acessível, e tanto mais genial quanto mais acessível às vastas massas populares". O realismo socialista deve representar a realidade em seu desenvolvimento revolucionário. Deve não só mostrar o sentido da luta, como também a "inevitabilidade de sua vitória". *As parisienses no mercado*, pintadas por André Fougeron, expostas no Salão de Outono de 1948, obedecem inteiramente a esses cânones. O ano de 1951 marca o auge do "neorrealismo" com a exposição da série de quadros de Fougeron, *Le pays des mines*, na galeria Bernheim-Jeune. A severa crítica publicada em *Le Monde* reconforta o Partido em sua convicção de estar no "caminho certo", visto que provoca a indignação da imprensa "burguesa". E no Salão de Outono de 1951 consuma-se a apoteose: a polícia vem e retira sete telas acusadas de "atentar contra o sentimento nacional". A pintura comunista francesa agora se encarna em Fougeron que, na coluna que ocupa em *La Nouvelle Critique* ("Le peintre à son créneau" [O pintor em sua torre]), explica que os artistas burgueses se refugiam na abstração porque o real lhes é insuportável. Como toda subsociedade, o Partido constitui uma associação de admiração mútua, desde que se respeite a *doxa*. Dois quadros de *Le pays des mines* despertam os seguintes comentários de Jean Fréville:

> Eis *A selecionadora de carvão*: uma jovem da região negra com seu rosto de virgem florentina, suas roupas de trabalho, sua touca que a protege contra o pó de carvão, sua coragem tranquila e esse olhar em que a tristeza se mescla aos sonhos de felicidade... Uma selecionadora de carvão parecida com aquela que, brutalizada pelas forças das CRS [Compagnies Républicaines de Sécurité] durante a greve de 1948, gritava-lhes: "Podem me quebrar a cabeça, vocês não vão tirar o que tem dentro".

A respeito do *Aposentado*, em que Fougeron pinta um velho magro numa casinha miserável das vilas mineiras:

> Ele deu seu trabalho e sua saúde, seus pulmões e seu sangue, para enriquecer os donos das hulheiras. Depois de uma vida inteira no fundo da mina, ele não possui mais forças suficientes para finalmente aproveitar o sol, nem uma aposentadoria que baste para se tratar. Corroído pela silicose, doente, precocemente envelhecido, pesando menos de cinquenta quilos, trazendo nos traços alterados sua miséria passada e presente, ele espera a morte encorujado ao lado de um parco fogo, enquanto os olhos, em seu rosto de velho lutador, continuam a arder com uma chama singular.

Assim, nem *A selecionadora* nem *O aposentado* se resignaram. Apesar do estilo miserabilista, é uma pintura que obedece às regras enunciadas por Maurice Thorez:

> É preciso uma arte otimista voltada para o futuro [...]. Aos intelectuais desorientados, perdidos no labirinto das interrogações, levaremos certezas, possibilidades de um desenvolvimento ilimitado. Convocamo-los para que se afastem dos falsos problemas do individualismo, do pessimismo, do esteticismo decadente, e deem um sentido a suas vidas ligando-as às vidas dos outros.

Não era a primeira vez que um "poder" pretendia impor uma pintura descritiva, didática e, finalmente, proselitista. A arte da Contrarreforma tivera de se curvar a essas normas. Mas, por várias razões (o "além", oferecido à imaginação dos pintores, a aceitação de temas mitológicos etc.), a arte pós-tridentina conheceu um florescimento extraordinário. A Igreja teve Rubens, e o Partido teve Fougeron. Depois da morte de Stálin, o PCF abandonou a linha do "realismo socialista". O XIII Congresso colocou em questão a política cultural zdanovista, e o maleável Aragon foi o primeiro a criticar a arte de Fougeron.

A identidade do militante se constrói e se perpetua pela complexa combinação de duas forças: uma, de recusa, leva-o a rejeitar qualquer informação que conteste a teleologia marxista; a outra, ele a extrai, por assim dizer, do ódio que desperta enquanto destruidor potencial da ordem estabelecida. Essa "maneira de ser" aparece na confidência que Jean-Toussaint Desanti diz ter ouvido de Laurent Casanova: "Sim, o Partido exige muitos sacrifícios, mas também confere muito poder, e não apenas sobre seus membros, mas sobre a sociedade inteira, pois ser criticado, difamado, não é uma confirmação do poder que se exerce?". Eis-nos, uma vez mais, diante do enigma do "cerne" da vida privada: o segredo da militância. Limitaremos nossa reflexão ao período da Guerra Fria.

A recusa do "real"

Quer se tratasse da liquidação dos gulags, dos processos e expurgos anteriores à guerra ou do antissemitismo na União

Soviética, o militante dos anos 1950 "sabia" ou podia saber. Boris Souvarine, "comunista durante oito anos e anticomunista durante sessenta", segundo a expressão de Alain Besançon, desde sua exclusão do PCF em 1925 criticou e desmontou incessantemente os mecanismos do stalinismo totalitário. Sua biografia de *Staline* [Stálin], lançada na França em 1935, com o subtítulo de *Aperçu historique du bolchèvisme* [Breve exposição histórica do bolchevismo], tinha passado quase despercebida (excessivamente panfletária, diziam). Emmanuel Le Roy Ladurie verá nele "um dos maiores livros do século"..., mas isso em 1977, na época de sua reedição. Os textos de Victor Serge, os vários depoimentos sobre a eliminação do POUM (Partido Obrero de Unificación Marxista) e dos trotskistas durante a Guerra Civil Espanhola estavam ao alcance de todos os militantes. No número de janeiro de 1950 de *Les Temps Modernes*, com a assinatura de Sartre e Merleau-Ponty, pode-se ler:

> Portanto, está estabelecido que os cidadãos soviéticos podem ser deportados durante o inquérito, sem julgamento e por tempo indeterminado [...]. Está igualmente estabelecido que o aparelho repressor tende a constituir na União Soviética um poder à parte [...]. É provável, levando em conta o volume de canteiros de obras no canal Báltico-mar Branco e do canal de Moscou ao Volga, que o número total de detentos esteja na casa dos milhões, alguns dizem 10, outros 15 milhões.

Desde sua fundação em fevereiro de 1948, a Reunião Democrática Revolucionária (RDR) pretende lançar luz sobre os campos soviéticos. David Rousset, membro da Resistência, deportado, fundador da RDR junto com Sartre e Camus, publica documentos avassaladores sobre a União Soviética. A imprensa comunista o qualifica de mentiroso. Não só existia uma vontade de não saber, o que não constituía novidade, visto que muitos diziam ter descoberto as atrocidades nazistas em 1945, mas, paradoxalmente, os grandes processos do pós-guerra (Rajk, Slansky etc.)

ajudaram o militante francês a se tornar cada vez mais stalinista. Um testemunho disso é Dominique Desanti: "Segundo a lógica stalinista, não podia existir 'contradição honesta ao saber que emanava de todos os círculos concêntricos do centro moscovita', segundo as palavras de Savarius. Posso dizer que foi com o processo e a justificação pública que dele apresentei que me tornei total e profundamente stalinista".[6] A mesma autora diz ter escrito *Les staliniens* [Os stalinistas] "para mostrar como e por que, quando é necessário crer, pode-se recusar qualquer informação capaz de destruir ou empanar a fé".[7] E à pergunta que ela se coloca: "Lançado nessa época, *O arquipélago Gulag* teria me convencido?", a resposta é: "Não, eu não teria acreditado, porque ninguém aceita perder a esperança na inexorável demonstração da necessidade. A União Soviética continuava nossa salvadora, nosso mito. Por outro lado, os nazistas, estes nós tínhamos conhecido".[8]

Enquanto se dá a intensa retomada econômica de 1954, Maurice Thorez publica em janeiro de 1955 *La situation économique de la France, mystifications et réalités* [A situação econômica da França, mistificações e realidades], onde, contra todas as evidências, ele denuncia a "pauperização absoluta" da classe operária. Nesse adendo à vulgata comunista, tem-se a mesma vontade de recusa. O tema será constantemente retomado nos dez anos seguintes. "A experiência provou, demonstrou inteiramente a lei tendencial da pauperização absoluta e relativa." "Na França de hoje, os salários por hora têm, em geral, cerca de metade do poder aquisitivo que possuíam antes da guerra." "Como o boné, usado antigamente pelos operários, ficou caro demais, eles preferem uma simples boina." "O trabalhador parisiense come menos carne do que sob o Segundo Império." Essas afirmações categóricas do secretário-geral são apoiadas pelos economistas do Partido: em *Économie et Politique* (janeiro de 1965), J. Kahn "prova" que, de 1957 a 1962, o poder aquisitivo sofre uma redução média de 6% a 9%. O INSEE, que não é necessariamente uma filial da CIA, apresenta os seguintes números, referentes às famílias operárias: a porcentagem de propriedade de um automóvel passa de 8% em 1954 para 61,1% em 1969; de 0,9% para um televisor (média nacional: 1%) em 1954 para 71,3% em 1969; de 3,3% para 80,5% em relação a geladeiras; de 8,5% para 65,5% quanto a máquinas de lavar (sempre para o mesmo período). A França pobre começa a andar de carro e a ter casa própria. Ela ingressa na sociedade do crédito, e é isso que preocupa o PCF: as prestações mensais correm o risco de diminuir a combatividade operária, e a partir dos anos 1960 a televisão acarretará um absenteísmo crescente nas reuniões de célula e nos comícios.

Essa recusa do real não é característica específica do militante comunista. Ela é constitutiva da vida privada: a pessoa se recusa a enxergar a infidelidade do cônjuge, que todos conhecem e zombam da beatitude do traído; os pais "não querem saber" que o filho usa drogas, e assim por diante. No plano político (para tomar apenas um exemplo relativo ao "mundo livre"), foi preciso o máximo de obstinação das "mães de maio" para que a sensibilidade ocidental tomasse consciência de que a "ordem" reinante em Buenos Aires se baseava nas torturas e desaparecimentos, isto é, no terror. Nega-se o que se exibe, mais para uma tranquilização pessoal do que para persuadir o outro. Por que Rajk e Slansky confessaram? Para o comunista, a resposta é simples: "Porque eram culpados". Por que a feiticeira confessou ter feito um pacto com Belzebu? "Porque é verdade", respondia ontem o inquisidor que tinha de continuar a povoar as fogueiras para justificar as queimas anteriores. "Por menos que se sinta o Outro, o Adversário, por causa de argumentos que afetam a pessoa, ela se torna por reação sectária e violenta. Foi por isso que, durante o período da Guerra Fria, o sectarismo assumiu o máximo de virulência", admite Jean-Toussaint Desanti. Mas esse mecanismo, por si só, não teria sido suficiente se os militantes não tivessem se unido pelo ódio que despertavam, tanto é verdade que esse ódio é prova de "reconhecimento".

O comunista, indispensável "inimigo interno"

Lacaios a soldo de países estrangeiros, responsáveis pela perda do Império, buscando a alienação total dos franceses com a lavagem cerebral ou o azorrague, desprovidos de qualquer moral política (pois "o fim justifica os meios"), sabotadores de toda reforma capaz de desmobilizar o operariado com a melhoria de suas condições, visando ao extermínio do humanismo cristão e à sovietização eslavizada do planeta inteiro, preparando por todo o mundo "golpes de Praga" à custa de jogar com a ingenuidade dos socialistas, os comunistas franceses, conseguindo congregar contra si a união nacional, são apresentados e vistos como a encarnação do mal absoluto. Daí resulta que a primeira função do PCF é incentivar que se tome por verdade o contrário do que ele afirma, visto ser o partido da mentira. Se ele disser que a aceitação do Plano Marshall introduz a França na americanosfera, seus adversários vão negar pela simples razão de ter sido o Partido a dizê-lo. Como o PCF é o "partido do estrangeiro", isso prova que os outros são partidos "só da França". Ora, o PCF — como os outros partidos — sempre distribuiu certezas falsas e verdadeiras. Quando negava a existência do Gulag, também dizia que a guerra na Indochina não consistia em assassinatos cometidos por alguns fanáticos treinados na China e pagos por Moscou. Quando denunciava a "pauperização absoluta", era o único partido a estudar seriamente as raízes do anticolonialismo. Mas o PCF era então o "inimigo" indispensável à coesão do povo francês, rendendo, como nota Herbert Marcuse com razão, com quem concordamos nesse ponto, a converter o conjunto societário numa comunidade de defesa. "As instituições livres rivalizam com as instituições autoritárias para fazer do inimigo uma força mortal *no interior* do sistema [...]. O inimigo está ali permanentemente [...]. Está presente no estado normal das coisas. Ele é tão ameaçador nos tempos de paz quanto de guerra (talvez até mais ameaçador nos tempos de paz)."[9]

Seria possível ocupar um volume inteiro com frases manifestando esse ódio estruturador. Vamos nos contentar com algumas citações. No começo de 1954, Georges Duhamel escreve: "Marrocos, Tunísia, Argélia... Lá, tudo trabalha contra a França: as forças do islamismo, as forças do comunismo" (*Le Figaro*, 5 de fevereiro de 1954). A quem atribuir a insurreição dos Aurès em Finados de 1954? Resposta: "Uma agitação nacionalista na ordem do comunismo" (*Le Figaro*, 12 de novembro de 1954). "O Politburo é um beco sem saída do qual só é possível sair graças aos bons serviços do empresário das funerárias" (Bedell Smith em *Le Figaro* de 9 de novembro de 1952). "Apresentou-se o chicote ao povo de tal maneira que ele flagela a si próprio em nome da liberdade" (um jornalista do *Figaro* de volta da União Soviética, em 6 de janeiro de 1947). "Uma ocupação pelas hordas mongóis e tártaras seria mais cruel do que a das legiões de Hitler: crimes, violações, incêndios, roubos. A deportação para os campos de trabalho seria aplaudida pelos colaboracionistas Duclos e Lecoeur, dignos sucessores de Laval e Henriot. Eleitores comunistas, sejam coerentes. Façam suas malas para cumprir seu STO na Sibéria" (*Le Populaire*, 16 de abril de 1951). *Le Figaro* (12 de janeiro de 1951) noticia esta declaração de uma jovem francesa que morou em Bucareste: "O homem aqui não tem santos, nem Deus, nem anjos. Não existe Paraíso para ele, mas o Partido lhe fornece, em lugar das estrelas do céu, as grandes estrelas vermelhas que encimam o telhado das casas e transformam em gotas de sangue até mesmo a chuva do céu caindo sobre este inferno". "Os russos conquistadores, cujo reino é terrivelmente desse mundo, se servem da influência que o marxismo pode exercer sobre os espíritos para estender sua dominação sobre os corpos e a matéria [...]. Temos de nos opor com todas as nossas forças a esta ideologia porque ela está a serviço do pan-eslavismo [...]. A América não ataca nossa fé religiosa nem nossa concepção do homem" (François Mauriac em *Le Figaro* de 23 de janeiro de 1948). Em favor do rearmamento da Alemanha: "Aproveitemos a terrível lembrança que os alemães guardam da invasão russa em 1945 e de sua aversão pelo comunismo" (*Le Figaro*, 11 de novembro de 1949) etc.

A subsociedade comunista controla a vida privada

A subsociedade comunista se apresenta como uma "grande família". Ela se funda sobre a família. É flutuante a fronteira entre a vida militante e a vida privada. São frequentes os casamentos entre militantes. A ascese moral comunista é uma continuação da judaico-cristã. Os casais não precisam ter papel passado, mas devem ser duradouros. O adultério é condenado, e o divórcio não é aceito, a não ser que um dos cônjuges não seja comunista. Nesse caso, admite-se que a vida conjugal seja impossível. O donjuanismo é considerado como uma atividade deplorável, pequeno-burguesa, que troca a finalidade do Partido — a Revolução — por preocupações erótico-sentimentais que devem continuar em posição secundária. As instâncias superiores, tal como Savonarola em Florença, velam pela preservação da ordem moral. "Conhecendo poucos 'quadros' do aparelho, eu ainda desconhecia a inquisição da vida privada, os amores decapitados por decreto, os responsáveis 'devolvidos à base' por ligações perigosas... ou simplesmente porque a esposa, boa militante, tinha se queixado de costumes indignos de um comunista."[10] A vida familiar é inteiramente subordinada às exigências da militância: o expediente é de tempo integral, e é difícil ou até impossível que um cônjuge não comunista conviva com uma pessoa tão absolutamente engajada. "Vê-se o Partido como uma grande máquina... Na verdade, são pequenas tarefas... Levar 100 mil sujeitos ao Palácio dos Esportes para o Programa Coletivo, isso não se faz sozinho. São degraus!"[11] Por isso são tão numerosos os casais de militantes que tomam como exemplo o puritanismo conjugal de "Maurice e Jeannette". Filha de um mineiro alcoólatra e de uma mãe lavadeira em casa de "burgueses", Jeannette Vermeersch gostava de dizer: "Quando você viveu a infância em Zola, juro que você não se esquece. Para mim, *Germinal* não é romance". Companheira exemplar de "Maurice", ela se manifesta entusiasticamente favorável ao parto sem dor, proveniente da União Soviética, mas condena energicamente os anticoncepcionais que estimularão a libertinagem, ocupação tipicamente pequeno-burguesa e indigna de um comunista. Jeannette e o Partido são resolutamente natalistas: os casais comunistas devem gerar futuros comunistinhas. Nesse ponto, ela não diz nada que contrarie a mensagem de *Humanae vitae*.

E é aqui que chegamos à contradição mais sutil da subsociedade comunista: seu isomorfismo com a sociedade global, ou seja, sua não-contradição com ela. Os testemunhos — e são muitos — de antigos membros do Partido convergem para essa constatação básica: o militante deve ser excelente profissional, bom marido, bom pai, em suma, "normal", conformista, em consonância com o tipo ideal derivado da tradição judaico-cristã. Trata-se, portanto, de

> mudar a sociedade estabelecida impondo aos militantes que estejam em conformidade com essa sociedade. Os "originais", tão numerosos nas estruturas de acolhida anarquistas: bastardos, corcundas, pederastas, colecionadores de borboletas, drogados, fetichistas, todos os que são obcecados por seus problemas pessoais, todas as minorias culturais, sexuais, filosóficas, os que "amam demais", seja a música, o cinema ou o camping, não se encontram à vontade nas organizações comunistas.[12]

É esse conformismo somado ao tempo de militância que permite se tornar "permanente", e para continuar "permanente" convém perseverar nessa maneira de ser, sob pena de ser "devolvido à base" e ter de retomar uma atividade profissional abandonada de longa data. Pois o estado-maior do PCF — tal é sua originalidade — não é formado por tecnocratas prudentes, "desligados" por alguns anos de sua corporação originária e sempre em condições de reencontrar a segurança nela. Muito amiúde, os altos quadros e membros permanentes do Partido são antigos operários: a perspectiva de volta à fábrica dificilmente seduz, e daí essa "tolerância indiferente" de que fala Annie Kriegel, que permite suportar tanto os erros quanto as guinadas espetaculares do birô político. Philippe Robrieux, antigo militante que virou um biógrafo crítico de Maurice Thorez, considera como traço marcante do PCF "o culto monárquico e religioso do chefe apresentado como um novo guia supremo e posto acima de todos os outros militantes do Partido".[13] Esse "culto monárquico" também se encontra nas formações gaullistas que se sucederam após a Libertação. Os ídolos são diferentes, mas a liturgia é parecida.

Apesar de seu isomorfismo, a subsociedade comunista não se integrou na sociedade global. Desse ponto de vista, sua história desmente as palavras de G. Sorel: "A experiência não tardou em mostrar que os anarquistas tinham razão e que, entrando nas instituições burguesas, os revolucionários se transformavam, assumindo o espírito dessas instituições: todos os deputados dizem que nada se parece tanto com um representante da burguesia quanto um representante do proletariado".[14] O PCF não conheceu o destino da socialdemocracia alemã, e nenhum de seus líderes se manifestou como Ebert: "Odeio a Revolução tanto quanto o pecado". Ele não se diluiu na sociedade "burguesa", mas a subsociedade que formou ofereceu a seus quadros permanentes e militantes satisfações tais que acabaram por afastá-los do fim último, que era "a luta final". Em outros termos, embora acusado de ser "vassalo de Moscou", o PCF é bem francês: a síndrome da recusa, a preferência pela vulgata em vez dos textos fundadores, o apego às estruturas hierárquicas, a infalibilidade d'Aquele que ocupa o ápice da pirâmide, tudo isso pertence tanto ao catolicismo quanto ao comunismo.

Se quisermos refinar a análise e tentar apreender esse núcleo da vida privada que constitui a história do pensamento, é possível sustentar a tese — com a qual concordamos — de que o isomorfismo do PCF se manifesta com especial clareza em sua aliança com essa autêntica liquidação da dialética operada pela vulgata stalinista. Os franceses são alérgicos à dialética, e mesmo que sempre se perguntem se "a situação é revolucionária", eles rejeitam a tese da passagem "do inferior para o superior" por meio do afloramento brutal e caótico das contradições, em suma, por meio de um processo revolucionário. Muito antes que Martin Malia sustentasse a tese da "burocracia ideocrática universal",[15] Henri Lefebvre escrevia:

> Os marxistas russos, ao recolher os destroços de realidade social e política no seio de um caos indescritível, num país de predomínio camponês entre 1917 e 1920, utilizaram a ideologia marxista num sentido novo, imprevisto, aliás fecundo. A doutrina que se dizia acusadora e negadora do existente se tornou justificadora do existente, aliás realmente novo, mas que não era o que esperava a crítica radical do existente anterior.[16]

Se se admitia, com Stálin, que os primeiros planos quinquenais haviam instaurado uma sociedade socialista, era preciso admitir também que esta trazia em seu bojo um modelo de sociedade mais perfeito — o comunista — e que o nascimento só poderia ocorrer (como boa doutrina marxista) no traumatismo de um parto doloroso. Como todo ditador, Stálin era um homem de ordem. É por isso que nos *Problemas econômicos do socialismo na URSS*, uma espécie de testamento político, ele escreve: "Sob o socialismo, as coisas não desembocarão num conflito entre as relações de produção e as forças produtivas, tendo a sociedade a possibilidade de assegurar, dentro do prazo útil, a correspondência entre as relações de produção retardatárias e a natureza das forças produtivas". Assim, a lei de correspondência perfeita é uma lei tendencial no regime socialista. Trata-se de uma categoria normativa, e não mais descritiva e crítica como em Marx. Essa extraordinária valorização da superestrutura (uma decisão política pode modificar as relações de produção, como "prova" a coletivização das terras, que se fez "sem conflito", o que mostra que Stálin não era desprovido de humor negro nem do sentido retórico da figura litótica) chegou à conclusão de que o desenvolvimento da União Soviética, sob a direção do Estado socialista, é um progresso contínuo e inelutável: é o progresso dos enciclopedistas, dos socialistas utópicos, o progresso francês! Essa morte da dialética é explicitamente enunciada numa frase do *Manual de economia política*, publicado em 1954 na União Soviética: "A lei econômica do desenvolvimento da sociedade socialista é a lei de correspondência obrigatória das relações de produção com a natureza das forças produtivas".[17]

Tornando-se um empirismo organizador e "progressista", esse marxismo só podia mesmo satisfazer o intelectual francês. Mas estava tão próximo do pensamento conservador (no sentido inglês do termo, "Sou conservador para conservar o que é bom, e radical para mudar o que é mau", dizia Disraeli) que acabava facilitando o afastamento.

SAIR

Crítica ao elitismo bolchevique

A bolchevização de um partido revolucionário, tal como é teorizada por Lênin em *O que fazer?* e como será imposta pela Terceira Internacional ao PCF três anos após a cisão de Tours, é inteiramente estranha à tradição socialista francesa, sucessivamente blanquista e jauresiana, vale dizer, concedendo um grande espaço ao espontaneísmo e à eventualidade de um acordo com certos partidos "burgueses", para melhorar a condição operária. Definindo-se como "coletivista antiautoritário", Varlin recusa o modelo de um "Estado centralizador e autoritário, que nomearia os diretores de fábricas, manufaturas, departamentos das repartições, os quais, por sua vez, nomeariam os subdiretores, contramestres etc., [o que levaria] a uma organização hierárquica de cima a baixo do trabalho, na qual o trabalhador não passaria de uma engrenagem inconsciente sem liberdade nem iniciativa". Não voltaremos aqui à polêmica entre Marx e Bakunin na Primeira Internacional, nem a seu prolongamento na controvérsia Lênin-Rosa Luxemburgo, a qual sempre insistiu que as teses de *O que fazer?* anunciavam o reinado de uma burocracia totalitária, e em *A Revolução Russa*, que ela escreveu em sua prisão berlinense em 1918, pode-se ler estas frases proféticas:

> A liberdade é sempre a liberdade de quem pensa de maneira diferente [...]. A ditadura do proletariado deve ser obra da classe e não de uma pequena minoria dirigente em no-

> me da classe [...]. Sem eleições gerais, sem liberdade irrestrita de imprensa, de reunião e discussão [...], algumas dezenas de dirigentes do Partido [...] comandam e governam [...]. Entre eles, a direção, na verdade, está nas mãos de uma dúzia de homens, e uma elite, escolhida na classe operária, é de tempos em tempos convocada para aplaudir os discursos dos chefes e votar por unanimidade as resoluções que lhe são apresentadas.

Constatando a sincronia entre a eliminação dos últimos vestígios de liberdade na Itália pelo fascismo e na União Soviética pelo bolchevismo, Gramsci, para quem o marxismo é uma filosofia da práxis, e a práxis é a unidade entre a teoria e a prática, ousa escrever aos dirigentes do PCUS (Partido Comunista da União Soviética), insistindo para que não rompam "com medidas excessivas" a dialética democrática dentro do Partido.

Classe contra classe, uma aliança antifascista?

Depois do Congresso de Tours, a maioria dos militantes socialistas opta pelo PCF, em vez da SFIO (Section Française de l'Internationale Ouvrière) defendida. É o período socialdemocrata do PCF, e o militante aprecia no "enxerto bolchevique" a possibilidade de resistir ao processo de integração na sociedade "burguesa", vivido pela socialdemocracia alemã. Mas, nessa subsociedade em que se abolem todas as fronteiras entre a vida privada e a vida militante, o socialista francês não se sente à vontade. Ele sai. E a subsociedade se torna uma microssociedade, uma seita, cujos membros diminuem de 120 mil em 1920 para 28 mil em 1934. O PCF se isola dos partidos de esquerda, e o militante tem de defender a estratégia de classe contra classe enquanto a institucionalização do fascismo italiano e a ascensão do nazismo demonstram a ineficácia da prática ultrabolchevique e a oportunidade de uma vasta aliança antifascista. Em agosto de 1932, Barbusse e Rolland realizam em Amsterdã o Primeiro Congresso Mundial Contra a Guerra Imperialista, e em junho de 1933 realiza-se na Sala Pleyel o Primeiro Congresso Antifascista Europeu, enquanto o PCF, ilhado num gueto, retoma a eterna questão: "Quando tomaremos o poder?". Secretário-geral (desde 1930) do PCF — agora um partido-rebotalho —, Maurice Thorez viu nas jornadas de fevereiro de 1934 a oportunidade de substituir a plataforma "unitária" do anticapitalismo (que não unificava nada nem ninguém) pela plataforma do antifascismo e "de defesa das liberdades republicanas" que, respondendo a uma expectativa, haveria de aumentar novamente o número de seus membros. Foi preciso esperar quinze meses (agosto de 1935) para que o VII Congresso da Terceira Internacional ratificasse essa mudança de orientação, abandonando a estratégia de classe contra classe para erguer a bandeira da unidade com a socialdemocracia e a pequeno-burguesia na luta antifascista. Nas eleições de 1936, o PCF colhe os frutos de sua guinada: 1,468 milhão de votos e 72 eleitos (contra 783 mil votos e dez eleitos em 1932), e o número de militantes se aproxima dos 300 mil em novembro de 1936, sem que por isso tenha renunciado à "sua radical estranheza", como diz Annie Kriegel.

Quando a situação é "revolucionária"?

Partido "estranho" que reúne militantes incomparáveis aos dos outros partidos. O comunista milita dentro da empresa, onde sua presença e seu discurso o expõem ao risco permanente de demissão. Ele milita fora do expediente: reuniões de célula, colagem de cartazes, propaganda de porta em porta etc. Ele milita dentro da própria família, o que não deixa de ocasionar conflitos e rupturas. E, acima de tudo, ele se esfalfa em "explicar" as diretrizes vindas de cima, e que lhe são ditadas sem qualquer informação prévia. Qualquer esperança de promoção lhe está vedada na sociedade "burguesa" da qual ele se diz o coveiro. Censuram-lhe ser o prosélito de uma sociedade totalitária, mas sua vida cotidiana expressa um engajamento político absoluto. Quem pode assumir, a longo prazo, uma tal ascese? O homem novo? Mas este poderá nascer no "esterco capitalista" que oferece progressivamente aos proletários uma parcela não desprezível das delícias da sociedade de consumo? Compreende-se que a história do PCF se caracterize pelo *turnover*. Todo ano, e principalmente em cada "crise", ocorrem demissões e adesões. A permanência dos membros (quando existe) não deve ocultar que, afora os permanentes e um núcleo constante de militantes, os comunistas de hoje não são os mesmos de ontem, nem os de amanhã. Sair do Partido é um dilaceramento (a pessoa perde seus amigos, e conseguirá fazer novos?) e um risco (as sereias do anticomunismo estão prontas a recebê-lo em troca do relato de seus sofrimentos e a confissão de seu rancor). O militante comunista sem dúvida se sente diferente, certamente superior, pois seu horizonte não se limita ao Tour de France, ao futebol e à "grande farsa": ele participa de um projeto redentor da humanidade. Mas quando chegará essa parúsia laicizada? Quando a situação será "revolucionária"? Ela logo deixa de sê-lo, após a Primeira Guerra Mundial, após a vitória da repressão na Alemanha e o fracasso das grandes greves no Norte da Itália. Em 1936? Não é revolucionária; a defesa periférica da União Soviética e o risco de um golpe de tipo franquista recomendam a moderação. A Libertação? A presença das tropas aliadas e as diretrizes de Moscou impõem o tripartismo. Em 1947 e com a demissão dos ministros comunistas? Os americanos estão sempre ali, com suas tropas, sua ajuda temporária e logo o Plano Marshall. 1958? Os partidos políticos ficam encantados em passar para o general De Gaulle o cuidado de resolver o "problema argelino", e o PCF não convence ninguém ao identificar o gaullismo com o fascismo. 1968? É uma revolta lúdica dos filhos mimados da burguesia, que não tem nada a ver com a luta de classes. Nos 65 anos de existência do PCF, a situação nunca foi "revolucionária". Então, o militante cansa de ficar sempre esperando e não aguenta mais os gracejos dos partidários ("realistas") do prazer imediato.

Parúsia laicizada e "socialismo real"

E como justificar o que se passa na pátria do "socialismo real" e as diretrizes que dela emanam? Os grandes expurgos do pré-guerra? Os acusados eram culpados, visto terem confessado. O pacto germano-soviético de agosto de 1939? É a debandada e a hemorragia dos militantes. A participação eficaz do PCF na Resistência o reabilita. Em 1946, é o apogeu: com 28,6% dos votos declarados e 166 deputados nas eleições legislativas de novembro, o PCF é o primeiro partido da França em número de votos e cadeiras. Alguns anos depois, chega da União Soviética a nova vulgata: o CME, ou o capitalismo monopolista de Estado; o capitalismo se estagna, pois assim acaba de afirmar o XIX Congresso do PC soviético. A periodização dessa crise inelutável é a seguinte: 1917, primeira etapa, com o nascimento de um Estado socialista; 1945-1949, segunda etapa, com a ampliação do campo socialista que vai da linha Oder-Neisse até o mar da China. A partir de 1950, terceira etapa: o movimento mundial de emancipação dos povos colonizados inaugura a passagem do socialismo para a escala mundial. O capitalismo ingressou num processo de autodestruição irreversível: fim do desenvolvimento científico e tecnológico, retração da produção, baixa da taxa de lucro provocada pela maior acumulação etc. Em 1956, o outubro polonês e o novembro húngaro. Comentando o esmagamento da insurreição húngara, *L'Humanité* lança a manchete "O sorriso de Budapeste". G. Mury confidencia a J. T. Desanti: "Mas isso não pode ser verdade, porque, se fosse, minha vida, nossas vidas perderiam o sentido. E é impossível". Era verdade e era possível. "Tudo se desmoronou", conta Jean-Toussaint Desanti, "não foi um incêndio, foi um terremoto." E a renúncia de numerosos militantes se acelera ainda mais com a análise imposta pelo PCF sobre a volta do general De Gaulle ao poder. No número de junho de 1958 dos *Cahiers du Communisme*, Roger Garaudy lembra que "o RPF [Rassemblement du Peuple Français (Reunião do Povo Francês)] representava as características sociais de um partido fascista" e, no número de agosto da mesma revista, Maurice Thorez afirma que, "desde 1º de junho, a França conhece um regime de ditadura pessoal e militar que lhe foi imposto pela força e pela ameaça [...]. Os 'sim' de 5 de outubro serão 'sim' ao fascismo". O PCF decreta a mobilização geral de todos os seus militantes, pede-lhes que renunciem a suas férias e dediquem os meses anteriores ao *referendum* à "luta contra a ditadura [...], pois trata-se do futuro de nosso povo, do futuro de nosso país". Os franceses saem tranquilamente para as férias, e em 5 de outubro a nova Constituição é adotada por 79,25% dos votos declarados. Nas eleições legislativas de novembro, o PCF não recebe mais do que 20,5% dos votos declarados, e a nova lei eleitoral pragmaticamente imposta pelos gaullistas (escrutínio uninominal majoritário em dois turnos) reduz a representação comunista a dez deputados (enquanto os independentes, com 15,4% dos votos, ganham 130 cadeiras). Dois anos depois, a brutal reconvocação dos cooperantes soviéticos que trabalhavam na China enterra o sonho ecumênico expresso pela segunda etapa do CME.

Em maio de 1968, o PCF denuncia um provável acordo entre o esquerdismo, a CIA e a tecnocracia. No número de setembro de 1968 de *La Nouvelle Critique*, Pierre Juquin escreve:

> A grande burguesia é especialista em manipular o esquerdismo. Vejam *Le Monde*. Ouçam a Rádio Europa 1. Começam a transpirar algumas informações sobre o papel do Ministério do Interior e da CIA nos acontecimentos de maio [...]. Frequentemente opera-se, e muito profundamente, uma conjunção entre o esquerdismo e a tecnocracia: é o caso do PSU [Parti Socialiste Unifié] e da direção Geismar-Herzberg do SNE-Sup [Syndicat National de l'Enseignment Supérieur]. [...] Demagogos, os esquerdistas são os piores inimigos do povo.

Em seu discurso de 30 de maio, transmitido pela rádio às quatro e meia da tarde, o general De Gaulle anuncia a dissolução da Assembleia Nacional e, meia hora depois, R. Ballanger, presidente do grupo comunista, anuncia que o jogo eleitoral terá a participação do PCF; o qual, segundo o que acaba de dizer o velho general, "pretende impor, no desespero nacional, o poder do comunismo totalitário". Em agosto de 1968, as tropas do Pacto de Varsóvia invadem a Tchecoslováquia, fruto estival da "Primavera de Praga". Em resumo: quer se trate da assinatura do Programa Comum (26 de junho de 1972), de seu rompimento (23 de setembro de 1977), da invasão do Afeganistão (1979), das acusações de Marchais contra seu adversário socialista no primeiro turno das eleições presidenciais de 1981, da aliança entre eles no segundo turno, da participação de ministros comunistas no governo Mauroy, de sua recusa em participar do governo Fabius — são tantos acontecimentos que obrigam o militante a adaptar seu discurso... ou o levam a abandonar o Partido.

RENEGAR?

Houve aqueles que "acreditavam" e os que, não acreditando mais, saíram discretamente do Partido. Seus modelos podem ter sido Stálin, Mao ou Castro, justificando durante anos suas esperanças num mundo que já não seria dominado pela tragédia, pela impotência e pela ilusão. Houve aqueles que, na pós-adolescência, passaram pelo Partido antes que alguma preocupação pela carreira os levasse a renunciar à utopia; aqueles que, por momentos, encontraram no Partido a família que lhes faltava; aqueles que, tendo construído sua identidade sobre os alicerces da tradição judaico-cristã, não puderam dispensá-los sem um esteio que lhes permitisse a transição; aqueles que, após a guerra, aderiram para matar o pai, que era petainista. E acima de tudo houve — e há — os que, operários e filhos de operários, sabem muito bem que são pequenas suas possibilidades, tanto para si como para seus filhos, de sair da "condição" em que o acaso os fez nascer.

Mas há também aqueles e aquelas que calculam o proveito que poderiam extrair de seus antigos engajamentos. O que surpreende não é o fascínio que o comunismo soviético exerceu sobre a intelectualidade francesa. Fruto de milênios de judeo-cristianismo, ela continuava à espera de uma nova parúsia. O surpreendente é que os especialistas do erro se transformem em detentores da verdade. Quando comunistas, estavam prontos a abrir as portas dos gulags para encerrar os que duvidavam da probabilidade de uma "superação" dos horrores do momento. Tornando-se esquerdistas na época de 1968, fundiram sincreticamente seu anticomunismo e seu antiamericanismo num espontaneísmo investido da missão de dar à luz uma sociedade nova e justa. Voltando aos sentimentos de seus pais, acolhidos com o fausto dos meios de comunicação que cabe aos filhos pródigos, eles atraíram seus pares para a via da aliança com os "valores" tradicionais, restaurados, reformados. Falando dos membros dessa seita e do fervor cego que os exalta, Claude Mauriac, que é insuspeito de malícia ou de criptocomunismo, se pergunta quanto tempo haverá de durar o mutismo deles, "como se uma longa cegueira, um longo silêncio concedesse aos que finalmente se libertaram de suas vendas e mordaças o direito de decidir sozinhos sobre o bom caminho daqui por diante".[18] Quando um comunista de certa fama acaba de cruzar essa linha e, ontem defensor, hoje se torna flagelador, só podemos invocar as palavras de Joyce:

> Se Pirro não tivesse caído em Argos sob o gesto de uma megera ou se César não tivesse sido apunhalado de morte. O pensamento não pode anulá-los. O tempo os marcou com seu ferro e lhes colocou seus grilhões, eles estão encerrados na cela das possibilidades infinitas que excluíram. Mas eram possíveis essas possibilidades que não vieram a ser? Ou a única possibilidade era a que veio a ser? Tece, tecedor de vento.[19]

G. V.

NOTAS

1. D. Desanti, *Les staliniens, une expérience politique, 1944-1956*, Paris, Fayard/Marabout, 1975, p. 270.

2. A. Harris e A. de Sédouy, *Voyage à l'intérieur du parti communiste*, Paris, Seuil, 1974, p. 34.

3. D. Desanti, op. cit., pp. 513 e 520.

4. Citado por M. Lazard, "Le mineur de fond. Un exemple de l'identité du PCF", *Revue Française de Science Politique*, abril de 1985, pp. 190-205.

5. L. Casanova, *Le PCF, les intellectuels et la nation*, Paris, Éd. Sociales, 1949, pp. 67-8.

6. D. Desanti, op. cit., p. 205.

7. Ibid., p. 206.

8. Ibid., p. 36.

9. H. Marcuse, *L'homme unidimensionnel*, Paris, Éd. de Minuit, 1968, p. 76. [*Ideologia da sociedade industrial*: *O homem unidimensional*, Rio de Janeiro, Zahar, 1967.] Aqui retomamos, quase literalmente, o desenvolvimento que demos a esse problema em *Les jeux français*, op. cit., pp. 256, 257, 272-3.

10. D. Desanti, op. cit., p. 33.

11. A. Harris e A. de Sédouy, op. cit., p. 35.

12. A. Kriegel, *Les communistes français* (*1920-1970*), Paris, Seuil, coleção "L'univers historique", 1985.

13. P. Robrieux, *Maurice Thorez, vie secrète et vie privée*, Paris, Fayard, 1975, p. 365.

14. G. Sorel, *Réflexions sur la violence*, Paris, 1908, p. 55.

15. M. Malia, *Comprendre la Révolution Russe*, Paris, Seuil, 1980.

16. H. Lefebvre, *La somme et le reste*, La Nef de Paris, 1959, vol. I, p. 73.

17. Sobre este problema, cf. H. Chambre, *Le marxisme en Union Soviétique*, Paris, Seuil, 1955, pp. 468 e ss., e H. Carrère d'Encausse e S. Schram, *Le marxisme et l'Asie, 1833-1954*, Paris, A. Colin, coleção "U", 1965, que, com textos de apoio, estudam o deslocamento do epicentro do comunismo do eurocentrismo para o asiocentrismo.

18. *Le Monde*, 7 de julho de 1977.

19. J. Joyce, *Ulysses*, Paris, Gallimard, 1929, p. 28. [*Ulisses*, Rio de Janeiro, Civilização Brasileira, 1967.]

SER JUDEU NA FRANÇA

Se um homem lê pela manhã dois parágrafos da Lei e outros dois ao final da tarde, e se durante o dia todo ele se entrega a seu trabalho, isso lhe é considerado como se tivesse cumprido a Torá em sua integridade.
Tankhouma Bechallakh, 20

PROBLEMÁTICA

Vida privada ou vidas privadas?

A perpetuação da judeidade ao longo das perambulações milenares, todas elas marcadas pelo selo da perseguição, chegando ao genocídio da Segunda Guerra Mundial, levanta a hipótese que sustentará nossa argumentação: considerados os imperativos de sobrevivência das comunidades que impunham adaptações ao meio circundante, é no espaço restrito da vida privada (espaço submetido à alta vigilância da cultura "dominante" sempre hostil, mas, mesmo assim, um espaço de liberdade, pois tal controle se choca com uma irredutibilidade fundada num determinado segredo) que se situa esse "cerne" que dá continuidade ao judaísmo entre a diversidade daquilo que, outrora, chamavam de "judiarias". O "chocante" desse "empedernimento" (Bossuet) é um dos fundamentos do antissemitismo. O estudo dos judeus franceses remete, pois, a uma problemática específica, sendo incomparáveis os sentimentos de hostilidade ou de simpatia por eles despertados. Vladimir Jankélévitch podia, a nosso ver, afirmar legitimamente que, se a xenofobia é o medo — ou mesmo o ódio — do outro, o antissemitismo expressa a aversão que nos inspira uma parte de nós mesmos.

Haverá alguns lugares do privado particulares do judaísmo? A resposta é afirmativa, porque, espionada pelo olhar inquisidor, a esfera do privado deve ser mais secreta. Às fronteiras espaciais e culturais que, tradicionalmente, separam o público e o privado acrescenta-se uma terceira: a política, na acepção ampla de vida na cidade. "Judeu em casa, cidadão fora", dizia-se no século XIX, nessa França onde, sendo o particularismo judeu menos acentuado do que em outras partes, e isso antes mesmo da Emancipação, o privado judeu era o lugar em que se perpetuava uma identidade ameaçada pela assimilação e pela exclusão.

Nossa reflexão se depara com uma primeira questão (e a resposta não é evidente): quem é judeu? Judeu francês ou francês judeu, quantos são eles? Segundo as estimativas mais recentes, entre 535 mil e 700 mil. O recenseamento exato dessa "comunidade" (mas ela existe?) desencoraja qualquer iniciativa estatística. Em primeiro lugar, incerteza qualitativa, a seguir multiplicidade das definições (religiosa, sociológica ou antissemita). Faz-se necessário escolher, e portanto simplificar. Aqui, chamaremos de judeus àqueles que se consideram ou são considerados como tais. A multiplicidade de definições do "judeu" é uma expressão significativa e informativa de uma realidade: a diversidade dos modos de pertença ao judaísmo. O estudo dessa diversidade se choca com um obstáculo: a lacuna das fontes para o entreguerras, período em que os judeus de velha cepa francesa e imigrantes ávidos pela nacionalidade francesa, pouco dispostos a mostrar suas "diferenças", assumiam sua judeidade na esfera do privado, com uma discrição que não deixava traços. No pós-guerra, o judaísmo cotidiano se torna mais visível, tendo o genocídio condenado (provisoriamente) o antissemitismo ao silêncio. Isso significa que a história complexa da minoria judaica (ou da soma de várias minorias) é inseparável da história da sociedade global que a aceita, a desconhece, a rejeita, fecha os olhos à sua aniquilação, conforme o ritmo dos conflitos internos ou externos.

Falando de si, o judeu tem um discurso espontaneamente "sociológico": assim mostram as pesquisas. Falando do judeu, o antissemita — disfarçado, inconsciente ou declarado — salienta as diferenças. Enquanto o gueto delimitava um espaço judeu coercitivo onde se fundiam o público e o privado, com a Emancipação o judeu francês passa a se definir essencialmente pelo lugar que o judaísmo ocupa em sua vida privada. Isso significa que, para captá-la, somam-se os obstáculos e impõem-se as simplificações. O leitor fica assim informado de que, neste texto, irá encontrar hipóteses, mais do que certezas.

Uma vida privada sob o signo do sagrado?

Seria tentador afirmar que o privado no judaísmo contemporâneo é, *por essência*, religioso. Numa primeira abordagem, o imbricamento do sagrado (o domínio inviolável do sentimento religioso) e do profano (o que está "fora do Templo", portanto estranho à religião) pode ser visto como constitutivo da especificidade judia. Mas tal abordagem é aparentemente contraditória, pois é difícil discernir a osmose que poderia se dar entre duas categorias que participam respectivamente da interioridade (a vida espiritual) e da exterioridade (a vida cotidiana), no caso do judeu agnóstico ou ateu. Este (não falamos do judeu "oculto", que não entra no campo de nossa reflexão), por certas práticas (festivas, por exemplo: ele comemora o Rosh-Hashaná e o Yom Kippur; ou alimentares; ele exclui a carne de porco da mesa familiar, mesmo que a consuma em outros lugares), assume seu judaísmo e lembra, tanto a si quanto aos outros, sua vinculação à "comunidade". Em outros termos, se o conteúdo manifesto das práticas por ele observadas de forma intermitente é laicizado, seu conteúdo latente expressa um apego indefectível (e portanto transcendendo o tempo e o espaço) ao povo "eleito". O esteio do ritualismo preserva o judeu (quase "assimilado") das fantasias da interioridade; religioso "sem saber", ele virá a sabê-lo caso se esboce uma nova ameaça contra Israel ou contra tal ou qual fração da Diáspora, visto que esse novo avatar do *pogrom* o reencontrará ao lado dos judeus crentes e praticantes, que então caberá considerar como seus correligionários. O povo judeu funda a identidade humana sobre um projeto moral. Como a Lei escrita (Torá) e oral (Talmude) regulamenta todas as manifestações da vida cotidiana (alimentação, sexualidade, educação, festas, vida social etc.), pode-se falar em "sacralização" da vida privada.

Pedagogia do abstrato e dialética tradição/modernidade

Todavia, embora esse ritualismo assuma, nas regras precisas por ele ditadas, um aspecto que alguns poderão julgar "folclórico", ele é uma "pedagogia do abstrato" (G. Hansel). Com efeito, o caráter distintivo dos atos prescritos ou proibidos pela Torá resulta de uma pedagogia simplificadora, em que figuram apenas obrigações interpretadas em termos abstratos.

Se a Lei introduz regras e limitações, nunca fala em supressão radical. No equilíbrio assim instaurado, ela não exalta nem o ascetismo nem a mortificação. A introdução do comedimento e do livre-arbítrio funda uma ética da responsabilidade, onipresente na religião judaica, que não conhece a ideia de "dispensa". Essa noção do dever se confunde com a ideia de eleição. O conceito de "povo eleito" remete, de fato, mais à existência de deveres do que de direitos. O judaísmo é uma religião do esforço, em que cada um é responsável por seus atos diante da coletividade. As relações com Deus se dão em primeiro lugar na relação com o outro, ideia desenvolvida na filosofia de Emmanuel Levinas.

Esse primado do religioso (no sentido definido acima, de práticas consciente ou inconscientemente investidas de "religiosidade") tem sua origem numa dialética entre tradição e modernidade, que preserva o papel central do texto bíblico. A existência de uma Lei oral permite adaptar as prescrições escritas às condições renovadas do sucessivo desenrolar do tempo, assim impedindo que os ensinamentos da Torá caiam em desuso. No centro dessa dialética se encontra a "prática" da discussão. Desde que esta se inscreve sob a égide do comentário, mesmo que se trate de uma definição formal, destinada a mascarar um processo de recriação das normas, a discussão se torna dedução, e as novas leis adquirem um caráter tão sagrado quanto a Lei revelada, da qual emanam.

É essa relação com o texto bíblico que imprime a marca religiosa em todas as manifestações de pertença à comunidade. Agnóstico ou ateu, o judeu que se inscreve em sua comunidade participa, pois, de um rito que exprime a fé ou, mais simplesmente — laicamente —, celebra a vitalidade do grupo outra vez reunido. As práticas de culto judaico naturalmente não escapam à insatisfação que atinge as outras religiões monoteístas, à exceção do islamismo. Mas a "distinção" essencial se mantém: o judeu que "perdeu a fé", que deixou de ser praticante, continua a ser judeu, para si e para os outros.

Que tipologia?

Como na França os recenseamentos deixaram de incluir, desde 1872, perguntas sobre a filiação religiosa, é impossível calcular com precisão os que se afirmam religiosos. Segundo uma pesquisa feita na década de 1970, a minoria que fundava sua observância dos rituais na crença religiosa não chegava a 20% da comunidade, numa porcentagem equivalente à do grupo que não observava nenhuma prática. Quanto aos demais, a observância parecia ter um caráter mais social do que religioso.

Em suas expressões mais privadas, o judaísmo assume múltiplas faces. Já em 1919, a religião não é mais expressão global da judeidade francesa. A parcela ortodoxa da comunidade, embora minoritária, compõe o modelo mais distintivo e, portanto, mais específico de uma vida privada judia. Quanto aos outros modos de participação do judaísmo, aqui será impossível esgotar sua imensa diversidade. Contentar-nos-emos em invocar a tipologia proposta por Dominique Schnapper, que distingue entre os *praticantes*, de judaísmo metafísico e religioso, e os *militantes*, politicamente engajados na existência do Estado de Israel. O último termo da tríade engloba os judeus cuja vinculação ao judaísmo assume formas mais vagas. Designados pelo termo "israelitas", serão aqui considerados como os judeus da lembrança, a fim de evitar qualquer equívoco com uma situação histórica determinada. São tradicionalistas apenas pelo respeito que dedicam aos ritos de passagem. Quanto aos comumente chamados de "judeus envergonhados", evitaremos denominá-los dessa maneira: em primeiro lugar, porque não se sabe se é uma vergonha de ser judeu ou uma vergonha de dissimular sua judeidade; em seguida, porque muitos deles foram separados dos pais durante a infância, com o fito de escaparem ao genocídio, tendo se criado no catolicismo e assim perdido suas raízes judaicas; finalmente, porque alguns tiveram uma avó materna da Borgonha ou da Bretanha, da qual ignoram o sobrenome de solteira. Não sendo possível identificá-los, eles escapam a qualquer investigação, mas pode sobrevir algum fato — uma pesquisa genealógica, a Guerra dos Seis Dias — que os colocará diante de seu enigma identitário. Sem esquecer a existência de costumes e rituais específicos de cada "comunidade" — ou microcomunidade —, concentraremos nosso estudo, para simplificar e nos manter dentro dos limites que nos foram dados, sobre os israelitas e imigrantes judeus do entreguerras e os judeus franceses desde a Segunda Guerra Mundial.

Um privado que vive de modo coletivo

Espaço simbólico, questão de sobrevivência do grupo, a vida privada é também objeto de controle, e mesmo de intervenções. Embora cobrindo uma área capaz de invadir o público, nem por isso ela se torna mais íntima. "Eleitos" por Deus enquanto povo, os judeus são coletivamente responsáveis por seu destino. O judeu goza de pleno livre-arbítrio no que concerne ao respeito pela Lei, mas permanece sob os olhos do grupo. É na célula familiar, fundamento da vida social, que se harmonizam a liberdade e o controle.

A personagem da "mãe judia" reina na intimidade familiar. Símbolo do afeto exagerado, da abnegação culpabilizadora, ela é a heroína da família judia. Com efeito, ela assume uma das questões fundamentais do judaísmo: a transmissão. Em sua "cozinha-gineceu" (J. Bahloul), submetida às mesmas regras de pureza de um local santificado, ela reconstitui a ordem sagrada do mundo.

Mais do que um espaço funcional, é um espaço social onde se recriam indefinidamente os fundamentos de uma ordem coletiva. É também o lugar de reelaboração da história familiar. Ao abrigo da curiosidade masculina, as mulheres aí trocam conversas íntimas... e receitas que perpetuam a memória familiar dos gostos e sabores. Essa falta de mediação no ensino do judaísmo, uma parte do qual é assumido pela mulher, constitui uma de suas forças. A pessoa se mantém ligada às tradições não tanto por sua significação religiosa, mas principalmente por seu simbolismo pessoal. Ao reconstituir o mundo da infância, por meio de seus odores e sabores, a memória individual reencontra o rito.

À mesa, o judeu aprende sua "diferença" e a história de seu povo. As regras de abate ritual da carne remetem à proibição de matar (deve-se retirar o sangue, princípio vital, para que a carne se torne comestível). Da mesma forma, é do princípio do respeito pela vida que deriva a separação entre pratos de carne e de leite, numa oposição que remete à proibição do incesto. São normas que, indo muito além de um código alimentar, expressam uma cosmogonia.

Cada prato, cada sabor é um elemento de memória. Memória do sagrado, memória do passado. A mesa é o lugar pedagógico de uma religião da narração. As festas lembram acontecimentos que marcaram a história do povo judeu, e que são representados nos pratos. Assim, no Rosh-Hashaná (Ano-Novo judaico), após a bênção do pão e do vinho, o consumo de uma maçã embebida em mel simboliza o voto de um ano doce. A data evoca a bondade de Deus, ao frustrar os planos dos inimigos de Israel. A romã e o peixe são símbolos de prosperidade. O cordeiro, por fim, relembra o sacrifício de Isaac. A refeição do Pessach (a Páscoa judaica), ou seder (ordem), ilustra em suas cores e sabores a amarga escravidão no Egito e a pressa em fugir.

A oração, o estudo, a ação e o tempo

Todo judeu que atingiu sua maioridade religiosa, reconhecida pelo bar-mitzvá, é chamado a interceder com suas orações em prol da comunidade. À mulher sacerdotisa do lar corresponde, assim, a figura do oficiante, que não tem estatuto sacerdotal. A oração e o estudo se fundem na celebração religiosa, numa união significativa do sagrado e do profano. O grupo ocupa aqui um lugar primordial. A oração requer a presença de um *minyan* (dez homens religiosamente maiores). Tal como o culto, o estudo também não se faz na solidão, e os justos assumem, na tradição, a figura de homens de estudos. O valor espiritual e moral do estudo da Lei e dos 613 mandamentos (248 positivos, 365 negativos) que regulamentam o cotidiano não é menor do que seu valor prático. A união entre a prece e o estudo remete a um outro par: o do estudo e da ação. Nessa religião da redenção ativa, em que o homem recebe a missão de transformar o mundo, a ação não é desvalorizada frente ao estudo. Por ser um convite aos comentários, ao enriquecimento de um questionário sempre renovado, ele requer a intervenção de diversas vozes. Não existe nenhuma interdição ao pensamento: "O judeu é o homem que responde a uma pergunta com uma outra pergunta" (E. Jabbès). A unidade da Lei não impõe a unanimidade das interpretações. Solicitado, o comentário não é paráfrase do Livro, mas uma recriação sua à dupla luz da tradição e da modernidade.

O tempo concedido ao judeu (a duração de sua vida) deve ser utilizado para esse duplo fim de transformação e santificação do mundo, e portanto consagrado ao estudo e à ação, numa proporção que corresponda à natureza de cada um. No sentido mais profundo, não se deve "perder tempo" em hipótese alguma. Existe, pois, um tempo profano que se inscreve na historicidade, um tempo sagrado que transcende a história e, talvez, um tempo intermediário, marcado pelas ameaças e perseguições, que é o tempo da história do "povo eleito". E é nesse "terceiro tempo" que se legitima a aquisição de um saber profano, do qual pode depender a sobrevivência do judeu e de sua comunidade. O judeu sabe que o "outro" é uma ameaça permanente, um delator potencial (como mostrou a Ocupação). É necessário, assim, possuir aquilo que ninguém pode tirar, salvo pela morte: o saber... talvez um violino, em suma, algo que seja transportável.

Na fronteira entre o público e o privado, o culto dos diplomas, forma secularizada do lugar do estudo na tradição, continua a ser uma especificidade do "povo do Livro". As ameaças que pesam sobre a comunidade exigem do judeu — para prevenir as possíveis e prováveis agressões — que ele pense o mundo e se pense nele. O que implica uma inserção (para sentir) e um distanciamento (para avaliar). Não existe uma "inteligência" judia que pertença a uma "raça" inexistente, e sim uma extrema atenção ao que é e ao que pode vir a ser. Essa atenção é um produto cultural que o antissemita chama de "curiosidade". É ela, sem dúvida, que explica o lugar ocupado pelos judeus na elaboração dos conceitos, cuja história ainda está por ser escrita. Todo conceito novo introduz por algum tempo a desordem do pensamento. Aí se encontra uma das raízes — raramente mencionada — do antissemitismo: nunca será suficiente insistir sobre o papel do hábito na vida social e sobre a perturbação provocada pelas novas ideias.

A oração em grupo e o estudo em comum são a expressão religiosa de uma solidariedade que, dentro de cada comunidade e entre todas as comunidades da Diáspora, permitiu a sobrevivência de um povo milenarmente agredido. Pois, antes da eliminação nazista de todas as "exceções", sempre existiram judeus menos expostos que prestavam auxílio e socorro a seus correligionários mais ameaçados. Essa solidariedade pode levar — em seu ponto-limite — à erradicação de qualquer vida privada. É o caso das comunidades ortodoxas dos hassidim, em que as fronteiras habituais do privado (habitação fechada, círculo familiar etc.) se esbatem até desaparecer. Pode-se então falar numa dimensão coletiva da vida privada.

Seu traço mais notável, na França do século XX, é a interdição que pesa sobre a exogamia. O casamento exogâmico coloca em risco a coesão de qualquer minoria. Sua interdição é certamente religiosa, mas expressa também preocupações identitárias. Casar na sinagoga é manifestar publicamente sua ligação com a comunidade. Segundo uma pesquisa feita em 1973 por A. Memmi, 82% dos judeus entrevistados tinham se casado no religioso. Embora esteja subindo, o índice de casamentos mistos continua inferior ao das outras minorias. Seu incontestável aumento expressa um desejo de integração na sociedade nacional. É o que mostra o caso de uma comunidade tão estruturada como a de Estrasburgo onde, nos anos 1960, 60% dos casamentos eram mistos. Estes, aliás, não acarretam a conversão, sendo que os rabinos consistoriais da França rejeitam a conversão do cônjuge exógamo (ao contrário da sinagoga liberal). Hoje [1985], contam-se em média dez conversões ao judaísmo por ano, ao passo que mais de 4 mil pessoas abraçam anualmente a religião cristã. Essa rigidez do rabinato é de se lamentar, pois, segundo pesquisas realizadas por D. Bensimon e F. Lautman em 1972, os casais em que um dos membros é convertido ao judaísmo são mais praticantes do que os casais "totalmente" judeus.

Casamento e conversão — dois atos privados — se mantêm, portanto, sob controle do grupo. O que não exclui a possibilidade de uma vida secreta, que escapa ao olhar público e à esfera do privado judeu, vida secreta que seria o lugar de eventuais transgressões. A necessidade de viver o tempo presente — e de sobreviver nele — está na origem de um eterno jogo com a norma. Desde a mulher cosmonauta, autorizada pelo rabinato de Israel a participar de uma missão espacial em agosto de 1984 — não havendo shabat no tempo sideral —, até a vida mais cotidiana. As regras alimentares, por excluírem qualquer convívio em torno de um alimento não-kosher e dificultarem as relações de amizade e trabalho, são amiúde contornadas. Esse jogo transgressor tem sua positividade, visto que sempre certos membros da comunidade, vivendo à "margem", permitiram, com suas atividades profissionais, o sustento dos judeus ortodoxos. Assim, encontramos essa dupla temporalidade, expressão da dialética tradição/modernidade, à qual é preciso se adaptar. Mas persistem as práticas que relembram a superioridade do tempo espiritual sobre o tempo profano: o ciclo semanal pontuado pelo shabat, o ciclo festivo anual, a cabana construída dentro de casa para a festa de Sucot e que lembra ao judeu que, mesmo em seu lar, ele está no exílio.

Essa dialética tradição/modernidade, de onde deriva uma dupla temporalidade, leva, de certa maneira, a um comportamento esquizofrênico do judeu. O tempo social vem a se chocar com o tempo tradicional, o da intimidade. Esse entrechoque tem sua pequena história. Com efeito, o que é o humor judaico senão a narrativa para si mesmo da aventura do pequeno povo do gueto no vasto mundo?

O espaço da vida privada conheceu na história contemporânea dos judeus franceses variações decorrentes de sua inserção na comunidade nacional. Mais amplo para os judeus vítimas do crescente antissemitismo do entreguerras (pode-se assim incluir na vida privada as relações sociais e socioprofissionais determinadas pela condição judaica), ele se restringe à medida que aumenta a integração na sociedade. Sendo, após 1945, diferente do que era nos anos 1920, ele também varia para os judeus de velha cepa francesa e para os imigrantes. É a história desse espaço, de fronteiras incessantemente redefinidas, que iremos esboçar.

OS JUDEUS NO ENTREGUERRAS

Os judeus de velha cepa francesa 1920-1939

É um judaísmo sereno que vem a ser perturbado pela chegada de seus correligionários perseguidos. Ele se desenvolve no seio de uma República graças à qual adquire direito de cidadania e da qual é ardoroso defensor. E se os ecos dos furores do caso Dreyfus ainda se fazem ouvir, a reabilitação do capitão em 1906 simboliza, aos olhos dos judeus, a vitória dos valores universais da Revolução sobre o arbítrio do Estado, mesmo que republicano. Falando desses "judeus felizes" anteriores a 1940, Dominique Schnapper escreve que,

> por um milagre histórico, pelo qual davam graças aos céus e à França, eles puderam conservar a lembrança de um judaísmo

ao qual se mantinham fiéis por dignidade, no interior de um enraizamento francês — enraizamento no qual se reconciliavam a singularidade de seu patriotismo e a universalidade dos valores da Revolução. A França dos Direitos do Homem e da Emancipação de seus antepassados resolvia o problema de sua identidade, judia pela lembrança e francesa por paixão, de sua fidelidade ao passado e ao presente.[1]

De 1919 a 1939: vinte anos de profundas mutações. À comunidade judaica francesa vêm se somar, e não se identificar nem se fundir, grupos judeus oriundos da Europa Central e Oriental. Para além dos contatos oficiais, a comunidade tradicional e os membros da nova Diáspora não mantiveram mais do que relações de indiferença, ou mesmo de hostilidade, e seus modos de vida continuaram mutuamente impermeáveis. Esses dois grupos em tudo e por tudo opostos — demografia, posição econômica, situação cultural — coexistiam à distância, cada qual respondendo a suas leis. Assim, foi uma judeidade atravessada por graves tensões internas que enfrentou a crise dos anos 1930.

Sem equivalente em nenhuma língua, o termo "israelita", então forjado pelos judeus, designa a originalidade da realidade francesa: uma síntese feliz entre a nação e seu judaísmo enraizado, excluindo os novos imigrantes. Quanto a estes, os judeus franceses se empenham em se diferenciar deles perante a opinião pública, ao mesmo tempo tentando lhes fornecer um modelo para a via da integração. Essa nova definição do judaísmo francês apela a um duplo enraizamento no território e na história nacionais. Reescrevendo, através de sua própria genealogia, a genealogia das origens do judaísmo francês, os israelitas ocultam sua ascendência estrangeira para privilegiar em seus relatos os antepassados franceses. Dois símbolos, entre outros, da simbiose entre a França e sua judeidade: Durkheim dá aulas na Sorbonne e Bergson é eleito em 1914 para a Academia Francesa. Existe na comunidade uma hierarquia implícita que reconhece a superioridade das velhas famílias do Franco-Condado, de Bordeaux ou de Metz.

Mas nela se inserem aqueles que, tendo chegado depois de 1870, combateram na Primeira Guerra Mundial. Em agosto de 1914, 10 mil judeus estrangeiros se apresentam como voluntários, e 4 mil deles são incorporados à Legião Estrangeira antes de receber autorização de ingressar nos batalhões franceses. Sofrendo duras provas nos combates, o judaísmo francês participa da euforia da vitória: até Barrès rende homenagem a seu patriotismo! Judeus de velha cepa francesa e judeus de estabelecimento mais recente, separados no pré-guerra, agora se reencontram e reivindicam a denominação comum de "israelitas".

Ausentes da vida pública, confinadas na intimidade privada, as tradições judaicas regem também as relações sociais e as reuniões familiares. A rede de relações dos israelitas, de fato, é mais semelhante à da geração anterior do que da burguesia católica da época. Mesmo que aparentemente sejam introduzidos em todos os meios, suas relações dentro da comunidade continuam privilegiadas. O judaísmo francês do entreguerras é um judaísmo "paroquial", fundado numa prática mais social do que religiosa, concentrado na sinagoga, menos como local de orações do que como espaço de reunião. Assim como para a burguesia católica, a visita semanal à sinagoga ou a participação nas obras de caridade ocupam o centro das práticas sociais. Diminui a quantidade de cerimônias de bar-mitzvá e de casamentos religiosos. Os rabinos consistoriais (trinta em 1905, dezessete em 1931) celebram em média oitocentos enterros e quatrocentos casamentos por ano. Todavia, a endogamia persiste, mesmo entre os não-religiosos, a qual se explica tanto pelo sagrado quanto pela exiguidade do meio. São raros os que, como Julien Benda, lembram ter conhecido não-judeus na rede de relações de seus pais. No entanto, as fronteiras entre categorias sociais, na burguesia judaica, são menos estanques do que na burguesia católica, o prestígio dos diplomas compensando o parco capital monetário. De condição "modesta" (seu pai era um músico de origem polonesa), Bergson se casa com a filha de um dirigente do banco Rothschild; Lucien Lévy-Bruhl, filho de um representante comercial, vira genro de um joalheiro rico etc. O casamento "arranjado", particularmente o "casamento duplo" (dois irmãos se casam com duas irmãs), continua em uso. Facilitada pela existência de numerosos israelitas em Paris, a endogamia encontra mais dificuldades na província: daí essas reuniões em sociedade (judeus da cidade, das cercanias, conhecidos de passagem), às quais comparece toda a família, sendo ao mesmo tempo uma apresentação e uma representação.

A periodização da história da vida privada dos judeus não coincide com a da história nacional. Se a Primeira Guerra Mundial acelera o movimento de inserção, que se viu por um momento ameaçado pelo caso Dreyfus, é no começo da Terceira República que, sob o efeito da urbanização (as comunidades rurais se dissolvem gradativamente), assiste-se ao declínio do judaísmo confessional. Todavia, o ardor das convicções republicanas professadas não acarretou de forma nenhuma o abandono das tradições religiosas. Estas continuaram vivas no meio familiar, mas evitando-se qualquer prática ostensiva. Cabe lembrar o papel dos católicos — digamos, de sua grande maioria — no furor antissemita que foi, a um só tempo, causa e efeito do "Caso". Entre seus 106 mil assinantes, *La Libre Parole*, de Drumont, contava com 30 mil padres. Aos olhos de um burguês judeu, republicano e laico, parecia contraditório expressar sua adesão à República libertadora e alardear suas convicções religiosas. Discreto na cena pública, o judaísmo se perpetuou na esfera do privado, sob o reinado da mãe judia, mais ciosa do que nunca em transmitir a tradição. Daí essa confissão de Jules Isaac: "Se eu era judeu, eu o devia principalmente à minha mãe". Desse ponto de vista, a geração que atinge a idade adulta entre as duas guerras permanece fiel à discrição dos mais velhos.

Subsistem entre esses israelitas resquícios de práticas tradicionais que provêm de suas infâncias religiosas. O shabat se diferencia dos outros dias: jantar em família na sexta-feira à noite, cujos pratos, não estritamente kosher, são, no entanto, diferentes dos pratos cotidianos. Cabe-lhes um papel festivo comparável ao do "jargão ancestral", que, como mostrou Marcel Proust, conservava dentro do clã familiar um intenso valor afetivo, mesmo que visto como um defeito perante as pessoas de fora. Comemora-se o Yom Kippur, o Rosh-Hoshaná e o Pessach, mas sem respeitar o ritual ortodoxo. Nos seders (refeições tradicionais da Páscoa), o chefe de família se limita a ler algumas orações e fazer uma reflexão geral sobre a história do povo judeu.

Essa privatização do judaísmo é estimulada pela deficiência do ensino religioso, descurado pelos rabinos franceses, que já não são portadores de nenhuma tradição exegética. O ensino ministrado pelas escolas de Talmude-Torá, pouco desenvolvido, para não dizer inexistente, é de nível medíocre: "Ia-se duas ou três vezes por semana a um rabino e aprendia-se pouquíssimo. Aprendi minha Behaha com dificuldade".

Trata-se, portanto, de uma retradução dos valores tradicionais do judaísmo segundo os princípios da moral republicana. Esse judaísmo de fidelidade nos convida a ser muito cuidadosos quanto ao significado da "assimilação". A educação das crianças retoma de forma laica o enunciado das virtudes bíblicas: respeito pelo conhecimento, dedicação no cumprimento das tarefas e correção moral. Os israelitas perpetuam esse traço característico das famílias piedosas: a religião da cultura. "Os valores da cultura eram predominantes em meu meio. Isso era o sagrado [...]. Cresci numa família do livro" (Lévi-Strauss). Essa adequação das virtudes tradicionais aos valores republicanos explica o relativo fracasso do movimento sionista na França. De 1919 a 1926, entre 94131 imigrantes para a Palestina, apenas 105 são franceses. Esse judaísmo de fidelidade teria se perpetuado na célula familiar? Teria se desagregado em algumas gerações a ponto de desaparecer e de conferir ao termo "assimilação" seu sentido forte? A ruptura introduzida pela Segunda Guerra Mundial impossibilita qualquer resposta.

Da concepção privada do judaísmo decorre a impossibilidade dos judeus franceses de resolver o problema posto pela chegada dos novos imigrantes, bem como de reagir à ampliação do antissemitismo. Uma atuação coletiva no cenário público/político teria colocado em questão a ideologia assimilacionista herdada da Revolução Francesa. Para além da interpretação errônea — mas quem poderia prever sua amplitude? — dos israelitas frente ao fenômeno antissemita, a rapidez dos acontecimentos não permite nenhum *aggiornamento*. A experiência do judaísmo, vivida na intimidade do privado, deixa, a partir dos anos 1930, de ser uma resposta positiva à questão da emancipação e se converte num refúgio ilusório contra o antissemitismo. Daí essa acrimônia dos israelitas em relação aos recém-chegados, "visíveis" demais, cuja presença justificava as zombarias antissemitas. Sentiram-se perturbados apenas com a chegada na França de 60 mil judeus alemães e austríacos a partir de 1933, cujo modelo de emancipação, calcado no exemplo francês, anunciava seu fracasso.

Essa esperança já não era partilhada pelas jovens gerações nascidas após 1910, recusando a ideologia da assimilação em que haviam sido criadas, a qual consideravam responsável pela falta de soluções ao que agora merecia o nome de "questão judaica". Sua definição identitária escolhia um outro caminho, adotando uma expressão coletiva por intermédio dos movimentos de juventude, sendo que o mais importante deles, fundado em 1923, reuniu os "escoteiros israelitas da França". A precipitação dos acontecimentos impediria uma elaboração mais completa dessa nova forma identitária.

Os judeus imigrantes 1920-1939

Nos anos 1920, a França, para a imigração judaica, é um país não de passagem, mas de destino. Entre 1920 e 1939, chegam 80 mil judeus da Europa Central e 15 mil do Oriente. Cifra modesta em comparação ao total da imigração (2%), mas tão considerável para a comunidade judaica francesa que esta teve uma reação de rejeição. Da África do Norte chegam alguns sefarditas que não criam problemas: tendo desde logo abandonado o uso do ladino e falando o francês aprendido na escola da República ou ministrado pela Aliança Israelita Universal, eles são mais próximos dos meridionais do que seus correligionários da Europa Central, e não constituem um verdadeiro "meio". Em 1907, 37% dos judeus orientais instalados em Paris moravam em bairros de pequena densidade judaica. Suas instituições eram filiadas ao Consistório. São, portanto, os asquenazes que concentrarão nossa atenção. Os problemas de identidade colocados por sua integração se tornam mais complexos devido à dimensão "nacional" de seu judaísmo, seja qual for a marginalização que tenham sofrido nos países de origem. Sua chegada à França constitui uma ruptura com as formas do shtetl [comunidade judaica aldeã da Europa Oriental]: reelaboração das fronteiras entre o público e o privado, mas também transposição, no clima de hostilidade que os recebe, das formas tradicionais de solidariedade entre o indivíduo e o grupo. Quer as razões para a emigração sejam políticas, econômicas ou ambas, ela continua a se basear (mesmo inconscientemente) num duplo distanciamento, tanto do sistema tradicional quanto do futuro do grupo. Nesse sentido, a decisão de emigrar sanciona um desvio da norma, mesmo que o traumatismo do desenraizamento reative, num primeiro momento, a referência às tradições. É antes de partir que eles se desligam da submissão obrigatória às normas do shtetl, e a imagem da sociedade de origem logo se torna negativa, quando, instalados na França, eles aderem ao mito "libertador e progressista" da Revolução Francesa, o que os torna insensíveis ao sionismo, pois consideram que seu futuro agora se situa na França.

Por se tratar de uma imigração familiar (católicos poloneses e italianos vêm trabalhar na França como "batedores", e só trazem a família depois de encontrar um emprego que considerem estável), é dentro da família, guardiã dos valores iídiches, que vai se dar a ruptura com os costumes do shtetl, que para alguns chegará ao puro e simples abandono de todas as práticas. Entre os 769 judeus convertidos ao catolicismo entre 1915 e 1934, 43% tinham nascido no estrangeiro. No gueto, excluída de várias obrigações religiosas, a mulher já era o elemento moderno do casal. Chegando à França, ela continua como a iniciadora da modernidade. Se a concepção de seu papel no casal não sofre alterações, sua autoimagem se transforma, sendo que a principal "modificação" diz respeito à relação com o corpo. Agora ela desiste de ocultá-lo, abandona os trajes tradicionais (um casaco pesado bordado de pele e um gorro de astracã) e o grilhão das leis do pudor religioso. Ela descobre a vaidade, e até o prazer da sedução. Embora continue a usar peruca, ela muda o corte e a cor, seguindo a moda. O homem, de sua parte, renuncia às roupas franjadas e aos cachos de cabelo, e sacrifica o estudo aos imperativos da vida profissional. Quanto aos filhos, agora frequentam a escola laica, e não mais o cheder, escola religiosa que ensinava os valores tradicionais do conhecimento. Assim desaparece o principal vetor de transmissão das normas. Em 1939, apenas 753 crianças frequentam um dos dezesseis cheders de Paris, e 760 estão matriculadas numa das quinze escolas iídiches. Afrancesamento que desperta sentimentos ambíguos nos pais: orgulhosos pelo êxito dos filhos no novo país, lamentam vê-los se afastar de sua cultura. Abandonado na vida cotidiana, o iídiche se reduz à língua da intimidade (muitas vezes os filhos já nem o entendem bem), reservada para a narrativa da gesta familiar. A própria estrutura da família se vê atingida por essa "ocidentalização": o tipo nuclear tende a substituir a grande família tradicional; a natalidade cai (nascidos em famílias com dez filhos, os judeus da segunda geração, em Belleville, têm apenas dois); surge a exogamia, quase exclusivamente por iniciativa dos homens.

Duplamente minoritários, como estrangeiros e como judeus, esses asquenazes vão superar sua "dificuldade de ser" na França católica inserindo-se em pequenas comunidades, sucedâneos do gueto tradicional. De fato, para o recém-chegado, era mais fácil penetrar na cultura francesa do que ter acesso à intimidade de uma família judia. "Liguei-me a uma elite, mas, quando me encontrava na presença de uma família judia, eu tinha, tal como meus amigos [...], a nítida sensação de que essas famílias me consideravam acima de tudo como um estrangeiro, como um judeu nascido na Polônia, na Turquia, na Romênia" (I. Tchernoff). À diferença dos anteriores, os imigrantes do pós-guerra encontram um embrião comunitário já constituído, estruturado em redes de parentesco, de auxílio mútuo e beneficência. Dos imigrantes que chegam entre 1920 e 1939, 44% vão para a casa de parentes. Cada imigração tem seus bairros e seus locais. A unidade interna é dada, em primeiro lugar, pela língua. Na rue Sedaine só se fala o ladino, desconhecido algumas ruas adiante. O café Le Bosphore serve bolinhos de arroz (*köftikas kon arroz*) e as favas (*avikas*) que evocam os sabores da Turquia. Os imigrantes se encontram "para jogar cartas, ouvir música oriental comendo *burekas*, pastéis recheados de carne ou queijo, preparados por uma das mulheres da comunidade".[2] A rue Basfroi, continuação da rue Popincourt, é o bairro romeno. A vida judaica aqui é mais discreta; no entanto, uma vez por ano, o rabino degola os frangos numa garagem. Esse bairro de La Roquette tem uma existência mística até "na lembrança dos futuros emigrantes que, em Istambul, sabem de sua existência" (A. Benveniste). A avenue Ledru-Rollin delimita o bairro sefardita e o mundo asquenaze. Feudo dos judeus da Alsácia-Lorena, o "Pletzl", após a guerra, se transformou no bairro dos judeus que falam iídiche (a palavra *yidd* aqui designa não o judeu, mas o que fala iídiche).

São diversas microssociedades que ajudarão o recém-chegado a encontrar trabalho. Os judeus, com efeito, se distinguem dos outros imigrantes por sua resistência à proletarização e, por extensão, à atomização. Evitam os serviços públicos, as minas, os empregos domésticos, aos quais acorrem os poloneses e italianos. São comerciantes ou artesãos. Nos anos 1920, 40% da confecção parisiense é judia, o que se explica em parte pelas condições de trabalho: baixo custo de instalação, local de trabalho não raro se confundindo com o domicílio, participação de toda a família. Instalado no centro do bairro comunitário, o comerciante judeu tem aí fregueses certos. Porém, essa concentração espacial e profissional, denunciada pelos antissemitas, reduz os contatos com o mundo exterior. Assim, aqui não opera o poderoso fator de assimilação que, para os outros imigrantes, é dado pelas relações de trabalho.

Nas sinagogas francesas, os judeus da Europa Central se sentem deslocados, desconcertados pela atitude dos fiéis que, com roupas de cerimônia, falam de negócios durante o ofício. Chocados pela falta de fervor religioso, animados por um ardor místico, os imigrantes se reúnem em suas próprias sinagogas, que retomam sua vocação de casas de orações e estudos onde se congrega o povo. A separação entre a Igreja e o Estado, acabando em 1906 com a supremacia do Consistório, de fato permitira aos recém-chegados fundar seus próprios locais de culto e subvencionar seus rabinos, introduzindo um pluralismo religioso até então desconhecido no judaísmo francês. O ritual não é tão solene quanto o do Consistório. Ponto de encontro, a sinagoga volta a ser o centro da socialidade do bairro, mas também, e justamente por isso, um local de confronto entre o judaísmo francês e o judaísmo estrangeiro.

Tendo sobrevivido a todas as perseguições, os imigrantes da Europa Central são mais atentos ao crescimento do antissemitismo. Tentados pelo "modelo ocidental", são afastados pela explosão xenófoba e antissemita que, durante a grande depressão, multiplica as medidas discriminatórias. Frente à agressão ou à ameaça de agressão, a preservação do modelo comunitário, muito fecundo, aumenta a rapidez de resposta, cujo caráter político se situa na tradição do shtetl. Forma secularizada da vida associativa, a política se situa, como no antigo gueto, na fronteira entre o público e o privado. Essa resposta "política", mobilizando estruturas e valores tradicionais do grupo, participa, portanto, dessa categoria particular do modo de vida dos judeus da Europa Central, onde o indivíduo e a coletividade se reúnem.

OS JUDEUS FRANCESES A PARTIR DE 1940

> *Mudar de nome diariamente, de manhã não saber onde dormir à noite, provar a fraqueza da sociedade, a ferocidade do sistema, é isso o que ensina a duvidar dos princípios e dos poderes* [...]. *Para um fora-da-lei como eu, proscrito pelo Estado, como a lei haveria de ser intangível e o Estado sagrado? Logo aprendi a ver a distância entre a regra rígida e a vida transbordante.*
>
> Dr. Pierre Simon, *De la vie avant toute chose*, p. 23

A guerra: o genocídio

As perseguições nazistas iriam custar a vida de um terço dos judeus franceses. Os relatórios oficiais e as estimativas das organizações judaicas concordam sobre o número de 75 mil deportados "raciais". O último trem com destino aos campos de extermínio saiu da França em 17 de agosto de 1944. Julgando-se protegidos pela chancela francesa, os israelitas acabaram partilhando a sorte daqueles que, antes da guerra, eles haviam denunciado como responsáveis pelo crescimento do antissemitismo. Como falar de uma vida privada para esses quatro anos que reuniram franceses e imigrantes numa mesma comunidade de sofrimentos? Qual é o sentido do privado quando o cotidiano é perseguição, fuga e extermínio? A obsessão agora é a sobrevivência. Na promiscuidade dos campos dissolve-se qualquer espaço do privado.

Os deportados contrapõem à promiscuidade destruidora do espaço privado o pudor das conversas. O amor sexual jamais é mencionado. Da preservação de uma aparência física aceitável depende a sobrevivência moral (a autoestima) e física (a capacidade de trabalho) do deportado. Tempo de medo e de atrocidade em que o homem desenvolve uma hiperindividualidade, mas em que o humano se revela em toda a sua miséria. "Em Drancy, em quinze dias, chega-se a conhecer melhor uma pessoa do que em quinze meses de vida normal" (G. Wellers).

Erradicação do privado até a eliminação da identidade, indispensável para a fuga redentora. Mudança de nome, adoção por uma família ou uma instituição desconhecida: grande foi o traumatismo para essas crianças em *sursis*.

Legalistas até a morte, os israelitas também viveram ataques, denúncias, prisões, reencontrando no mesmo destino partilhado a unidade do povo judeu. O decreto de um "Estatuto dos Judeus", antes mesmo do extermínio, marcou para esses israelitas, que tinham sonhado com uma identidade francesa, o fim do mito da assimilação. O divórcio com a França inaugurou uma nova definição do judaísmo, extensão do domínio do privado, também mítica: a do povo judeu unido no renascimento, como havia se unido na perseguição. "Nós, os judeus, vivemos o que se passou entre 1940 e 1944 de maneira diferente dos não-judeus, mesmo os mais justos, os mais amigos, os mais próximos", dirá Pierre Dreyfus, o próprio exemplo do burguês tido como assimilado. Essa dimensão fundadora também será interiorizada pelas jovens gerações sefarditas nascidas após a guerra, como elemento de sua história. O genocídio, a partir de 1940, pertence à história da comunidade judaica francesa, asquenaze ou sefardita.

A esse papel fundador do genocídio responde, num eco, a emoção que abalou a comunidade judaica francesa no deflagrar da Guerra dos Seis Dias. O medo de um novo extermínio, em escala israelense, mobilizou toda a comunidade, incluindo sionistas e não-sionistas. A amplitude das reações entre os que jamais tinham manifestado solidariedade ativa em relação a Israel só se torna compreensível tendo como referência o episódio mais dramático da história dos judeus franceses. Nesses dias de 1967, a comunidade viveu em torno de Israel. Somente as notícias de Jerusalém importavam, e sua reunificação inflamou até mesmo os não-religiosos. A Guerra dos Seis Dias contradiz todos os clichês divulgados pelo antissemitismo. Esse povo de "carneiros" e de mercadores, deixando-se levar ao matadouro sem oferecer resistência, aparecia de súbito como um povo em armas, na grande tradição da Revolução Francesa. "Povo seguro de si e dominador?" A expressão do general De Gaulle pode ser interpretada como um elogio. O judeu francês agora faz uma outra ideia de si mesmo, porque o não-judeu faz uma outra ideia do judeu.

Assim, não é num plano público de dupla lealdade a duas nações que se devem entender as relações que unem os judeus franceses a Israel. Seus fundamentos devem ser buscados numa experiência privada mais antiga. A posse de uma dupla nacionalidade é uma figura reconhecida pelo direito internacional. A referência a Israel e a dimensão de pertença a um mesmo "povo", que é o que subjaz a tal referência, derivam, como disse Vladimir Jankélévitch, da adesão a uma norma superior. E por pertencerem a esse "povo" que os sefarditas foram recebidos pelos judeus franceses nos anos 1960, assim sendo poupados do ostracismo sofrido pelos judeus da Europa Central no entreguerras.

A referência a Israel introduz o político que confunde a fronteira privado/público. À comunidade se reintegram os "militantes", cuja modalidade de vinculação ao judaísmo assume a forma política, acompanhada ou não pela preservação das práticas tradicionais. O sionismo, em sua forma de movimento político/público, congrega cerca de 45 mil adeptos na França de 1975, dos quais menos de 40% participam de suas atividades regulares. O genocídio, sem dúvida, desmascarou a ilusão de uma "assimilação" total. No entanto, o pequeno número de mudanças para Israel e o longo tempo de latência prévia indicam o profundo enraizamento dos judeus franceses. Estudando a aliá de Estrasburgo, L. Lazare mostrou que essas mudanças muitas vezes se devem à lembrança das perseguições: os que partem para Israel não são os sionistas "oficiais", e sim os membros importantes da comunidade. Na maioria dos casos, a decisão leva vinte anos. Entre 1968 e 1970, a Agência Judia registrou 13 300 partidas para Israel. Mas quantos voltaram? Em 1977, 1171 judeus franceses se mudaram para Israel. As sondagens nos mostram que, nos anos 1980, 30% a 50% dos entrevistados "pensam" na aliá. Passar à ação é bem mais raro. O judaísmo francês que, desde 1945, segue uma modalidade diaspórica é, como diz o velho adágio, "feliz como Deus na França". Em suas estruturas geográficas e profissionais, ele jamais esteve tão próximo do modelo nacional.

A chegada dos sefarditas e a "volta" ao judaísmo

A chegada dos judeus da África pôs termo ao particularismo socioeconômico. Muitos ocupam as funções de quadros médios ou de servidores públicos, mais amiúde como professores de 1º e 2º graus: a chegada deles correspondeu a um assalariamento crescente da população judaica, reflexo de uma mobilidade social horizontal.

Nunca, porém, o judaísmo afirmou tanto seu particularismo. A grande transformação ocorrida a partir de 1945, nascida da síndrome do sobrevivente, é o orgulho por um judaísmo que se expressa sem falsos pudores. Prova disso é a mudança no emprego do termo "israelita", que deixou de ser usado para estigmatizar um judaísmo melindroso, designando agora a distinção entre os israelenses e os judeus da Diáspora. A interdição de qualquer manifestação pública de antissemitismo até a Guerra do Líbano, herdada da lembrança do genocídio, foi um estímulo à expressão de um judaísmo privado. Mas não é este o fator essencial. A reivindicação do judaísmo tem suas origens na lembrança do extermínio e na chegada dos judeus sefarditas à França. Esses dois fenômenos se conjugam para valorizar a expressão de um judaísmo privado.

Os historiadores constatam há algum tempo o aparecimento da questão do genocídio no domínio público. Mais do que um ressurgimento, caberia falar em "desprivatização". As lembranças do extermínio ficaram por muito tempo sepultadas no mais íntimo da memória dos sobreviventes. Nos anos imediatamente posteriores à guerra, houve uma minoria que não queria que lhe lembrassem sua condição judaica e evitou qualquer manifestação pública, deixando de se casar na sinagoga. Entre as 2500 mudanças de nome registradas em 150 anos, 2150 ocorreram em 1946-1958 (sendo 280 apenas no ano de 1950). Mas, para a maioria dos sobreviventes, o que prevalece é a necessidade de falar, a impossibilidade de esquecer, reconduzindo à comunidade aqueles que, antes da guerra, se afastavam dela. Entre os deportados ou internados nos campos, o golpe foi tão doloroso e ubíquo que, por algum tempo, sua simples evocação era insuportável e indescritível. Trágico paradoxo de um testemunho em que se investe toda uma vida e cuja experiência é intransmissível. O passar do tempo e o questionamento de que tenham existido os campos da morte, questionamento este possibilitado pela ausência de uma memória coletiva, geraram um novo "trabalho" da memória. Perturbado em sua dolorosa intimidade, o testemunho do genocídio vem a se constituir gradualmente em domínio público.

Mas o que se encontra na origem dessa renovação é principalmente a chegada dos judeus da África do Norte, que veio dar corpo ao renascimento de um judaísmo demasiado distante de suas raízes para que aí encontrasse um modo de vida. Tal emigração sefardita, que se segue aos movimentos de independência, dobrou a população judia francesa (300 mil em 1956, cerca de 660 mil em 1967). Embora educados na escola francesa, os judeus do Magreb tiveram de se reinserir numa sociedade diferente da sua. Ao mesmo tempo que deixam o espaço urbano, que traçava os contornos da antiga comunidade e reunia seus atributos (a sinagoga, o mikvá, a padaria kosher), os judeus do Magreb se emancipam do controle das normas imposto por relações familiares e pela vizinhança demasiado próxima. Como o judaísmo já não se inscrevia naturalmente no espaço, a identidade judaica perdia seu caráter inelutável. Para persistir na França, teria de ser reivindicada. A análise das condições de integração na sociedade francesa mostra que, de fato, o transplante deixou intacta a expressão, se não as formas, da judeidade. As formas exteriores foram, sem dúvida, modificadas. A emigração trouxe como consequência a destruição das estruturas da grande família, tal como era concebida pelo judaísmo magrebino, visto que na França um terço dos adultos agora mora numa localidade diferente da dos pais. Mas os laços familiares continuam a ser uma realidade viva. Análises recentes sobre o processo de aculturação mostraram que a situação do emigrante valoriza a vida familiar como fundamento identitário e, ao mesmo tempo, como cerne do que está em jogo na adaptação. Segundo D. Bensimon, 25% dos jovens passam regularmente as noites de sexta-feira e as festas em família. Se o costume que ditava o casamento com alguém da cidade natal e a prática dos casamentos arranjados, ambos contrários às normas francesas, vieram a desaparecer simultaneamente com a rede de relações de parentesco, por outro lado os judeus norte-africanos se mantêm fiéis, de modo geral, aos valores tradicionais. A endogamia ainda é a regra. A vontade de manter uma vida cotidiana judaica levou os sefarditas a se reagrupar em comunidades. Claude Tapia rastreou as sucessivas etapas de reconstituição de uma nova comunidade: recriação das formas de socialidade tradicional (encontro das mulheres nas lojas dos comerciantes e dos homens na sinagoga), iniciativas conjuntas para comemorar as festas. Das famílias que moram em Sarcelles, uma das comunidades mais importantes da região parisiense, 47% optaram por se instalar no bairro por razões familiares e religiosas. Os mesmos motivos levaram quatrocentas famílias originárias de Haret-el-Yahoub, subúrbio do Cairo, a se reunir em Villiers-le-Bel. Apenas esse tipo de comunidade permite que os sefarditas retomem um modo de vida judaico e igualmente magrebino. As refeições do shabat e das festas reúnem em volta dos íntimos toda a comunidade. Os comerciantes, em cujas lojas as mulheres podem novamente se encontrar, respondem às demandas alimentares e sociais específicas de uma freguesia amiúde exclusivamente judaica. Na padaria, a mulher também pode escolher seu pão à maneira do Magreb, pesando e examinando atentamente cada peça.

O judaísmo magrebino, assim, responde ao desejo dos judeus franceses de retomar as práticas tradicionais. A "volta" ao judaísmo dos israelitas é, sem dúvida, anterior aos anos 1960, mas foi na escola do judaísmo sefardita que ele tomou suas formas. Mais religiosos e mais tradicionalistas, os sefarditas frequentam mais a sinagoga, observam mais estritamente o shabat, comem kosher com mais frequência, jejuam rigorosamente no Yom Kippur. Mais de 80% circuncidam os filhos, e 70% se casam no religioso. Mas, por contágio ou mimetismo, a observância religiosa está ganhando os asquenazes.

Qual é o judaísmo para amanhã?

O desenvolvimento dos estudos hebraicos, o aumento da frequência às escolas judaicas, o surgimento de um mercado editorial dedicado ao judaísmo são sinais de sua atual renovação. A afirmação do judaísmo sefardita, o desenvolvimento de estruturas "horizontais" (somando-se à tradicional estrutura "vertical" — segundo a expressão de Annie Kriegel — que liga a comunidade a seu establishment), baseadas em centros comunitários e movimentos de jovens, difundem essa nova forma identitária. Se, paradoxalmente, esta pode estar articulada a uma prática religiosa, o papel desempenhado por Israel em sua formulação permanece fundamental. A enorme atenção dedicada aos acontecimentos do Oriente Médio explica as relações difíceis, conflituosas e até inexistentes dos jovens judeus com os muçulmanos que moram nas mesmas periferias e enfrentam problemas semelhantes de inserção social.

A referência ao genocídio serve de fio condutor à leitura da história das gerações judias mais jovens. Mais do que um retorno (*techuvá*) no sentido da tradição, cabe falar em uma renovação. Renovação que surge numa história íntima — a das vítimas da família sob o nazismo — e se alimenta de relações muitas vezes conflitantes com a geração anterior. Dessa vontade de clareza decorrem as reações por vezes excessivas aos atentados antissemitas ou aos "ataques" ao Estado de Israel nos meios de comunicação. O conflito no Oriente Médio reconforta diariamente uma formulação identitária que gosta de afirmar sua diferença.

Judeus por temperamento, judeus por sentimento, esses jovens judeus "imaginários" (A. Finkielkraut) viverão um judaísmo íntimo ou político? Suas expressões públicas e privadas dependerão do espaço que a sociedade nacional der a essa nova corrente, que agora pertence à paisagem cultural francesa.

P. S. N.

NOTAS

1. D. Schnapper, "Une mémoire de l'enracinement: les juifs français avant 1940", *Revue des Sciences Humaines de Lille-III*, nº 191, jul.-set. 1983, p. 91.

2. A. Benveniste, "Structures de la communauté judéo-espagnole du quartier de la Roquette entre les deux guerres: les faits et leur mémoire", *Traces*, 9/10, p. 36.

SER IMIGRANTE NA FRANÇA

Toda sociedade define o domínio da vida privada de seus membros. Não existe vida privada enquanto tal. Na França contemporânea, a distinção entre o domínio privado e o duplo domínio público — o da atividade profissional e o da vida política — está intimamente ligada à essência da democracia liberal que, sob certas condições (em particular o respeito pela ordem pública), concede o respeito pela vida privada. Ela está também ligada à essência da sociedade industrial, em que a autonomia crescente do domínio econômico acarreta a separação entre o local de trabalho e o domicílio, entre as contas da empresa e as contas pessoais, entre a atividade econômica e a vida privada. Na realidade, essa separação não é integral, por exemplo nas pequenas empresas agrícolas, artesanais ou comerciais; por muito tempo ela foi incompleta nas pequenas e médias empresas de capital familiar. Nem por isso deixa de representar uma tendência consonante com a essência da sociedade industrial.

Isso significa que a própria distinção entre o público e o privado pode constituir uma das fontes dos conflitos entre a cultura (no sentido antropológico) da sociedade de instalação e a cultura da sociedade de origem, vividos por inúmeros imigrantes. O caso é particularmente claro no que se refere aos magrebinos.

O termo "vida privada" supõe uma ênfase no direito dos indivíduos em organizar uma parcela de sua existência fora da família e da comunidade a que pertencem. Ora, num meio estruturado pela cultura islâmica, o indivíduo, a rigor, pode ter um papel autônomo, mas o princípio da autonomia, em si, encontra maior dificuldade em ser reconhecido. A distinção que nossa sociedade estabelece entre o público e o privado coloca em questão um dos fundamentos da cultura de origem. A partir do momento em que se admite que um dos princípios básicos do islamismo, que se impõe tanto ao indivíduo quanto ao grupo, consiste em prescrever o bem e combater o mal, a vida de cada um deve ser conhecida por todos e pode ficar submetida a intervenções legítimas. Os comportamentos dos indivíduos tendem a se conformar com o julgamento coletivo esperado. As transgressões são resolvidas no complexo mercado da honra, que determina o lugar dos indivíduos e das famílias dentro da comunidade e controla seus comportamentos. No entanto, essas transgressões nem sempre são vigiadas com a mesma atenção. Apenas a transgressão pública é condenável. Quem bebe vinho em segredo ou quebra o jejum do Ramadã às escondidas não sofrerá uma investigação coletiva constrangedora, enquanto o caso não vier à luz. Assim, na prática, a cultura islâmica oferece algumas trincheiras em que a existência de uma vida privada pode se desenrolar à margem da família e da comunidade. Apesar de tudo, o "direito" à vida privada continua a ser diferente do mesmo "direito" na sociedade de instalação. Portanto, cabe indagar da evolução dos muçulmanos estabelecidos na França há mais de uma geração.

A vida privada não é sinônimo de vida familiar. Dentro do grupo familiar, o indivíduo continua a possuir um universo próprio. Todavia, como faltam fontes sobre uma experiência individual cujas dimensões escapam, por natureza, à investigação histórica ou sociológica, aqui estudaremos a vida privada como equivalente da vida familiar.[1]

Se a vida familiar obedece a certos modelos de comportamento que o sociólogo e o historiador tentam descrever e formalizar, ela constitui para os sujeitos sociais a expressão imediata e evidente da própria vida. A maneira normal, portanto justa e natural, de comer, de procriar, de morrer, de arrumar a casa, de tratar os outros, de respeitar pai e mãe segundo o que lhes é devido, de criar filhos e filhas, de regulamentar as relações entre homens e mulheres, tudo isso não está inscrito nos mais profundos hábitos adquiridos com o processo de socialização? Ora, essa maneira "natural" se vê brutalmente questionada pela emigração, a qual rompe com a evidência impensada e informulada da vida cotidiana e interrompe o *continuum* entre a experiência vivida na família e seu prolongamento na vizinhança e na sociedade global — questionamento brutal do que era tido como a coisa mais normal do mundo.

Os imigrantes, quaisquer que sejam suas origens, não podem renunciar a esses hábitos incorporados que fundam sua identidade, nem levar a vida numa sociedade estrangeira tal como a levavam em seu país de origem. Sua vida privada pode apenas sofrer transformações ou aculturações mais ou menos impostas ou reivindicadas. As formas adotadas por essas aculturações dependem de vários fatores: a data e a origem de cada fluxo migratório, a história das relações entre o país de origem e o país de acolhida, a diversidade das culturas de origem, a evolução da sociedade de instalação e, particularmente, sua capacidade e vontade variável de assimilar os imigrantes impedem — além da dificuldade das fontes — que se apresente uma imagem global da vida privada de todos os imigrantes na França.[2]

O conceito impreciso de "imigrante"

Não se deve esquecer que o termo "imigrantes", enfatizando uma mesma condição dentro da sociedade de instalação, é um conceito impreciso. Ele designa, na França, populações tão diferentes quanto os poloneses, italianos, ucranianos ou magrebinos. Esses "imigrantes" se diferenciam pela religião, pelos hábitos da vida familiar e comunitária, pela experiência política. Sua emigração para a França assumiu formas diversas: desde o recrutamento organizado nos vilarejos italianos para levar operários para a indústria siderúrgica da Lorena no final do século XIX, a organização de uma emigração polonesa coletiva para se instalar nas vilas operárias próximas das minas de carvão em 1920-1925, a emigração por miséria ao longo de todo o período, muitas vezes ilegal, dos "levantinos", italianos do Sul ou certos magrebinos, até a emigração familiar dos argelinos nos anos 1960, estende-se um leque de profundas diferenças. Ora, a forma migratória está intimamente ligada ao sentido que os imigrantes atribuem a tal migração e à sua atitude diante da sociedade de instalação. Algumas populações da Europa Central refugiadas na França durante os anos 1930 sonhavam em se amalgamar à população francesa. Em contrapartida, as populações magrebinas que começam a se instalar como famílias, a partir de 1950, não querem, seja qual for sua nacionalidade,[3] renunciar a seus laços com o país de origem e pretendem gerir seu direito de volta ou de permanência — mesmo quando existem numerosas barreiras proibindo ou retardando uma naturalização, capaz de ser vivenciada como conversão ou traição.[4] A aculturação das diversas populações e o estilo de suas vidas privadas revelam a atitude dos imigrantes diante da sociedade de instalação.

Ademais, essas diversas populações se encontram na França em diferentes etapas de sua aculturação à vida urbana e industrial: algumas já conheciam uma forma de urbanização no país de origem (é amiúde o caso dos italianos desde 1945); outras provêm de um meio rural tradicional (a primeira onda de imigração magrebina até os anos 1950, por exemplo). Num grupo nacional encontram-se simultaneamente os próprios imigrantes que fizeram a migração, seus filhos nascidos antes da migração (alguns trabalhando desde a chegada à França, outros frequentando a escola francesa) e, por fim, os filhos nascidos na França ou que chegaram ainda na infância, estando em idade de cursar a escola primária na sociedade de instalação. Suas relações com ela e a preservação de uma vida privada específica são bastante diferenciadas.

A vida privada dos imigrantes, enfim, não pode ser compreendida independentemente da reconstituição de uma "colônia", como diziam nos anos 1930, ou de uma comunidade, isto é, uma concentração espacial de populações provenientes do mesmo país, que assegura um controle social sobre os comportamentos de seus membros, contribui para manter as normas do país de origem e "cria um simulacro de vida nacional, um sucedâneo dessa atmosfera e desse ambiente de que estavam totalmente privados".[5] Veremos que a desigualdade na organização das comunidades de imigrantes poloneses e italianos explica em parte a desigualdade na preservação de suas vidas privadas.

A vida privada é, por definição, difícil de se conhecer, pois deixa poucos documentos que sejam familiares aos historiadores. Como, até recentemente, não se considerava que essa vida privada fosse digna da atenção historiográfica, os testemunhos sobre o passado são escassos e obscuros. Ela pertence a esse cotidiano invisível, segundo a expressão de Paul Leuillot, do qual os sujeitos sociais não têm consciência clara. As informações referidas pelos sociólogos ou antropólogos dizem respeito apenas aos períodos mais recentes. A vida privada dos imigrantes é ainda mais difícil de se conhecer ou adivinhar do que a do restante da população. Na França, pelo menos, até poucos anos atrás, era apenas com relutância que os poderes públicos, os empresários e o povo em geral admitiam sua especificidade. Muitas vezes, os próprios imigrantes a dissimulam, o que ocorre ainda com maior frequência no caso de seus filhos, educados na e pela escola francesa, sentindo vergonha por não serem franceses "como os outros". Mais que qualquer outra, a vida privada do imigrante tende a permanecer oculta. Se existem pesquisas recentes sobre a evolução dos imigrantes nos últimos dez anos, a reconstituição de sua vida privada entre as duas guerras constitui uma aposta.

No entanto, é a própria existência de uma vida privada que permite definir melhor os dois grandes tipos de imigrantes: para os primeiros italianos ou magrebinos, sozinhos, alojados em barracas, pensões ou cortiços, definidos exclusivamente por seu papel de trabalhadores, não existe possibilidade de uma vida privada. Em contraposição, no que pode ser chamado de "imigração de povoamento", um salário suficiente e um domicílio familiar permitem a manutenção de uma vida privada original. Ora, tudo indica que a própria situação de imigrante confere um novo sentido à vida privada. Num mundo exterior não só diferente, estranho, mas também hostil, a vida privada se torna refúgio e proteção, e permite que os imigrantes ganhem estabilidade. A negação da vida privada é a fonte de todos os "problemas sociais" provocados pela presença dos imigrantes.

Hospitalidade e xenofobia

Apesar da ideia corrente de que a França, terra acolhedora, obedece a uma longa tradição de hospitalidade, todas as evidências mostram que a massa da população foi e continua a ser xenófoba. Poderíamos citar os textos histéricos da extrema direita dos anos 1930 e a equivalência, então aceita quase por unanimidade, entre o número de desempregados e o número de imigrantes. Mas, para mostrar que os franceses, em todos os níveis, jamais aceitaram realmente qualquer imigrante que não fosse "assimilado", isto é, que deixou de ser estrangeiro para se tornar francês, é mais esclarecedor lembrar os textos publicados em 1932 por um observador favorável à imigração e sensível à contribuição dos imigrantes ao desenvolvimento da riqueza nacional:

> No entanto, convém notar que antigamente os fluxos de estrangeiros se davam de modo suficientemente lento para permitir uma fusão regular. A vinda maciça de elementos novos, sua forte densidade no seio da população francesa e seu espírito nacionalista mais vivaz tornam o problema mais complexo desde a guerra. Vimos que a permanência de uma população estrangeira de 3 milhões de pessoas na França não deixou de influenciar a vida social e moral do país. Ela desenvolve, frente a uma aristocracia operária francesa ponderada e tanto mais conservadora quanto mais satisfeita materialmente, uma massa inferior de trabalhadores estrangeiros sem ligação com o país, que dificulta a evolução social com sua ignorância, mas que poderia precipitá-la em épocas de problemas. Essa multidão de imigrantes, entre os quais muitos desarraigados e desadaptados, contribui para aumentar em um terço a criminalidade na França e exerce assim uma influência incontestável de desmoralização e desordem. Não menos perniciosa é a deliquescência moral de certos levantinos, armênios, gregos, judeus e outros "metecos", negociantes e traficantes.[6]

Os "bons" imigrantes são aqueles estabelecidos desde uma geração e que consumaram essa "fusão regular" com a nação francesa. Ora, essa xenofobia constitui, pelo menos para a geração dos próprios imigrantes, um fator de conservação de uma vida privada específica, um meio privilegiado de autodefesa.

Dada a diversidade dos imigrantes e de suas formas de inserção na sociedade francesa, aqui nos contentaremos em formular algumas proposições gerais, ilustrando-as mais particularmente com o exemplo dos poloneses e dos italianos entre 1920 e 1939, e o exemplo dos magrebinos a partir de 1945. De fato, é importante distinguir entre o período anterior a 1940, que viveu a crise econômica dos anos 1930 e uma forte vontade assimilacionista da França, e o período das Trinta Gloriosas, que transformou a condição econômica dos operários franceses e imigrantes, mas viu pulverizarem-se a capacidade e a vontade de assimilar as populações imigrantes: a partir da Segunda Guerra Mundial, nem a escola, nem a Igreja, nem o Exército garantem a socialização das crianças francesas, oriundas ou não de famílias imigrantes, com a mesma convicção anterior a 1940.

O PRÉ-GUERRA
O EXEMPLO DOS ITALIANOS E DOS POLONESES

Apenas um salário mínimo e um domicílio familiar permitem que se mantenha uma vida específica.

As favelas que cercam Paris — nos anos 1930, cita-se especialmente a rue Jules-Vallès em Saint-Ouen, onde se aglomeravam de trezentos a 350 indivíduos em volta de um único ponto de água — ou os bairros italianos das cidades mediterrâneas oferecem o mesmo espetáculo de todas as favelas do mundo.

> As ruas são estreitas, sujas e cercadas por casas velhas e altas. Roupas e trapos pendem das janelas ou de cordas que atravessam a rua de uma janela a outra. Uma criançada morena, suja, descalça, fervilha por todos os cantos e brinca com

uma vivacidade toda meridional. Dentro das casas miseráveis, onde muitas vezes o ar e a luz penetram apenas com dificuldade, apinham-se os catres. Cinco ou seis pessoas, e às vezes mais, dormem no mesmo aposento. Três ou quatro crianças se amontoam na mesma enxerga, por vezes estendida na terra batida.[7]

A pobreza elimina as diferenças e uniformiza a vida privada.

Durante todo o entreguerras, os trabalhadores solteiros, os que vieram sem a família, a qual ficou no país de origem, tachados de "indisciplinados" ou "nômades", encontram-se nas mesmas condições. A vida que lhes é imposta nega a própria existência de uma vida privada. Quando, em "pensões" para operários solteiros, eles se revezam numa mesma cama — ocupada ininterruptamente, de dia pelos operários que trabalham à noite, e de noite pelos "diurnos" —, a vida privada perde toda e qualquer significação. Para os imigrantes mais recentes, além dessas pensões, restam os pousos improvisados, barracos de barro e tábuas construídos às pressas e, evidentemente, sem qualquer equipamento, casas aldeãs abandonadas por seus habitantes, transformadas em verdadeiros cortiços. O que corre o risco de acontecer nesses abrigos é a perda de qualquer norma da vida privada e uma verdadeira desaculturação.

A primeira fase da imigração magrebina

Certos grupos, fortemente estruturados, resistiam a esse processo de desaculturação, restringindo ao máximo qualquer contato com a sociedade de instalação. Os imigrantes da chamada primeira "fase" da imigração argelina constituem o melhor exemplo disso.[8] Até 1950, a emigração do Magreb envolvia exclusivamente homens solteiros. A comunidade aldeã os enviava para trabalhar alguns anos no exterior, para que os outros membros do grupo pudessem permanecer no país e conservar a posição da família. Abrangendo inicialmente regiões montanhosas pobres, de cultura bérbere, como a Cabília ou o Sus, essa emigração não perturbava a sociedade de origem nem a de acolhida. Os trabalhadores ficavam entre eles mesmos, como no povoado natal, para economizar e se familiarizar sem se perder no mundo estranho à sua volta. Escolhendo serviços pesados e bem remunerados, como nas minas, acumulando horas extras (até um quarto ou um terço do salário), eles mandavam o máximo de dinheiro possível para sua terra, guardando para si apenas uma espécie de pensão alimentar. Sua vida privada no país de acolhida se restringia a um mínimo de convívio com seus próximos, oriundos da mesma região ou do mesmo povoado, para melhor zelarem uns pelos outros, prestarem auxílio mútuo e ficarem a par das notícias natais com as idas e vindas de pessoas, num meio que pouco utilizava a palavra escrita. A parcimônia e a vida austera que levavam no estrangeiro permitiam a suas famílias conservar as terras, consertar a casa, ter animais e poder realizar casamentos decentes para os filhos e filhas que ficaram no lar. Quando voltavam para o povoado, fosse em licença na época do Ramadã ou a título definitivo, após quatro ou cinco anos fora, esses trabalhadores reencontravam naturalmente sua posição e lugar no grupo. O trabalho na mina ou no Exército colonial, que constituía praticamente o tipo ideal da emigração bem-sucedida, permitia comprar terras, fazer um bom casamento, adquirir ou pelo menos manter uma posição social, garantindo ao mesmo tempo a coesão do grupo. Assim, durante as licenças, as férias ou após o retorno definitivo, eles reencontravam o direito a uma vida privada coletiva, cujo principal mérito residia justamente no fato de ser pública, de servir aos olhos de todos para aumentar ou conservar o capital de honra da família ou do indivíduo. Em sua existência de exilados, essa volta à terra natal, as visitas aos parentes, os convites para os casamentos, as festas e as peregrinações locais compunham a parcela de sonho que permitia esquecer a dureza do cotidiano. Pode-se sugerir que suas vidas privadas se limitavam a esse sonho, o qual vinha compensar o trabalho longo e extenuante, as condições materiais austeras, apesar do convívio com um grupo de próximos.

Italianos e poloneses

Nos anos 1930, certos grupos de imigrantes italianos e poloneses, que foram se estabelecendo progressivamente nas vilas operárias das regiões mineiras (carvão e ferro), constituíam uma espécie de aristocracia operária entre os imigrantes, capaz de manter, graças à presença da família nuclear, uma vida privada particular. No caso deles, constata-se o contraste entre a adaptação dos homens aos ritmos e obrigações da atividade profissional e a preservação de uma vida privada diferente da dos franceses. O êxito profissional dos imigrantes italianos, por exemplo, é flagrante, seja na siderurgia da Lorena ou na agricultura do Sudoeste. Em Joeuf ou em Moutiers, diz um contramestre, "tive contato com operários italianos que eram mais competentes do que os franceses".[9] A chegada da mão-de-obra italiana às minas resultou, aliás, na saída dos franceses incapazes de aguentar o mesmo ritmo:

> Esses sujeitos eram rapagões fortes, quase todos vindos da montanha e que pretendiam carregar pelo menos vinte vagões. E olhe que quem consegue carregar catorze não é preguiçoso, isso lhe garanto! Mas aqueles sujeitos chegavam a carregar vinte vagões, e até teve um que trabalhava dezesseis horas e que carregou até quarenta vagões. Foi isso que fez baixar os preços e levou à saída dos franceses.[10]

O êxito dos trabalhadores rurais italianos estabelecidos no Sudoeste durante os anos 1920 e 1930 é comprovado pelo número dos que, com seus esforços e economias, mudaram de categoria, passando de diaristas sazonais para trabalhadores rurais, depois meeiros e rendeiros, e finalmente pequenos proprietários. Como escreve Georges Mauco, ao estilo da época: "Os trabalhadores rurais italianos são muito apreciados e muito procurados. Em geral, todos são trabalhadores, dóceis, respeitosos e dedicados. Muitos empregadores os preferem aos franceses, que consideram menos flexíveis e mais exigentes".

Essa adaptação ao trabalho não excluía — talvez até condicionasse — a preservação das especificidades da vida privada. Provavelmente é dentro do círculo familiar, nas relações que se estabelecem entre o próprio casal e o casal e seus filhos, que reside o cerne cultural que resiste por mais tempo à aculturação.[11] Se foi possível observar nos lares dos imigrantes a preservação de características como a decoração da casa, a alimentação e em certa medida os trajes e a comemoração de festas, foi porque as mulheres continuavam a respeitar as normas do comportamento feminino, tal como haviam sido estabelecidas pela tradição; foi porque o trabalho dos homens não impedia que se mantivessem os modos de vida cotidiana e a perpetuação da cultura de origem no âmbito privado. A vida de família nas vilas operárias siderúrgicas era pontuada pelos apitos da sirene que, três vezes por dia, anunciavam o revezamento das turmas de trabalho e ritmava os momentos da vida dos homens e suas famílias. Mas, dentro desse ritmo imposto, restavam muitas formas, polonesas ou italianas (para falar apenas das populações mais numerosas), de manter suas identidades.

O imigrante, de fato, não chega como *tabula rasa*, pronto a adotar os costumes franceses, mas vem socializado pela cultura de seu próprio país. Ele pode apenas retraduzir ou reinterpretar as exigências da sociedade em que se estabelece segundo as normas de sua própria cultura. Os italianos, poloneses ou magrebinos não se tornam franceses como os outros; eles elaboram uma vida privada específica, na qual se mesclam traços de sua Itália, sua Polônia ou sua Argélia natal, eventualmente modificados pela presença num outro país, e traços impostos aos trabalhadores pelas exigências da sociedade de instalação.

Comunidades polonesas e italianas

Essa proposição geral deve ser matizada de acordo com as populações. Os dois grupos mais numerosos no entreguerras, os poloneses e os italianos, ambos oriundos de países europeus e católicos, conservavam os traços específicos de suas vidas privadas de maneiras diferenciadas. Mais do que os italianos, os operários poloneses se estabeleceram em grupos organizados, formando comunidades com seus responsáveis religiosos e suas instituições particulares, que contribuíam para preservar o modo de vida do país de origem e retardar a assimilação. Como os italianos eram menos organizados, mais dispersos, apesar de sua presença maciça na Lorena, menos controlados pelas instituições religiosas, as particularidades de suas vidas privadas se enfraqueceram com maior rapidez. Pode-se ver um claro sinal disso na veloz diminuição das práticas religiosas. Em Auboué, por exemplo, observa-se que, entre 1909 e 1914, 55% das crianças italianas são batizadas, contra 80% para o conjunto da população, que o número de enterros religiosos e a participação na Páscoa são inferiores aos dos franceses e que se multiplica a quantidade de uniões livres.[12] As outras indicações — inclusive os relatórios da Missão Católica Italiana — confirmam essa baixa das práticas religiosas. Os imigrantes poloneses, pelo contrário, conservavam por mais tempo suas especificidades religiosas e nacionais nas vilas operárias construídas para eles. As vilas polonesas construídas nos anos 1920 perto das minas de carvão do Norte possuíam uma igreja e um padre, às vezes alojado e pago pela Companhia. Era ao padre que a população se dirigia para resolver os pequenos problemas da vida cotidiana; era ele que servia de intermediário para garantir as relações com a administração ou o patrão, e para manter o controle moral dos imigrantes. Até a guerra, a população operária continuava a lhe beijar as mãos, e as meninas o cumprimentavam com uma leve e rápida genuflexão, assim reconhecendo seu papel de chefe espiritual e responsável "político" da comunidade. Entre todas as nacionalidades imigrantes, os poloneses tinham sido os únicos a obter o direito de manter professores de sua nacionalidade. Em 1932, a França tinha 150 professores poloneses, sendo 65 nos departamentos do Norte e do Pas-de-Calais, uns trinta no Centro e no Leste, uns vinte no Sul e no Oeste; cerca de 20 mil crianças se beneficiavam desse ensino. As religiosas os secundavam no plano social. Esse contexto, muito mais fornido do que o dos italianos, contribuiu para manter as formas de vida polonesa até a Segunda Guerra Mundial.

Nas vilas polonesas, a vida religiosa continuava intensa: o comparecimento à missa dominical afirmava uma identidade religiosa e ao mesmo tempo nacional:

> Os homens vão de uniforme, com chapéus coloridos e uma faixa no peito; as moças usam vestidos brancos e corpetes de veludo negro; as crianças usam roupas brancas bordadas de vermelho; as mulheres usam xales estampados de vermelho, verde, azul... Todo esse povo entra na capela. Bandeiras e estandartes se inclinam diante do altar, e depois vão se postar no coro. A igreja está sempre ricamente decorada e florida. O ouro e as cores vivas se exibem candidamente. Durante a semana, as mulheres preparam os motivos ornamentais e as crianças percorrem as campinas e os bosques para colher as flores e as folhagens. A igreja, muitas vezes demasiado pequena, transborda de ouvintes [...]. Todos participam da cerimônia e cantam em sua língua os velhos hinos da terra natal.[13]

Para além dessa descrição, o que é preciso decifrar é a repetição dos gestos familiares: a arrumação amorosa das "roupas de domingo", a lavagem com goma, o passar a ferro, o banho de bacia das crianças no sábado à noite — um cotidiano que se mantinha a despeito da emigração. Uma imigrante italiana, mencionada por uma romancista,

> fica admirada que as polonesas passem goma em tudo, até nos lençóis. Elas também os lavam muito melhor, apesar da transpiração acre dos maridos. A goma protege as fibras do tecido contra o encardido. É uma goma que elas mesmas fazem, dissolvendo a farinha num pouco de água e depois colocando numa grande panela de água fervendo (*Knormal*), numa mistura que mexem vigorosamente com a ponta do pinheiro de Natal ciosamente guardada de um ano para o outro, justamente para este fim. Na falta de farinha, elas

> usam o suco de batatas raladas (*Kiowski Kartoplane*). Os dois preparados são peneirados e misturados ao pedaço de anil que fará a roupa rebrilhar.[14]

Essa prática do cotidiano, transmitida de mãe para filha desde tempos imemoriais, foi tanto mais conservada pelas imigrantes na medida em que era isso que permitia que elas afirmassem diariamente seu papel feminino e a identidade de todo o grupo.

Tal manutenção do fervor religioso, ao mesmo tempo pessoal e coletivo, estava intimamente ligada à manutenção das normas tradicionais, particularmente uma concepção tradicional dos papéis sexuais. Não era por acaso que, nas vilas do Norte, as relações com os não-poloneses se encerravam junto com a jornada de trabalho, enquanto as relações de amizade e de família se perpetuavam dentro do grupo. Assim se explica também que o índice de casamentos de imigrantes com francesas permanecesse baixo, mesmo que tenha aumentado de 5% para 9% entre 1914 e 1924.

Lares

Da mesma forma, constata-se que "os lares são limpos e bem conservados, apesar da presença de muitas crianças":[15] as mulheres asseguravam seu papel tradicional. Com efeito, o lar polonês conservava

> uma nota especial, uma originalidade que nem as construções em série nem os materiais baratos comprados na França conseguem eliminar. Nas paredes, uma imensidade de gravuras vivamente coloridas, na maioria dos casos gravuras religiosas ou o retrato de um polonês famoso. Longas faixas de tecido bordadas com divisas, votos de boas-vindas ou citações do Evangelho são afixadas às paredes ou colocadas no encosto dos assentos. Na cama, um enorme edredom de penas e que ocasionalmente faz as vezes de lençol. Muitas fotografias, onde predominam as que representam as sociedades de que participam os membros da família.[16]

O mérito de manter a casa "limpa" era ainda maior na medida em que os imigrantes, como todas as populações em vias de urbanização, passavam por sórdidas condições de moradia. Os protestos dos governos belga, holandês, suíço ou italiano revelam as lamentáveis condições da moradia fornecida aos trabalhadores imigrantes, que aliás também eram as mesmas dos camponeses franceses. Mas, mesmo nas vilas operárias, a eletricidade só chegou tarde. A vila de Mancieulle foi a primeira na região de Briey a receber energia elétrica desde sua fundação, em 1912-1913, e por muito tempo foi um modelo. Em Auboué, a energia elétrica nos alojamentos operários data de 1928-1931, e a água encanada vem a ser instalada apenas em 1945, e o gás em 1955.[17] Como conta um contramestre aposentado antes do tempo: "Quando chegamos da Itália, eu era bem pequenino. A luz era de lamparinas muito miudinhas, nos copos, com querosene. Eu me lembro que minha mãe colocava todas as noites uma, duas, três lamparinas em cima da mesa. Eu me lembro também que éramos cinco na mesma cama, os meninos na cabeceira, as meninas nos pés".[18] A casa, a água, a higiene: problemas que, para os imigrantes, só virão a se resolver depois da Segunda Guerra Mundial.

Se, apesar dessas condições domésticas, a casa conservava a lembrança do país de origem, era graças ao preparo e ao consumo das refeições que a identidade se afirmava diariamente de maneira privilegiada. Muitos já observaram que os hábitos culinários são os que mais resistem à aculturação. Nas vilas operárias da Lorena, onde se misturavam várias nacionalidades, à noite "cheiros de cozinha, mais personalizados do que as carteiras de identidade, renascem e se espalham pelas ruas".[19] As mulheres polonesas continuavam a fazer seus chucrutes no outono, picando o repolho e conservando-o numa barrica com uma salmoura especial. O consumo de embutidos e batatas sempre se manteve elevado, como mostra o sucesso das salsicharias polonesas situadas perto das "colônias" polonesas do Norte. O alto consumo de álcool é mencionado por todas as testemunhas.

Quanto às italianas, por muito tempo garantiram refeições bem mais leves. Preocupados em economizar em todos os itens de despesas, os operários italianos se contentavam amiúde com uma alimentação insuficiente, em vista da energia física que precisavam dispender. Muitas vezes, como observa Georges Mauco, ao chegar conheciam apenas a sopa de legumes, o arroz, massas e principalmente a polenta, feita de fubá de milho com castanhas. Mas os dias de festa eram marcados pela preparação ritual solene da *pasta*, segundo os moldes da aldeia ou da região de origem, e nas grandes festas tinha-se carne. É a carne que, após a Segunda Guerra Mundial, torna-se o símbolo eminente do sucesso material e, portanto, do êxito da imigração.

Os hábitos de vestuário se mantiveram de forma desigual. Até a Segunda Guerra, os poloneses, mais organizados e mais conscientes de sua nacionalidade, tentavam manter seus trajes, não só para a missa do domingo, mas também para o dia-a-dia. Se os garotos adotaram o avental negro, a mochila nas costas, o cabelo raspado sob a boina dos francesinhos, já as meninas que iam à escola por vezes acrescentavam ao avental negro o avental "de cima" polonês, bordado com flores multicoloridas, um xale com franjas e fitas vermelhas na ponta de suas tranças loiras. Os italianinhos não se distinguiam dos francesinhos, quando assim permitiam os recursos da família. Mas o vestuário dos homens italianos, muito econômico e descuidado durante a semana de trabalho, aos domingos e nos dias de festa retomava todo o luxo ostentado na aldeia de origem. Como notou Camsy, com uma visível relutância, "aos domingos e nos dias de festa ficam em sua maioria irreconhecíveis, e sua elegância empalidece os funcionários mais bem-postos: ternos de tecido fino e cor vistosa, calçados com cano de tecido claro e bico de verniz, gravatas chamativas e às vezes até bengala e luvas".[20]

Vida coletiva e identidade específica

A organização do tempo de lazer em torno das associações musicais, teatrais e sobretudo esportivas, fundadas sobre a nacionalidade de origem, consolidava as relações dentro da "colônia" de emigrantes e fortalecia o sentimento de pertença a um grupo particular. Em todos os lugares em que havia uma grande concentração de poloneses, como notam S. Vlocevski e G. Mauco, desenvolveram-se intensamente todos os tipos de grupos e sociedades. A União dos Operários Poloneses na França tinha nada menos que 182 filiais e 16 mil filiados. A multiplicação dos jornais poloneses (quinze citados por G. Mauco, em 1932) permitiu alimentar a vida coletiva dos imigrantes e, ao mesmo tempo, fazê-los conhecer a França (numa época em que não existia televisão). Além das diversões regulares, os dias de festa constituíam, por definição, um meio privilegiado de afirmação de uma identidade específica. Aqui também os poloneses, que até 1940 vinculavam a afirmação nacional à celebração religiosa, mantinham com o máximo vigor seus hábitos de origem. Graças a uma romancista, temos o testemunho sobre a riqueza das comemorações natalinas na colônia polonesa da Lorena siderúrgica antes da Segunda Guerra Mundial. No Natal, cada família recebia dos parentes na Polônia grandes hóstias retangulares com a imagem da Santa Ceia. Elas eram cuidadosamente guardadas até a véspera de Natal, quando todos observavam um jejum estrito, com chá preto e arenque salgado. O dia era dedicado à preparação da festa e da ceia. O pinheiro era enfeitado com velas multicoloridas, cruzes próprias dos trajes folclóricos, pequenos bolinhos de vários formatos embrulhados em papel-alumínio e flores artificiais. Às sete da noite, toda a família, lavada e endomingada, se reunia de pé em volta da mesa arrumada. O pai acendia as velas do pinheiro e fazia a oração. Em seguida, pegava sua parte da hóstia, virava-se para a esposa e lhe fazia três votos, a cada vez partindo e comendo um pedacinho de hóstia. A esposa fazia o mesmo, e toda a família partilhava os votos e a hóstia. A ceia de Natal tinha doze pratos: cevadinha, beterraba, cenoura, trigo sarraceno, feijão branco, chucrute, ameixas, massas, cogumelos, arenques salgados, brioche com grãos triturados de papoula, maçãs e pão. Pais e filhos cantavam e rezavam enquanto esperavam a meia-noite. Depois da missa da meia-noite, partilhavam-se bolos, frutas e café com os vizinhos poloneses. No dia de Natal, quando havia uma escola polonesa, o professor organizava a apresentação de pequenos entremezes em polonês e de canções profanas e religiosas. As famílias italianas, por sua vez, mantinham a tradição dos doze pratos diferentes na refeição natalina e, naturalmente, a missa da meia-noite.[21]

Na Páscoa, italianas e polonesas dividiam com as francesas o mesmo imperativo: limpar de cima a baixo toda a casa, antes da Sexta-Feira Santa. Nas vilas operárias, era a uma verdadeira disputa que se entregavam as donas de casa, para ver quem teria os varais mais carregados de roupas brancas, quem bateria os tapetes ou roupas de cama com mais energia, quem mostraria os vidros mais brilhantes. No Sábado de Aleluia, certos italianos faziam o *Gloria* tomando banho com "água benta", comendo pão ou brioche com um dedo de vinho branco. Os poloneses levavam aos padres, para abençoar, os doze pratos preparados para o dia da Páscoa: ovos, sal, pão, embutidos, queijo, raiz forte, patê de ganso, manteiga, café, leite, açúcar, brioche. No domingo de Páscoa, a família em pé cantava o *Aleluia*, e depois cabia à mãe a honra de abençoar a casa, os membros da família e os doze pratos, com o buxo dividido em doze raminhos.

O culto dos mortos nos Finados, tão vivo na Itália, também se encontrava na Lorena, tanto mais que, como observa Gérard Noiriel com justeza, não eram poucos os acidentes fatais nas minas.

> Quando eu ia ao cemitério, à noitinha acendiam-se velas ou lamparinas em todos os túmulos [...]. Não sei se isso queria dizer que os mortos ressuscitavam, mas isso me marcou. O que também me marcou foi que, nos Finados, colocavam-se todas as fotografias dos mortos em cima de uma mesinha, com uma toalha bordada, crisântemos e velas acesas. Obrigavam-nos a velar os mortos.[22]

Filhos dos migrantes

Se a geração dos migrantes manteve o essencial da vida privada do país de origem até a guerra, a questão foi diferente para seus filhos. Os testemunhos são unânimes em constatar que os filhos desses imigrantes, que se mantiveram mais ou menos estrangeiros no país em que tiveram de se estabelecer, tornaram-se franceses não só pela nacionalidade, mas também pela cultura, mesmo que alguns continuassem a manter laços sentimentais com o país de origem dos pais.

Em 1932, Georges Mauco observa que especialmente as moças logo se adaptam às normas de uma sociedade em que desfrutam de uma maior liberdade. É à escola primária autoritária, muitas vezes traumatizante pelo autoritarismo e xenofobia de seus professores (como bem lembram A. M. Blanc e G. Noiriel), mas eficaz, que se deve essa rápida aculturação dos filhos de migrantes. "Todos os estudos feitos, aliás, entre o pessoal docente são unânimes em constatar que os pequenos italianos se assimilam com rapidez e facilidade."[23] Mesma declaração em relação às crianças polonesas, o que é corroborado pelo número dos que se tornam padres e professores. Assim, a grande massa dos filhos de imigrantes tinha sido escolarizada no sistema de ensino francês, cuja eficácia se mostrou enorme. Como declara Jean Willemin de Moutiers:

> As pessoas, cabe dizer, se assimilaram de forma impressionante. Quando revejo isso com um certo distanciamento, não consigo entender: os velhos italianos que chegavam aqui não falavam uma palavra de francês, mas seus filhos estiveram na escola, lutaram na guerra, e muitas vezes foram prisioneiros. São quase mais franceses do que eu. Por não serem obrigados a fazer e terem feito. É extraordinário ver isso.[24]

F. Mattenet escrevia em 1931:

> São os italianos que formam o elemento mais assimilável, o mais próximo de nós, sem dúvida pelo parentesco latino comum; seus filhos frequentam nossas escolas, falam exclusivamente nossa língua, muitas vezes se diplomam e não é fácil distingui-los de seus colegas nascidos de pais franceses:

eles têm nossos gostos, nossos costumes e, aos vinte anos, inscrevem-se em nossas listas de recrutas.[25]

A assimilação dos filhos de imigrantes italianos e, em menor grau, poloneses surge retrospectivamente como um incontestável enriquecimento para a nação. Não se deve esquecer, porém, os sentimentos de hostilidade com que foram acolhidos e as opiniões pejorativas por muito tempo formuladas a propósito dos *macaronis* e dos *pollacks*.

O PÓS-GUERRA
O EXEMPLO DOS IMIGRANTES DO MAGREB

O pós-guerra constitui um período novo. Muda a origem das grandes massas de imigrantes. Aos poloneses e aos italianos sucedem-se espanhóis, portugueses, iugoslavos, turcos e magrebinos, estes os mais numerosos na atualidade. A própria natureza da migração se alterou: a proporção dos emigrantes expulsos de seu país pela fome e pela miséria diminuiu em favor de uma migração que, para muitos, significava uma forma de mobilidade social. Se a miséria das migrações ilegais não chegou a desaparecer, como mostra a existência de favelas até o final dos anos 1960, compostas majoritariamente (mas não exclusivamente) de imigrantes, mesmo assim a idade áurea da economia francesa entre 1950 e 1975 transformou a condição material dos operários na França e, entre eles, da massa dos imigrantes: as condições de moradia, incomparáveis às anteriores à guerra, e os eletrodomésticos rendem a uniformizar pelo menos as formas materiais da vida cotidiana — sem por isso resultar na uniformidade da vida privada. Para os imigrantes estáveis com a instalação da família, a especificidade da vida privada é tanto maior, como no período anterior, na medida em que o controle social exercido pelas "comunidades" é mais forte e os domínios podem se destacar melhor da vida social global, e em particular da vida profissional: práticas alimentares, estilo das relações sociais e familiares, relações entre os sexos.

O exemplo dos imigrantes magrebinos é o que melhor ilustra tal transformação. À primeira "fase" da imigração, quando o imigrante se contentava com uma espécie de pensão alimentar para enviar o máximo de dinheiro à sua terra, para ajudar os seus e preparar seu retorno, segue-se uma nova fase. Imperceptivelmente, a relação se inverte, e o imigrante aceita, no máximo, entregar a seus familiares uma pensão alimentar. Ele é acusado de ingratidão, e lança-se mão de todos os tipos de manobras para reforçar os laços e justificar os pedidos. O emigrante se casa, sua esposa e filhos ficam como reféns no povoado do marido sob a guarda do pai ou dos irmãos dele: esta se torna uma medida corrente para garantir a regularidade no envio do dinheiro, que tende a não ser tão automático como antes. Os imigrantes passam por um processo de aculturação na sociedade francesa. Emigram mais cedo, e são também mais instruídos do que a primeira leva de imigrantes. A escola primária os familiarizou com a língua e os valores franceses. Timidamente, vão querer saber mais, e saem da segregação que seus predecessores impunham a si próprios, para logo sentir a que lhes é imposta pela sociedade. Os comportamentos individualistas se afirmam com intensidade suficiente para criar uma tensão ou ruptura parcial com a sociedade de origem, mas nem por isso constituem uma tentativa de integração. Alguns chegam a trocar a austeridade pelo consumo. Seguindo o modelo do operariado francês, eles investem nas roupas de domingo, abrem-se progressivamente à cidade, às diversões, vão aos cafés, ao cinema, e frequentam os bailes de sábado à noite. Mas muitas vezes descobrem aí um racismo violento que os reconduz a seus próximos.

O casamento com uma francesa, que constitui a forma máxima dessa integração, é caso raro. Frequentemente significa uma cisão tanto com a sociedade aldeã quanto com o grupo de amigos e parentes magrebinos na França. Para ser aceito na família e no grupo de sua mulher, que muitas vezes é uma colega de trabalho ou uma amiga conhecida durante contatos sindicais ou políticos, é preciso romper com o outro grupo. Esse tipo de casamento é a ameaça que mais assusta os parentes que ficaram na terra natal. Ele significa a redução e praticamente o fim das remessas de dinheiro, o rompimento afetivo, a impossibilidade de reencontrar seu lugar no sistema social do povoado por meio de um casamento respeitável. A cisão atinge os descendentes do casamento misto, e a desonra resultante dessa aliança infeliz respinga sobre todo o grupo familiar, pelo menos durante algum tempo.

Com essa nova fase da imigração, que ainda abrange majoritariamente homens sozinhos, morando por mais tempo na França, começa a surgir o racismo durante os contatos com a sociedade francesa e a rejeição por parte de seu ambiente originário. As roupas francesas, que ele continua a usar em sua terra natal, o dinheiro fácil, às vezes o carro, o vinho ou a cerveja que passam a se incluir no consumo corrente de alguns deles, tudo agora diferencia o emigrante, quase como um estrangeiro. Sua reinserção no grupo da aldeia se torna mais difícil. Quando passa férias em sua região de origem, ele guarda uma certa distância dos problemas e modos de vida do grupo. É um parente em férias, cuja vida, em seus aspectos essenciais, transcorre em outro lugar. Situando-se fora do grupo, ele também adquire um valor modelar e simbólico para os jovens instruídos que sonham em sair do povoado, que imitam suas maneiras, o modo de se vestir e fumar cigarros estrangeiros. Suas relações com a família também se tornam mais conflituosas no plano material. Na primeira fase, o emigrante confiava todo seu dinheiro ao grupo representado pelo pai ou pelo irmão mais velho, que tomava sozinho as decisões para geri-lo. Ao voltar, ele se beneficiava apenas de sua parte nos bens indivisos da família, que ajudara a aumentar. Sem abandonar o sistema dos bens indivisos, o primeiro desejo do emigrante dos anos 1950 é construir sua casa. Agora, se remete dinheiro para o pai ou o irmão mais velho com essa finalidade, ele ousará pedir uma prestação de contas. Às vezes, ele até prevê alguns quartos para os irmãos e a família na nova casa, mas já não impera mais a antiga ordem de divisão de peças da casa tradicional. O emigrante tende a se erigir em chefe de família, disputando esse papel com o pai e os irmãos mais velhos, qualquer que seja a posição que ocupe na linhagem.

Seus hábitos alimentares também se impõem ao grupo. Em vez de se conformar com a modéstia dos alimentos rurais, ele compra suas provisões de carne e legumes na cidade, desconfiando da qualidade e do frescor das carnes e produtos que pode encontrar no *souk* vizinho. As massas, o arroz e as batatas fritas prevalecem sobre o cuscuz. A carne já não se restringe aos dias de festa. Os refrigerantes e o café concorrem com o chá de menta.

Estabelecimento das famílias na França

A terceira fase da imigração começa com o estabelecimento das famílias na França, o que é o caso atual da grande massa dos imigrantes do Magreb. O processo se desenvolve nos anos 1960, depois da independência da Argélia. A melhoria das condições de moradia, o acesso dos imigrantes aos conjuntos habitacionais populares, o desejo de ver a família usufruir de melhores escolas e de serviços de saúde mais eficientes do que no Norte da África, o rompimento psicológico e social com o torrão natal, tudo contribui para essa imigração familiar.

Com a chegada da mulher e dos filhos, a vida privada dos imigrantes magrebinos assume suas verdadeiras dimensões. A vida do casal se desenvolve e se diferencia da vida da grande família, tal como existe no Magreb. O modelo é tomado da sociedade francesa, apesar da escassez de relações pessoais. A adaptação das mulheres a essa nova vida é particularmente difícil. A solidão em condições de habitat amiúde desagradáveis, a distância linguística, o clima lhes impõem uma dura prova. Não raro ouve-se dizer que uma mulher passou dois anos chorando antes de se acostumar a viver na França. Se não há vizinhas árabes que possam ser visitadas, a solidão corre o risco de ser absoluta. É mais usual que aprendam o francês com o marido ou com as vizinhas do que em instituições de ensino. O rádio e sobretudo a televisão têm contribuído muito para levar a língua e os modelos culturais franceses aos lares de imigrantes. Permitem-lhes observar a sociedade francesa sem que sejam, por sua vez, observados por ela, sem que corram o risco do racismo ou da má vontade. Em muitos casos, as mulheres levam mais de um ano até se acostumar a levar os filhos à escola, a fazer compras ou cumprir algumas obrigações burocráticas.

As compras geralmente ficam sob o controle do marido. São feitas ora nas lojas dos comerciantes magrebinos do bairro, ora em grandes lojas de departamentos. Se o marido e os filhos usam roupas inspiradas em modelos franceses, as mulheres deixam de usar o véu, mas geralmente continuam com vestidos de comprimento intermediário. Às vezes a *djellaba* [túnica longa] sobrevive no cotidiano, e o vestido é usado para sair. Os trajes europeus são globalmente aceitos, mesmo que se tentem limitar os "excessos" para as mulheres e as filhas. Alguns homens, porém, trocam o terno domingueiro pela roupa islâmica (turbante e *djellaba*). Por outro lado, o vestuário já, ou ainda, não faz parte dos domínios em que se afirma a identidade religiosa ou comunitária.

Com o hábito do uso do véu por parte das moças, desenvolve-se no final dos anos 1980 uma estratégia visível de utilização do traje "muçulmano" no espaço público (ruas, escolas, faculdades, hospitais), acarretando conflitos com a sociedade francesa. Tal comportamento só diz respeito a uma minoria de mulheres, muitas vezes modernas e cultas, que optam por unir uma atitude de integração a uma forte afirmação identitária. Tal atitude, não muito distante de alguns comportamentos "feministas", permite-lhes reivindicar o direito a uma educação de qualidade aliada a uma atividade profissional sem romper com o sistema de valores familiares dominantes. Essa busca de autonomia, aliada a uma afirmação de identidade religiosa, é particularmente incompreendida pela sociedade francesa na medida em que quer enxergar aí um símbolo da submissão da mulher à ordem religiosa e familiar tradicional, além de um ato de proselitismo no espaço público. Mesmo quando compreendida, não deixa de constituir uma transgressão aos esquemas habituais. Característico do comportamento de uma minoria de mulheres, o uso do traje tradicional é menos comum entre os homens, e ao mesmo tempo mais amplamente aceito.

Constata-se novamente a preservação das normas culinárias da sociedade de origem. A cozinha magrebina demanda tempo e produtos que não são fáceis de encontrar. As especiarias são a marca característica dos pratos, que incluem um volume muito maior de batatas, arroz ou massas do que no país de origem. Certos produtos magrebinos, como o leite coalhado, começaram a ser fabricados pelas indústrias de laticínios, para atender à demanda dos imigrantes. A carne coloca um problema específico, devido aos hábitos de degola ritual dos animais. Por necessidade econômica, é frequente que se abandonem tais regras, exceto em ocasiões festivas. A introdução dos congeladores permite conciliar as prescrições religiosas com o esforço de economizar: algumas famílias compram um animal vivo, degolam-no ritualmente e repartem a carne.

De alguns anos para cá, tem havido um esforço por parte dos serviços públicos, em acordo com as associações muçulmanas, no sentido de conciliar a demanda crescente de abate ritual, em especial por ocasião do Aid el-Kebir, com as regras referentes à higiene e à proteção dos animais.

No conjunto, a multiplicação das mercadorias magrebianas, nas lojas e nos mercados, e a presença das mulheres em casa reintroduziram o prazer da cozinha, que já nem era muito desfrutado pelos solteiros vivendo em repúblicas, salvo quando voltavam à terra natal ou iam se reunir em pequenos restaurantes. O chá de menta permanece como um dos símbolos de convivência. Mas parece concorrer com o álcool nas relações entre os homens, nos contatos com o operariado francês, e certamente também como meio solitário de escapar às dificuldades da situação, à dureza do trabalho, às frustrações da vida cotidiana e ao medo de perder a identidade. Os cafés magrebinos remontam aos primeiros anos da imigração, e sua existência sempre favoreceu a coesão comunitária. O setor francês da FLN [Frente de Libertação Nacional, da Argélia] havia instalado suas antenas nesses bares. Mas o alcoolismo geralmente se limita ao período de permanência na França, e na maioria dos casos cessa nas voltas temporárias ou definitivas à terra de origem. No âmbito da vida familiar, o álcool geralmente é vedado em casa, sendo tolerado fora dela para os maridos, enquanto continuarem a sustentar corretamente a família.

O interior das casas constitui um exemplo de compromisso entre as duas culturas. Ao modelo francês, toma-se de empréstimo o quadro essencial: a mesa, as cadeiras e principalmente os aparelhos domésticos, que vão se multiplicando profusamente de acordo com a prosperidade da família. A televisão em cores, às vezes uma filmadora, compradas de segunda mão, um aparelho de rádio com toca-fitas completam o investimento. Os símbolos da vida magrebiana vão se encontrar nos quadros de caligrafia, nos cromos de Meca ou da terra natal, nas tapeçarias de veludo espesso ou nos pratos de cobre trabalhado pendurados na parede. Às vezes, um divã sem encosto, que pode acolher um parente ou amigo de passagem, confere um certo ar oriental a interiores parecidos com os das casas populares francesas.

Uma renovação da consciência religiosa

A vida familiar favorece uma renovação da consciência religiosa. Agora os filhos são circuncidados na França, enquanto na primeira fase preferia-se esperar pela volta à terra natal. Mas os pais magrebinos buscam um equilíbrio difícil entre a educação islâmica, que tentam manter, e os valores transmitidos pela escola e pela sociedade francesas. Se o maternal e o primário são, de modo geral, bem aceitos pelos pais, em função da própria tomada de consciência de que a permanência será duradoura, por outro lado eles geram o receio de que se opere uma fusão total na comunidade francesa. Pois, para os jovens magrebinos, a classe é o lugar em que eles conhecem jovens franceses da mesma idade e, num primeiro momento, identificam-se com eles. Falando o francês melhor do que os pais, os meninos tendem a rejeitar a autoridade paterna, associada à imagem do trabalhador manual servil, profissão que não pretendem para si. Entendem o árabe, mas se recusam a falar, e adotam entre si nomes franceses. Mas logo a impossibilidade de satisfazer seus sonhos na sociedade francesa impele-os a uma identidade magrebiana imaginária, de conteúdo incerto. Como reação, seus pais, mesmo que sempre considerem a escola francesa como meio de sair de sua condição, criticam-na por não dar a seus filhos a educação que continuaria a fazê-los respeitar os valores familiares.

O ensino religioso, garantido na família ou no círculo comunitário assim aparece ao imigrante como o melhor meio de combater essas tendências e de aceitar a ideia de uma estada permanente sem se renegar. O esforço de aprendizagem do árabe e do Corão muitas vezes não é tão eficiente nem tão prestigiado, principalmente entre as meninas, quanto o da escola oficial. Os cursos de árabe e do Corão, fornecidos pelas mesquitas e pelas associações às quartas-feiras ou aos domingos, respondem a essa demanda. As embaixadas se empenham em integrar esse ensino à sua rede de influências, para manter o contato com os cidadãos de sua alçada. As famílias também participam, às vezes empregando seus videocassetes para difundir lições corânicas gravadas em fitas que podem ser alugadas nas livrarias islâmicas. Mas às vezes, para estimular a atenção dos alunos, também programam sessões de filmes como *Maomé, o mensageiro de Alah*, no qual Anthony Quinn faz o papel de um companheiro do Profeta, e mesmo *Goldorak* em árabe, dublados no Líbano.

A especificidade religiosa coloca mais problemas do que a nacionalidade, em relação à qual as pessoas se dispõem a transigir sem maiores entusiasmos. A renovação religiosa se manifesta principalmente pela observância do jejum do Ramadã. O comportamento também parece estar ligado ao sentimento de permanência prolongada na França. Nas fases anteriores, era mais fácil que os magrebinos aceitassem obedecer aos ritmos e costumes da sociedade de acolhida, desde que não precisassem comer carne de porco ou tomar bebidas alcoólicas. A volta ao país de origem no mês do Ramadã se dava naturalmente no ambiente caloroso das vigílias noturnas, muito mais difíceis de se organizar na França sem conflitos com a vizinhança. Essa volta periódica à terra natal permitia "resgatar" simbolicamente, num clima religioso propício, as transgressões da regra cometidas por necessidade na imigração. Há uns dez anos, tem surgido a tendência de uma observância mais estrita, que oferece ao grupo a oportunidade de afirmar sua identidade. A família muçulmana toma consciência de sua especificidade, de suas regras morais próprias. Certos imigrantes que não eram praticantes rigorosos aproveitam o Ramadã para deixar de beber ou de fumar. O pagamento da esmola legal, o *zekat*, feito no final do Ramadã, também vem ressurgindo. As instituições religiosas do país de origem frequentemente se beneficiam disso, mas as comunidades ou as mesquitas estabelecidas na França vêm recolhendo uma parcela crescente.

As verdadeiras festas são as muçulmanas, principalmente o Aid el-Kebir, comemorando o sacrifício de Abraão. Os imigrantes tentam ao máximo possível passá-la em sua terra natal, pois o Aid na França é uma fonte de aborrecimentos. Conseguir um carneiro vivo é difícil. Guardá-lo em casa e sacrificá-lo no devido momento gera conflitos com os vizinhos.[26] A impossibilidade de ter um feriado para as festas muçulmanas é vista como uma injustiça. Se muitas festas francesas são vistas como simples dias de descanso, o Natal e o Ano-Novo, com seus pinheiros e presentes para as crianças, vêm se introduzindo cada vez mais na prática das famílias muçulmanas.

Diversões

A sociedade francesa também influi nas diversões. Além da televisão, a rua e as lojas exercem uma função importante. Os grandes shoppings têm um papel que vai além do simples abastecimento. As saídas coletivas nos finais de semana são um dos momentos intensos da vida familiar; são também uma oportunidade de observar a sociedade de consumo e a vida francesa. A variedade de opções oferecidas fascina e dá a impressão de uma riqueza acessível. Os jogos de azar, as loterias, as apostas em cavalos assumiram na vida cotidiana um lugar mais condizente com o modelo francês do que com a tradição islâmica. Essas práticas, aliás, chegam à classe média do próprio Magreb. A música continua, em larga medida, a ser árabe. As fitas são o principal veículo, mas hoje existem também algumas rádios livres comunitárias, que às vezes transmitem de Meca a oração das sextas-feiras.

A eficiência da televisão e da escola como instrumentos de aculturação é tanto maior na medida em que são aceitas pelos pais. Mas, ao mesmo tempo, os imigrantes sentem intensamente o perigo da assimilação total. Esse sentimento angustiante se encontra muitas vezes associado a uma reação de culpa do chefe de família. A imagem ou o receio de um casamento com franceses, isto é, não-muçulmanos, é tido como a etapa seguinte no processo de perda da identidade coletiva. A atitude das meninas, geralmente mais receptivas aos modelos escolares e ao exemplo dos comportamentos de autonomia individual, intensifica esses temores.

Estratégias matrimoniais

As estratégias matrimoniais ainda permanecem voltadas para o país de origem, mas os comportamentos tendem a perder parte de sua uniformidade. O casamento com uma moça da aldeia de origem, escolhida pela família (às vezes ainda é uma prima), continua a ser o modelo ideal para os homens. Não há, porém, uma plena submissão às pressões familiares, e alguns jovens se casam com francesas ou imigrantes de outras origens, portuguesas ou iugoslavas. A ruptura é mais dramática, mas talvez mais frequente, no caso das moças, que em geral se recusam a voltar, casar e permanecer no país de origem. Elas preferem sair do meio familiar do que se submeter a ele. Mais ciosas do êxito escolar do que os rapazes, as moças também querem preservar sua autonomia e adotam comportamentos do modelo francês de casal, que lhes fazem recusar categoricamente o papel tradicional da mulher, imposto pelo pai ou pelos irmãos. Elas mantêm sua independência sob o risco de romper com o meio familiar, e se opõem furiosamente a qualquer ideia de retorno que implique a volta aos antigos comportamentos. Menos prolíficas do que no país de origem, as famílias de imigrantes muçulmanos, porém, têm mais filhos do que a sociedade de acolhida.

Passam de nove ou dez filhos para cinco ou seis, já na primeira geração, e depois para três ou quatro na geração seguinte.

Morrer na terra natal?

Com o ritual da morte, como no caso do matrimônio, está-se diante de uma sociedade que mantém o contato com suas origens aldeãs. O ideal de velhice ainda é vivê-la no torrão natal, junto a seus familiares na grande casa que foi construída, e apenas a terra do islã permite ao fiel esperar serenamente pela ressurreição. Mas, hoje, voltar para passar a velhice na terra natal significa também se separar dos filhos e netos. Assim, alguns preferem ficar na França, tomando suas providências para que o enterro seja feito no povoado de origem. Mas, para outros, a terra do país de permanência, com suas comunidades muçulmanas constituídas, suas mesquitas e salas de orações, torna-se sagrada o suficiente para poder ser aceita como local de sepultamento. Essa evolução simboliza uma nova relação com a sociedade francesa. Os magrebinos estabelecidos na França já não são exatamente imigrantes, nem ainda cidadãos no sentido pleno do termo, mas membros de uma comunidade minoritária que aspira a que o conjunto social lhes reconheça uma existência coletiva.[27]

Como salientamos, é impossível proceder a uma análise da vida privada de todos os imigrantes, oriundos de diferentes culturas, chegados à França em diversas condições históricas. Os exemplos acima analisados mostram a variedade das etapas e formas de participação na vida nacional. Se os filhos dos poloneses e italianos estabelecidos na França nos anos 1920 e 1930 tiveram uma aculturação total e participam plenamente da sociedade em que são cidadãos, muitos deles, por outro lado, continuam a manter laços simbólicos e sentimentais com o país de seus pais ou avós. Os franceses filhos de poloneses escutaram as notícias do movimento Solidariedade com outros ouvidos. Os filhos de imigrantes piemonteses, quando entram na universidade, muitas vezes se dedicam a estudar a cultura ou a emigração italianas. Esses sentimentos são paralelos — mas não similares — aos dos parisienses de origem bretã em relação à província de seus avós. A unidade nacional não exclui as fidelidades particulares.

As atitudes dos imigrantes muçulmanos e dos judeus conscientes são mais matizadas, na medida em que sua definição tradicional da vida privada não coincide absolutamente com a da sociedade global. Marcados por uma história dramática, os judeus revelam, ao longo da evolução de sua vida privada, uma forma particular de aculturação e de participação na sociedade francesa, incluindo a referência a uma cultura e a uma história particulares. Quanto às populações muçulmanas, por ora adotam todas as atitudes: desde a vontade de se fundir na sociedade francesa, recusando o árabe e a religião muçulmana, até a reivindicação religiosa e a solidariedade com os árabes das outras regiões (o que é mostrado pela sua rejeição dos judeus). A vida privada revela as ambiguidades da participação dessas novas imigrações na vida nacional; de modo mais geral, ela revela as formas, sempre diferenciadas, pelas quais as populações de origem estrangeira constituem a população francesa.

R. L. e D. S.

NOTAS

1. R. Leveau e C. Wihtol de Wenden, "L'évolution des attitudes politiques des immigrés maghrébins", *Vingtième Siècle*, nº 7, jul.-set. 1985.

2. Desde o século XIX, a França se mantém como um país de imigração. A pequena fecundidade na época do desenvolvimento econômico, a preservação de um campesinato enriquecido pela aquisição de bens nacionais criaram uma necessidade constante de mão-de-obra. Em 1930, ano do pré-guerra em que a imigração atinge o auge, há pelo menos 3 milhões de estrangeiros na França: 7% da população total e 15% da classe operária. E esses números não incluem nem os naturalizados nem os imigrantes clandestinos, que Georges Mauco avalia em um terço da imigração controlada. A esses emigrantes ditos "econômicos" somaram-se os exilados políticos, fugindo, conforme a época, dos regimes autoritários da Europa Central, da Rússia czarista, dos regimes nazistas ou fascistas e dos países comunistas após a Segunda Guerra Mundial.

3. Do ponto de vista que aqui nos interessa, a cidadania não faz diferença.

Consideraremos de modo global o grupo dos muçulmanos que moram na França, sem levar em conta a nacionalidade.

4. Os termos árabes são *roumi* ou *ntourmi*, significando cristão ou renegado.

5. S. Vlocevski, *L'installation des italiens en France*, Paris, Alcan, 1934, p. 84.

6. G. Mauco, *Les étrangers en France, leur rôle dans l'activité économique*, Paris, A. Colin, 1932, p. 558.

7. Ibid., p. 315.

8. A. Sayad, "Les trois âges de l'émigration algérienne", *Actes de la Recherche en Sciences Sociales*, 1977, nº 15, pp. 59-79.

9. S. Bonnet, *L'homme de fer (1930-1959)*, Nancy, Centre Lorrain d'Études Sociologiques, 1979, vol. II, p. 147.

10. Ibid.

11. D. Schnapper, "Identités et acculturation: à propos des travailleurs émigrés", *Communications*, nº 43, 1986, pp. 141-68.

12. L. Köll, *Auboué en Lorraine du fer*, Paris, Karthala, 1981, p. 201.

13. G. Mauco, op. cit., p. 332.

14. A.-M. Blanc, *Marie Romaine*, Metz, Éd. Serpenoise, 1978, pp. 146-7.

15. G. Mauco, op. cit., p. 333.

16. Ibid.

17. L. Köll, op. cit., p. 109.

18. Citado por G. Noiriel, *Longwy, immigrés et prolétaires*, Paris, PUF, 1985, p. 183.

19. A.-M. Blanc, op. cit., p. 125.

20. G. Mauco, op. cit., p. 337.

21. A.-M. Blanc, op. cit., pp. 150-1.

22. Citado por G. Noiriel, op. cit., p. 225.

23. S. Vlocevski, op. cit., p. 83.

24. S. Bonnet, op. cit., p. 146.

25. Ibid., p. 20.

26. Os muçulmanos não entendem as reações de repulsa provocadas pela presença e sacrifício de um carneiro num apartamento. Por outro lado, sendo muito raro que tenham animais domésticos, eles ficam chocados com a quantidade de cachorros e a atitude dos franceses em relação a esses animais. Para eles, o cão tem uma dupla conotação negativa, em primeiro lugar devido à sua tradição cultural, mas também devido ao comportamento amiúde agressivo dos donos dos animais frente a eles.

27. As restrições aos vistos, após 1990, para os imigrantes que efetuaram um retorno ao Magreb, e a quase impossibilidade para os membros das famílias que lá ficaram de visitar seus parentes na França, acentuam a ruptura, tal como a guerra civil argelina. Essas limitações também resultaram indiretamente, por parte da imigração instalada, em dar mais importância aos trâmites para aquisição da nacionalidade francesa.

4
MODELOS ESTRANGEIROS

Sophie Body-Gendrot
Kristina Orfali

UMA VIDA PRIVADA FRANCESA SEGUNDO O MODELO AMERICANO

Está em nosso poder recomeçar o mundo.
Thomas Paine

COMPLEXIDADE DO MODELO E UNICIDADE DO MITO

Pode-se falar de uma provável influência do modelo de vida privada americana sobre a francesa? A vida privada, entendida como existência cotidiana (ou suas manifestações exteriores), sugere uma resposta positiva. Sejam os jeans, os blusões com siglas de universidades americanas mais ou menos inventadas, os fast-foods, a música ouvida em casa ou no walkman, o "franglês", a peregrinação americana obrigatória para todo jovem estudante e todo professor universitário querendo adquirir uma legitimidade suplementar como professor visitante; seja o consumo de filmes, novelas ou romances policiais *made in USA*, a influência da dominação econômica se redobra com a influência cultural. No nível da vida cotidiana, pode-se falar em americanização da França.

Mas, no plano da vida privada — *a fortiori* no da vida secreta —, objeto de nossa reflexão, a resposta não é tão clara. Relações com o tempo e o espaço, o peso do passado, concepções do imaginário são dados que só podem ser apreendidos por uma abordagem intercultural. Originalmente povoados por imigrantes europeus, os Estados Unidos criaram um *American way of life* que, apesar (ou por causa) de sua diversidade, contém características específicas e unificadoras. Por uma espécie de movimento de retorno, a América nos reenvia esse sistema cultural complexo cujas normas e códigos são reinterpretados pelos europeus em função de suas próprias raízes. Dessa ida e volta persistem — e talvez se desenvolvam — traços visíveis na vida privada do francês. Mas, para a maioria de nossos compatriotas, não são suas vidas que obedecem às regras da realidade americana, e sim seu imaginário que é alimentado pelo mito americano.

Ora, "o objetivo do mito é fornecer um modelo lógico para resolver uma contradição", segundo os termos de Claude Lévi-Strauss em *Antropologia estrutural*. O mito americano interiorizado pelos franceses — ou, mais exatamente, a realidade americana transformada em mito seletivo e simplificador dessa realidade, transformação decorrente das mensagens veiculadas pelo sistema de comunicação americano e, ao mesmo tempo, da expectativa do público francês — terá por função social superar a contradição (ou até oposição) entre dois sistemas (ou conjuntos de sistemas) com divergências tanto mais "essenciais" quanto mais encobertas?

A potência dominante sempre impôs seus códigos culturais — ou alguns deles. Antigamente, na Europa, foram construídas várias imitações de Versalhes; na Europa de hoje [1985], existem múltiplos modelos em miniatura do World Trade Center. O francês, ontem, foi uma língua de ligação europeia; hoje, o inglês — ou melhor, o americano — é uma língua de ligação mundial. A cozinha francesa imperou na Europa; o mundo inteiro come hambúrgueres e cachorros-quentes, e bebe Coca-Cola. E daí? Ou melhor, e no fundo?

Sans-Souci não acabou com a arquitetura alemã, e os cozinheiros franceses que serviam Frederico II não eliminaram o chucrute. Os pintores franceses, chamados, pagos, homenageados por Pedro, o Grande, produtores de inúmeras "festas em Versalhes" que encantavam os olhos da aristocracia russa, não impediram que, por volta de 1860, surgisse o movimento dos Ambulantes, pintores especificamente russos.

Já mencionamos a afirmação de Heidegger de que "a raiz do passado está no futuro". É verdade que a compreensão da história vivida passa pela ideia que os homens de uma época tinham em relação a seu futuro. Mas a raiz do passado também está no passado do período estudado. Ainda estamos à espera de uma história da memória coletiva. Diante dessa lacuna, lembremos que, como todo indivíduo é o produto de uma história tríplice — nacional, familiar, individual —, o americano e o francês não são iguais.

Complexo de Atenas?

É próprio de todos os fracos — sejam indivíduos ou grupos — elaborar estratégias (percebidas apenas nos discursos que as veiculam) de compensação, cujos argumentos se voltam para as grandezas do passado e a negação daquilo que incomoda no presente. Não podendo contestar a superioridade técnica e material dos americanos, não se reconhecendo responsável por sua incapacidade de conceber um modelo societário capaz de lograr uma difusão mundial, o francês se vinga contestando o modo de vida americano. Max Lerner observa com razão que os europeus têm o "complexo de Atenas", ou seja, eles se identificam com os atenienses e comparam os americanos aos romanos, complexo este que se funda na afirmação de que "o vencido é superior ao vencedor, e o vencedor se nutre do espírito do vencido". Os americanos têm a quantidade, mas nós temos a qualidade; eles têm o poderio, nós temos o refinamento; eles têm a riqueza, nós temos a cultura; eles têm o futuro, mas não têm passado. São alguns temas sempre retomados por um nacionalismo enfurecido.

Necessidade de uma abordagem intercultural

Para evitar esse gênero de simplificação, faz-se necessária uma abordagem intercultural. Seja historiador ou sociólogo, o observador fica impressionado com o abismo entre essas duas "culturas", termo aqui adotado em sua acepção etnológica definida por Claude Lévi-Strauss:

> Toda cultura pode ser considerada como um conjunto de sistemas simbólicos cujo primeiro nível é ocupado pela linguagem, as regras matrimoniais, as relações econômicas, a arte, a ciência e a religião. Todos esses sistemas visam expressar certos aspectos da realidade física e da realidade

social, e sobretudo as relações que esses dois tipos de realidade mantêm entre si e que os sistemas simbólicos mantêm entre eles.[1]

A dominação cultural americana — e seus efeitos induzidos — terá essa força coercitiva ignorada que Pierre Bourdieu atribui ao poder simbólico, "poder invisível que só pode se exercer com a cumplicidade daqueles que não querem saber que estão sujeitos a ele, ou melhor, que o exercem [...], poder subordinado, que é uma forma transformada, isto é, irreconhecível, transfigurada e legitimada das outras formas de poderes"?[2] Não cremos. É fato que o filho do funcionário do metrô quer ser chamado de Eddy Mitchell, e Jean-Philippe Smet de Johnny Halliday. Todas as crianças europeias brincaram de caubói, e James Dean foi um herói universal simbolizando uma "fúria de viver" sancionada por uma morte exemplar (ao que consta ele recebia 7 mil cartas de amor por dia, e morreu aos 24 anos). Concebidas, fabricadas e distribuídas por excelentes profissionais que sabem que só é possível exportar um produto cultural que não guarde laços demasiado estreitos com o país de origem, as mensagens dos meios de comunicação americanos tiveram uma acolhida tanto mais favorável devido a seu conteúdo vago (a vitória do bem sobre o mal, o patriotismo, o repouso do guerreiro, a solidão do justo contra a mesquinharia e a astúcia dos "bandidos"), capaz de se inserir nos códigos culturais europeus.

Exemplaridade americana ou avanço rumo à modernidade?

Será que a vida privada dos franceses se dilui num modelo americano que lhe faria perder a identidade? As alterações visíveis na existência íntima de nossos compatriotas podem ser atribuídas ao avanço para a modernidade, típico de todos os países industriais ditos "avançados", ou à exemplaridade dos Estados Unidos? Espreita-nos o risco das falsas imputações, das causalidades imediatas e tranquilizadoras. Se é cada vez mais frequente o divórcio dos casais franceses, será para imitar os americanos? Ou esse fenômeno, observado em todas as sociedades ocidentais, se explica por modificações estruturais, procuradas, assumidas ou sofridas por essas sociedades? Um país obcecado em manter sua competitividade — condição de sua sobrevivência como "grande potência" — poderá prosseguir no grande impulso da aventura industrial esboçada no século XIX sem se calcar no *American way of life*, mantendo ao mesmo tempo suas tradições culturais? Para nós, a resposta é afirmativa, como mostra o Japão. Os carros japoneses que transportam os americanos são concebidos e fabricados por engenheiros e operários que, saindo do escritório e da fábrica, retomam códigos de intimidade que não guardam qualquer relação com os dos Estados Unidos.[3] A conquista dos mercados exige o conhecimento das expectativas dos clientes potenciais, modelados por outros sistemas culturais. Mas esse minucioso exame — em que primam os japoneses — não significa imitação. Assim surgem sociedades (esquizoides?) com uma história vivida em dois tempos: o da história aditiva, cumulativa, do "progresso" científico e tecnológico, e esse outro tempo mais lento, até repetitivo, de uma vida privada que, apesar da inovação que a permeia (a televisão), que a cerca (o som e a fúria dos índices e estatísticas da balança de pagamentos) e a pressiona (todo desafio externo tem de ser enfrentado), perpetua as tradições armazenadas na língua. Se é fácil discernir "sinais" de americanização, o grau de interiorização deles nas consciências francesas coloca problemas epistemológicos da mais alta complexidade. Pois pouco ou nada sabemos da reinterpretação, do remodelamento do modelo (fascinante e repulsivo) pelas pessoas que podem percebê-lo sem "recebê-lo", seja na acepção passiva do termo (ser atingido por... uma mensagem que não foi solicitada) ou ativa (convidar e fazer entrar), sendo que esta última subentende uma busca voluntarista.

Supondo-se que exista tal busca, que modelo procura ela? O californiano? O texano? O nova-iorquino? E, neste caso, Greenwich Village? O Lincoln Center? Os prédios da Quinta Avenida que dão para o Central Park? As fachadas calcinadas do

South Bronx? Não existe um modelo americano dado. País vasto, múltiplo, vivo, os Estados Unidos se reconstituem incessantemente. País, para nós franceses, exótico. Pouco depois do atentado sofrido, o presidente Reagan, fazendo-se de porta-voz do lobby da NRA (National Riffle Association), com 1,8 milhão de membros, repetiu os slogans da associação: "Não é a arma, e sim o braço, que mata". Frase inconcebível na boca de um presidente francês saindo de uma tentativa de assassinato.

OS VETORES DO "MODELO" AMERICANO
O ENTREGUERRAS

"Coersedução" da mídia

As duas guerras mundiais arruinaram a Europa e consolidaram os Estados Unidos em sua posição dominante. A indústria, liberta das pressões das leis do mercado, conheceu um desenvolvimento "formidável" (vale dizer, ameaçando a indústria dos países aliados e concorrentes); as perdas humanas foram mínimas (114 mil mortos na Primeira Guerra, 284 mil na Segunda, contra 18 milhões de soviéticos); o território, inacessível às armas do inimigo, se manteve ileso. Ao final das duas guerras, os Estados Unidos chegaram a exportar para a Europa (para a França) "produtos culturais" que talvez não correspondessem exatamente a uma demanda, mas que obtiveram aprovação. Imperialismo "cultural" americano? Pode ser. Mas eles teriam conseguido impor seus romances policiais (Raymond Chandler), suas comédias musicais (*Cantando na chuva*), suas grandes peças cinematográficas (*... E o vento levou*, *E. T.*), seus seriados (*Os Intocáveis*, *Dallas*) etc., se a Europa, traumatizada, arrasada, dividida, tivesse sido capaz de se desprender de seu passado, de esquecer os rancores resultantes de sua história e de conceber mensagens de alcance "universal", mesmo que fosse um "universalismo" de marketing, criado por comerciantes e não por intelectuais? A sociologia da comunicação nos mostra que, para dar certo, a coerção tem de passar pela sedução. Trate-se de um filme, de um jeans ou de um hambúrguer, é a "coersedução" (R. J. Ravault) que permite que a mensagem, cultural ou política, se imponha. A televisão — para tomar o meio de comunicação mais presente — não é uma arma absoluta. Se fosse, Lech Walesa teria ficado no anonimato e a esquerda francesa não teria vencido as eleições de 1981. A "coersedução" designa de maneira feliz essa dosagem de imposição e de enfeitiçamento, condição da eficácia proselitista. Evitaremos, portanto, a perspectiva simplista que faz do sistema de mídia americano o vetor de uma "ideocracia totalitária" mascarada de liberalismo. A propagação do "modelo" se inscreve num contexto intercultural de grande complexidade. Nunca há a certeza de que a meta será atingida, e o sucesso da iniciativa depende mais de um certo isomorfismo entre o emissor e o receptor do que de um maquiavelismo "científico" do emissor.

Literatura

Um bom exemplo desse isomorfismo é o sucesso europeu da obra de Francis Scott Fitzgerald, o "saltimbanco da geração perdida" (Gertrude Stein). Os contos reunidos em *Flappers and philosophers* (1920), *Seis contos da era do jazz* (1922) e *All the sad young men* (1926) narram com uma precisão quase clínica a gesta dessa geração perdida dos *roaring twenties*, que pôde viver esses "anos loucos" apenas numa Europa sem proibições ou nos excessos da sociedade americana, onde "os ricos deixam aos outros o trabalho de varrer". A ascensão e a queda de *O grande Gatsby* (1925) pertencem a essa sociedade dos anos 1920 — tanto americana quanto europeia —, cuja decadência constitui o tema de Fitzgerald. O romance americano mostra ao leitor francês não só a realidade da vida privada americana, mas também a crítica, muitas vezes implacável, dessa realidade. Nesse sentido, ele preenche as expectativas de uma inconsolável intelectualidade francesa, despojada de seu papel de "guia da cultura". As *Scenes de la vie future* [Cenas da vida futura], de George Duhamel, publicadas em 1930, compõem um romance cor-de-rosa em comparação a *The jungle* [A selva], onde Upton Sinclair, já em 1906, denunciava o escândalo dos matadouros de Chicago que ofereciam ao consumidor, "junto com sua carne enlatada, alguns pedaços de operário caído dentro das prensas da fábrica" (depois disso, veio um inquérito do governo, que determinou a implantação de algumas reformas). *Babbitt*, de Sinclair Lewis (1920), logo se tornou um nome comum, "ianque típico com sua alma e preconceitos taylorizados", segundo os termos de Paul Morand, que escreveu o prefácio da edição francesa, publicada pela Stock em 1930. O intelectual francês, capaz de abstrações, imbuído do pessimismo lúcido legado pela Grande Guerra, perspicaz, sem ilusões, em suma, detentor da excelência do pensamento, se compraz em detectar seu contrário nas atribulações de George F. Babbitt, corretor de imóveis: um materialista satisfeito que adora engenhocas, os carros e honrarias insignificantes, e persiste em achar que todos "podem se sair bem". Em *As vinhas da ira*, John Steinbeck coloca essas palavras na boca de Tom Joad, o justiceiro:

> Sempre estarei ali, em toda parte, na sombra. Em toda parte que você olhar. Em toda parte que houver uma disputa para que as pessoas possam comer, ali estarei. Em toda parte que houver um tira espancando um indefeso, ali estarei. No grito das pessoas que se revoltam por estar de estômago vazio, ali estarei [...]. E quando os nossos tiverem na mesa o que plantaram e o colheram, quando morarem nas casas que construíram..., pois muito bem! ali estarei.

Publicado em 1939, filmado em 1940 com Henry Fonda, o romance só foi traduzido para o francês em 1947, na mesma época em que o filme de John Ford passava em nossos cinemas. Nesse início da Guerra Fria, *As vinhas da ira* alimentou o antiamericanismo dos franceses e encantou os comunistas e seus companheiros de percurso, inesperados herdeiros da ideologia duhameliana que enxergava na sociedade americana apenas "conforto vulgar, gosto pela novidade espalhafatosa, por artigos em série, pelo provisório, pela bugiganga, pela velocidade, pela música anônima distribuída aos jorros, pelos anúncios cegantes, pelas informações aos gritos, pela comida irreconhecível, pelo prazer desbragado, por pequenas alegrias sem futuro, pequenas alegrias miseráveis". O autor de *Salavin* e *Pasquier* sempre mantivera a oposição entre os "povos de gênio criador" e os que não têm senão o "gênio da aplicação". Pensamento, se for possível dizê-lo, retomado mais tarde por Jean Cocteau numa afirmação metafórica: "A França, indiferente, tinha os bolsos cheios de sementes e, com negligência, deixava que caíssem atrás de si. Outros vinham catar essas sementes, levavam-nas para seus países, para plantá-las em algum terreno químico onde produziam flores enormes e sem perfume".

As invejosas reticências da "elite" em relação ao modelo americano aparecem claramente nessa famosa resposta de Le Corbusier, quando desembarcou pela primeira vez em Nova York e lhe pediram sua opinião sobre os arranha-céus: "São pequenos demais". As pessoas então se põem a lembrar que V. E. Tátlin, embora russo, mas um pouco francês por ser amigo de Picasso, já em 1919 tinha projetado um "Monumento à glória da Terceira Internacional", de uma altura vertiginosa, que só não foi construído devido a incidentes lamentáveis. A grande imprensa se divide. Ela tem de satisfazer à curiosidade de um público fascinado pela opulência atribuída aos Estados Unidos, mas expressa suas objeções. Apenas um exemplo: em 1937, quando Jean Prouvost lança *Marie Claire*, a revista denuncia uma civilização "artificial", marcada pelo selo de uma "impiedosa" *struggle for life*, e ao mesmo tempo traz artigos de inspiração americana, recomendando dietas alimentares rigorosas, o uso de vitaminas, as virtudes do asseio corporal e os felizes efeitos do exercício físico.

Os filmes americanos

No entreguerras, as viagens eram coisa rara, e o périplo americano ficava reservado a alguns homens de negócios e turistas privilegiados. As evocações desse mundo novo chegavam até nós principalmente através dos filmes. Era a época em que os cinemas de bairro reuniam famílias inteiras nos sábados à noite e nos domingos à tarde, para essa missa cinematográfica em que os westerns, as comédias musicais e os policiais sobre os males da proibição não passavam de entretenimentos inócuos para a vida privada dos espectadores. O cinema levava aos franceses o que eles queriam: não a realidade americana, com a qual não tinham nada a ver, convencidos de que somente o modo de vida francês possuía a excelência resultante de sua história milenar, mas sim o mito americano. Eles precisavam de Al Capone e do gangsterismo, desde que ficassem em Chicago e que em Montargis continuasse a ser possível viver na maior segurança. Gostavam da justiça sumária do faroeste e da corrupção dos xerifes, estando protegidos pela integridade de sua magistratura. E adoravam ainda mais o enorme êxodo dos pioneiros heroicos amontoados nas carroças filmadas por John Ford ou avançando a pé na direção do Pacífico, porque podiam reunir os filhos e netos nos almoços domingueiros. O que o cinema mostrava era o modelo oposto, o que se queria para os outros, e talvez o que uma pequena partícula de si, recalcada, gostaria de conhecer por alguns instantes de sonho e liberdade. O efeito era mais catártico do que mimético, mais dissuasivo do que instigador. Os thrillers do além-Atlântico não transformavam os jovens honestos em gângsteres; pelo contrário, até os impediam de passar à ação pela válvula de escape imaginária que forneciam às disposições criminosas e contraventoras latentes. Ademais, a produção americana era consumida por um "grande público" que não compartilhava das objeções elitistas: *O cantor de jazz* ficou em exibição durante 48 semanas e teve 550 mil espectadores em 1929; quando chegaram os primeiros *Mickey*, o cinema Paramount teve de funcionar das nove e meia da manhã até as duas da madrugada. Em 1917, Upton Sinclair havia dito que, "graças ao cinema, o mundo se unifica, isto é, se americaniza". É verdade.

As atualidades cinematográficas

Para a intelectualidade francesa e os que se diziam oriundos de "antigas famílias", o povo americano era um conjunto heterogêneo de emigrantes, alguns "novos-ricos" que não podiam aspirar à "distinção", e que vinham procurar os códigos de elegância em Paris, capital mundial do bom gosto que difundia suas roupas, perfumes e pratos pelo mundo todo, onde, claro, "todos falavam francês". Os Estados Unidos certamente haviam ajudado a vencer a Alemanha, mas, tendo chegado na última hora, o número de suas baixas foi pequeno demais para que pudessem pretender alguma excelência militar, e se tinham recapturado Saint-Mihiel, era porque (dizia-se) os *poilus* haviam preparado o terreno. As dimensões e os horrores da crise nos Estados Unidos, da qual os franceses foram relativamente poupados (fato que atribuíam à sua grande sensatez e ao "justo meio", sem entender que a causa profunda desse surto apenas benigno na França consistia num atraso técnico-econômico que transformava irremediavelmente a nação num país de museu), eram-lhes apresentados nas atualidades cinematográficas. Treze milhões de desempregados em 1932, ou seja, contando os membros da família, 30 milhões de pessoas mergulhadas na miséria e abandonadas à generosidade calculada das sociedades de assistência e às parcimoniosas iniciativas das autoridades locais, dado que, no plano federal, não existia nenhum sistema de seguro-desemprego. Na tela, podiam-se ver as "Hoovervilles", favelas que proliferavam na periferia e mesmo no centro das grandes cidades — entre o Central Park e o Hudson, para tomar apenas o exemplo de Nova York —, onde se apinhavam, sem gás, sem eletricidade, sem aquecimento, as famílias dos desempregados expulsas de onde moravam, por não poderem mais pagar o aluguel. E entre esses desempregados havia engenheiros, professores universitários, empresários falidos, rentistas arruinados, em suma, pessoas se não distintas, ao menos honradas, respeitáveis, que uma sociedade que se dizia "civilizada" deveria preservar de tal decadência. Não havia aí nada que pudesse estimular o mimetismo. Podia-se talvez, e no máximo, adotar uma música "exótica" vinda do outro lado do Atlântico, evitada pelo *mainstream* americano.

O jazz

É por volta de 1900, em Nova Orleans — e, mais precisamente, no bairro apartado de Storyville —, que nasce a arte instrumental do jazz. A própria palavra surge apenas em 1915, de origem obscura (termo de gíria designando o ato sexual?). O puritanismo americano leva ao fechamento de Storyville em 1917. Paradoxalmente, é na Chicago das proibições que se desenvolve o estilo "Nova Orleans". Então começa a "diáspora do jazz" que, com diversas variantes ("velho estilo", "middle jazz" etc.), se impõe na Europa durante o entreguerras. Aqui não cabe expor a história de uma das maiores correntes estéticas do mundo, cujas origens neo-orleanianas — e negras — não pareciam anunciar sua mundialização. Observemos apenas que, se os franceses se entregaram ao swing ("balanço", expressando em simultâneo a continuidade e a ruptura), não se evidencia que esse gosto ou essa prática tenha modificado suas vidas privadas. Em 1918, as fanfarras militares americanas atravessam os povoados franceses; tocam blues, e a multidão dança, surpresa e encantada. "I have the blues", diz o negro, o que poderia ser traduzido por "Estou na fossa". Nascido da existência cotidiana do negro oprimido, à qual ele se refere, o blues não é uma música revolucionária; ele expressa o trágico da amargura. Ouvido e mesmo dançado fora do contexto cultural em que surgiu, o blues se torna música de acompanhamento, e é plausível supor que a população francesa o percebia de uma maneira muito diversa da dos escravos — ou trabalhadores — das fazendas de algodão no Sul dos Estados Unidos. No entanto, a música americana se difunde na França, e o microfone permite que os *crooners* (Bing Crosby, Frank Sinatra etc.) estabeleçam uma espécie de intimidade com o destinatário. Este, não entendendo (salvo raras exceções) o sentido das letras, torce a mensagem em função de suas próprias esperanças e fantasmas, numa "recuperação" que expressa a perpetuação das práticas culturais francesas. O "modelo americano" se esfuma com o processo de apropriação: a modulação prevalece sobre a modelização.

OS VETORES DO "MODELO" AMERICANO O PÓS-GUERRA

Os "libertadores"

O que transformou a imagem francesa dos americanos foi o fato de terem conseguido criar um Exército invencível praticamente do nada, num prazo de trinta meses — de 7 de dezembro de 1941 (Pearl Harbor) a 6 de junho de 1944 (desembarque na Normandia). O recuo de Roosevelt em resposta à súplica de Paul Reynaud (junho de 1940) e as vítimas das bombas americanas foram esquecidos. Os libertadores foram aclamados, deslumbrantes em suas riquezas. De seus curiosos carrinhos (os jipes), eles distribuíam cigarros e chicletes. Pareciam despreocupados e autoconfiantes, como se fossem civis de uniforme, sem nada da arrogância do domador vitorioso. Reticente, a esquerda (principalmente os comunistas, que têm nas urnas cerca de 25% dos votos declarados) ressalta que o campo foi preparado pelo mujique, e que se o pracinha americano, sucedâneo moderno do *dough boy* de 1918, encontrou apenas um Exército alemão exaurido, foi porque a Wehrmacht tinha sido retalhada nas planícies russas. Certo. Mas os fatos estão aí: foi o Exército americano (a 2ª DB integrada a ele) que libertou Paris, não os russos. Simone de Beauvoir percorre a costa do Pacífico, e *Les Temps Modernes* publicam seu "Amérique au jour le jour" [A América no dia-a-

-dia], uma série de artigos que informa a esquerda desconfiada sobre o "milagre americano". Naquela época não se atravessava o Atlântico em seis horas. O avião ainda não tinha privado a humanidade dessas maravilhosas (e longas) viagens por mar, em que era possível se familiarizar com o país de destino ao longo da travessia, graças aos conhecimentos travados no convés e nas cabines. Hoje, quem decola de Roissy para aterrissar no Kennedy Airport não tem a impressão de mudar de mundo. Todos os aeroportos internacionais são parecidos. Não era o caso do membro de uma "missão de produtividade" que ia aos Estados Unidos em busca de saber. Quer fosse de navio ou de avião (com escalas na Irlanda, na Groenlândia e em Terra Nova), ele julgava descobrir o futuro dessa velha França que havia marcado passo durante os quatro anos de Ocupação, o que, em relação aos libertadores, significava um retrocesso.

O "choque americano"

Quanto às complexas reações despertadas pelo choque americano, temos sua melhor ilustração em Boris Vian. Engenheiro, trompetista, crítico musical, ator, poeta, romancista, com grande domínio da língua, patafísico, Prêmio Nobel da insolência (se existisse), imitador, pornógrafo, ele tinha 24 anos na época da Libertação e declarava que "só existem duas coisas: o amor, de todas as formas, com as moças bonitas, e a música de Nova Orleans ou de Duke Ellington". Ele inventa um romancista americano *noir*, Vernon Sullivan, e publica em 1946 uma pretensa tradução do autor, *Vou cuspir no seu túmulo*, e no ano seguinte publica em seu próprio nome *L'écume des jours* [A espuma dos dias], qualificada por Raymond Queneau de "o mais pungente dos romances de amor contemporâneos". Essa época que se quer liberta não só dos alemães, mas também dos tabus (um dos cabarés na moda, onde se apresentam orquestras de jazz, chama-se exatamente "Le Tabou"), encontra expressão nos filmes de Jacques Becker (*Eterna ilusão* é de 1949). A curiosidade despertada pelo "modelo americano" é cada vez maior. São traduzidos para o francês Saroyan, Dos Passos, Miller (que escandaliza), Faulkner (que desconcerta), Caldwell, Steinbeck. Os Tratados Blum-Byrnes eliminam qualquer "restrição, de qualquer natureza que seja, à importação de filmes americanos". Em 22 de junho de 1946, Léon Blum, constrangido, admite que teve de aceitar esse acordo "por gratidão pelos Estados Unidos". Disso resulta uma invasão em nossas telas de velhos filmes de custos já cobertos por sua apresentação nos Estados Unidos, e que assim podem ser oferecidos a preços baixos ao mercado francês. No primeiro semestre de 1947, passam nos cinemas 54 filmes franceses contra 338 americanos. Louis Jouvet assume a frente de um movimento de protesto. A esquerda lhe dá apoio. Esses "acordos" são revistos no ano seguinte.

A imprensa dedica inúmeros artigos ao modo de vida americano. Quando *Marie Claire* volta a circular em 1954, a seção de leitoras abre grande espaço às cartas das *GI brides*, francesas que, alguns anos antes, seguiram para os Estados Unidos de braços dados com um vencedor conquistado. Esses depoimentos louvam o conforto das casas individuais, o automóvel ao alcance de todos, um certo convívio social etc. Apesar de algumas reservas quanto ao "materialismo americano" e à educação "permissiva", as leitoras são levadas a crer que o Paraíso já existe na terra, do outro lado do Atlântico. Uma pesquisa do IFOP de 1953 mostra novamente que o mito encobre a percepção da realidade: superestima-se o número de operários com carro ou televisão (que nessa época é excepcional na França), exagera-se a renda anual per capita, desconhece-se o número de famílias que vivem abaixo do "limiar de pobreza" e o índice de desemprego etc. Os publicitários adotam a escola americana; nos muros e telas (de cinema e, a partir dos anos 1950, de tevê), eles exibem figuras bronzeadas, de saúde quase insolente, risonhas (os dentes, claro, são perfeitos, "cintilantes"), que parecem estar sempre em férias (nos Estados Unidos, são quinze dias de férias pagas, podendo chegar a três semanas no final da carreira), disponíveis, sem qualquer preocupação, em suma, encarnações delicadas (as mulheres) ou musculosas (os homens) de um sucesso, se não conquistado, pelo menos provável. Os seriados americanos veiculam os mesmos ícones, e como há pais na França que dão o nome de Sue, Ellen ou Pamela a seus filhos, alguns concluem que *Dallas* alimenta seus sonhos e desejos. Mas à pergunta: "O que você acha de *Dallas*?", uma entrevistada francesa de um meio "modesto" responde: "É como entre a gente", o que diz muito sobre a percepção idiossincrática da mensagem... ou sobre sua capacidade de manipular os universais.

No final dos anos 1960 surge a "charterização" dos voos. Amontoados dentro dos Boeing 747, os turistas finalmente podem ir avaliar pessoalmente, sem intermediários, as dimensões do sonho americano. Magníficas viagens, mas perigosas: "fazem" os Estados Unidos em poucos dias, e a curta permanência e os imperativos categóricos do *sight-seeing* levam-nos a corroborar suas ideias preconcebidas *in situ*, tal como o estrangeiro que entra no Louvre e "reconhece" na *Mona Lisa* a "obra-prima" que lhe ensinaram. A construção do mito americano contou com um papel bem mais ambíguo dos manuais escolares. Estes têm sua própria história, e que é de uma guinada. No pós-guerra, os autores dos manuais de geografia, fascinados pelos "planos stalinistas de transformação da Natureza", frequentemente desembocavam numa americanofobia, ao passo que os historiadores, mais atentos aos "campos" político e jurídico, mantinham-se críticos, mesmo que moderados. Como a "Natureza" soviética, fosse europeia ou asiática, humana ou botânica, não obedecera às determinações do supremo comandante com pleno conhecimento das causas e efeitos, os *lectores* responsáveis pela redação dos manuais adaptaram seu gosto pelo culto. Por sua vez, os autores dos manuais de línguas vivas insistiam, inicialmente, no predomínio do inglês: os textos (literários, e não jornalísticos) eram ingleses, e os professores (obrigatoriamente franceses em todas as escolas públicas, à exceção de alguns "lentes") contrapunham a pronúncia inglesa, tida como "distinta", à pronúncia americana considerada "vulgar". A modificação ocorreu a partir de 1975: tornava-se impossível pregar a excelência britânica e a trivialidade ianque a crianças postas em frequente contato, no cinema ou na televisão, com a produção americana em "versão original", enquanto os outros meios de comunicação também tentavam mergulhá-las na americanosfera. Assim se confirmou a segunda parte da célebre tirada de Bernard Shaw: "A Grã-Bretanha e os Estados Unidos são um mesmo país separado por duas línguas diferentes".

Um imperialismo linguístico?

Os nacionalistas ardorosos e os tradicionalistas obstinados se preocupam não só com o declínio no uso da língua francesa, mas também com sua modificação com a adoção de termos ingleses. Se concordarmos com Paul Valéry que "o pensamento é o filho, e não a mãe da linguagem", sem dúvida há motivos de inquietação. Mas não devemos confundir o efeito com a causa. Não são os termos anglo-saxões que comprometem a "pureza" de uma língua outrora — sim, outrora — promovida pelo poderio político ao nível de língua de ligação nas classes dominantes da Europa seiscentista e setecentista: é o poderio dos Estados Unidos que, sem pressões institucionalizadas, leva os habitantes da americanosfera a utilizar honrosamente a língua dos dominantes. O problema não é novo, visto que todo gaulês que queria fazer carreira aprendia latim. E não se limita ao "mundo livre", visto que na sovietosfera o domínio do russo é o viático indispensável para o êxito social. Ora, quaisquer que sejam as pressões — oficiais, oficiosas, subterrâneas — utilizadas para diminuir ou até terminar com o uso das cerca de sessenta línguas reconhecidas (por serem nacionais ou territoriais) pela Constituição da União Soviética, Estado juridicamente federal, todas essas línguas, portadoras de outros tantos códigos culturais, perduram. Isso pode apaziguar as preocupações francesas. Na Holanda, o uso do inglês é tão corrente que os seriados americanos passam na televisão sem legenda nem dublagem. Nem por isso, ao que se saiba, esse país perdeu sua identidade nacional, como tampouco a Noruega, a Suécia, a Dinamarca, onde o inglês é ensinado desde a escola primária. O conhecimento do inglês — digamos do americano — se tornou indispensável, pois as astúcias da história quiseram que o *imperium* americano se sucedesse ao britânico. Língua das viagens marítimas, aéreas e espaciais, o inglês deu certo onde o esperanto malogrou. Mas, utilizado como código de comunicação, ele, nesse empobrecimento pragmático, não é portador de uma cultura. Nesse sentido, exceto para os bilíngues (que são raros), ele é instrumental e não interfere muito na vida privada dos franceses, a qual continua a se desenrolar na intimidade da língua nacional, cujo enriquecimento léxico (prova de sua vitalidade) se dá com inúmeras palavras que nada devem ao americano (*beur*, *ringard* etc.).* Continua-se a falar georgiano na Geórgia e basco nos dois lados da fronteira, nos Pireneus Ocidentais. O "franglês" — ou "francamericano" —, portanto, concerne à vida privada dos franceses tão somente no sentido que demos a esse sintagma. Seria diferente se a influência americana, indo além do nível lexical, atingisse a sintaxe, em suma, a "língua" no sentido saussuriano. Ora, trata-se de palavras, não da língua. Podemos falar tranquilamente.

As pesquisas

Por outro lado, foram mesmo os Estados Unidos que exportaram para a França esse bem "cultural" muito específico que são as pesquisas de opinião, as quais, pretendendo "sondar" os silenciosos, deslocam a fronteira entre o dito e o não-dito, e dessa perspectiva dizem respeito à vida privada, visto ser fluida a linha de demarcação entre a existência individual e o ambiente social que a cerca. No final de 1936, Roosevelt se apresenta contra Landon, candidato republicano, apoiado pelos meios empresariais, e pela maioria da grande imprensa e das rádios por eles controladas. Um jornal americano que entrevistou milhões de leitores anuncia a vitória retumbante de Landon. G. H. Gallup, jornalista e estatístico, fundador de um instituto de

* *Beur*, filho de pais árabes nascido na França; *ringard*, indivíduo ou espetáculo medíocre. (N. T.)

pesquisas, entrevista uma amostragem de menos de 2 mil pessoas e anuncia a vitória de Roosevelt, que vence com 24 milhões de votos contra 16 milhões. O IFOP nasce às vésperas da guerra. A partir daí, as pesquisas passam a fazer parte da vida política, condicionando-a e descrevendo-a em iguais proporções.

Nascida no campo político, a investigação por meio de pesquisas penetra no campo da intimidade: amostragens ditas "representativas" nos trazem informações pretensamente "confiáveis" sobre o porcentual de franceses que são "felizes", que tiveram sua primeira relação sexual "completa" aos dezessete anos, e nos dirão se essa relação deu "certo" ou não, se o parceiro era do outro sexo (o que está bem) ou do mesmo (o que não está tão bem) etc. Oriunda dos Estados Unidos, essa ecografia social hoje faz parte de todos os países que compartilham da longa caminhada rumo à modernização.

OLHARES CRUZADOS

Olhar americano sobre a França

Essa identidade francesa — que cremos estar sob ameaça — não é em momento algum contestada pelos americanos. Longe de achar a França "americanizada", o jovem estudante que vem passar um ano no país, mesmo que ao chegar tenha um domínio satisfatório de nossa língua, se sente totalmente deslocado, espantando-se com o "exotismo" (para ele) de nossa maneira de ser. Tudo o surpreende: a vida sedentária dos franceses, a permanência da "grande" família e suas reuniões dominicais, a vida dos jovens no lar dos pais depois da idade em que todo jovem americano já saiu de casa, o comportamento da mãe francesa, serva do marido e dos filhos, a obrigação do colegial ou do universitário de escolher uma orientação irreversível numa idade em que ele ainda não sabe o que quer, a variedade das paisagens e dos tipos de habitat, a importância atribuída à culinária, a falta de autodisciplina, a recusa da personalização da responsabilidade e o apelo incessante aos poderes públicos, a desordem, a falta de administração do tempo, os guetos formados pelos vários grupos sociais, o peso do passado, em suma, a diversidade dos códigos de conduta e experiência, entre os quais ele se vê perdido. E aqui estamos falando apenas (por conhecê-los bem) de estudantes preparados por seus estudos anteriores para vir até a França. De seus depoimentos unânimes, podemos inferir as reações prováveis do "turista de base" a quem tenha ocorrido a estranha ideia de visitar esse país ignorado por todos os jornais locais americanos, raramente mencionado na imprensa nacional, e quase nunca na primeira página: a França. A recepção oficial de um presidente da República francesa — seja ele o general De Gaulle, Valéry Giscard d'Estaing ou François Mitterrand — ocupa as manchetes da imprensa francesa, mas temos de vasculhar as páginas do meio do volumoso *The New York Times* para encontrar uma menção a ela. Menos de um americano em dez consegue citar o nome do presidente francês, e um em três não sabe situar a França num mapa-múndi.

O olhar americano, quando condescende em pousar sobre a França, é mais sensível às diferenças do que às semelhanças, e principalmente à seguinte: a opacidade da vida privada. Pois, nos Estados Unidos, ela se pretende (o que não significa que seja) "transparente", visível (controlável) aos amigos e aos vizinhos. A porta deve ficar aberta, não só a porta (material) da casa, mas também a porta mais simbólica, que não deve separar a vida profissional da vida privada. A mulher do "presidente" (seja o dos Estados Unidos ou de uma pequena empresa) deve "se apresentar bem", "mostrar-se" em tarefas privadas: vida familiar, esportes e lazeres, culto aos domingos etc. Naturalmente, essas normas não excluem (talvez criem?) a transgressão. A "porta aberta" não impedirá que uma vida privada-privada se mascare por trás da vida privada-pública, e a porta fechada não irá desencorajar a curiosidade inquisitiva do outro. Aqui estamos falando dos códigos, não do que eles ocultam.

Olhar francês sobre os Estados Unidos

O francês que desembarca nos Estados Unidos não se sente tão surpreso. O consumo de inúmeros produtos culturais americanos não transformou o modo de dispor de sua vida, mas foi-lhe informativo. O que mais o surpreende? A eficácia não "intelectual" de um sistema educativo (familiar e escolar) que inculca a responsabilidade no indivíduo até convencer os excluídos de que são culpados: a obsessão declarada pelo dinheiro e a avaliação da pessoa em função da quantidade de dólares que ganha; a constante referência à Bíblia no discurso político, o que não exclui a utilização dos meios sabidos para manter o *imperium* americano; o financiamento da queda de Allende e a instauração do terror branco no Chile, mas a queda de Nixon por mentira, corrupção e "indiscrição", em suma, por falta de uma deontologia com a qual pouco se importa a classe política francesa; a aceitação de uma marginalidade (pelo menos na Califórnia) que será "recuperada" e consolidará um sistema que vê no subversivo de hoje o convencional de amanhã; a ignorância do que se passa nos outros lugares, mesmo que esse "outro lugar" pertença à americanosfera; a disciplina nas estradas, onde o número de mortes é três vezes menor do que na França; mas também a violência. Obcecado pela psicose da segurança, o francês descobre nos Estados Unidos a realidade da violência. Uma notícia publicada no *International Herald Tribune* em 14 de fevereiro de 1985: em 22 de dezembro de 1984, no metrô de Nova York, Bernard Goetz é ameaçado — ou assim o julga — por rapazes negros que lhe pedem cinco dólares. Ele saca um revólver de calibre 38, atira em cada um deles e desaparece. Em poucas horas se transforma num super-homem. De Nova York, Chicago, Miami, Montreal e até do Havaí, ouvintes e telespectadores ligam para as emissoras, em 90% dos casos aprovando esse ato de bravura. Alguns oferecem 50 mil dólares para lhe pagar a fiança, outros organizam coletas, outros querem que ele seja o próximo prefeito de Nova York. A mãe de uma das quatro vítimas manifesta sua simpatia pelo herói. Antes mesmo de ser preso, vendem-se em Manhattan camisetas com a inscrição "Goetz contra os malandros: 4 × 1". Seis horas antes de sua prisão, é lançado um livrinho, *B. Goetz, vigilante ou vítima?*, com 1 milhão de exemplares, distribuído em todas as grandes cidades. A realidade da violência americana e o caráter medonho dos assassinatos são inconcebíveis para o francês. Henry Lee se vangloria de ter assassinado trezentas pessoas em dez anos, com preferência pelas mulheres e crianças. Um homicídio é cometido a cada 22 minutos, um estupro a cada cinco, um furto a cada 49 segundos, um assalto à mão armada a cada trinta segundos, 1,7 milhão de delitos violentos por ano; os assaltos à mão armada são 175 vezes mais numerosos nos Estados Unidos do que na Grã-Bretanha, por milhão de habitantes; mata-se onze vezes mais em Nova York do que em Londres, e, atualmente, o número de negros assassinados é o dobro do de soldados americanos mortos durante a Segunda Guerra Mundial.[4] País imenso em que vagueiam assassinos incapturáveis, onde não existe carteira de identidade nacional. Todas as tentativas de criar tal documento foram rejeitadas com horror e consideradas como práticas indignas de um país democrático. Em certos estados, a carteira de motorista não tem fotografia. A segunda emenda constitucional concede a todos o direito de possuir e andar com uma arma. Em algumas poucas localidades, chega-se a exigir a posse de arma. A imprensa sensacionalista afirma que a cada treze segundos é vendida uma arma. O FBI se choca com as polícias locais, que defendem seus territórios. Em Nashville, prenderam um homem, J. Hinckley, que se preparava para tomar o avião com três revólveres e munição. Detido às 15h13, foi solto às 15h47, depois de pagar uma multa. Alguns meses depois, ele tenta assassinar o presidente Reagan. A televisão apresenta violências reais, não fictícias: os telespectadores acompanham atentamente uma emissão dedicada aos incêndios propositais no Bronx. Ora, nos Estados Unidos, a tevê vive quase sempre ligada. As pesquisas nos informam que uma criança americana terá visto na televisão, antes do fim da escola primária, 8 mil mortes e 100 mil atos violentos, cometidos tanto por pessoas boas como por más. Essas violências televisivas, moderno sucedâneo dos jogos circenses, provavelmente despertam repulsa e prazer num público todavia entediado. Mas o americano que tem medo está disposto a pagar mais impostos para construir prisões e hospitais psiquiátricos? Exige, como o francês, constantes controles da identidade?

A resposta é negativa. Já em 1911, Ostrogorski escrevia: "Confiante no futuro, o americano manifesta uma notável resistência aos males presentes". Com o medo, o americano das cidades aprende a viver sob a vigilância de circuitos de tevê integrados, a andar de carro com as portas travadas, a morar numa casa com as janelas trancadas. Para o francês que vive nessa sociedade multirracial, onde são inúmeras as potencialidades de confrontos étnicos, socioeconômicos, políticos e ideológicos, a maior surpresa é talvez esta: não existe um debate permanente sobre a "escolha de sociedade"... nem sequer para admitir um acordo sobre as divergências. Evitando aumentar as brechas do corpo social, os meios de comunicação mostram o que ocorre evitando qualquer etiologia possivelmente traumatizante. Por exemplo, exaltam os "sucessos" sem indagar das condições que os criaram. Acima de tudo, a insegurança, a cólera e o medo consolidam um consenso que, reunindo ricos e pobres, brancos, negros e amarelos, rurais e urbanos, dá continuidade a essa ordem moral apresentada como aspiração da maioria dos americanos. A indignação cria um clube ao qual podem se filiar todos os virtuosos.

Olhares se cruzam...

A percepção diferenciada do mesmo referente permite pensar que os olhares podem se cruzar sem se ver. A obra e a personalidade de Chaplin expressam claramente essa ambiguidade. *Tempos modernos* (1936) teve uma melhor acolhida na França do que nos Estados Unidos, ainda que Georges Duhamel tenha criticado o cinema como "uma diversão de escravos e um passatempo de analfabetos". Mas os franceses terão admirado o filme ou aplaudido a crítica antiprodutivista? Em *Le cancer américain* [O câncer americano], publicado em 1931, Robert Aron e Arnaud Dandieu tinham descrito o americano como "um nômade, um desenraizado, submetido apenas ao imperativo bárbaro da produção e da especulação improfícua". Em 1934, a falência da Citroën, mesmo ano do lançamento da "tração dianteira" e um ano antes do surgimento do protótipo do 2-CV, alegra as consciências impiedosas: bem feiro para André Citroën, pois era judeu e tinha adotado os métodos americanos de produção em cadeia! Charles Spencer Chaplin também é judeu, mas tão crítico da sociedade americana que até Bardèche e Brasillach, em sua *Histoire du cinéma*, publicada em 1935, consentem em reconhecer sua genialidade. Esse inglês que, pelo visto, sempre recusou se naturalizar cidadão americano, embora os Estados Unidos tivessem lhe oferecido, enquanto imigrante, uma possibilidade de êxito — principalmente financeiro — impensável em qualquer outra sociedade, sai da América em 1952 e roda em Londres, em 1957, seu penúltimo filme, *Um rei em Nova York*, peça de acusação implacável contra um certo universo nova-iorquino. Uma biografia exemplar, capaz de satisfazer ao invejoso antiamericanismo dos franceses.

QUE TIPO DE CONTATO? ANTAGONISTAS, PROTAGONISTAS OU PARCEIROS?

O emprego do tempo

O emprego do tempo é um fenômeno cultural, e o peso do passado inscreve sua marca sobre ele. Na França, por menos que se pertença à camada superior da classe dominante, é bonito andar sempre "ocupadíssimo", ficar mencionando inúmeros encontros que o solicitante diz serem urgentes, chegar depois das nove aos jantares, não responder às cartas, não ligar de volta para as pessoas que deixaram recado etc. Os americanos elaboraram técnicas de administração do tempo que são ensinadas nas *high schools*. O objetivo é sempre a eficácia, e existem dois termos para designá-la: *efficient* (a tarefa será efetuada no menor prazo de tempo possível) e *effective* (seu objetivo será atingido). O conceito de *planning* é americano. Desembaraçado de uma história que pouco lhe foi ensinada, o americano vive no presente e se projeta constantemente no futuro. Seu imaginário é mais prospectivo do que retrospectivo. Ele não parte *Em busca do tempo perdido*. Os eletrodomésticos, o telefone, o telex, o computador, a internet etc. criaram um tempo "livre" que os franceses se empenham em atravancar. Esses instrumentos que permitem "ganhar tempo ao tempo" (como proclama a publicidade do trem ultraveloz TGV nos anos 1980) são vistos, de início, como coisas alienantes. Em seu "Bloc-notes" de *L'Express*, François Mauriac denuncia, em 1959, "a idolatria da técnica, de todas as técnicas inventadas pelo homem e às quais o homem se submete, a loucura da velocidade, essa doença convulsiva que acomete todos os rebanhos do Ocidente, uma trepidação à qual ninguém escapa, um exagero em tudo, que é a coisa menos adequada do mundo ao nosso temperamento".

A boa administração do tempo cria a disponibilidade. Se o acesso aos (pretensos) "agentes de decisão" é mais fácil nos Estados Unidos do que na França, o gosto pelo lucro, por si só, não explica a rapidez com que os encontros são marcados. Como o avanço da "fronteira" passa pela inovação e pela decisão de empreender, não se pode deixar escapar uma ideia nova. A frase de W. Bagehot ("Não existe nenhum sofrimento comparável ao provocado por uma nova ideia no homem") é inglesa, não americana. Não se exclui que essa "ideia nova" também seja lucrativa, e aí seria uma feliz coincidência. *Time is money?* Sem dúvida, mas esse tempo "economizado" também pode ser dedicado à informação, condição de um possível empreendimento. É nessa organização do emprego do tempo que se insere a prática do fast-food, que vem se impondo com grande rapidez na França, principalmente entre os jovens (60% dos clientes têm menos de 25 anos; em 1984, existem dezesseis McDonald's na França, para 150 na Grã-Bretanha, duzentos na República Federal da Alemanha e 6500 nos Estados Unidos. O McDonald's administra hoje em dia 14350 restaurantes em 72 países, dos quais mil apenas no Japão). Os playgrounds reservados às crianças se explicam pelo costume americano de levar os filhos pequenos ao restaurante, ao passo que na França, quando os pais saem, eles ficam em casa aos cuidados de outra pessoa.

É também a concepção americana do tempo que ajuda a explicar o alto índice de divórcios. Impera a certeza de que há "tempo pela frente", que depois de um fracasso sempre é possível recomeçar e dar certo. O casamento é um empreendimento sério demais para permitir uma resignação à mediocridade. Fracassei na Nova Inglaterra? Tentarei de novo na Califórnia ou no Texas, e dessa vez dará certo! A exemplaridade do casal Reagan fornece a prova de que, muitas vezes, é na segunda vez que se acerta.

A explosão da nave Challenger no espaço na terça-feira, 28 de janeiro de 1986, foi um acontecimento que transtornou todos os americanos, lembrando-lhes que, se não existem "fronteiras" infranqueáveis, o progresso que leva sempre mais longe, mais rápido, mais alto, também exige seus mártires. A frase de Ronald Reagan: "Pranteamos sete heróis, continuaremos nossa conquista do espaço", podia ser dita por qualquer cidadão, de qualquer cor. Na França, é o eterno retorno; nos Estados Unidos, o eterno recomeço. Faz pensar em Prometeu desacorrentado.

O muro e o gramado

"Os Estados Unidos têm catorze vezes o tamanho da França, sem contar o Alasca." Esta verdade ensinada às crianças é esquecida pelos adultos franceses. Quer se trate da cama *king size*, com dois metros de largura, dos parques de estacionamento para "o belo carro americano", dos sorvetes monumentais, dos filés enormes (que explicam o *doggie-bag*, o resto da porção servida no restaurante que o cliente pede para embrulhar e levar para o cachorro em casa, visto pelos franceses como um aproveitamento trivial), das amplas piscinas ou tobogãs vertiginosos, a América é o país do exagero. É comum falar numa viagem de "quatro dias de carro", o que nunca dá menos de uns 3600 quilômetros, rodando dez horas por dia, respeitando o limite de 55 *miles* [cerca de noventa quilômetros] por hora (e não o respeitam). Nesse espaço imenso, as pessoas se deslocam sem parar: uma em seis famílias muda de casa uma vez por ano, enquanto o operário de Decazeville recusa o "exílio" em Fossur-Mer. Os jovens saem de casa desde o primeiro ano do *college* (que corresponde aproximadamente à classe *terminale* na França), e muitas vezes mais cedo. "*Go west, my son*", diziam aos pioneiros. O espaço é feito para ser conquistado, domado, seja terrestre ou sideral. Mais do que um dado de base (à francesa), ele é o lugar de uma possível façanha.

A casa particular é (ou gostariam que fosse) ampla, geralmente de madeira, sobre um *basement* de concreto, construída para durar uma ou duas gerações. O futuro nos pertence, mas como não se sabe onde ele vai estar... O gramado em volta se junta às casas vizinhas. As cercas são proibidas, não por lei, mas pelos costumes: a casa deve ficar aberta aos estranhos, e o bom americano não tem nada a esconder. As *GI brides* francesas não raro sofreram com esse "convívio" que julgavam excessivo. Foram censuradas, intimadas a deslocar as fronteiras de sua vida privada... ou de sua hipocrisia. Quando a França saiu da OTAN, os americanos abandonaram Châteauroux II. Os franceses se apoderaram desse mundo de casas ajardinadas que respondia à expectativa deles. Sebes, cercas, muros logo cercaram as casas: nada de permitir que o vizinho "pise nos meus canteiros" ou "atire pedras em meu jardim", pois "uma porta aberta autoriza todos os abusos".

É exatamente porque o território francês é exíguo e densamente povoado (em comparação com os Estados Unidos) que a relação com o espaço, tal como é vivida na América, nunca foi interiorizada pelos franceses, ficando a imitação impossibilitada pela diferença das escalas. O modelo fascinante (a grande casa com gramado) e às vezes inquietante (vejam-se as pinturas de Hopper) pertence, ele também, a um universo mítico. Isso significa que as grandes casas americanas estejam abertas a *todos* os estranhos? O vizinho não é qualquer um. O "zoneamento" existe, com seus procedimentos de exclusão dos indesejáveis, inclusive as crianças. O local de domicílio designa o status. Um traço comum entre os franceses e os americanos.

O obeso e o esquelético

Um pouco irritado, o americano diz: "Está bem, nós temos obesos, mas vocês têm esqueléticos".[5] Todo mundo já viu nas *coffee-shops* americanos(as) enormes devorando sorvetes com suspiro do tamanho do Himalaia, enquanto adoçavam o café... com sacarina. Quanto ao "esquelético" francês, é uma espécie de Saladin, magricela e nervoso, falante e invejoso, recebendo seguros sociais, vituperando contra um Estado ao qual recorre incessantemente, incapaz de empreender qualquer coisa que não seja um processo contra o outro, afogando a nostalgia pela grandeza perdida no vinho tinto que rega seus trezentos queijos. Para o francês dos meios de comunicação, os americanos são Greta Garbo, "a Divina", Liz Taylor, Marilyn Monroe, Paul Newman, Robert Redford etc. Para o observador, são também dr. Westlake e sua esposa Carol, prisioneiros da *Main Street* de Gopher Prairie. Por trás desses clichês, impõe-se uma constatação: dos dois lados do Atlântico, o "corpo de Narciso" está se aprimorando. "Tua aparência me dirá o que és." No plano do "corpo que sai ganhando", a iniciativa é bem americana. As estatísticas (suponhamos que sejam confiáveis) nos informam sobre o esforço dedicado e o resultado obtido: entre 1960 e 1980, o número de americanos que praticam um esporte passou de 50 milhões para 100 milhões; "fazer regime" levou a uma diminuição espetacular no número de doenças cardiovasculares, de diabete e obesidade. Embora os americanos paguem do próprio bolso um terço de seus cuidados médicos, três quartos do atendimento dentário e quatro quintos das despesas com remédios, é cada vez maior o número dos que recorrem a consultas médicas, independentemente de suas rendas. A campanha contra o fumo foi um sucesso: entre os homens, os não-fumantes estariam igualando o número dos fumantes. Desde seu ressurgimento após a guerra, *Marie Claire* se torna a paladina da dietética. Subsequentemente são traduzidos vários best-sellers americanos escritos por nutricionistas, e revistas como *Vital*, *Biba*, *Prima* etc. entoarão o cântico da beleza física com um "audacioso" despudor que cai sob a autocensura do puritanismo do além-Atlântico. O fato é que, no momento em que escrevemos estas linhas, Cranach tem levado vantagem na rivalidade histórica que o opõe a Rubens. A forma quase andrógina exprime a vitória da vontade sobre a voracidade. Desde os anos 1950, a imprensa francesa especializada nos informa sobre a luta vitoriosa de Martine Carol contra os quilos em Hollywood (é de se lembrar que a série das *Caroline* começa em 1950 e que *Lola Montés*, de Max Ophuls, é de 1955). Ela toma leite, come frutas, faz esportes, larga o fumo e o álcool, "que estragam a pele" etc. Sua recompensa? Vai rodar um grande filme em cinemascope. Os franceses eram — ainda são? — sujos, o que é confirmado por todos os médicos. A luta contra o desasseio nos vem do Novo Mundo, onde está ligada à higiene. Deve-se escovar os dentes (e até a língua, por causa do hálito) antes de se deitar, e abandonar qualquer consumo de açúcar para evitar as cáries. O chuveirinho não existe — ou é raro — nos Estados Unidos: por permitir lavagens localizadas, ele é contrário aos imperativos da higiene e, ao mesmo tempo, às normas éticas. O chuveiro americano — uma tromba d'água — assegura o asseio e a purificação. Se a Natureza o dotou de alguns elementos antiestéticos reversíveis, não hesite em apelar à cirurgia estética. Você não é responsável por seu código genético. Entre 1981 e 1984, o número dessas intervenções cirúrgicas aumentou em 61% (477 mil apenas no ano de 1984), a maioria para rejuvenescimento. Pois deve-se envelhecer de maneira feliz. A recusa do envelhecimento (ou, pelo menos, a arte de se adaptar a ele) se inicia nos Estados Unidos nos anos 1960. A comissão *ad hoc* recebe diversas queixas por discriminação etária. Talassoterapia, massagens, liftings, esportes, coquetéis de vitaminas etc. permitem manter o corpo em todas as suas fases. As pessoas podem se casar de novo em qualquer idade. As Panteras grisalhas viajam pelo mundo todo. A França parece acompanhar preguiçosamente essa busca da eterna juventude. Greta Garbo se retira aos 36 anos depois do fracasso de *Um rosto de mulher* ("A mulher é uma esfinge sem mistério", dizia Oscar Wilde maldosamente, o qual, como se sabe, tinha outras preferências). Simone Signoret, a beldade de *Amores de apache*, apresenta até a morte um rosto devastado que desperta admiração e respeito, como deve ser entre os povos primitivos, que sempre veneraram os idosos.

> *A América é certamente o país do mundo em que o laço matrimonial é o mais respeitado e onde se concebeu a ideia mais justa e elevada da felicidade conjugal.*
> Alexis de Tocqueville

> *Como uma mulher pode viver sem o olhar do homem, ávido espectador de sua vida e sua pessoa?*
> Colette

Um homem e uma mulher
A expectativa

A escola americana estimula uma certa segregação sexual. A mistura dos sexos vem acompanhada por uma divisão dos papéis. O menino que se imiscui no círculo das meninas é objeto de chacota, o que também ocorre na França. Nas atividades desportivas — essenciais —, os garotos são os atores e as meninas as torcedoras. Depois começa o sistema do *dating*, em que os jovens, obedecendo a um rígido ritual, imitam os casais de mais idade. A saída "em grupo" não é tão usual como na França. Durante o *dating*, aprende-se o *necking* e o *petting* antes de relação sexual "completa", que ocorre, ao que parece, na mesma idade que na França. Mas, à falta de informações suficientes, e não apenas entre as minorias negras e latino-americanas, mas também entre os brancos, essa "consumação" não deixa de ter suas consequências, visto que, segundo um relatório do Instituto A. Guttmacher de 1985, as americanas *teenagers* seriam as campeãs em gravidez juvenil: 96 em 10 mil (contra 43 na França), ou seja, 1 milhão por ano.[6]

O justiceiro solitário, heroico, e até invencível, sem dúvida sedutor, mas resistindo às tentações da carne para cumprir a "missão" de que se sente investido, é uma figura da mitologia americana, quer se trate do *lonely cowboy*, de Philip Marlow ou de Travis MacGee. A grande figura de Lincoln encarna a solidão de um dos Pais da Pátria, indiferente às mulheres, especialmente à sua, evitando-se lembrar que esta era alcoólatra e semilouca. Se o espaço francês é "uma área intersexual em que o amor, o ódio, o interesse, o poder e os discursos sobre esses temas passam e repassam na proximidade dos corpos" (M. Sarde), nos Estados Unidos oitocentistas, mesmo nos estados em que as mulheres têm, desde 1869, o direito de voto, a sociedade feminina, fundada em associações baseadas na Igreja, constitui-se em relativa marginalidade. Os westerns nos ensinam a grandiosa solidão dos heróis, tanto os bons quanto os maus, e Carlitos, o anti-herói da *Corrida do ouro*, só tem pãezinhos para dançar com ele. O francês tem a fama de alimentar o culto às mulheres, de saber falar com elas, de glorificá-las, talvez com a finalidade de mantê-las em seu lugar, isto é, secundário. O americano vê antes a mulher como um parceiro — protagonista? antagonista? — cujo papel e função devem ser redefinidos constantemente. Para o homem solitário, existe um serviço de *rent a wife* que, em troca de dinheiro e durante uma noite (com toda a castidade), proporciona-lhe uma "esposa profissional" que põe os filhos para dormir, cozinha e, durante o jantar, é a dona da casa. Os diversos clubes e associações monossexuais, que proíbem a admissão de pessoas do outro sexo — exceto em caráter excepcional e provisório (como conferencista, por exemplo) —, não têm, pelo menos ainda, equivalente na França. E no entanto, esse relativo apartheid (iguais, mas separados) não impede um considerável investimento no casal conjugal. O "êxito" é tão imperioso na intimidade quanto na vida pública, sendo preferível um divórcio a uma coexistência em conflito.

Depois dos questionamentos dos anos 1965-1975 (experiências comunitárias, trocas de casais etc.), que afetaram mais a Califórnia do que o Meio-Oeste, as coisas voltaram ao estado *ex ante*. Pesquisas realizadas nos anos 1980 nos informam que a maioria dos entrevistados considera seu casamento "mais bem-sucedido" do que o dos pais, e 90% afirmam que é no casal que eles encontram "a razão principal de sua felicidade". Quanto à sexualidade conjugal, só é possível formular hipóteses, tentando deixar de lado pressupostos e ideias convencionais. O homem americano seria complexado em comparação ao europeu, e, quando branco, em comparação ao negro, ao qual se atribui uma sexualidade inesgotável. O *Relatório Hite* (119 mil questionários, mas aplicados exclusivamente a "voluntários", sendo, portanto, uma amostragem considerável, mas não representativa de toda a população) não traz revelações retumbantes e não permite apreender uma "distância" significativa (nem uma interação) entre a sexualidade francesa e a americana. Dos homens entrevistados, 99% dizem que se masturbam ("tenho mais ou menos duas vidas sexuais, uma com minha mulher, outra comigo mesmo", declara um entrevistado); o ato sexual é mais apreciado pela expressão de ternura assim possibilitada do que pelo orgasmo que dele (na melhor das hipóteses) resulta; as mulheres preferem carinhos prolongados em vez de um coito breve etc., ou seja, lugares-comuns que não têm nada de exclusivamente americano.

Um homem e uma mulher
A vida conjugal

Enquanto a tradição francesa tolera as escapadas do marido (que, há duas décadas, teve de se resignar com as de sua mulher), a ética (oficial?) americana condena o adultério. No entreguerras, André Maurois observava que "a ligação mostrada publicamente, como se vê em Paris e Londres, o casal ilegítimo que, a cada noite, o mundo cúmplice reúne a casais legítimos, não existe na sociedade americana". Ele acrescentava que o adultério "não desempenha o mesmo papel que tem na Europa para temperar a monogamia, que se torna suportável [nos Estados Unidos] graças a sucessivos casamentos". Um episódio ilustrará essa proibição do adultério. Em 1984, em Tulsa (é verdade que ocorreu em Oklahoma, isto é, o centro-sul do país, muito longe das tolerâncias californianas ou nova-iorquinas), três membros da "Igreja de Cristo" (com 2 milhões de fiéis) denunciam publicamente como "fornicadora" uma divorciada de 36 anos, mãe de quatro filhos, por manter uma ligação com um homem solteiro, e a obrigam a sair da seita "em nome da Bíblia".

Contra essa intromissão em sua vida privada — e aí reside o interesse do caso —, a senhora incriminada abre uma ação num tribunal daquele estado e obtém indenização por perdas e danos. Tulsa está distante da França, onde, segundo uma pesquisa de 1966, três quartos dos rapazes e moças com menos de 25 anos não consideravam "o divórcio preferível ao adultério". Decerto pensavam, como Alexandre Dumas, que "os grilhões do casamento são tão pesados que precisam ser dois a suportá-los... e às vezes até mesmo três". Para ajudá-lo nessa tarefa, o americano, que acredita na competência dos especialistas, não hesita em pedir os conselhos supostamente esclarecidos de um psicanalista ou um sexólogo: crença na perfectibilidade do casal, e crença no saber dos experts. Se este último recurso falha, será o divórcio, seguido — espera-se — de um novo casamento.

O hard core *na sala de estar?*

Para uma pessoa respeitável, sempre é desagradável ser vista entrando ou saindo de um cinema especializado na projeção de filmes pornográficos. O vídeo agora permite assistir e reassistir a eles na sala de estar (quando as crianças saíram ou foram dormir), e, por que não?, na intimidade do quarto de dormir. A compra ou o aluguel da fita de vídeo se faz em qualquer grande loja de departamentos, de preferência distante do local de trabalho ou domicílio. Uma sociedade que insiste em reivindicar a moral puritana pode aceitar a privatização desse voyeurismo? Mas uma sociedade comercial, que exalta incessantemente os benefícios da livre concorrência e reitera constantemente sua convicção de que o homem é capaz de autodisciplina, pode se erigir, sem contradizer a si mesma, em censora dos fantasmas? Associações de família e ligas feministas fizeram pressão sobre as autoridades locais, e algumas destas abriram processos contra os comerciantes. Estes (mesmo os puritanos?) alegaram a livre escolha do consumidor. Consultado em julho de 1985, o Supremo Tribunal estabeleceu entre "lubricidade" e "concupiscência" uma distinção de tal sutileza que não foi possível superar a contradição entre a ética e o lucro. Se bem entendemos, não são proibidos os filmes e livros que apenas excitam "o despertar das relações sexuais". Em contraposição, serão processados os autores de obras "obscenas". Os sábios da República americana certamente foram mais sensíveis à etimologia do termo (*obsenus*, de mau presságio) do que a esse comentário de uma heroína de Molière: "Ah! meu Deus, obscenidade. Não sei o que significa essa palavra, mas me parece a mais bela do mundo". Permanece indistinta a fronteira entre inclinação e consumo.

A sensibilidade francesa — mais tolerante? menos hipócrita? ou latina, na tradição de Aretino? — não se mobilizou por esse problema. Anúncios classificados altamente "privados" e serviços de *call-girls* vêm a público e funcionam sem levantar reclamações dos defensores da virtude. A iniciativa de Yvette Roudy, ministra dos Direitos da Mulher, de apresentar uma lei proibindo a utilização do corpo feminino nas imagens publicitárias, foi acolhida com risos e surtiu pouco ou nenhum efeito.

Não compete aos poderes públicos regulamentar o imaginário. E em nome do respeito pela vida privada que a administração dos PTT (Postes, Télécommunication et Télédiffusion [Correios, Telecomunicações e Teledifusão]) se nega a fornecer contas detalhadas das chamadas telefônicas. Nos Estados Unidos, em nome do "comércio franco e honesto", essas especificações são dadas em todas as ligações interurbanas.

Uma liberação "gay"?

A homossexualidade nos Estados Unidos escapa à condenação ética e ao poder médico? E se a resposta for positiva, a "liberação gay" se difundiu na França? Aí também a influência do "modelo americano" não é comprovada. O reconhecimento social da especificidade homossexual data, nos dois países, do final dos anos 1960. Uma pesquisa americana de 1957 revela sua reprovação quase unânime da homossexualidade, ao passo que, em 1976, apenas um terço dos entrevistados manifesta uma condenação irrestrita. Sem dúvida, foi nos campi universitários e em certas cidades americanas que os homossexuais puderam começar a levar a vida que escolheram, sem mascará-la. Mas, tanto lá como na França, essa "aceitação" era (e continua a ser) estritamente circunscrita. Cita-se sempre a área de Castro Street, em San Francisco, onde os gays (que representariam 17% da população total da cidade) assumiram o poder cultural, econômico e político, renovando o bairro e multiplicando as manifestações públicas. Existe também uma escola para jovens homossexuais, subsidiada por recursos públicos, funcionando em Nova York. Mas se é fácil ser gay em Castro Street e em Saint-Germain-des-Prés, é difícil ostentar a homossexualidade própria em Tulsa ou em Vesoul. Se é verdade, como diziam os romanos, que a natureza humana é estruturalmente bissexual, resta muito a fazer para que se apaguem quase 2 mil anos de condenação cristã. Evidentemente, é impossível saber se a porcentagem de homossexuais é maior nos Estados Unidos do que na França. (E quais homossexuais? Os que se assumem quase ostensivamente? Os que se ocultam por trás de uma vida familiar perfeitamente "respeitável"? Os que, tendo suas veleidades, recuam antes de passar ao ato, vivendo sua homossexualidade num jogo fantasmático absolutamente secreto?) A concentração dos gays em locais determinados — em guetos — prova que eles constituem uma minoria na defensiva, em última análise rejeitada pela sociedade global. O surgimento da aids, que semeia o pânico na comunidade e acarreta a "reconquista" do bairro de

Castro Street pelos heterossexuais, é um bom pretexto para o fundamentalismo americano, sempre latente. Está dada a prova de que existe uma justiça imanente e que a sodomia é um pecado mortal, visto que, metaforicamente, ela mata a vida do corpo antes de condenar a alma.

O amor ao trabalho e o jogo feminino

O americano gostaria de considerar o francês como um indivíduo em eternas férias, interrompidas apenas por alguns momentos de trabalho. Dessa calúnia pode-se inferir que, nos Estados Unidos, como a ética protestante continua a alimentar o espírito do capitalismo, o trabalho não é visto como um atentado à vida pessoal, e sim como a essência da existência. O espírito competitivo, incutido desde cedo, acompanha a socialização do indivíduo. O êxito profissional é a condição *sine qua non* da realização identitária. O francês zomba do "comerciante de amendoins" e do "ator de filmes B" que viraram presidentes; o americano avalia a dimensão dos riscos corridos, do trabalho empreendido, da moralidade de Carter, da experiência política de Reagan, em suma, da energia investida num caminho que levou esses dois homens ao cargo supremo.

A acumulação de dólares é mais apreciada como "sinal" de sucesso do que como meio de adquirir bens. Apaixonado por um trabalho de que não conseguiria prescindir, verdadeiro *workaholic*, o americano gostaria que a vida fosse uma ascensão social sem fim. E quando fracassa? Ele corre o risco de perder o autorrespeito e, ao contrário do francês, não contrapõe a injustiça do "sistema" a suas virtudes pessoais. Os pioneiros acusavam a Natureza quando as intempéries retardavam seu avanço para o Oeste? Os homens — aqueles a serem persuadidos e aqueles a serem combatidos — pertencem a essa Natureza, e todo êxito social é, em definitivo, a conquista de um território. A "proteção" social não é, nos Estados Unidos, o que é na França. Isso é dito repetidamente. Não é uma falta do legislador, mas uma profunda convicção de que o adulto deve ser capaz de proteger a si mesmo. A conquista da fronteira não foi obra de contribuintes da previdência social. Como outras coisas, isso mostra que o Atlântico separa dois mundos.

Tanto nos Estados Unidos como na França, a proporção das mulheres na população ativa cresce incessantemente, coincidência que não guarda nenhuma relação de causalidade. As "mulheres do lar" gostam cada vez menos de casa, e as pesquisas dos anos 1980 revelam que as americanas se declaram menos satisfeitas do que os maridos com a vida de família. Aumentam nos dois países os lares com apenas um genitor, geralmente a mulher: é o caso de três famílias em dez (e de duas em dez entre os negros) nos Estados Unidos. A última a ser contratada, a primeira a ser despedida, a mulher ativa vive uma situação precária numa sociedade em que a porcentagem de 4% de desempregados é considerada "normal". A vitalidade da tradição patriarcal gera uma desconfiança masculina em relação às mulheres ativas, que podem se tornar rivais profissionais. Nos meios favorecidos, onde ter um emprego não constitui, para a mulher, uma questão de sobrevivência doméstica e sim uma realização de sua identidade, os homens tentam manter a relação de forças a seu favor. Não há dúvida que são gentis nas pesquisas: em 1938, apenas 22% "aceitam" que a mulher trabalhe, sendo que, em 1976, 68% deles manifestam tal compreensão. Mas, e quando as mães de um determinado bairro residencial nova-iorquino fizeram campanha em 1979 para que as escolas primárias públicas organizassem um serviço de cantina? Deu-se a entender que o que as motivava era a paixão pelo tênis. Trate-se de cantinas, creches, jardins de infância etc., sempre se alega que é totalmente contrário às tradições americanas solicitar junto à esfera pública a prestação de serviços "legitimamente" assumidos pela família. Os meios de comunicação — ou uma parte deles — atribuem os males atuais (fugas, toxicomania, suicídios de jovens, violências etc.) à ausência da mãe no lar.

Visto que se trata de uma guerra intersexual (maneira talvez um pouco excessiva de ver as coisas), é preciso ganhá-la. Sendo a astúcia considerada uma arma feminina, os homens vão manejá-la com a força que constitui seu atributo evidente. Em 1984, a recepcionista negra de um banco da Califórnia é despedida por se ausentar por muito tempo do trabalho, devido aos desdobramentos de um parto difícil. Essa demissão fere as disposições de uma lei californiana de 1979, que proíbe qualquer segregação no trabalho por questões de maternidade e equipara a jovem mãe a uma acidentada (*medical disability caused by pregnancy or childcare*). O banco em questão, com o apoio da Câmara de Comércio e uma poderosa associação patronal, contesta a constitucionalidade dessa lei pelo fato de que obrigar os empregadores a dar licença-maternidade equivaleria a conceder um tratamento preferencial às mulheres, e portanto discriminar. Em primeira instância, o juiz deu razão ao empregador. Tem-se a apelação. Os estados de Montana e Connecticut recusam qualquer licença-maternidade, e outros estados a concedem — parcimoniosamente. Os homens dispõem de dois argumentos: a ética da produtividade não impõe às empresas que tome a seu cargo mulheres grávidas que, por mais respeitáveis que sejam, nem por isso deixam de perturbar "a organização" com suas faltas; os movimentos feministas contrariam sua própria tradição, visto que, tendo sempre denunciado os tratamentos preferenciais como pretextos para a discriminação, hoje reivindicam-nos para o exclusivo proveito das mulheres.

Para uma mulher que julga que sua realização pessoal passa por seu êxito profissional, o problema da maternidade se coloca em novos termos, seja ela francesa ou americana, e sem que se possa discernir qualquer interação entre uma e outra. Uma estratégia de carreira se forma entre os vinte e os trinta anos. Assumir duas maternidades durante esses dez anos é comprometer o futuro (a licença-maternidade, tal como existe na França, tem como efeito perverso conceder uma vantagem aos homens). Parece que nos Estados Unidos é mais frequente do que na França que as mulheres se preocupem em garantir seu "êxito" profissional antes de ter filhos. Com a ajuda da moda, fala-se muito, nos anos 1980, dos partos bem-sucedidos de mulheres na casa dos quarenta anos, graças aos progressos nas técnicas de detecção e prevenção das anomalias fetais. A mulher americana quer "ganhar" em todos os planos: o trabalho, os filhos, o lar. O marido fica preocupado. Prudente e mais hábil, a mulher francesa — mesmo feminista — raramente expressa ódio pelo homem e vontade de tomar seu lugar. Ela quer preservar sua diferença. "Não queremos que as mulheres tomem esse gosto pelo poder e todos os defeitos do homem", escreve Simone de Beauvoir. É um desprezo que cala o bico masculino.

> Elimine tudo o que é familiar de sua casa e arrume toda a cena para um mergulho de brincadeira no horror. Cubra os móveis com panos negros. Você precisará de, pelo menos, uma teia de aranha, serpentes, ratinhos (de plástico) [...] Arrume emprestado uma velha fantasia de papel, coloque um chapéu alto e afunilado de bruxa: ele será o centro de sua reunião [...] Tudo isso deve se passar em uma sala pouco iluminada [...] Depois de acomodar as crianças em torno da mesa, no escuro, comece a contar uma história horripilante, incrementada com efeitos especiais. Quando mencionar um cadáver, faça circular, de modo que os mais jovens possam tocá-las, duas uvas descascadas para representar os olhos, uma ostra no lugar da língua, um fígado descongelado como coração, uma esponja molhada para sugerir o pulmão e um prato de macarrão frio no lugar do cérebro[...]
>
> "Conselhos para preparação da festa das bruxas e das almas em 31 de outubro", *The New York Times*, 24 de outubro de 1979.

O dinheiro do morto

A cultura dos medos individuais e coletivos ocupa um lugar importante no sistema dos meios de comunicação americano. Câncer, aids, depressão nervosa, hecatombe da juventude por acidente, overdose ou suicídio do lado individual, terrorismo "cego" ou apocalipse atômico (*O dia seguinte*) do lado coletivo, tudo isso é mostrado ou imaginado pela imprensa e pela televisão com um deleite que responde visivelmente a uma expectativa. Herdeiros de uma literatura popular do horror, do macabro e do diabólico, que certamente deriva dos romances "góticos" do século XVIII, depois seguidos pelos textos de Edgar Poe, o cinema fantástico (*A noite dos mortos-vivos*, *Squirm*, *Vampiros de almas*, *O exorcista* etc.) e, recentemente, os videoclipes (*Thriller*, *A noite dos lobisomens* etc.) alimentam rendosamente os medos e as angústias. Causada por monstros (mais ou menos antropomórficos), pelos erros da ciência ou pela guerra, a morte ocupa as telas do cinema e da tevê. As apresentações de maior sucesso são exportadas para a França, que as consome como produtos exóticos.

Aqui não voltaremos ao lugar ocupado na sociedade contemporânea por esse novo consumidor de bens e serviços, a saber, o moribundo, visto que este tema já foi abordado numa outra seção deste livro. A questão é saber se o "modelo americano" gerou um mimetismo (causalidade) ou se se trata de um fenômeno quase simultâneo, sendo o atraso francês imputável a nossa desvantagem tecnocientífica. Nos dois países, metade das pessoas, nos anos 1950, morria em casa, contra menos de 20% em 1985. Tanto lá como aqui, a equipe médica é a grande manipuladora do "morrer", sendo ela a marcar o prazo final. No entanto, duas práticas americanas parecem estar se impondo gradativamente na França. A primeira é o controle do poder médico nas mãos do advogado, que encontrou no *dying* um mercado rentável, quer o médico seja acusado de um erro grave que teria provocado a morte ou de uma insistência em prolongar o tratamento que teria retardado a morte apenas para torná-la mais dolorosa. A segunda é um deslocamento da fronteira entre o dito e o não-dito. A deontologia americana obriga o médico a dizer a verdade a seu paciente. Senhor do segredo, consciente da expectativa de recusa do moribundo, o médico francês por muito tempo se calou sobre a gravidade da doença e o provável prazo de vida. Segundo uma pesquisa de 1978 (*Le Pèlerin*), 77% dos franceses preferiam uma "morte súbita" e 53% diziam preferir "não saber". Se o médico revela a doença diagnosticada ("Você está com câncer"), talvez isso se deva menos à "influência americana" do que ao progresso das técnicas de exame (a ecografia permite que o paciente veja seu tumor) e de tratamento (os cânceres "benignos" podem ser curados ou, pelo menos, estabilizados).

É o tratamento do morto — para não dizer sua exploração — que mostra, uma vez mais (e o leitor desculpará essa redundância imposta pelo tema), as diferenças culturais entre os Estados Unidos e a França. Já em 1963, em *American way of death* [O modo de morte americano], Jessica Mitford descrevia o sistema comercial do mercado da morte, resumindo-o nos seguintes termos: "Os funerais agora fazem parte do *American way of life*". Ela insiste nos lucros obtidos pelos agentes funerários (*funeral directors*), com os serviços prestados: lavar, embalsamar, arrumar, expor o corpo com o rosto descoberto na *funeral home*. Última inovação é o *drive-in funeral home*, que permite ver o defunto e assinar o registro de condolências sem sair do carro. Na França, onde existem apenas umas trinta funerárias, tais práticas seriam "deslocadas"; a exploração do mercado da morte nem por isso deixa de funcionar, com lucros e sem prejuízos, mas "à francesa", isto é, de maneira "colbertista", sendo que as Pompes Funèbres Générales praticamente detêm o monopólio, graças a um acordo com os municípios.

Depois do *funeral director*, é o encarregado do cemitério que se ocupa do morto. Sendo 75% privatizados, os cemitérios são socialmente hierarquizados (eles devem indicar a posição do defunto), e o êxito em vida encontra sua apoteose no acesso a um cemitério da moda. Num artigo dedicado ao Forest Lawn Memorial Park, em Los Angeles, "o cemitério mais alegre do mundo", segundo a publicidade, Paul Jacobs observa maliciosamente que "morrer se torna uma recompensa em Los Angeles, pois somente depois de morto é que se pode conseguir uma residência permanente em Forest Lawn". Não existe nada comparável na França, onde, como aponta M. Vovelle, desde 1930 tem-se "a ruína do monumento fúnebre, das menções familiares, dos epitáfios". O morto francês resiste à americanização.[7]

Na França republicana e monárquica (a Constituição de 1958, modificada pelo *referendum* de 1962, mostra o grau de sua nostalgia monista), outrora "a filha mais velha da Igreja", Deus se manifesta com extrema discrição. Mesmo sob o "jugo dos socialcomunistas" no poder, nos anos que se seguiram à vitória da esquerda em 1981, nenhum líder político da "oposição republicana" comparou François Mitterrand a Lúcifer ou Chirac, Giscard d'Estaing e Barre a uma nova Trindade. No auge da "disputa escolar", a Igreja se absteve de acusar o governo de conduzir uma política "liberticida" e manobrou sutilmente para conservar suas escolas sem investir contra suas rivais. O imaginário francês já não é assombrado pelo além e, segundo as sondagens, o pregador jesuíta de *Retrato do artista quando jovem* não teria mais emprego. Em 1977, 35% dos franceses acreditam na imortalidade da alma, contra 73% dos americanos; 52% acreditam no Céu, contra 85%, e 22% acreditam no Inferno, contra 65%. Nos Estados Unidos, a religião é uma coisa séria demais para escapar ao marketing. Todos os domingos, nas cadeias de televisão, sucedem-se pregadores discorrendo sobre a vida no além, repisando temas repetidos nas brochuras à venda em todos os supermercados. Recebem-se doações... na escala exagerada dos Estados Unidos. O aumento[8] de 40% de afiliações à Ku Klux Klan e outros grupos neonazistas indica todavia que tais fenômenos são recorrentes.

Em nível mais profundo, a vida privada do americano é cercada pelo que pode ser apropriadamente chamado de fé. Contra a suposta "liberação dos costumes" que se manifesta nos "anos loucos", batistas e metodistas reagem energicamente baseando-se no conteúdo literal da Bíblia. No vale do Mississipi, sob os aplausos da multidão, pastores queimam livros darwinistas, por contradizerem a doutrina do Gênesis. Em 1925, uma lei do estado de Tennessee proíbe a todos os professores das escolas públicas que ensinem teorias contrárias à versão bíblica da criação do homem. Então se desencadeia, uma vez mais, uma reação tipicamente americana, que se repetirá na época do macarthismo, fundada na personalização da responsabilidade e na autonomia da pessoa. A American Civil Liberties Union assume a luta contra os fundamentalistas exacerbados. John Scopes, jovem professor de uma escola secundária de Dayton, com o apoio de um advogado famoso, ensina a seus alunos que o homem descende do macaco, infringindo a lei acima citada. Seu processo dura quinze dias, o rádio e a imprensa mobilizam a opinião pública, que o absolve, embora o tribunal o condene a uma multa de cem dólares. Evans, o "feiticeiro imperial", dentista de profissão, congrega mais de 5 milhões de americanos contra os negros, judeus, católicos, modernistas e bolcheviques, lançando o slogan: "*Native, white, protestant*". Vestidos com o manto e capuz da antiga Ku Klux Klan, os militantes matam, torturam, sequestram, mutilam. Será uma versão americana das SA? Depois de comícios de massa organizados em Washington, o movimento se desagrega sob a dupla influência do ridículo e dos escândalos internos. Nas eleições presidenciais de 1936, dois grandes demagogos, o dr. Townsend e Huey Long, unificam seus movimentos em uma Union for Social Justice, que, durante alguns momentos, parece pôr em risco a reeleição de Roosevelt, pela esquerda ou pela direita — não se sabe bem — ... e obtém menos de 1 milhão de votos. Decerto é por acreditar na "virtude" do cidadão que, posteriormente, Eisenhower aguardará impávido, sem intervir, que o macarthismo sucumba a seus próprios excessos.

"Dar a vida"

O americano se diz "individualista". O francês se diz "individualista". Será o mesmo individualismo? "Para nós, franceses, o individualismo conservou a velha forma clássica da 'luta do indivíduo contra a sociedade e especialmente contra o Estado'. Isso não existe nos Estados Unidos", escreve Sartre.[9] Todo "individualismo" repousa sobre uma contradição, visto que a dupla finalidade é a singularidade (trazendo um "reconhecimento") e a socialização (na sociedade global ou numa subsociedade). A educação americana visa inculcar na criança o desejo de conquistar sua autonomia, desenvolvendo todas as suas potencialidades e ao mesmo tempo respeitando as normas (o que gera um certo conformismo). Desde cedo, a fazem entender que terá de deixar a família na adolescência, pois sozinha poderá, nessa perspectiva bastante voluntarista, "se tornar ela mesma, dar vida a si própria", segundo a expressão de R. Bellah. Tudo é e *deve* ser possível. Não se trata de rejeitar ou renegar a família, e sim de se desprender do passado e não se imobilizar em suas raízes. Cabe tomar a iniciativa, correr o risco, mas se mantendo "popular" entre seus pares, de ganhar conquistando a estima dos que foram vencidos pela própria pessoa ou por outros. E isso, afirmam, é possível para todos, o que explica que os "excluídos" do Bronx ou de outros lugares guardem alguma esperança. As estruturas sociais são sentidas como fluidas, e não viscosas. Os estudos comparativos sobre a mobilidade social na França e nos Estados Unidos mostram que essa percepção é, em parte, ilusória. Mas o que se crê é mais importante do que o que se é. Os franceses estarão prontos a se reunir à legião desses "euroyuppies" que, segundo alguns observadores americanos, vem surgindo? Certamente o desejo de sucesso profissional e o orgulho nacional os incentivam a realizar empreendimentos, mas o peso do passado gerará "códigos de sucesso" que, sem dúvida, pouco tomarão de empréstimo às normas americanas, mesmo que os "instrumentos" sejam semelhantes.

Por ser o americano um homem livre e responsável, o *self-help* [iniciativa própria] assume uma importância desconhecida na França, onde o apelo ao poder público se tornou quase instintivo. Nos bairros de risco, negligenciados pelas autoridades, os pais se organizam. O percurso da escola até a casa é todo balizado: de cinco em cinco casas, um sinal na vidraça indica que a criança poderá se refugiar ali em caso de perigo. Voluntários acompanham as pessoas da terceira idade em suas saídas. Munidos de walkies-talkies, os moradores de um bairro residencial fazem rodízio e avisam dos movimentos suspeitos. Num outro lugar, os moradores pintaram os troncos das árvores de branco, para ser mais fácil notar um eventual assaltante. A atitude da polícia fica abrandada em comparação a esse esquema voluntário de segurança. Quando uma associação dessas "dá certo", muitas vezes é encampada pelos poderes públicos, o que atenta contra sua natureza de espírito autogestionário.

A mentalidade puritana vê no sucesso — e portanto no lucro — um possível sinal da graça divina. Voltando dos Estados Unidos em 1948, Jean-Paul Sartre apresenta uma conferência, na qual relata o seguinte episódio: um comerciante da Filadélfia, particularmente austero, julga excessiva sua margem de lucro; ele a diminui; sua loja se torna a mais barata da cidade, atraindo uma clientela considerável, e esse puritano inflexível faz fortuna. Portanto, não só o dinheiro desperta a moral (por pagar — ou lhe pagarem — uma matrícula bastante cara na universidade, o estudante se dedica ferreamente aos estudos: ele quer adquirir um cabedal de conhecimentos proporcional ao investimento), como também a moral atrai o dinheiro, como mostra a biografia do negociante da Filadélfia. Não é "inconveniente" ostentar seu dinheiro, falar dele sem parar, indagar do dinheiro do outro. Os códigos franceses de boas maneiras proibiram por muito tempo a "ostentação do êxito" (dizia-se: "falta uma geração" aos "*parvenus*" e aos "novos-ricos"), e qualquer questão relativa aos salários ou honorários era considerada "descabida". Nesse aspecto, as mentalidades evoluem. Em 1984 (pesquisa Sofres), 80% das pessoas interrogadas não consideravam "privilegiado" aquele que, "saído do nada, fez fortuna", e 59% julgam que "teve de trabalhar muito". Uma propaganda bancária, amplamente divulgada nas ruas e na imprensa, mostra um homem apontando para o transeunte ou o leitor, com essa chamada: "Seu dinheiro me interessa". Os meios de comunicação franceses exaltam os méritos de Gilbert Trigano e Bernard Tapie. Os nomes dos patrocinadores são exibidos em todos os equipamentos esportivos (sejam pessoas físicas ou jurídicas), evitando-se encontrar um termo francês equivalente (*parrain* [padrinho] seria bom, mas, por evocar ao mesmo tempo a Igreja e os grupos mafiosos, ficaria ambíguo demais). No entanto, o francês não considera (ou não diz considerar) o *business man* vencedor do *money game* como o ideal sugerido pelo decoro, e continua cético quanto à possibilidade individual de enriquecimento e ascensão social no prazo de apenas uma geração. Se vai aos Estados Unidos, o francês, ao observar o "Quarto Mundo", se consolida em sua convicção de que os americanos são "grandes ingênuos" ou hipócritas. A percepção dos defeitos do outro proporciona um prazer gratuito que seria tolice recusar.

VIDA PRIVADA FRANCESA, VIDA PRIVADA AMERICANA: CONVERGÊNCIA, PARALELISMO OU GRANDE DISTÂNCIA?

O dito acima não impõe nenhuma conclusão. O futuro responderá à pergunta colocada. Mas, como esse enunciado encerra uma tese, gostaríamos de lembrar, para concluir, que é preciso fazer uma distinção entre três níveis da existência social.

No plano econômico — e, portanto, político —, a França está na americanosfera e se sente bem nela. A partir disso, não é possível nenhum planejamento, e nem mesmo previsão, pois tudo depende da potência dominante. O dólar sobe, e tudo enlouquece: como pagar nossa conta de energia? O dólar baixa, e vem o pânico: como nos defender das exportações maciças de produtos americanos, no dia em que o Buick for mais barato que o Peugeot 205? Quando os Estados Unidos percebem — finalmente — que os ditadores por eles sustentados podem gerar, por reação, alguns sucedâneos do castrismo, eles os largam para jogar a cartada de um "liberalismo" controlado. O *imperium* americano é de uma temível modernidade. Enquanto as botas russas pisoteiam o solo das democracias populares e do Afeganistão, são as botas de Pinochet que esmagam os chilenos e as de Marcos que — até o "limite" fatídico — "protegem" em Manila a prostituição das mulheres e crianças. A fortaleza econômica americana é quase inexpugnável, digamos inacessível. Hoje (1985), apenas os alemães (um pouco) e os japoneses (bastante) conseguiram conquistar brechas. Mas esse ou aquele francês pode muito bem ficar louvando o Terceiro Mundo, com discursos em Phnom Penh, ou gritando "Viva o Québec livre!", e o Big Brother sorridente de Washington está lá, suficientemente autoconfiante e dominador para tolerar excessos de linguagem de seus "aliados".

No plano das aparências, os americanos estão entre nós. Jeans, fast-foods, consumo eufórico de produtos midiáticos, americanismos no vocabulário, peregrinações à Meca do capitalismo etc., sinais que levariam o marciano — ou o persa — a ver nos franceses apenas imitadores dos americanos.

Mas no único plano que aqui nos interessa, o da vida privada entendida na acepção da mais estrita intimidade — e lembremos que um cuidado constante dos autores desta obra é evitar qualquer confusão entre vida cotidiana e vida privada —, o peso do passado está aí para nos lembrar a especificidade francesa. Toda mensagem midiática que nos chega do outro lado do Atlântico é reinterpretada, traduzida em função de nossa memória coletiva. A descolonização surpreendeu pelo ressurgimento de culturas pré-coloniais que todos julgavam desaparecidas. A inserção da França na americanosfera, forma sutil de uma colonização técnica e administrativa, não extirpou as raízes da vida privada. Aliás, é a força — e talvez a honra — do império americano manter-se e ampliar-se sem pôr em questão a identidade nacional de povos que não podem ser ditos "submetidos", pois manifestam livremente sua adesão a um "modelo" do qual escolhem, integrando-os, apenas os fragmentos que não destruam seus costumes seculares. No prefácio à tradução francesa de *A multidão solitária* (D. Riesman), Edgar Morin escrevia: "Há alguns anos deixamos de buscar na literatura sobre a América apenas o insólito e o futurista, e começamos a examinar nossa própria face". Belo efeito de palavras, que nos parece bastante contestável. Fala-se, para o amanhã, de uma sociedade francesa de "duas marchas". Ela já está aí. A comparação entre a velha cultura francesa e a cultura sincrética americana nos levou a destacar as semelhanças e salientar as diferenças. A desejável "modernização" da França passa por uma adaptação técnico-administrativa que tem seu "modelo" nos Estados Unidos, por estarem na ponta avançada desse processo. Para "continuar na corrida", é necessário andar o mais depressa possível. Mas a intimidade e seus segredos podem evoluir — ou estagnar — em baixa velocidade. De seu pequeno arquipélago superpovoado, os japoneses partem para a conquista dos Estados Unidos, exportando, não seus homens, e sim seus produtos. Será o "modelo japonês" que virá a se impor? Ou a França inventará seu próprio futuro, sem dúvida submetido aos imperativos econômicos mundiais, mas respeitando um "fundamentalismo" cultural que ninguém pensa em renegar e cujo núcleo consiste numa "vida privada", cujos códigos sutis são, em última análise, conhecidos apenas por nós mesmos?

S. B. G.

NOTAS

1. C. Lévi-Strauss, *Introduction à l'œuvre de M. Mauss*, p. XIX.

2. P. Bourdieu, "Sur le pouvoir symbolique", *Annales ESC*, mai.-jun. 1977, p. 408.

3. Acrescentemos que, em seu tempo de trabalho, o "ativo" japonês é psicologicamente "modelado" por códigos específicos... que os americanos estão começando a importar.

4. Dados de 1990.

5. Testemunho recolhido pelo autor.

6. Esses números diminuíram nos últimos anos.

7. Sua família também, visto que a peregrinação de Finados — desconhecida nos Estados Unidos (pelo menos em suas dimensões francesas) — expressa o culto prestado a um passado familiar, portanto privado.

8. Dados de 1997.

9. J.-P. Sartre, *Situation III*, p. 84.

UM MODELO DE TRANSPARÊNCIA: A SOCIEDADE SUECA

A Suécia é um dos poucos países, junto com os Estados Unidos, a ter exercido uma verdadeira sedução no imaginário francês. O eldorado sexual dos anos 1960, povoado de fornidas Anitas Ekberg e fatais Gretas Garbo —, mas também de doloridas heroínas bergmanianas — embalou uma geração inteira de latinos e a alimentou com imagens de Épinal, resplandecentes de cabelos louros e liberdade. Mas o país da Cocanha dos belos, ricos e felizes se transformou gradualmente em uma terra lúgubre, povoada de gente entediada, mórbida e suicida, um universo de "famílias em frangalhos",[1] de "sexo desnorteado",[2] de "liberados em busca do amor",[3] em suma, "da felicidade perdida".[4] O modelo sueco, tão louvado e tão deplorado, finalmente convertido em miragem boreal, terá sido apenas uma projeção imaginária dos desejos e temores dos franceses? O idílio, em todo caso, se rompeu. O Estado-providência, convertido em Estado-ingerência, não se encontra mais na lista das nações-modelo; o *middle way* de antes conta-se agora entre as utopias. Hoje, é de bom-tom denunciar o contramodelo, a "ditadura branda", o "totalitarismo suave".

Nem o fascínio inicial, nem a decepção posterior são fortuitos. O modelo sueco — modelo econômico e político,[5] sem dúvida, mas também e principalmente modelo societário — realmente existiu e, em parte, ainda existe. O termo "modelo" (é de se notar que a palavra foi criada fora da Suécia) é revelador. Enquanto se fala de americanização da sociedade francesa, de mito americano ("todo mundo pode algum dia ficar rico") ou mesmo dos valores americanos, o *modelo* sueco remete a uma ideia de exemplaridade. Atribui-se à sociedade sueca um referente não só material ou político, mas também filosófico ("a felicidade") e até moral... Mounier, já em 1950, indagando-se sobre "O que é um homem feliz?", citava "os suecos, primeiras testemunhas da cidade feliz".[6]

O modelo sueco é, de fato — mais do que parece —, um modelo de ética social. No que se encontra acima de qualquer suspeita,[7] no que reveste uma pretensão de universalidade (pacifismo, ajuda ao Terceiro Mundo, solidariedade social, respeito pelos direitos humanos), no que tem como fundamento ideológico o consenso e a transparência, ele constitui talvez uma espécie de representação antecipada de uma nova ordem social.

A distinção entre privado e público na Suécia é, sob esse aspecto, muito significativa. Desvendamento do secreto, desprivatização, gestão pública do privado: esse deslocamento da fronteira, por mais especificamente sueco que possa parecer, nem por isso deixa de ser exemplar. Com efeito, foi nesse país — que, paradoxalmente, por muito tempo se autodenominou "França do Norte" — que os franceses, talvez ainda mais do que os outros povos, foram procurar uma transposição da sociedade ideal. Mas a ética da absoluta transparência das relações sociais e o ideal de comunicação perfeita que, como veremos, caracterizam a sociedade sueca são hoje considerados na França como violações do espaço privado individual. O modelo do antissegredo se tornou um imperialismo intolerável.

O MODELO DO ANTISSEGREDO

Esse "modelo do antissegredo" atinge, de fato, todos os setores da vida social, até os mais "privados". Daí a abertura do privado ao público, talvez maior na Suécia do que em qualquer outro lugar: a obsessão da ética comunitária e socialdemocrata é atingir uma transparência completa em todas as relações, em todos os domínios da vida social.

Assim, ao contrário da situação francesa,[8] o dinheiro na Suécia não pertence à esfera do confidencial. Socialmente valorizado, o êxito material se exibe amplamente, tal como nos Estados Unidos. Mas a transparência vai além. As declarações de renda são públicas; qualquer um pode consultar o *taxering kalender*, uma espécie de anuário que fornece nome, endereço e estado civil de todos os contribuintes do país, bem como as rendas declaradas, publicado pelo Ministério das Finanças. Por fim, em matéria de fraude fiscal, a denúncia é quase institucionalizada. A administração fiscal reconhece abertamente (na imprensa, por exemplo) que a delação é moralmente repreensível e que, não obstante, ela é utilizada com frequência: mesmo no plano ético, prevalece o imperativo de transparência.[9]

A publicidade dos documentos oficiais

Desse imperativo, participa igualmente o princípio, aliás bem conhecido, do "livre acesso aos documentos oficiais".[10] Derivada em grande parte da lei sobre a liberdade de imprensa, de 1766, a lei de livre acesso garante a todos o direito de tomar conhecimento dos documentos oficiais, isto é, de todos os documentos recebidos, redigidos ou enviados por um serviço público nacional ou local. As disposições de aplicação da lei preveem a possibilidade de consultar os documentos no local, copiá-los ou mesmo obter uma cópia com o pagamento de uma taxa; além disso, quem lhe vir recusado o acesso a uma informação pode recorrer imediatamente aos tribunais. Na prática, esse direito de acesso é limitado pelas disposições da lei sobre o segredo, que exclui do livre acesso certos domínios sensíveis (segurança nacional, defesa, informações econômicas confidenciais...). No entanto, a regra é que, "em caso de dúvida, prevalece o princípio geral sobre o secreto".[11]

Por essa excepcional abertura que caracteriza a administração pública sueca, a Suécia é de longa data uma "sociedade da informação", uma sociedade da transparência nos contatos. A informatização, evidentemente, intensificou esse estado de coisas, possibilitando enormes fluxos de informações, principalmente entre o setor privado e a administração. Não resta dúvida de que não são muitos os outros países em que os computadores de várias companhias de seguros funcionam em ligação com os dos serviços centrais dos registros civis. Inclusive um comerciante de carros privado pode ter um terminal ligado às séries mineralógicas ou uma administração oficial utiliza o arquivo de uma sociedade privada de dados de solvência. Desde 1974, a informação armazenada nos computadores foi equiparada aos documentos tradicionais dos serviços públicos.

A comunicação entre os diversos arquivos nominativos é facilitada pela existência de um número pessoal de identificação. Criado em 1946, esse número, exclusivo para cada cidadão, foi utilizado nos serviços de identidade civil muito antes da utilização de computadores na administração. Ele consta na maioria dos arquivos nominativos suecos, sejam públicos ou privados. A Suécia foi a primeira nação europeia a criar um Departamento de Estatísticas em âmbito central (em 1756); é também a primeira a possibilitar a centralização de todas as informações referentes ao indivíduo sob um único número.

Se ela permite uma certa transparência dos indivíduos frente ao Estado, a informática também deve ser igualmente transparente frente aos indivíduos. A lei sobre a informática (1973, concluída em 1982), a primeira desse gênero num país ocidental, criou notadamente uma Inspeção da Informática encarregada de autorizar os arquivos nominativos, assegurar a vigilância desses arquivos e tratar das queixas relativas a essas questões. Em particular, a autorização para a criação de um arquivo, em geral quase automática, é muito mais difícil de se obter quando se trata de armazenar informações consideradas "privadas".

Nessa categoria, entram os dados dos serviços médicos e sanitários, as "intervenções diretas" dos poderes públicos no domínio social, os arquivos de delinquência ou os arquivos nominativos da Segurança Pública e da Defesa Nacional etc. Os únicos autorizados a reunir e armazenar tais informações são os serviços públicos com competência para tanto, definida pelos termos de um texto legislativo ou regulamentar. Por fim, qualquer pessoa que figure num arquivo tem direito de obter anualmente, à altura que lhe convier, uma transcrição das informações que lhe concernem.

Essa informatização da sociedade pode ser vista como um instrumento muito eficaz (e até perigoso) de controle social. De fato, muitos observadores estrangeiros viram nela a confirmação de uma evolução para um Estado policial, manipulando na sombra todas as esferas do "privado" (da saúde aos rendimentos, à situação profissional etc.). É interessante notar, porém, que essa informatização não desperta praticamente nenhuma contestação dentro da própria Suécia; todos estão persuadidos (talvez erroneamente) de que ela jamais será utilizada contra o cidadão, e sim, pelo contrário, a seu favor. Em todo caso, esse consenso revela uma profunda relação de confiança no Estado (ou na comunidade inteira, que, no fundo, é quem gera essa situação): no espírito dos suecos, todo o sistema (do indivíduo privado às administrações públicas) está integrado numa mesma moral coletiva e, por conseguinte, obedece às mesmas imposições.

Uma "sociedade de rostos"

Todavia, deve-se evitar uma ideia simplista da sociedade sueca como um mundo à la Orwell, um universo de estatísticas desumanizadas. Paradoxalmente, essa sociedade de indivíduos fichados, catalogados, numerados, é também, muito mais do que na França, uma sociedade de rostos. Não existe jornal que não publique diariamente a meia página com fotos de leitores, por ocasião do aniversário, casamento ou morte. A "coluna social" ocupa pelo menos uma página, onde é impressionante a ausência de discriminação social. Os necrológios apresentam a carreira de Andersson, *Verkställande direktör* (diretor de empresa), bem como a de Svensson, *Taxichaufför* (motorista de táxi). Enfim, os aniversários, e muito especialmente o de cinquenta anos (muito importante na Suécia), correntemente ocupam várias linhas nos jornais (e, aliás, dão direito a dias de folga). Essa mescla de sociedade moderna, informatizada, e antigos usos sempre muito atuantes constitui uma das especificidades mais originais e menos conhecidas da sociedade sueca.

Ombudsman e grandes pesquisas públicas

Em matéria de decisões coletivas, a transparência também é regra. Uma instituição como a do ombudsman é bastante conhecida no estrangeiro. O mais antigo, o ombudsman parlamentar (que data de 1809), tem a função de resolver os litígios referentes à delimitação das fronteiras entre o privado e o público (e, notadamente, de preservar o "direito ao sigilo" dos indivíduos), de receber as reclamações, de acusar o não-cumprimento da lei... ou simplesmente aconselhar os funcionários. Talvez menos conhecido, mas igualmente importante, é o procedimento das grandes pesquisas públicas. Prática já antiga, essas pesquisas que precedem todas as leis são realizadas por comitês em que se sentam, lado a lado, personalidades pertencentes a diferentes partidos políticos, representantes de importantes grupos de interesses, especialistas diversos (economistas, sociólogos etc.). Depois de audiências, sondagens e mesmo pesquisas de campo, as conclusões são transmitidas para exame aos serviços de legislação dos ministérios correspondentes, que são solicitados a dar seu parecer sobre as medidas propostas. Além disso, todo cidadão tem direito de submeter ao ministério seu ponto de vista sobre as conclusões da pesquisa. Os temas mais "privados", como a homossexualidade, a prostituição, a violência etc., são, assim, objeto de grandes debates públicos, tal como a fixação dos preços, o vídeo, o livro dos salmos sueco ou, ainda, a política energética.

Esse procedimento próprio da Suécia desempenha um papel essencial na elaboração das decisões políticas e no estabelecimento de um consenso geral sobre a questão debatida. Sua própria existência mostra, de um lado, como os temas aparentemente mais "privados" são levados em consideração pelas instituições e, de outro lado, como cada indivíduo pode intervir praticamente nos diversos elos da cadeia de decisões. Ela resume também os dois grandes imperativos da ética coletiva: transparência dos processos decisórios e formação de um consenso sobre as medidas adotadas.

Uma Igreja de Estado

Poucos sabem que a Igreja sueca é uma Igreja de Estado e o luteranismo uma religião de Estado.[12] Foi a partir de 1523, data do advento da Reforma, que a Igreja começou a funcionar como uma instituição integrada ao aparelho de Estado. A Igreja desempenhou um papel de instrumento na unificação política sueca, sendo a participação nos ofícios religiosos considerada então um dever cívico. A força dos elos que unem a Igreja da Suécia ao Estado é ilustrada pelo fato de que foi apenas a partir de 1860 que os suecos tiveram autorização de abandonar a Igreja. E para isso, na época, deviam se tornar membros de uma outra comunidade cristã. Essa condição foi abolida em 1951. Todavia, toda criança que nasce como cidadã sueca se torna automaticamente membro da Igreja da Suécia, se os pais não se opõem nas seis semanas após o nascimento. Assim, 87% da população sueca faz parte oficialmente da Igreja da Suécia.

A Suécia, portanto, é um dos Estados oficialmente mais cristãos e mais secularizados. A Igreja está entre as mãos do Estado, que nomeia os bispos, e uma parte do clero, que decide sobre seus salários, recolhe o montante dos impostos religiosos[13] etc. Inversamente, desde 1986 a Igreja se encarrega da manutenção dos registros civis, da administração dos cemitérios etc.[14] Assim, todo cidadão sueco está inscrito numa paróquia. Da mesma forma, o pastor que celebra seu casamento religioso é também o funcionário do registro civil; com isso, um casamento religioso também vale como casamento civil.

O caráter institucional da Igreja da Suécia aos olhos da população também encontra expressão na participação do público em suas cerimônias religiosas. Assim, cerca de 63% dos casais se casam no religioso. Se 73% dos filhos são batizados e 56% somente recebem a confirmação no seio da Igreja da Suécia, os funerais seguem em mais de 90% os ritos dessa Igreja. Por fim, um certo número de membros da Igreja de Estado pertence ao mesmo tempo a uma das Igrejas protestantes "livres" ou dissidentes, que se originam da ala evangelista luterana do movimento do despertar religioso (*Väckehe rörelser*), particularmente ativo no começo do século XIX. No total, as Igrejas livres da Suécia congregam proporcionalmente mais fiéis do que as dos outros países nórdicos.

Essa presença formal do aparato eclesiástico não basta absolutamente para ocultar a nítida indiferença pela religião na Suécia. Menos de 10% das pessoas interpeladas se dizem praticantes. Em contrapartida, a inquietude de tipo metafísico, surda e tenaz, é um profundo componente do temperamento sueco. O Inferno pode não existir para os suecos, mas o sobrenatural certamente existe. Para se convencer disso, basta olhar as festas semipagãs, semirreligiosas que povoam o calendário sueco, ou lembrar a importância do universo do fantástico e dos *trolls* no folclore, na literatura ou ainda no cinema. Basta considerar um escritor tão profundamente sueco como Pär Lagerkvist,[15] autor de *Barrabás* ou de *A morte de Ahasverus,* cuja obra é, em sua totalidade, uma longa e dolorosa indagação religiosa. André Gide, outra consciência atormentada, escrevia, a propósito de *Barrabás,* que Lagerkvist havia conseguido "a proeza de se manter sem falhar sobre esta tensa corda estendida através das trevas, entre o mundo real e o mundo da fé".[16]

Assim, de uma maneira mais tênue do que possa parecer, conciliam-se o real e o espiritual. A moral coletiva e religiosa de outrora se transformou numa moral sempre coletiva, mas laica, enquanto a literatura e o cinema se conservam como o eco desse mundo espiritual, dessa, angústia metafísica e desse sentimento de culpa tenaz que marcam tão intensamente o imaginário sueco.

A família "desprivatizada"

A abertura da esfera privada ao público é nitidamente visível na evolução da estrutura familiar. Que as "funções" antigamente exercidas pelas famílias tenham sido assumidas pelo Estado ou pela coletividade não é, porém, um fato novo em nossas sociedades modernas. Mas essa "desprivatização" da esfera familiar na Suécia adota um aspecto bastante particular. Não se trata apenas de intervir no espaço privado, mas sobretudo de torná-lo totalmente transparente, de levantar o "segredo", isto é, de saber o que se passa nele. Assim, a administração sueca tem como procedimento rotineiro uma pesquisa de paternidade toda vez que recebe um pedido de auxílio financeiro de uma mãe solteira ou divorciada, toda vez também em que exista uma dúvida quanto à paternidade da criança. Todo homem que, por declaração da mulher ou dos amigos, parece ter mantido relações íntimas com a mãe, é chamado a se apresentar para a pesquisa de paternidade. O pai ou os pais devem, em caso de dúvida, se submeter a uma análise de sangue. Quando necessário, é o tribunal que toma a decisão. Quando se estabelece a paternidade, o pai deve garantir uma pensão alimentar e de sustento para o filho.

A justificação de tal procedimento é bem menos econômica do que ética: toda criança tem o direito de conhecer seu verdadeiro pai. Evidentemente, a aplicação desse princípio não deixa de ter seus paradoxos. Uma mulher só que quer um filho a todo custo, por exemplo, sem que o pai venha a intervir depois, ficará sem o auxílio social, caso recuse essa busca obrigatória de paternidade. Isso porque, se a mulher tem o direito de dispor de seu próprio corpo, como mostra a lei de 1975 sobre o aborto, ela não tem o direito "de ter filho sem revelar o nome do pai da criança". Assim, o direito da criança vem antes de tudo; e mesmo que a mulher recuse o auxílio social, todos os meios (até o tribunal!) serão mobilizados para levá-la a dizer quem é o pai, pois considera-se que é uma questão fundamental que perseguirá o filho durante toda a sua vida. Portanto, não existe segredo de paternidade. A filiação deve ser igualmente transparente e claramente estabelecida. A ideia de legitimidade não entra em jogo na família, e a instituição do casamento, por sua vez, repousa sobre a publicidade da informação, que é sancionada por lei.

A nova legislação sueca sobre a inseminação artificial também se funda nessa exigência absoluta de transparência. Como ressalta Göron Ewerlöf, juiz e secretário da Comissão sobre a Inseminação Artificial:

> Espera-se que as inseminações artificiais venham a ser mais francas e mais abertas do que até o presente momento. O objetivo deve ser o de proceder de tal forma que nascer por inseminação não seja considerado algo inconcebível, e que essa situação seja plenamente equiparável à dos filhos adotivos, por exemplo. No que se refere aos filhos adotivos, há muito tempo abandonou-se na Suécia o segredo e os sussurros de antigamente. Segundo os especialistas da adoção, isso contribuiu para tornar os filhos adotivos mais felizes.

A Suécia é, assim, o primeiro país do mundo a ser dotado (desde 1º de março de 1985) de uma legislação geral sobre a inseminação artificial. Até então, as inseminações artificiais com doador eram cercadas pelo máximo de segredo possível; além disso, todas as informações referentes ao doador geralmente eram conservadas em segredo (quando não destruídas). A inovação importante da nova lei — e que, diga-se de passagem, ilustra perfeitamente o modelo social do antissegredo — é o fim do anonimato dos doadores. Assim, todo filho tem o direito de saber quem é seu pai biológico, e mesmo de conhecer todos os dados registrados pelo hospital a esse respeito.[17] Até recentemente, os esforços eram no sentido de evitar que o filho soubesse como havia sido concebido. Hoje, dá-se o contrário: trata-se, antes de mais nada, de preservar o interesse da criança e, por conseguinte, de não impedi-la de tomar conhecimento das informações disponíveis referentes à identidade de seu pai biológico.[18] A Comissão, ademais, salienta a importância de que os pais tenham uma atitude franca e aberta em relação ao filho. Ela recomenda particularmente (mesmo que a lei não obrigue) dizer ao filho, no momento em que parecer adequado, como ele foi concebido. É ainda o interesse da criança que pesa na decisão de autorizar a inseminação artificial apenas para casais casados ou coabitando maritalmente. A inseminação artificial não é autorizada para as mulheres sós ou casais de lésbicas. Assim se mantém, num país em que se multiplicam as famílias com apenas um genitor, a referência a uma estrutura clássica de pai e mãe, fato este motivado por diversos estudos psicológicos e psiquiátricos. Trata-se, portanto, de garantir, acima de tudo, o desenvolvimento ótimo da criança. O caso de adoção é ainda mais restritivo, visto que, na maioria dos casos, é autorizado apenas para casais casados.

A criança, cidadão pleno

Igualmente revelador da cultura e da ética suecas é o estatuto concedido à criança. Na Suécia, a criança é considerada simultaneamente como cidadão pleno e indivíduo indefeso, a ser protegido quase como as outras minorias: lapões, imigrantes etc. A evolução mais patente rumo a uma "desprivatização" da família se manifesta nesse estatuto da criança, único no mundo. Desde 1973 existe um ombudsman para a infância, que desempenha o papel de "porta-voz" das crianças, e cuja função é sensibilizar e esclarecer a opinião no que tange às necessidades e aos direitos infantis. O ombudsman não tem direito legal de intervir nos casos particulares; por outro lado, ele pode exercer pressão sobre os serviços públicos e os representantes políticos, propor ações capazes de melhorar a condição infantil, responsabilizar os adultos frente às crianças, enfim, por plantões telefônicos, dar apoio e auxílio individual às crianças em dificuldades. Vê-se assim que a sociedade sueca reconhece à criança (ao mesmo título da mulher de antigamente, ao imigrante ou a qualquer outra minoria) direitos específicos, cuja defesa cabe a uma instituição específica, tendo como objetivo favorecer a integração mais harmoniosa possível da criança na sociedade e, ao mesmo tempo, respeitar sua individualidade.

A mesma ética prevalece em relação à criança imigrante. Assim, ela tem direito a um ensino em sua língua de origem. Desde 1979, aliás, o Estado concede créditos para permitir que todas as crianças de cinco a seis anos recebam serviços pré-escolares comunais, para praticar sua língua de origem, e os jardins de infância cada vez mais distribuem as crianças em grupos linguísticos homogêneos. Os filhos de imigrantes têm, dessa forma, todos os meios para desenvolver a língua materna e conservar sua cultura, e podem adquirir um bilinguismo ativo. Aí também, a vontade de integração é concebida junto com o respeito pela identidade cultural de origem. Também nesse caso, a vontade de integração só se concebe dentro do respeito à identidade cultural de origem, embora os resultados apresentem não pouca ambiguidade.[19]

No entanto, deve-se reconhecer que os resultados nem sempre estão à altura das ambições. Muitas crianças se integram mal às duas culturas, e falam mal as duas línguas. Apesar dos numerosos direitos de que se beneficia o imigrante (direito de eleger e de ser eleito nos pleitos municipais e cantonais, dispersão dos domicílios de modo a favorecer a integração, cursos gratuitos de sueco, mesmas vantagens sociais concedidas aos nacionais etc.), a sociedade sueca não conseguiu uma verdadeira fusão das culturas, não chegou a constituir um *melting pot* à maneira dos americanos.

Proibido bater

A autonomia da criança em relação às instâncias da família ou mesmo dos genitores expressa-se também na lei sobre a proibição dos castigos físicos. Com efeito, desde julho de 1979, a legislação sueca que rege as relações entre pais e filhos (o Código de Filiação) contém uma proibição de todas as formas de castigos físicos (inclusive a palmada nas nádegas), bem como punições morais ou "tratamentos vexatórios" (exemplo citado pela lei: fechar uma criança numa despensa, ameaçá-la ou assustá-la, tratá-la com indiferença, ridicularizá-la abertamente).

É verdade que a proibição não veio acompanhada de disposições penais específicas, salvo no caso de lesões. No entanto, qualquer criança pode dar queixa de ter apanhado, e o autor das sevícias, evidentemente, não pode alegar que julgasse ter o direito de infligir uma palmada na criança: esse direito outrora "privado", e mesmo oculto, em certo sentido simbólico da autoridade paterna, agora já não existe mais.

A esfera política, assim, controla cada vez mais, e de diversas formas, o espaço antigamente privado. A família já não detém a responsabilidade exclusiva pelo filho. Não é ela que define seus direitos, mas a coletividade em seu conjunto, seja sob a forma de leis ou de proteção social. Dessa maneira, a criança sai do espaço privado, e se socializa cada vez mais fora do contexto familiar. A relação pai-filho já não pertence apenas à vida privada, sendo gerida pelo "público". É a sociedade em seu conjunto que é responsável por todas as crianças.

Esse estado de espírito é, aliás, ilustrado pela reforma introduzida em 1980, com o nome de "educação dos pais".[20] Essa reforma propõe facultativamente a todos os futuros pais que participem de grupos de diálogo e formação durante a gravidez e o primeiro ano após o nascimento do filho. (Os que participam dos grupos de pais durante as horas de trabalho têm direito a uma indenização pela previdência dos pais.) O objetivo da "formação dos pais" é "contribuir para melhorar a situação das crianças e das famílias na sociedade": "A coletividade e suas instituições não devem tomar para si a responsabilidade pelas crianças, mas empenhar-se em dar aos pais os meios de cumprir sua tarefa".[21] É interessante notar que essa formação dos pais, que reúne grupos de genitores e geralmente se realiza fora de casa, privilegia, aí também, uma experiência comunitária. A educação dos pais é, nesse sentido, uma forma de educação coletiva que, dessa maneira, solidariza indivíduos vivendo a mesma experiência. Muitas vezes, ela se prolonga pela integração mais ativa do indivíduo num grupo; de fato, a maioria dos que começam a participar de um grupo do centro de proteção materna continua, a seguir, no centro de proteção infantil, e assim por diante. As novas reformas sociais contribuem, assim, para reforçar esse caráter acima de tudo comunitário da sociedade sueca, privilegiando tudo o que integra o indivíduo ou o núcleo familiar ao grupo e à sociedade.

Considerado como cidadão pleno, a criança sueca, desde que sua idade e grau de desenvolvimento lhe permitam, deve ter o direito de agir sobre sua própria situação. Esse princípio se aplica particularmente aos litígios resultantes de um divórcio. O filho deve poder participar nas instâncias referentes à guarda e ao direito de visita e hospedagem, e ter a possibilidade de conseguir uma assistência jurídica. Deve igualmente ser representado no processo por um mandatário indicado pelo tribunal. Finalmente, em caso de separação, poderá inclusive escolher com que genitor quer ficar, disposto a contestar o acordo amigável aprovado pelos pais (sem, todavia, que o direito de visita possa ser questionado). Em suma, sua opinião merece ser expressa e defendida exatamente como a de qualquer outro cidadão.

Fim dos segredos de alcova

Se a vida familiar, como vimos, abre-se amplamente ao público, o mesmo se dá com a vida conjugal. Assim, já em 1965, as sevícias sexuais (por exemplo, a violação) cometidas no casamento estão sujeitas a processos penais. Da mesma forma, desde 1981, as mulheres espancadas já não precisam apresentar queixa pessoalmente contra o marido ou o concubino; para o processo judicial, basta a declaração de uma terceira pessoa. A homossexualidade, evidentemente, já não é considerada na Suécia como uma perversão (aliás, as sanções penais tinham sido abolidas desde 1944). Em 1970, seguindo-se à onda de liberação dos costumes, os homossexuais fundaram uma Organização Nacional para a Igualdade dos Direitos Sexuais (RFSL).[22] Em 1980, foi lançado um grande inquérito do governo, para permitir a reforma da legislação referente aos homossexuais e impedir qualquer discriminação. O comitê de inquérito propunha, além de uma série de leis garantindo a plena igualdade entre hetero e homossexuais, também um apoio ativo à cultura e às organizações homossexuais; foi igualmente levantada a possibilidade de uma coabitação institucionalizada dos casais homossexuais, conferindo as mesmas vantagens do casamento. Interessante notar que essas inovações nos costumes emanam das próprias instituições (aqui, no caso, do inquérito governamental).[23] Paradoxalmente, essa iniciativa despertou uma acesa contestação entre uma parte dos grupos de lésbicas, que consideravam que se estava tentando recuperá-las para uma instituição familiar ultrapassada, que não cabia valorizar. As novas reivindicações foram que a lei se dirigisse não aos casais, homo ou heterossexuais, e sim aos indivíduos, independentemente de suas relações.[24]

Sexualidade

Muito antes da "revolução sexual" dos anos 1960-1970, o caráter totalmente privado da sexualidade já tinha sido atingido com o surgimento da educação sexual. De fato, em 1933 foi fundada a Associação Nacional de Informação Sexual (RFSU),[25] instituição sem fins lucrativos com o objetivo de "promover uma sociedade sem preconceitos, tolerante e aberta aos problemas da sexualidade e da vida a dois". A primeira preocupação era não tanto liberalizar a sexualidade, mas lutar contra as doenças venéreas e os abortos. No entanto, a partir desse momento, a ênfase posta na informação sexual levou à gradual eliminação dos tabus. Em 1938, uma nova lei sobre a contracepção e o aborto abolia a interdição que, desde 1910, atingia a propaganda e a venda de anticoncepcionais. As disposições legais relativas ao aborto também foram modificadas.[26] Em 1942, recomenda-se que as escolas ministrem educação sexual, o que se torna obrigatório em 1955. É claro que, de início, as diretrizes escolares nesse sentido se mantiveram relativamente conservadoras (a relação sexual tinha como finalidade exclusiva a reprodução dentro do casamento). Mas logo a sexualidade — ou, como anunciava o jornal *Le Monde* em dezembro de 1973, "A vida a dois" — passou a ser estudada na escola, desde os sete anos de idade.[27] O ensino enfatiza que o "ato amoroso deve se fundar em sentimentos afetivos recíprocos e o respeito mútuo"; aborda também questões secretas como "o onanismo, a frigidez, a homossexualidade, a contracepção, as doenças venéreas e mesmo o prazer". E essa política prossegue! Já em 1946, a lei obriga as farmácias a manter um estoque de anticoncepcionais. Depois, em 1959, fica autorizada a venda de anticoncepcionais fora das farmácias: a sexualidade sai literalmente à praça pública. Finalmente, a partir de 1964, a publicidade sobre os anticoncepcionais (patrocinada pela Associação Nacional de Informação Sexual, RFSU) invade as revistas e encartes publicitários. Essa propaganda pretende ser basicamente informativa e mesmo técnica, mas adota amiúde um tom divertido e atraente. Isso porque a finalidade é dupla: informar, sem dúvida, mas também vender. Com efeito, logo o sexo sai da esfera exclusiva dos preservativos e absorventes higiênicos para servir de suporte a todas as espécies de anúncios de produtos de consumo.

Fim da censura

Essa desmistificação da sexualidade, ditada em primeiro lugar pela preocupação de eliminar a doença, a miséria e a ignorância, é acompanhada nos anos 1960 de um debate sobre a censura. Em 1957, a Suécia exportou o filme *Hon dansade en sommar* [Ela dançou apenas um verão], onde o abraço de Folke Sundquist e Ulla Jacobsson, nus até a cintura, teve um sucesso "escandaloso" para a época. Esse filme contribuiu para firmar a reputação da Suécia em termos de liberdade sexual. Em 1963, o Departamento de Censura aceita *O silêncio*, de Ingmar Bergman, apesar de suas diversas ousadias; mas o filme *491*, de Vilgot Sjöman, só aparece nas telas depois da eliminação de uma cena em que alguns jovens obrigam uma mulher a manter relações sexuais com um cachorro. No entanto, essa censura iria despertar um debate apaixonado, depois do qual o filme foi liberado na íntegra (1964). Por volta de 1965, começam a surgir nas telas cenas de homossexualidade. Por fim, o filme do mesmo Sjöman, *Sou curiosa, amarelo*, certamente derrubou os últimos tabus sexuais no cinema. Esse filme gerou uma grande polêmica, e acabou sendo proibido para menores de idade, mas não foi censurado. A partir daí, foram formadas diversas comissões de estudo para modificar uma legislação considerada ultrapassada. Foram divulgados filmes de informação sexual, como *A linguagem amorosa*, que abordava o tema do prazer sexual da mulher, e depois, em 1971, *Mais sobre o tema da linguagem amorosa*, que tratava, entre outras coisas, da homossexualidade masculina e da sexualidade dos deficientes físicos. No mesmo ano, enfim, foi definitivamente abolida a censura de filmes (exceto para cenas de violência excessiva).

A pornografia

A pornografia representa para a revolução sexual dos anos 1970 o que a educação sexual foi para a dos anos 1940 e 1950. Constitui talvez a manifestação mais imediata da sexualidade, visto que, à diferença do erotismo, não estabelece mediações entre o espectador e o objeto de seu desejo. Nada é sugerido nem desvelado; tudo é exibido. É interessante notar a esse respeito que, na literatura sueca, praticamente não existem romances eróticos, nem *Justine* ou *História de Ó*; nenhum equivalente às obras de Bataille, do marquês de Sade ou mesmo de Diderot das *Joias indiscretas*. A única literatura leve e libertina data do século XVIII, quando a Suécia era a "França do Norte". Tirante essa exceção, a literatura sueca — particularmente no domínio do sexo — não cultiva o lítotes, o subentendido, o conteúdo latente ou implícito; é abertamente pornográfica ou decididamente educativa. Assim, a pornografia representa um certo declínio do imaginário fantasmagórico, da evocação metafórica do corpo. O fantasma pertence ao mundo do secreto e do possível, sua representação real (*live shows*) ou iconográfica dissolve qualquer mediação, qualquer imaginário e, no limite, qualquer transgressão. Sem dúvida, é por isso que a literatura pornográfica parece tão repetitiva e anônima. Os manuais de educação sexual mostram o funcionamento técnico da sexualidade; as revistas pornográficas, no fundo, mostram a mesma coisa acrescentando algumas variações pseudoperversas.

O direito ao prazer

Dessa forma, a revolução sexual aparentemente elimina os últimos tabus. Após o direito à informação sexual, o que se proclama é o direito ao prazer sexual. A igualdade dita que tal proclamação não exclui nada: da homossexualidade à zoofilia, passando pelo voyeurismo, todas as atitudes sexuais são igualmente legítimas. No plano legal, a própria noção de "atentado aos bons costumes" desaparece, sendo substituída pela de "delito sexual".[28] Mas o refluxo não tarda. Isso porque, se se observar bem, a liberação sexual dos anos 1960 e 1970 foi em parte fictícia; ela eliminou proibições formais, mas sem com isso modificar em profundidade os esquemas tradicionais. Em todo caso, é esta a tese defendida pelas feministas suecas, que denunciaram vivamente a maneira como a literatura pornográfica ilustrava as relações homem-mulher. A esse respeito, vale a pena citar um episódio. Em 1964, foi criada a revista *Expédition 66*, que se pretendia o equivalente feminino de *Playboy*, oferecendo a suas leitoras alguns *pin-up* masculinos. Na verdade, a revista durou pouco, por falta de leitoras e, principalmente, de... modelos (Nina Estin, a redatora-chefe, se recusou, com uma honestidade bem sueca, a recorrer aos arquivos de revistas homossexuais). Depois dessa data, a pornografia visa apenas a uma clientela essencialmente masculina.

A prostituição

Uma excelente ilustração desse refluxo, e sobretudo do papel desempenhado pelo funcionamento das instituições, é dada pela prostituição. De modo talvez paradoxal, o início dos anos 1970 — ou seja, o mesmo momento em que o sexo, pelo menos na aparência, deixa de constituir uma transgressão — presencia um aumento bastante claro da prostituição na Suécia: no auge dessa onda (entre 1970 e 1972), apenas na zona de Estocolmo, contam-se mais de cem "institutos de massagem" ou "estúdios fotográficos".[29] Ao mesmo tempo, multiplicam-se os defensores de uma prostituição mais livre e menos dissimulada. J. Erikson, em 1965, prega uma socialização da prostituição, e mesmo o ressarcimento pela previdência social.

A partir de 1976, forma-se uma comissão de estudos sobre a prostituição, e a partir de 1980 é elaborado um projeto mais preciso de reinserção das prostitutas. O relatório, extremamente detalhado e analisando todos os níveis da prostituição (a prostituta, o cliente, o proxeneta), provocou uma polêmica entre os partidários da repressão à prostituição (notadamente os movimentos de mulheres) e os que temiam que uma criminalização da prostituição, em vez de acabar com ela, tornasse-a incontrolável, por vir a se tornar clandestina. O relatório mostrava, em particular, que a prostituição na Suécia estava especialmente ligada à droga; assim, os defensores da prostituição dos anos 1960 se indagam hoje sobre seu caráter "liberador". Enfim, ele ressaltava que a prostituição funcionava claramente como meio de satisfação exclusiva da sexualidade masculina; aí também, a revolução dos anos 1960 e 1970 não havia conseguido "liberar" realmente a mulher...

Seguindo-se a esse relatório, foram adotadas várias medidas legais restritivas. Os novos textos, se não punem o cliente (salvo em caso de relação sexual com uma menor), permitem, em contrapartida, condenar por proxenetismo qualquer proprietário de locais que sirvam à prostituição. A par de uma ação eficaz de reinserção social das prostitutas,[30] esses textos geraram uma nítida diminuição da prostituição desde 1980.[31] Foi igualmente reprimida a vinculação, frequente nas publicações pornográficas, entre a violência e o sexo. Finalmente, desde 1982 foram proibidos os *live shows*; a comissão de estudos, constatando que a maioria da clientela era formada de homens em idade madura e, particularmente, de homens de negócios estrangeiros, concluiu que "não se tratava de um patrimônio cultural sueco que realmente importasse preservar". Foi, portanto, o final de uma especialidade sueca de renome internacional... De fato, toda a onda pornográfica dos anos

1960 e 1970 encontra-se hoje, se não extinta, ao menos banalizada; o debate da época sobre o sexo hoje se concentra na violência em todas as suas formas (inclusive a sexual)...

As facetas do privado

Nessa sociedade tão próxima da transparência, persistem algumas opacidades. A sociedade sueca tem suas interdições que, menos numerosas, nem por isso deixam de ser severamente protegidas. É o caso da violência, condenada em bloco, perseguida por toda parte e em toda parte presente; é o caso, acima de tudo, do alcoolismo, o domínio, talvez, em que o consenso é mais frágil e o controle social mais contestado. Aliás, alguns espaços, ciosamente protegidos, escapam à abertura; esses locais do privado são geográficos (a casa, o barco, a ilha) ou, muitas vezes, imaginários e poéticos.

Violência

Na "sociedade branda" da Suécia, a violência, se não é significativamente maior do que em outros lugares (ligeiramente inferior à França, por exemplo), choca muito mais. Daí o empenho com que é combatida, até no nível mais privado (proibição da palmada) e mais miúdo: assim, desde 1979, é proibida a venda de brinquedos de guerra na Suécia. Em 1978, uma exposição intitulada "A violência atrai a violência" mostrava uma mistura de histórias em quadrinhos ditas violentas, estimativas do número anual de crianças mortas em acidentes de carro, estatísticas sobre o fenômeno da droga etc. Com efeito, trata-se não só de proibir, mas também prevenir a violência; e o Estado considera a violência aberta, pública, como resultante das violências do espaço privado, seja dos pais ou dos brinquedos. Mais profundamente, a violência, interna ou externa, privada ou pública, representa uma ameaça à ordem, ao consenso; de fato, ela constitui um dos últimos espaços incontrolados da sociedade sueca.

Alcoolismo

Outro espaço incontrolado: o alcoolismo. Tomar bebidas alcoólicas na Suécia não é um gesto anódino. Pesa sobre quem bebe um sentimento de culpa tenaz; não o bêbado inveterado, mas o sueco médio, que faz fila no *Systembolaget* (a loja do Estado de vinhos e alcoólicos), evitando reconhecer os vizinhos, e sai com algumas garrafas cuidadosamente dissimuladas em sua embalagem, um pouco como Dupont, na França, sairia de uma *sex-shop*. Beber na Suécia é um ato quase tabu no plano público; oficialmente, faz-se o elogio da temperança, a embriaguez é votada ao desprezo público, e a regulamentação é muito restritiva em matéria de venda de bebidas alcoólicas. Assim, na Suécia, é muito raro beber em locais públicos, não só devido ao alto preço do álcool, mas principalmente porque se exerce um controle social da coletividade, uma reprovação surda, mas constante. De fato, a bebida só é legítima — e mesmo valorizada — em ocasiões bem determinadas, por exemplo nas festas (na noite de são João ou na festa ritual dos caranguejos em agosto etc.); aliás, nessas ocasiões as pessoas bebem para se embriagar. Segundo a moral oficial, é igualmente inconveniente beber em casa, em nível privado, sem razões "sociais" — no fundo, sem que os rituais da comunicação justifiquem. O aperitivo ou o copo diário de vinho tinto se convertem, no limite, em atos secretos culpabilizantes e censuráveis.

A extrema severidade da lei sueca em matéria de álcool (penas muito pesadas para o motorista em estado de embriaguez, sendo que o delito já se caracteriza com meio grama de álcool no sangue; proibição de comprar bebidas alcoólicas antes dos 21 anos de idade, enquanto a maioridade legal é de dezoito anos etc.) é incompreensível se se levar em conta apenas as estatísticas. Calculado em termos de álcool puro, o consumo na Suécia em 1979, por exemplo, foi de 7,1 litros por habitante adulto, contra dezessete litros na França. Esses números situam a Suécia perto do 25º lugar de consumo total de álcool no mundo. Esse rigor só se torna inteligível se se levar em conta a história. Muito antes do século XX, foi criada uma regulamentação para a fabricação e a venda de produtos com álcool. Mas foi no início do século XX que os movimentos de temperança, que adquiriram grande peso no Parlamento, conseguiram aprovar uma lei única no mundo, conhecida pelo nome de "Sistema Bratt", que obrigava todo comprador a apresentar uma caderneta de racionamento. Ainda hoje, a importância do álcool nos debates políticos — nenhum problema desperta tantas paixões — se explica em grande parte pela influência dos membros das ligas de temperança, proporcionalmente muito mais numerosos no Parlamento do que entre a população. Não há muito tempo, um terço dos parlamentares era filiado a uma dessas organizações, e as ligas antialcoólicas são, por tradição, férteis sementeiras de políticos.

O álcool, porém, surge como um dos pontos possíveis de ruptura do consenso. Pois a unanimidade em torno da reprovação ao alcoolismo é apenas aparente: no privado, os suecos frequentemente transgridem a tutela. Como em outras partes, muitos se gabam de sua capacidade de "aguentar" o álcool, e o humor sobre as bebedeiras é um dos temas favoritos dos quadros cômicos da televisão.

Drogas

A luta contra as drogas, por outro lado, desperta um consenso mais amplo. Ao contrário da Espanha, a Suécia não autoriza sequer o consumo de haxixe, e desde 1968 a política de luta contra o abuso dos estupefacientes tem se tornado cada vez mais rigorosa. Uma das penas mais pesadas previstas pela legislação sueca (dez anos de prisão) pune infrações graves da lei sobre os estupefacientes. A Suécia também não faz distinção entre "drogas leves" e "drogas pesadas". Mas, em comparação com o alcoolismo, a toxicomania constitui um problema quantitativamente limitado.

Violência, alcoolismo, drogas: são estes os principais "desvios" na sociedade sueca. Constituem os últimos espaços não inteiramente controlados pela esfera política, as últimas transgressões numa sociedade liberta dos antigos tabus.

O imaginário

Nessa sociedade tão comunitária, tão controlada pelo "público", onde o indivíduo vai buscar refúgio privado? Em sua casa particular, em sua *sommarstuga* de madeira, rústica, no abrigo da floresta ou às margens do rio. A casa individual, tal como a ilha, é o espaço privado por excelência, fechado e pessoal. E. Mounier, em suas "Notas escandinavas",[32] constatava que "os povos mais coletivistas — Rússia, Alemanha, Suécia — são os povos de habitat solitário". Com efeito, o sonho de todo sueco continua a ser no fundo um sonho individualista, expresso nesse apelo à solidão primitiva, esse apelo à imensa natureza sueca. Muitas vezes sem água corrente, com um conforto muito restrito, a *stuga* permite reencontrar as origens rurais intactas de outrora, numa íntima comunhão com a Natureza. Nenhum (ou quase nenhum) sueco deixa seu país nos belos meses de maio e junho quando, de súbito, a Natureza, saindo de seu longo torpor invernal, revela sua luz radiosa e libertadora, quando a Suécia volta a ser o país das 24 mil ilhas e dos 96 mil lagos! A casinha individual, perdida no campo ou na floresta, mas também a ilha, o arquipélago, o barco a vela (mais de 70 mil apenas na zona de Estocolmo) se mantêm, assim, como os últimos refúgios do individualismo, numa sociedade em outros aspectos intensamente comunitária.

Esses temas do isolamento, da Natureza, do arquipélago são onipresentes na literatura e no cinema suecos. O romance *A gente de Hemsö* é como uma clareira na obra sombria de um Strindberg; o belo filme de Gunnel Lindblom, *Paraíso de verão*, se passa inteiramente, até o desfecho dramático, no cenário encantador de uma maravilhosa casa à beira d'água... Refúgio real, este espaço íntimo, "privado", também pode se tornar uma reclusão às vezes trágica em que os indivíduos procuram desesperadamente reencontrar uma comunicação primitiva, uma pureza original. Nesse fechamento sobre o espaço fechado, particularmente desenvolvido na obra cinematográfica de Ingmar Bergman (*O silêncio*, *Gritos e sussurros*...), empreende-se também a própria busca de uma palavra, de um contato que jamais ocorre. Em *Depois do ensaio*, o herói, diretor e dublê de Bergman, não estará expressando a comunicação impossível, ao repetir essas palavras: "Distância e angústia, distância e tédio..."? Comunicação impossível também em *Cenas de um casamento*, que teve um sucesso considerável na Suécia. Atmosfera abafada, tensões sufocadas, a própria violência nessa relação íntima a dois é surda e contida, o que, muitas vezes, só a faz mais penosa. As relações de casal, evocadas pelo cinema de Ingmar Bergman ou pelo teatro de Strindberg, são tingidas pela mesma dureza, por esse mesmo sufocamento tempestuoso... É muito raro o crime passional na crônica policial sueca (e quando acontece, ocupa a primeira página dos jornais). Nunca se grita, gesticula-se pouco e em geral guarda-se silêncio... Curiosamente, nessa sociedade em que tudo é dito em voz alta, com uma franqueza inesperada em todos os temas, os indivíduos têm dificuldade em conversar entre si... Se as relações profissionais são simples, diretas, despojadas de qualquer hierarquia, se o tratamento informal por "você" é generalizado, já os convites privados para jantar muitas vezes são marcados por um formalismo compassado, extremamente detalhado, que sempre surpreende o estrangeiro que visita a Suécia. Isso, claro, não facilita as conversas... Observava Emmanuel Mounier: "Poesia e misticismo difusos de homens solitários: o povo sueco se manteve como que aquém da expressão".[33] Aí reside a vertente propriamente privada de um eu individual que, como vimos, se manifesta mais no imaginário (sueco ou escandinavo) do que no comportamento.

É a partir disso que se deve interrogar a sociedade sueca, tentar captar seus paradoxos e contradições. Senão, como compreender a coexistência de um sentimento tão comunitário, tão público, e desse individualismo tão acentuado, voltado sobre o eu mais privado? A solidão do Grande Norte, esse mundo do silêncio, essa comunicação tão íntima com a Natureza, tais são as fontes que alimentam o individualismo escandinavo. Solidão primitiva, compensada pela comunidade em todas as suas formas: intensa vida associativa, círculos de estudos, cerimonial das festas. Das festas às leis, trata-se de romper a solidão, de dar a palavra a todos; trata-se de manter intacta essa comunidade tradicional, condição indispensável de sobrevivência física no mundo rude de outrora, de sobrevivência moral no mundo de hoje. Senão, como entender a incrível popularidade de todas as antigas festas pagãs (aliás, metamorfoseadas em festas cristãs), geralmente ligadas à vida rural? Comemora-se a primavera (noite de Valpúrgis), o solstício de inverno (noite de santa Lúcia), a noite de são João (*Midsommar*), para citar apenas algumas festas, num calendário imutável... Durante uma noite, todos os indivíduos esquecem hierarquia, classes sociais, diferenças, ódios e, num convívio de unanimidade, recriam a comunidade da utopia, plenamente igualitária, plenamente consensual. A srta. Júlia, na peça de Strindberg, discute, bebe, se deita e faz projetos para o futuro com o criado de seu pai... Mais, depois da noite desenfreada de *Midsommar*, a alvorada restabelece as diferenças, a comunicação impossível, a revolta. A loucura de uma noite se encerra com a morte... Como entender o imaginário sueco se se considerá-lo apenas como a impossível e insípida história de amor entre uma condessinha e um criado?

O modelo sueco também pode se definir como uma sociedade "total" ou "totalizante". Ele funciona em torno de uma ética comunitária absolutamente consensual, que se funda numa exigência total de transparência nas relações sociais (desde o parceiro da jovem dos *nattfrieri*[34] ao atual direito do filho de conhecer seu pai). E a vida privada não pode escapar à ética dominante. O modelo sueco que une a antiga moral comunitária e a ética socialdemocrata moderna pode se definir como o modelo mesmo do antissecreto, sendo a transparência a única imposição social. O segredo aparece como uma ameaça à ordem e ao consenso; daí esse empenho em eliminá-lo.

GRANDEZA E DECLÍNIO DE UM MITO

Nos anos 1930, o americano Marquis Childs lançou a célebre fórmula: "*Sweden, the middle way*" [Suécia, a via do meio], dando da Suécia uma imagem que viria a influenciar tanto os americanos quanto, um pouco mais tarde, os franceses. A prosperidade material da Suécia, descrita em 1928 como "telefone em todos os quartos de hotel, eletricidade liberalmente distribuída, hospitais-modelo, amplas ruas limpas", bem como sua organização social quase perfeita contribuem para promover, desde os anos 1930, a ideia de um "modelo sueco". A França, a Inglaterra e outros países de repente se apaixonam pelo caso sueco, procurando desvendar, desde antes da guerra, o segredo desse fulminante êxito material.

A Suécia, poupada da Segunda Guerra Mundial, mantém intacto seu aparato produtivo e surge aos olhos da Europa devastada como o país da utopia materializada, "os americanos da Europa". Mais ainda, sob muitos aspectos, a Suécia se torna um modelo de organização social mais atraente do que os Estados Unidos, pois a desigualdade é menor, há entre os suecos, como nos diz Queffélec em 1948, "uma interrogação sobre todo esse bem-estar natural", pois, enfim, o sueco, graças à sua "saúde moral", "escapa às terríveis consequências da americanização". Mounier relata encantado a reflexão de um interlocutor sueco, embora muito entusiástico em relação à civilização americana: "... mas o sueco é efetivamente muito mais ligado ao indivíduo do que o americano". Parece faltar ao modelo americano uma alma que desperte tanta adesão calorosa quanto o modelo sueco. Logo após a guerra, "a Suécia dá a impressão de uma vertiginosa antecipação" (*Le Franc-Tireur*, outubro de 1951). E a imprensa, com suas manchetes, contribui para criar a imagem de uma Suécia ideal: "A Suécia, Estado social moderno" (*L'Économie*, 1950); "Aqui não existe fome nem miséria" (*Le Matin*, 1948), ou ainda "Gênese da harmonia social" (*Les Documents-Jeune Patron*, 1946). Ao modelo material que fascina os franceses do pós-guerra segue-se então o modelo social.

O mito da sueca

A sueca dos anos 1940 e 1950 é, aos olhos dos franceses, "bela, esportiva e saudável". Se "a lendária liberdade dos costumes escandinavos" de fato existe, "aos olhos do turista, essa juventude se conserva distante e pouco expansiva. Os casais dançam com correção" (*Action*, setembro de 1946). Ou ainda: "É extremamente difícil fazer a corte às mulheres desse país, que nos tratam apenas como colegas" (Louis C. Royer, *Lumières du Nord* [Luzes do Norte], 1939, Les Éditions de France). Em 1954, François-Régis Bastide coloca em seu livro, *Suède* [Suécia], a seguinte pergunta: "O que dizer a uma jovem francesa?", e responde: "Seja como for, é absolutamente perigoso lhe falar da famosa reputação das jovens suecas na França. Isso a gelará".[35] A imagem da sueca de costumes relativamente livres deve estar bem arraigada no imaginário francês, para que os autores que escrevem sobre a Suécia sintam tanta necessidade de ajustar o mito à realidade, e isso antes mesmo da famosa "liberação sexual" dos anos 1960. Essa fama certamente está vinculada à campanha pela informação sexual que, desde 1933, como vimos, havia derrubado o tabu da sexualidade na Suécia. A Suécia é a própria promotora da educação sexual nas escolas, e isso desde 1942; nenhum país, nessa época, foi tão longe. Os franceses, evidentemente, vão identificar informação sexual e liberdade sexual, formando uma imagem da Suécia como eldorado sexocrático. A tal ponto funciona o mito que, em 1962, a americana Sherri Finkbine vai até a Suécia para fazer um aborto médico após um tratamento à base de talidomida. Na verdade, os Finkbine ignoravam que seu caso não era absolutamente previsto pela legislação sueca; nesse campo, de fato, a Suécia se encontrava atrás do Japão, de Israel ou certos países do Leste. Ao contrário do mito criado a partir da educação sexual e da propaganda anticoncepcional, o aborto continua a ser até 1975 uma medida excepcional. Os meios de comunicação difundem, pois, a imagem de uma Suécia totalmente liberal, e o caso Finkbine mostra como o mito funciona...

Em 1964, a viagem de Georges Pompidou "a essa estranha monarquia socialista" e a famosa frase em que ele define seu ideal sociopolítico como "a Suécia com um pouco mais de sol" acentuam a ideia de "modelo sueco", que atingirá seu clímax nos anos 1970. A Suécia entra na moda; só se fala dela em termos exemplares. Modelo sociopolítico descrito por Jean Parent em seu livro *Le modele suédois* [O modelo sueco] em 1970. "A Suécia, modelo para a França?" é a manchete do periódico *Combat* em outubro de 1969. A Suécia é exaltada e glorificada em todo o mundo... Depois do sonho americano, depois da idealização de alguns sobre a União Soviética, a China popular ou Cuba, o "modelo sueco", imagem do justo compromisso, seduz a Europa e os políticos franceses de direita e de esquerda. A Suécia se torna um lugar-comum nos livros e jornais. A "revolução sexual" dos anos 1960 reforça o mito sueco; "O amor em liberdade" é a manchete do *L'Express* em 1965, enquanto *Le Crapouillot* dedica um número especial à Suécia; Seghers lança uma série "A Suécia em questão", a editora Balland dedica à Escandinávia uma das obras de sua coleção "Éros international"; Claude Servan-Schreiber foi fazer entrevistas *in loco* para *L'Express* em 1972. A imprensa fala, a televisão mostra, os livros explicam: a Suécia é o país do futuro. Analisa-se, disseca-se o "caso sueco". Na verdade, começa-se também a questioná-lo.

O contramito

Por volta de 1975, surgem na imprensa francesa os primeiros artigos críticos. *Le Monde* dá a manchete: "Mulheres não totalmente liberadas", ou ainda "A família em frangalhos" (1976); R. Huntford ataca com virulência a Suécia socialdemocrata em seu livro *Le nouveau totalitarisme* (Fayard, 1975). A derrota dos socialdemocratas em 1976 (depois de mais de 44 anos no poder) coloca em questão a estabilidade do modelo sueco. Dos "lados escuros do modelo sueco" (*Le Monde*, 1976) aos "malandros × bêbados" (*La Croix*, 1977), a Suécia agora se torna o modelo pervertido, uma sociedade fortemente coercitiva. Exemplar, continua a ser, mas agora como contraexemplo. Essa sociedade "prodigiosamente permissiva" criou os mecanismos da própria autodestruição. "Suécia: liberados em busca do amor", noticia o *Le Monde* em 1980; *L'Express*, no mesmo ano, afirma: "O espelho sueco, tão admirado no exterior, se quebra, algo emperrou no sistema mais singular do mundo"; *Le Nouvel Observateur*, em 1980: "Suécia, felicidade perdida?". Racismo, xenofobia, suicídios, alcoolismo, o modelo sueco não cumpriu suas promessas. O contramodelo se encontra no apogeu, mesmo que, aqui e ali, ainda subsistam algumas reminiscências do antigo paraíso (cf. emissão radiofônica da FR3 em 1982, apresentando, por exemplo, o socialismo sueco como um regime idílico). Em 1984, a revista *Le Point* lançava uma pesquisa sobre a elite do futuro, perguntando aos alunos das grandes escolas qual era o país que melhor correspondia às suas ideias de uma boa organização da sociedade. À frente vem a Suíça,[36] e depois os Estados Unidos; a Suécia fica em quinto lugar, depois da França. Se o modelo sueco perdeu seus atrativos, é porque derrapou: "Controles fiscais e familiares incessantes, maníacos, à moda orwelliana, controles dos rendimentos, controles dos indivíduos, o Estado-providência, o Estado-ingerência se imiscui em tudo, inclusive na forma de criar os filhos. Ele incentiva que os filhos delatem os pais 'desviantes' etc." (C. Sarraute). Em outros termos, a França não quis essa "revolução do privado". Se o modelo sueco ainda existe, o mito, em todo caso, está morto e enterrado.

K. O.

NOTAS

1. *Le Monde*, 1976.
2. *Paris Match*, agosto de 1979.
3. *Le Monde*, 1980.
4. *Le Nouvel Observateur*, maio de 1980.
5. Entre as democracias europeias, a Suécia se destaca pela elevada e

exemplar proporção de mulheres eleitas nas assembleias: as mulheres são 50% no governo, em 1996, 40% no Parlamento, 48% nos Conselhos Gerais e 41% nos Conselhos Municipais.

6. E. Mounier, "Notes Scandinaves", *Esprit*, fevereiro de 1950.

7. A Suíça tem suas contas bancárias sigilosas, a Alemanha seu pesado passado; os próprios valores americanos são tingidos de suspeita ("imperialismo", "neocolonialismo", "violação dos direitos humanos"...). Os valores suecos parecem derivados do imperativo categórico kantiano: cada um pode querer que eles se tornem leis universais.

8. A maioria dos franceses provavelmente se reconheceria no termo usado pelo general De Gaulle, que considerava as discussões sobre dinheiro como "indecentes". Todas as pesquisas mostram isso, a começar pelas do CRP: uma pergunta direta sobre o salário, as rendas, o patrimônio, terá como resposta, na melhor das hipóteses, um valor subestimado, quando não uma reação defensiva: "[...] o que eu ganho só diz respeito a mim e não deve *transparecer* [...]" (pesquisa de P. Zimmer em *France-Inter*, 9 de junho de 1985, grifo nosso).

9. Se a delação também desempenha um grande papel na França, os serviços fiscais, por outro lado, nunca anunciaram pela imprensa os valores assim recuperados (150 mil coroas para os impostos locais da cidade de Malmö em 1984, artigo publicado no *Sydsvenska Dagbladet*).

10. *Offentlighets Principen*.

11. Jan Fresse, diretor-geral da Inspeção de Informática.

12. A título comparativo, não é mais o caso da Itália!

13. Desde 1958, a Igreja da Suécia aceita a ordenação de mulheres. Hoje, existem cerca de 350 mulheres oficiando o culto.

14. Todavia, a nova Lei Eclesiástica de 1992 transferiu para os órgãos públicos as prerrogativas da Igreja em matéria de registro civil. Não obstante, o vínculo entre o Estado e a Igreja permanece intacto. [Em 2000, foi formalizada a separação entre a Igreja da Suécia e o Estado (N. E.)]

15. Prêmio Nobel de 1951.

16. A. Gide, outubro de 1950, carta a L. Maury.

17. Em contrapartida, nem os pais adotivos podem ter acesso a essas informações.

18. Embora a lei distinga entre o pai biológico e o pai legal, e especifique que todas as responsabilidades cabem ao segundo (o pai biológico não pode, *em hipótese alguma*, ser levado a assumir qualquer responsabilidade), sua primeira consequência, obviamente (e apesar das pesquisas efetuadas durante a elaboração da lei), foi a de provocar uma diminuição espetacular do número de doadores!

19. I. K. Orfali, "Suède, de l'immigré au réfugié politique", in *Immigrés em Europe*, sob a direção de D. Lapeyronnie, La Documentation Française, 1992.

20. *Barn och vuxna* (Crianças e adultos), SOU, 1980:27.

21. Palavras de Kajsa Sundström-Feigenberg, ginecologista, responsável

pelo projeto de educação dos pais da Direção Nacional da Saúde Pública e da Previdência Social.

22. *Riksförbundet för Sexuellt Likaberättigande*.

23. Enquete governamental: *Homosexuella och Samhället* (Os homossexuais e a sociedade), SOU, 1984:63. Dos entrevistados 54% se opunham ao casamento entre homossexuais, mas 46% estavam de acordo em que os homossexuais coabitantes tivessem o direito de obter empréstimo para a habitação (apenas 25% eram contrários).

24. Apenas em 1994 foi finalmente votada a lei sobre o concubinato declarado entre pessoas do mesmo sexo (*Partnerskap*), que autoriza uma forma de união legal sob certas condições (ser de nacionalidade sueca e residir em território nacional). [Em abril de 2009, o Parlamento aprovou legislação que autoriza o casamento entre pessoas do mesmo sexo. A lei abole distinções legais entre uniões hetero e homossexuais, mas não obriga os clérigos que dela discordem a realizar os casamentos. (N. E.)]

25. *Riksförbundte för Sexuellte Upplysning*. Um terço de suas verbas provém de dotações do Estado e dos conselhos dos comitês da Saúde Pública. A associação tem uma equipe de cem pessoas, sem contar os médicos em meio período etc.

26. O aborto era autorizado em três casos específicos: debilidade física, gravidez após estupro, possibilidade de transmissão de graves doenças hereditárias à criança.

27. Beneficiaram-se da educação sexual na escola: 7% das pessoas com quinze anos entre 1922 e 1926, 48% da mesma idade entre 1952 e 1956, 65% da mesma idade entre 1957 e 1961.

28. *Sedlighetsbrotten*. Ver *Sexuella Övergrepp* (pesquisa pública sobre os crimes sexuais), SOU, 1976.

29. Fonte: *La prostitution en Suède*, SOU, 1981:71. Em contrapartida, o aliciamento de clientes nas ruas praticamente não existe na Suécia.

30. O projeto de reinserção, realizado especialmente em Malmö, permitiu atingir resultados positivos em mais de 50% dos casos.

31. Em 1980, o número de "salões de massagem" e similares caiu para 25 na zona de Estocolmo.

32. Op. cit.

33. Ibid.

34. *Nattfrieri*: muitos autores (V. Moberg, A. Myrdal) fazem referência às práticas sexuais bastante liberais da sociedade rural sueca. Em certas províncias, dava-se liberdade aos noivos de passar ocasionalmente a noite na mesma cama, sem, porém, consumar o ato sexual.

35. F. R. Bastide, *Suède*, col. Petite planète, Paris, Seuil, 1954.

36. A Suíça, onde, porém, ainda não existe a licença-paternidade, mas persiste a noção de chefe de família, onde o aborto (salvo por indicações terapêuticas) é proibido, onde a assinatura do cônjuge na declaração de renda é facultativa etc.

POSFÁCIO

Gérard Vincent

A RELAÇÃO COM O TEMPO

O quinto volume da *História da vida privada* foi publicado em novembro de 1987. Nesses doze anos, as maneiras de "habitar o tempo" se transformaram bastante. Embora não haja o que alterar naquilo que escrevemos, haveria muito que acrescentar. Vamos nos contentar em apresentar aqui certo número de observações e hipóteses, umas e outras me autorizando a empregar, aqui e ali, a primeira pessoa do singular.

O que é o presente?

Ao falar sobre o "presente", estarei empregando esta palavra polissêmica no sentido primeiro que lhe atribui o dicionário *Le Petit Robert*: "que está no lugar, o grupo em que se encontra a pessoa que fala ou da qual se fala". No seu livro *Habiter le temps*[1] Jean Chesneaux salienta que, no presente, somos consciente ou inconscientemente atraídos, habitados, pelo peso do passado e, consciente ou inconscientemente, por um (ou mais) projeto(s). Salienta a riqueza da palavra alemã *Zeitlichkeit*, que pode ser traduzida por "estar no tempo", o que inclui memorização e futurição. Informa-nos da sutileza da língua chinesa, que tem duas palavras: *qiu*, que designa o que, na velhice, está ultrapassado, e *lao*, que celebra o que está maduro, valorizado pela idade.[2] Esta tripartição do presente é explicitada por todos os que pensaram a história, sendo que Jean Chesneaux nos oferece três exemplos. Tocqueville: "Se o passado é separado do futuro, o espírito caminha nas trevas".[3] Heidegger: "Presente e futuro estão ligados por uma cooriginariedade intrínseca (*Gleichursprünglichkeit*). E seu jogo de tensões recíprocas é que cria o que é próprio do tempo, o tempo autêntico".[4] Nietzsche: "A palavra do passado é sempre palavra de oráculo; só pode ser ouvida pelos que são construtores do futuro e conhecedores do presente".[5]

O que é a vida privada?

Existe a "vida secreta", da qual falei extensamente neste livro. Ela é mantida em sigilo, por mais sofrimento que produza. Era outrora desvelada (parcialmente) ao confessor, ao "diretor de consciência", e hoje, ao psicanalista ou ao psicoterapeuta. Existe a "vida privada", exposta ao olhar da família, dos amigos, dos conhecidos. Um homem é apaixonado por xadrez. Ele joga com alguns amigos, com o computador, inicia o seu filho e exulta quando este se torna capaz de vencê-lo. Depois, existe a "vida privada estatutária", a que o homem "que chegou lá", socialmente reconhecido — político, ator, esportista — pretende midiatizar. Presidente da República, Valéry Giscard d'Estaing se deixa fotografar tocando acordeão com Yvette Horner. "A autoridade máxima do Estado se esforçou um bocado para convencer os franceses de que era um homem como outro qualquer."[6] Existe, enfim, a "vida privada violada" pelo sistema midiático a fim de fazer subir o audímetro: o presidente Clinton teria, sem dúvida, passado muito bem sem o tumulto audiovisual suscitado por seu caso com Monica Lewinsky... e outros mais. *Le Petit Robert* define a vida privada de maneira um tanto pleonástica: "disposição particular que faz com que cada indivíduo reaja de maneira pessoal à ação dos agentes externos". Eu proporia uma definição mais pedante: "decisão idiossincrática de se traçar a fronteira entre a existência pessoal e o meio social". Qualquer que seja a definição escolhida, todo indivíduo, seja ele desconhecido ou famoso, pretende dar a perceber ao outro que ele é uma "pessoa",

> ou seja, "distanciado" dos papéis, dos lugares, das funções sociais. Tal expectativa se fundamenta num modelo identitário que pode ser representado da seguinte forma: um

> círculo externo, o das aparências e papéis; e um círculo interno, o das profundezas em que reside o verdadeiro "eu" [...] existe portanto um eu "íntimo" para si mesmo e para os outros, e também um eu "estatutário" para si mesmo e para os outros.[7]

Esta fronteira, evidentemente, varia em função do tempo e do lugar. O Eterno não quis mal a Davi por ter enviado à morte Urie, o incômodo marido de sua amante Betsabea. O Eterno perdoou Salomão, esposo da filha do Faraó, por ter se exaurido em satisfazer as duzentas mulheres do seu harém a ponto de negligenciar suas obrigações profissionais enquanto rei de Israel, negligência que resultou, após sua morte, no cisma das tribos do norte. Não indignou ninguém que Luís XIV, o rei "cristianíssimo", exibisse suas amantes e nomeasse seus filhos adulterinos para cargos importantes.

Em fevereiro de 1999 dá-se o julgamento de uma excisadora e de algumas mães que haviam imposto a excisão a suas filhas. Porém, nas tribos africanas de onde são originárias rés e queixosas, a excisão é tradicional e obrigatória visto que (como sempre, a crença em oposição ao saber) a mulher não excisada é infecunda. No direito francês, a excisão é um crime. Em processos anteriores, pela mesma acusação, os tribunais sempre se mostraram compreensivos. Esperemos que as mães africanas aceitem se submeter às leis do seu país de acolhida.

AS INOVAÇÕES

O celular

Com a secretária eletrônica e o identificador de chamadas (exibição do número do telefone de origem da chamada), o telefone tradicional já prenunciava o surgimento triunfal do telefone móvel: o celular. Em 24 de agosto de 1854, Charles

Bourseul escrevia no *Illustration*: "Imaginem falar perto de uma placa móvel, flexível o suficiente para não perder nenhuma vibração produzida pela voz [...] poderá haver à distância outra placa executando, ao mesmo tempo, as mesmas vibrações. Seja como for, é certo que num futuro mais ou menos próximo a palavra será transmitida à distância pela eletricidade". Charles Bourseul não estava enganado: "Em 1876, o americano Graham Bell construiu e apresentou os primeiros aparelhos a transmitir a palavra através de uma linha elétrica de cerca de três quilômetros de fio".[8] A secretária eletrônica é uma mensageira discreta: pode ficar ligada em silêncio se estamos recebendo uma pessoa, e a mensagem, gravada, pode ser ouvida pelo destinatário após a saída do intruso.

Foi com algum atraso em relação aos países ditos "avançados" que a França se entusiasmou com o telefone móvel, mais comumente chamado de "celular". Cada vez mais barato, mais miniaturizado — e portanto, mais discreto —, seus usuários passaram de 10 mil, em 1986, para 9 milhões, em 1998, e estima-se que serão de 20 a 30 milhões em 2002, ou seja, quase metade da população, o que já é o percentual dos países nórdicos: Finlândia, 53%; Suécia, 47%; Noruega, 44%. As vendas mundiais de celulares cresceram em mais de 50% em 1998, com 163 milhões de aparelhos comercializados. Esse número deverá aumentar 39% em 1999. E o celular de 1999 será ainda mais funcional — e cobiçado — por estar conectado à internet. "Nosso objetivo é estender os serviços de internet aos clientes da telefonia móvel, desejosos de manter um contato permanente com sua empresa. Desse modo, poderão ter acesso a documentos, mandar e receber e-mails, onde quer que se encontrem",[9] declara um executivo da Microsoft France. Em 1999, o celular trará ainda mais lucro para o fabricante, pois será tecnicamente distinto do seu antecessor, impondo, portanto, a aquisição de um novo aparelho.

Quando de sua aparição em 1985 o celular, restrito quase exclusivamente ao universo profissional, era um sinal de distinção. A publicidade em torno de seu lançamento mostrava executivos utilizando-o em áreas com escritórios de alto padrão. O felizardo era incontestavelmente uma figura importante, e consultá-lo era indispensável. Tal efeito de demonstração social não sobreviveu ao sucesso, e o celular provoca hoje — como toda inovação — reações contraditórias.

Ele permite atender às exigências da urgência. Na construção civil, qualquer mestre-de-obras pode ser imediatamente informado dos propósitos do arquiteto ou de algum outro responsável. Ele permite fazer duas coisas ao mesmo tempo: dirigir um carro e se comunicar. Os fabricantes de automóveis pretendem desenvolver o câmbio automático (que prevalece nos Estados Unidos e é pouco difundido na França) de modo a liberar a mão direita do motorista. Ele protege a vida privada ao permitir que se telefone sem ser ouvido pela família ou colegas de quem se queira eventualmente ocultar algum assunto. Segundo a feliz expressão do professor Michel Maffesoli, o usuário do celular é um "*Homo mobilis*, um solitário não isolado". Com efeito, em caso de perigo ou angústia ele pode imediatamente contatar a família ou um amigo. Em breve, serão colocados no mercado "telefones básicos" destinados às crianças de oito a dez anos, com um único botão preprogramado para que elas liguem para as mães na saída da escola.

O uso intempestivo do celular, porém, atenta com frequência a tranquilidade do outro. Impõe-se um novo código de civilidade. Tão diminuto quanto possível, o aparelho será guardado no bolso. Será desligado durante um almoço no restaurante ou uma reunião. Preferindo ficar tranquilo durante seus deslocamentos, um executivo irá optar pelo metrô em vez de seu carro, no qual está sempre acessível. "Alguns médicos de hospitais se queixam de que seus subordinados, dispondo de um meio de contatá-los com facilidade, tendem a contar sistematicamente com eles e, com isso, evitam alcançar sua própria autonomia."[10] A inconveniência da telefonia celular cria uma nova maneira de ser para se ser reconhecido como pessoa "educada".

Uma última questão permanece — para mim, uma das mais importantes. Pendurado no meu celular, atento às palavras do meu interlocutor, já não vejo as pessoas com quem cruzo, já não presto atenção à "fenomenal" diversidade das fisionomias, só dedico às lojas a esmola de um olhar, ignoro o meio dentro do qual deambulo. Não será esta uma maneira nova — auditivamente enriquecedora e visualmente empobrecedora — de "habitar no tempo"?

A internet

Foi em 1450 que, ao fazer ajustes na xilografia, Gutenberg aperfeiçoou a imprensa, cujos primeiros exemplares foram dedicados à Bíblia. Foi em 1517 que Lutero afixou nas portas do castelo de Wittenberg as 95 teses denunciando o escândalo do comércio de indulgências. Sessenta e sete anos se passaram, portanto, entre a audição — por parte de um cristão em geral analfabeto — da "versão" do Evangelho proferida pelo padre do alto de sua cátedra, e o momento em que ele pôde fazer deste Evangelho sua própria leitura. Daí surgiu, como se sabe, a Reforma. Tamanho intervalo de tempo entre uma inovação técnica e suas consequências econômicas, sociais e culturais seria impensável hoje em dia.

Foi nos anos 1960 — época em que um conflito nuclear União Soviética × Estados Unidos era pensável e pensado — que os militares americanos se debruçaram sobre o problema das comunicações na hipótese de as ligações com o centro de comando serem destruídas. A internet nasceu dessa preocupação.

Nos anos 1980, essa nova rede se torna um instrumento de comunicação universitária, sendo a Califórnia sua primeira usuária. Em 1992, abre-se para o grande público e as sociedades comerciais. Não dispomos de números precisos sobre quantos seriam os conectados à internet, mas sabe-se que chegam, neste final do século XX, a várias dezenas de milhões. Os franceses aderiram com algum atraso a essa nova rede, pois a telecópia (o fax) e o Minitel satisfaziam suas necessidades. Na primavera de 1996, porém, a France Télécom permitiu um acesso nacional à internet e, no final de 1998, de acordo com o OCE (Observatório do Comércio Eletrônico), os internautas franceses estão avaliados em 4 milhões, estimando-se 200 mil novos usuários por mês em 1999.

Não vamos entrar aqui em detalhes técnicos ou delírios estatísticos, já que nosso modesto propósito limita-se a tentar perceber no que a internet alterou a vida privada de nossos contemporâneos. Contentemo-nos em enumerar alguns tipos de aplicação:

a) Consulta de informações em forma de textos, fotos, sequências curtas de vídeo, de sons. Alegria do estudante que, não precisando mais se deslocar até a BNF (Bibliothèque Nationale de France), pode ler no seu monitor — sua "tela" — textos de Platão, Goethe ou Clinton segundo suas obrigações universitárias ou sua curiosidade. Alegria um tanto sádica do jovem escolar que, sabendo que no dia seguinte seu professor irá tratar do reinado de Luís XIV, procura o ilustre rei, orienta seu mouse para a revogação do édito de Nantes e levanta respeitosamente o dedo para fazer a seguinte pergunta: "Professor, explique no que católicos e protestantes divergiram quanto à interpretação da epístola aos romanos e da epístola aos gálatas". Pobre professor!

b) O correio eletrônico (e-mail), que permite escrever e responder a mensagens quase de imediato, ao passo que atualmente uma carta leva seis dias para ir de Paris a Los Angeles. (Pobres Correios!)

c) A participação em listas de discussão sobre os mais diversos temas, o que permite conhecer pessoas de outros países, favorecendo assim o cruzamento de círculos sociais: "A sociedade moderna e seus meios abstratos de comunicação favorecem a ênfase na individualidade através da multiplicação dos círculos a que pode pertencer um mesmo indivíduo [...]. As relações do homem moderno com seu meio evoluem globalmente de tal modo que ele se afasta dos círculos mais próximos e se aproxima dos mais distantes".[11]

d) Encomendar um produto e recebê-lo em domicílio informando o número de seu cartão de crédito.

e) Caso se disponha de um site pessoal, autoeditar-se e pôr assim à disposição de outros usuários textos, músicas, libertando-se das imposições de editores ou gravadoras.

f) Tentar encontrar o homem (ou a mulher) de sua vida por meio de mensagens, fotos, bate-papos. Eventualmente, marcar um encontro para ver se seu sonho corresponde à realidade. Contaram-me que uma americana que queria ser uma "mulher livre" e mãe — sem se incomodar com um marido — pediu a um homem simpático que conhecera na internet e nunca vira pessoalmente que lhe mandasse uma dose de esperma.

g) Ser obrigado a não se "acomodar", contentando-se com os conhecimentos adquiridos, já que estamos às vésperas de uma nova tecnologia: a passagem do *pull* ao *push*. Graças a um novo software, o usuário não precisará mais procurar os dados pessoalmente: uma vez definida sua busca, esses dados serão automaticamente fornecidos sem que ele precise fazer reformulações a cada conexão.

Os irreversíveis avanços trazidos pela revolução informática não devem encobrir as interrogações e riscos que ela acarreta:

a) Os dados estatísticos foram minuciosamente conferidos? São credíveis?

b) A posse de um site pessoal não estimula a violação da vida privada?

c) A delinquência informática é um fato: espionagem, manipulações e utilização dos dados de uma empresa por uma concorrente. Daí a necessidade de se recorrer a um software de criptografia. O autor que coloca seu romance na "tela" não estará se arriscando a ser saqueado por um rival em falta de imaginação? E como irá receber seus direitos autorais?

d) A difusão de documentos racistas, obscenos, pornográficos, pedófilos. Em novembro de 1996, a Baviera suspendeu duzentas listas de discussão consideradas contrárias ao direito do *Land*.

e) Possibilidade de contatos entre pessoas envolvidas em atividades delituosas ou criminosas.

f) O internauta, grudado na sua tela, recebendo notícias de outros mundos, precisa não só "habitar o tempo" — na imediaticidade —, mas também "habitar o espaço" — na contemporaneidade. Caso seja um tanto frágil psiquicamente, não estará sujeito a surtos esquizofrênicos?

g) Quero rever *Um domingo de verão na Grande Jatte*, que não pôde ser trazido para a França na última exposição de Seurat em Paris devido à fragilidade desta vasta obra. Na minha tela, a visão de conjunto é um modelo reduzido que nada tem a ver com o original. Navego pelas duas "telas" para examinar os detalhes: as cores divergem das cores de Seurat. Mas no próximo jantar a que for convidado, vou poder exibir minha cultura... É o que eu chamo de "mundo do pseudo", e que cada vez mais se impõe a nós. As excursões organizadas permitem aos participantes dizer que "fizeram" os Estados Unidos em três semanas. Mas, caso morem no XVI arrondissement de Paris, será que já "fizeram" o XX, já "fizeram" o subúrbio? O conhecimento requer curiosidade (no sentido nobre da palavra), observação paciente e, portanto, um tempo extenso, limitações essas a que não se sujeita o jovem aluno precipitado.

h) Finalmente, e é essa a pergunta essencial: a jusante dessa formidável (nos dois sentidos da palavra) informação, está... o cérebro humano. Uma tese (ou hipótese) atual, afirmada — e criticada —, sustenta que utilizamos apenas uma pequena percentagem de nossas capacidades intelectuais e que a ciência irá decerto aumentá-la significativamente. Oxalá estejam certos os otimistas!

A genética

O que há de mais "privado" na vida privada é o código genético. Todo homem é fruto de uma combinação entre a genética e o meio. Seja ele filho de tecnocrata, operário ou sem-teto, ele não escolhe a cor de seus olhos, de seu cabelo ou de sua pele. A partir desses dados irreversíveis, o meio irá orientar seu destino.

Irreversíveis? Todo o problema nesse sentido está concentrado de uma década para cá. "Os genes, elementos dos cromossomos, são constituídos por elementos de DNA, suporte da informação hereditária."[12]

De início, as manipulações genéticas se interessaram pelas

plantas. Depois de anos de pesquisa, foram produzidas espécies transgênicas capazes de resistir aos insetos e herbicidas. A inserção de um gene alheio e protetor num organismo vivo veio atender às expectativas dos agricultores em 1996. No ano seguinte, uma equipe do INSERM conseguiu "fazer com que mudas de tabaco produzissem hemoglobina humana [...], um substituto sanguíneo isento de riscos de contaminação".[13] Apesar da manifestação contra os produtos transgênicos organizada pelo Greenpeace em Paris, em 16 de outubro de 1997, o governo francês autorizou o cultivo de milho transgênico em 27 de novembro de 1997.

Nascida em julho de 1996 num laboratório de Edimburgo, Dolly, uma ovelhinha, tornou-se uma celebridade mundial por ser o primeiro mamífero oriundo da clonagem de uma célula extraída de um animal adulto. Os cientistas afirmam que os órgãos (coração, fígado, pulmão) de animais geneticamente modificados poderiam ser transplantados no homem. Enxertando genes humanos em vacas e ovelhas, seria igualmente possível fazer com que elas produzissem em abundância um leite rico em proteínas e peptídeos humanos, utilizável, portanto, pela medicina. Por fim, seria possível introduzir nas células de um doente um "transgene" capaz de suprir um gene anômalo, ajudando o sistema imunológico na eliminação de um câncer ou de uma afecção viral.

Assim, depois de esboçar a modificação dos reinos vegetal e animal, o homem está apto a modificar sua própria espécie. Mas modificar em que sentido(s)?

Ciente de que esta revolução genética constitui um *turning point* na história da humanidade, a UNESCO, em 11 de novembro de 1997, adotou a "Declaração Universal sobre o Genoma Humano e os Direitos Humanos", elaborada e debatida durante vários anos pelo CIB (Comitê Internacional de Bioética). Esta carta de 25 artigos estipula que "todo indivíduo tem o direito de respeito a sua dignidade e seus direitos, independentemente de suas características genéticas". Insiste, condenando as "discriminações baseadas em características genéticas".

Essas técnicas de engenharia genética que permitem dotar

um ser vivo de uma nova característica ao modificar seu patrimônio genético, e, portanto, de transformar algo vivo, suscitam esperanças terapêuticas e imensas preocupações.

Em 1998, o Parlamento de Reykjavik concedeu a uma empresa privada o acesso exclusivo, por doze anos, aos dados genéticos e genealógicos dos habitantes da Islândia, um país que pouco entusiasma a mídia embora seja bastante especial: 103 mil quilômetros quadrados, 300 mil habitantes apenas, uma população extremamente homogênea desde muitos séculos, imigração quase inexistente, PIB per capita de 27 590 dólares, taxa de fecundidade de 2,1, expectativa de vida de 79 anos; não se trata, portanto, de um país pobre. O que vai sobrar da vida privada se esses dados genéticos e genealógicos forem revelados aos vizinhos, ao empregador, aos juízes?

No momento em que estas linhas são escritas (fevereiro de 1999), a generosa "Declaração Universal sobre o Genoma Humano e os Direitos Humanos" é questionada, posta em dúvida. Este texto de apenas quinze meses atrás já estará obsoleto? Quão depressa passa o tempo! Como proteger o indivíduo sem comprometer a pesquisa? Quando será a vez da clonagem humana?

Diz uma expressão popular que "não se pode deter o progresso". Pesquisadores e moralistas se veem sutilmente — hipocritamente, às vezes — divididos sobre o rumo a tomar.

Na França, o Comité Nacional d'Éthique e o Conseil Consultatif Nacional du Patronat Français estabeleceram para si próprios um objetivo de prevenção. Irão se esforçar para "definir as bases biológicas e genéticas de predisposição a determinadas afecções a fim de evitar, nas pessoas portadoras, que se exponham a um risco suplementar num ambiente profissional eventualmente patogênico".[14]

Esse posicionamento "altruísta" não deixa de preocupar os sindicatos, que colocam a pertinente pergunta: tais escolhas em matéria de saúde do trabalho não correm o risco de se orientarem para políticas de seleção genética? O teste genético não acabará por se tornar futuramente um instrumento de seleção para o emprego? Um juiz poderá solicitar a pesquisa da identidade genética de um suspeito? De forma mais generalizada, a clonagem humana é algo para curto prazo? Vejamos as palavras hostis, embora resignadas, do professor Axel Kahn (Instituto Cochin de Genética Molecular): "Mesmo sendo provável, a meu ver, que, caso se revele tecnicamente aplicável à espécie humana, a clonagem reprodutiva seja legitimada e aplicada, nenhum combate de ideias está perdido antes de ter sido travado. Assim, com muitas outras pessoas, ideia contra ideia, sem encantamento nem demonização do adversário, estou travando este combate".

Americanos e britânicos estão mais resolvidos, ou já resignados. Os agentes de seguro meditam sobre seu interesse no resultado de certos testes biológicos. Nos Estados Unidos, o valor de um seguro-saúde não virá a ser ditado pelo diagnóstico sintético de uma bateria de testes? O professor Robert G. Edwards (Universidade de Cambridge), um dos criadores, há vinte anos, do primeiro bebê concebido in vitro, e Helen K. Beard, editora adjunta da revista *Human Reproduction*, denunciam tanto a proibição da clonagem humana como a modificação do patrimônio genético da espécie humana. Nas suas palavras:

> A sociedade atual sempre acolhe com hostilidade as ideias novas, particularmente na área da reprodução. O medo do desconhecido, suscitado pela contracepção, fecundação in vitro, conservação de embriões congelados, barrigas de aluguel, doação de embriões, engenharia genética, entre outros, revelou-se amplamente infundado [...]. A introdução de genes no homem poderia servir para melhorar a qualidade de vida do receptor ou, por exemplo, prolongá-la [...]. Tais possibilidades, passíveis de assumir uma importância e uma utilidade consideráveis para as gerações futuras, não deveriam ser apressadamente descartadas.[15]

O diálogo permanece cortês, mas o combate está lançado, e não tenhamos dúvida de que as convicções do professor Robert G. Edwards acabarão afinal prevalecendo às apreensões do professor Axel Kahn.

A aids

A origem da sífilis permanece controversa para os especialistas: para alguns, teria sido trazida pelos marinheiros de Cristóvão Colombo que não haviam resistido à sedução das beldades antilhanas; segundo a teoria unicista, existiria desde a pré-história sob outras formas (sendo "treponematose" um termo genérico). Seja como for, passaram-se milênios, ou séculos (dependendo da tese sustentada), até que a penicilina conseguisse, se não erradicá-la, pelo menos controlá-la. A peste teria existido na Ásia Central desde tempos imemoriais e a pandemia de peste pulmonar na Europa teria aniquilado em sete anos (1346-1353) entre um quarto e metade da população, ou seja, entre 25 milhões e 50 milhões de mortos. Vacinas e penicilina conseguiram dominá-la, sem erradicá-la.

A aids surgiu nos anos 1980 e se alastrou rapidamente. Como toda doença sexualmente transmissível, provocou reações ambíguas, e inclusive maior desconfiança, pelo fato de acometer maciçamente os homossexuais, que costumam ter mais parceiros que os heterossexuais. De início, criou-se certa identificação entre homossexual e "aidético", palavra de conotação pejorativa. Mas logo se percebeu que a doença acometia igualmente os heterossexuais e se transmitia também por transfusão de sangue.

Num primeiro momento, a classe médica viu-se completamente despreparada. Foi preciso esperar o início de 1996 para que os medicamentos antivirais trouxessem um instrumento eficaz na luta contra o misterioso vírus: "Eu tinha dois óbitos por semana. Era um turbilhão, um pesadelo, não aguentava mais",[16] lembra o doutor Marc Bary. Atualmente, morre-se menos de aids e o contágio estaria diminuindo: no primeiro trimestre de 1998, foram recenseados 11 mil novos casos clinicamente declarados, ou seja, duas vezes e meia menos do que no primeiro trimestre de 1996.

As triterapias que associam várias moléculas, entre elas as proteases, apresentam resultados espetaculares, "repondo os pacientes em pé" no sentido próprio do termo, mas sem curá-los. O vírus continua lá, pronto a proliferar caso o tratamento seja seguido com menos rigor. Ora, trata-se de um tratamento difícil de suportar, porque muito limitador: horários estritos para a ingestão dos remédios, dieta que exclui, entre outras coisas, gorduras e álcool, incompatibilidade com outros medicamentos. Pode causar inexplicáveis efeitos colaterais: engordamento do tronco, emagrecimento do rosto e dos membros, colesterol, diabetes, insuficiência renal, acidente cardíaco, linfomas, perturbações mentais etc. Eis o motivo pelo qual alguns desses condenados à morte "dão um tempo" ou interrompem o tratamento.

É preciso fazer uma constatação essencial, que não irá surpreender o historiador, eterno espectador da manutenção das desigualdades sociais quaisquer que sejam os avanços tecnológicos. Atualmente, as vítimas da aids são socialmente identificadas: são acometidas aquelas pessoas "mais vulneráveis, menos informadas, com menor acompanhamento médico. Hoje em dia, os hospitais recebem uma massa de pessoas carentes, excluídos, sem-teto, toxicômanos, imigrantes, muitas vezes sem recursos ou condições psicológicas para se tratar".[17] O doente não raro perde seu emprego, sua companheira (ou companheiro), sua habitação, e sobrevive mais mal do que bem com os 4 mil francos de subsídio destinados a um adulto inválido.

E, o que é mais grave, as triterapias, decantadas enquanto curativas pela mídia, "quebraram" bom número de associações. A proclamação de um suposto milagre desmobilizou voluntários e dissuadiu doadores. "A aids não está mais na moda", lamenta o vice-presidente da associação Arc-en-Ciel.

Embora desperte pouco interesse da opinião pública — exceção feita aos doentes, sua família e amigos —, a aids apaixona o mundinho político, já que no momento em que são escritas estas linhas Laurent Fabius, ex-primeiro-ministro, Georgina Dufoix, ex-ministra de Assuntos Sociais, e Edmond Hervé, ex-secretário da Saúde, comparecem perante o Tribunal de Justiça da República por "homicídios involuntários e danos involuntários à integridade das pessoas". É a primeira vez que essa instituição — criada pela lei constitucional de 27 de julho de 1993 e que, contrariamente à tradição da separação de poderes, congrega três magistrados e doze deputados ou senadores — se reúne. Cabe-lhe julgar o modo como os três acusados administraram, em 1985, a batalha contra a propagação da aids. Paro por aqui, pois já não se trata de vidas privadas, e sim de ajustes de contas políticos.

PERMANÊNCIAS E ACELERAÇÕES

Sexualidade

Sobre o coito (do latim *co-ire*), o mais privado dos atos da vida privada, não há o que escrever. Nesta área tão íntima, é certo que a diversidade das "posturas" não se modificou desde que Adão e Eva (para os que acreditam neles) conceberam o doce Abel e o "bruto" Caim. Ante a leitura do *Kama sutra*, obra sobre a técnica e filosofia eróticas indianas atribuída a Vâtsyâyana (final do século IV), e de Sade, o sentimento que se impõe é o da permanência.

Contudo, o recente surgimento — e triunfo econômico — do Viagra vem questionar as proezas sexuais de que os homens nunca deixam de se gabar. Num momento em que a paridade entre homens e mulheres está no cerne dos debates políticos, a "disponibilidade" sempre possível da mulher e os frequentes "desaprumos"* do homem dão a ela argumentos castamente dissimulados mas que não carecem de "potência" persuasiva...

O emprego

O drama do desemprego pode se resumir a uma constatação: até o momento, o avanço tecnológico tem tido efeitos claramente recessivos nos empregos. Não queremos bombardear o leitor com (abundantes) dados estatísticos. Lembremos apenas

* No original, *débandades* (debandada, escapada), mas a palavra também se refere ao verbo *bander* (ter ereção). (N. T.)

que o número de desempregados franceses multiplicou-se por dez entre 1960 e 1985, e não parou de crescer desde então. De acordo com estatísticas publicadas em 29 de janeiro de 1999 pelo Ministério do Emprego e da Solidariedade, a taxa de desemprego chega a 11,5% da população ativa, no que pese uma redução de 41 mil candidatos a emprego em dezembro de 1998. Os Estados Unidos se gabam de uma taxa de 4,7% e a Espanha bate esse triste recorde com 19,5%. A adoção da semana de 35 horas é um projeto louvável que causa resistência no patronato, mas que traz duas perguntas: no que consiste "uma hora" de trabalho? Será possível comparar a tensão, o estresse de um cirurgião ou de uma enfermeira com os de uma balconista à espera do cliente numa pequena butique condenada ao fechamento em breve pela inauguração de um centro comercial nas vizinhanças? E — segunda pergunta — o avanço tecnológico (internet para o empregado, robô para o operário) não irá permitir que o empresário, forçado pela sobrevivência a manter preços competitivos, obtenha igual produção em 35 horas como em quarenta? A França contava 260 mil desempregados em 1950 ("Trinta Gloriosas"),* no final de 1998 conta com 2,899 milhões.

É possível imaginar as consequências do desemprego na vida familiar. Retornaremos a esse assunto. Mas desde já enfatizemos que ele aumenta as desigualdades sociais. O diploma tem um papel preponderante na obtenção de um emprego: em março de 1998, pessoas com menor formação (quando muito, de ensino médio) se inserem numa taxa de desemprego três vezes mais alta do que os diplomados do ensino superior, e o acesso ao ensino superior é mais fácil para aqueles cujos pais são eles próprios diplomados e/ou possuem condições financeiras de oferecer aos filhos os "acessos ao saber", que são os computadores, a internet etc. A ascensão social está cada vez mais difícil para o adolescente oriundo de um ambiente desfavorecido.

* Trinta Gloriosas: o período do "milagre econômico" francês, entre 1945 e 1975. (N. T.)

A parca solidariedade

Se existe uma área em que a história desses últimos doze anos permanece "imóvel", é a área da moral, da indiferença em relação ao outro e da parca solidariedade. As desigualdades sociais não param de aumentar, o PIB per capita é de 44 380 dólares na Suíça e noventa dólares em Moçambique. Nos países mais prósperos, cresce a distância entre os 10% mais ricos e os 10% mais carentes. O já mencionado "formidável" avanço tecnológico deveria permitir que cada família tivesse um teto e o que comer. Não é o caso. O telespectador abastado vê desfilar na sua tela os corpos esqueléticos das mulheres do Sul do Sudão, a silhueta ideal de uma modelo de alta costura, obesos deambulando nas ruas americanas, massacres na república pretensamente "democrática" do Congo, no Congo-Brazzaville, no Kosovo etc. Nada que lhe corte o apetite ou o estimule a pensar no sentido da história e na história do sentido.

Os países mais pobres são os que apresentam a maior taxa de fecundidade, que é de 1,67 na Suíça, 1,7 na França... 6,5 em Moçambique, 6,9 no Congo. Independentemente dos fatores culturais, compreende-se essa explosão demográfica em países onde o custo de um preservativo equivale à remuneração por um dia de trabalho. Resulta, nos adolescentes fadados à miséria, o desejo de emigrar para um país tido como rico, onde parecem prováveis as chances de encontrar trabalho. Tal é o caso dos argelinos (PIB per capita: 1490 dólares, de que se beneficia uma ínfima minoria; taxa de fecundidade: 4,4), que trazem para as autoridades francesas os problemas que conhecemos. Um utopista poderia pensar que o país colonizador aceita e assume sua responsabilidade em relação aos ex-colonizados ou seus descendentes: não foi a pedido dos argelinos que os 37 mil homens enviados por Carlos X se apoderaram de Argel em 5 de julho de 1830, muito embora os autóctones não apreciassem a dominação turca. Nenhuma criança pediu para nascer, e seus pais reconhecem — ou deveriam reconhecer — sua própria "responsabilidade", mesmo que a combinação — já mencionada — entre genética e ambiente não corresponda à sua expectativa.

Voltando, porém, ao presente, e ao presente francês, Jean-Pierre Chevènement, ministro do Interior, incluiu em seu gabinete Karim Zerebi, oriundo de uma família argelina residente em Avignon. Esse funcionário é incumbido de criar, em cada departamento francês, e no mais tardar até fins de fevereiro de 1999, uma "comissão departamental de acesso à cidadania" (CODAC), uma nova instância que congrega representantes da administração, dos serviços públicos, vereadores, sindicatos, associações e órgãos habitacionais, com a missão de "ajudar os jovens nascidos da imigração a encontrar um emprego e um lugar na sociedade, e fazer com que diminuam as discriminações de que são objeto em matéria de contratação, habitação e lazer".

Na sua carta aos prefeitos, o ministro do Interior, voltando atrás em sua denúncia simplista dos "brutos", lembra que os indivíduos

> nascidos da imigração são, às centenas de milhares, os primeiros afetados pela discriminação. Uma fração significativa da população se sente rejeitada, excluída do contrato social, o que se traduz, embora não sejam desculpáveis, por comportamentos prenhes de consequências, ou mesmo suicidas: violência urbana, explosão de incivilidade, delinquência de menores, retraimento comunitário.

Uma carta comovente, justificada, mas será possível convencer imigrantes e franceses a "habitar o tempo" de maneira idêntica a partir de uma correspondência ministerial? Mais realistas, alguns políticos pregam o recrutamento maciço de policiais magrebinos e negros de modo que se estabeleça um contato antes da repressão aos "brutos".

Em todos os países ditos "ricos", a coexistência — e, às vezes, convivência num mesmo prédio — de autóctones e imigrantes apresenta os mesmos problemas, por serem diferentes as formas de assumirem suas respectivas vidas privadas: alimentação, vestuário (vide o problema das jovens muçulmanas usando véu), "autoridade" do pai de família sobre a esposa e os filhos, barulho etc. O chanceler Schröder precisou adiar muitas vezes a naturalização dos milhões de turcos residentes na Alemanha há várias gerações; a Itália acaba de conceder asilo a mais de 200 mil albaneses etc. Nos países nórdicos — Países Baixos, Dinamarca, Suécia, Noruega — a resistência à acolhida dos imigrantes parece não ser tão forte: será por causa do clima frio que desestimula os candidatos potenciais residentes nos países mais favorecidos pelo calor? Será por causa do protestantismo?

A Igreja Católica, por sua vez, acaba de adotar posturas muito positivas em favor da solidariedade. No século XVI, o dominicano Bartolomé de Las Casas (1474-1566), que em 1543 (aos 69 anos, portanto!) se tornou bispo de Chiapa, no México, manteve-se por muito tempo indiferente ao autêntico genocídio dos ameríndios perpetrado pelos conquistadores espanhóis e portugueses, mas acabou tomando a defesa dos nativos endereçando ao imperador Carlos V, que se tornara também rei da Espanha em 1516, sua *Brevíssima relação da destruição das Índias*. A descrição dos padecimentos dos índios causou escândalo e resultou em novas leis que lhes garantiam uma pequena proteção. No final de sua longa vida, Bartolomé de Las Casas tomou consciência da ignomínia do tráfico de negros que ele até então tolerara, reconhecendo que os "pretos" também eram seres humanos.

Esse parêntese histórico talvez soe supérfluo ao leitor. Persisto. Nos anos 1960, Che Guevara (1928-1967), argentino que aderira à revolução cubana, tentou através da "revolução socialista" criar um "homem novo" no exato momento em que a "teologia da libertação" retomava, entre uma parcela do clero sul-americano, as teses de Bartolomé de Las Casas. O Vaticano condenou essa teologia por se aproximar demasiadamente do comunismo numa época em que a "poderosa União Soviética", de que ninguém pressentia a dissolução próxima, apoiava todos os levantes anticolonialistas, não só na América Central e do Sul como também na África.

Em janeiro de 1999, João Paulo II encontra-se no México: dos 97 milhões de mexicanos, 40 milhões sofrem de desnutrição (daí as tentativas de emigração para os Estados Unidos), o PIB per capita é de 3680 dólares, a taxa de fecundidade, 3,1, e a expectativa de vida, 71 anos e meio, segundo *Le Bilan du Monde*. Em 24 de janeiro de 1999, no autódromo Hermanos-Rodriguez (periferia da Cidade do México), diante de mais de 1 milhão de fiéis (90% dos mexicanos se declaram católicos), o papa declara, causando um extraordinário entusiasmo:

> Peço a todos os fiéis desta nação que se comprometam em ajudar e promover os mais necessitados dentre eles. Cada um dos filhos desta pátria deve dispor do suficiente para levar uma vida digna. Todos os membros da sociedade mexicana são iguais em dignidade, são todos filhos de Deus e, por isso, merecem todo respeito e têm o direito de se realizar plenamente dentro da paz e da justiça.

Ao cruzar a fronteira e ser recebido em Saint Louis, no Missouri, João Paulo II retoma todas as teses de Bartolomé de Las Casas e lança um apelo para que

> o continente da esperança seja também o continente da vida! Esse é o nosso clamor: vida com dignidade para todos. Para todos os que foram concebidos no ventre de suas mães, todos os meninos de rua, os povos indígenas e afro-americanos, os imigrantes e refugiados, os jovens destituídos de esperança, os velhos, para todos os que sofrem qualquer forma de pobreza e marginalização [...]. É preciso acabar com o recurso injustificado da pena de morte! Que não haja mais exploração dos fracos! Que não haja mais discriminação racial e guetos de pobreza! Nunca mais!

Ao encontrar-se sem nenhum protocolo com Bill Clinton em 26 de janeiro de 1999, no aeroporto de Saint Louis, João Paulo II, embora coberto de elogios pelo presidente americano, não o poupou em sua resposta: “O conflito, hoje, se dá entre uma cultura que afirma, ama e celebra o dom da vida e uma cultura que declara que grupos inteiros de seres humanos, crianças por nascer, doentes em estágio terminal, inválidos e outros, vistos como 'inúteis', devem ficar do lado de fora das fronteiras e da proteção legal".

Essa celebração de uma "cultura da vida" em oposição a uma "cultura da morte" não deve causar um otimismo excessivo. Na sua solidão existencial, o homem acredita ser solidário de centenas de milhares de outros homens, quer se trate de aclamar o papa ou os vencedores da Copa do Mundo de futebol. E o dinheiro é sempre presente e predador. Inúmeras empresas, na época, usaram a imagem do papa nas suas campanhas publicitárias. Uma conhecida marca de filmes fotográficos anunciou que não iria cobrar pelas fotos que retratavam o papa.

A palavra francesa "*ad*or*er*" vem do latim "*ad*or*are*", que significa "rezar".* O acaso etimológico e fonético designa assim para nós o senhor deste mundo. O culto do ouro, não raro pudentemente dissimulado, está presente em toda parte. Ele é o meio, a via de reconhecimento.

Contra as desigualdades e a dificuldade de ser criam-se incontáveis associações que congregam os compassivos e conclamam os doadores. O dinheiro aflui, não raro sendo parte dele apreendido pelos responsáveis dessas organizações caritativas. Não vamos citar nenhum nome.

A VIDA FAMILIAR ENTRE PERMANÊNCIA E INOVAÇÕES

O casal

a) Até meados do século XVII, a convivência de um casal casado situava-se na ordem de sete anos. Acidentes de trabalho, infecções, pandemias, abortos involuntários, partos dramáticos levavam prematuramente um dos esposos.

* Nas duas palavras, não estão grifadas as letras *or*, que em francês formam a palavra "or", ouro. (N. T.)

b) Com o aumento da expectativa de vida, "habitar o tempo" a dois apresenta uma infinidade de novos problemas. Na França, o número de casamentos, constantemente em queda de uma década para cá, aumenta subitamente 10,2% em 1996 e 1,4% em 1997. A supressão, em 1996, de dispositivos fiscais que beneficiavam casais não casados não é alheia a esse crescimento. Em 1997, foram 284 500 casamentos. A idade dos noivos é cada vez maior: para os homens, 24 anos em 1970, 25 em 1980, 29 em 1996; para as mulheres, 22 anos em 1970, 23 em 1980, 27 e meio em 1996. É no Sul da Europa que as pessoas se casam mais cedo: 24 anos para as portuguesas (29 para as dinamarquesas e suecas). A legalização da pílula e, em caso de falha, da IVG (interrupção voluntária da gravidez), permite que as mulheres jovens — as garotas! — tenham o controle de sua gravidez. A crer nas estatísticas que situam a primeira relação sexual "completa" (como dizem, um tanto pesadamente, os sociólogos) aos dezesseis, dezessete anos, podemos concluir que o vestido branco de noiva (sendo o branco símbolo da pureza virginal) tornou-se meramente simbólico. Resta definir o que é uma relação sexual "completa"... Poupemos os leitores dos detalhes escabrosos. O fato é que nos Estados Unidos a questão está na ordem do dia, com os defensores do presidente Clinton afirmando que a felação não atende a essa definição.

Os "recém-casados" já não são, portanto, muito jovens: ambos já tiveram "experiências sexuais", às vezes viveram maritalmente alguns meses ou anos. Seria de se supor que essa dupla maturidade prepara para uma longa vida conjugal. Mas não é o caso. Os "noivos", se é que ainda ousamos empregar essa palavra (a qual, em francês antigo [*fiancés*] significava "comprometidos pela honra"), se já não viviam juntos antes do casamento, terão de resolver o delicado problema do "território". Como passar de um território pessoal (impregnado do peso do passado) para um território comum? Como conciliar os gostos necessariamente matizados, não raro divergentes, de um e de outro? Como substituir "meu espaço" por "nosso espaço"?

Antigamente, a esposa ajudava o agricultor a administrar sua pequena plantação; a mulher do artesão prestava ajuda ao marido; no pequeno comércio, a dona era vendedora e o dono cuidava dos fornecedores e da gestão financeira. Hoje, num casal recém-casado (na França, menos de metade das vezes na igreja), e que escapa ao desastre do desemprego, a mulher de 27 anos trabalha tanto quanto o marido, dois anos mais velho. Ambos exercem eventualmente a mesma profissão (são muitos os casais de médicos), mas em locais diferentes. No mais das vezes, a profissão não é a mesma e cada qual tem seu "território profissional" onde frequentam pessoas que não pertencem ao círculo de amizades da família, e onde escapam à alta vigilância do outro. Isso pode ser motivo de enriquecimento da vida conjugal, cada qual trazendo para o jantar (já está fora de questão almoçarem juntos) o relato de contatos estabelecidos durante o dia. Pode ser motivo de afastamento, cada qual demonstrando pouco interesse pela atividade do outro. Se — o que é provável e desejável — a paridade (de que falaremos adiante) tende a prevalecer, pode ocorrer que a esposa se beneficie de um status social superior ao do esposo. Se a mulher for prefeita e seu marido, um simples administrador civil, problemas poderão surgir.

c) Outrora os casamentos eram planejados pelas famílias e — na burguesia — realizados pelos notários. A moça era virgem, o marido tinha sido "desacanhado" pela "criada para todo serviço" — de fato —, por uma prostituta ou uma amiga compreensiva de sua mãe. Hoje, cada um se apresenta perante o juiz com a bagagem da própria experiência. Esta pode pesar no sentido da aceitação das diferenças, da indulgência, de um ardente desejo de enfim se acomodar no tempo da tolerância. Mas pode igualmente pesar no sentido contrário, por relembrar intensas cenas eróticas, viagens idílicas, palavras ausentes dessa vida — dessas noites — cotidiana. Às vezes, o dever conjugal pode atenuar o estresse causado por essa incômoda recordação. Em outros casos, pode induzir a buscar — e encontrar — lá fora o que não se vivencia mais aqui dentro.

Então é o divórcio, instituído pelos romanos por mútuo consentimento, introduzido na França revolucionária em 20 de setembro de 1792, abolido em 1816, restabelecido pela lei de 27 de julho de 1884. Em 1900, ocorreram na França 7400 divórcios, e em 1995, 117 700. O número de divórcios triplicou entre 1970 e 1985, e em 1996 houve na França 42 divórcios para cada cem casamentos, sendo a mais alta proporção no Norte da Europa, e a mais baixa, no Sul.

Dada a dificuldade — impossibilidade até — para um casal de partilhar um "tempo longo", a solução seria possivelmente um "casamento em dois tempos". Considerando-se que o casamento não raro se dá no momento em que o desejo de ter um filho se manifesta tanto no homem como na mulher, parece "legítimo" que o pai legal seja também o pai genético. O novo (já não dizemos "jovem") casal se comprometeria a cinco anos de fidelidade recíproca. Depois disso, a convivência se estenderia pelo bem do filho, ou filhos, e cada cônjuge se reservaria o direito à diversidade.

d) O PACS (Pacto Civil de Solidariedade) foi aprovado numa primeira votação, em 9 de dezembro de 1998, por 314 votos contra 251.* Deve ser assinado no cartório do tribunal de instâncias, e concerne a casais não casados, sejam eles heterossexuais ou homossexuais, e duas pessoas vivendo juntas sem manter relações sexuais — dois irmãos, duas irmãs, ou um irmão e uma irmã. O objetivo é aliviar os encargos financeiros dos dois parceiros em se tratando de direitos de sucessão, doação, impostos etc. O Senado deverá opinar em março de 1999.

O PACS foi imediatamente entendido como um reconhecimento, uma legalização da homossexualidade, que, aceita ou até celebrada no mundo greco-romano, foi formalmente proscrita pelas três religiões monoteístas. A reação foi instantânea e pitoresca: uma grande passeata anti-PACS aconteceu no domingo de 31 de janeiro de 1999 (menos de dois meses após o voto na Assembleia Nacional), indo dos Invalides até o Trocadéro, e reu-

* A lei 99-944, instituindo o PACS, foi promulgada em 15 de novembro de 1999. (N. T.)

niu 98 mil pessoas segundo a polícia, 200 mil segundo a frente anti-PACS. Raras vezes se viu uma manifestação tão heterogênea — Bruno Mégret, líder do FN-MN (Front Nacional-Mouvement Nacional [partido de extrema direita]) à frente, católicos e muçulmanos em seguida. Não faltou senso de humor. Algumas pessoas cantaram "Vocês não terão a Alsácia e a Lorena".* Padres de batina portavam cartazes que diziam: "Senhor, livrai-nos do PACS!". Alguns espirituosos exibiam cartazes denunciando o "Pacte d'Agression Contre la Société" [Pacto de Agressão Contra a Sociedade], outros, mais vulgares, o "Piège À Cons Social" [Armadilha Social para Babacas].

Na Alemanha, os homossexuais se pronunciaram contra o sistema francês, tido por um "tratamento de segunda classe". O artigo 6 da Lei Fundamental, segundo o qual "o casamento e a família se encontram sob a especial proteção da ordem estabelecida", torna impossível a criação de um PACS. Cauteloso, o Ministério da Justiça afirma por meio de seu porta-voz:

> Num primeiro momento, vamos tratar dos homossexuais que vivem maritalmente por muito tempo. Num segundo momento, mas isso só daqui a alguns anos, vamos tratar dos casais de menor tempo de convivência, quer sejam eles homossexuais ou heterossexuais. Para esses, porém, a ênfase estará em proteger os mais fracos, como as mulheres que renunciaram ao trabalho por dez ou vinte anos a fim de criar seus filhos.

Quanto à adoção de crianças por um casal homossexual, a questão nem foi colocada.

e) Desde o surgimento do *Homo sapiens*, a humanidade é, não diria "dirigida", mas "dominada" pelos homens. Podemos ver

* Referência à música (1871) de Ben Tayoux, com letra de Gaston Villemer e Henri Nazet: "Vous n'aurez pas l'Alsace et la Lorraine", um repúdio à tomada das regiões da Alsácia e da Lorena pelos alemães em 1870. (N. T.)

aonde isso nos trouxe. As mulheres, celebradas, admiradas, humilhadas, foram encerradas (somos tentados a escrever "*enfemmées*") em papéis subalternos, embora algumas, mediante astúcias discretas e eficazes, tenham conseguido "dirigir" seu pretenso dominador.* Hoje, o "racismo" antifeminino vem sendo questionado. Na terça-feira de 16 de fevereiro de 1999, a Assembleia Nacional francesa restabeleceu, em segunda votação, o projeto constitucional sobre a igualdade de acesso de homens e mulheres às funções eletivas, que o Senado rejeitara em 26 de janeiro. Ora, o projeto havia sido aprovado na Assembleia Nacional por unanimidade menos dois votos. Pobres senadores, que são em geral idosos e, no momento em que se escrevem essas linhas, tentam encontrar um compromisso que os exima da acusação de "machismo", a qual pode resultar em turbulências na sua vida privada! Declara a sra. Marisol Touraine, deputada do PS do departamento de Indre-et-Loire: "Somos todos partidários do universalismo republicano, mas nossa democracia funciona de forma truncada posto que excluiu a maioria das mulheres".

Na sexta-feira 19 de fevereiro de 1999, o governo socialista tornou público um relatório encomendado à sra. Anne-Marie Colmou, relatora do Conselho de Estado, que compara a proporção de homens e mulheres nos cargos públicos de responsabilidade. Contentamo-nos em reproduzir alguns exemplos: dos 109 prefeitos, cinco são mulheres; dos 88 reitores de universidade, quatro; dos 74 membros em atividade da Inspeção Geral das Finanças, nove; dos 201 membros do Conselho de Estado, quarenta; dos 217 membros do Tribunal de Contas, 29; dos 29 diretores de centros hospitalares, um é mulher.[18] Ora, lembremos que as mulheres são maioria na população francesa já que, embora seus nove meses de gravidez sejam mais cansativos que os nove segundos de ejaculação do procriador, sua expectativa de vida é de 81 anos, contra 74 anos e oito meses do homem.

* Brincadeira com a palavra "*enfermées*" (encerradas), transformada em "*enfemmées*", algo como "afemeadas". (N. T.)

Lembremos igualmente que há alguns anos uma jovem teve o desplante de ficar em primeiro lugar entre os formandos da École Polytechnique, aberta às mulheres poucos anos antes. A "vontade paritária" não deixa de promover um novo antifeminismo cujo argumento mais frequente — e talvez mais eficiente — por parte do macho humilhado é o seguinte: "Você está sacrificando a educação dos seus filhos por sua carreira".

f) Para completar esse estudo sobre o casal, conviria estendê-lo a outros países além da França. Por falta de espaço, contentemo-nos com brevíssimas observações referentes à Alemanha e à Espanha, dois exemplos de países em que a vida privada foi atropelada pela coisa política. Na República Democrática da Alemanha, o PIB per capita era bem inferior ao da Alemanha Ocidental, mas havia uma maior paridade entre homens e mulheres, em razão, principalmente, das creches gratuitas que permitiam às mulheres exercer atividades profissionais. Na Espanha, a morte de Franco, o *Caudillo* (o "Guia"), em 1975, reduziu, se não erradicou, os três pilares do poder dominante: a falange, o Exército e uma Igreja ultraconservadora. O divórcio foi legalizado. São muitos, hoje em dia, os casais não casados. O aborto continua proibido por lei, mas é praticado com uma tolerância hipócrita em algumas clínicas particulares e de forma artesanal, às vezes mortal, pelas mulheres menos favorecidas. Prova disso é que a taxa de fecundidade (1,2) é a mais baixa da Europa. Embora não se possam apresentar provas estatísticas, a primeira relação sexual "completa" situa-se por volta dos dezesseis, dezessete anos, sendo que alguns pais aceitam hospedar seu filho com a companheira, a filha com o companheiro. Na universidade, as relações sexuais são frequentes.

A "ascensão das mulheres" é espetacular: nas faculdades de jornalismo, são mais numerosas que os homens. A frequentação religiosa também diminuiu bastante. Sendo a taxa de desemprego a mais elevada de todos os países da União Européia (19,5% da população ativa), resulta uma emigração maciça que não deixa de ter consequências para a vida familiar. Tamanhas foram as transformações no seio das famílias com o fim da ditadura franquista que psicanalistas vindos da América do Sul, sobretudo da Argentina, afluíram maciçamente.

RELAÇÕES PAIS/FILHOS E FILHOS/FILHOS

a) Como educar os filhos e prepará-los para um futuro do qual tudo se ignora? A isso não traremos resposta, limitando-nos a algumas constatações que conduzem a hipóteses incertas.

Uma observação incontestável: a mudança na alimentação. Devido a inovações ocorridas na criação de animais comestíveis, a carne apresenta uma insipidez crescente. A televisão nos mostra esses condenados à morte criados em cativeiro e ninguém se engana com a aflitiva etiqueta: "criado ao ar livre", que vem colada nos frangos; ninguém se comove — com exceção de alguns ecologistas — com o martírio desses animais forçados a trocar seus espaços de liberdade (relativa) pela prisão perpétua.

Impõe-se cada vez mais o "comer contínuo" do modelo americano. Creperias, lanchonetes, padarias tradicionais reconvertidas oferecem a possibilidade de se comer caminhando, ou sentado num banco, entre o meio-dia e as duas da tarde. Multiplicam-se as máquinas que vendem bebidas, café, sanduíches, *panini* etc., dispensando a fila nas lojas especializadas. Isso traz certa diversidade à alimentação; o presunto já não é o único a ser prensado entre duas fatias de pão: surgem produtos — sobretudo saladas — "estrangeiros", em especial semiorientais, porém menos temperados que seus modelos originais de modo a se adaptarem ao gosto europeu. Se papai e mamãe trabalham, o jantar familiar não raro será constituído de produtos congelados tirados do freezer e nos quais vamos encontrar — salvo exceções bastante numerosas — a mesma insipidez. Mas que economia de tempo nessa nova maneira de "habitar o tempo"! Economia não isenta de perigo: em qualquer hora do dia, como poderá o suposto faminto resistir à tentação da máquina que, mediante modesta quantia, lhe oferece um café bem doce ou uma bomba de chocolate? Continuemos seguindo o "modelo americano" e teremos em nossas ruas a quantidade de obesos que vemos nas ruas de Nova York...

A uniformização também não poupa o vestuário. No passado, o vestema permitia situar socialmente o usuário.* A distinção se mostrava não apenas na "maneira de ser" (comportamento para com o outro), como também no "ser" (forma de se vestir). O burguês tinha seu "alfaiate"; o homem (ou mulher) de renda modesta contentava-se com a "confecção" — termo de conotação pejorativa que se esvaneceu frente ao "prêt-à-porter", que permitiu sutis adaptações ao corpo do cliente: minimizar os máximos, maximizar os mínimos, com vestemas oferecendo ao olhar do outro uma aparência que disfarça as imperfeições naturais. Mas o observador perspicaz ainda sabe discernir a origem do jeans, do tênis, do colar, da pulseira, do anel. No primeiro dia das liquidações formavam-se, às portas de todas as lojas Hermès de Paris, filas tão compridas que um vigia, sorridente mas firme, só permitia a entrada dos clientes por grupos pequenos.

A criança é com frequência — demasiada frequência — motivo de despesa familiar: ela quer tal roupa, tal videogame, tal bicicleta *cross* etc. Longe vai o tempo em que os pais se limitavam a depositar alguns presentes nos sapatinhos cuidadosamente dispostos frente à lareira na noite de 24 de dezembro. Longe vai o tempo em que se comia ao jantar a refeição cuidadosamente preparada pela mãe, em que o pai podia dizer: "Cale a boca, atenção à postura, não faça perguntas!". Os homens de negócios entenderam perfeitamente o papel determinante das crianças no orçamento familiar: na tela da televisão — não raro ligada durante a refeição da noite — sucedem-se anúncios publicitários destinados aos amados pequeninos.

b) Quando pai e mãe trabalham, quando têm funções semelhantes ou passíveis de criar rivalidade entre eles, quando ganham um salário equivalente, e se acham às vezes em conflito

* Vestema: unidade mínima significante do vestuário. (N. T.)

sobre a "maneira de ser", qual dos dois terá a primazia da autoridade, de impor sua concepção de educação? Há que se mimar e, talvez, "estragar" a criança: satisfazer todos os seus desejos (prova de amor), tudo permitir? Há que ser rigoroso, educar, criar, proibir para melhor prepará-la para a vida adulta e implacável que a espera, obrigá-la a estudar intensamente, sendo um bom diploma o melhor remédio contra o desemprego em crescimento constante? E, no caso da família monoparental (geralmente feminina), como irá a mãe conciliar o carinho que "deve" oferecer ao filho com a autoridade que "deve" lhe impor?

Outro problema — essencial: em que medida podem os pais ajudar os filhos em seu périplo escolar? Em 1900, todos os 5 mil candidatos ao *baccalauréat*, exame final do ensino médio que garante acesso à universidade, tinham, sem dúvida, um pai diplomado que podia fazer as vezes de professor particular. Mas que dizer, hoje em dia, do colegial magrebino de nacionalidade francesa cujo pai, às vezes analfabeto, só fala um francês aproximativo? Nesse ponto, e voltaremos a ele, é o professor que deve assumir novas responsabilidades, inexistentes na tradição e em sua formação.

E, voltando à família "tradicional": não será muitas vezes o filho (aos dezesseis anos já mais alto que o pai) quem irá lhe ensinar a navegar na internet, à qual terá sido iniciado na escola? As coisas mudam tão depressa que podem surgir problemas entre os irmãos, independentemente do sexo: o de quinze anos irá ajudar o caçula de oito a entrar na modernidade virtual, ou vai considerá-lo um ignorante, um ausente da contemporaneidade? O problema é ainda mais flagrante nas famílias ditas "reconstituídas", que são cada vez mais numerosas. Os filhos do primeiro casamento serão os educadores ou os dominadores condescendentes de seus meios-irmãos e meias-irmãs? Se sentirão responsáveis ou enciumados? Suponhamos o caso de dois divorciados, cada um com dois filhos de uma primeira união, tornando a se casar e dando à luz mais dois filhos. Quais serão as relações entre as seis pequenas personagens? Quais serão as relações entre os recém-casados e seus antecessores? Com quem irão morar os filhos da primeira união?

Não sejamos pessimistas. A família de outrora, com sua disciplina rigorosa, o devido respeito e obediência aos pais (ou seja, ao passado), tinha algo de sufocante. O filho da burguesia sentia-se atraído pela música ou pela pintura? Pois cabia-lhe, antes de mais nada, "estudar". Hoje, a menina toca flauta transversal, o menino tem aulas de desenho e pintura (se forem esses seus gostos). Nas famílias reconstituídas os jovens, com a ampliação do seu leque de pessoas próximas, se enriquecem com o saber, os projetos de seus meios-irmãos e meias-irmãs.

Não sejamos otimistas. O desnorteio de alguns pais é tamanho que, nos últimos anos, surgiram escolas particulares para pais. Psicólogos, professores, educadores, magistrados se dispõem a ouvi-los e sugerir, se não soluções, pelo menos pistas. Isso implica, por parte desse novo tipo de aluno, desvendar sua vida privada a "estrangeiros".

Tentemos, por um instante, distrair o leitor falando sobre algo que ele conhece bem: o animal de estimação. Face a esse mundo em mutação, aos casais que se desagregam, às tecnologias tão rapidamente obsoletas que mobilizam os neurônios no manejo das inovações, o homem encontra uma referência fixa, apaziguadora, em seu animal de estimação. Este não só muda muito pouco depois que se torna adulto — cão, gato, passarinho não têm rugas —, como não sofreu "mutações" desde que existe, há milênios. Na França de hoje, 52% dos lares possuem um animal doméstico: 28%, um cachorro, 26%, um gato, 45%, ambos. Em 1997, os gatos são, na França, 8,4 milhões, e os cachorros, 7,9 milhões. De acordo com uma pesquisa do Instituto BVA de 1998, "caso seu cônjuge não aceitasse seu cachorro ou gato, 60% das pessoas se separariam do animal; 20%, do cônjuge".[19] Quando interrompe por alguns segundos, ou minutos, suas buscas na internet, deixando de lado o mouse, o pesquisador olha para o seu gato e enxerga Bastet.

c) Ontem, era impensável — e proibido — que um professor do ensino médio se imiscuísse na vida familiar de um de seus alunos. Contentava-se, no primeiro dia letivo, em mandá--lo preencher uma ficha indicando a profissão de seus pais. A preparação ao concurso para o magistério público incluía uma simples palestra de hora e meia, por uma pessoa considerada competente, versando sobre a relação professor/aluno. Hoje, o sr. Allègre, ministro da Educação, Pesquisa e Tecnologia, propõe, não sem causar imensa agitação, em especial por parte dos professores tradicionalmente de esquerda, uma profunda alteração no sistema.

Permito-me evocar uma lembrança pessoal. Em 1960, meu último ano no ensino médio, eu lecionava história e geografia no liceu Henri IV, para uma turma de matemática elementar (hoje chamada "terminal s") cujos alunos — eram 56 — estavam mais interessados nas assim chamadas ciências "exatas", já que pretendiam ingressar numa *grande école*: de preferência, a Polytechnique ou a Centrale. Nunca enfrentei nenhum tipo de problema, meus ouvintes sendo, em geral, oriundos de meios sociais similares.

Hoje, poderá um professor comportar-se da mesma maneira num liceu chique e num estabelecimento situado numa periferia "candente"? Poderá, deverá tratar de modo idêntico o filho de um tecnocrata ou de um colega e o filho de um imigrante? O que ele pode, o que deve fazer para tentar paliar as desigualdades sociais, e portanto, as desigualdades culturais? Como conciliar essa vida do imediato, imposta pelo avanço tecnológico e pela mídia, com um projeto de futuro, de carreira, para o mundo desse amanhã impossível de se imaginar? Diante de alunos enlouquecidos ou indiferentes, como explicar os ódios franco-britânicos e franco--alemães que produziram as guerras que se sabe? Como convencê-los a ler Platão e Descartes, e fazer com que compreendam que Galileu teve de renegar o heliocentrismo para escapar à fogueira da Inquisição, que Louis Althusser foi aclamado e criticado por afirmar que somente "a hermenêutica da suspeita deve conduzir a uma leitura sintomal de Marx"?

O conhecimento do ambiente familiar, o auxílio de jovens educadores mais próximos dos alunos pela idade e pelas próprias dificuldades que enfrentaram para serem "reconhecidos", são indispensáveis. Cabe ao ministro, aos deputados, aos sindicatos, assumir a responsabilidade dessa revolução cultural.

d) Dessa revolução cultural devem igualmente tomar parte psicólogos, psiquiatras, psicoterapeutas e médicos em geral. Tem êxito, antes de tudo e diante de todos, aquele que sabe o que quer, que confia em si mesmo. Como lhe dar essa confiança? Como apaziguar, acalmar o eterno agitado; dinamizar o aluno apático; despertar o interesse do indiferente, reduzir o estresse que leva o bom aluno a fracassar nos exames? Com medicamentos? Assistimos a um considerável crescimento da "precariedade" psíquica. Tanto levam a isso um número imenso de possibilidades (escolha da carreira, do cônjuge, de lazer, entre fumar ou não fumar etc.), como a anulação delas, com o desemprego e o racismo. O que explica o recurso aos psicotrópicos para curar a relação com o outro, e o risco de que os remédios se transformem cada vez mais em drogas. O que explica o surgimento, sobre um fundo democrático, de seitas e outros integrismos cuja função é proteger o sujeito da necessidade de um engajamento pessoal subjetivo: ditam-lhe o que ele "deve" fazer.

e) A segunda dona de casa, se não a primeira, é hoje a televisão. Na França, 95% dos lares são equipados com pelo menos um televisor, 37% dispõem de vários aparelhos e 69% de um videocassete. Calcula-se em cerca de três horas diárias o tempo passado diante da telinha. À noite, durante ou após o jantar, assiste-se ao noticiário. Informação ou desinformação? Cada "notícia" deve atender à expectativa do telespectador: uma avalanche mortal durante este inverno de 1999; o assassinato não elucidado de um jovem casal; os amores de Clinton ou lady Diana; a prisão de um pedófilo reincidente — tais são alguns dos assuntos passíveis de incrementar a audiência e satisfazer os anunciantes publicitários dos "boletins". Uma frase sobre os massacres na Argélia, em Angola, na república pretensamente democrática do Congo ou na de Congo-Brazzaville. Mas quem fornece armas modernas, sofisticadas, eficazes, aos combatentes? Silêncio. Um garoto de quinze anos "aparece na tevê" por ter incendiado um carro nos arredores de Paris. Diz ele: "Foi para me distrair". Seus pais vivem juntos, separados, em conflito? Têm condições de viver — ou sobreviver — dignamente? Têm uma habitação decente? Silêncio. Por que xiitas e sunitas, igualmente muçulmanos, se enfrentam no Iraque e outros lugares? Silêncio. Quantas horas são gastas com cenas de violência? Quantas horas gastas na mobilização dos mais ricos para ir em auxílio dos mais desfavorecidos? Não são os publicitários os verdadeiros donos desta segunda dona de casa? E a televisão não contribui para ampliar o "mundo do pseudo"? Pseudoconhecimento do mundo em que se vive. Pseudoconhecimento do Egito, que um programa de "alto nível" nos faz visitar em uma hora. Pseudoconhecimento da todo-poderosa União Soviética, cujo esfacelamento iminente a telinha deixou de nos anunciar. Pseudoconhecimento das obras expostas na Tate Gallery, ou de outras tantas, captadas pela câmera em poucos minutos...

Não sejamos demasiado severos. Recreativa, a televisão permite escapar, por um momento, à angústia do cotidiano. Através de alguns programas — principalmente nos canais em que a publicidade é proibida — ela enriquece o capital cognitivo dos espectadores. Permite a mobilidade instantânea no espaço (de novo, a relação com o tempo). Graças às antenas parabólicas, oferece ao imigrante a possibilidade de rever diariamente seu país natal. Em suma, abre novos horizontes: os telespectadores irão se dirigir para esses horizontes, procurando melhor conhecê-los?

A televisão trará ao historiador do amanhã — de hoje? — problemas epistemológicos temíveis. Insisto nessa distância entre "história vivida" e "história relato" (textos escritos pelo historiador), sendo esta última assim definida por Paul Veyne: "levantamento dos vestígios deixados por intrigas", e por Jean Chesneaux, com a feliz e humorística expressão: "história historiadora". Quantas "intrigas", porém, não deixaram vestígios? Para o historiador de 2050 escrevendo uma história da França em 1999, o conjunto dos programas televisivos — em especial, o "noticiário" — irá constituir uma fonte privilegiada, mas de um mutismo discriminatório sobre determinados fatos. Ele poderá, felizmente, explorar outras fontes.

Para concluir sobre essa segunda dona de casa, cedo a palavra ao sinólogo e filósofo Jean Chesneaux:

> Embora de início só pretendesse enriquecer os momentos de lazer, a televisão acabou por impor uma temporalidade autônoma, estilhaçada em clipes e mensagens que se sucedem na tela em total desconhecimento do que vem antes ou depois. Ela é *instantânea*, uma vez que a realidade surge um dia, do nada, e para ele retorna no dia seguinte; é *hierarquizada* de acordo com o índice de audiência; é *mercantilizada* ao extremo no superfaturamento de cada segundo de publicidade e pelos supersalários dos apresentadores vedetes. No entanto, reina soberana nos horários familiares e nos espaços sociais.[20]

f) As palavras acima, que tendem a ser pessimistas ou céticas, não nos devem fazer esquecer os aspectos positivos dessas inovações impostas pelo avanço da tecnologia. A família reconstituída coloca uma série de problemas, mas a família ampliada resolve outros tantos. Graças à internet, a comunicação com parentes trabalhando em países distantes é instantânea e pouco onerosa. O aumento da expectativa de vida estimula muitos avós, aposentados e dispondo de mais recursos financeiros que seus filhos, a cuidarem dos netos: o avô trará a eles informações sobre a história do seu tempo, a avó fornecerá o colo que a mãe profissionalmente ativa não tem tempo de oferecer. Em troca, o neto irá instruir o avô, ensinando-lhe a usar o computador e navegar na internet. Caso o idoso realize uma viagem organizada pela casa de repouso, seus descendentes poderão ser diariamente informados do seu estado de saúde.

Enfim, em todas as gerações, esboçam-se movimentos "reacionais" — não reacionários. Face à globalização que instaura o inglês — ou melhor, o americano — como língua veicular universal, perpetua-se ou organiza-se a defesa das tradições culturais e linguísticas do "território" ancestral. O basco, língua pré-indo-europeia que remonta, portanto, a quatro milênios, continua sendo falado de ambos os lados da fronteira franco-espanhola. O bretão é ensinado em algumas escolas. Os moradores das grandes cidades sonham, todos, com uma residência secundária (uma casa, um jardim, um cachorro) e suas relações com os autóctones estão cada vez melhores. O camponês dos vinhedos, que agora também se tornou "empresário" a fim de salvar a plantação familiar, tem acesso a um computador e até à internet. Podemos todos, portanto, conversar sobre o cachorro, as vacas, a questão do PAC, do euro etc. Nos Estados Unidos, foram observados comportamentos reacionais surpreendentes. Numa família *x*, a mulher abre mão de suas atividades profissionais para cuidar dos filhos, em detrimento da renda familiar; a família vai morar no campo, próximo à cidade onde o marido exerce sua atividade. Dispõem de uma casa e de um jardim, que às vezes cultivam com instrumentos tradicionais.

As raves

Deixemos de lado, porém, essas nostalgias do passado e voltemos ao presente. Angustiados frente a um futuro incerto, imprevisto, ameaçador, os jovens pretendem viver no imediato ao mesmo tempo que se evadem do tempo presente. Como resolver essa contradição? Desde os tempos mais remotos, existe uma solução: o sonho. Para o historiador, não há portanto nada de realmente novo nessas *raves* que escandalizam os adultos e, verdade seja dita, ensurdecem a vizinhança. Deixo aos etimologistas a responsabilidade de se questionarem sobre uma eventual origem comum entre o verbo inglês *to rave*, que significa "berrar", "delirar", "se extasiar", e a palavra francesa *rêver* [sonhar], que surge por volta de 1130 com o sentido de "delirar", "perambular", e somente no final do século XVII assume seu sentido atual. A *rave* (os franceses pronunciam como *rêve*) então sucedeu o que antigamente se chamava "noitada", "festa-surpresa", "reunião dançante" etc. Em geral, é — discretamente — preparada por um DJ (*disc jockey*), antes anônimo e hoje aclamado pela mídia, que distribui — ou manda distribuir — fôlderes (*flyers*) informando a data e o local da reunião num espaço tão inusitado como um velho hangar ou uma granja abandonada, as discotecas tendo sido obrigadas a desistir em razão da quantidade de decibéis emitidos pelos *ravers*.

Associando música tecno com efeitos visuais, os *ravers* recorrem às mais modernas técnicas (por exemplo, a seleção, num disco, de um elemento sonoro isolado retrabalhado à vontade no computador). A *rave*, voo coletivo, provisório, para fora do mundo cotidiano, não deixa de lembrar as cerimônias religiosas em que, nas igrejas e catedrais, os cantos gregorianos permitiam aos cristãos se ausentarem por alguns instantes das mágoas e provações do seu cotidiano. O historiador sempre deve procurar perceber as permanências discretamente presentes nas inovações.

Os *ravers* dançam isoladamente, ao ritmo dos BPM (bits por minuto) da música tecno, que vai muito além dos oitenta batimentos por minuto do ritmo cardíaco humano, chegando a atingir entre 120 BPM e 160 BPM, ou até 240 BPM. Para resistir a um cansaço de longa duração (algumas *raves* duram vários dias), o *raver* consome *smart drinks* (coquetéis ricos em vitaminas e oligoelementos), *ecstasy* ou outros psicotrópicos. Ibiza, na Espanha, e os subsolos de antigos bunkers de Berlim Oriental estão entre os locais prediletos dos *ravers*.

O barulho formidável gerado pelas *raves* não poderia deixar de suscitar protestos. Na França, houve

> em 1996, 62 *raves* (de trinta a 3500 participantes, conforme o caso, num total estimado em 44450). Elas foram objeto de controle por parte da polícia, da gendarmaria ou da alfândega, tendo 23 delas resultado em apreensões de drogas. Mas o número real de *raves* extrapola em muito esse recenseamento, dificilmente avaliável devido aos riscos de interdição que obrigam os organizadores a um malabarismo de estrategistas secretos, e os participantes, a uma solidariedade cúmplice de *maquis* do barulho (festa).[21]

Alguns *ravers*, esgotados, têm de recorrer ao Viagra para atender à expectativa de sua companheira, consumidora mais razoável de *ecstasy*, desejosa de encerrar a festa do jeito que se imagina.

Resta o fato de que o recurso à droga para se "distrair" (do latim *distrahere*, "puxar em sentido diverso", donde o sentido francês de "separar de um conjunto", "desviar" etc.) não deixa de criar problemas éticos e sanitários. Na tentativa de sermos otimistas, notemos que os *ravers* são de todas as origens: franceses, magrebinos, centro-africanos, e que sua fuga coletiva e fraternal para além do mundo cotidiano é passível de atenuar o racismo. Para sermos objetivos, notemos que o barulho que as *raves* impõem se inscreve na crescente sonorização universal, de que os aviões representam uma das fontes mais perturbadoras e perigosas. O pobre morador de um bairro vizinho ao aeroporto pode padecer não só de redução da sua capacidade auditiva, como também de vasoconstrição periférica, aceleração da frequência cardíaca, o que favorece (se ouso empregar essa palavra) riscos de hipertensão arterial e infarto do miocárdio. O ruído (do avião, da moto cujo motorista tirou o silencioso para chamar a atenção, da buzina do automobilista impaciente, do vizinho que escuta e impõe ao prédio inteiro sua música tecno), ao perturbar o sono, ao acarretar ansiedade e estados depressivos, estimula sua vítima a usar, abusar de tranquilizantes. Outras drogas...

QUAL É O FUTURO DE UM MUNDO SEM TELEOLOGIA?

Qual é a casa do futuro?

O aumento do desemprego, e, em consequência, da delinquência e da insegurança, não irá levar alguns bairros urbanizados a se transformar em autênticos locais fortificados, como já é o caso em várias cidades americanas: polícia privada, sofisticados sistemas de segurança etc.? Não iremos voltar às fortalezas medievais na forma de televigilância?

Irão os livros sumir das bibliotecas e prateleiras, e ter seu conteúdo transferido para as pilhas de folhadas baixadas, via impressora, da internet? O que veremos nas paredes assim liberadas? Numa delas, em formato grande, o espetáculo que nos fornece atualmente a telinha da televisão. E nas outras? Nada? Fotografias? Ou, por efeito reativo, quadros? Para a música, um armarinho onde se amontoarão os CDs , os DATs (minigravadores digitais), os minidiscos da Sony, os DCCs da Philips, os DVDs, os CD-ROMs etc.? Serão os cômodos tomados pelas plantas, já numerosas nas sacadas, para grande alegria dos gatos, que adoram mordiscá-las? O jantar familiar recorrerá aos pratos de papelão e copos de matéria plástica a fim de dispensar a "primeira dona de casa" da obrigação de lavar a louça?

Ou, reacionalmente, voltará a moda do piano de cauda, da louça de família, dos talheres de prata com as iniciais dos antepassados, cujos retratos pintados, recuperados nos porões, restaurados, irão enfeitar as paredes? As poltronas Luís XV ou Voltaire, autênticas ou imitadas, serão marca de distinção? Será possível "habitar o tempo" eliminando a presença do passado?

Quem vai dirigir?

A pergunta se coloca desde já. Serão mesmo os políticos, eleitos democraticamente e tidos como defensores e protetores de todas as categorias socioprofissionais, diariamente presentes na telinha, reunindo multidões que os aclamam em inúmeros palanques, que governam? A midiatização não será, mais uma vez, um *trompe l'oeil* no sentido literal do termo, uma ilusão de óptica? Quem verdadeiramente decide não serão homens (raras mulheres) mais discretos, pouco ou nada conhecidos, que fogem do exibicionismo midiático e são qualificados para baixar "decretos" (no sentido não jurídico do termo) passíveis de gerar alterações positivas ou negativas em nível de emprego?

De 28 de janeiro a 2 de fevereiro de 1999 realizou-se em Davos, na Suíça, o Fórum Econômico Mundial, que reuniu mais de 1 milhão de empresários, trezentos responsáveis políticos e o mesmo tanto de "especialistas" do mundo inteiro. A angustiante conclusão desse fórum foi que, nesse início de 1999, vivemos num "mundo flutuante". Tudo "flutua": as moedas, os Estados, as empresas e os espíritos. "Esses eminentes responsáveis expressaram suas dúvidas quanto à capacidade dos cidadãos do mundo em enfrentar e aceitar a instabilidade permanente própria da economia do século XXI".[22]

Prevalecendo-se de seu baixo índice de desemprego (4,7% em 1998), de seu equilíbrio orçamentário, do crescimento do seu PIB (3,9% em 1998), de uma inflação de 1%, os Estados Unidos, livres da incômoda União Soviética, não deixaram de ostentar certa arrogância. Para sobreviver à competitividade impiedosa, as grandes empresas estão se fusionando: Volvo e Ford, Paribas e Société Générale etc., e isso é apenas o começo. Quais serão as consequências em matéria de emprego e, portanto, para a vida privada? Não se sabe. Boa vontade não falta. Um auxílio preventivo de 42 milhões de dólares foi concedido ao Brasil... sem resultados conclusivos.

Não acusemos os "decididores", sejam eles discretos ou midiatizados. Problemas vêm surgindo cujas soluções óbvias são, de modo não menos óbvio, contraditórias. Vou dar um exemplo, o das aposentadorias. O peso financeiro de todos os sistemas de aposentadoria é tamanho que, dado o aumento da expectativa de vida, convém renunciar aos "tabus dos sessenta anos", ou seja, retardar a idade da aposentadoria. Solução lógica e inaplicável, já que a primeira consequência seria um aumento maciço do índice de desemprego, o qual, para além de seus efeitos "humanos", pesaria muitíssimo nas despesas orçamentárias.

O questionamento do modelo americano

Retornemos por um instante ao fórum de Davos, onde o economista americano Bruce Steinberg declarou, em presença do vice-presidente Al Gore: "A economia americana é a maravilha do mundo. Enquanto no restante do mundo o crescimento se arrasta, nos Estados Unidos ele se fortalece constantemente". No entanto, o "número negro" da economia americana é seu altíssimo déficit comercial, que forneceria argumentos aos partidários do protecionismo (em 1998, o déficit da balança comercial foi avaliado em 263 bilhões de dólares) na hipótese de as demais grandes potências não abrirem suficientemente suas portas às exportações americanas.

Não é meu propósito estender-me sobre a globalização, já que o tema deste livro é a história da vida privada. Mas uma condiciona a outra. Depois da União Soviética, o Sudeste Asiático, o Brasil, a China "acaso serão a próxima peça a cair do céu nesse cruel jogo de xadrez a que se entregam as finanças mundiais desde pouco mais de um ano e meio? [...] Um temível vírus financeiro se encontra acantonado às portas do Ocidente".[23]

Com o euro, estará a Europa dispondo de um "escudo" que lhe permita enfrentar a redução conjuntural da sua atividade? A taxa atualmente em queda (fevereiro de 1999) do euro em relação ao dólar vem colocar o problema.

Nas páginas deste livro dedicadas ao "modelo americano", o leitor teve oportunidade de descobrir que a incidência dos assaltos à mão armada, por milhão de habitantes, é 175 vezes maior nos Estados Unidos do que na Grã-Bretanha, que se mata onze vezes mais em Nova York do que em Londres, que o escolar americano vê desfilar em sua telinha cerca de 8 mil assassinatos por ano. Não se trata aqui de condenar os Estados Unidos, país em que o autor destas linhas teve o imenso prazer de lecionar, e sim de equacionar o problema que alicerça a vida privada como um todo: como educar, instruir, preparar crianças para a vida num mundo sem teleologia?

Um mundo sem teleologia

A responsabilidade primeira de um casal é a educação de seus filhos. Os crentes, sejam eles cristãos, judeus ou muçulmanos — para só citar as três religiões monoteístas —, dispõem de um código preciso ditando o que devem ou não devem fazer (o que não exclui a não-observância dessas regras muito estritas). Assim também na época em que o comunismo — antes de se tornar um sonho findo — dava a imaginar, a esperar, uma sociedade mundial enfim equitativa.

Face a essa globalização que ninguém controla, fundamentada no culto do ouro, que aumenta as desigualdades e as ameaças, como conciliar a educação da criança com a necessária adaptação a uma sociedade que se transforma todo ano e a imperativa obrigação de permitir-lhe que construa uma personalidade forte, que seja ela mesma e permaneça ela mesma nessa sociedade em constante transformação?

Como já se disse — "tudo já foi dito, mas como ninguém escuta é preciso repetir sempre" —, o saber progride, mas sem teleologia, sem nos deixar vislumbrar aonde está nos levando. "É provável que estejamos dominando cada vez mais o cotidiano e, paradoxalmente, sabemos cada vez menos do que será feito o amanhã: para que estamos preparando nossos filhos? Essa ignorância tem para mim uma tradução clínica quase cotidiana no meu contato com adolescentes e suas famílias."[24]

Daí surgirem, em alguns países, movimentos reacionais em direção às crenças de antanho e suas "certezas": a revolução islâmica no Irã, que obrigou o xá a deixar o país em janeiro de 1979; a ofensiva dos talibãs que hoje dominam a quase totalidade do Afeganistão.

Vamos concluir esse posfácio com algumas hipóteses pessimistas e alguns vislumbres de esperança.

Jean Chesneaux denuncia os perigos

> cuja lista já se tornou familiar e que constituem autênticas bombas de retardamento, ameaças para o porvir: explosão das gigantescas periferias, crescimento demográfico descontrolado, desemprego maciço permanente, degradação da alta atmosfera, rarefação da água potável, pressões insidiosas da tecnologia despolitizada, desatino moral e droga, crise de identidades culturais... A crise ecológica, já escancarada na face do planeta inteiro, é outro aspecto original da globalização. Nunca, no passado, o estado geral de nossa ecosfera tinha sido a tal ponto afetado, desestabilizado pelas atividades humanas: camada de ozônio, efeito estufa, degradação dos solos, crise da biodiversidade.[25]

Coloca-se uma pergunta primordial (sem resposta até o momento): os OGM (organismos geneticamente modificados) terão efeitos catastróficos ou benéficos sobre a saúde dos consumidores? Ao término de três anos de discussão e dois dias de acirrados debates, a Conferência de Cartagena, que reuniu representantes de 170 países, foi obrigada a desistir de estabelecer regras para o comércio internacional desses OGM devido à pressão dos Estados Unidos, que, já dissemos, procuram reduzir o déficit de sua balança comercial com exportações maciças de OGM, tendo alcançado 30 bilhões de dólares em 1998. Foram apoiados pelo Canadá, Argentina, Chile, Austrália e Uruguai, que apontam para a mesma direção. O "princípio de cautela" foi, portanto, rejeitado por essa conferência em 24 de fevereiro de 1999. "Cautela" necessária, ou inútil? O futuro dirá...

Hiroshima foi aniquilada em 6 de agosto e Nagasaki, em 9 de agosto de 1945. Os Estados Unidos e a União Soviética, aliados contra a Alemanha nazista, e logo em seguida inimigos, dispuseram de uma "segunda operação", felizmente dissuasiva. Falava-se então em *mad* (*mutually assumed destruction*), o que não deixa de ter certa graça, já que a palavra *mad* significa "louco" em inglês. O esfacelamento da União Soviética parece ter afastado essa hipótese. Índia e Paquistão acabam de se equipar com armamento nuclear: esperemos que sigam, por sua vez, a trilha do bom senso. Esperemos também que se consiga neutralizar os efeitos mortais dos detritos nucleares.

O progresso não nasce da crença, e sim da observação. No mundo de hoje coexistem duas temporalidades: o tempo breve do telespectador, o tempo longo do pesquisador que observa minuciosamente e a partir de suas observações elabora hipóteses, sendo que algumas serão confirmadas (ele persiste nessa via) e outras invalidadas (ele abandona essa pista), prossegue incansavelmente seu trabalho, vence a peste, a tuberculose e, amanhã, a aids, estende a expectativa de vida, esquiva as pressões da imediatidade e — se for filósofo — tenta ampliar a capacidade que tem a sociedade de pensar o seu futuro. O trabalho do pesquisador desemboca na bomba atômica e no êxito do transplante cardíaco. Já que a reunião de uma "comissão mundial pela detenção do progresso" é pouco provável, deixemos que o pesquisador descubra e que o telespectador assista pensando que está aprendendo.

Temos, portanto, uma única certeza: a dúvida.

Gérard Vincent,
fevereiro de 1999.

NOTAS

1. Jean Chesneaux, *Habiter le temps*, Paris, Bayard, 1996, p. 20.
2. Ibid., p. 72.
3. Ibid., p. 275.
4. Ibid., p. 107.
5. Ibid., p. 168.
6. François de Singly, in *Encyclopaedia Universalis*, 1998, p. 296. A foto está reproduzida nessa página.
7. Ibid., p. 295-6.
8. Ibid., vol. XV, p. 847.
9. *Le Monde*, 12 de fevereiro de 1999.
10. *Encyclopaedia Universalis*, 1998, p. 293.
11. Ibid., p. 321.
12. Ibid., p. 83.
13. Ibid., p. 90.
14. *Le Monde*, 5 de fevereiro de 1999.
15. Ibid.
16. Ibid., 7-8 de fevereiro de 1999.
17. Ibid.
18. Números citados ibid., 18 de fevereiro de 1999.
19. *Francoscopie 1999*, pp. 195-6.
20. Jean Chesneaux, op. cit., p. 8.
21. *Encyclopaedia Universalis*, 1998, p. 284. Tomo de empréstimo a esse artigo a maioria dessas informações, já que minha idade não me autoriza a ser um *raver*.
22. *Le Monde*, 4 de fevereiro de 1999.
23. Ibid., 2 de fevereiro de 1999.
24. Palavras colhidas da boca do doutor Thierry Vincent, médico-chefe de um hospital psiquiátrico da MNEF (Mutuelle Nationale des Etudiants de France).
25. Jean Chesneaux, op. cit., p. 201 e 242.

BIBLIOGRAFIA

O manuscrito deste volume foi entregue à editora em março de 1986. A bibliografia está atualizada até meados de 1985.

1. FRONTEIRAS E ESPAÇOS DO PRIVADO

Sobre um tema tão vasto, a bibliografia não tem limites precisos. Foi necessário, portanto, realizar uma escolha arbitrária. O critério adotado para tanto foi o interesse que um eventual leitor poderia ter em leituras complementares. Ao lado dos estudos gerais, a bibliografia desta parte inclui assim numerosos testemunhos e estudos monográficos nos quais se recupera a vivência concreta.

Três obras de síntese merecem, por várias razões, menção à parte:

LEQUIN, Y., *Histoire des français, XIX*[e]*-XX*[e] *siècle*, 3 vols., Paris, Armand Colin, 1983-1984.

THUILLIER, G., *Pour une histoire du quotidien*, Paris-Haia, Mouton, 1977.

ZELDIN, T., *Histoire des passions françaises*, 5 vols., col. Points histoire, Paris, Seuil, 1980-1981.

Mundo operário

BLASQUEZ, A., *Gaston Lucas, serrurier*, Paris, Plon, 1976.

CHABOT, M., *L'escarbille. Histoire d'Eugène Saulnier, ouvrier-verrier*, Paris, Les Presses de la Renaissance, 1978.

CHOMBART DE LAUWE, P. H., *La vie quotidienne des familles ouvrières*, Paris, CNRS, 1956.

DEPRETTO, J. P. e SCHWEITZER, S., *Le communisme à l'usine: vie ouvrière et mouvement ouvrier chez Renault, 1920-1939*, Roubaix, Edires, 1984.

FRIDENSON, P., *Histoire des usines Renault*, vol. 1, Paris, Seuil, 1982.

GUÉHENNO, J., *Journal d'un homme de quarante ans*, Paris, Grasset, 1934.

LENGRAND, L. e CRAIPEAU, M., *Louis Legrand, mineur du Nord*, Paris, Seuil, 1974.

MARTY, L., *Chanter pour survivre. Culture ouvrière, travail et technique dans le textile: Roubaix, 1850-1914*, Liévin, Féd. Léo-Lagrange, 1982.

NOIRIEL, G., *Longwy, immigrés et prolétaires, 1880-1980*, Paris, PUF, 1985.

PELLOUTIER, F. e PELLOUTIER, M., *La vie ouvrière en France*, Paris, Schleicher, 1900.

SCHWEITZER, S., *Des engrenages à la chaîne. Les usines Citröen, 1915-1935*, Lyon, PUL, 1982.

VERRET, M., *L'ouvrier français*, vol. 1: *L'espace ouvrier*, Paris, Armand Colin, 1979.

WEIL, S., *La condition ouvrière*, Paris, Gallimard, 1964. [*A condição operária e outros estudos sobre a opressão*, São Paulo, Paz e Terra, 1979.]

Cidades e alojamentos

FRAPIÉ, L., *La maternelle* (romance), Paris, Librairie Universelle, 1904.

GIARD, L. e MAYOL, P., *Habiter, cuisiner*, Paris, UGE, 1980.

GUERRAND, R. H., *Les origines du logement social en France*, Paris, Éditions Ouvrières, 1967.

HAUMONT, N., *Les pavillonnaires*, 2ª ed., Paris, CRU, 1975.

KAES, R., *Vivre dans les grands ensembles*, Paris, Éditions Ouvrières, 1963.

PETONNET, C., *On est tous dans le brouillard. Ethnologie des banlieues*, Paris, Galilée, 1979.

QUOIST, M., *La ville et l'homme*, Paris, Éditions Ouvrières, 1952.

VALDOUR, J., *Ateliers et taudis de la banlieue de Paris: observations vécues*, Paris, Spes, 1923.

Mundo rural

BERNOT, L. e BLANCARD, R., *Neuville, un village français*, Paris, Institut d'Ethnologie, 1953.

BURGUIÈRE, A., *Bretons de Plozévet*, Paris, Flammarion, 1975.

CARLES, É., *Une soupe aux herbes sauvages*, Paris, Simoën, 1978.

"Enquête à Chardonneret", *Ethnologie Française*, nº especial 1/2, 1974.

GRAFTEAUX, S., *Mémé Santerre*, Paris, Éd. du Jour, 1975.

GRENADOU, É. e PRÉVOST, A., *Grenadou, paysan français*, Paris, Seuil, 1966.

HÉLIAS, P. J., *Le cheval d'orgueil*, Paris, Plon, 1975.

SEGALEN, M., *Mari et femme dans la société paysanne*, Paris, Flammarion, 1980.

VERDIER, Y, *Façons de dire, façons de faire*, Paris, Gallimard, 1980.

WEBER, E., *La fin des terroirs. La modernisation de la France rurale, 1870-1914*, Paris, Fayard, 1983.

WYLIE, L., *Un village du Vaucluse*, Paris, Gallimard, 1968.

ZONABEND, F., *La mémoire longue*, Paris, PUF, 1980.

Burguesia

MARTIN-FUGIER, A., *La place des bonnes*, Paris, Grasset, 1979.

PERROT, M., *Le mode de vie des familles bourgeoises, 1873-1953*, Paris, Armand Colin, 1961.

Família, educação, saúde

BOLTANSKI, L., *Prime éducation et morale de classe*, Paris-Haia, Mouton, 1969.

HATZFELD, H., *Le grand tournant de la médecine libérale*, Paris, Éditions Ouvrières, 1963.

____, *Du paupérisme à la sécurité sociale*, Paris, Armand Colin, 1971.

KNIBIEHLER, Y., *Cornettes et blouses blanches. Les infirmières dans la société française, 1880-1980*, Paris, Hachette, 1984.

PITROU, A., *La famille dans la vie de tous les jours*, Toulouse, Privat, 1972.

PRIGENT, R. (ed.), *Renouveau des idées sur la famille*, Paris, PUF, 1954.

PROST, A., *L'école et la famille dans une société en mutation (1930-1980)*, vol. 4 da *Histoire générale de l'enseignment et de l'éducation en France*, Paris, Nouvelle Librairie de France, 1982.

RÉMY, J. e WOOG, R., *La française et l'amour*, Paris, Robert Laffont, 1960.

ROUSSEL, L., *Le mariage dans la société française contemporaine. Faits de population, donnés d'opinion*, Paris, PUF, 1975.

ROUSSEL, L. e BOURGUIGNON, O., *La famille après le mariage des enfants*, Paris, PUF, 1976.

____, *Générations nouvelles et mariage traditionnel*, Paris, PUF, 1978.

SIMON, dr. P., *Rapport sur le comportement sexuel des français*, Paris, Julliard, 1972.

VIGARELLO, G., *Le propre et le sale. L'hygiène du corps depuis le Moyen Âge*, col. L'univers historique, Paris, Seuil, 1985.

Cultura, mentalidades

LIPOVETSKY, G., *L'ère du vide. Essai sur l'individualisme contemporain*, Paris, Gallimard, 1983.

MIQUEL, P., *Histoire de la radio et de la télévision*, Paris, Richelieu, 1973.

MORIN, E., *L'esprit du temps*, Paris, Grasset, 1962. [*A cultura de massas no século XX. O espírito do tempo*. São Paulo, Forense Universitária, 1967.]

ORY, P., *L'entre-deux-mai. Histoire culturelle de la France, mai 1968-mai 1981*, Paris, Seuil, 1983.

2. UMA HISTÓRIA DO SEGREDO?

A escolha de algumas das indicações bibliográficas seguintes é evidentemente subjetiva. A literatura relativa a esta reflexão sobre o segredo é ilimitada. Foram descartados todos os grandes textos autobiográficos: Proust, Gide,

Leiris, Genet, Léautaud, Sartre, Beauvoir etc. O autor desta parte não utilizou suas pesquisas sobre histórias familiares por razões de anonimato. As revistas regularmente consultadas foram as seguintes: *Nouvelle Revue de Psychanalyse*, *Communications*, *Traverses* (publicada pelo Centro Georges Pompidou), *Actes de la Recherche en Sciences Sociales*, *Population*, *Revue Française de Sociologie*, *Revue d'Histoire Moderne et Contemporaine*, *Annales ESC*, *Études*, *Esprit*, *Économie et Statistique*. As referências isoladas foram indicadas nas notas.

Segredos da história e história do segredo

COUETOUY, M., DI RUZZA, R., DUMOUDIN, J., GLEIZA J. J., *Figures du secret*, Presses Universitaires de Grenoble, 1981.

DUMONT, L., *Essais sur l'individualisme*, Paris, Seuil, 1983.

Numerosas outras indicações podem ser encontradas nos cinco volumes de ZELDIN, T., *Histoire des passions françaises*, col. Points histoire, Paris, Seuil, 1980-1981.

KAYSER, P., *La protection de la vie privée. Protection du secret de la vie privée*, 396 p., Economica, Presses Universitaires d'Aix-Marseille, 1984.

LABRUSSE, C., *Le droit de la famille*, vol. 1: *Les personnes*, 412 p., Paris, Masson, 1984.

O número 14 da *Nouvelle Revue de Psychanalyse*, "Du secret", 348 p., Paris, Gallimard, 1976, é fundamental para nosso trabalho.

L'invention du quotidien: vol. 1, Michel de Certeau, 374 p., col. 10/18, Paris, UGE, 1980; vol. 2, L. Giard e P. Mayol, 316 p., col. 10/18, Paris, UGE, 1980. Cada volume traz uma bibliografia considerável.

Guerras ditas, guerras silenciadas e o enigma identitário

BECKER, J. J., *La première guerre mondiale*, MA, 236 p., col. Le monde de..., 1985: este pequeno livro traz uma bibliografia atualizada.

PROST, A., "Les monuments aux morts", in P. Nora (ed.), *Les lieux de la mémoire*, pp. 195-228, col. Bibliothèque illustrée des histoires, Paris, Gallimard, 1984.

DURAND, Y., *La captivité, histoire des prisonniers de guerre français 1939-1945*, 548 p., Paris, Fédération Nationale des Combatants Prisonniers de Guerre, 1980.

BETTELHEIM, B., *Le cœur conscient*, 383 p., col. Pluriel, Paris, Robert Laffont. [*O coração informado*, São Paulo, Paz e Terra, 1988.]

GLAS-LARSSON, M., "Comment survivre dans un camp de concentration?" (entrevista), *Actes de la Recherche en Sciences Sociales* 41 (fev. 1982), pp. 3-28.

GROSSMANN, V., *Vie et destin*, 818 p., col. L'âge d'homme, Paris, Julliard, 1983.

DURAS, M., *La douleur*, Paris, Pol, 1985. [*A dor*, Rio de Janeiro, Nova Fronteira, 1986.]

VIDAL-NAQUET, P., *La torture dans la République*, Paris, La Découverte, 1983.
ROUDINESCO, E., *La bataille de cent ans. Histoire de la psychanalyse en France*, vol. 1: *1885-1939*, 496 p., vol. 2: *1925-1985*, 784 p., nova ed., Paris, Seuil, 1986. [*História da psicanálise na França — A batalha dos cem anos*, 2 vols., Rio de Janeiro, Zahar, 1988.]

Na *Nouvelle Revue de Psychanalyse*, encontram-se os seguintes artigos relevantes: FERNANDEZ, D., "Introduction à la psychobiographie" (nº 1); LAVIE, J. C., "Notre corps ou le présent d'une illusion" (nº 2); ANZIEU, A., "L'heure de la répétition" (nº 15); LÉVY, A., "Devant et derrière soi" (nº 15); LASSOUN, P., "Trouble de penser et pensée du trouble" (nº 25); SCHNEIDER, M., "A quoi pensens-tu? " (nº 25); DESCOMBES, V., "La pensée est-elle chose mentale?" (nº 25); DEKHLI, K., "Civilité du sexe moderne" (nº 29).

Segredos de família

Encontram-se dados estatísticos preciosos em "La population française de A à Z", *Les Cahiers Français* 219 (jan.-fev. 1985).

De P. Ariès não serão mencionadas as obras fundamentais, mas dois artigos recentes: "L'amour dans le mariage" e "Le mariage indissoluble", *Communications*, número especial sobre as sexualidades ocidentais, p. 116-37, Paris, Seuil, 1982.

SIMON, dr. P., *De la vie avant toute chose*, 258 p., Paris, Mazarine, 1979.
VERDIER, Y., *Façons de dire, façons de faire*, 347 p., Paris, Gallimard, 1980.
ROUSSEL, L., *Le mariage dans la société française contemporaine. Faits de population, données d'opinion*, 407 p., Paris, PUF, 1975.
Le statut matrimonial et ses conséquences juridiques, fiscales et sociales, também conhecido como *Rapport Sullerot*. Conseil Économique et Social (jan. 1984).

Dentre os inúmeros artigos relevantes publicados na *Revue Française de Sociologie*, merecem destaque: PITROU, A., "Le soutien familial dans la société urbaine" (jan.-mar. 1977), pp. 47-83; REQUILART, M. A., "Une enquête locale sur le recours des adolescentes à la contraception" (jan.-mar. 1983), pp. 81-96.

Em *Population*: ROUSSEL, L., "La nuptialité en France. Précocité et intensité suivant les régions et les catégories socioprofessionnelles" (nov.-dez. 1971), pp. 1029-55; BASTIDE, H. e GIRARD, A., "Attitudes et opinions des français à l'égard de la fécondité et de la famille" (1975), pp. 693-751; idem, idem, "Attitudes des français sur la conjoncture démographique. La natalité et la politique familiale à la fin de 1976" (1977), pp. 519-751; LÉRIDON, H.; SARDOU, J.-P.; COLLOMB, P.; e CHARBIT, Y., "La contraception en France en 1978, une enquête INED/INSEE" (dez. 1979), pp. 1349-91; ROUSSEL, L., "Le remariage des divorcés" (1981); idem e LE BRAS, H., "Retard ou refus du mariage" (nov.-dez. 1982).

SIMON, dr. P. et al., *Rapport sur le comportement sexuel des français* (também conhecido como *Rapport Simon*), 922 p., Paris, Julliard-Charron, 1972.
VIGARELLO, G., *Le propre et le sale. L'hygiène du corps depuis le Moyen Âge*, 285 p., col. L'univers historique, Paris, Seuil, 1985.
FRIDAY, N., *My secret garden*, Nova York, Trident Press, 1973.
WINICK, C., "Prostitute's clients' perception of the prostitutes and of themselves", *International Journal of Social Psychiatry* (1982), pp. 289-97.
DONGIER, M. e DONGIER, S., "L'attrait de la prostitution et de la prostituée", *Acta Neurologica et Psychiatrica Belgica* (1964), pp. 719-24.
BENSAÏD, dr. N., *La consultation*, 308 p., col. En direct, Paris, Mercure de France, 1974.
BRUCH, H., *L'énigme de l'anorexie*, Paris, PUF, 1979, resumo de tese mais longa publicada por Payot.

Dentre os inúmeros estudos sobre a morte — como as obras famosas de P. Ariès e L. V. Thomas —, assinalaremos dois títulos pouco conhecidos: "La sociologie de la mort", *Archives de Sciences Sociales des Religions* 20 (1975), e "Lieux et objets de la mort", *Traverses 1* (set. 1975).

Na *Nouvelle Revue de Psychanalyse*: ROSOLATO, G., "Recension du corps" (nº 2); KHAN, Masud, "De la nullité au suicide" (nº 11); STOLLER, R. J., "L'excitation sexuelle et les secrets" (nº 24).

Em *Actes de la Recherche en Sciences Sociales*: CHAMBOREDON, J.-C, "La restauration de la mort, objets scientifiques et fantasmes sociaux" (jun. 1976), pp. 78-88; MUEL-DREYFUS, E., "Le fantôme du médecin de famille" (set. 1984), que inclui uma interessante bibliografia sobre memórias e lembranças de médicos do século XIX.

A revista *Communications* dedicou o nº 31 (1979) à alimentação e o nº 35 (1982) às sexualidades ocidentais.

DESPLANQUES, G., "L'inégalité sociale devant la mort", *Economie et Statistique* 162 (jan. 1984), pp. 29-50.

3. AS DIVERSIDADES CULTURAIS

Os católicos: o imaginário e o pecado

Destaque especial merecem as obras, que já se tornaram clássicas, do cônego F. Boulard e de G. Le Bras.

MAYEUR, J. M., *Histoire religieuse de la France XIXe-XXe siècle. Problèmes et méthodes*, 290 p., Paris, Beauchesne, 1975.

SUTTER, J., *La vie religieuse des français à travers les sondages d'opinion — 1944--1976*, CNRS, 1984.

MICHELAT, G. e SIMON, M., *Classe, religion et comportement politique*, 500 p., Paris, Presses de la FNSP-Éd. Sociales, 1977.

PETIT, J. C, "Les volets du presbytère sont ouverts", *La Vie* 2091 (1985).

POULAT, E., *Église contre bourgeoisie. Introduction au devenir du catholicisme actuel*, 292 p., Paris, Casterman, 1977.

De *Pratiques de la confession, quinze études d'histoire*, colóquio do grupo de Bussière, Paris, Le Cerf, 1983, merecem atenção três estudos: BOUTRY, P., "Réflexions sut la confession au XIXe siècle: autour d'une lettre de sœur Marie-Zoé au curé d'Ars, 1858"; LAGRÉE, M., "La confession dans les visites pastorales et les statuts synodaux bretons aux XIXe et XXe siècles"; LAMBERT, Y., "Crise de la confession, crise de l'économie du salut: le cas d'une paroisse de 1900 à 1982".

Ser comunista? Uma maneira de ser

ROBRIEUX, P., *Histoire intérieure du parti communiste*, 4 vols., Paris, Fayard, 1980--1984, contendo uma bibliografia praticamente exaustiva.

____, *Maurice Thorez: Vie secrète et vie publique*, 660 p., Paris, Fayard, 1975.

DESANTI, D., *Les staliniens. Une expérience politique, 1944-1956*, 542 p., Paris, Fayard-Marabout, 1975.

KRIEGEL, A., *Les communistes français dans leur premier demi-siècle, 1920-1970*, com a colaboração de G. Bourgeois, col. L'univers historique, ed. refeita e modificada, Paris, Seuil, 1985.

____, *Aux origines du communisme français*, 442 p., Paris, Flammarion, 1969.

CAUTE, D., *Le communisme et les intellectuels français, 1914-1966*, 477 p., Paris, Gallimard, 1967.

BRUHAT, J., *Il n'est jamais trop tard*, 292 p., Paris, Albin Michel, 1983 (autobiografia de um militante que foi colega de R. Aron e J.-P. Sartre, rue d'Ulm, e que permaneceu no partido até a morte, em 1984).

VERDÈS-LEROUX, J., *Au service du Parti: le PC, les intellectuels et la culture, 1944--1956*, 585 p., Paris, Fayard-Minuit, 1983.

LAZARD, M., "Le mineur de fond. Un exemple de l'identité du PCF", *Revue Française de Science Politique* (abr. 1985), pp. 190-205.

Ser judeu na frança

BAHLOUL, J., *Le culte de la table dressée*, 304 p., Paris, A. M. Metaillé, 1983.

BENSIMON-DONATH, D., *L'intégration des juifs nord-africains en France*, 263 p., Paris, Mouton, 1971.

HYMAN, P., *De Dreyfus à Vichy*, 483 p., Paris, Fayard, 1985. Consultem-se os numerosos volumes de *Actes des Colloques des Intelectuels Juifs de Langue Française.*

KORKAZ, S., *Les juifs en France et l'État d'Israël*, 207 p., col. Dossier des lettres nouvelles, Paris, Denoël, 1969.

LEVINAS, E., *Difficile liberté*, 411 p., Paris, Le Livre de Poche, 1984.

ROBLIN, M., *Les juifs de Paris, démographie, économie, culture*, 197 p., Paris, Éd. A. et J. Picard, 1952.

SCHNAPPER, D., *Juifs et israélites*, 281 p., col. Idées, Paris, Gallimard, 1980.

Sobre a imigração

GREEN, N., *Les immigrés en France à la Belle Époque*, Paris, Fayard, 1985.

BILLY, A. e TWERDSKY, M., *Comme Dieu en France, l'épopée de Muraché Foïgel*, 245 p., Paris, Plon, 1927.

ERTEL, R., *Le shtetl, la bourgade juive de Pologne de la tradition à la modernité*, 321 p., col. Le regard de l'histoire, Paris, Payot, 1982.

ROLAND, C, *Du ghetto à l'Occident. Deux générations yiddish en France*, 292 p., Paris, Minuit, 1962.

TCHERNOFF, J., *Dans le creuset des civilisations*, 4 vols., Paris, Éd. Rieder, 1936--1938.

SER IMIGRANTE NA FRANÇA

Sobre os imigrantes europeus no entreguerras

BONNET, S., *L'homme du fer, mineurs de fer et ouvriers sidérurgistes lorrains*, Nancy, Centre Lorrain d'Études Sociologiques, vol. 1, 1976, vol. 2, 1977, vol. 3, 1984, vol. 4, 1985.

MAUCO, G., *Les étrangers en France, leur rôle dans l'activité économique*, Paris, Armand Colin, 1932.

NOIRIEL, G., *Longwy, immigrés et prolétaires, 1880-1980*, Paris, PUF, 1985.

PONTY, J., *Histoire des travailleurs immigrés en France dans l'entredeux-guerres*, tese, Paris.

_____, "Une intégration difficile: les polonais en France dans le premier XXe siècle", *Vingtième Siècle* 7 (jul.-set. 1985).

SCHNAPPER, D., "Modernité et acculturations. A propos des travailleurs émigrés", *Communications* 43 (1986), pp. 141-68.

VLOCESKI, S., *L'installation des italiens en France*, Paris, Alcan, 1934.

Sobre os imigrantes do Norte da África

ANGLADE, J., *La vie quotidienne des immigrés en France de 1919 à nos jours*, 223 p., Paris, Hachette, 1976.

CRESM, *Maghrébins en France: émigrés ou immigrés?*, 425 p., Paris, CNRS, 1983.
FREEMAN, G., *Immigrant labor and racial conflict in industrial societies. The French and British experiences, 1945-1975*, 362 p., Princeton University Press, 1979.
GARSON, J. P. e TAPINOS, G. (eds.), *L'argent des immigrés. Revenus, épargne et transferts de fonds de huits nationalités en France*, 352 p., Paris, INED, Travaux et Documents, Cahier nº 94, 1981.
ZEHRAOUI, *Les travailleurs algériens en France. Étude sociologique de quelques aspects de la vie familiale*, 262 p., Paris, Maspero, 1976.

Números especiais de revistas

"Français-Immigrés", 256 p., *Esprit* número especial (mai. 1985).
"L'immigration maghrébine en France. Les faits et les mythes", *Les Temps Modernes*, número especial 452-4 (mar., abr., mai. 1984), pp. 1556-2192.
"Étrangers, immigrés, français", 229 p., *Vingtième Siècle* número especial (jul.--set. 1985).

Artigos

SAYAD, A., "Les trois âges de l'émigration algérienne en France", *Actes de la Recherche en Sciences Sociales* 15, pp. 59-79 (jun. 1977).
TALHA, L., "L'évolution du mouvement migratoire entre le Maghreb et la France", *Maghreb-Machrek*, Paris, La Documentation Française, nº 61 (1974), pp. 17-34.

Tese

WITTOL DE WENDEN-DIDIER, C., *Les immigrés et la politique*, 764 p., Paris, IEP, 1986.

4. MODELOS ESTRANGEIROS

Uma vida privada francesa segundo o modelo americano

Obras

ARON, R. e DANDIEU, A., *Le cancer américain*, Paris, Rieder, 1931.
BEAUVOIR, S., *L'Amérique au jour le jour*, Paris, Gallimard, 1954.
BELLAH, R. N.; MADSEN, R.; SULLIVAN, W.; SWIDLER, A.; e TIPTON, S. M., *Patterns of the heart: individualism and commitment in American life*, Berkeley, Los Angeles, University of California Press, 1984.

BODY-GENDROT, S.; MASLOW-ARMAND, L.; e STEWART, D., *Les noirs américains aujourd'hui*, Paris, Armand Colin, 1984.

COURTADE, F., *Les malédictions du cinéma français*, Paris, Alain Moreau, 1978.

DORFMAN, A. e MATTELART, A., *Donald l'imposteur ou L'imperialisme raconté aux enfants*, Paris, Alain Moreau, 1976. [*Para ler o Pato Donald. Comunicação de massa e colonialismo*, São Paulo, Paz e Terra, 1980.]

DUHAMEL, G., *Scènes de la vie future*, Paris, Mercure de France, 1930.

GOBARD, H., *L'aliénation linguistique*, Paris, Flammarion, 1976.

HITE, S., *Rapport Hite*, Paris, Robert Laffont, 1977. [*O Relatório Hite*, Rio de Janeiro, Bertrand Brasil, 1992.]

____, *Report on male sexuality*, Nova York, Knopf, 1981. [*O Relatório Hite sobre a sexualidade masculina*, Rio de Janeiro, Bertrand Brasil, 1996.]

HUVOS, K., *Cinq mirages américains. Les États-Unis dans l'œuvre de G. Duhamel, J. Romains, A. Maurois, J. Mantain et S. de Beauvoir*, Paris, Librairie Marcel Didier, 1972.

JARRAUD, F., *Les américains à Châteauroux, 1951-1967*, ed. do autor, Les Cassons--Arthon, 36330 Le Poinçonnet, 1981.

MITFORD, J., *The American way of death*, Nova York, Simon & Schuster, 1963 (trad. francesa, Plon, 1965).

MORAND, P., *New York*, Paris, Flammarion, 1930.

OUVRY-VIAL, B., *Femmes made in USA*, Paris, Autrement, 1984.

PACKARD, V., *Nos enfants sont en danger*, Paris, Calmann-Lévy, 1984.

PRINCETON RELIGIOUS RESEARCH CENTER, *Religion in America*, 1982.

RAMONET, L., *Le chewing-gum des yeux*, Paris, Alain Moreau, 1980.

SARDE, M., *Regard sur les françaises*, col. Points actuels, Paris, Stock, 1983; reed., Paris, Seuil, 1985.

SIEGFRIED, A., *Les États-Unis d'aujourd'hui*, Paris, Armand Colin, 1930.

THIBAU, J., *La France colonisée*, Paris, Flammarion, 1980.

YONNET, P., *Jeux, modes et masses. La société française et le moderne, 1945-1985*, Paris, Gallimard, 1985.

Artigos

BERTRAND, C. J., "L'impérialisme culturel américain, un mythe?", *Esprit* 101 (mai. 1985), pp. 63-76.

BODY-GENDROT, S., "L'insécurité aux États-Unis: réalité et imaginaire", *Projet* 194 (jul. 1985), pp. 19-31.

"Culture: faut-il brûler les américains?", *Le Nouvel Observateur*, 7/8/1982.

DELACY, J., "How French women go that way and how to handle them", *The New York Times*, jan. de 1974.

ESLIN, J. C, "Une France anglo-saxonne?", *Le Monde*, 26/4/1985.

"L'influence culturelle américaine en France", *Le Monde. Dossiers et Documents* 81 (mai. 1981).

PINTO, D., "Histoire et géographie: le divorce américain", *L'Express*, 30/8/1985.
RAVAULT, R. J., "L'impérialisme boomerang", *RFEA* 24-5 (mai. 1985), pp. 291--311.
RUPNIK, J. e HUMBERTJEAN, M., "Images des États-Unis dans l'opinion publique française", colóquio FNSP-CERI, *De l'antiaméricanisme à l'américanophilie*, dez. de 1984.
WINOCK, M., "L'antiaméricanisme français", *L'Histoire* (nov. 1982), pp. 7-20.
WYLIE, L. e HENRIQUEZ, S., "French images of American life", *Revue Tocqueville*, IV, 2 (out.-inv. 1982), pp. 176-274.

Pesquisas

CANTRIL, H. e BUCHANAN, W., *How nations see each other*, Urbana, University of Indiana Press, 1953.
"Ce que les français pensent des américains", *Realités* 91 (1953), pp. 18-22.
Faits e opinions, pesquisa de 1982.
FRENCH AMERICAN FOUNDATION, pesquisa "French and the US view each other from across the Atlantic", *Revue Tocqueville* IV, 2 (out.-inv. 1982), pp. 275-9.
GALLUP, pesquisa para *L'Express*, 27/1/1984.
"Les États-Unis, les américains et la France" (IFOP, 1944), *Sondage* 2 (1953).
"L'image du public américain vu par les français" (Sofres), *Le Pèlerin* (out. 1984).
"Questions sur la société américaine" (Sofres), *Le Monde*, 6/11/1984.

Um modelo de transparência: a sociedade sueca

Actualités suédoises, publicação do Institut Suédois.
ALMQUIST, C. J. L., *Sara*, Aix-en-Provence, Pandora, 1982.
BASTIDE, F.-R.; FARAMOND, G. de, *Suède*, col. Petite planète, Paris, Seuil, 1976.
BERGSTRÖM-WALAN, M. B., *Den svenska Kvinnorapporten*, Bokförlaget Trevi AB, 1981.
BOVER, R., *Les religions de l'Europe du Nord*, Paris, Fayard, 1974.
CHILDS, M. W., *Sweden, the middle way on trial*, New Haven-Londres, Yale University Press, 1980.
DURAND, F., *Les littératures scandinaves*, Paris, PUF, 1974.
ELMER, A., *Svenks Social Politik*, Lund, Liber Läromedel, 1981.
GAILLARD, A.-M., *Couples suédois. Vers un autre idéal sexual*, Éditions Universitaires, 1983.
GRAS, A., "Divorces et suicides en Scandinavie", *Cahiers du CIREN* 2 (1979).
GRAS, A. e SOTTO, R., *La Suède et ses populations*, Bruxelas, Complexe, 1981.
HÉLYS, M., *A travers le féminisme suédois*, Paris, Plon, 1906.
HUNTFORD, R., *The new totalitarians*, Nova York, Stein & Day, 1972 (trad. francesa, *Le nouveau totalitarisme*, Paris, Fayard, 1975).

KUMILIEN E ANDRÉ, *La gymnastique suédoise. Manuel de gymnastique rationelle...*, Paris, Flammarion, 1901.
LEIJON, A. G. e KARRE, M., *La condition familiale en mutation*, Paris, Seghers, 1972.
LILJESTRÖM, R., *Det erotiska kriget*, Publica, Liberförlag, 1981.
LILJESTTÖM, R. et al., *Roller i omvandling*, SOU 1976:71, Liberförlag, 1976 (trad. inglesa, *Roles in transition*, Estocolmo, 1978).
LINNER, B., *Sexualité et vie sociale en Suède*, Paris, Gonthier, 1968.
MOBERG, V., *Min svenska historia berättad för folket*, Estocolmo, Del 1 & 2, Notstedt & Jöners förlag, 1970.
MOUNIER, E., "Notes scandinaves", *Esprit* (fev. 1950).
MUSSET, L., *Les peuples scandinaves au Moyen Âge*, Paris, PUF, 1951.
MYRDAL, A., *Folk och familj*, 1944.
PARENT, J., *Le modèle suédois*, Paris, Calmann-Lévy, 1970.
QUEFFÉLEC, H., *Portrait de la Suède*, Paris, Hachette, 1948.
QUILLARDET, M., *Suédois et norvégiens chez eux*, Paris, Armand Colin, 1900.
ROYER, L.-C. *Lumières du Nord*, Éditions de la France, 1939.
SAINT-AGNÈS, Y. de, *Éros international — Scandinavie*, Paris, Balland, 1971.
____, "Les suédois", *Le Crapouillot* 70 (1966).
Samhällsguiden, Liber Allmänna förlaget, Falun, 1983.
SOU 1976:9, *Sexuella Övergrepp*, Liberförlag.
SOU 1979:56, *Steg pa väg*, Liberförlag (trad. inglesa, *Step by step...*, Estocolmo, 1979).
SOU 1980:27, *Barn och Vuxna*, Liberförlung, 1980.
SOU 1981:71, *Prostitutionen i Sverige*, Liberförlung, 1981.
SOU 1983:4, *Om hälften vore Kvinnor*, Liberförlag, 1983.
Suède — la réforme permanente, livro-dossiê, Paris, Stock, 1977 (obra coletiva, G. de Faramond e C. Glayman, eds.).
ULLERSTAM, L., *Les minorités érotiques*, Paris, J. J. Pauvert, 1965.
WISTRAND, B., "Le mythe de l'égalité des sexes en Suède: la lutte continue", *Cultures* VIII, 4 (1982).

ÍNDICE REMISSIVO

COMPANHIA DE BOLSO

Luiz Felipe de ALENCASTRO (Org.)
História da vida privada no Brasil 2 — Império: a corte e a modernidade nacional
Jorge AMADO
Capitães da Areia
Mar morto
Carlos Drummond de ANDRADE
Sentimento do mundo
Hannah ARENDT
Homens em tempos sombrios
Origens do totalitarismo
Philippe ARIÈS, Roger CHARTIER (Orgs.)
História da vida privada 3 — Da Renascença ao Século das Luzes
Karen ARMSTRONG
Em nome de Deus
Uma história de Deus
Jerusalém
Paul AUSTER
O caderno vermelho
Ishmael BEAH
Muito longe de casa
Jurek BECKER
Jakob, o mentiroso
Marshall BERMAN
Tudo que é sólido desmancha no ar
Jean-Claude BERNARDET
Cinema brasileiro: propostas para uma história
Harold BLOOM
Abaixo as verdades sagradas
David Eliot BRODY, Arnold R. BRODY
As sete maiores descobertas científicas da história
Bill BUFORD
Entre os vândalos
Jacob BURCKHARDT
A cultura do Renascimento na Itália
Peter BURKE
Cultura popular na Idade Moderna
Italo CALVINO
Os amores difíceis
O barão nas árvores
O cavaleiro inexistente
Fábulas italianas
Um general na biblioteca
Os nossos antepassados
Por que ler os clássicos
O visconde partido ao meio
Elias CANETTI
A consciência das palavras
O jogo dos olhos
A língua absolvida
Uma luz em meu ouvido
Massa e poder
Bernardo CARVALHO
Nove noites
Jorge G. CASTAÑEDA
Che Guevara: a vida em vermelho
Ruy CASTRO
Chega de saudade
Mau humor
Louis-Ferdinand CÉLINE
Viagem ao fim da noite
Sidney CHALHOUB
Visões da liberdade
Jung CHANG
Cisnes selvagens
John CHEEVER
A crônica dos Wapshot
Catherine CLÉMENT
A viagem de Théo
J. M. COETZEE
Infância
Juventude
Joseph CONRAD
Coração das trevas
Nostromo
Mia COUTO
Terra sonâmbula
Alfred W. CROSBY
Imperialismo ecológico
Robert DARNTON
O beijo de Lamourette
Charles DARWIN
A expressão das emoções no homem e nos animais
Jean DELUMEAU
História do medo no Ocidente
Georges DUBY
Damas do século XII
História da vida privada 2 — Da Europa feudal à Renascença (Org.)
Idade Média, idade dos homens
Mário FAUSTINO
O homem e sua hora
Meyer FRIEDMAN,
Gerald W. FRIEDLAND
As dez maiores descobertas da medicina
Jostein GAARDER
O dia do Curinga
Maya
Vita brevis
Jostein GAARDER, Victor HELLERN,
Henry NOTAKER
O livro das religiões

Fernando GABEIRA
O que é isso, companheiro?
Luiz Alfredo GARCIA-ROZA
O silêncio da chuva
Eduardo GIANNETTI
Auto-engano
Vícios privados, benefícios públicos?
Edward GIBBON
Declínio e queda do Império Romano
Carlo GINZBURG
Os andarilhos do bem
História noturna
O queijo e os vermes
Marcelo GLEISER
A dança do Universo
O fim da Terra e do Céu
Tomás Antônio GONZAGA
Cartas chilenas
Philip GOUREVITCH
Gostaríamos de informá-lo de que amanhã seremos mortos com nossas famílias
Milton HATOUM
A cidade ilhada
Cinzas do Norte
Dois irmãos
Relato de um certo Oriente
Um solitário à espreita
Patricia HIGHSMITH
Ripley debaixo d'água
O talentoso Ripley
Eric HOBSBAWM
O novo século
Sobre história
Albert HOURANI
Uma história dos povos árabes
Henry JAMES
Os espólios de Poynton
Retrato de uma senhora
P. D. JAMES
Uma certa justiça
Ismail KADARÉ
Abril despedaçado
Franz KAFKA
O castelo
O processo
John KEEGAN
Uma história da guerra
Amyr KLINK
Cem dias entre céu e mar
Jon KRAKAUER
No ar rarefeito
Sobre homens e montanhas
Milan KUNDERA
A arte do romance
A brincadeira
A identidade
A ignorância
A insustentável leveza do ser
A lentidão
O livro do riso e do esquecimento
Risíveis amores
A valsa dos adeuses
A vida está em outro lugar
Danuza LEÃO
Na sala com Danuza
Primo LEVI
A trégua
Alan LIGHTMAN
Sonhos de Einstein
Gilles LIPOVETSKY
O império do efêmero
Claudio MAGRIS
Danúbio
Naguib MAHFOUZ
Noites das mil e uma noites
Norman MAILER (JORNALISMO LITERÁRIO)
A luta
Janet MALCOLM (JORNALISMO LITERÁRIO)
O jornalista e o assassino
A mulher calada
Javier MARÍAS
Coração tão branco
Ian McEWAN
O jardim de cimento
Sábado
Heitor MEGALE (Org.)
A demanda do Santo Graal
Evaldo Cabral de MELLO
O negócio do Brasil
O nome e o sangue
Luiz Alberto MENDES
Memórias de um sobrevivente
Gita MEHTA
O monge endinheirado, a mulher do bandido e outras histórias de um rio indiano
Jack MILES
Deus: uma biografia
Vinicius de MORAES
Antologia poética
Livro de sonetos
Nova antologia poética
Orfeu da Conceição
Fernando MORAIS
Olga
Helena MORLEY
Minha vida de menina

Toni MORRISON
Jazz
V. S. NAIPAUL
Uma casa para o sr. Biswas
Friedrich NIETZSCHE
Além do bem e do mal
O Anticristo
Aurora
O caso Wagner
Crepúsculo dos ídolos
Ecce homo
A gaia ciência
Genealogia da moral
Humano, demasiado humano
Humano, demasiado humano, vol. II
O nascimento da tragédia
Adauto NOVAES (Org.)
Ética
Os sentidos da paixão
Michael ONDAATJE
O paciente inglês
Malika OUFKIR, Michèle FITOUSSI
Eu, Malika Oufkir, prisioneira do rei
Amós OZ
A caixa-preta
O mesmo mar
José Paulo PAES (Org.)
Poesia erótica em tradução
Orhan PAMUK
Meu nome é Vermelho
Georges PEREC
A vida: modo de usar
Michelle PERROT (Org.)
História da vida privada 4 — Da Revolução Francesa à Primeira Guerra
Fernando PESSOA
Livro do desassossego
Poesia completa de Alberto Caeiro
Poesia completa de Álvaro de Campos
Poesia completa de Ricardo Reis
Ricardo PIGLIA
Respiração artificial
Décio PIGNATARI (Org.)
Retrato do amor quando jovem
Edgar Allan POE
Histórias extraordinárias
Antoine PROST, Gérard VINCENT (Orgs.)
História da vida privada 5 — Da Primeira Guerra a nossos dias
David REMNICK (JORNALISMO LITERÁRIO)
O rei do mundo
Darcy RIBEIRO
Confissões
O povo brasileiro
Edward RICE
Sir Richard Francis Burton
João do RIO
A alma encantadora das ruas
Philip ROTH
Adeus, Columbus
O avesso da vida
Casei com um comunista
O complexo de Portnoy
Complô contra a América
Homem comum
A humilhação
A marca humana
Pastoral americana
Patrimônio
Operação Shylock
O teatro de Sabbath
Elizabeth ROUDINESCO
Jacques Lacan
Arundhati ROY
O deus das pequenas coisas
Murilo RUBIÃO
Murilo Rubião — Obra completa
Salman RUSHDIE
Haroun e o Mar de histórias
Oriente, Ocidente
O último suspiro do mouro
*Os versos satânicos*Oliver SACKS
Um antropólogo em Marte
Enxaqueca
Tio Tungstênio
Vendo vozes
Carl SAGAN
Bilhões e bilhões
Contato
O mundo assombrado pelos demônios
Edward W. SAID
Cultura e imperialismo
Orientalismo
José SARAMAGO
O Evangelho segundo Jesus Cristo
História do cerco de Lisboa
O homem duplicado
A jangada de pedra
Arthur SCHNITZLER
Breve romance de sonho
Moacyr SCLIAR
O centauro no jardim
A majestade do Xingu
A mulher que escreveu a Bíblia
Heloisa SEIXAS
Diário de Perséfone
Amartya SEN
Desenvolvimento como liberdade

Dava SOBEL
Longitude
Susan SONTAG
Doença como metáfora / AIDS e suas metáforas
A vontade radical
Laura de Mello e SOUZA (Org.)
História da vida privada no Brasil 1 — Cotidiano e vida privada na América portuguesa
Jean STAROBINSKI
Jean-Jacques Rousseau
I. F. STONE
O julgamento de Sócrates
Keith THOMAS
O homem e o mundo natural
Drauzio VARELLA
Estação Carandiru
John UPDIKE
As bruxas de Eastwick
Caetano VELOSO
Verdade tropical
Erico VERISSIMO
Caminhos cruzados
Clarissa
Incidente em Antares
Paul VEYNE (Org.)
História da vida privada 1 — Do Império Romano ao ano mil
XINRAN
As boas mulheres da China
Ian WATT
A ascensão do romance
Raymond WILLIAMS
O campo e a cidade
Edmund WILSON
Os manuscritos do mar Morto
Rumo à estação Finlândia
Edward O. WILSON
Diversidade da vida
Simon WINCHESTER
O professor e o louco

1ª edição Companhia das Letras [1992] 9 reimpressões
1ª edição Companhia de Bolso [2009] 5 reimpressões

Esta obra foi composta pela Verba Editorial
em Janson Text e impressa pela gráfica Bartira em ofsete
sobre papel Pólen Soft da Suzano S.A.

FSC
www.fsc.org
MISTO
Papel produzido a partir de fontes responsáveis
FSC® C105484

A marca FSC® é a garantia de que a madeira utilizada na fabricação do papel deste livro provém de florestas que foram gerenciadas de maneira ambientalmente correta, socialmente justa e economicamente viável, além de outras fontes de origem controlada.